Ernst Schubert
Räuber, Henker, arme Sünder

Ernst Schubert

Räuber, Henker, arme Sünder

Verbrechen und Strafe im Mittelalter

Mit einem Nachwort von Thomas Vogtherr

Abbildungsnachweis:
akg-images: 215, 247, 255; Germanisches Nationalmuseum Nürnberg: 175; picture-alliance: 10, 16, 86, 89; WBG-Archiv: 42, 44, 63, 79, 82, 95, 125, 155, 189, 228, 230.

Das Werk ist in allen seinen Teilen urheberrechtlich geschützt.
Jede Verwertung ist ohne Zustimmung des Verlages unzulässig.
Das gilt insbesondere für Vervielfältigungen,
Übersetzungen, Mikroverfilmungen und die Einspeicherung in
und Verarbeitung durch elektronische Systeme.

© 2007 by WBG (Wissenschaftliche Buchgesellschaft), Darmstadt
Die Herausgabe des Werkes wurde durch
die Vereinsmitglieder der WBG ermöglicht.
Redaktion: Daphne Schadewaldt, Wiesbaden
Satz: Setzerei Gutowski, Weiterstadt
Gedruckt auf säurefreiem und alterungsbeständigem Papier
Printed in Germany

Besuchen Sie uns im Internet: www.wbg-darmstadt.de

ISBN 978-3-534-20806-7

Inhalt

Erster Teil:
Von der Buß- zur Strafgerichtsbarkeit? 9
1. Verzicht auf Strafe? Die Bußgerichtsbarkeit im frühmittelalterlichen Recht 9
   Bußen und Strafen der Leges als Spiegel ihrer Umwelt 9
   Der Sinn der Bußgerichtsbarkeit: der Verzicht auf die „Blutrache" 15
   Buße – Rache – Strafe im frühen Mittelalter 17
2. Geburt der Strafe? Die Relativierung der Bußgerichtsbarkeit in der
   Friedensbewegung des 11. und 12. Jahrhunderts 20
   „Pax" und „treuga Dei" und die neue Begründung der Strafe im 11. Jahrhundert . 20
   Weiterwirken und Umformung des Bußgedankens 24
   Zusammenfassung 26

Zweiter Teil:
Ausbildung und Ausgestaltung des „Strafsystems" im späten Mittelalter
und in der frühen Neuzeit 31
1. Gewalt, Strafe und Erbarmen 31
   Das Ausmaß der Gewaltverbrechen in der spätmittelalterlichen Stadt 32
   Der „arme Sünder". Die Einstellung des gemeinen Mannes zum Strafen 38
   Vom Mitleid zur Schaulust? Das Volk und die Hinrichtungen im Mittelalter
      und in der Frühneuzeit 46
   „Bei der Gewalt soll Gnade sein." Das Abbitten vom Galgen 53
   Die Grenzen der Gnade: die Hinrichtung des Juden 61
2. Der Henker 64
   Der Henker und die arbeitsteilige spätmittelalterliche Urbanität 64
   Der Weg des Henkers auf das Land 69
   Die Unehrlichkeit des Scharfrichters 71
   Die wirtschaftliche Lage des Henkers in der frühen Neuzeit 77
   Zwischen Wissenschaft und Aberglauben: der Henker als heilkundiger Helfer ... 83
3. Um Kopf und Kragen, um Haut und Haar: die Lebens- und Leibesstrafen 88
   Die Todesstrafen 88
   Die Körper- oder Verstümmelungsstrafen 100
   Gleiches Recht für alle? 102
   Die Haltung des armen Sünders auf seinem letzten Weg und das Verhältnis
      des Henkers zum Missetäter 107
   Stand die Abschreckung am Anfang des Strafsystems? 112

4. Das weite Umfeld der Lebens- und Leibesstrafen 120
   Bußgelder. Die Gerichtsbarkeit als Einnahmequelle 120
   Die Stadt- und Landesverweisung, der Staupenschlag und die Brandmarkung . . 122
   Zwischen Strafe und Willkür: das Prügeln 129
   Haftstrafen? Die Gefängnisse 132
   Exkurs: Der Pranger im Rechtssystem 141
   Eine neue oberdeutsche Form des frühneuzeitlichen Strafvollzugs:
      die Galeerenstrafe 142
   Das Zuchthaus und die „offenen Arbeiten": Schrecken oder Reform
      des Strafvollzugs 145
   Exkurs: Gab es eine Humanisierung des Strafsystems im Zeitalter der Aufklärung? . 153
5. Die Folter, die „peinliche Frage" 158
   Inquisitionsprozeß und Tortur 159
   Die Brutalisierung der Folter seit dem ausgehenden 16. Jahrhundert 162
   Allenfalls oberflächliche Humanisierung: die Folterpraxis im 18. Jahrhundert . . . 167

Dritter Teil:
Missetaten und Missetäter 171

1. Was ist eine Missetat, was ist ein Verbrechen? 171
   Die Aussagen der Sprachgeschichte 171
   Die „vier hohen Fälle" und die Abgrenzung von Raub und Diebstahl 173
   Was ist eine Missetat? Das Beispiel der verschiedenen Einstellungsmuster
      zum Kirchen- und Reliquienraub 174
   Versuchung zum Verbrechen über alle sozialen Schichten hinweg 182
2. Diebstahl – das häufigste, das strafwürdigste Delikt 185
   Gelegenheit macht Diebe 185
   Die Alltäglichkeit der Diebstahlsgefahr 188
   Kleiner und großer Diebstahl: der enge Strafrahmen und seine weitherzige
      Auslegung 193
   Die Qualifizierung des Diebes. Überlegungen zum Ermessensspielraum
      der Richter 195
   Was kann überhaupt gestohlen werden? 198
   Bargeld lacht. Die Beutelschneider 202
   Wie wird gestohlen? Hehler und kriminelle Gemeinschaften 203
3. Betrug und Fälschung 204
4. Mord und Totschlag 208
5. Die Frau als Opfer und Täterin 211
   „Raptus", „notnunft", Notzucht 211
   Frauen und Gewaltkriminalität 214
6. Die „neue Sittlichkeit" seit dem 16. Jahrhundert und ihre Straffolgen 217
   Neue Sittlichkeit und neue Staatlichkeit 217
   „Unzucht". Die neue strafrechtliche Relevanz von Sexualität 218
   Und die Folgen? Tod den Kindsmörderinnen 227

7. Die Hexenprozesse 229
　Die angeblich mittelalterlichen Wurzeln des Hexenwahns 229
　Zur Einordnung des Phänomens 232
　Hexenbild und Hexenwahn: das Wurzelgeflecht von gelehrter Systematisierung
　　und obrigkeitlicher Missionierung, Disziplinierung, Herrschaftsintensivierung　234
8. Bandenbildung und ihre Bekämpfung – die teils unterschätzte, teils romantisierte
　Frühform der organisierten Kriminalität 245
　Sozialrebell und edler Räuber: die mentalitätsgeschichtlichen Aussagen
　　der Räuberromantik 246
　Bandenbildung als überzeitliche Erscheinung oder: die zeitspezifischen Formen
　　der organisierten Kriminalität 249
　Raubritter oder gerechte Fehde. Die Burg als Kristallisationskern
　　von Bandenbildung 251
　Die „Placker", die vom Adel geschützten Straßenräuber, und ihre Entsprechung
　　zur See 259
　Das Ende der Plackerei im 16. Jahrhundert 263
　„Böse Gesellschaft". Die spätmittelalterliche Verselbständigung der Bandenbildung　266
　Mordbrennerbanden? Die neue Wahrnehmung organisierter Kriminalität
　　im 16. Jahrhundert 269
　Die Proletarisierung des Räubers seit dem späten 17. Jahrhundert 275
　Retiraden: Wald und Kochemer Baies 278
　Verfolgung. Vom bäuerlichen Aufgebot zu den „Gründlichen Berichten" 281

Nachwort 289

Anmerkungen 293

Quellen- und Literaturverzeichnis 369

Sachregister 385

Erster Teil:
Von der Buß- zur Strafgerichtsbarkeit?

1. Verzicht auf Strafe?
Die Bußgerichtsbarkeit im frühmittelalterlichen Recht

Die mit Abstand wichtigsten Quellen für Verbrechen und Strafen im frühen Mittelalter sind die Rechtsaufzeichnungen germanischer Stämme. Ihnen ist die Auffassung gemeinsam, daß die Freien Vergehen bis hin zum Mord mit Geldzahlungen büßen. Die sogenannte Buß- oder Kompositionsgerichtsbarkeit, die in diesen Rechtsaufzeichnungen begründet wird, hat bis in das 16. Jahrhundert hinein, gewiß mit Umformungen und immer größeren Einschränkungen, aber doch weitergelebt.

Die von den Bayern bis zu den Westgoten, von den Friesen bis zu den Langobarden in überraschender Dichte überlieferten Rechtstexte wurden lange Zeit, nicht zuletzt aufgrund der Autorität des großen Historikers Heinrich Brunner, als „Volksrechte" bezeichnet, eine an sich unverdächtige Bezeichnung, die heute ebenso wie die analoge Bezeichnung „Stammesrechte" aufgegeben ist. Denn allzuviel an Folgen des Denkens in Kategorien des „sogenannten Volksgeists" (František Graus) hatte sich seit Heinrich Brunner, der davon frei war, in der Forschung mit diesen Begriffen assoziiert.[1] Deshalb wird heute die Bezeichnung bevorzugt, derer sich die der Selbstbenennung dieser Rechtsaufzeichnungen bedient: Leges.

Bußen und Strafen der Leges als Spiegel ihrer Umwelt

Die Welt der Leges, eine agrarische Welt – Einblicke in Wertigkeiten: Welche Schädigung wird mit welcher Buße belegt? – Gesetzgebung als Gesetzeserneuerung – das „pactus" Prinzip der Lex Salica – Stellung des Königs gegenüber dem „Volksrecht" – gestaffelte Bußsummen oder die Normierungsabsicht der Leges – die viel komplexere Realität hinter der Normierung sozialer Verhältnisse – Geringschätzung des Knechtes in einer Welt der Freien – einfache und qualifizierte Knechte – „Knechtsverführung" – Hiebe nur für unfreie Diebe – leichter und schwerer Diebstahl – Herrenhaftung – der eingeschränkte, aber eben doch vorhandene Quellenwert der Leges zur Kenntnis sozialer Realitäten

„Volksrechte" – Leges. Wir sehen sie zunächst nicht als eine Quelle des Strafrechts an, diskutieren nicht die letztlich unbeantwortbare Frage nach der Effizienz dieser Rechtstexte.[2] Ob diese das Rechtsleben so gestaltet haben, wie es auf dem Pergament niedergelegt ist, ob sie insofern modernen Gesetzbüchern nahekommen, ist eine Frage; die andere und wohl wichtigere ist: Wie spiegelt sich die Welt mit ihren Konflikten in diesen Texten wider? Daß hier keine Abbildung der Sozialstruktur gegeben wird, ist klar;[3] dazu sind Rechtsbücher

I. Von der Buß- zur Strafgerichtsbarkeit?

Abb. 1: Allegorie der guten Regierung im Palazzo Pubblico in Siena (Ausschnitt): Zu sehen ist die Gerechtigkeit (*iustitia*). Sie bringt die Waage, die von der über ihr schwebenden vierten Kardinaltugend, der Weisheit (*sapientia*), gehalten wird, ins Gleichgewicht. Fresko von Ambrogio Lorenzetti, entstanden 1337–1340.

auch nicht da. Aber das Recht muß auf Konfliktpotentiale reagieren, die mit den sozialen Verhältnissen zusammenhängen. Nur ungefähre Einsichten lassen sich gewinnen. Die alte Warnung an den Mediävisten bewährt sich auch hier: Allzu genau wird ungenau.

Es ist eine rein agrarische Welt, für die in den Leges eine Friedensordnung entworfen wird,[4] Konflikte der Fernhändler interessieren ebensowenig wie solche, die in urbanen Siedlungen auftreten. Die Welt der sogenannten Volksrechte in den späteren deutschen

Landen ist weitgehend noch eine Welt der Wälder und Moore, des Unlandes.[5] In Siedlungskammern, eingeschlossen von diesem Unland, arbeiten Menschen, die selten älter als 40 Jahre werden. Sie arbeiten für Herren, die, wenn sie nicht auf Kriegszügen fallen, erheblich älter werden können. Nicht nur das Leben, sondern schon die Nahrung ist hart. Wie Grabfunde übereinstimmend aussagen, sind die Kauflächen der Zähne stark abgenutzt.

Siedlungskammern. Gehöfte, nicht aber Dörfer prägen die Siedlungslandschaften. Gewiß können diese Gehöfte bisweilen nahe beieinanderliegen – die Lex Salica geht davon aus, daß ein Stier die Kühe von drei Höfen führen kann –,[6] aber ein bloßes Nebeneinander von Höfen macht noch kein Dorf (Karl S. Bader). Vereinzelt, für sich steht, was in den lateinischen Quellen „villa" heißt, ein Haufenhof mit Speichern oder Scheunen, von Zäunen umgeben[7] und von Hunden bewacht[8]. Nägel sind unbekannt. Mit Weidenruten werden die Zäune zusammengehalten. Wer wagt, diese Befestigung zu durchbrechen, büßt mit 15 Schillingen, soviel wie beim Abschlagen des kleinen Fingers dem Geschädigten zu erlegen ist.[9]

In Blockfluren dehnen sich die Felder hinter den Höfen. Eine Gemengelage, wie sie für das hochmittelalterliche Dorf mit seiner Dreifelderwirtschaft typisch werden wird, ist noch unbekannt. Wenn jemand durch ein fremdes Kornfeld mit Egge oder Karren zieht, hat er ebenfalls 15 Schillinge zu zahlen,[10] denn das ist eine schwere Schädigung in einer Welt, in der nur das Dreifache der Aussaat geerntet wird.

Klein sind noch die Kirchen, Holzkirchen zumeist. Bescheiden muß auch ihre Einrichtung gewesen sein, wenn ein Kirchenraub nur mit 30 Schillingen gebüßt wird[11] – das ist weniger als die 35 Schillinge, mit denen der Diebstahl einer ausgewachsenen Kuh vergolten werden soll[12].

So klein die Kirche, so groß ist das Ansehen des Geistlichen. 200 Schilling büßt, wer eine Holzkirche anzündet,[13] aber das Dreifache, wer einen Priester tötet. Das ist das gleiche Wergeld wie bei der Tötung eines Grafen. Die Ermordung eines Diakons ist um die Hälfte preiswerter; nur 300 Schillinge sind zu erlegen.[14]

„Volksrechte". Schon begegnen Begriffe, welche dann im 14. Jahrhundert vor allem unter Einfluß der Statuten italienischer Städte wiederbegegnen werden: „renovatio, emendatio, correctio"[15] – noch fehlt allerdings das spätmittelalterliche „reformatio". Der Grundgedanke ist hier wie da: Gesetzgebung versteht sich als Gesetzeserneuerung.[16] Von daher erscheint es als unerheblich, ob diese Erneuerung sich der Autorität eines Herrschers oder derjenigen weiser Gesetzgeber versicherte. Die Lex Salica beruft sich auf einen „pactus" als das Ergebnis aus den sorgsamen Beratungen von vier auserwählten Männern, die auf drei „Dingen", Gerichtstagen, zu diesem Zweck zusammenkamen. Später, nach der Taufe König Chlodwigs, sei dann das, was in dieser Einung weniger tauglich erschien, durch die Könige Chlodwig, Childebert und Chlothar verbessert worden („quod minus in pactum habebatur idoneum ... fuit lucidis emendatum").[17] Und umgekehrt kann sich ein Herrscher ebenso als Initiator der Rechtsaufzeichnungen darstellen, so im Edictus Rothari oder bei Herzog Lantfrid in der Lex Alamannorum.

Die einzelnen Fäden, die wir in der Hand halten, müssen wir jetzt zu einem Ergebnis verknoten. Im „pactus"-Prinzip der Lex Salica sehen wir eine Akzeptanzforderung, der auch ein König Rechnung tragen mußte; deshalb ist die „emendatio" vonnöten. Das „pactus"-Prinzip bringt auch mit sich, daß der Schwerpunkt der Leges bei allen wechselseitigen Anleihen auf dem indigenen Recht liegt, dem „Volksrecht", sofern unter Volk nur die Freien verstanden werden. Und trotz aller Anleihen und Übernahmen aus dem römischen Vulgarrecht[18] mußten die Rechtsaufzeichnungen bemüht sein, angesichts der unbestrittenen Personalität des Rechts, also der lebenslang währenden Zugehörigkeit zu dem Stammesrecht, in das ein Mensch hineingeboren wird, allgemein konsensfähig zu sein. Deswegen werden die Burgunder für die Romanen in ihrem Stammesgebiet eine Lex Romana Burgundionum schaffen.

Die Stellung des Königs gegenüber dem „Volksrecht" ist trotz des Edictus Rothari oder Herzog Lantfrids letztlich schwach, aber ein machtvolles Königtum wird in die Rolle des Gesetzgebers hineindrängen, ohne die Aufgabe des Rechtswahrers zu vernachlässigen. Deshalb sind in karolingischer Zeit die Leges in Sammelhandschriften mit den Kapitularien vereint.[19] Die außerhalb der Legislative konstituierte Macht eines Herrschers, der unter anderem der reichste Grundbesitzer in seinem Reich ist, wird sich nicht mit der Aufgabe begnügen, Wahrer und Wächter des Rechts zu sein. Er braucht den Schlüssel zur großen Macht, die Gesetzgebung, schon allein, um sich gegenüber politischen Anfechtungen zu behaupten. Und diese politischen Anfechtungen kommen im Frankenreich nicht von außen, sondern von innen: Bruderkriege, Adelsoppositionen.[20]

Nur bei den Franken ist der Prozeß einer neben dem „Volksrecht" sich ansatzweise entwickelnden königlichen Gesetzgebung zu erkennen: Ihre Herrschaft ist von Dauer, im Gegensatz zu jener der Westgoten, deren Reich 711 zertrümmert wurde, zu jener der Langobarden, deren Königtum Karl der Große 773/74 zerstörte, und zu jener der Bayern, deren Herzog 788 von Karl dem Großen entmachtet wurde.

Die Leges führen uns in eine fremde Welt – aber sie hatten nie die Absicht, uns zu führen, indem sie die Realität ihrer Zeit abbilden wollten. Aber sie mussten auf die Gegebenheiten ihrer Gegenwart reagieren; denn wie jede Rechtsordnung wollten sie Frieden sichern, indem sie Regelungen vorschrieben. Die Schwierigkeiten der Interpretation sind damit benannt. Einerseits bilden die Leges keine Realität direkt ab, andererseits müssen sie in friedenssichernder Absicht eben auf eine Realität antworten, die konfliktgeladen genug ist. Die Vielzahl dieser Konflikte muß, will man ihrer Herr werden, auf allgemein einsichtige Normen zurückgeführt werden. Diese aber können noch nicht (wenn man an das moderne Recht denkt) oder nicht wieder (wenn man an das Römische Recht erinnert) in den Tatbeständen liegen. Die Normen werden nach Maßgabe des angerichteten Schadens bestimmt. Geldbußen also. Und diese Bußen stellen in ihrer Höhe ein normierendes, ein mit den Faktoren 3 und 5 sowie bei schwerem Schaden mit dem Faktor 15 multiplizierbares System dar. In dieser Normierungsabsicht liegt eine Interpretationsfalle, wie an einem drastischen Vergleich verdeutlicht sei: Die Lex Salica schreibt eine Buße von 30 Schillingen für denjenigen vor, der einen freien Mann am Kopf so verwundet, daß die Knochen heraustreten.[21] Die gleiche Summe zahlt aber auch derjenige, der einen „gezeichneten", das heißt eine Besitzermarke tragenden Sperber stiehlt. Abwegig wäre doch die Interpretation, daß der Kopf und damit der Intellekt in dieser Welt nicht besonders wichtig gewesen wäre.

Wenn wir im folgenden Relationen zwischen den gestaffelten Bußsummen herstellen, so ist das problemlos möglich im Bereich der materiellen Kultur; denn die Redaktoren der

Leges wußten besser als wir, was damals ein Läuferschwein oder ein gezähmter Sperber wert war. Der methodische Vorbehalt, daß die Leges keine sozialen Gegebenheiten abbilden, darf nicht zur Weltfremdheit verleiten. Gesetze, die nicht nachvollziehbare Wertbestimmungen für Tiere oder Weideruten für Zäune getroffen hätten, wären kaum rezipiert worden. Und die 84 erhaltenen Abschriften, darunter ostfränkische althochdeutsche Übersetzungsfragmente der Lex Salica, bezeugen eine breite und langdauernde Rezeption.

Was bei der Interpretation der Leges für die Geschichte der materiellen Kultur gilt, gilt jedoch nicht für die Darstellung sozialer Schichten und Gegebenheiten. Vergeblich wird man hier die weitgestreuten Grundherrschaften suchen, wie sie in den Testamenten eines Adelgisis Grimo oder einer Burgundofara entgegentreten, die von einem Herrenhof abhängigen Sonderkulturen, an welche bis heute Ortsnamen erinnern, die auf Wein-, Apfel und Birnbaumgärten weisen. Es wird auch nicht gelingen, die Leges in ihren sozialgeschichtlichen Aussagen mit den karolingerzeitlichen Urbaren, den Polypticha, in Übereinstimmung zu bringen. Alle sogenannten Volksrechte gehen von einer klaren Unterscheidung zwischen Herren, das heißt den Freien, und Knechten aus, einer Unterscheidung, die von der karolingerzeitlichen Behauptung scheinbar gestützt wird: „Nil amplius nisi liber et servus." Aber erkennbar war schon damals, daß die reinliche Trennung zwischen freien Herren und unfreien Knechten in normierender Absicht auf eine Realität reagiert, die in der Welt der Freien ebenso viele soziale Abstufungen kannte wie in jener der Knechte.[22]

Angesichts der angesprochenen methodischen Probleme, die bei der strafrechtsgeschichtlichen Auswertung der Leges immer wieder begegnen, glaube ich gelassen dem Vorwurf der Unvollständigkeit entgegensehen zu dürfen, wenn ich mich im folgenden allein auf die Lex Salica stütze; denn – das erklärt meine Gelassenheit – ein Bemühen um vollständige Behandlung der Bußgeldzahlungen würde eine Realitätsebene vortäuschen, die von den Leges nie beansprucht worden ist.

In dieser Welt der Freien, die zugleich die Herren einer Hausherrschaft sind, zählen die von ihnen abhängigen Unfreien wenig. Ganz straffrei kommt der Herr zwar nicht davon, wenn er seinen Knecht oder seine Magd erschlägt, aber die 20 Schillinge, mit denen er für eine solche Untat büßt,[23] sind nicht viel mehr als die 15 Schillinge, die es ihn kostet, wenn er einem anderen Freien den kleinen Finger abschlägt. Es ist die gleiche Summe, die er zahlen muß, wenn er den Knecht eines anderen beraubt[24] – nennenswertes Eigentum kann dieser nicht bei sich haben. Und das Schlagen eines fremden Knechtes wird mit der geringsten aller in der Lex Salica erwähnten Bußsummen, mit drei Schillingen, geahndet.[25]

Die Geringschätzung des Knechtes erst erklärt den Menschenhandel in fränkischer und noch in ottonischer Zeit. Die Lex Salica windet sich, was den Fall von Diebstahl und Verkauf von Unfreien in fremde Länder angeht. Natürlich ist bekannt, daß die Kirche den Menschenhandel ablehnte; aber die Regelung der Lex ist auffallend umständlich: Auf drei Gerichtstagen mit insgesamt neun Zeugen muß ein solcher Fall bewiesen werden.[26] Das Verfahren dauert also mindestens ein Jahr. Der Besuch der „Dinge", der Gerichtstage, kann den Herrn teurer zu stehen kommen, als sein Knecht überhaupt wert ist. Schlimm hingegen ist das Rauben und Verkaufen eines Freien und entsprechend schwer und umstandslos wird es bestraft. Es ist – bezeichnenderweise – wie ein Totschlag mit 200 Schillingen zu büßen.[27]

So eindeutig und starr die Scheidung zwischen Freien und Unfreien war, welche die Lex Salica vollzog, so ist doch zu berücksichtigen, daß dieses Gesetz im Interesse der Herren allein auf die wirtschaftlichen Bedingungen der Gehöfte reagierte und keine Abbildung sozialer Gegebenheiten beabsichtigen konnte. Vielschichtig ist schon damals der Begriff der Unfreiheit. Ein Beispiel: König Gunthram befahl, einen Unfreien zu töten, der sich mit der Schwiegermutter des Königs verehelicht hatte.[28] Nimmt man nicht gerade an, daß die Hochadelige dem vitalen Charme eines kräftigen Knechts erlegen war, so wird sich hinter ihrer Wahl des Ehemannes die Existenz eines formal Unfreien, aber zu Vermögen und Ansehen gelangten Mannes verbergen.

Von sozialem Aufstieg innerhalb der Schicht der Unfreien will die Lex Salica nichts wissen, zumal dieser wohl noch nicht derart häufig war, daß er die überkommene gesellschaftliche Ordnung in Frage gestellt hätte. Was die Lex Salica aber kennt, ist die Unterscheidung zwischen dem einfachen und dem qualifizierten Knecht. Mit 30 Schillingen büßt, wer Knecht oder Magd eines anderen stiehlt. Das Doppelte aber hat zu zahlen, wer einen Schmied, einen Stellmacher, einen Marschall beraubt oder gar tötet.[29] Qualifizierte Unfreie. Hier liegen die Anfänge des Handwerks: Schmied und Stellmacher. Und der Fall des Marschalls weist darauf hin: Herrennähe, Aufsicht über den Pferdestall, wird im Laufe der Zeiten zum sozialen Aufstieg führen.

Streng ist die Scheidung zwischen Bußen der Freien und Strafen der Knechte. Die Verführung zum Diebstahl jedoch zwingt zum Kontakt zwischen den Ständen. Daß Knechte und Mägde ihre Herrschaft bestehlen können, wird über die Zeiten und alle sozialen Wandlungen hinweg eine Konstante bleiben; aber anders als das spätere Gesinde haben die Knechte und Mägde des frühen Mittelalters noch keinen Markt, auf dem sie gestohlenes Gut absetzen können, jenes Gut, für das sie unter ihresgleichen keinen Käufer finden dürften. Begehrlichkeit aber bei den Freien. Wer von ihnen solches Gut aufkauft, hat das mit 15 Schillingen zu büßen. Der Fall war nicht selten, denn die Lex Salica kennt dafür das eingeführte Rechtswort, das vor Gericht gebraucht werden muß: „Knechtsverführung".[30]

Bereits Jacob Grimm erkannte den Grundzug der Leges. Der Knecht wird bestraft, wo der Freie büßt.[31] Ein Diebstahl, den der Freie mit 15 Schillingen entgelten kann, wird für den Dieb zur lebensgefährlichen Tortur: Auf eine Bank gespannt empfängt er 120 Hiebe.[32] Die Frage, wer damals überhaupt so weit zählen konnte, stellte sich in der Realität wohl selten. Die Prügel schädigten zumindest die Arbeitskraft so nachhaltig, daß sein Herr wohl statt dessen lieber neben dem Schadensersatz für den Bestohlenen auch die drei Schillinge zahlte, um seinen Knecht bei Gericht auszulösen.[33]

„Die Prügelstrafe für Sklaven ist als feste Institution im gesamten Mittelmeerbereich bezeugt."[34] Als die Franken das antike Sklavenrecht übernahmen, gestalteten sie es so aus, daß seit Beginn des 7. Jahrhunderts „sämtliche Unrechtstaten von Sklaven mit peinlicher Strafe bedroht sind", ja es wird sogar die den Römern unbekannte Kastration bei schweren Delikten vorgesehen.[35]

Schon zeichnet sich in der Lex Salica ab, was späterhin die strafrechtliche Unterscheidung von leichtem und schwerem Diebstahl gemäß dem Wert der gestohlenen Sache (dem ursprünglichen Inhalt von „Diebstahl") bestimmen wird. Martern, der Sklavenfolter, unterliegt der Knecht, der gestohlen hat, was mehr als 40 Pfennige wert ist. Er wird entweder entmannt oder aber er zahlt die für einen Unfreien wohl nahezu unerschwingliche

Summe von 240 Pfennigen, von 20 Schillingen.[36] (Die innerhalb der Strafgelder ungewöhnliche Zahl erklärt sich daraus, daß in der Welt der Herren mit Schillingen, in derjenigen der Knechte mit Pfennigen gerechnet wurde.) Was aber, wenn eine Magd verbricht, wofür ein Knecht entmannt werden soll? Entweder zahlt sie die erwähnten 20 Schillinge oder sie hat 142 Peitschenhiebe („ictus flagellorum") zu ertragen.[37] Unabhängig davon muß in jedem Fall der Herr den Wert des gestohlenen Gutes erstatten.[38]

Der Herr haftet für seine Knechte und Mägde, was den Ersatz des Schadens betrifft, den diese angerichtet haben. Aber sein Gesinde unterliegt der Gewalt des öffentlichen Gerichtes, was die individuelle Bestrafung angeht. Wie alle Leges interessiert auch die Lex Salica nur der Fall, daß ein Freier von einem Knecht oder einer Magd geschädigt wird. Was sich die Unfreien untereinander antun, ist nicht von öffentlichem Interesse. Erst ein Kapitular Karls des Großen wird in Gesetzesform gießen, was die frühere Praxis war: Ein Herr hat das Recht, seine Knechte zu bestrafen, wenn sie sich untereinander bestehlen.[39]

Bildet es einen Widerspruch, wenn wir die Lex Salica zwar nicht als direktes Abbild sozialer Realitäten verstanden, aber dennoch dieses Gesetz zur Veranschaulichung eben dieser Realitäten in Anspruch genommen haben? Vereinfacht seien die kniffligen methodischen Probleme wenigstens angedeutet. Einerseits ist ein Gesetzbuch keine Sittenschilderung, andererseits ist es von seinem Auftrag her auch keine außerhalb der Welt stehende Fiktion. Selbst was überzeitlich eine Gefahr der Gesetzgebung ist, die von gut gemeinten Absichten her intendierte Fiktion, zielt doch stets auf eine gegenwärtige Realität. Angewandt auf unsere Interpretation der Lex Salica: Gesetzt den Fall, wir hätten hundert Beispiele für Konflikte zwischen Herr und Knecht und müßten zu einem Ergebnis kommen, das hinter den Einzelfällen das Grundsätzliche benennt: Wir würden bei Aussagen landen, die in dem Prinzip der Gewalt als Mittelpunkt des Herrschaftsverständnisses mit der Lex Salica deckungsgleich wären. Dieser Interpretationsansatz hat aber seine Grenzen. Es wird sicherlich schon im merowingischen Frankenreich, vor allem in dessen Süden, Kirchen gegeben haben, in denen ein Räuber größere Werte stehlen konnte als solche, die nur mit 30 Schillingen zu büßen waren. Aber: Den Franken, die der Lex Salica zustimmten, stand die noch karg ausgestattete „basilica" vor Augen. So unklug es wäre, den Quellenwert der Lex Salica zu verwerfen – auch schummeriges Licht ist doch immerhin Licht, wo ansonsten Dunkel herrschen würde –, so unklug wäre es auch, die in der Normierungsabsicht begründete Begrenzung dieser Quellen zu verkennen, jener Normierungsabsicht, die in der Sanktion friedensstörender Taten die Frage aufwirft, was eigentlich unter Strafe verstanden wird.

Der Sinn der Bußgerichtsbarkeit: der Verzicht auf die „Blutrache"

Das Bemühen um Überwindung der Blutrache – das noch lange fortlebende Racherecht der Großen – ein dauernder Kampf zwischen Recht und Unrecht

Das sogenannte „Wergeld", das ein Freier zahlen mußte, wenn er einen anderen Freien erschlagen hatte, fiel den Verwandten, genauer: den Erben des Getöteten, zu. Der künstliche Begriff „Blutrache", so lehrt der zu Unrecht fast vergessene Eduard Osenbrüggen bereits

I. Von der Buß- zur Strafgerichtsbarkeit?

Abb. 2: Zahlung des Wergeldes: Dem Fürsten „gibt man als Buße zwölf goldene Pfennige, von denen jeder das Gewicht von drei Pfennigen in Silber haben soll". Heidelberger Bilderhandschrift des Sachsenspiegels (14. Jahrhundert).

1860, ist gelöst von allen mythischen Assoziationen, die um das Blut kreisen, vor allem aus dem für die Gesellschaftsordnung zentralen Begriff des Erbes zu verstehen.[40] Damit verflüchtigen sich auch Gedanken an ein „germanisches Wesen" der Leges, die an das Kapitel 21 der Germania des Tacitus anknüpfen, wonach ein Totschlag gegenüber den Verwandten gesühnt werden konnte.

Das Bußgeld des Missetäters diente nicht nur der „Versöhnung" mit den Geschädigten. Ein Drittel des Geldes, manchmal auch ein festgesetzter Betrag fiel an das Gericht. Dieser sogenannte „fredus" war „eine Art Sühneleistung" für den Friedensbruch „und nicht die Gebühr für die Friedensleistung" des Gerichts.[41]

Rache und Gerichtsbarkeit. Geistliche erretten Sünder vom Tod, aber im 8. Jahrhundert erschlug ein Mainzer Bischof, Gewilieb, eigenhändig den Mörder seines Vaters.[42] Fromme und weniger fromme Geistliche? Zu kurz greift diese Interpretation. Heiligenviten errinnern an „Galgenwunder", um eben das Außergewöhnliche, das über weltliche Gebräuche hinausreichende Handeln ihrer „Helden" hervorzuheben, ein Handeln in einer Welt der Gewalt und der Rache.

Um die Leges in ihrem Bemühen zur Überwindung der Blutrache – der Ausdruck wird der mittelalterlichen Rechtssprache fremd bleiben –[43] zu würdigen, sei auf die hochmittelalterlichen friesischen Rechte verwiesen, die, wie noch darzustellen ist, die Prinzipien der Bußgerichtsbarkeit getreulich bewahrt haben und stolz darauf waren. Aber auch in friesischen Landen war die Blutrache mit Ausläufern bis ins 15. Jahrhundert hinein eine stete Gefahr für den Frieden.[44] Der brabantische Geistliche Thomas von Cantimpré überliefert um die Mitte des 13. Jahrhunderts, daß der Erschlagene nicht von seinen Verwandten begraben wurde, sondern im Haus aufgebahrt blieb, bis sein Tod gerächt war.[45]

Bußgerichtsbarkeit und Racherecht sind, was die Friedenswahrung angeht, Konkurrenten. Indem die Leges die Bußzahlungen festlegen, stärken sie gegenüber dem Rachegedanken die Autorität des Gerichts. Und das war in einer Welt der Adelsgewalt eine bedeutende Leistung. Erst in spätmittelalterlichen Quellen wird das Problem in seiner seit eh und je bestehenden Schärfe benannt. 1532 halten die Bauern von Trittenheim einen Rechtsbrauch ihres Gerichts fest. Die Bauern haben in der Nachfolge der fränkischen Zentgerichtsbarkeit sogar die hohe Gerichtsbarkeit; sie können Missetäter hinrichten: Aber „obe sach were, daß desselb mensch von solchen freunden were, daß die gemeind besorgt were, ime sein recht zu tun", dann sollte man sich an das „haus zu Newerburgk und zu Pfaltz" wenden: „so sollen die beiden gemelten herrn der gemeine beistand thun."[46] Halten wir uns nicht lange mit der vieldiskutierten Frage auf, wieviel archaisches Recht in den Weistümern enthalten sein mag, und beschränken wir uns auf das hier benannte überzeitliche Problem. Der Zentenar in fränkischen Zeiten wird wohl kaum – die berühmte Frage – die Lex Salica unterm Arm getragen haben, aber diese Lex schützte ihn und sein Gericht in anderer Weise vor dem Racherecht der Großen – eben jenem Racherecht, welches die Bauern von Trittenheim späterhin zwang, zum herrschaftlichen Schutz Zuflucht zu nehmen.

Die Leges und die Konkurrenz der Blutrache. Mit rüder Polemik rechtfertige ich mein Bemühen, die in der rechtshistorischen Literatur so klar dargestellte Entwicklungslinie von der Bußgerichtsbarkeit zur Strafgerichtsbarkeit zu verwischen, eine Ansicht, die ihren Erfolg dem Fortschrittsglauben verdankt. Ich folge aber bei aller Freude an der Polemik dem besonnenen Eike von Repgow, der von einem dauernden Kampf zwischen Recht und Unrecht ausging. Das wirkt in einer Welt, die sich an die Geltung von schriftlich fixierten Gesetzen gewöhnt hat, viel undramatischer als in einer Welt, in der es ganz real um diesen Kampf ging, um einen Kampf auch um das Ziel der Gerechtigkeit zwischen Rache und Frieden. Und das heißt, um auf den folgenden Abschnitt hinzuführen: Kann es nicht sein, daß der Gegensatz zwischen Bußgerichtsbarkeit und Galgen in fränkischer Zeit gar nicht so groß war, wie er zunächst erscheint?

Buße – Rache – Strafe im frühen Mittelalter

Peinliche Strafen in fränkischer Zeit, eine Randerscheinung? – „in sequenti patibulo", am nächsten Galgen – die öffentliche Hinrichtung des Mörders als eine Strafmöglichkeit neben anderen – „sine lege" im Dekret Childeberts II. von 596 – der merowingische König: noch kein Gesetzgeber – „ultio publica", königliche Racheantwort, „terror" – kirchlicher Einfluß in einer Welt herrschaftlicher Gewalt

Daß die Freien ihre Missetaten mit Geldzahlungen büßen oder entgelten konnten, ist seit eh und je bekannt. Einen rechtshistorischen Konsens formulierte etwa Hermann Nehlsen. Die rechtsgeschichtliche Entwicklung verlaufe „ganz eindeutig ... vom umfassenden Kompositionensystem zum peinlichen öffentlichen Strafrecht".[47] Dem widersprach vehement Jürgen Weitzel: „Die rechtsgeschichtliche Lehre vermittelt ... den Eindruck, als handele es sich bei den peinlichen Strafen in fränkischer Zeit um eine Randerscheinung des Rechtslebens."[48]

Der Galgen war bereits dem frühen Mittelalter wohlbekannt. Wenn mehrfach überliefert ist, daß der König befahl, einen Missetäter zum Galgen zu verurteilen („patibulo condemnari iubet" bzw. „praecepit"),[49] so ist allenfalls in Ansätzen das Entstehen eines peinlichen Strafverfahrens zu erkennen[50]. Ein Kapitular bezeichnet das Todesurteil als „sententia ultionis", also als eine gerichtsförmlich herbeigeführte Rache.[51]

Das Aufhängen ist den Heiligenviten zufolge die übliche Hinrichtungsart.[52] Bekannt waren offenbar die festen Galgen. Solche „patibula" aufzurichten, befahl Karl der Große.[53] Wir übertreiben mit der Behauptung, daß sie zum Landschaftsbild gehörten, um mit Jürgen Weitzel zu bezweifeln, daß die peinlichen Strafen in fränkischer Zeit ein Randproblem gewesen wären. Immerhin können wir uns auf die merowingische Vita S. Juliani stützen. Ein Graf ergreift einen Sklaven, der ihm einen Falken gestohlen hat, und beschließt, ihn an dem nächsten Galgen aufzuknüpfen: „Deliberans eum in sequenti patibulo condemnare."[54]

Offen muß bleiben, ob der Galgen nur zur Strafe für Sklaven oder Unfreie gehörte. Daß hohe Adelige geblendet oder mit dem Schwert gerichtet wurden,[55] könnte darauf hinweisen und einen der Gründe bilden, warum seit dem Hochmittelalter das Hängen im Gegensatz zum ehrlichen Köpfen als unehrliche Todesstrafe galt.

Nach Weitzel gab es bereits in fränkischer Zeit ein – wie es später genannt wurde – „peinliches" Strafrecht; dieses aber konkurrierte mit anderen Vorstellungen, was Weitzel, umsichtig argumentierend, in den drei Formen darstellt, mit denen ein um 600 begangener Mord bestraft oder gesühnt werden konnte: durch Blutrache, durch Zahlung des von der Lex Salica festgelegten Wergeldes oder – drittens – durch öffentliche Hinrichtung gemäß dem Dekret Childeberts II. von 596.[56]

Wie Weitzel hat sich auch Nehlsen auf das Dekret von 596 gestützt.[57] Was also sagt dieses Dekret, dessen Wirkungen in so gegensätzlicher Weise in der Forschung beurteilt wurden? Zunächst scheint alles ganz einfach. Der König leiht seine Gewalt der Kirche, um deren zentrales Anliegen der Sicherung vor weltlicher Gewalt zu unterstützen. Sodann: Der Frauenraub wird ebenso mit der Todesstrafe bedroht wie der Inzest – womit noch nicht gemeint ist, was seit Luthers Zeiten als „Blutschande" bezeichnet wird, sondern der Eheschluß unter zu nahen Verwandten. Aufhorchen läßt die in diesem Zusammenhang fallende Formulierung von der „unablösbaren Todesstrafe". Das heißt doch nichts anderes als: Bei diesen Bestimmungen muß sich das Dekret gegen die allgemein verbreiteten Vorstellungen der Bußgerichtsbarkeit erst durchsetzen.

Dann aber stellt das Dekret Childeberts einen Grundsatz auf, der in seiner Eindeutigkeit mehrdeutig ist: Wer ohne Rechtsgrund morde, sterbe ohne Schutz des Rechts: „quomodo sine lege inviolavit, sine lege moriatur." Auch der „iudex", der überführte Räuber laufen läßt, soll mit dem Leben büßen; denn, frei übersetzt, grundsätzlich ist die (friedenssichernde) Ordnung im Volk das vorrangige Gebot: „et disciplina in populo modis omnibus observetur." Und dann noch einmal: Wer zu töten wisse, solle auch sterben lernen. Lassen wir zunächst noch die „disciplina in populo" auf sich beruhen. Das Mehrdeutige liegt in dem in zweifacher Weise gebrauchten Begriff „sine lege". Im ersten Fall, den wir mit „ohne Rechtsgrund" übersetzt haben, ist wohl weniger an die Blutrache gedacht worden, denn diese war trotz aller Bemühungen der Leges noch zutiefst akzeptiert,[58] als daran, was später im Sinnbereich der Heimtücke den feigen Mord von dem ehrlichen Totschlag unterscheiden sollte. Ein solcher Täter sollte ebensowenig wie ein durch fünf oder sieben angesehene Zeugen überführter Dieb mit einfacher Wergeldzahlung davonkommen, sollte nicht („sine lege") den Schutz der Leges in den Volksversammlungen genießen. Eine künstliche Interpretation, die dem Dekret mit dem doppelten Sinn des „sine lege" (vereinfacht) eine Unterscheidung von Mord und Totschlag unterstellt? Ich bestreite gar nicht, daß diese Interpretation eher den Freien um 600 als meinen Kollegen einleuchten kann, und verweise deshalb auf die in dem Dekret nachgeschobene Begründung. Wer zu töten wisse, lerne zu sterben; in einer Welt der Kriege und Schlachten brauchte man das niemandem zu erklären. Wenn es aber um den Frieden im Lande ging, heißt das doch: Wer willkürlich mordet, soll nach der durch das Gesetz bestimmten Willkür des Königs sterben,[59] jener Willkür, die Chlodwigs Verhalten bei der Beuteverteilung in Soissons als ein in der Macht geborgenes „Königsrecht" erscheinen läßt.

Und nun zur „disciplina in populo". Der Begriff verklammert den Schutz der Ehe im kirchlichen Sinne mit der Bestrafung des heimtückischen Mordes. Voreilig wäre eine Interpretation nach der gängigen Linie: weltlich – geistlich. In beiden Fällen liegt das Konfliktfeld in Erbfragen. Im Blick auf Erbchancen wird geheiratet, wurden Frauen geraubt und näherstehende Verwandte ermordet. „Disciplina in populo" heißt nichts anderes als Rechts- und Friedenswahrung.

Ob der karolingische König ein Gesetzgeber war, wird stets umstritten bleiben; der merowingische König jedenfalls war es nicht. Childeberts Dekret ist in die Zusammenhänge einer Welt zu stellen, die von Rache und Vergeltung in einer Brutalität beherrscht war, von der Gregor von Tours aus der Sicht der Königsgeschichte eine Vorstellung gibt. Begnügen wir uns mit dem Hinweis auf das Schicksal König Childerichs II. Er ließ 675 einen vornehmen Franken namens Bodilo an einen Pfahl binden und auspeitschen. Bodilo tat sich daraufhin mit anderen Großen zusammen und erschlug noch im gleichen Jahr den König samt seiner Familie.[60] Vereinfacht: Childeberts Dekret mischt sich in die Auseinandersetzungen zwischen Königtum und Adel ein – aber es mischt sich in einer Form ein, die konsensfähig ist.

Dem Dekret Childeberts liegt noch nicht die Autorität eines königlichen Gesetzgebers zugrunde – aber es bezeichnet den Weg, der dahin führt. Das hat Jürgen Weitzel, noblerweise, obwohl es der Stringenz seiner Argumentation nicht zugute kommen kann, benannt: Zentral für die Verrechtlichung der Rache ist die „ultio publica",[61] die wir als die königliche Racheantwort interpretieren.

Das Dekret von 596 faßt drei Kernsätze zusammen, die in ihrem begründeten Charakter offenbar machen: Es ist ein ungewohntes, wenn nicht gar neues Recht, das hier verkündet wird. Das Neue ist nicht darin zu suchen, daß es vorher noch keine Todesstrafe gegeben hat, sondern darin, daß diese Bestrafung vom Königtum abgeleitet wird. Und: Gesetz ist das, was bereits vor der königlichen Regelung besteht.

Auch Jürgen Weitzel räumte ein, daß die vom König verhängte Todesstrafe dem Gedanken der Rache sehr nahestand,[62] er sah auch, daß der Begriff des „crimen", des Verbrechens, in fränkischer Zeit kirchlicher Herkunft war[63]. Er hat damit, weniger als er glaubte, die herrschende Lehre revidiert, aber er hat mit dem Nachweis der Gängigkeit von Todesstrafen im fränkischen Reich die Diskussion auf eine neue Ebene gehoben, er hat die Fragen nach den Übergängen aufgeworfen, die in dem bisherigen wissenschaftlichen Konsens von der Ablösung der Kompositionsgerichtsbarkeit durch die Strafgerichtsbarkeit im Gefolge der Landfrieden ausgeklammert geblieben waren. Es handelt sich um störende Fragen. Wie schön war es doch, den Fortschritt zu notieren. Noch schöner war es für die ältere Forschung, das von ihr verherrlichte salische und staufische Königtum dafür verantwortlich zu machen. Nur: Die Überwindung des Rachegedankens oder dessen, was zeitgenössische Geschichtsschreiber durchaus zustimmend als königlichen „terror" benannten, dürfte in größeren Zusammenhängen als denen des Strafrechts stehen.

Das Königtum greift ein, wo aus diesem Rechtsverständnis ein primitives Gewaltverständnis wird, aber es greift nicht prinzipiell limitierend, sondern im Einzelfall schützend ein. Das liegt nicht an fehlender legislatorischer Technik, die später in den Kapitularien immer wieder unter Beweis gestellt werden wird. In die Substanz der Hausherrschaft des Adels einzugreifen, konnten sich jedoch selbst die Karolinger nicht erlauben.

In einem Sonderfall freilich ist der Einfluß der Kirche, ist eine Antwort auf Bestrafungen zu erkennen, die als Ausdruck von adeliger, von herrschaftlicher Gewalt empfunden werden. Wenn ein „servus" ohne gerichtliches Urteil gehängt worden ist – kein Wort verliert das Kapitular zur Frage, ob das denn überhaupt zulässig ist – und mit dem Leben davonkommt – was, wie wir noch sehen werden, nicht ganz unwahrscheinlich ist –, dann schützt ihn das vom König gebotene Recht. Er soll hinfort als Freigelassener („libertinus"), natürlich nicht als „Freier" leben, und er soll von demjenigen, der ihn aufgehängt hat, das Wergeld erhalten.[64] Denn – und deswegen unterstellen wir den Einfluß der Kirche – Gott hat geurteilt, wo ein weltliches Urteil fehlte, wo pure Gewalt herrschte.

2. Geburt der Strafe? Die Relativierung der Bußgerichtsbarkeit in der Friedensbewegung des 11. und 12. Jahrhunderts

„Pax" und „treuga Dei" und die neue Begründung der Strafe im 11. Jahrhundert

Der „Königsfrieden" Heinrichs II. aus dem Jahr 1004 – „a minimo usque ad maximum" – die Delegitimierung der Fehde als eines Adelsrechts – der prohibitive Charakter des neuen Strafgedankens – die zentrale Bedeutung von Eid und Eidbruch – das zähe Weiterleben der Bußgerichtsbarkeit – Strafe geht vor Sühne: Kölner und Mainzer Gottesfrieden von 1083/1085 – die Missetat als überindividuelle Angelegenheit – die Bedeutung städtischer Schwurgemeinschaften für die Durchsetzung des Strafprinzips

Königsfrieden und Gottesfrieden, die dem 11. Jahrhundert ein eigenes Gepräge geben, haben trotz mancher Gemeinsamkeit eine unterschiedliche Gestalt. Zunächst: Die vom Kaiser gebotenen Frieden setzen früher ein, und die noch ungeschwächte kaiserliche Gebotsgewalt wirkt hier noch unmittelbar.[65]

Adalbold von Utrecht, der Biograph Heinrichs II., berichtet zum Jahre 1004 von einem „colloquium", einem Hoftag in Zürich, dem damaligen Hauptort des schwäbischen Stammes. Der König habe hier alle, vom Kleinsten bis zum Großen, zu einem Schwur gezwungen, um den Frieden zu schützen. Alle gelobten, weder zu rauben noch Raubzügen zuzustimmen („rex colloquium tenuit omnesque pro pace tuenda, pro latrociniis non consentiendis a minimo usque ad maximum iurare compulit").[66]

Was in Zürich beschlossen wurde, betraf zunächst nur den schwäbischen Stamm. Mißverständlich wäre es, von einem Landfrieden oder gar von einem Landtag[67] zu sprechen. Das sind Begriffe einer späteren Zeit ebenso wie der Ausdruck Reichsfrieden. Gewählt sei der Begriff „Königsfrieden", der selbst dann anwendbar ist, wenn er zwar nur regionale Geltung hat, aber vom Herrscher geboten ist. Schon im Jahre 1004 sind die beiden Elemente zu erkennen, die für die Zukunft produktiv werden und etwa den jetzt so zu bezeichnenden Reichsfrieden des Jahres 1103 bestimmen, als Heinrich IV. den Frieden gebot („pacem ... instituit"), der dann von den Großen beschworen wurde („iuraverunt ... pacem"). Die Reichs- und die ihnen im Spätmittelalter folgenden Landfrieden sind stets auf den Schwur der betroffenen Großen gegründet – lediglich der Zwangscharakter des kaiserlichen oder königlichen Gebots wird abgeschwächt.

Wenn 1004 Heinrich II. alle auf dem Hoftag Anwesenden vom Kleinsten bis zum Größten zum Schwur zwingt, dann bezeichnet die Wendung „a minimo usque ad maximum" die Rangunterschiede unter den Adeligen, keineswegs aber alle Stände. Von einer Beteiligung des Volkes ist in der Geschichte der Königs-, Reichs-, Land- und Gottesfrieden nie die Rede.[68] Daß die zitierte Wendung sich nur auf diejenigen bezieht, die politisch überhaupt zählen, läßt der Biograph Heinrichs II. darin erkennen, daß zur Friedenswahrung auch gehört, Raubzügen nicht zuzustimmen. Das weist bereits auf ein noch eigens zu behandelndes Thema hin, das der adeligen Unterstützung, wenn nicht gar Beteiligung bei Raubzügen, und läßt darüber hinaus bereits erahnen, welch breite Übergangszone zwischen Fehde und Raub bestand. Denn wahrscheinlich waren beim Friedensgebot in Zürich die Adelsfehden gemeint, die – und das nicht ganz zu Unrecht – einem Bischof schlicht als „latrocinia", als Raubzüge, erschienen. Wie auch immer diese Adelskonflikte beurteilt werden: Die Wendung „pro latrociniis non consentiendis" kann sich nur auf adelige Täter, nicht aber auf die kleinen Leute beziehen, die zumeist die Opfer von Rachefeldzügen waren. Ein Grundgedanke der späteren Landfrieden erscheint bereits hier: die Delegitimierung der Fehde als eines Adelsrechts.[69] Und darin liegt tatsächlich eine Überwindung des alten, in den Leges festgeschriebenen Gedankens der Bußgerichtsbarkeit. Ging es den Leges um Friedenswahrung durch „Schadensersatz", um die Blutrache mit ihren unvermeidlichen Kriegsfolgen zu verhindern, so geht es nunmehr um die Wahrung des Friedens dergestalt, daß nicht das Verhältnis zwischen Täter und geschädigter Erbengemeinschaft durch Geldzahlung geregelt wird, sondern daß die Tat selbst geahndet werden soll. Geburt der Strafe? Darum werden die folgenden Darlegungen kreisen. Vorab aber sei darauf aufmerksam gemacht: Die Sanktionen der Landfrieden hatten einen prohibitiven Charakter und teilten damit das Schicksal aller entsprechenden Versuche, durch legislatorische Maßnahmen für die Zukunft auszuschließen, was in der Gegenwart an Mißständen begegnete. Nur diese Gegenwart hatte ihre Geschichte und damit ihre in Rechtsgedanken wirksamen Traditionen. In einer Welt, in der erst das Alter des Rechts dessen Gültigkeit bestätigte, war der prohibitive Charakter des neuen, auf den Täter konzentrierten Strafgedankens schwer zu vermitteln. Und deshalb, weil die Herrschenden im Mittelalter nicht weltfremd waren, die erste Feststellung: Das unmittelbar Wichtigste der Gottes- und Landfrieden war der Eid, das Gelöbnis aller, die den Fehdeverzicht beschworen. Der Eidbruch, nicht der Gedanke, daß der Täter Strafe verdiene, begründet die Sanktionen.

Außer Zweifel steht, daß der im Eidbruch geborgene Strafgedanke für die Zukunft produktiv werden sollte. Das läßt sich einfach beweisen. Seit der Friedensbewegung bildet sich der Gedanke der Ächtung mit der Folge aus, daß Friedbrecher und – so im Spätmittelalter – „missetätige leute" nicht „gehauset" und „gehofet" werden dürfen, daß ihnen der Schutz des Hausfriedens und der Gastfreundschaft nicht zuteil werden darf.[70] War er aber, wie so häufig in rechtsgeschichtlichen Lehrbüchern unterstellt, auch unmittelbar wirksam? Ganz abgesehen davon, daß die Fehde das ganze Mittelalter hindurch nicht überwunden werden konnte, hatten die Gottes- und Landfrieden – erneut sei auf den prohibitiven Charakter der Sanktionen in den Landfrieden verwiesen – eine Schwäche: Wo die Bestrafung des Täters in den Vordergrund trat, mußte der Schadensersatz für die Opfer beziehungsweise für deren Erben zurücktreten – ein bis heute, trotz aller Bemühungen des privat organisierten „Weißen Rings", nicht gelöstes Problem. Im Mittelalter aber wurde diese zentrale Frage des Strafrechts nicht verschwiegen. Die Kompositions-, die Bußgerichtsbarkeit blieb eine Konkurrenz zur Strafgerichtsbarkeit. Darauf wird immer wieder zurückzukommen sein. Vorab genüge nur ein Beleg, um zu zeigen, wo die Grenzen der Metapher von der „Geburt der Strafe" liegen.

Die Häufigkeit, mit der noch um 1500 ein Totschlag durch Bußzahlung gesühnt werden konnte, veranlaßte den gewiß milde gesonnenen Johann Geiler von Kaysersberg zu der Mahnung, die Abschreckung der Strafdrohung nicht zu vergessen: Die Menschen fasse Entsetzen, wenn sie die Hinrichtung, aber nicht, wenn sie die Geldstrafe befürchten mußten: „Wenn eyner förchtet nit die geltstraff, der den strang oder das schwert entseß."[71]

Der hochberühmte Straßburger Domprediger hat auf den Abschreckungscharakter der Todesstrafe hingewiesen. Auf die Entstehung dieses Gedankens wird noch einzugehen sein. Natürlich kann man es sich einfach machen und auf die Strafen auf Eidbruch in den Landfrieden verweisen. Nur: Mit dem gleichen Recht könnte dann auch auf das Dekret Childeberts II. von 596 verwiesen werden. Die Geschichte des Strafrechts wird immer eine Geschichte des jeweiligen sozialen Umfeldes der Strafen sein. Vorerst, wir haben offene Fragen zuhauf, genüge der Hinweis, daß der Straßburger Domprediger das Weiterleben der Bußgerichtsbarkeit noch um 1500 bezeugt.

Was hat das alles mit der neuen Definition der Strafe zu tun? Die Friedenssatzung wird beschworen. Darin sind sich Königs-, Reichs- und Gottesfrieden gleich. Der Friedensbruch ist zugleich ein Eidbruch. Und deshalb muß genauer festgestellt werden, was Friedensbruch ist. Der berühmte 15. Artikel des Kölner und Mainzer Gottesfriedens von 1083 und

1085 konkretisiert, was in der Vergangenheit offenbar nicht ganz klar gewesen ist: Brandstiftung, Raub und Heimsuchung („incendia, predas, assultus"). Die üblichen Begleiterscheinungen der Adelsfehden sind also Friedensbruch und Meineid. Niemand solle solche Gewalttaten mit körperlicher Kraft, mit dem Schwert oder mit irgendeiner anderen Art von Waffen begehen („fuste aut gladio aut aliquo armorum genere").

Der Kölner und der Mainzer Gottesfrieden sind gewiß keine rechtsbegründenden Gesetze geworden, aber in ihnen zeichnet sich ab, was innerhalb der Friedensbewegung des 11. Jahrhunderts zu einer Neudefinition der Strafe geführt hat. Obwohl es bis in die Neuzeit nie ganz gelingen sollte, den Gedanken der Kompositionsgerichtsbarkeit zu verdrängen, wird dieser Gedanke doch jetzt in Frage gestellt: Denn so sagt der berühmte 15. Artikel der Gottesfrieden: Niemand – also kein Adelsvorrecht dürfe gelten – dürfe sich darauf einlassen, statt der Bestrafung Schuldiger Bußzahlungen entgegenzunehmen („Nullus pro redimendis qui in culpa reprehensi pecuniam accipiat"). Lang ist zwar noch der Weg zum staatlichen Gewaltmonopol, aber die Friedensbewegung des 11. Jahrhunderts entzieht die Sühne der Missetat der privaten Vereinbarung zwischen Tätern und Geschädigten, stellt über das Prinzip der Sühne das der Strafe.

Von der Sühne zur Strafe: Da liegt keine gradlinige Entwicklung vor, sondern ein im Verlauf des Mittelalters und der frühen Neuzeit nie prinzipiell gelöstes, sondern nur von Fall zu Fall entschiedenes Problem. Aber ein Gedanke gewann doch weitgehend Geltung, nachdem mit den Friedensschwüren von den Adeligen der Verzicht auf Gewalt erzwungen und später vereinbart worden war. Mit diesem Verzicht war zugleich die Rache diskriminiert worden. Die Entwicklung von der Sühne zur Strafe ist einer jener Fortschritte, die im Mittelalter so schwer feststellbar sind, weil sich die vorstaatliche Welt dieser Zeit allen Prinzipien entzieht. Fallschilderungen stehen in Konkurrenz zu anderen Fällen. Und dennoch hoffen wir, mit einem Exkurs zur Geschichte der Blutrache nachweisen zu können, daß trotz aller widersprüchlichen Nachrichten die Ächtung privater Gewalt allgemein konsensfähig wurde. Denn darum geht es bei der sogenannten „Geburt der Strafe", darum geht es bei der Infragestellung der Kompositionsgerichtsbarkeit: Die Missetat betrifft nicht nur den Geschädigten; sie ist Friedensbruch und betrifft damit die Allgemeinheit.

Geburt der Strafe? Nein. Der zentrale Gedanke, daß die Missetat die Allgemeinheit betrifft, beruht in den Friedensgeboten des 11. Jahrhunderts auf adeligem Konsens. Niemand dachte an ein ewig gültiges Gesetz. Mit Strafe im Sinne von Verbrechensbekämpfung haben die Friedensgebote nichts zu tun. Ihr zukunftsweisender Gedanke, daß die Missetat eine überindividuelle Angelegenheit ist, die nicht aus dem Verhältnis von Schädiger und Geschädigtem verstanden werden kann, dieser Gedanke wird erst dann produktiv, wenn – wir vereinfachen – den Schwurgemeinschaften der Friedensbewegung seit dem hohen Mittelalter die Schwurgemeinschaften der Stadtbürger folgen. Der Bürgereid wird nicht ausdrücklich Fehde- und Racheverzicht formulieren, sondern – viel umfassender – die Unterwerfung unter die Gebote der Stadt. Und in deren Gesetzgebung – wir werden es noch eingehend zu beschreiben haben – geht der Gedanke von dem überindividuellen Charakter der Missetat ein. Und auch in dieser neuen Gestalt folgt aus dem Gedanken der Friedenswahrung die Definition dessen, was Friedensbruch ist. Was in den Friedensgeboten des 11. Jahrhunderts sich abzeichnet, wird im Verlauf des hohen Mittelalters konkretisiert: Die vier hohen Fälle Mord, Raub, Diebstahl, Notzucht unterliegen der Todesstrafe. Hochgerichtsbarkeit. Deren Anfänge liegen nicht in der Verbrechensprohibition, sondern in der Friedenswahrung innerhalb einer Schwurgemeinschaft.

Erst mit der Erwähnung der vier hohen Fälle wurde benannt, was in der Forschung derart in den Vordergrund gerückt wurde, daß es nach unserer Auffassung die Entwicklung eher vernebelte denn klärte: die Todesstrafe. Sie ist in den Friedensgeboten eher eine Drohung als eine regelhaft einsetzende Sanktion. Die tiefe Scheu mittelalterlicher Menschen vor dem Vollzug der Todesstrafe ist immer wieder als Grundzug der Gerichtsbarkeit zu erkennen. Und die Todesstrafe, so wies Jürgen Weitzel nach,[72] ist als Rache des Königs seit eh und je geübt worden. Nicht durch die Androhung der Todesstrafe, wohl aber über die neue Auffassung von der Missetat sind die hochmittelalterlichen Friedensordnungen zukunftsweisend geworden.

Weiterwirken und Umformung des Bußgedankens

Fortleben der Kompositionsgerichtsbarkeit unter veränderten Kompetenzen – Zahlen allein genügt nicht – Mord soll man mit Mord vergelten – Verbrecher als „rebelles contra pacem"

Obwohl spätestens über die Landfriedensgesetzgebung seit dem 12. Jahrhundert die Todesstrafen in das Rechtswesen Eingang gefunden hatten, zeigte sich noch im Sachsenspiegel das Weiterwirken der alten „Kompositionsgerichtsbarkeit", welche die Delikte der Freien (nicht die der zu strafenden Unfreien) grundsätzlich mit Geldbußen zu ahnden versuchte. Obwohl der Sachsenspiegel die Todesstrafe im Prozeß verankert, geht er doch davon aus, daß jede zum Tode führende Missetat noch sühnbar ist, wenn Kläger und Richter (aber nicht mehr: Täter und Geschädigter) gemeinsam eine solche Sühne befürworten.[73]

Folge der Landfrieden mit ihrer urteilenden Kompetenz war es, wenn Eike von Repgow eine ihm immer noch möglich erscheinende Sühne in die Kompetenz des Richters legte. Überindividueller Charakter der Missetat. Nicht etwa ungebrochen lebt die Kompositionsgerichtsbarkeit des Frühmittelalters weiter. Das Gericht ist nicht mehr eine Mittlerinstanz, gemäß den von den Leges vorgegebenen Regeln, es ist eine urteilende Instanz, ist Herr des Verfahrens und kann dementsprechend Sühne der Missetat zulassen. Insofern gilt in der Nachfolge des Sachsenspiegels für das Spätmittelalter: Immer noch kann selbst ein Totschlag mit Geld gesühnt werden.[74] Das ist zum Beispiel im stolbergischen Amte Elbingerode noch bis Ende des 16. Jahrhunderts möglich.[75] Wenn 1477 der Amtmann zu Cloppenburg gegen drei Einwohner zu Elze wegen Erschlagung („dotslag") seines Sohnes in Celle klagt, so will er, daß die Täter in Gegenwart des Herzogs und seiner Räte „mynen sonen willen betalen".[76]

Sühnbar war stets die Notwehr.[77] Aber nicht jeder Totschlag beruhte darauf. Das entscheidende Kriterium, das ihn vom Mord trennte, war die fehlende Heimtücke, der fehlende Vorsatz. Bis in das ausgehende 16. Jahrhundert konnte ein Totschlag selbst in den Städten noch mit Geld und Bußleistungen gesühnt werden;[78] in Dithmarschen und in Schweizer Urkantonen, also in Gebieten, in denen sich bäuerliche Freiheit am längsten halten konnte, behauptete das entsprechende Rechtsdenken sich noch bis in die Mitte des 17. Jahrhunderts[79]. In Gebieten bäuerlicher Freiheit bleibt der Gedanke, daß zum Recht die Gnade gehört, noch am längsten am Leben. Aber selbst in solchen Gebieten ist damit nicht die Vorstellung von der Strafwürdigkeit mancher Missetaten ausgeschlossen, wie am Beispiel Frieslands zu erkennen ist. Und blicken wir von der Nordseeküste in den Süden, so zeigt sich ebenso in Tirol, einem Gebiet großer bäuerlicher Freiheitsrechte, daß der gemeine Mann den Frieden auch durch Strafe gesichert sehen will. So wird im Tiroler Bauernkrieg von den Aufständischen gefordert, daß sich künftig „die Totsleg nit so leichtlich mit Gelt vertedingen lassen", also nicht so einfach in einem Sühneverfahren beigelegt werden können.[80]

Ein Mord jedoch ist keineswegs mit einfacher Bußzahlung zu sühnen. Aufwendige weitere Sühneleistungen – Aachen- und Romfahrt –, teure kirchliche Stiftungen kommen hinzu. Um 1230 muß ein hildesheimischer Adeliger Mord, Plünderung und Kirchenraub damit sühnen, daß er auf sein Vermögen verzichtet, bettelt, ins Heilige Land zieht und auf Lebenszeit dem Deutschen Orden dient. Aber der Frieden des Kreuzfahrers wird ihm zuteil.[81]

Ablehnung der Lebens- und Körperstrafen. Aber dann fährt zu unserer Irritation die 16. friesische Küre fort: Mord soll man nach der Satzung des Volkes mit Mord vergelten – keineswegs nach Gottes Recht, denn Gott hat immer Gnade geboten –, um dem Bösen zu wehren. Mord soll man mit Mord vergelten: Auf den ersten Blick scheint hier das Prinzip der Bußzahlung verlassen zu sein. Im Grunde begegnet hier aber eine Lösung, die bereits im Jahre 614 der fränkische König in einem Edikt formuliert hatte. Natürlich hat im hochmittelalterlichen Friesland niemand mehr dieses Edikt gekannt, aber man geht von den gleichen Grundlagen aus. Das Erschlagen eines Mannes, das mit Geld gebüßt werden kann, beruht entweder auf Kampf oder – worauf noch einzugehen ist – auf einem Jähzorn, der aus der Anstiftung des Teufels erklärt wurde. Ein Mord hingegen ist die heimtückische und vor allem die mit Vorsatz begangene Tat, welche dem Feind keine Möglichkeit der Gegenwehr läßt.

614 definiert Chlotar II. als Herrschaftsziel „ut pax et disciplina in regno nostro sit", deshalb mußten – in den Worten des merowingischen Latein „revellus vel insullentia malorum hominum" unterdrückt werden.[82] Verbrechen sind definiert als Auflehnung („revellus") und jene mit „Übermut" nur unvollkommen übersetzte „insullentia", die im Sinnbereich des Frevels angesiedelt ist.

Von dem Gesetz Chlotars II. unterscheidet sich im Prinzip nicht, was etwa 200 Jahre später Karl der Große 805 im Diedenhofer Kapitular verkünden ließ, in einem Kapitular, das die Amtsgewalt des „missus" festlegt, also jenes Mannes, der die Gebote des Herrschers in vom Königshof entfernten Gebieten zu vollziehen hat. Gleich als erstes „Kapitel" wird lakonisch, weil jeder weiß, welche Intentionen der Herrscher verfolgt, festgestellt: „De pace, ut omnes qui per aliqua scelera ei rebelles sunt, constringantur."[83] Das sich auf „pax" beziehende „ei" ist nicht gerade elegantes Latein – aber es definiert die Verbrecher als Friedensbrecher, als „rebelles contra pacem".

Der Gedanke verkümmert nicht in der Einsamkeit genialer Entscheidungen Karls des Großen. Ein zwischen 823 und 825 entstandenes Kapitular formuliert diesen Gedanken des Friedensbruchs als Verbrechen: Verbrecher ist, wer durch „Übermut" („temeritate") – nahe liegt das merowingische „insullentia" – und Gewalt („violentia") den Frieden des Volkes („communem pacem populi") durch Diebstahl oder Raub zerstört.[84]

Zusammenfassung[85]

Bei einer Interpretation der friesischen Rechtsquellen für die Einschätzung des epochalen Wandels von der Buß- zur Strafgerichtsbarkeit ging es einmal um den kontrastierenden Vergleich – als Stichwort möge das Asyl genügen –, der sich aus der Eigenart eines Stammes ergab, der weder die für die Entwicklung zur Strafgerichtsbarkeit entscheidende Hochadelswelt kennt noch ein durchgebildetes Städtewesen, das für den Vollzug dieser neuen Gerichtsbarkeit so wichtig werden sollte. Und zweitens war die einzigartige Quellendichte der, von der schriftlichen Überlieferung her gesehen, bedeutendsten europäischen Rechtslandschaft zu nutzen und der Frage nachzugehen, welche Probleme sozial- und mentalitätsgeschichtlicher Art sich mit dem Wandel zur Blutgerichtsbarkeit verbanden. Diese zweite Aufgabe stellte sich um so dringender, je deutlicher wird, daß die Friesen zwar eine Menge gegen das Eindringen auswärtiger Ritter, aber wenig gegen das Eindringen auswärtiger Gedanken hatten. Ein Beispiel: In sieben friesischen Rechtshandschriften wird die Grundsatzfrage behandelt, „was ist Recht". Die Antworten dieses um 1200, möglicherweise im Westerlauwersschen entstandenen Textes erscheinen wenig originell; sie beruhen auf Exzerpten aus dem aktuellen Stand des Kirchenrechts,[86] sind also erneut Zeugen eines geistigen Austausches, sind aber, trotz der eher flachen Argumentation Beleg dafür, wie in Friesland die grundsätzlichen Fragen nach dem Recht gestellt wurden, daß die Berufung auf die Bibel oder auf Karl den Großen, auf den sich die 17 Küren und die 24 Landrechte berufen, eine Rückversicherung darstellt.

Die friesischen Rechtsquellen des hohen Mittelalters stehen auf der Höhe ihrer Zeit. Ihre Antworten auf das universalgeschichtlich bewegende Problem der Strafe[87] sind nicht die eines selbstgefälligen Traditionsbewußtseins, sondern solche, die sich bei aller Aufgeschlossenheit gegenüber dem Neuen stets den sozialen Gegebenheiten des eigenen Stammes bewußt bleiben.

Die Todesstrafen waren auch im frühen Mittelalter nicht unbekannt, das Wort Galgen ist schon im Althochdeutschen bezeugt; Todesstrafen kannte aber auch das friesische Recht, obwohl es die Bußgerichtsbarkeit in den Mittelpunkt der Rechtswahrung stellt. Und dabei erwies sich: Die Todesstrafen in fränkischer Zeit entstanden im Umkreis des Königtums und dann der Herrschaft. In Friesland hingegen werden sie von dem Stammesfrieden abgeleitet.

In der Ablehnung der Todesstrafen waren die friesischen Rechte nicht konsequent. Das aber ist ein Einwand modernen Denkens. Zu erinnern ist an das permanente Fragen nach dem Recht in den friesischen Kodifikationen. Das läßt Widersprüche entstehen, die wie bei jedem Leben auch bei dem Leben des Rechts unvermeidlich sind.

Wenn mit Ausnahme des Brokmerbriefes in allen altfriesischen Rechtshandschriften die Zehn Gebote als unmittelbar geltendes Recht wiederkehren,[88] wenn auf sie in der Vorrede zu den gemeinfriesischen Küren und Landrechten verwiesen wird,[89] beruht das nicht auf „missionarischem" Einfluß der Kirche. Vielmehr können sich die Menschen aller Kulturkreise mit diesen Geboten identifizieren. Aber nur das friesische Recht kennt die ausdrückliche Begründung, daß mit der christlichen Botschaft auch der Verzicht auf die Todesstrafe verbunden sei. Das ist nun sicherlich ein allgemein verbreitetes Denken, das vor allem in Gestalt jenes Heiligen begegnet, der Sünder vom Galgen errettet, wobei die Viten als unerheblich beiseite lassen, ob der Betreffende schuldig war oder nicht.[90] Die Mirakelerzählungen noch des hohen Mittelalters lassen erkennen: Das „peinliche Strafen" wird weiterhin als Ausdruck von Gewalt verstanden und entsprechend abgelehnt. Diese Auffassung teilen die friesischen Rechte weitgehend.

Eingangs hatten wir erwähnt, daß die Körper- und Todesstrafen bis ins 16. Jahrhundert hinein noch nicht zu „allgemein gültigen Prinzipien geworden waren". „Prinzip" ist ein gefährliches Wort bei der Betrachtung der Rechtsentwicklung. Vorsichtiger wäre es gewiß gewesen, von Strafnorm zu sprechen; denn prinzipiell steht das Mittelalter dem Prinzip ablehnend gegenüber, weil dieses die individuellen Profile des Einzelfalls zugunsten allgemeiner Setzung einebnet. Deswegen das Abbitten vom Galgen, das Gnadenrecht und das Wissen: „Das Recht ist barmherziger als wir Menschen."[91] Mit der Unterdrückung des Abbittens im Verlauf des 16. Jahrhunderts setzt sich zugleich das Beharren auf gesetzlich niedergelegten Strafnormen durch. Prinzip. Aber schon längst zuvor kannten die Friesen den Zusammenhang von Strafe und Prinzip. Wir erinnern an den klärenden Kommentar des Hunsingoer Rechts zur 16. gemeinfriesischen Küre. Aus einem höher als menschliche Satzung stehenden Gesetz, aus dem der christlichen Botschaft, wurde abgeleitet, daß jede Missetat mit Fasten oder Geld, aber nicht mit dem Leben gesühnt werden könne. Auch das ist ein Prinzip.

Mittelalterliches Verneinen des Prinzipiellen. Die friesischen Rechte kennen durchaus in genau beschriebenen Einzelfällen die Todesstrafe. Wenn dabei aber dezidiert vorgeschrieben wird, daß in diesen Fällen nicht vom Vollzug des Urteils abgesehen werden dürfe, könnte nur in einer rechtsformalistischen Betrachtungsweise daraus eine Vorstufe zum frühneuzeitlichen Gesetzesprinzip abgeleitet werden. Wer bei aller prinzipiellen Ablehnung der Todesstrafe diese in bestimmten Fällen zwingend vorschreibt, sieht in diesen Fällen einen unsühnbaren Angriff auf die Gemeinschaft aller. Die Todesstrafe ist nicht von einem Strafgesetz, sondern von dem Gedanken der Notwehr der Gemeinschaft geleitet.

Nicht Widersprüchlichkeit, sondern Differenzierungsvermögen ist in den Todesstrafen der friesischen Rechte festzustellen. Die Ahndung gewissermaßen „politischer" Missetaten, des *skeltata*, der sächsische Ritter ins Land holt, konkretisiert den Gedanken der Notwehr am klarsten. Anders steht es beim Dieb, den der Geschädigte hinrichten soll. Die allgemeine, die universalgeschichtliche nachweisbare Ächtung des Diebstahls ist auch hier unverkennbar. Die dabei aber nicht fest vorgeschriebene Todesstrafe legt deren Vollzug in die Hände des Geschädigten und trägt damit dem Umstand Rechnung, daß zwischen Dieb und Bestohlenem eine personale Beziehung bestand. (Was in dieser abstrakten Form an Unsinn zu grenzen scheint, ist bis heute für alle Bestohlenen nachvollziehbar, wenn sie sich erinnern, daß sie nicht nur unter dem Verlust von Eigentum, sondern auch unter der ihnen angetanen persönlichen Kränkung litten.)

Wiederum anders steht es mit dem Gottesurteil des Zweikampfes: Der Grundgedanke ist, Gott die Entscheidung anheimzustellen. Daß diese Zweikämpfe gegen berufsmäßige Lohnkämpfer nicht dem Fairnisgebot des neuzeitlichen Duells entsprechen, daß vor allem der Mordbrenner wohl keine Chancen hatte, sind Einwände aus modernem Denken heraus. In einer Welt, die noch vom direkten Eingreifen Gottes in die menschlichen Geschicke überzeugt war, ging es darum, einem direkten Vollzug der Todesstrafe aufgrund menschlicher Satzung auszuweichen.

Die friesischen Rechtsquellen können die Fragestellung präzisieren, wenn nicht gar Antworten nahelegen, die sich hinter dem hochmittelalterlichen Wandel verbirgt, nämlich, ob sich über den archaischen Rachegedanken hinaus eine neue Auffassung von Strafe entwickelt habe. Gab es eine „Geburt der Strafe" im hohen Mittelalter?[92] Die bereits 1951 vorgelegten Thesen Victor Achters, der über die Formalbeschreibung des Wandels von der Buß- zur Strafgerichtsbarkeit einen – bevor es die Mentalitätsgeschichte gab – geistesgeschichtlich motivierten Wandel zu begründen versuchte,[93] stießen auf entschlossene Ablehnung oder auf wegwerfende Charakterisierungen („Zwischendiskussion")[94] und wurden erst in jüngster Zeit als Diskussionsanstöße ernster genommen.[95] Hinderlich war der Rezeption des Werkes, daß 1951 die Wissenschaft noch nicht so an knallige Buchtitel gewöhnt war wie die heutige und daß sie solche Titel ernster nahm, als sie es – verkappte Werbungs- und Profilierungsargumente – verdienen. Gewiß zu Recht stellte Jürgen Weitzel fest: „Die Geburt der Strafe hat mehr als einmal stattgefunden."[96] Jedoch wann (die Metapher hat ihre Tücken) ist ein Ergebnis von Dauer entstanden? Hans Hirsch wies bereits 1922 darauf hin, daß die spezifischen Ausdrücke für die Blutgerichtsbarkeit – *iudicium sanguinis, vindicta sanguinis* – zeitgleich mit den Landfrieden im 12. und 13. Jahrhundert durchgesetzt wurden.[97] Insofern dürfte Achter wichtige Anstöße gegeben haben, als er die Rechtsentwicklung nicht allein aus dem Recht glaubte ableiten zu dürfen.

Und in der Antwort auf eine nach wie vor offene Forschungsfrage ist eine grundsätzliche Aussage der friesischen Rechte beschlossen. In einer Eindringlichkeit, für die es ansonsten in deutschen Landen keine Entsprechung gibt, beschreiben sie, daß der „Schadensersatz" bei der Bußgerichtsbarkeit Einsicht in die Tat voraussetzt. Den Begriff „Schadensersatz" wählten wir deshalb, weil die Rechtssprache lange gebraucht hatte, um Begriffe wie Untat oder Missetat zu entwickeln. (Vollends der Ausdruck „Verbrechen" ist erst spätmittelalterlich.) Die meisten sprachlichen Bezeichnungen lagen im Sinnbereich des Schadens,[98] dem friesischen *scatha*[99]. Wie allenthalben in deutschen Landen heißt die Missetat, heißt selbst der Mord einfach *dêde*, Tat.[100] Allein im westerlauwersschen Recht begegnet *misdêde*.[101] Bis zur Wergeldzahlung bei Totschlägen handelt es sich um eine Wiedergutmachung des „Schadens", um den Frieden zu erhalten und die Blutrache zu vermeiden. Eine entscheidende Weiterentwicklung dieser Auffassung liegt im friesischen Recht. Einsicht in die Missetat – zeitlebens soll sie leid tun – ist die Voraussetzung, um überhaupt dem Recht Genüge tun zu können. Die Umkehrung dieser dem Schadensstifter auferlegten Bestimmung heißt (die mißglückte Metapher nehmen wir der Klarheit wegen auf): Geburt der Strafe.

Vom „Schaden" zur „Missetat", von der Bußzahlung zur Strafe: Mitten in diesem Zwiespalt stehen die friesischen Rechte des hohen Mittelalters, und auf diesen Zwiespalt sind auch die Reserven, ja Widerstände zurückzuführen, die in deutschen Landen jene Durchsetzung der „peinlichen Gerichtsbarkeit" begleiten, die Fürsten und Stadträte wollen. Die Friesen versuchten anstelle des ungeregelten Gnadenbittens, anstelle auch der zwischen den Parteien vereinbarten Sühneverträge die friedensschaffende Kraft des geschriebenen Rechts zu setzen.

Zweiter Teil:
Ausbildung und Ausgestaltung des „Strafsystems" im späten Mittelalter und in der frühen Neuzeit

1. Gewalt, Strafe und Erbarmen

Die Anführungszeichen, in die der Begriff „Strafsystem" hier gesetzt wurde, weisen auf eine terminologische Notlösung hin. Eigentlich ist es noch schlimmer. Ein System der Strafe kannte weder das Mittelalter noch die frühe Neuzeit. Wolfgang Sellert hat recht: „Ein allgemeines mittelalterliches Strafrecht hat es nicht gegeben. Man kann folglich dieses überlieferte Recht auch nicht in ein System bringen."[1]

„Strafsystem" als terminologische Notlösung: Die immerhin möglichen, der Sache angemesseneren Differenzierungen wie etwa „rechtmäßig strafende Gewalt" wären bei ihrer unumgänglichen Wiederholung in der folgenden Darstellung zu sperrig und müßten genauso erklärt werden wie der Begriffscontainer „Strafsystem". In diesen sei alles eingepackt, was das spezifisch Neue spätmittelalterlicher Rechtspflege ausmacht: die hier wirksamen städtischen Intentionen und die – dem Begriff System sich annähernden – überraschenden überlokalen Gemeinsamkeiten dieser Rechtspflege. Bei allen Individualitäten des mittelalterlichen Städtewesens, die eine Stadttypologie so schwierig machen, bei allen Unterschieden von Stadt zu Stadt sind doch gemeinsame Züge bei der Ausgestaltung des Strafgedankens unverkennbar. Diese Gemeinsamkeit aber weist mitnichten, wie die ältere Forschung annahm, auf eine gleiche Wurzel, also auf ein Weiterleben von alten Rechtsordnungen zurück; diese Gemeinsamkeit weist vielmehr auf ein neues Element hin, das der Kommunikation der Städte untereinander. Die Straßburger zum Beispiel berufen sich auf das Vorbild anderer Kommunen, wenn sie 1461 anordnen, künftig die Körper der Gerichteten zur Abschreckung an der Galgenstätte hängen zu lassen,[2] und die Nürnberger begründen die Abschaffung des Lebendigbegrabens damit, daß diese Strafe auch andernorts im Reich kaum noch vollzogen werde[3]. Angleichungsprozesse. Die Geschichte der Folter wird unter anderem lehren, wie die Städte eine neue Prozeßform allmählich in ihr Strafverfahren integrieren: Das setzt Kommunikation voraus, Erfahrungsaustausch, Suche nach allgemein verbindlichen Normen.

Weiterhin gehört in den Begriffscontainer „Strafsystem" die in den Städten zwar nicht erfundene, wohl aber mit weitreichenden Folgen gehandhabte Offizialklage, die Überwindung des Prinzips, daß kein Richter nötig sei, wo kein Kläger auftrete.[4] Wo die Offizialklage durchgesetzt wird, herrschen zumindest Vorstellungen der Strafwürdigkeit von solchen Taten, bei denen Klage zu erheben sei; Vorstufen also dessen, was als System bezeichnet werden kann.

„Vorstufen". Sprachnot des Historikers. Der Ausdruck Strafsystem dient allein der Verständigung. Im Grunde aber ist er zu verwerfen, denn zu diesem Begriff gehört in seinem sachlichen Zusammenhang auch das Strafprinzip. Dessen Existenz im Mittelalter ist, obwohl so häufig in der Forschung als selbstverständlich vorausgesetzt, erst zu beweisen. Würde ein solcher Beweis glücken, wäre auch der Begriff „Strafsystem" nicht nur als Notlösung, als sprachlicher Container zur Verständigung über ganz verschiedene Inhalte zu gebrauchen, sondern als erklärender Begriff. Vorgegriffen sei den folgenden Darlegungen, die darauf hinauslaufen, daß Strafnormen und Strafprinzipien dem Mittelalter wesensfremd sind, daß „Strafsystem" lediglich als ordnender, aber nicht als erklärender Begriff dienen kann.

Das Ausmaß der Gewaltverbrechen in der spätmittelalterlichen Stadt

Die fehlende Kriminalstatistik – die städtische Überlieferung und die begrenzten Möglichkeiten der Auswertung ihres Datenmaterials – Vermutungen über die Vergleichbarkeit ländlicher und städtischer Gewaltkriminalität – Dunkelziffern und Anhaltspunkte für das Ausmaß von Gewalt – Zählen und Wägen: „impressionistische" und quantifizierende Kriminalitätsforschung, „Sinnhuber" und „Kliometriker"

1951, lange bevor die quantifizierende Methode zur Mode, teilweise auch zur Obsession historischen Forschens wurde, beklagten Gustav Radbruch und Heinrich Gwinner in ihrer auch heute noch lesenswerten Geschichte des Verbrechens[5] das Fehlen jedweder Voraussetzungen einer Kriminalstatistik für die vorindustrielle Gesellschaft. Die historische Kriminologie müsse ohne das wichtigste Hilfsmittel der Deliktforschung auskommen.[6] Diese Klage ist zu verständlich, wenn der Zeitpunkt berücksichtigt wird, zu dem sie angestimmt wurde. Noch galten unangefochten Karl von Amiras archaisierende Theorien, die eine sozialgeschichtlich orientierte Deliktforschung[7] als nebensächlich angesichts eines in der germanischen Zeit angelegten Strafrahmens erscheinen ließen. Das Fehlen einer Kriminalstatistik kann aber auch vor Fehlern bewahren. So sind die entsprechenden Daten der Delikthäufigkeit, die für Deutschland seit dem ausgehenden 19. Jahrhundert gesammelt wurden, inzwischen in den Verdacht geraten, eine ganz andere Realität als die der Kriminalität abzubilden, nämlich die der Juristenwahrnehmung.[8] Und vor allem: Können die doch allenfalls nur zufällig erhaltenen statistisch auswertbaren Daten aus vorindustrieller Zeit den Historiker darüber hinwegtäuschen, daß er niemals mehr sieht als die Spitze eines Eisbergs, dessen Umrisse und dessen Maße unter dem Wasserspiegel nicht einmal zu erahnen sind?

Der Klage Gustav Radbruchs und Heinrich Gwinners liegt nicht allein das Fehlen statistisch auswertbarer Daten zugrunde. Beklagt wird ein beiden Autoren bewußter, viel weiter gehender Sachverhalt, daß nämlich das ganze Ausmaß der Verbrechen in einer gewaltbereiten Welt gar nicht zu erfassen ist.[9] Ist jemals das Verbrechen an dem Menschen gesühnt worden, dessen zusammengeschnürtes Skelett Archäologen in einer mittelalterlichen Senkgrube Lübecks fanden?[10] Dieser Einzelfall stehe stellvertretend für das in ganz Europa gravierende Problem der vielen nicht aufgeklärten Morde.[11] In England flohen im 14. Jahrhundert 80% aller Täter, und nur rund ein Drittel der Täter konnte später vor Gericht gestellt werden.[12] Bisweilen wird sichtbar, wie viele ungesühnte Untaten ein Krimineller begangen hatte, bis ihn der doch ziemlich kurze Arm des Gesetzes ereilte. In Bern wurde 1557 ein Mann gerichtet, der bereits 24 Morde auf dem Gewissen hatte.[13]

Wahrnehmungsproblematik bei überlieferten Zahlen. Das klassische Forschungsfeld der Mediävistik, die Quellenerschließung, trägt bis heute Früchte. Bei aller Freude über moderne Fragestellungen: Ohne die im 19. Jahrhundert erfolgten Editionen von Achtbüchern, Verfestungsregistern, Strafbüchern usw., ohne eine heute selten gewordene Editionstätigkeit stünde die Deliktforschung vor einem brachliegenden Feld. Wie alle Editionen mittelalterlicher Quellen haben auch die der Acht-, Richt- und Verfestungsbücher ihre Grenzen.[14] Sie können nicht die Atmosphäre einfangen, die ihre erste „Veröffentlichung" umgab, die zeremonielle Verkündigung des Namens eines Geächteten.[15] Mögen auch die Listen der hier feierlich verkündeten Namen aufschlußreich für die Missetaten (weniger für ihre Bestrafung)[16] sein, so ist doch in einer mündlichen Gesellschaft schon die Schrift selbst oft ein feierlicher Akt, in diesem Fall eine drohende Sanktion. Denn die Strafbücher waren, wie Klaus Graf ermittelte, auf die Stadtöffentlichkeit bezogen,[17] die Gemeinde wurde öffentlich über die Anlage solcher Bücher unterrichtet – wahrscheinlich der Wurzelgrund für die Redensart von einem Beweis „schwarz auf weiß"[18]. Das „schwarze Register" hieß in Breslau das Verzeichnis jener Bürger, die der Stadt verwiesen worden waren.[19] In Lemgo mußte 1715 das „Schwarze Buch", in dem alle der Hexerei Beschuldigten eingetragen worden waren, zur Beruhigung der Bürger öffentlich auf dem Marktplatz verbrannt werden.[20]

In den Straf- und Verfestungsbüchern sind zur Frage nach dem Ausmaß von Gewalt im Mittelalter Zahlen überliefert – aber diese können allenfalls ansatzweise und nur innerhalb eines enggesteckten Überlieferungsrahmens statistisch ausgewertet werden.[21] Methodisch verfehlt wäre es, die etwa in einem Achtbuch enthaltenen Daten einfach mit denen des Verfestungsregisters einer anderen Stadt zusammenzuwerfen. Vor dem Aufkommen von Gaunerlisten im 18. Jahrhundert hat jede Aufzeichnung von Missetätern ihre individuelle Anlage und ihre individuellen Schwerpunktsetzungen. Die lockere Verwandtschaft dieser Quellen untereinander geht auf die gemeinsame Herkunft aus der Strafpraxis der urbanen Welt des Spätmittelalters zurück; diese Verwandtschaft erlaubt allenfalls, eine Quellengattung der Strafrechtsbücher als Unterabteilung der Stadtbücher zu bestimmen, aber sie erlaubt nicht, eine Datenbank zur Häufigkeit von Delikten anzulegen.

So ist beispielsweise das Bamberger Echtbuch kein vollständiges Verzeichnis aller Verfestungen zwischen 1414 und 1444. Innerstädtische Unruhen können die Ursachen der mehrfach nur lückenhaften Einträge sein.[22] Ein weiterer Grund liegt in dem Ermessensspielraum des jeweiligen Stadtschreibers, was er außer den Stadt- und Landverweisungen noch vermerken will, etwa Nachfragen in den benachbarten Gemeinden, Steckbriefe, Zeugenaussagen, Urfehden, Geständnisse.[23] Dieses „Echtbuch" ist auch kein verkapptes Protokollbuch der Gerichtssitzungen.[24] Es wertet ganz verschiedene Vorlagen aus, Bamberger Urteile, aber auch Mitteilungen auswärtiger Gerichte und Urfehdeurkunden.[25] Insofern ist es bei aller Unvollständigkeit genau; denn eine Verfestung sprach in Bamberg nicht nur das Stadtgericht, sondern auch das davon zu unterscheidende bischöfliche Zentgericht aus, dessen Vorsitzender, der bischöfliche Schultheiß, ein Adeliger war, dem als Schöffen Bamberger Bürger beigestellt wurden.

Nur ein lokal fragmentiertes und zudem inhomogenes Quellenkorpus steht für quantifizierende Aussagen zur Verfügung.[26] Die Möglichkeit sollte nicht voreilig verworfen werden, daß die hier enthaltenen lokal begrenzten Aussagen doch Interpretationen allgemeiner Natur zulassen – sofern man es nicht genau nimmt. Wir haben nicht vor, mit dieser Wendung der Kritik Tür und Tor zu öffnen, es „nicht genau nehmen" ist die Pointierung unseres Verzichts auf lediglich errechnete Relationen. Zu wägen gilt es, statt zu zählen.[27] Es mag unbefriedigend sein, daß zu manchen Hinrichtungsformen lediglich vage angemerkt werden kann, daß sie nur sehr selten vollzogen wurden, aber angesichts der lückenhaften Überlieferung würde selbst eine Vielzahl von Diagrammen keine andere Aussage zulassen. Und eine solche Aussage hilft immerhin, den so häufig aufgelisteten Grausamkeitskatalog des spätmittelalterlich-frühneuzeitlichen Strafvollzugs zu differenzieren, wenn nicht gar in seiner scheinbar eindeutigen Aussage zu relativieren.

Wägen statt mühsam Rechnen: Wenn Zahlen vorliegen, gelten sie nur für den Sonderfall mittelalterlicher Siedlung, für die Stadt. Daß sie nicht einfach auf das Land übertragen werden, lehren um 1600 die Aufzeichnungen des Nürnberger Scharfrichters Franz Schmidt. Zum Jahre 1590 notiert er, als er eine Hinrichtung in Betzenstein vollzieht: „ist über 60 Jahr niemand alda gericht worden";[28] noch genauer weiß er anläßlich eines „endlichen Rechtstages" in Eschenau Bescheid: „ist in 76 Jahren niemand alda gerichtet worden",[29] und 1604 in Mittelehrenbach vermerkt er: „Ist in 106 Jahren niemand alda gericht worden."[30] Diese Informationen hat Meister Franz nicht vom Hörensagen; ihm lagen noch die Abrechnungen seiner Vorgänger über die ihnen zustehenden Sporteln vor. Der Weg des Henkers auf das Land wird uns noch beschäftigen. Aber nicht nur diese Entwicklung personifiziert Meister Franz. Seine knappen Notizen warnen davor, die im Sonderfall mittelalterlicher Siedlung, in der Stadt, überlieferten Zustände für das Normale, also für das spezifisch mittelalterliche anzunehmen. Mehr als 90 Prozent der Bevölkerung lebten, selten berücksichtigter Sachverhalt, auf dem Land.

Erst im ausgehenden 18. Jahrhundert begegnen die ersten Versuche, Aufschlüsse über die Häufigkeit von Verbrechen zu gewinnen, Versuche, die weniger der Kriminalitätsvorbeugung als dem nunmehr auch das „platte Land" einbeziehenden kameralistischen Interesse des Zeitalters geschuldet sind.[31] Daß zuvor die Menschen kein Interesse zeigten, über die Häufigkeit von Missetaten nachzudenken, hat erstmals Peter Schuster für den Sonderfall der Stadt thematisiert.[32] Er hat auch die einleuchtendsten Erklärungen geboten. Es gab neben den allmählich sich entwickelnden strafrechtlichen Satzungen ein älteres, nirgendwo in den Statuten abgesichertes, aber die Bürger verpflichtendes Normensystem der Wahrung von Ehre und Ansehen. Die Gewalt in der Stadt verlief keineswegs regellos, sondern war häufig Herausforderung und Angriff auf die Ehre des anderen.[33] Daß in dieser älteren Schicht eine anthropologische Konstante verborgen sein könnte, wird mit mir jeder vermuten, der einmal bestohlen wurde. In den Schmerz über den Eigentumsverlust mischt sich der über die eigene Schwäche, über die erlittene Kränkung.

Der bahnbrechenden Untersuchung von Peter Schuster folgend, bemühen wir uns gar nicht um eine Kriminalstatistik. Wir suchen vielmehr nach Anhaltspunkten, um das Ausmaß von Gewalt in einer spätmittelalterlichen Stadt ungefähr einschätzen zu können; denn unübersehbar war die Entwicklung der Urbanität von Gewalt und Gegengewalt begleitet. Anhaltspunkte: Zwischen 1371 und 1460 wurden in Lübeck 411 Hinrichtungen und zwischen 1461 und 1582 deren 252 vollzogen,[34] in dem wesentlich kleineren Stralsund gar 684 zwischen 1310 und 1472[35]. Während der kurzen Zeit von 1399 bis 1448 sind in dem damals noch wenig bedeutenden Berlin 101 Todesurteile vollstreckt worden,[36] aus Rostock sind in der ersten Hälfte des 16. Jahrhunderts 93 Todesurteile bekannt,[37] aus Basel in der Zeit von 1450 bis 1510 zwischen 230 und 250,[38] aus Breslau gar 454 zwischen 1456 und 1529[39]. Von 1350 bis 1750 sind in Augsburg 636 Hinrichtungen aktenkundig geworden.[40] Das Ausmaß der Gewalt wird am Beispiel Breslaus am Ende des 14. Jahrhunderts deutlich, einer Stadt, die damals kaum mehr als 10 000 Einwohner gezählt haben dürfte: 1368 gab es hier 20 Morde, 1370 deren 12, 1372 13 und 1373 29.[41] In Basel, in einer Stadt von ebenfalls etwa 10 000 Menschen, fanden zwischen 1361 und 1365 über 300 schwere Verbrechen statt; im Jahresdurchschnitt je 7 Totschläge und große Friedensbrüche sowie 37 Fälle schwerster Körperverletzung.[42] In Wien sind 44 Menschen zwischen 1470 und 1479 gehängt, 11 ertränkt, 10 geköpft, 5 gerädert und 3 Menschen verbrannt worden.[43]

Daß es immer nur bestimmte Zeitspannen sind, innerhalb derer die Zahl der Hinrichtungen zu ermitteln ist, weist auf fehlende Kontinuität bei der Führung von Strafbüchern hin. Eine große Ausnahme bilden die nach Vorstufen seit 1375 vom Jahre 1400 an kontinuierlich geführten Zürcher Richtbücher. In der damals noch vergleichsweise wenig bedeutenden Stadt, deren Bevölkerung zwischen 1400 und 1800 von etwa 4000 auf 10 000 Einwohner anstieg, wurde in diesem Zeitraum an 1424 Menschen das Todesurteil vollzogen.[44] Das betraf im 15. Jahrhundert 383, im 16. Jahrhundert 569, im 17. Jahrhundert 327 und im 18. Jahrhundert 145 Menschen.[45]

In der frühen Neuzeit sind dem „Tagebuch" eines Scharfrichters zufolge die schweren Verbrechen keineswegs zurückgegangen[46]: Der Nürnberger Henker Franz Schmidt richtet in 44 Dienstjahren 361 Menschen „vom Leben zum Tod".[47] Und das ist keine Nürnberger Besonderheit. In Stralsund kam es in den Jahren 1536 bis 1572 im jährlichen Durchschnitt zu vier Mord- und Totschlagsfällen.[48] In dieser Zeit wurden neben 146 Mördern, darunter ein Vatermörder, 40 Diebe mit bisweilen Dutzenden von Delikten, 5 Brandstifter, 9 Land- und Seeräuber (darunter 2 Kirchenräuber), 5 schwere Einbrecher, 3 Betrüger und 2 Falschmünzer hingerichtet.[49] In München wurde in den Jahren von 1574 bis 1591 an 48 Menschen das Todesurteil vollzogen.[50]

Alle genannten Zahlen entsprechen dem, was auch ansonsten im damaligen Europa ermittelt worden ist.[51] Oxford, das unter mittelalterlichen Gelehrten wegen der vielen hier begangenen Gewalttaten berüchtigt war, bildete, anders als es den Gelehrten erschien, gar keinen Ausnahmefall.[52] Doch alle Nachrichten können, wie zu wiederholen ist, nur Anhaltspunkte für das Ausmaß von Gewalt in einer spätmittelalterlichen Stadt bieten. Daß diese Zahlen etwa für Zürich höher liegen als in dem damals wesentlich bedeutenderen Augsburg, ist allein in der Quellenlage, in der sorgfältigeren Führung der Zürcher Richtbücher, begründet.

Alle Daten von Straffällen in einer Stadt stellen stets die quantitative Untergrenze dar.[53] Die Überlieferung ist ungleichmäßig und keineswegs vollständig, so daß mit erheblich höheren als den bekannten Zahlen gerechnet werden muß. Wenn in Frankfurt zwischen 1366 und 1400, in 34 Jahren, 155 Todesurteile gefällt wurden, in den anschließenden 160 Jahren bis 1560 aber nur 317,[54] so muß die Überlieferung zahlreiche Lücken aufweisen, was am Hildesheimer Beispiel noch deutlicher wird. In der Bischofstadt sind zwischen 1379 und 1500 insgesamt 104 Hinrichtungen bezeugt; die Aufschlüsselung nach Jahrzehnten aber zeigt frappante Unterschiede: Zwischen 1411 und 1420 sollen nur zwei Todesurteile vollstreckt worden sein, zwischen 1441 und 1450 nur deren drei, in den zwanzig Jahren, die dazwischen liegen, jedoch 46.[55] Diese Überlieferung muß also täuschen, zumal ihr zufolge das Enthaupten ganz ungewöhnlicherweise die häufigste Hinrichtungsart gewesen wäre.[56] Wahrscheinlich sind die meisten der einfach gehängten Diebe gar nicht von den Hildesheimer Quellen erfaßt worden. Weitere Beispiele: Weil im spätmittelalterlichen Olmütz die Diebstähle in einem eigenen Verfahren verfolgt und abgeurteilt wurden, erscheint ihre Zahl auf den ersten Blick viel niedriger als die der Morde.[57] Daß in dieser Stadt Frauen scheinbar nur selten straffällig wurden, liegt lediglich an der Einstellung der Ratsherren, die glaubten, Frauen nicht ächten zu dürfen, und sie statt dessen lediglich zur Prangerstrafe verurteilten;[58] diese aber wurde nicht in den Strafbüchern verzeichnet.

Auch ohne statistische Methoden bemühen zu können, weisen alle Zahlen von Morden, Totschlägen und Hinrichtungen auf ein heutzutage nur schwer nachvollziehbares Ausmaß der Gewalt hin. Und dabei spiegelt sich in diesen Zahlen mitnichten das ganze Ausmaß der Schwerkriminalität wider. Abgesehen von hohen Dunkelziffern – „Es gibt mehr Diebe als Galgen", kommentierte das Sprichwort –,[59] abgesehen von den vielen außergerichtlichen Einigungen,[60] wofür in Hamburg das sogenannte „Dielengericht" im Rathaus vorgesehen war,[61] abgesehen auch davon, daß sich Bessergestellte bei einem Totschlag immer noch von der Strafe freikaufen konnten, ist das Abbitten vom Galgen sehr häufig. Neben den in Breslau in 69 Jahren vollstreckten 454 Hinrichtungen stehen im gleichen Zeitraum 70 Fälle,[62] in denen zum Tode Verurteilte auf der Hinrichtungsstätte abgebeten, begnadigt wurden. Und eine Trivialität: Nur die Täter konnten gerichtet werden, deren die Obrigkeit auch habhaft wurde. In Breslau belief sich die Zahl der wegen schwerer Körperverletzung Geächteten in den 42 Jahren zwischen 1357 und 1399 auf 242.[63] Von vielen Missetätern war noch nicht einmal der Name bekannt.

Ein Überblick auf das vorgelegte Zahlenmaterial. Es ist städtischen Ursprungs. Das zwingt, die Frage wieder aufzunehmen, wie die Gewaltbereitschaft einer Welt einzuschätzen ist, deren Bevölkerungsmehrheit auf dem Lande lebte. Die Vermutung sei gewagt, daß die Bereitschaft zu Gewalt und Missetat in Stadt und Land gleichermaßen vorhanden war, daß aber erst die spätmittelalterliche Stadt, mit ihrer völlig neuen Erfahrung sozialer Unüberschaubarkeit der Ansammlung von Menschen, neue Regelungsmechanismen, konkret: administrativ verantwortbare Ordnungen, entwickeln mußte. Wahrscheinlich – nur schwache Indizien, aber keine harten Fakten sind verfügbar – hatten die Überschaubarkeit der Lebensverhältnisse auf dem Land und vor allem die hier vorherrschende Armut das Entstehen einer Gewaltkriminalität von städtischem Ausmaß verhindert. Verfehlt wäre es jedoch, eine heile ländliche Welt der gewaltbereiten städtischen gegenüberzustellen. Nur handelt es sich hier um Gewalttaten innerhalb überschaubarer Nachbarschaftsverhältnisse, die wegen ihrer Verflechtung mit dem auf Gemeinschaft angewiesenen Dorfleben eigenen Gesetzen unterlagen. Nachbarn mochten sich erbittert bekämpfen – die Weisheit der Weistümer läßt dies gerade in ihren Friedensregelungen erkennen –,[64] doch waren sie dem übergeordneten Gemeinschaftsgedanken, der Wahrung des Dorffriedens verpflichtet. Die Gewaltkriminalität, die in der Stadt beheimatet war, wurde in die Dörfer von außen hereingetragen – die später zu erzählende Geschichte der vom Adel geschützten Plackerei, der Heimsuche und der Bandenkriminalität wird darüber unterrichten –, die urbane Gewaltkriminalität hingegen entstand zu einem großen Teil in der Stadt selbst mit ihrem großen Anteil an Gelichter und zwielichtigen Gestalten[65]. Obwohl keine Rede davon sein kann, daß die Gewaltkriminalität ein Unterschichtsphänomen gewesen sei, darf doch nicht übersehen werden, daß die große Mobilität armer Leute im Mittelalter vor allem die Städte zum Ziel hatte. Latente Mobilität und bedingte Seßhaftigkeit. Es genüge in diesem Zusammenhang, ein Speyerer Achtbuch des 14. Jahrhunderts sprechen zu lassen. Viele der Verfesteten sind nur mit dem Namen, den sie in der vagierenden Unterschicht tragen, bekannt: „kupphernagel", „kistenschedel", „lùmperlin von Strazburg".[66] Abgesehen von der Unterschichtsproblematik enthalten die in der Stadt sich entwickelnden sozialen Verhältnisse ein viel größeres Konfliktpotential als die in den Dörfern von Haus und Hof abgeleiteten gesellschaftlichen Schichtungen.

Die Klage über das Anwachsen von Raub und Mord ist überzeitlich. Die unkritische Übernahme solcher Klagen als aussagefähige Zeugnisse von Zeitgenossen ist, um mit Martin Schüßler zu sprechen, „impressionistisch".[67] Deshalb ist aber nicht jedes Lamento als topisch abzutun. Die Berechtigung etwa der Klagen über das Anwachsen der Kriminalität, an denen das 14. Jahrhundert so reich ist,[68] wird von den städtischen Quellen bestätigt. Mit dem Wachsen der Städte wächst auch die Zahl der Verbrechen. Die Kriminalitätsraten lagen, das immerhin bezeugt das ziemlich rohe Datenmaterial, wesentlich höher als heute. Diese Aussage gilt indes nur für die Stadt mit ihrer sozialen Undurchschaubarkeit.

Die moderne Erforschung der Kriminalitätsgeschichte sieht ihre Aufgabe auch als Teil einer Kulturwissenschaft an.[69] Hier helfen die Zahlen in unserem Verständnis des „Nichtgenau-Nehmens", des Wägens also durchaus. Der kulturgeschichtliche Ansatz ist unausweichlich auf erzählende Quellen angewiesen, ohne das Abwägen steht er in der Gefahr, sich in Einzelheiten, die nach Gutdünken zum Exemplarischen aufgeblasen werden können, zu verlieren. Allerdings wird keine noch so reflektierende Methodik diese Gefahr ganz bannen können, weil Richter und Schöffen stets vom individuellen Fall ausgehen mußten, weil Strafnorm und Strafprinzip erst allmählich in der frühen Neuzeit zu handlungsleitenden Begriffen wurden.

So hilfreich, ja unverzichtbar Zahlen für die Kriminalitätsgeschichte auch sind, so täuschen sie doch, vor allem, wenn sie auf Normen und Prinzipien der Deliktstruktur hin befragt werden, eine Realitätsfläche vor, die viel unebener gewesen ist, als es der um klare Aussagen bemühten Wissenschaft lieb sein kann. Vereinfacht: Der in sachlich weiterführender wissenschaftlicher Polemik behauptete Gegensatz zwischen quantifizierender und „impressionistischer" Kriminalitätsforschung[70] oder, um mit Gerd Schwerhoff zu sprechen, zwischen „Kliometrikern" und „Sinnhubern"[71] besteht gar nicht. Vielmehr sind beide Ansätze aufeinander angewiesen.[72]

Der „arme Sünder". Die Einstellung des gemeinen Mannes zum Strafen

Die mentalitätsgeschichtliche Aussage einer Erzählung Heinrich Bebels – die Wahrnehmung von Hinrichtungen um 1500: Heinrich Deichsler – die Verantwortung des „Umstandes", der Zuschauer beim Strafvollzug – „der arme Sünder": Mitleid und Grenzen des Mitleids – Erbarmen und Henkersmahlzeit – die Beichte vor der Hinrichtung – geistlicher Beistand auf dem letzten Gang des Missetäters

Nur eine lediglich literaturwissenschaftlich relevante „Impression"? Heinrich Bebel, dessen Facetien erstmals 1509 im Druck erschienen, erzählt eine Geschichte, die sich im Gericht seines Leibherrn, des Herrn von Stöffeln, abgespielt hatte.[73] Es handelt sich hier nicht um einen „Schwank", den der Autor aus anderen Sammlungen – bei Poggio und Boccaccio bediente er sich gern – übernommen hat, sondern um eine von ihm selbst erlebte wahre Begebenheit. Der Richter hatte einen Dieb zum Galgen verurteilt und ihm erlaubt, zuvor in der Kirche zu beichten. Der Missetäter ist danach „mit einer solchen Fröhlichkeit des Sinns zum Galgen hinaufgestiegen, daß man vermeinet, er hätte des Todes sehnsüchtig begehret". Zwei Themen, auf die noch zurückzukommen ist, werden hier angedeutet: die geistliche Betreuung des armen Sünders auf seinem letzten Gang und die Haltung der Verurteilten beim Sterben. Bebels Erzählung aber zielt auf eine ganz andere Pointe. Viele der Umstehenden waren nicht etwa von der frommen Ergebung des Missetäters in sein Schicksal gerührt, sie machten vielmehr dem Priester heftige Vorwürfe. Als er dem Dieb die Beichte abnahm, hätte er ihn an die Möglichkeit erinnern müssen, die kirchliche „Freiung", das Asyl, nicht zu verlassen, um in Verhandlungen mit den Geschädigten das Todesurteil abzuwenden. Die Erzählung Bebels setzt als selbstverständlich bei allen damaligen Lesern das Wissen voraus: Eine Hinrichtung findet öffentlich statt und unterliegt damit auch der Kontrolle der Öffentlichkeit; denn die Menschen, die ihr beiwohnen, bilden eine besondere Form des „Umstandes" bei einer Gerichtssitzung, jenes „Umstandes", der auch eine Urteilsschelte artikulieren kann. Wenn in diesem Falle der „Umstand" heftig den Priester kritisiert, wird sichtbar, daß die Menschen nicht sensationslustig zusammengekommen waren, um eine spektakuläre Hinrichtung zu erleben. Sie wollten über die wahre Hegung des Gerichts mitentscheiden, und deshalb lag ihnen das Schicksal des armen Sünders am Herzen. Heinrich Bebel erzählt diese Begebenheit aber als auffallenden Vorgang. Damit ist eindeutig: Das, was lange Zeit selbstverständlich war, kann um 1500, Leserinteresse weckend, befremdlich wirken. Nur deshalb ist es erzählenswert. Und damit zeigt sich am unscheinbaren Detail, daß der Anknüpfungswert der historischen Kriminologie sich nicht in verfeinerter Deliktforschung erschöpfen muß, sondern daß unter anderem in den sich wandelnden Einstellungen der Gesellschaft zur Missetat und zum Missetäter allgemeine soziale und mentale Veränderungen aufgespürt werden können.

Die Frage nach dem „Umstand" des spätmittelalterlichen Gerichts zwingt, nach einem möglichen Unterschied zwischen städtischen und ländlichen Gerichten zu fragen; denn es wird allzu häufig von einer mittelalterlichen Gesellschaft aufgrund von Quellen gesprochen, die allein städtischer Provenienz sind. Weil aber die weit überwiegende Mehrheit der Bevölkerung auf dem Lande lebte, ist doch genau auf die Herkunft der Nachrichten zu achten. Anders als die Gerichtsuntertanen des Herrn von Stöffeln nimmt ein Bürger einer spätmittelalterlichen Großstadt die öffentlichen Bestrafungen wahr. Was weiß nicht alles Heinrich Deichsler um 1500 vom Strafvollzug des Nürnberger Rates zu berichten. Innerhalb von zwei Wochen konnte es geschehen, daß zwei Männer gehängt wurden, ein Köhler geköpft wurde, daß der Henker einem Bauern beide Augen ausstach und einer Magd, die „vil gestoln" hatte, die Ohren abschnitt.[74] Bei der Genauigkeit und zugleich Emotionslosigkeit, mit der Heinrich Deichsler den Vollzug von Leibes- und Lebensstrafen notiert, gerät er in den Verdacht, ein Psychopath zu sein. Der lakonische Berichtsstil des Nürnberger Brauers täuscht jedoch den modernen Leser. Dieser Stil weist nicht auf Gefühllosigkeit. Schriftgewohnt war man in Handwerkerkreisen nicht, selbst wenn bei Abrechnungen Zahlen und Buchstaben vonnöten sein sollten. Notizen konnten manche hinwerfen, aber wo sollten Darstellungsmodi gelernt werden? Heinrich Deichsler schreibt kein Tagebuch, sondern er versucht sich – ungewöhnlich genug – an einer Zeitgeschichte Nürnbergs. Und als integraler Bestandteil dieser Geschichte des Gemeinwesens, in dem er lebt, erscheint ihm der Strafvollzug. Wenn auch der Rat die Strafen verhängte, so hatte doch deren Vollzug ebenfalls die Aufmerksamkeit des Bürgers verdient. Der Nürnberger Brauer vertraute ungewöhnlicherweise dem Papier an, was zur gewöhnlichen Erfahrungswelt der Menschen gehörte. Bevor im 18. Jahrhundert die Todesstrafe seltener angewandt wurde, konnte jedermann in seinem Leben zahlreiche Hinrichtungen miterleben. Beiläufig bemerkte ein schlichter Ulmer Schuhmacher in seiner Chronik, „hab doch fil leytt sehen richten" (gerichtet werden).[75]

Unsere Konfrontation eines Berichts aus dem ländlichen Bereich und den Wahrnehmungen eines Nürnberger Bürgers hatte auch den Sinn, daran zu erinnern: Was dem Bürger einer mittelalterlichen Großstadt und einem weitgereisten Handwerker keine weitere Verwunderung abnötigte, war auf dem Lande ein heißdiskutiertes, ein seltenes Ereignis. Aber gleichermaßen für Stadt und Land gilt: Die Bestrafung eines Mitmenschen wurde nicht teilnahmslos hingenommen. Heinrich Deichsler glaubt seiner Chronistenpflicht gerecht zu werden, wenn er scheinbar emotionslos berichtet. Er vertraut seinen Aufzeichnungen kein Mitleid, aber auch keine Abscheu an. Wenn er den Strafvollzug als Teil der Geschichte seiner Stadt versteht, so benennt er beim Schreiben Aufgabenbereiche der Obrigkeit und der Gemeinde. Bis in die Strafjustiz wirkt hinein, was die spätmittelalterliche Stadt als konsensualistisches Kunstwerk charakterisiert: Überaus fragil war, wie die vielen Bürgerunruhen in den spätmittelalterlichen Städten zeigen, das friedliche Zusammenleben ganz verschiedener sozialer Gruppen. Die Gebote des Rates, der über keine direkten Machtmittel, über keine „Polizeitruppe" verfügte, mußten die Billigung der Bürgergemeinde finden. (Erst in der frühen Neuzeit verschoben sich die Gewichte allmählich zugunsten des patrizischen Regiments; der Ausdruck Patrizier bürgert sich seit 1500 allmählich ein.)

Billigung der Strafurteile durch die Gemeinde: Bei seiner Hinrichtung gilt der Missetäter den Menschen nicht als verachtenswertes Subjekt, sondern als der „arme Sünder".[76] So denkt der gemeine Mann, so denkt noch lange seine Obrigkeit. Die Nürnberger Halsgerichtsordnung von 1526 spricht von den „armen Menschen", die im Gefängnis auf ihre Hinrichtung warten.[77] Der städtische „Lochhüter", der Wärter, hatte hier die Flasche mit dem stärkenden Trank zu tragen, der dem armen Sünder auf seinem letzten Gang gereicht wurde.[78] Die mittelalterliche Sitte des Abschiednehmens vor langer Reise, Johannisminne, der mit Segenswünschen begleitete Zutrunk beim Abschied,[79] wird in Freiburg i. B. auch dem Missetäter zuteil, dem man auf seinem letzten Gang, beim Abschied von der Welt, „St. Johanns segen zutrinken" läßt[80]. Erbarmen mit dem armen Sünder. Selbstverständlich wird dem Missetäter vor oder auf seinem letzten Gang – den vielerorts die „Armsünderglocke" begleitet[81] – kirchlicher Zuspruch zuteil, in Hildesheim zeigt man ihm noch das Sakrament in der St. Georgskirche[82]. In Lübeck setzt 1418 ein frommer Bürger ein Legat aus, wonach der arme Sünder das Sakrament, das ihm in der Reichsstadt nicht gereicht werden durfte, zumindest noch einmal sehen können sollte.[83] Das Erbarmen bewegt die Menschen bei der Begleitung des armen Sünders auf seinem letzten Weg. Der lakonische Berichtsstil Heinrich Deichslers, der heutzutage befremdlich wirkt, täuscht über diese allgemeine Einstellung hinweg, die dem Nürnberger Brauer so selbstverständlich war, daß er sie nicht eigens artikulierte: Der Verachtung, zumindest aber dem Mißtrauen setzte sich aus, wer an dem Strafvollzug Gefallen fand. Ein Augsburger Zunftmeister hatte sich immer neue Folterinstrumente ausgedacht, um nach den Worten des Chronisten, „die armen Leute zu martern". Die „armen Leute", das sind eben die, die in Haft sitzen, weil sie schwerer Verbrechen bezichtigt werden. Mit welcher Verachtung die Mitbürger das Hobby des erwähnten Zunftmeisters beobachteten, zeigt sich, als dieser selbst wegen Diebstahls gehängt wurde: „hat meniglich ain fraid darob gehebt."[84]

Wer den „armen Sünder" verachtet, setzt sich selbst der Verachtung aus. Noch 1621 kann das Motiv vom Toten als Gast bearbeitet werden als ein abschreckendes Exempel für „freche Leuthe", die „Verlacher der Armen" sind. Konkret: Ein Edelmann reitet an einem Galgen vorbei und ruft „denn Armen am Galgen hinauff", daß er sie zum Nachtessen einlade. Diese Einladung geht übel für ihn aus. Verwerflich handelt, wer die gehängten Missetäter verspottet. Der Erzähler weiß sich mit seinen Lesern einig. Die Gehängten werden nicht als Straffällige, sondern als arme Sünder gesehen.[85]

Das Erbarmen mit dem armen Sünder hat seine Grenzen. Diese werden 1453 in einem Bericht über die Hinrichtung eines Nürnberger Mörders deutlich, der ungewöhnlich brutal bei seinen Untaten vorgegangen war. „Zu dieser Zeit war gebräuchlich, solche Übeltäter auf eine Schleifen … zu legen, daß ihnen der Kopf aufs Pflaster gehangen, und also bis zur Richtstatt auszuschleifen, und haben sich bisweilen Leut gefunden, die aus Mitleiden ihnen den Kopf getragen. Diesem Mörder aber hat niemand den Kopf tragen wollen." Das aber erschien 1623 einem um möglichste, aus den Akten geschöpfte Genauigkeit bemühten Chronisten der Reichsstadt derart ungewöhnlich, daß er diesen Fall notierte[86]. Das Beispiel zeigt: Mitleid mit dem armen Sünder ist die Grundeinstellung; diese aber kann von der Empörung über eine Missetat überlagert werden.

Sowohl die Grenzen des Mitleids als auch die Auffassung, daß letztlich die Gemeinde verantwortlich für den Strafvollzug ist, können – in allerdings seltenen Fällen – den Rachegedanken wiederaufleben und bis zur Lynchjustiz wirksam werden lassen. In Nürnberg erschien einmal, im Jahre 1536, als große Ausnahme, dem gemeinen Mann die von der Obrigkeit verhängte Strafe zu mild: „Hosenstrickers Ursul ausgehaut, hernach wurde sie mit Steinen zu tot geworfen, hat vorher gebeichtet."[87] In Hannover wurde 1587 ein Marktdieb von empörten Bürgern gesteinigt.[88] Und 1612 waren die Nürnberger nicht damit einverstanden, daß ein „großer Stadt- und Landverräter" nur mit Ruten durch den „Löwen", den Gehilfen des Henkers, ausgehauen werden sollte. Er kam unter Steinwürfen zu Tode.[89] Es hat den Anschein, als hätte der Rat dies stillschweigend gebilligt; denn schon im Jahr zuvor war derselbe Missetäter nur mit knapper Not der Volkswut entkommen, als ihn Meister Franz mit Ruten ausstrich. Er war bei der Spitalsmühle in die Pegnitz gesprungen und hatte sich unter dem Mühlrad verkrochen, „wer sonst damal erworffen worden".[90] Ebenso wurde in Kiel eine „Zauberin", die vom Rat des Landes verwiesen war, von „Volk und Jungens" gesteinigt.[91] Dieses Steinigen ist kein Strafritual, sondern spontaner Ausdruck der Empörung über Urteile des Rates. Volkswut, passend zur Bedeutung der Öffentlichkeit bei einem „endlichen Rechtstag". Ein tätlicher Angriff mit dem Messer verbot sich; er hätte einen Täter namhaft gemacht. Das kollektive Werfen mit den schnell aufgelesenen Steinen vor den Toren der Stadt, wo die Richtstätte lag, ist verantwortete Gerichtsbarkeit; sie ist genaugenommen eben gerade keine Lynchjustiz, wie wir zur Verdeutlichung zunächst formuliert hatten. Lynchjustiz ist Gerichtsbarkeit ohne Obrigkeit und ohne geregeltes Verfahren; was sich in den geschilderten Fällen abspielte, war eine kollektiv verantwortete Bestrafung unter den Augen der Obrigkeit, eine Bestrafung, die nach einem geregelten Verfahren das ergangene Urteil eigenmächtig verschärfte.

Sicherlich wird sich bei größerer Belesenheit die Zahl der geschilderten Fälle von „Lynchmorden" noch vergrößern lassen. Aber schon allein die chronikalische Überlieferung der geschilderten Fälle läßt erkennen, daß den Zeitgenossen diese Fälle als große Ausnahmen erschienen. Ausnahmen jedoch können aufschlußreich sein. Kein größerer Gegensatz als zwischen dem häufigen Abbitten vom Galgen und dem seltenen Steinigen ist denkbar. Beides aber geht auf eine gemeinsame Grundlage zurück. Das Volk, der „Umstand", ist nicht nur Zuschauer, es ist Teilnehmer an einem „endlichen Rechtstag".

Das Problem des Zählens und Wägens steht hinter der Einschätzung der wenigen Fälle, in denen der Bevölkerung eine Strafe als zu milde erschien. Es handelt sich um seltene Vorgänge, die aber dennoch den Schleier von einem in den Quellen verschwiegenen Problem der Ratsgerichtsbarkeit hinwegreißen: Diese durfte nicht selbstherrlich nach Gutdünken richten; sie war konsensgebunden. Neben dem Wägen steht das „Quantifizieren" auch folgender Art. Eine überwältigende Nachrichtenmenge besagt: Tief in den allgemeinen Vorstellungen und langfristig wirkend war die Auffassung verwurzelt, daß das Strafen von Gnade, zumindest aber Erbarmen begleitet werden müsse.

Ausnahmefälle von Lynchjustiz. Auch auf die Gefahr hin, als „Sinnhuber" dazustehen, der aufgrund von Einzelfällen weitreichende Aussagen trifft: Es dürfte kein Zufall sein, daß alle geschilderten Vorgänge eigenmächtiger „Volksjustiz" der frühen Neuzeit angehören. Die Menschen waren bei allem Erbarmen mit dem armen Sünder inzwischen doch von der Notwendigkeit einer Strafjustiz überzeugt. Die prinzipielle Ablehnung der Todesstrafe gehörte der Vergangenheit an. Grundsätzliche Probleme bei der Erforschung der „Volkskultur", die ohne die Mentalitätsgeschichte nicht auskommen kann, scheinen auf: Die Menschen, die mit Steinen eine nach ihrer Auffassung zu milde beurteilte Missetäterin zu Tode werfen, lehnen sich gegen eine Gerichtsbarkeit auf, deren Prämissen sie sich mittlerweile zu eigen gemacht haben.

Abb. 3: Der zum Tode Verurteilte erhält, im Stock eingeschlossen, 1504 eine reichliche Henkersmahlzeit, die er öffentlich einnimmt. Zeichnung im Salbuch (1448–1666). Volkach, Stadtarchiv.

Unabhängig davon, wie sich die Mentalitäten von der Ablehnung bis zur Akzeptanz der Todesstrafe wandeln können, darf als unwandelbar gelten: Erbarmen mit dem armen Sünder. Hierzu gehört nach unserer Meinung die Henkersmahlzeit.[92] Deren Ableitung aus dem mythischen Halbdunkel der Menschheitsgeschichte[93] muß in einem großen Sprung die zeitliche Lücke von Früh- und Hochmittelalter überwinden, und sie dürfte nur insofern eine Berechtigung haben, als das Bedürfnis nach Erbarmen und die erst in der Moderne überwundene Scheu, einem Menschen das Leben zu nehmen, anthropologische Konstanten darstellen.

Speise und Trank vor der Hinrichtung: Die Menschen achten darauf, daß dem armen Sünder ein ordentliches Essen gereicht wird; der als Delikatesse geltende, damals noch sehr seltene Spinat gehört nach dem Willen des Volkacher Rats zu einem solchen Mahl.[94] Noch in der Neuzeit ist die Henkersmahlzeit sehr reichhaltig.[95] Wird diese tatsächlich verzehrt? Oft wird sie stehengelassen.[96] Es gibt aber auch Gegenbeispiele. Dem seelischen Druck des armen Sünders steht das aus Verzweiflung geborene Bedürfnis gegenüber, im letzten Stündlein noch einen Rest Lebenslust zu genießen. Verständnislos notiert ein Nürnberger Prediger 1612 das Verhalten eines Missetäters vor seinem letzten Gang. Er hatte sich „mehr um die Bauch- als um die Seelenspeis bekümmert, in Maßen er greulich soll gefressen haben: in der Stund einen 24Kreuzer-Laib und noch zwei 6Kreuzer-Laib ohne die andere Speis. Dieser Sebastian Geßner hat in dem Loch so viel geessen, daß er hiervon an dem Galgen mitten entzwei geborsten; das obere Teil blieb hangen und das untere fiel herunter."[97]

Die Henkersmahlzeit ist eine von der Mitwelt gewährte letzte Gunst. Sie ist der häufigste, aber nicht der einzige Ausdruck eines Erbarmens mit dem armen Sünder; als letzte Gunst kann ein weiches Bett,[98] kann ein Bad,[99] kann sogar ein Kegelspiel[100] gewährt werden: zumindest eine Freude noch vor dem Abschied. Nur derjenige darf das in diesen letzten Vergünstigungen erwiesene Erbarmen geringschätzen, der keine Ahnung von den Härten des mittelalterlichen Lebens hat, als viel inbrünstiger als heute gebetet wurde: Unser täglich Brot gib uns heute.

Das Erbarmen des gemeinen Mannes mit dem armen Sünder hat nichts mit kirchlichen Einflüssen zu tun. (Die Kirche ist in der Mediävistik für alles gut, was man nicht erklären kann.) Die früh- und hochmittelalterlichen Mirakelerzählungen von dem durch einen Heiligen erretteten Verurteilten entsprechen allgemeinen Vorstellungen – der mittelalterliche Heilige benötigt den Konsens der Laien, um verehrt zu werden –, aber vergebens wird man in dem so facettenreich ausgestatteten Kirchenrecht, das an den spätmittelalterlichen Universitäten gelehrt wurde, nach einer Reflexion über den Begriff der Strafe suchen. Bei der Ausformung der peinlichen Gerichtsbarkeit im späten Mittelalter spielt die Kirche keine Rolle; die Frömmigkeit hingegen schon. In diesem allzuoft übersehenen Zwiespalt zwischen institutioneller Aufgabe und allgemeiner Mentalität ist die Rolle der Geistlichen bei dem Vollzug von Todesurteilen aufschlußreich. Einer Welt, die für die Henkersmahlzeit Sorge trägt, ist selbstverständlich, daß der arme Sünder vor seinem letzten Gang die Beichte ablegen darf. Dafür waren die Vorschriften des Kirchenrechts, die in abstraktem Sinne die Beichte als Menschenrecht definierten, noch nicht einmal nötig,[101] Vorschriften, die allenfalls die Stadtväter kannten[102]. Daß vor der Hinrichtung die Beichte abzulegen war, galt sogar jenen Bauern als selbstverständlich, die sich an dem jungen Helmbrecht, der sie bis aufs Blut geschunden hatte, rächten: „sie liezen in sîne bîhte den müedinc (= elender Mensch) dô sprechen ... und hiengen in an einen boum."[103] Beichte des armen Sünders. Natürlich stehen die angesehenen Pfarrer, in den größeren Städten „Vorgesetzte" einer Vielzahl von Vikaren und Altaristen, für solche niederen Tätigkeiten wie die als Beichtvater für arme Sünder nicht zur Verfügung. Bettelmönche sind zu der kirchlichen Hilfe bereit.

Die Beichte am Abend vor der Hinrichtung barg Probleme, über die der Straßburger Rat 1461 beratschlagte. Sie bot Gelegenheit zum Widerruf des unter Martern erfolgten Geständnisses, wodurch der Stadt üble Nachrede entstehen könne. Deshalb solle, so die Mehrheit der Ratsherren, die Beichte frühmorgens beim „Ausführen" des Missetäters erfolgen. Widerspruch im Gremium: Es soll so bleiben wie bisher und wie auch in anderen Städten üblich. Andernfalls könnten zur Winterszeit die Pferde der Gerichtsherren Schaden nehmen, wenn sich die Hinrichtung allzulange verzögere. „So beduhte den mynnre teil das man es ouch ließe bliben als es harkommen wer; dann sollten die herren die stettmeister und ander etwann zů winterzit so lange do usshalten bitz ein jeglicher sin handelunge all gebiht, so möhten inen hengest und pferde erfrieren, dann es würde einen langen verzog bringen; so sy es ouch an etlichen andern enden gewönlich, das man einen lasse etliche tage vorhin bithen und verrihten mit dem heiligen sacrament."[104] Nahe liegt es, hier an hartherzige Stadträte der Oberschicht zu denken, die um ihre Hengste fürchten, während der gemeine Mann mit dem armen Sünder zittert. Nur bitte ich meine Leser, einem erfahrenen Professor zu glauben, daß schon blödere Argumente in Gremiensitzungen protokolliert worden sind. Und deshalb verachten wir nicht die Sorge Straßburger Ratsherren für ihre Pferde. Allein diese Sorge war bei dem im Rat herrschenden Zwiespalt in der Grundsatzfrage konsensfähig. Vergegenwärtigen wir uns die zeitaufwendige Arbeit eines spätmittelalterlichen Ratsherrn, zeitaufwendig und unbezahlt, so daß auch seine Geschäftsbeziehungen darunter litten.[105] Aber selbstverständlich war diesen vielbeschäftigten Herren, daß sie in früher Morgenstunde allesamt dem Vollzug des Urteils, das sie ja gefunden hatten, beiwohnten.

Abb. 4: Zeigen des Kreuzes: Der Verurteilte wird bei der Hinrichtung von einem Geistlichen betreut. Holzschnitt von Wolfgang Katzenheimer in der Bambergischen Halsgerichtsordnung, 1507.

Die Beichte vor dem Tod galt dem Mittelalter, als die Menschen Angst vor dem Herzschlag, dem „jähen Tod" ohne Beichte hatten, als Menschenrecht. Im Gegensatz zur Beichte gehörte ein vom Pfarrer zu spendender geistlicher Trost beim letzten Gang des armen Sünders noch nicht zum Mittelalter. Wer hätte auch die anfallenden Stolgebühren bezahlt? Erst in dem Konfessionalisierungsprozeß der frühen Neuzeit entwickelte sich die Auffassung, daß geistlicher Beistand in den letzten Stunden eines Missetäters zu den Amtsaufgaben der Kirche gehöre.[106] Ausführlich handelt etwa die Lüneburger Kirchenordnung von 1575 über den geistlichen Trost, der den „armen Sündern" – so werden sie in der Ordnung genannt – zuteil werden soll.[107] In Oldenburg wird 1701 die Anschaffung eines Wagens angeordnet, auf dem zwei Geistliche dem Delinquenten auf dem Weg zur Hinrichtung gegenübersitzen können. Vorsicht aber schien angesichts der spezifisch neuzeitlichen Ausweitung der Unehrlichkeitsverrufe geboten: Ausdrücklich wird befohlen, daß der Knecht des Henkers nicht mitfahren darf.[108] Das erscheint einerseits kurios, weil es auf die noch darzustellende spezifisch neuzeitliche Obsession des Unehrlichkeitsverrufs reagiert, zeigt andererseits auch, daß den Geistlichen eine Rolle zugemessen wird, die nicht tief in der Vergangenheit, und das heißt: im Denken des Volkes, verwurzelt ist. Der spätmittelalterliche Pfarrer war ebensowenig bereit, sich der Seelsorge für den armen Sünder zu widmen, wie sein frühneuzeitlicher protestantischer Kollege. Es geschah auf Druck der Pfarrer, daß in Hamburg 1784 der „Brauch", genauer: die Pflicht, abgeschafft wurde, daß Prediger den Missetäter zur Hinrichtung begleiteten.[109]

Geistlicher Beistand in der Neuzeit ist der Belehrung und Bekehrung, ist der Rechtfertigung des Strafgedankens verpflichtet, nicht aber dem mittelalterlichen Erbarmen, das etwa den „Seelnonnen", den Beginen, erlaubte, armen Sündern Polster und Kissen zu reichen.[110] Die Wolfenbütteler Kirchenordnung spricht 1569 „von besuchung, erinnerung, vermanung und trost der gefangenen, so das leben verwirket haben". Im Vordergrund aber steht die „vermanung", nicht der „trost". Die Geistlichen sollen den armen Sünder belehren, „keinen ungedüldigen wiederwillen wieder die oberkeit ... von wegen der straff" zu äußern.[111]

Geistliche, die sich ihrer Aufgabe bewußt waren, werden sich wie manche Bettelmönche im Spätmittelalter psychisch aufgerieben haben bei der Seelsorge für den armen Sünder. Da diese letzten Gespräche nie in die amtlichen Akten gelangen, aber etwa in Johann Jakob Mosers Werk einen aus pietistischer Perspektive gefilterten Widerschein erhalten, schrecken wir vor allgemeinen Aussagen zurück. Wer weiß schon, welche psychischen Ströme bei den seelsorgerischen Gesprächen in einer Gefängniszelle über die Ufer traten. Nur daran halten wir fest: Mochten sich auch manche Geistliche in der frühen Neuzeit aufreiben, so waren sie „Beamte" einer Obrigkeit, der das Strafsystem als zu rechtfertigende Selbstverantwortlichkeit galt. Völlig fremd war dem Mittelalter der Gedanke der Versöhnung des Missetäters mit der strafenden Obrigkeit, wie ihn etwa die Wolfenbütteler Kirchenordnung formulierte. Es ging allein um die Versöhnung mit Gott.

Das Mitleid mit dem armen Sünder ist mehr als ein Ausdruck von Gefühl; Sentimentalität haben die Menschen angesichts der Härten ihres Lebens noch nicht lernen können; ihr Mitleid umschließt die Einstellung zur Strafe. Und damit kehren wir zu dem einleitend erzählten „Schwank" zurück, der nicht auf Sensationslust, sondern auf Mitverantwortung des Umstandes bei den Hinrichtungen verwies. Diesen Sachverhalt gilt es zu überprüfen, indem die äußeren Formen, eines „endlichen Rechtstages" in ihren Wandlungen zu schildern sind; denn diese äußeren Formen sind das Sichtbare, an denen sich die mentalen und verfassungsgeschichtlichen Veränderungen im Verständnis von Strafe, von Missetat und Missetäter ablesen lassen.

Vom Mitleid zur Schaulust? Das Volk und die Hinrichtungen im Mittelalter und in der Frühneuzeit

Erbarmen mit dem armen Sünder oder „Theater des Schreckens"? – die neue Inszenierung des „endlichen Rechtstages" im 18. Jahrhundert – mittelalterliche Tradition und die Bedeutung der Öffentlichkeit beim Strafvollzug – Lebensgefahr für den „putzenden" Henker – Sühne und Versöhnung: alte Tradition selbst bei der Ausformung des „Theaters des Schreckens" – Bürokratisierung und Technisierung als neue Requisiten – das Reißen des Henkerstricks: vom Gottesurteil zum technischen Defekt – Konfliktvermeidung statt Abschreckung als Strafintention

Gnade, Erbarmen und Mitleid sind dem Strafvollzug des späten Mittelalters, die folgenden Generationen noch verpflichtend, inhärent. Aber sind Hinrichtungen nicht auch ein Schauspiel, sind sie nicht, wie Richard van Dülmen formulierte, ein „Theater des Schreckens"?[112] Tatsächlich wurde im 18. Jahrhundert der Vollzug von Todesurteilen teilweise als aufwendiges Spektakel inszeniert,[113] bei dem Verkaufsstände aufgeschlagen und Moritaten, Bänkelsang inspirierend, im Druck von sogenannten „Urteilsweibern" verbreitet werden,[114] ein Spektakel, bei dem Artisten ihre Künste dem zusammengeströmten Publikum zeigen.

Bevor darauf eingegangen werden soll, daß diese Inszenierungen nicht in die Vergangenheit zurückzuprojizieren sind, daß dieses „Theater des Schreckens" ein letztlich religiöses Drama aufführte, sei die Frage gestellt: Kann es nicht sein, daß alle Hinrichtungen, auf deren Nacherzählung sich Richard van Dülmen und andere stützten, nur Varianten jener „Haupt- und Staatsaktionen" waren, die in barocken „Neuen Zeitungen" oder im Theatrum Europaeum breitgetreten wurden? Van Dülmens Quellengrundlage als Derivat jener „Haupt- und Staatsaktionen" hinzustellen, die in der Geschichtswissenschaft mit spitzen Fingern angefaßt werden, ist gewiß eine versteckte Bosheit. Ist sie aber unbegründet? Das „Theater des Schreckens" läßt sich im 18. Jahrhundert nur bei „politischen" Prozessen, an denen die Obrigkeit unmittelbar interessiert war, nachweisen, nicht aber bei dem normalen Strafvollzug etwa in den Landämtern.[115] Im hannoverschen Amt Harste zum Beispiel wurde noch bis ins frühe 19. Jahrhundert hinein der „endliche Rechtstag" durch Glockengeläut angekündigt. Danach waren sämtliche Gerichtsuntertanen zum Erscheinen verpflichtet.[116] Die Vorschriften der Carolina über den Ablauf des Gerichtsverfahrens (Art. 78–103) wurden strikt eingehalten.[117] Bei der Verkündigung des Urteils lagen auf dem Tisch des Amtschreibers die herzogliche Kriminalinstruktion von 1736, die Peinliche Halsgerichtsordnung Karls V. und ein weißer Stab.[118] Mittelalterliche Feierlichkeit wirkt hier weiter, kein Spektakel, das – wenn überhaupt – nur in größeren Städten stattfand. Und selbst in den Fällen, in denen Hinrichtungen im 18. Jahrhundert zum „Theater des Schreckens" wurden, war dessen Dramaturgie immer noch dem Ritualgedanken verpflichtet, der für die Rechtsgültigkeit unerläßlichen zeremoniellen Form.[119] Das entsprach der Tradition. Als abschließender, als „endlicher Rechtstag" wurde die Hinrichtung bezeichnet,[120] die meist an einem Mittwoch oder an einem Freitag stattfand[121]. Ein Rechtstag aber hatte im Mittelalter seine besondere Würde. Diesen Charakter unterstrichen die feierlichen Formen, die noch in der Carolina bekräftigt wurden.[122] Das „Theater des Schreckens" ist zwar eine neue Erscheinung vieler Hinrichtungen des 18. Jahrhunderts, ist aber in seiner Dramaturgie noch einer spezifisch mittelalterlichen Tradition verpflichtet, der ritualisierten Versöhnung.

In der Auseinandersetzung mit Richard von Dülmens anregendem und – sektoral – zutreffendem Werk sind wir immer wieder gezwungen, mittelalterliche und frühneuzeitliche Gegebenheiten gleichermaßen zu berücksichtigen und damit den Leser der Gefahr der Verwirrung auszusetzen. Deshalb vorab die leitenden Thesen: Erstens birgt es die Gefahr des Anachronismus, ein „Theater des Schreckens" nicht als Episode obrigkeitlicher Inszenierung, sondern als symptomatischen Ausdruck der Gerichtsbarkeit zu betrachten. Zweitens: Selbstverständlich – scheinbar widersprüchlich – wirken immer noch mittelalterliche Traditionen auf diese Inszenierungen ein. Drittens: In einem ist der van Dülmensche Ausdruck „Theater" durchaus zutreffend: wenn er im Sinne eines tiefen Wandels verstanden wird, der den gemeinen Mann von Teilhabe an der Strafjustiz ausschließt und ihn zum Zuschauer werden läßt.

Vor dem 18. Jahrhundert waren die Hinrichtungen kein „Theater des Schreckens". Zur gleichen Zeit, als van Dülmens Buch erschien, haben unabhängig voneinander mehrere Arbeiten den „Volksfestcharakter" des „endlichen Rechtstages" zumindest für das späte Mittelalter abgelehnt.[123] Knapp, aber treffend wurden van Dülmens Thesen denn auch als „Theaterdonner" kritisiert.[124] Für die im 18. Jahrhundert begegnenden Inszenierungen war es eine Voraussetzung, daß die „endlichen Rechtstage" inzwischen seltener geworden waren,[125] nicht zuletzt deshalb, weil sie die veranstaltende Obrigkeit teuer zu stehen kamen, etwa in Franken 400 fl., das Jahresgehalt eines höheren Beamten, kosteten[126].

Im 18. Jahrhundert hatten sich die Zeiten gegenüber dem späten Mittelalter gewandelt, als fromme Menschen ein Fürbittgebet sprachen, wenn die Armsünder-Glocke ertönte, die einen Missetäter zur Galgenstätte begleitete. Der öffentliche Vollzug der Todesstrafe sollte nunmehr, so deuteten neuzeitliche Juristen die Tradition des „endlichen Rechtstages" um, ein Multiplikator des Abschreckungsgedankens sein. Publizität sichere, so meinte man, die Abschreckung, die von einer Todesstrafe ausgehen sollte. Auf die 1805 in der Preußischen Kriminalordnung niedergelegte Pflicht der Lehrer, die Schüler bei einer Hinrichtung zusehen zu lassen,[127] was gängiger Praxis des 18. Jahrhunderts entsprach,[128] wäre im Mittelalter niemand gekommen. Kindern war die Anwesenheit bei einer solchen „Rechtfertigung" vielerorts ausdrücklich untersagt. Man empfand die Grausamkeit solchen Strafvollzugs; ihm durften deshalb schwangere Frauen nicht beiwohnen, um sich nicht zum Schaden ihrer „Leibesfrucht" zu „versehen".[129]

Die Öffentlichkeit der Hinrichtung ist die dem Mittelalter und der Neuzeit gemeinsame Form. Die Obrigkeit der frühen Neuzeit sah in der öffentlichen Inszenierung ein Mittel der Legitimierung des Strafgedankens durch den Gedanken der Abschreckung. Die Öffentlichkeit der Hinrichtung galt dem Mittelalter hingegen als Beweis ihrer Rechtmäßigkeit.[130] Nicht als Schaulustige strömten die Menschen zur Richtstätte, sondern als der für jede Gerichtshandlung unerläßliche „Umstand", der über die Regeln des Verfahrens zu wachen hatte.[131] Dazu gehörte etwa das in der Carolina vorgeschriebene Stabbrechen.[132] Dieser Rechtsbrauch ist mitnichten erst im 16. Jahrhundert entstanden.[133] Wir folgen der Eichstätter Halsgerichtsordnung von 1446. Vor dem Rathaus wird das Geständnis des Verurteilten vor allem Volk verlesen. Der Stadtrichter verkündet daraufhin das Urteil. Der Stab wird über dem Kopf des Verurteilten zerbrochen.[134]

Der zerbrochene Stab wurde vielerorts in die versammelte Menge geworfen.[135] In diesem Rechtsbrauch sah erst die frühe Neuzeit Gefahren; denn analog zu der noch zu besprechenden hilfreichen Kraft der „Armsünder-Reliquien" konnten auch die Teile des zerbrochenen Stabes als zauberkräftig gelten. Der Rechtsbrauch, dieses Symbol des Todesurteils in die Menge zu werfen, wurde verboten.[136] Deshalb ist bisweilen in frühneuzeitlichen Gerichtsakten der gebrochene Stab beigebunden.

Mittelalterliche Öffentlichkeit bei Hinrichtungen. Zitiert sei wegen ihrer exemplarischen Bedeutung erneut die Eichstätter Halsgerichtsordnung von 1446: Der Richter warnt die Öffentlichkeit mit Blick auf den langen Weg bis zur Galgenstätte vor der Stadtmauer vor Aufruhr.[137] Der Weg des Missetäters zur Galgenstätte vor den Toren der Stadt barg Probleme angesichts des „Umstandes". In Bern hatte sich das Volk 1571 dabei „dermassen unpärtig" erwiesen, daß der Rat eine Ermahnung von der Kanzel und eine Ordnung für unerläßlich hielt, „wie sich das volck uff der richtstatt alhie ... soll halten".[138] Über den „Umstand" beim Weg zum Galgen hatte selbst der mächtige Nürnberger Rat keine Macht. Deswegen befiehlt er 1588 seinem Nachrichter, falls markgräflich Gesonnene einen Verbrecher, einen markgräflichen Untertan, auf dem Weg zum Galgen befreien wollten, dem Delinquenten sofort das Leben zu nehmen.[139]

Die Menschen, die zur Richtstätte liefen, bezeugten mit ihrer Anwesenheit ihr Einverständnis und damit die „Billigkeit" des Verfahrens. Wegen der Öffentlichkeit des Rechts tagten die Gerichte unter freiem Himmel.[140] Oft schirmte die Linde – im Mittelalter der deutsche Baum schlechthin – [141] die Gerichtsstätte selbst in Städten, so in Zürich im Lindenhof.[142] Erst unter dem Eindruck des Inquisitionsprozesses veränderte sich allmählich auch die prozessuale Form. Das Gericht unter freiem Himmel wanderte in die Amtsstuben.[143] Übergänge: Man bemühte sich mancherorts durch Arkaden zumindest eine Öffentlichkeit der Verhandlung anzudeuten.[144] Die Schwyzer ließen sich 1532 noch eigens von Karl V. bestätigen, daß künftig über Verbrechen bei geschlossenen Türen zu Gericht gesessen werden durfte.[145]

Die Öffentlichkeit begleitete den armen Sünder auf seinem letzten Gang vom Rathaus, vor dem ihm das Urteil verlesen worden war,[146] bis zur Richtstätte vor den Mauern. Wenn bei diesem Gang oft städtische Spielleute aufspielten,[147] so diente das keinem Unterhaltungsbedürfnis. Die lauten Trompeten sollten die allgemeine Aufmerksamkeit wecken, wie es auch ansonsten bei Geboten des Rats üblich war. Das aber weist noch nicht auf die Inszenierungen des „Theaters des Schreckens". Vielmehr wurde der „Umstand" des Volkes geradezu vom Rat aufgerufen. Auch um die Teilnahme der Gemeinde zu ermöglichen, wurden – vor Arbeitsbeginn – Todesurteile „zu fruer tagzeit" auf dem Galgenberg vor den Toren der Stadt[148] vollzogen, in Worms etwa vor dem Andreastor oberhalb des „asgrabens", des Schindangers,[149] in Regensburg auf dem „Rabenstein" vor dem Jakobstor.[150] Frühe Tageszeit bei Hinrichtungen: Nicht im Ausschluß der Öffentlichkeit, sondern im Gegenteil, in möglichst großer Anteilnahme der Bevölkerung lag der Sinn. Noch vor dem Arbeitsbeginn sollte der Bürger den zeitaufwendigen Weg von der Richtstätte zur Werkstätte zurücklegen können.

Der von der Öffentlichkeit begleitete lange Weg des armen Sünders vom Rathaus zur Richtstätte vor den Toren der Stadt ist Bestandteil des „endlichen Rechtstages". Dadurch wird das Einverständnis der Öffentlichkeit mit dem Urteil sichtbar vor Augen geführt. Öffentlichkeit: Menschen, die sich mitverantwortlich für die in ihrem Namen vollzogene Strafe fühlen. Ihre Meinung muß eine Obrigkeit berücksichtigen, der noch nicht wie seit dem ausgehenden 17. Jahrhundert Soldaten zur Verfügung stehen.[151] Schon allein der lange Weg zur Richtstätte zwang selbst den strengsten Rat, seine Urteile so zu fällen, daß sie in der Bevölkerung konsensfähig waren. Das war nicht immer der Fall, wie die Geschichte von dem kleinen, noch nicht einmal zehnjährigen Grafen von Zimmern lehrt, der von den Bürgern angestiftet wird, einen armen Sünder in Zürich auf seinem letzten Gang aus den Händen des Nachrichters zu befreien. Die Tat gelingt mit Unterstützung der Bevölkerung, „mit großer gunst des gemeinen mans". Rat und Gericht billigen – wohl auch wegen der „gunst des gemeinen mans" – die Befreiung.[152]

Naturgemäß, das sei nicht verschwiegen, war auch vor dem 18. Jahrhundert beim „endlichen Rechtstag" das Phänomen der Sensation bisweilen wirksam, eine überzeitliche Erscheinung – Translationen von Gebeinen Heiliger geben davon eine Vorstellung –, die sich dann im 18. Jahrhundert die Obrigkeit zunutze machen sollte. Die Sensation beim Zulauf zur Richtstätte in früheren Zeiten ist aber nicht inszeniert. Je mehr Aufsehen die Taten eines Verbrechers erregt hatten, um so größer war der Zulauf zur Richtstätte. So kann zum Jahre 1534 eine Augsburger Chronik (sicherlich übertreibend) melden, daß zur Hinrichtung eines berühmten Mörders 20000 Menschen zusammengeströmt seien. Das aber gehört zu den Ausnahmen, stellt nicht das übliche in Frage, wonach die Menschen aus Mitverantwortung und nicht aus Schaulust einer Hinrichtung zusahen.

Noch im ausgehenden 16. Jahrhundert mußten besondere, also politische Gründe vorliegen, wenn die Öffentlichkeit von einem endlichen Rechtstag ausgeschlossen wurde. Meister Franz Schmidt notierte einen solchen Fall: „Ist gar still zugangen, dann ... zur nachts führt man Ihm ins Loch sagte Ihm das Leben ab und nacher zu früe ward gericht."[153] Dieser Mörder war Kundschafter des Markgrafen gewesen; der Rat befürchtete eine gewaltsame Befreiung beim Gang zur Richtstätte; er fürchtete in diesem Fall nicht, daß sich Nürnberger Bürger gegen die Entscheidung auflehnten, sondern daß sich in das Gedränge des Volkes unerkannt markgräfliche Vertrauensleute, bereit zu entschlossener Befreiungstat, mischen könnten.

Und wenn etwas die Anwesenden bewegte, so war es nicht Schaulust, angenehmes Gruseln, sondern Mitleid. Deshalb werden in Dithmarschen nach einer Hinrichtung die „Seelpfennige" unter den Anwesenden gesammelt, um eine Messe für den armen Sünder lesen zu lassen.[154] Menschen, welchen bewußt war, wie nahe durch den tagtäglichen Kampf um das Überleben die Versuchung zum Verbrechen lag, kamen zu einer Hinrichtung. Menschen, die noch nachvollzogen, daß zwei Kriminelle neben Christus am Kreuz hängen konnten und daß dem einen das Paradies sicher war. Da die Menschen, die zu einer Hinrichtung zusammenströmten, zum Verzeihen, zum Erbarmen bereit waren, schwebte der schlecht richtende, der „putzende" Henker in Lebensgefahr,[155] denn dem armen Sünder durfte keine ungerechtfertigte Pein zugefügt werden. Massenhaft flogen die Steine, schnell aufgelesen auf der ungepflasterten Richtstätte, lebensgefährlich für den ungeschickten

Nachrichter,[156] der sich der Volkswut unvermittelt preisgegeben sah. Es war sicherlich kein Regelfall, wenn es etwa 1501 in Wien oder 1542 in Lüneburg so weit kam,[157] aber es waren immerhin Fälle, die auf die latente Gefährdung der Henkerexistenz hinwiesen. Es war bekannt, daß sich Erbarmen mit dem armen Sünder in erregter Stimmung zur Volkswut wandeln konnte, weshalb die Carolina bemüht war, den „putzenden" Nachrichter zu schützen (Art. 97). Selbst der mächtigste Herrscher im damaligen Abendland konnte nicht davon ausgehen, daß die Bestimmungen des in seinem Namen erlassenen Strafrechts akzeptiert wurden. Daß auch der ungeschickt richtende Henker unter dem Schutz der Obrigkeit stand, mußte zum Beispiel eine Braunschweiger Verordnung 1607 der Bevölkerung noch eigens einschärfen.[158]

Auch wenn die Obrigkeit in der frühen Neuzeit den Henker schützen wollte, indem sie vorbeugend Büttel, Stadtknechte und seit dem ausgehenden 17. Jahrhundert auch reguläres Militär zu seiner Sicherheit aufbot,[159] so hat sie doch, was vorher Recht des „Umstands" war, in die eigenen Hände genommen und den Henker bestraft, dem das „Putzen", der Fehlschlag bei der Hinrichtung, unterlief.[160] Denn immer noch war den Stadträten bewußt, welche Gefahren der öffentliche Strafvollzug – wir erinnern nur an die Nürnberger Vorsichtsmaßnahmen bei der Hinrichtung eines markgräflichen Kundschafters – barg.

Ein spätmittelalterliches Gedicht spiegelt die Realität wider, wenn es den Henker zum Dieb sprechen läßt: „pit vor die lewt, das sie für dich got piten heut."[161] Hier wird kein Theater des Schreckens aufgeführt. Zwischen dem Hinzurichtenden und den Menschen, die seiner Hinrichtung beiwohnen, besteht eine persönliche Beziehung, kein Darsteller-Zuschauer-Verhältnis. Die Fürbitte für den armen Sünder setzt voraus, daß dieser sich in sein Urteil schickt. Die Sprachgeschichte bestätigt, daß wir keine eigenwillige Interpretation wagen, wenn wir die mittelalterliche Vorgeschichte des von dem neuzeitlichen Staat inszenierten „Theaters des Schreckens" als Ausdruck des im ursprünglichen Sinne verstandenen Mitleids beschreiben. Sühne und Versöhnung hängen zusammen. Die Menschen, die zu einer Hinrichtung kamen, wollten sich dessen, wollten sich der Gerechtigkeit ihrer Weltordnung versichern. Überzeugung von Strafnormen und Strafdiziplinen? Nein! Überzeugung von der Schuldfähigkeit und Fehlbarkeit eines jeden Menschen.

Versöhnung unter dem Galgen mit der Welt und der von ihr bestimmten Strafe. Darauf wird noch eigens bei der Schilderung des letzten Weges eines armen Sünders einzugehen sein; hier genüge der Hinweis, daß selbst bei dem Vollzug der Todesstrafe fast schon ritualisierte Verhaltensweisen des Verurteilten auf diese Versöhnung hinweisen sollten. In dem zitierten Gedicht aber spielt der arme Sünder nicht mit und gefährdet damit sein Seelenheil: „do schrey er 'ha! ha! leut, ha! hah!, / do mit ja der strick peym halse fing, / ich weys nit wie es der sel erging."[162] Erzählt wurde eine Besonderheit. Und das läßt den Umkehrschluß zu: Erwartet wurde – und das dürfte wohl auch das Normale gewesen sein –, daß ein Verbrecher seine Untat bereute. Dann nämlich, so erklärt 1387 der Konstanzer Offizial, durfte ein Gerichteter kirchlich beerdigt werden und Seelmessen konnten für ihn gesungen werden.[163]

Ergebung in das Schicksal wie 1572 in Eger geschehen: „Er hab sich mit Gott versöhnt und wolle gern sterben als ein fromber Christ."[164] In Speyer ist 1577 ein Verbrecher „gar christlich gestorben".[165] In Nürnberg hat ein armer Sünder auf seinem Gang zur Richtstätte „fast den ganzen Weg gesungen, dadurch viele Leute wie auch der Nachrichter selbsten zum Mitleiden bewegt".[166] Noch im 18. Jahrhundert ist bei den Hinrichtungen die christliche Haltung des Missetäters, der sich oft mit frommen Ansprachen an das Publikum wendet, das übliche.[167] „Uff der Richtstatt thäte er eine schöne Vermanung zum Volk."[168] Selbst für den „endlichen Rechtstag" des berüchtigten Räubers Lips Tullian 1715[169] galt, daß das sogenannte „Theater des Schreckens" zugleich „ein religiöses Drama" war[170].

Vom „christlichen Sterben" zum „religiösen Drama". Kontinuitäten oder vielmehr Brüche? Unübersehbar ist, daß ersteres in der Frömmigkeit des Mittelalters, letzteres in dem Konfessionalisierungsprozeß der frühen Neuzeit geborgen ist. Brüche also. Kontinuität aber: Die Kirche als Institution hat mit diesen Brüchen allenfalls indirekt etwas zu tun. Sie reagiert, sie agiert nicht mehr wie die frühmittelalterlichen Heiligen.

Schwer ist die mittelalterliche Tradition bei den „endlichen Rechtstagen" des 18. Jahrhunderts zu erkennen. Hinter dem Wandel, den die öffentlichen Hinrichtungen des Spätmittelalters zu einer in spektakulären Fällen obrigkeitlichen Inszenierung durchgemacht haben, verbirgt sich Bürokratisierung dessen, was im Mittelalter noch in den Konsens der die Richtstätte Umstehenden eingebunden war. Die aufwendigen Inszenierungen der Neuzeit waren Veranstaltungen eines um Erziehung zum Untertanengeist bemühten Fürstentums, das sich zum Staat wandeln sollte. Unverzichtbar waren deswegen bei solchen Inszenierungen auch die Soldaten, welche die Hinrichtungsstätte und vor allem den Henker sicherten; denn die Volkswut, der ein ungeschickter Nachrichter ausgesetzt war, war nichts anderes als die Wahrnehmung eines im Mittelalter noch selbstverständlichen Rechts des „Umstandes", entsprach dem, was wir als mittelalterlichen Konsens bezeichnet haben. Am deutlichsten ist dieser Wandel vom Mittelalter zur Neuzeit, dieser Wandel vom Konsens zur Bürokratisierung als Ausdruck staatlicher Macht, in den verschiedenen Einstellungen zu fassen, die eine mißlungene Hinrichtung zunächst als Gottesurteil und dann als technischen Defekt verstehen.

Mittelalterlicher Strafvollzug unter dem Eindruck von Mitleid und Erbarmen: Es kann dabei gar nicht um die Durchsetzung von Strafnormen gehen. Auch beim Strafen denkt das Mittelalter nicht von Prinzipien, von Normen, sondern vom Einzelfall, also vom Menschen her. Begnadigung des armen Sünders kann durch Fürbitten erwirkt werden, sie kann aber auch auf göttlichem Wink beruhen. So ist das Mißlingen einer Hinrichtung stets ein Begnadigungszeichen.[171] Das gar nicht so seltene Reißen des Henkerstricks[172] ist die leise, die kleine Hoffnung, die jeder hegen kann, der die Leiter zum Galgen hinaufsteigt. Wer lebend vom Galgen fällt, ist frei.[173] Davon wissen Mirakelbücher: Jemand hängt am Galgen und obwohl ihn der Scharfrichter an den Beinen gezogen hat, ist er nicht gestorben. Am Nachmittag schneidet ihn ein Vorübergehender ab.[174]

Der Lüneburger Chronist Detmar erzählt zum Jahre 1392, daß die Lübecker in Holstein „na hemeliken deven" fahndeten. Einer von diesen wurde im Kampf an seinen Geschlechtsteilen bis auf den Tod verwundet und dem Landfrieden gemäß gehängt. Viele anwesende ehrbare Frauen waren dabei („vele bedderver frowen werten dar bi") und gelobten eine Wallfahrt für den Gehängten nach Wilsnack, wohin damals eine Wallfahrt zum Heiligen Blut aufkam. Daraufhin geschah ein Wunder. Der schwerverwundet Gehängte wurde wieder lebendig: „de vorwunnede henghede man wedder levendlich wart unde levede manighen daach naa." Für den franziskanischen Chronisten Detmar ist es völlig selbstverständlich, daß der durch ein Wunder Gerettete freigelassen wird und noch lange lebt.[175]

Selbst beim Ertränken gibt es mehrere beglaubigte Fälle, daß der Delinquent, obwohl er in einen Sack gesteckt wurde, die Prozedur überstand.[176] Wenn der Nürnberger Rat 1466 einem solchen Mann die Gnade gewährte, „daß er sein Wesen in Nürnberg haben möge",[177] so zeigt er sich ebenso beeindruckt wie der Rat von Regensburg 1517. Eine Brandstifterin war „geschwemmt" und dennoch aus der Donau gerettet worden. Ein Gottesurteil! So sah es der Rat und stiftete eine Votivtafel zur Erinnerung an dieses Wunder.[178] Das wohl Erstaunlichste ist das Überleben des Räderns. Davon erzählt der Graf Froben Christoph von Zimmern. Landbekannt war ein Krüppel, der, wenn er einige Tage im Dorf versorgt worden war, auf seiner Karre ins nächste Dorf geschoben wurde. Erst nach seinem Tode stellte sich heraus, daß er gerädert worden war.[179] Man würde diese Geschichte unglaublich finden, wenn es nicht Votivbilder aus den Jahren 1520 und 1663 gäbe, mit denen ein Mann dafür dankte, daß er das Rädern überlebte.[180] Es ist schlechterdings nicht vorstellbar, daß ein schwerverletzter, auf das Rad gebundener Mensch ohne fremde Hilfe, und das heißt: ohne Erbarmen seiner Mitmenschen, entrinnen konnte.

Das Verhalten des Regensburger und Nürnberger Rates in den Fällen der Jahre 1466 und 1517 stellt eine indirekte Bitte um Verzeihung dar. Das Mißlingen der Hinrichtung war ein Fingerzeig Gottes, der die Menschen auf die Unvollkommenheit ihres Verständnisses von Schuld und Sühne hinwies. Spätestens im 18. Jahrhundert will die Obrigkeit davon nichts mehr wissen. Das Mißlingen einer Hinrichtung beruht auf Versagen des Henkers oder einem technischen Defekt. Beides kann behoben und die Exekution vollzogen werden. Zu kurz greift, wer nur von den äußeren Formen her Tradition und Wandel des „endlichen Rechtstages" untersucht und nicht jene mentalitätsgeschichtlichen Verschiebungen berücksichtigt, welche die Formwandlungen herbeiführten, Verschiebungen, die so lange verborgen bleiben, wie an der Vorstellung von einer Humanisierung des Strafvollzugs als Signum des Zeitalters der Aufklärung festgehalten wird. Wir schätzen die Bemühungen der Aufklärung um die Milderung des Strafvollzugs gewiß nicht gering ein und werden noch eigens darauf eingehen. Für verfehlt halten wir nur die Auffassung, daß sich darin eine Überwindung des angeblich grausamen Mittelalters zeige. Vielmehr reagieren die Bestrebungen der Aufklärung auf eine vorangegangene Bürokratisierung der Gerichtsbarkeit, die in die Amtsstuben verlegt, was zuvor an eine Öffentlichkeit gebunden war, die zu Erbarmen und zu Mitleid bereit war. Wie für den Begriff der Strafe sollten auch für den der Humanität die Bedingungen untersucht werden, aufgrund derer ein solcher Begriff siedeln kann. Zu schildern ist, wie ein solcher Worthof bereits in seinem Areal vermessen wird, bevor ihm der Besitzer seinen Namen gibt.

Die ältesten Strafrechtsbücher sind noch weit entfernt von „allgemein verbindlichen Grundsätzen und Leitvorstellungen". Nicht der Gedanke der Abschreckung, nicht das Vertreiben des Bösen mit dem Bösen begründet die Strafe, sondern die Konfliktvermeidung, die Friedenswahrung.[181] Deshalb wird schon das bloße Messerzücken, selbst wenn in Sachen Konfliktprohibition noch gar nichts geschehen ist, geahndet.[182] Das Verfahren war jedem Bürger vertraut. Der Marktfrieden wurde auf diese Weise gewahrt. Dem modernen juristischen Spartendenken mag es zuwider sein, Brotbeschau, Fleischtaxen, Friedenswahrung und Strafverfolgung auf der gleichen Intentionslinie zu sehen, aber es handelt sich eben bei allen Stichworten um Gebote, die zudem von der gleichen Instanz, von den Ratsherren ausgehen. Das stellt Magdeburgs Rechtsmitteilung an Breslau 1261 mit aller Deutlichkeit klar: „dy ratmanne czu Breslaw haben privilegia, das sy allerley missetat mögen richten und straffen noch erem irkenntnisse."[183]

Es sind eben „die biderven schephenen unde die rätman", die Ratsherren von Breslau, denen 1261 die Kompetenz der Friedensgebote überlassen wird, und nicht die Sachwalter des Herzogs in der Stadt, von denen die Magdeburger Rechtsweisung gar viele kennt. Zu bedenken ist, daß die Entwicklung der Gebotsgewalt des Rates in eine Zeit fällt, in der die Stadtherrschaft des Fürsten abgestreift wird.

„Bei der Gewalt soll Gnade sein." Das Abbitten vom Galgen

Das Ausmaß der Gnadenbitten und deren mentalitätsgeschichtliche Aussage – das „Losheiraten" vom Galgen – Könige, Fürsten, Adelige und Philipp Melanchthon: die Fürbitte als Standesrecht – die wirksame Gnadenbitte vornehmer Damen und einfacher Huren – das Abbitten im Rahmen von Strafe und Sühne – Bitten zur Milderung des Strafmaßes – Begnadigungen vom Strang zum Schwert, von der unehrlichen zur ehrlichen Todesstrafe – die Wandlung um 1600 oder: der Strafvollzug als Prinzip – das Nürnberger Beispiel – der blutige Konflikt in Hof 1551: fürstliches Strafrecht und Gnadenrecht der Bürgerinnen – der Sieg des neuzeitlichen Fürstentums und das Ende des Abbittens

Daß Strafe auf Gewalt beruhe, war die Überzeugung des Mittelalters; Sprichwörter mahnten etwa: „Bei Gewalt soll Gnade sein."[184] Wenn ein Rhenser Weistum 1456 formuliert, „doch ist gnade guth bey dem rechten",[185] drückt dies einen von Sprichwörtern bestätigten allgemeinen Konsens aus[186]. „Es ist besser zu viel Gnade als zu viel straffe",[187] und ganz direkt: „Besser ist gnad dann recht."[188] Angesichts grausamen Strafvollzugs erscheinen die Sprichwörter zunächst wie weltfremde Deklarationen; erst genauere Untersuchungen, die nicht nur den Vollzug der Strafe, sondern die Delikte beachteten, stellten fest, daß die Rechtssprechung eher zur Milde neigte, daß sie bemüht war, Todes- und Körperstrafen zu vermeiden.[189] Die Gnade galt Schöffen und Richtern als dem Recht integriertes Prinzip, nicht als Gegensatz zum Recht. Ein Beispiel unter Hunderten: Als 1411 in Nürnberg ein Patrizier für ein Jahr der Stadt verwiesen wurde, verfügten die Richter, daß die Strafe „halb ohne Gnad und halb auf Gnad" gelte. Ein halbes Jahr mußte der vornehme Mann auf jeden Fall der Stadt (und damit seinen Geschäften) fernbleiben. Falls aber sein Bruder und seine Schwägerin, über die er „übel geredt" hatte, für ihn bitten würden, könnte ihm das andere halbe Jahr erlassen werden.[190]

Schildern wir einen Fall des Jahres 1459 in Stolberg, einer Kleinstadt, in der Graf Heinrich (XIX.) von Stolberg der Gerichtsherr ist, wo – die Stadt als Sonderfall der Burg – der Marktplatz noch die Stätte des Hochgerichts bildet. Hans Breitbeck ist mit Zetergeschrei und Zeugnis der Nachbarn wegen Totschlags an Dietrich Kornemann ergriffen und verurteilt worden. Er wird durch den Henker auf den Marktplatz geführt, wo bereits alle Vorrichtungen zum Enthaupten getroffen sind. Nun aber bittet die Gemeinde den Grafen, den

Gerichtsherrn, er möge um Gottes und Marias Willen den Verurteilten losgeben und ihn lediglich lebenslang der Grafschaft verweisen. Und so geschieht es.[191]

Dramatisch erfolgt das Abbitten unmittelbar vor dem drohenden Vollzug der Todesstrafe. Ein bereits rechtskräftig Verurteilter wird unter dem Galgen stehend[192] in letzter Minute vor der Hinrichtung bewahrt; er wird dem Gericht abgebeten[193]. Das beliebte literarische Motiv des Losbittens[194] ist in diesem Fall Widerschein der Realität.

Das Abbitten vom Galgen ist das Freibitten eines Menschen von der Gerichtsgewalt der Herrschaft, die dieses Menschen im wörtlichen Sinne habhaft geworden war. Das Rechtsdenken spricht den Verurteilten dem Gericht zu, und an dieses Gericht wenden sich alle, die einen Delinquenten „abbitten". Mit der Gnadenbitte wird nicht die Kompetenz eines Gerichts bezweifelt, sondern vielmehr dessen Autorität unterstrichen. Ein Gericht, das Gnade vor Recht gehen lassen kann, ist souverän genug, um auf die Anwendung von „Gewalt" gegenüber dem Menschen, dessen es habhaft geworden ist, zu verzichten.[195]

Ob wir in eine Großstadt wie Nürnberg oder eine kleinere Kommune wie Schlettstadt blicken: Immer wieder stoßen wir an den Richtstätten auf die gleichen Szenen. Ein zum Tode Verurteilter wird dem Gericht abgebeten. Fürbitte macht ihn frei. Die Gnade gehört zentral zur mittelalterlichen Auffassung vom Strafrecht, obwohl dieses in voreiliger Verallgemeinerung von Einzelfällen so gnadenlos erscheint. „Gnade vor Recht" ergehen zu lassen,[196] widersprach nicht dem Bedürfnis nach Recht. Gnade, Erbarmen und Verzeihen hatten – ohne daß ein kirchlicher Einfluß festzustellen ist – ihren festen Platz in der Rechtspflege. „Bî gewalt sol gnâde sîn."[197]

Im Hinteren Bregenzerwald sind zwischen 1400 und 1599 nur neun nach strengem Recht vollstreckte Hinrichtungen, aber 42 Gnadenerweise nachweisbar.[198] Die Zahl zeigt, wie tief der Gnadengedanke in der allgemeinen Mentalität verwurzelt war. Ungewöhnlich zahlreich mochten die Gnadenakte im Hinteren Bregenzerwald gewesen sein, außergewöhnlich waren sie nicht. Im Regensburg des 15. Jahrhunderts bezeugen die Urfehdebriefe, die auch alle Abgebetenen zu beeiden hatten, „daß nicht einmal die Hälfte aller Todesurteile auch vollstreckt worden ist".[199] Im spätmittelalterlichen Olmütz wurden insgesamt 103 von 438 Verfesteten, also rund einem Viertel, Begnadigungen zuteil.[200] Und sogar bei der brutalen Vergeltungsjustiz nach Niederwerfung der Bauernaufstände 1525 konnte das Abbitten den starren Sinn der Sieger in einzelnen Fällen beugen. Nach der Schlacht bei Leipheim kam es zu zahlreichen Hinrichtungen. Aber „ein schlechter (einfacher) Priester und ein alter, raisiger Knecht, so auch zue den Pauren gefallen, die wurden erbetten".[201]

Das Abbitten ist niemals ein Eingriff in ein Verfahren gewesen; es war ein Recht des „Umstandes" bei einer Hinrichtung, Teil der Öffentlichkeit des Strafvollzugs. Aber es lag an dem Herrn oder (in den Städten) an den Herren des Gerichts, ob sie den Bitten willfahrten. Das Abbitten war weit ausgedehnt, es konnte durch Verwandte und Freunde,[202] durch Zunftgenossen,[203] vor allem aber durch die Gerichtsgemeinde erfolgen.

Dem Abbitten vom Galgen fügten sich normalerweise die Richter, genauer: die Herren des Gerichts,[204] wußten sie doch, daß die Bürger diesen Ausdruck des Erbarmens zutiefst billigten. Bisweilen geschah es, daß trotz aller Bitten ein Herr sich nicht erweichen ließ. Voller noch im Alter nachzitternder Empörung berichtet Johannes Butzbach von einer Begebenheit seiner Jugend, berichtet von einem hartherzigen böhmischen Grafen, der auf der Hinrichtung eines Missetäters trotz aller Bitten des Volkes, seiner Geliebten und seiner Mutter bestand: „Mochte dieser nun auch hochadelig sein dem Geblüt nach, so war er doch in seiner Seele roher als der ärgste Bauer."[205]

Das Abbitten geschah nicht wegen „mildernder Umstände" beim Tathergang,[206] sondern war Ausdruck eines grundsätzlichen Erbarmens mit dem Mitmenschen. Unsere Auffassung, daß Vorstellungen von einer „feudalen" Ständeordnung ebenso wie von einer führenden kirchlichen Gestaltung sich im realen Leben als Konstruktion nachlebender Historikergenerationen erweisen, wird auch in diesem Fall bestätigt. Nicht von einem Standesrecht hoher Herren geht das Abbitten aus, sondern es ist als integraler Bestandteil des Gerichtsverfahrens, als Ausdruck der Unsicherheit, ob Menschen dem Mitmenschen das Leben nehmen dürfen, so weit ausgebildet, daß es hohen Herren nicht zu verwehren ist, am wenigsten dem König, dem nach mittelalterlicher Auffassung verlebendigten Recht auf Erden, dem König, der „lex animata in terris" ist.[207] Diese Autorität erweist sich nicht in willkürlichen Machtsprüchen, sondern – beim Recht soll Gnade sein – in der Personifizierung des Gnadenrechts. Wenn ein König oder Kaiser in eine Stadt einreitet, versuchen Menschen, die dieser Stadt verwiesen worden sind, die Zügel oder die Schabracke des königlichen Pferdes zu erfassen, um somit des Gnadenrechts des Königs teilhaftig zu werden. Zum Beispiel wird 1471 in Nürnberg dem Sebalt Lutzer „der k. m. zu eren" die Stadtverweisung erlassen.[208] So bekannt ist dieses bisweilen auch auf die Fürsten ausgedehnte Gnadenrecht, daß 1421 die Bamberger den der Stadt verwiesenen Siegelfälscher Apel Ledempter ausdrücklich schwören lassen: „und ob ein römischer keyser, kunig odir ein bischof und herre zu Bamberg einreiten würde, mit dem sol er nicht einkumen in keineweise."[209]

Der scheinbar marginale Fall des Bamberger Urfehdebriefes von 1421 reflektiert einen grundsätzlichen Vorgang. Ein König, oder in seiner Nachfolge ein Fürst, kann gar nicht prüfen, ob derjenige, der sich an die Schabracke seines Pferdes klammert, die Begnadigung überhaupt verdient. Es ist selbstverständlich, das derjenige, der das lebendige Recht auf Erden personifiziert, dem Grundsatz entspricht: Beim Recht soll Gnade sein. Das, was frühmittelalterlichen Heiligen bei ihren Galgenwundern nachgesagt wurde, das gilt auch für den einreitenden König: Nicht die Schuldfrage ist das Entscheidende, sondern das Gnadenrecht. Aber beachtet sei das „in keineweise" der Bamberger Bestimmung von 1421: Die Stadträte wollen das Heft in der Hand behalten – das ist das eine. Aber sie lassen sich auch den Verzicht darauf beschwören – das ist das andere –, das unbeschränkte Gnadenrecht des Königs, das wie selbstverständlich auf die Fürsten ausgedehnt wird, in Anspruch zu nehmen. Grundsätzliches aber zeigt der Einzelfall: Das Abbitten kann vom allgemeinen zum Standesrecht, zum Vorrecht werden.

Fürsten und hohe Adelige haben selbst in Reichsstädten als Ausdruck ihrer Standesehre Verbrecher vom Galgen abgebeten.[210] Aber auch anderen berühmten und verehrten Gästen wurde vom Rat dieses Recht als Ausdruck besonderer Wertschätzung eingeräumt. So konnte Philipp Melanchthon, als er 1553 in Nürnberg weilte, einen Giftmörder vom Strang losbitten.[211] Nicht als Geistliche, sondern als Standespersonen haben auch Prälaten dieses Recht wahrgenommen, als angesehene Persönlichkeiten haben Prioren und Äbte städtischer Klöster für Verurteilte Fürsprache eingelegt.[212] In ländlichen Gebieten hat der Respekt vor dem geistlichen Amt eine größere Bedeutung beim Abbitten gehabt als in der

Stadt, der Anteil getaner Abbitten durch Geistliche lag bei den Gerichten des Hinteren Bregenzerwaldes mit 60% höher als bei denen der Stadt Feldkirch mit 40%.[213]

Abbitten als Standesrecht und weitverbreitete Übung sind nur Formalisierungen eines ursprünglichen, allgemeineren, der Gnade zugewandten Rechts. Aus diesem Denken heraus wird zunächst hochgestellten Damen,[214] dann aber auch den Frauen allgemein das Recht zugebilligt, für menschliches Erbarmen einzutreten, einen Verurteilten abzubitten,[215] ein Recht, das sogar den „schönen Frauen", den Dirnen, noch im 15. Jahrhundert zugestanden wurde[216]. Deswegen können schwangere Frauen 1509 in Villingen einen armen Sünder auf dem Weg zur Richtstätte gewaltsam befreien, ohne Strafe befürchten zu müssen.[217] Ein spätes Beispiel: 1598 hat in Basel die Bitte schwangerer Frauen und Hebammen Erfolg, einen fremden Schreiner, der wegen Totschlags zum Tode verurteilt worden war, laufen zu lassen.[218] So verbreitet war das Abbitten vom Galgen durch Frauen, daß der Lübecker Rat um seine Autorität fürchtete und es verbot.[219]

Vornehme Frauen baten Verbrecher und Spitzbuben vom Galgen ab;[220] so konnte 1433 der Basler Rat die Bitte der Markgräfin von Baden nicht abschlagen und ließ einen jungen, bereits verurteilten Dieb laufen.[221] Es waren bezeichnenderweise Damenstifte und Frauenklöster und keine Männerklöster, die wie Lindau,[222] Vilich bei Bonn oder Frauenmünster in Zürich[223] das Recht hatten, Verurteilte vom Strick loszuschneiden[224]. In keinem Privileg ist ihr Recht begründet worden. Es hatte sich analog zum Frauenrecht im Verlauf des Spätmittelalters gebildet. Ein solches Recht hatten auch die Frauen der jeweiligen Zürcher Landvögte zu Kyburg und im Thurgau.[225]

Wenn gar eine Fürstin Fürbitte einlegte, konnten die Richter einfach nicht anders, als dieser Bitte zu willfahren. So kam 1547 ein Schwabacher Bürger, der ehemals Dorfpfarrer und dann Landsknecht gewesen war, mit dem Leben davon, als er in Schwabach wegen Diebstahls zum Strang verurteilt worden war. Die Markgräfin hatte ihn vom Galgen abgebeten.[226]

Dirnen konnten ebenso wie Fürstinnen einen Verbrecher vom Galgen abbitten. Daß dies nach dem Verbot der Frauenhäuser im 16. Jahrhundert nicht mehr möglich war, liegt auf der Hand und weist zugleich auf die tiefen Wandlungen hin, welche das soziale Zusammenleben zwischen Spätmittelalter und früher Neuzeit durchgemacht hatte. Was zunächst noch ein unbestrittenes Recht aller Menschen, die an einem endlichen Rechtstag teilnahmen, gewesen war, wurde im 16. Jahrhundert immer mehr zu einem Standes-, zu einem Ehrenrecht, das auch einem berühmten Theologen wie Philipp Melanchthon zugestanden wurde. Und das heißt: Nicht mehr der spontane Volkswille, sondern die Obrigkeit entschied über die Spielregeln. Der erste Schritt zur Überwindung eines zutiefst zum angeblich so grausamen Mittelalter gehörenden Rechtsverständnisses.

Als hätten wir nicht Probleme genug, die Geschichte des Abbittens als Spiegel der Wandlungen sozialer Ordnung im Übergang vom Mittelalter zur Neuzeit zu betrachten, ist noch die bis tief in das 16. Jahrhundert nachwirkende Tradition der Bußgerichtsbarkeit zu berücksichtigen. Abbitten, auch durch hochgestellte Personen, konnte dann nichts nutzen, wenn ein durch die Missetat Geschädigter auf Sühne bestand. Der alte Gedanke war noch nicht verlorengegangen, daß Untaten bei den Geschädigten, bei einem Mord bei den Verwandten des Getöteten „vergolten" (im ursprünglichen Sinne verstanden) werden mußten. Schon 1918 hat Karl Schué, in Anmerkungen versteckt, darauf aufmerksam gemacht, daß die Rechtssitte des Abbittens sich nicht mit dem Weiterwirken des Sühnevertrags verträgt.[227] Noch 1578 bestimmt ein Weistum aus der Moselgegend: „wan der Man von dem Leben zu dem Doit verurteilt were, so soll der Herr den Vercleger fragen, ob er den Man wult lassen gehen, ob er ihn wult lassen hangen."[228] Strafe als Sühne gegenüber dem Geschädigten: Deshalb nutzte selbst einem Angehörigen der Nürnberger Ehrbarkeit, Paul Deichsler, 1565 die Fürbitte zahlreicher Fürsten und Herren nichts, als er wegen Totschlags eines Fuhrmannes zum Tode verurteilt worden war; die Witwe des Getöteten ließ sich zu keinem Vergleich bewegen.[229]

Die rührendste Art des Abbittens ist das „Losheiraten" von der Todesstrafe.[230] Jener Verbrecher wird begnadigt, den eine Frau vom Gericht zur Ehe begehrt. Der Vergeltungsgedanke des Strafrechts wird hier aufgehoben. Die Heirat versöhnt die Verbrecher mit der Gesellschaft, bietet Schutz dieser Gesellschaft vor weiteren Verbrechen. Der Hildesheimer Rat gewährt 1555 zwei Jungfrauen die Bitte, die beiden zum Tode verurteilten Knechte, die sie heiraten wollen, vom Galgen freizugeben. Die Hildesheimer Bürger, die an der Richtstätte den „umstand" bildeten, „wol over dusend man", hatten dieses Begehren unterstützt.[231] In Halberstadt rettete 1468 ein Mädchen das Leben eines bereits Verurteilten, den sie heiraten wollte.[232] Und das war keinesfalls ein Einzelfall. In allen deutschen Landen haben Frauen unter dem Galgen ein Eheversprechen für den Missetäter abgegeben, der daraufhin begnadigt wurde.[233] So kam zum Beispiel 1566 in Diepholz eine Magd zu einem Ehemann.[234] Hinter solchen Begnadigungen steht das Bewußtsein von der sozialisierenden Kraft der Ehe. Deshalb kann auch ein Mann die verurteilte Frau durch ein Ehegelöbnis abbitten: 1524 sollte der Rothenburger Scharfrichter, weil sein nürnbergischer Kollege erkrankt war, eine Kindsmörderin ertränken. Dem flehentlichen Bitten des Henkers, ihm die junge Frau zum Weibe freizugeben, gab der Rat nach und verzichtete auf den Vollzug der Strafe.[235] Wenn 1589 in der würzburgischen Zent Stadtschwarzach die Möglichkeit des „Abheiratens vom Galgen" verworfen wird,[236] dann ist das ein Beispiel für die grundsätzliche Infragestellung des Gnadenrechts seit etwa der zweiten Hälfte des 16. Jahrhunderts. Aber noch 1725 konnte in Schwyz ein Geselle eine Diebin in letzter Minute vom Galgen erretten mit dem Versprechen, sie zu heiraten. Schon sein Vater sei auf diese Weise zu seiner Frau gekommen, und die Ehe sei glücklich gewesen.[237]

Das Abbitten in seiner dramatischen Form des Losbittens vom Galgen ist Teil der allgemeinen Überzeugung, daß zum Recht die Gnade gehört. Dieser Gedanke kann sich auch in weniger dramatischer Form erweisen. Das Bamberger Echtbuch verzeichnet zahlreiche Fälle, in denen Strafen gemildert oder ausgesetzt werden, weil ein Verbrecher „die bürger umb erberger lewt willen abbaten umb gotes willen".[238] Verwandte und Freunde bitten für den Adeligen ebenso[239] wie für den gemeinen Mann. Diesen versucht oft auch seine Zunft oder Innung zu schützen. In Bern wird 1514 ein Missetäter begnadigt wegen „siner hußfrowen und kind, ouch vil erberer personen ... fürbitt".[240] Ehrbare Leute: Die Schiffsleute bitten 1426 einen der ihren von dem Vollzug der Strafe wegen Diebstahls ab,[241] die Meister der Färber erreichen 1423 die Milderung der Stadtverweisung eines Handwerksgenossen.[242] 1426 kann der Bamberger Domdekan ebenso die Todesstrafe eines Diebes durch seine Bitten verhindern[243] wie in einem anderen Fall 1421 „erberg man und frawen"[244]. Die

Brandmarkung einer Frau, die 1424 einen Badstubendiebstahl begangen hatte,[245] kann durch die Rechtssitte des Abbittens genauso ausgesetzt werden.

Aus Gnade wurden Körperstrafen umgewandelt,[246] aus Gnade wurde eine mildere Hinrichtungsform als die des Räderns verfügt,[247] aus Gnade wurde selbst ein zur Vierteilung Verurteilter 1549 in Schaffhausen nur geköpft: „Weil aber sein armes gross-schwanderes Weib sampt seinen acht lebendigen Kindern für ihn baten, ward das Urtheil umb etwas gemiltert."[248]

„Umb etwas gemiltert." In anderem Zusammenhang werden wir auf den weiten Strafrahmen verweisen, innerhalb dessen spätmittelalterliche Richter vor ihrem Gewissen eine verhängte Sanktion zu rechtfertigen hatten. Das Abbitten durch die Gemeinde bildete ein kontrollierendes Gegengewicht zur Gefahr der Willkür. Und das betraf nicht nur Leben und Tod, das betraf auch die Ehre, der ein armer Sünder bis zu seinem Lebensende teilhaftig war. Ein Urteil konnte dem Missetäter die Ehre nehmen. Unehrliche und ehrliche Todesstrafen – auch darauf zielt das Abbitten: die unehrliche, schimpfliche Strafe des Hängens durch die ehrliche, ein christliches Begräbnis sichernde Strafe des Köpfens zu ersetzen.[249] So ist zum Beispiel in Nürnberg 1610 ein Dieb durch Mutter und Geschwister und den Meister, bei dem er das Zirkelschmiedehandwerk erlernt hatte, „vom Strang zum Schwert erbeten worden".[250] In Schweinfurt wurde 1601 eine Frau von der schimpflichen Strafe des Ertränkens zur Hinrichtung mit dem Schwert erbeten.[251] Diese Beispiele mögen als Belege dafür genügen, daß die heutigen Diskussionen über den Sinn der Todesstrafe wenig Erhellendes zur historischen Bewertung dieser Strafform beitragen können. Es ist genau umgekehrt. Die Vergangenheit hält der Gegenwart den Spiegel vor: Die Todesstrafe war, wie wir belegten, selbst im sogenannten grausamen Mittelalter angezweifelt. Als Deutscher bin ich stolz darauf, daß diese Diskussion – übrigens auch dank der entschlossenen Haltung des Bundeskanzlers Ludwig Erhard – keine Rolle mehr spielt. In der heutigen Diskussion geht es zu Recht auch um Täter- und Opferbeziehungen, aber das ist nicht das einzige Thema: Mir scheint, daß alles Psychologisieren um die Täter-Opfer-Beziehung vergleichsweise wenig für frühere Zeiten aussagt; die Täter-Opfer-Beziehung im Mittelalter ist von der damals so wichtigen Ansicht beherrscht, daß auch der Täter eine Ehre habe, über die zu urteilen sei. Dabei war die entscheidende Frage, wie weit die Tat „ehrlich" war – das Thema der unehrlichen und ehrlichen Missetaten ist noch zu behandeln –, ob sie also im Bereich des menschlichen Versagens lag oder ob das Prinzip „die Tat richtet den Mann" anzuwenden war.

Das Abbitten zur ehrlichen Hinrichtung mit dem Schwert statt mit dem Strang[252] läßt die Bedeutung der „ehrlichen" Strafe erkennen. Ein Bürger von Schwäbisch Hall, aus angesehenem Sieder-Geschlecht stammend, kam als Wirt auf die schiefe Bahn, wurde Straßenräuber und 1527 in seiner Heimatstadt zum Strang verurteilt. Mit Rücksicht auf seine Verwandtschaft wurde er mit dem Schwert gerichtet – und deshalb konnte einer seiner Söhne Pfarrer werden, ein anderer in Hall erneut zu Wohlstand und Ansehen gelangen.[253]

Weil die Hinrichtung mit dem Schwert als „ehrliche" Strafe galt, verwundert nicht, daß die gesamte Zunft um die Begnadigung „zum Schwert" bat, wenn eines ihrer Mitglieder, selbst wenn ein Geselle ihres Handwerks gehängt werden sollte;[254] denn der Schimpf der Bestrafung fällt auf alle Mitglieder des Handwerks zurück. Nicht immer hat eine solche

Bitte Erfolg. Als 1612 in Nürnberg die Steinmetzen für einen der ihren, einen Fassadenkletterer, Gnade suchen, lehnt der Rat in ironisierender Reminiszenz an eine Spiegelstrafe ab, weil dieser Dieb „so meisterlich hat einsteigen können, so kann er nun auch die Leiter (zum Galgen) hinaufsteigen".[255]

Die Begnadigung zum Schwert wurde von den Verurteilten tatsächlich als Begnadigung empfunden. Als in Nürnberg zwei Diebe „die fröhliche Botschaft empfingen, daß sie ein gnädiges Urteil hätten, sind sie beede auf ihre Knie niedergefallen, haben ihre Hände emporgehebt und Gott und der Obrigkeit dafür gdanket".[256] Hier erscheint ein Mentalitätsproblem: Ehre wirkt über den Tod hinaus, jeder Mensch trägt mit sich die überindividuelle, die über seine biologische Existenz hinausweisende Ehre. Das Individuelle ist nicht an die einzelne Existenz geknüpft, sondern an Familie, Verwandtschaft, Freundschaft und Gewerbe.

Naheliegend ist der Einwand, die Unterscheidung von ehrlichen und unehrlichen Todesstrafen als Ausdruck einer mittelalterlichen „Humanität" abzutun; denn diese „Humanität" ist nach Übereinkunft der Historiker dem 18. Jahrhundert vorbehalten. Das Mittelalter jedoch ist grausam. Wie verhält es sich aber, wenn die Verschwörer des 20. Juli 1944 schimpflich gehängt und nicht zumindest militärisch ehrenvoll erschossen wurden? Eine Rache, die im Mittelalter nicht akzeptiert worden wäre. Die viehische Strafjustiz eines Heinrich VI. in Unteritalien wird auch im Reich bemerkt – und unkommentiert berichtet; aber Protest drückt sich in dieser fehlenden Kommentierung aus: Es ist das einzige, was den deutschen Chronisten von der Herrschaftspolitik des Staufers in Süditalien berichtenswert erscheint. (Ich erlaube mir, hier an meine Mahnung zu erinnern, daß ein früh- und hochmittelalterlicher Mönch in seinen geschichtlichen Aufzeichnungen schon allein wegen des teuren Pergaments selten seine eigenen Meinungen, sondern meist nur die in seinem Konvent konsensfähigen niederlegen kann.)

Das Abbitten ist mehr als eine Rechtsform. Es verlagert die letzte Entscheidung von einer Gewissensfrage des Richters in eine Frage des Gemeinschaftsgewissens. Auch darin sind die Aufzeichnungen des Meisters Franz Schmidt eine aufschlußreiche Geschichtsquelle, als sie den Wandlungsprozeß des Abbittens um 1600 festhalten. Der Henker notiert, wie häufig Verbrecher vom Galgen freigebeten wurden. Das aber galt nur für die „auswärtigen" Herrschaften, nicht mehr für die Reichsstadt. Meister Franz hat es in seiner Amtszeit nur einmal erlebt, daß Fürbitten es ihm ersparten, eine Hinrichtung zu vollziehen,[257] aber er weiß von den Delinquenten, daß sie vor Jahren andernorts abgebeten worden waren[258]. Die ausgestandene Todesangst – das Abbitten lag zwischen zwei und drei Jahren zurück – hielt nicht von Wiederholungstaten ab. Ein Verbrecher war, bevor er in Nürnberg hingerichtet wurde, bereits zweimal abgebeten worden,[259] und ein 1592 von Franz Schmidt geköpfter „Marx Bruder", ein Fechter, war seit 1576 viermal „erbeten" worden[260].

Das Abbitten verträgt sich schlecht mit dem gelehrten Recht, das Gerechtigkeit durch Anwendung von Prinzipien zu erreichen glaubt. Für die Justiz bedeutete das Abbitten vom Galgen eine ganz erhebliche Irritation.[261] Schon 1363 hatte der Colmarer Rat verfügt, daß mit einem Monat Stadtverweisung bestraft werde, wer vor dem Rat für einen „schedelichen man oder wip bittet".[262] Das bezieht sich zwar nur auf Missetäter, die als „landschädliche Leute" verrufen waren, kündigt aber eine Tendenz zur Einschränkung des Gnadenrechts an. Straßburg versucht im 15. Jahrhundert, seinen Bürgern das Abbitten zu untersagen.[263] So weit gingen andere Städte nicht, aber unverkennbar ist im 16. Jahrhundert ihr Bemühen um Einschränkung dieses Rechtsbrauches.[264] Das Land folgt darin der Stadt erst wesentlich später. Das Abbitten findet im Verlauf des 16. Jahrhunderts in Feldkirch immer seltener statt, lebt aber im Bregenzer Wald ungeschmälert weiter.[265]

Das Abbitten vom Galgen war ein so geläufiges Verfahren, daß 1430 der Rat von Nordhausen verfügt, man wolle den Dieb, der einen Teil des Ratssilbers gestohlen hatte, „nicht lange lassen sitzen", also nicht lange in Haft behalten, sondern alsbald hinrichten „dorumb das her on nicht abe gebetin worde";[266] denn der Dieb war Sohn eines angesehenen langjährigen Ratsherren, und der Einfluß des Vaters ließ die Ratsherren auf einen schnellen Vollzug der Strafe drängen.

Um das Abbitten als Recht des „Umstandes" einzuschränken, sahen die Richter zunächst kein anderes Mittel, als das Prinzip der Öffentlichkeit des „endlichen Rechtstages" preiszugeben. In Regensburg hatte der Rat während des Reichstages von 1532 „viel leut heimlich bei der nacht ertrenckt" – der Rat wollte bei der Anwesenheit so vieler großer Herren vermeiden, daß die Verbrecher abgebeten wurden.[267] „Unhöflich" konnte der Rat nicht sein und einem Fürsten das Standesrecht verweigern. Eine Lösung bot der schnelle Rechtstag, von dem ein Fürst gar nichts erfuhr. Deswegen wurde oft genug die heimliche Hinrichtung ohne „Umstand" befohlen, um Verwicklungen mit dem Begnadigungsrecht auszuweichen.[268] Noch 1619 ordnete der Nürnberger Rat an, daß man einem Missetäter, einem Verräter, „zeitlich aufläute", also frühzeitig die Hinrichtung bestellte, „damit allerhand Fürbitten dadurch abgeschnitten würden".[269]

Dem Tagebuch des Meisters Franz zufolge hatte der Nürnberger Rat um 1600 das Abbitten vom Galgen nahezu vollständig unterbinden können. Was der Rat aber noch immer walten ließ, ist die Gnade, anstelle des schimpflichen Hängens in letzter Minute die ehrliche Hinrichtung mit dem Schwert anzuordnen.[270] Bisweilen erfährt der arme Sünder erst kurz vor seinem letzten Gang von dieser Gnade („war ihm schon auffgeleuttet"),[271] bisweilen steht die Leiter schon am Galgen („ist ihm die Laiter gelaint gewesen"), als der Delinquent zum Schwert erbeten wird[272]. Gnade im letzten Augenblick: In einem anderen Fall erfährt der Verurteilte erst auf der Richtstätte, daß ihm die Strafverschärfung (es sollte ihm vor der Hinrichtung die rechte Hand abgeschlagen werden) erlassen wurde.[273]

Im Verlauf des 16. Jahrhunderts stößt die Rechtssitte des Abbittens immer härter mit der an den Fürstenhöfen entstehenden Auffassung zusammen, daß das Strafrecht auf Normen beruhe, die durchzusetzen seien, denn die auf Privilegien gestützte städtische Freiheit vertrug sich nicht mit dem neuen Gedanken des landesherrlichen Gesetzes und seinen erheblichen verfassungsgeschichtlichen Konsequenzen. Das Gnadenrecht wurde den Städten in der frühen Neuzeit von den Landesherren bestritten.[274] Ein Beispiel für die unausweichlichen Konflikte: 1551 erheben in der Stadt Hof die Frauen den Anspruch, Gnade zu erwirken.[275] Zwei Mordbrenner sollten damals die Spiegelstrafe des Verbrennens erleiden. Prozessionsartig ziehen die Frauen der Stadt vor das Haus des für diesen Prozeß abgeordneten fürstlichen Richters und erbitten das Leben der Verurteilten. Sie werden brüsk zurückgewiesen. Schon bei der Hinrichtung werden wegen dieses arroganten, mit dem Rechtsstandpunkt der Bürger unvereinbaren Verhaltens des Richters, des Vorsitzenden der fürstlichen

Kommission, Schimpfworte und Drohreden laut, und nach deren Vollzug, als die Kommissionsmitglieder Mittagstisch halten, kommt es zu einer Zusammenrottung, die da fordert: „Schießt sie tod! Stecht sie tod! Laßt der Schelme, der Bluthunde keinen leben." Nicht die gefährlichen Mordbrenner sind die „Bluthunde", sondern die Mitglieder der herzoglichen Kommission. Sie haben sich mit der Hinrichtung an Christen vergangen, als wenn es sich um Juden handele – ein alarmierendes Argument –, und vor allem haben sie das Recht der Frauen zu Hof und damit zugleich das Recht der Bürger mißachtet. „Sie haben arme Christenmenschen verbrannt, als wenn es Juden wären! Sie haben unserer frommen Weiber Vorbitte verschmäht. Sie haben uns Höfer Bürger verachtet." Bei dem anschließenden Aufruhr kamen fünf Adelige aus der fürstlichen Kommission, darunter der Kommissar selbst, ums Leben. Dennoch ließ der Fürst die Angelegenheit – für die er zunächst eine Untersuchung anordnete – schließlich ohne Bestrafung auf sich beruhen. Das kann man aus dem Charakter und der fehlenden Herrschaftsauffassung dieses Fürsten, des Markgrafen Albrecht Alkibiades, erklären, der mehr an erpresserischer Kriegführung als an der Regierung seines Fürstentums interessiert war, man kann aber auch mit der Einsicht seiner Bayreuther Räte rechnen: Sie wollten, berufstypisch, sicherlich eine Gerichtsbarkeit hinter verschlossenen Türen; aber sie sahen, daß die Vergangenheit das Verhalten der Hofer Bürger insofern rechtfertigte, als sie deren Empörung über das Verschmähen der Bitten ihrer Frauen verständlich werden ließ.

Die Unruhen in Hof zeigen, auf wie viele Widerstände die Versuche der Fürsten im 16. Jahrhundert stoßen mußten, das Begnadigungsrecht als eine ausschließlich landesherrliche Kompetenz zu definieren.[276] Jedoch spätestens mit dem 17. Jahrhundert war es dem Fürstentum gelungen, die Rechtssitte des Abbittens zu unterbinden. Das Begnadigungsrecht war zu einer ausschließlichen Kompetenz des Landesherrn geworden.[277] Die Osnabrücker Fürstbischöfe noch des 18. Jahrhunderts begnadigten 20 von 75 zum Tode verurteilten Verbrechern.[278] Der „Prozeß der Monopolisierung und Zentralisierung der Strafjustiz" war in diesem Territorium weitgehend abgeschlossen.[279] Wie lange aber der Rechtsgedanke des Abbittens in der Bevölkerung lebte, zeigt ein Beispiel aus Fürth, einer Hofmark, in die sich vier Herrschaften teilten und wo die Gemeinde infolgedessen größere Einflußmöglichkeiten hatte. Noch 1760 konnte hier die Gemeinde einen Verurteilten vom Galgen abbitten.[280]

Die Grenzen der Gnade: die Hinrichtung des Juden

Ausgesuchte Grausamkeiten – der Strafvollzug als Ausdruck der Entrechtung des Juden – ausnahmsweise wirkendes Gnadenrecht

Mein Bemühen, den zumeist oberflächlich auf das Mittelalter angewandten Grausamkeitstopos zu relativieren, stößt an eine starre Grenze. Wer erkannt hat, wieviel Erbarmen im Mittelalter dem armen Sünder entgegengebracht werden konnte, wird (den ursprünglichen Sinn eines Modewortes vitalisierend) Betroffenheit darüber nicht verbergen können, daß dieses Erbarmen den Juden ausschloß. Die Betroffenheit wird auch dadurch nicht geringer, daß die Hinrichtung von Juden eine Seltenheit darstellte.[281] Alle Erklärungsversuche verbrennen, wo der Haß so auflodern kann. Obwohl die Juden auch für den Sachsenspiegel unter dem Sonderfrieden des Königsschutzes stehen,[282] obwohl sie doch zur städtischen Welt des Spätmittelalters gehören, wird ihnen kein Zeichen des Erbarmens zuteil, ja mehr noch: Der Haß auf die Juden muß in der Stadtbevölkerung derart konsensfähig gewesen sein, daß die ausgesuchtesten Martern gerade gut genug für die Juden zu sein schienen.

Personales Recht, Vorrecht, kann den Adeligen beim Strafvollzug bevorzugen; das Minderrecht des Juden wird diesen mehr als nur benachteiligen.[283] Der straffällig gewordene Jude wird nur sehr selten mit der einzig als ehrlich geltenden Strafe des Köpfens gerichtet; die ehrenrührige Strafe des Hängens bedroht ihn stets[284] – und war meistens noch mit besonderem schimpflichen und überaus grausamen Zeremoniell ausgestaltet[285]. Der Galgen ist – so die haßerfüllte Einstellung – noch zu gut für Juden. 1363 wird in Nürnberg ein Jude „außerhalb des Galgens an einem Balken gehängt".[286] Es muß sich schon um eine außergewöhnliche Hinrichtungsart gehandelt haben, wenn die Hildesheimer Stadtrechnungen 1407 beim Aufknüpfen eines Juden Ausgaben für diejenigen verzeichneten, die dabei den Scharfrichter gehalten haben.[287] Tatsächlich werden ausgesuchte Grausamkeiten beim Vollzug der Hinrichtung von Juden angewandt: Sie werden, qualvoll den Todeskampf verlängernd, an den Füßen aufgehängt,[288] ein Hut mit heißem Pech wird ihnen in Nürnberg oder in Brünn „more judaico" über den Kopf gestülpt, wenn sie an der äußersten Galgenspitze aufgeknüpft werden,[289] weit verbreitet die grausame Sitte, Hunde neben sie zu hängen, die den an den Füßen Aufgehängten totbeißen[290]. So notiert die Magdeburger Schoppenchronik: „Im jar 1473 hing man hir einen juden, genant Isaac, bei den füssen auf und neben ine zwene hunde".[291] Wenn diese Sitte einmal nicht geübt wird, hebt es der Chronist hervor: „man hieng keinen Hund zu ihm."[292] An solche grausamen Riten erinnerte man sich noch 1699, als Jonas Meyer, der jüdische Helfer des Kirchenräubers Nickel List, bei seiner Hinrichtung gotteslästerliche Reden geführt hatte. Der Leichnam wurde anderntags an den Füßen neben einem Hund am Galgen aufgehängt.[293]

Das Erbarmen mit dem armen Sünder gilt nicht für den Juden. Die gleichen Menschen, die den Henker steinigen wollen, der, unglücklich richtend, dem Delinquenten unnötigen Schmerz verursacht, sehen teilnahmslos dem grausamen Vollzug der Hinrichtung eines Juden zu. Bei dem lakonischen Berichtsstil der spätmittelalterlichen Chronistik ist nicht ganz auszuschließen, daß auch Mitgefühl mitschwang, wenn ein Zeitgenosse notierte, daß 1374 ein Jude in Basel an den Füßen aufgehängt wurde: „Der hieng drei tag, eh er starb."[294] Es mag in diesem Fall ebenfalls an dem Berichtsstil liegen, daß keine Reaktionen der Mitmenschen auf den grausamen Strafvollzug überliefert sind. Daß aber Zeugnisse des Erbarmens bei Hinrichtungen von Juden überhaupt nicht überliefert sind, läßt nur einen Schluß zu. Die weitgehende Entrechtung des Juden – den man meist straflos schlagen, oder, wie es verschleiernd hieß, „ölen" konnte –[295] setzte sich bis in die Hochgerichtsbarkeit hinein fort.

Wenn ein Jude in höchster Existenznot zum Christentum konvertierte, konnte ihm im Mittelalter Gnade zuteil werden wie jenem, der sich 1435 auf der Richtstätte zum christ-

Abb. 5: Hängen eines Juden: weit verbreitet die grausame Sitte, Hunde neben sie zu hängen, die den an den Füßen Aufgehängten totbeißen, wie hier in Weißenstein in Schwaben im Jahre 1553. Holzschnitt in der Schweizer Chronik des Johann Stumpf (Augsburg 1586).

lichen Glauben bekehrte. Drei hohe Geistliche, Teilnehmer des gerade in Basel tagenden großen Konzils, hatten ihn abgebeten.[296] Der Fall weist auf die Respektierung der Kirchenversammlung, nicht aber auf die Ausdehnung des Gnadenrechts auf die Juden hin, und diese Erbarmungslosigkeit übersteht die Zeiten unabhängig von der Reformation, wie 1590 eine Leichenrede auf einen hohen württembergischen Geistlichen lehrt. Ausführlich wird gerühmt, wie er einen an den Füßen am Galgen hängenden Juden „bekehrt", während dieser von zwei neben ihm hängenden Hunden zerfleischt wird. O Wunder – dem Protestanten gelingt, was man allein den alten Heiligen zutrauen würde: Die Hunde lassen von dem Unglücklichen ab, sowie dieser sich zum Christentum bekehrt.[297]

Die Konversion vor der Hinrichtung konnte zur Milderung des qualvollen Strafvollzugs, aber nicht zur Begnadigung führen.[298] Auch wenn die grausame Strafe des Verkehrtherumhängens selten vollzogen wurde: Das Erbarmen mit dem armen Sünder schließt den Juden nicht mit ein. Das Gnadenrecht des Abbittens wird ihm nicht zuteil. Eine große Ausnahme bildet es, wenn ein Jude auf Bitten einflußreicher Männer in Nürnberg „christlich", also auf normale Art gehängt wird[299] oder wenn in Regensburg 1460 der Mainzer Erzbischof einen Juden vom Galgen abbittet[300]. 1377 allerdings bat ein Graf von Kleve noch auf der Richtstätte eine Jüdin vom Kölner Rat frei. Die Frau war, wie der Chronist hervorhebt, sehr schön.[301]

2. Der Henker

Der Henker und die arbeitsteilige spätmittelalterliche Urbanität

Arbeitsteilige urbane Gesellschaft als Voraussetzung für die Entstehung des Henkerberufs – angebliche Vorformen eines erst 1276 bezeugten Berufs – die unterschiedlichen Bezeichnungen des Scharfrichters – Hinrichtungen „zu gesamter Hand": der in der ländlichen Welt lange weiterlebende ursprüngliche Vollzug der Todesstrafe – der städtische Galgen: die Entsprechung zur Entstehung des Henkerberufs – Schwierigkeiten bei der Anwerbung von Nachrichtern

„Ja, trotz dem Richtschwert, womit schon hundert arme Schelme geköpft worden, und trotz der Infamia, womit jede Berührung des unehrlichen Geschlechts jeden behaftet, küßte ich die schöne Scharfrichterstochter." Heinrich Heine erzählt von seiner ersten Liebe und fährt fort: „Ich küßte sie nicht bloß aus zärtlicher Neigung, sondern auch aus Hohn gegen die alte Gesellschaft und all ihrer dunklen Vorurteile ..."[302] Wir fragen nicht weiter, welche Bedeutung diese Liebe für Heinrich Heine gehabt hat, wir fragen nach den „dunklen Vorurteilen".

Obwohl, oder vielleicht gerade weil der Scharfrichter die populärste Gestalt der deutschen Rechtsgeschichte ist, blieb die nüchterne Analyse seiner – modern gesprochen – Berufschancen bis zu dem häufiger zitierten als gelesenen klärenden Werk von Jutta Nowosadtko aus.[303] Immer noch geistert selbst im seriösen wissenschaftlichen Schrifttum die Vorstellung: Der Scharfrichter gehört einfach zur Grausamkeit des Mittelalters, und es interessiere vor allem, welche Aussagen allgemeiner Art sich daraus ableiten ließen. Dabei wurde schlicht eine Gesellschaft des Mittelalters vorausgesetzt, deren Einstellungen sich im Strafrecht widerspiegeln. Nur: Hat es diese Gesellschaft überhaupt gegeben? Erweisen nicht bereits die mühsamen frühneuzeitlichen Anpassungsprozesse der agrarischen Welt an die urbane Strafjustiz die Grenzen aller verallgemeinernden Aussagen über eine mittelalterliche Gesellschaft? Und zudem: Daß Sozial- und Mentalitätsgeschichte nur mit verfassungsgeschichtlichen Grundkenntnissen zu beschreiben sind, wurde leider oft vergessen.

Obwohl Todesstrafen schon seit alters her vollzogen wurden, hat sich erst im Spätmittelalter, mit der Entwicklung zu einer arbeitsteiligen Gesellschaft, der Beruf des Henkers gebildet.[304] Schroff sei mit dieser Aussage allen vom Archaismus faszinierten Forschungsbemühungen widersprochen, die eine Entwicklung möglichst seit germanischer Zeit in der Gestalt des Scharfrichters personifiziert sehen wollten, Bemühungen, die auch die Unehrlichkeit dieser Gestalt in mythischen Tabus begründet glaubten.[305] Häufig wurde mit dem Blut-Tabu argumentiert, mit einer angeblichen Achtung vor dem Leben des Mitmenschen[306] – was nicht stimmen kann –, denn Büttel und Fronboten blieben ehrlich, selbst wenn sie eine Hinrichtung vollzogen[307]. Und Otto von Wittelsbach, der nach Caesarius von Heisterbach immer einen Strick mit sich führte, um Straßenräuber und Mörder eigenhändig aufhängen zu können,[308] hätte es sich wohl anders überlegt, wenn er durch solches Verhalten unehrlich geworden wäre. Schließlich wußten auch die Rechtsspiegel des 13. Jahrhunderts noch nichts von einer Unehrlichkeit beim Vollzug der Todesstrafen.

Daß fern von mythischen Deutungen der Henker den Vorgang der Spezialisierung in einer arbeitsteiligen städtischen Gesellschaft personifiziert, muß wegen eines naheliegenden Einwands näher begründet werden; denn von jeher waren Leute vonnöten, die das schwierige Geschäft des Hängens und Köpfens besorgen konnten. Darüber verlieren die frühmittelalterlichen Quellen kein Wort. In einer gewalttätigen und gewaltbereiten Welt war der Vollzug der Todesstrafe kein Problem.

Dennoch ist der Frage nachzugehen, ob sich die Tätigkeit des auffallend spät erstmals 1276 erwähnten Henkers in den vorangehenden Zeiten nicht hinter anderen Begriffen verbergen könnte. Die Leges kennen „Helfer" des Richters, die aber gewissermaßen seine privaten Diener waren. Lediglich die Lex Burgundionum und die westgotischen Rechte kennen königliche Beauftragte für den Strafvollzug.[309] Ihr Ansehen war gering. Das burgundische Recht muß deshalb einem solchen „wittiscalc" („witi" weist auf Strafe, „scalc" ist der Ausdruck für den Knecht) unter besonderen Schutz stellen. Es wurde mit erhöhter Buße geahndet, wenn er verprügelt wurde.[310] Unter welchem Namen auch immer diese Knechte auftreten: Mit dem Ergreifen des Täters, mit der „Pfändung", dem Eintreiben der Bußen haben sie viel zu tun, nichts aber mit den Hinrichtungen.

Ebensowenig wie der „wittiscalc" des burgundischen Stammesrechts ist der Fronbote des hohen Mittelalters Vorläufer des Scharfrichters, obwohl die Sprachgeschichte dafür Argumente zu bieten scheint; denn in niederdeutschen Quellen wird der Henker zumeist als „bodel" oder „bodelmester" bezeichnet.[311] Der Büttel aber könnte Nachfahre des Fronboten sein, und dieser wäre dann Vorläufer des spätmittelalterlichen Scharfrichters. Nur: Hier liefert die Sprachgeschichte die entscheidenden Hinweise eines Veränderungsvorgangs. Daß sich die Bezeichnung des Fronboten aus der Rechtssprache verliert,[312] kann nicht einfach mit dem Ersetzen einer Bezeichnung durch eine andere erklärt werden; es müssen sich Tätigkeitsfelder verändert haben. Denn der Ausdruck „frô" für den Herren kennzeichnet den angeblichen Vorläufer des Büttels. Eine einfache Überlegung: Der Bote eines Herren kann nicht unehrlich sein. Der Fronbote gehört zur Aristokratisierung der Strafgerichtsbarkeit im Zuge der Friedensbewegung des 11. Jahrhunderts. Nur deshalb kann Walther von der Vogelweide sagen: „Hêr keiser, ich bin frônebote und bringe iu botescaft von gote."[313]

Zum hochgeachteten Boten gehörte nicht das Aufgabenfeld, das später der Henker wahrnahm.[314] Er treibt vielmehr die Gerichtsbußen ein und nimmt Verbrecher in Verwahrung. Der Bote ist zunächst nicht Übermittler, sondern Vollstrecker eines Auftrags. Noch im hohen Mittelalter gehört er zum Gericht, er ist noch nicht der untergeordnete Büttel.[315] Der geachtete Fronbote des hohen Mittelalters ist kein Vorläufer des mißachteten Büttels der späteren Zeit.[316] Der Fronbote war unantastbar, der mit niederen Diensten beauftragte spätmittelalterliche Büttel wurde oft genug mißhandelt.[317] Der Fronbote lebt mancherorts, besonders in der Eidgenossenschaft, unter dem Namen „Weibel" weiter, ein angesehener Mann der Gerichtsbarkeit. Er trägt als Zeichen seines Amtes den Stab.[318] Der Stab aber gehört zur Herrschaft.

Als falsch erwies sich die an sich naheliegende Vermutung, daß Fronbote und Büttel nur unterschiedliche Bezeichnungen der gleichen Tätigkeit gewesen wären. Der Büttel als untergeordneter Diener des Gerichts gehört zur Stadt. Das hängt schlicht damit zusammen, daß zur Entwicklung der städtischen Gesellschaft auch eine Entwicklung der Konfliktbereiche gehört. Damit wachsen auch die untergeordneten Tätigkeiten an.[319] Schematisiert: Der Fronbote gehört zur Aristokratisierung der Gerichtsbarkeit, der Büttel zu deren Urbanisierung. Letzterer hatte den Codices picturati zufolge alle Aufgaben zu erledigen, „die außerhalb der eigentlichen Rechtsprechung lagen".[320] Sein Amtsattribut ist nicht der Stab, sondern die Peitsche.[321] Er lädt nicht wie der Fronbote die Schöffen zum Gericht; dazu ist sein Ansehen zu gering.[322] Daß die Bilderhandschriften des Sachsenspiegels den Fronboten mit dem Büttel gleichsetzen,[323] hat angesichts der späten Entstehung dieser Handschriften um 1300 nicht viel zu besagen.

Wollte man einen Vorläufer des Henkers benennen, so wäre dieser in Gestalten wie der des Frankfurter „Stöckers" zu finden.[324] Dieser – früher als der Nachrichter bezeugt – hat seinen Namen vom Gefangenenstock. Bis 1476 hat er, Erinnerung an die Anfänge seines Amtes, noch die neue Form der Folter zu vollziehen.

Blicken wir von dem um 1276 entstandenen Schwabenspiegel auf dessen Vorbild, den zwei Generationen zuvor, um 1220 entstandenen Sachsenspiegel zurück, der noch nicht die Strafformen seines schwäbischen Rezipienten kannte, so erweist sich der tiefe Strukturwandel der Urbanität in diesem Zeitraum, ein Strukturwandel, der am einfachsten unter Hinweis auf die Veränderung der baulichen Gestalt, die Umformung des weiträumigen Gehöftsystems zu der engen Bebauung mit ihren Straßen, Gassen und der erhöhten Brandgefahr sowie intensiveren Nachbarschaftskonflikten, anzudeuten ist. Dem Sachsenspiegel war der Beruf des Henkers noch unbekannt. Wenn hier der Fronbote das Urteil vollziehen soll, so bahnt sich damit keineswegs die Entwicklung zum berufsmäßigen Henker an. Vielmehr zeigt sich noch die geachtete Stellung des Fronboten als einer zum Gericht gehörenden Person. Wer ihn tötet, hat das doppelte Wergeld zu zahlen, als ihm aufgrund seiner Geburt zustehen würde.[325] Aber zu der gleichen Zeit, als Eike den Sachsenspiegel abfaßte, begannen die Städte, einen eigenen Rechtsraum zu entwickeln. Ein „Stadtrecht" neben Land- und Lehnrecht hatte Eike gar nicht wahrgenommen, zumindest aber nicht „spiegeln", sprachlich abbilden wollen. Erstmals wird in Deutschland im Augsburger Stadtrecht von 1276 ein Henker erwähnt,[326] ausgerechnet in jener Stadt, in der die Dominikaner die entscheidende Vermittlung bei der Umformung des Sachsenspiegels in den für Oberdeutschland so wichtigen Schwabenspiegel leisteten. Mit verblüffender Schnelligkeit verbreitete sich dieser Beruf in deutschen Landen. Im 14. Jahrhundert gehört er selbst in Mittel- und Kleinstädten zu den vertrauten Gestalten der Rechtspflege.[327] In

München ist er bereits 1318 erwähnt,[328] und in Münster wird bald nach 1320 ein Stadtturm als „turris suspensoris" und seit 1365 als „Henggersturm" bezeichnet[329].

In den deutschsprachigen Quellen erscheint der „suspensor" der lateinischen Quellen zumeist als „Henker".[330] Mit Ausnahme des Ausdrucks „Nachrichter" sind alle anderen Bezeichnungen nicht gerade weit verbreitet wie „Freimann",[331] „Angstmann", „Frohn" oder „Racker",[332] „tuchtmester",[333] „züchtiger"[334]. Der „suspensor", der Henker, ist der Spezialist für eine Tätigkeit, die früher dem Kläger als dem Geschädigten oblag, nämlich „seinem" Dieb die Schlinge um den Hals zu legen.[335] Daß der Henker eine Aufgabe wahrnahm, die ursprünglich der Geschädigte zu vollziehen hatte,[336] wird noch 1426 in einer Rechtsweisung des Oberhofes Wimpfen deutlich: Der Kläger muß dem Missetäter, der dem Henker übergeben wird, dreimal an den Hals schlagen und ihn wegen seiner Untat „beschreien".[337]

Der berufsmäßige Henker gehört zur Entwicklung der Stadt; dieser Beruf ist nicht aus einer allgemeinen Entwicklung der noch zutiefst agrarisch verwurzelten Welt entstanden. In den Dörfern wird bisweilen noch im ausgehenden Mittelalter die Todesstrafe nicht durch einen professionalisierten Nachrichter, sondern durch die Dorfgemeinschaft vollzogen. Diese „Hinrichtung zu gesamter Hand" ist in geographisch weit auseinanderliegenden Landschaften bezeugt, im Elsaß[338] ebenso wie in Franken[339] und Dithmarschen[340]. In Zittau vollziehen noch um 1300 die Schöffen die Hinrichtung.[341] Das alles weist auf die älteren Formen der Gerichtsbarkeit zurück.[342] Daß der Henker zur Stadt gehörte und den ländlichen Gebieten noch lange fremd blieb, bezeugt ein im Jahre 1453 gefundenes Weistum aus Dreis. Wenn die Gemeinden die Missetäter nicht selbst richten wollen („nyt selbs hanttedich weren wurd"), sollen sie auf ihre Kosten den Scharfrichter aus Echternach holen.[343]

Bei dem „Richten zu gesamter Hand" sind einfache Formen wie in der Antike durch Schlegel und Barte gebräuchlich gewesen: Der Verurteilte legte seinen Hals auf einen Block, die Barte, das Beil wurde auf den Hals gehalten und mit dem Schlegel der tödliche Schlag auf das Beil geführt.[344] Aus dem 13. Jahrhundert ist bezeugt, daß der Büttel die Barte hält, wenn der Knecht des Vogtes oder in Regensburg der Scherge den Schlag ausführt.[345] Die „decollatio cum dolabra", das Köpfen mit dem Beil, begegnet noch zu Anfang des 14. Jahrhunderts in Tiroler Rechnungen.[346] Aus dieser alten Hinrichtungsart wurde im Spätmittelalter mancherorts eine Art Guillotine entwickelt,[347] die aber – Hinweis auf die urbane Form der Strafgerichtsbarkeit – keine Kontinuität der Hinrichtungsform bilden konnte.

Auch wenn der Nachrichter noch mancherorts nach der Barte, der Dwele oder Dille bis ins 18. Jahrhundert Diller genannt wurde,[348] so hat doch erst das Entstehen des berufsmäßigen Henkers die Ausbildung eines Strafsystems ermöglicht, das erhebliche Kunstfertigkeit verlangte. Seit dem Spätmittelalter wird dem Nachrichter häufig der Titel „meister" beigelegt[349] – und deswegen hatten wir von Kunstfertigkeit gesprochen –, denn auch der Henker gehört in eine urbane Welt, die sich selbstbewußt in der Verfeinerung der „artes" vom Handwerk bis zur Fechtkunst gefiel.

Daß der Henker Teil der Entwicklung zur arbeitsteiligen Gesellschaft ist, läßt sich durch einen Seitenblick beweisen. Zur Professionalisierung der Hinrichtungen gehört die Perfektionierung der Richtstätte. Der Galgen, schon in merowingischer Zeit oder in der Edda[350] bezeugt und im Sachsenspiegel vor allem für die Bestrafung von Dieben vorgesehen,[351] war der Heidelberger Bilderhandschrift dieses Rechtsbuches zufolge ein primitiver Gabelgalgen: Zwischen zwei Astgabeln wurde ein Baumstamm quergelegt.[352] Primitiv war auch der aus dem Ast entwickelte,[353] nur auf einem Pfosten ruhende Schnell- oder Kniegalgen[354]. Es kam gar nicht so selten vor, daß er zusammenbrach. Es entsprach dem Strukturwandel der Gerichtsbarkeit unter dem Einfluß der Städte, daß in deren Umkreis der Galgen perfektioniert wurde – ein Parallelvorgang zur Professionalisierung des Henkers. Die Häufung von Todesurteilen in den Städten erforderte die Entwicklung eines für das Hochgericht repräsentativen Säulenbaus, meistens eines dreibeinigen, „dreistempeligen" oder „dreischläfrigen" Galgens.[355] Er stand, weithin sichtbar, meist auf Anhöhen,[356] zumindest aber an Kreuzwegen, als Ausdruck des Hochgerichts vor den Mauern der Stadt[357]. Schon 1311 ist in Wien vor dem Schottentor der „Rabenstein" erwähnt,[358] eine auch andernorts begegnende Bezeichnung für eine befestigte Hinrichtungsstätte mit gemauertem Galgen[359].

Man ließ die armen Sünder bis zum Zerfall ihrer Gebeine (deren Reste dann der Henker beim jährlichen „Fegen", beim „Säubern" der Richtstätte verscharrte) hängen.[360] Oft baten, falls der Hingerichtete Mitglied einer Zunft oder einer Gesellenbruderschaft war, seine Genossen den Rat, die Leiche abnehmen zu dürfen. Wenn in Frankfurt eine Kaiserwahl bevorstand, „fegten" der Scharfrichter und seine Knechte den Galgen, sie verscharrten die Gehängten.[361]

Ob die städtische Richtstätte ursprünglich auf dem Marktplatz lag, ist unklar; könnte dies tatsächlich nachgewiesen werden, würde das lediglich auf einen der Ursprünge der Stadt, auf den Sonderfall der Burg, zurückweisen.[362] Es ist geradezu Ausdruck des Neuen im urbanen Strafsystem, der Ausgrenzung des Missetäters, daß er entweder der Stadt verwiesen oder aber an einer Gerichtsstätte außerhalb der Stadt hingerichtet wird. Das „Hochgericht", der Galgenplatz, ist meist auf einem Hügel vor den Stadttoren[363] und – Drohung für alle Fremden – an vielbefahrenen Ausfallstraßen gelegen[364].

Nur das Köpfen, die „ehrliche" Todesstrafe, wurde im ausgehenden Mittelalter in manchen Städten auf dem Marktplatz vollzogen[365] wie in Wien auf dem Hohen Markt oder auf dem Schweinemarkt[366]. Bisweilen dienten – nicht nur beim Ertränken – Brücken als Stätten des Hochgerichts.[367] Der Marktplatz wurde bei politischen Prozessen zum Schauplatz des „endlichen Rechtstages", so wenn in Schweinfurt 1524 die vier Rädelsführer des Bürgeraufstands des vergangenen Jahrs hingerichtet wurden.[368] Normalerweise fand der „endliche Rechtstag" vor den Stadttoren auf der Galgenstätte statt,[369] die in Basel „Kopfabheini" hieß[370]. Erst im 18. Jahrhundert wurde es vielfach üblich, die inzwischen seltener gewordenen Hinrichtungen wieder auf dem Marktplatz zu vollziehen[371] – Ausdruck einer Entwicklung, welche die Hochgerichtsbarkeit zu einer staatlichen Inszenierung werden ließ.

Henker und Stadt: Das ist nicht so zu verstehen, als gehöre der Angstmann zum ständigen Personal des Rates wie etwa der endgültig zum untergeordneten Bediensteten abgesunkene Büttel oder der Marktknecht. Ob der Beruf des Wundarztes, des „chirurgus", der des „armbrusters" oder der des „büchsenmeisters" untersucht wird: Es handelt sich um städtisches Personal, das aber nicht kontinuierlich in der spätmittelalterlichen Stadt nachgewiesen werden kann. Das gleiche gilt für den Nachrichter.[372] Offenbar hatten die Städte die gleichen Schwierigkeiten wie bei den vergleichsweise erwähnten Berufen, einen Fachmann zu dingen, so daß selbst eine größere Stadt wie Hildesheim bisweilen jahrelang keinen eigenen Nachrichter hatte.[373] Vielfach müssen noch im 15. Jahrhundert die Städte untereinander Nachbarschaftshilfe leisten.[374] Schweinfurt zum Beispiel hat 1440 keinen Scharfrichter; der aus Bamberg muß aushelfen und einen Straßenräuber richten.[375] 1525 braucht Villingen einen Henker: Den aus Donaueschingen konnte man nicht bekommen, den aus Freiburg wollte man nicht, schließlich holte man den aus Rottenburg.[376] In vielen Mittelstädten wurde der Henker nur gemietet,[377] wobei etwa der Rat zu Miltenberg drei Wirte in der Stadt verpflichtete, im festgelegten Turnus den Angstmann zu beherbergen, wenn er von der Stadt gedingt wurde[378]. Wenn bedacht wird, daß nicht die Großstadt, sondern die Mittel- und vor allem die Kleinstadt die wichtigsten urbanen Formen des deutschen Mittelalters waren und daß gerade diese Städte den Scharfrichter nicht zum ständigen kommunalen Personal zählten, dann wird die Allgemeingültigkeit des Vorurteils vom „grausamen Mittelalter" als schlichter Sehfehler entlarvt. Die Großstädte brauchten den Angstmann, um der Konflikte in ihrem unüberschaubaren Gemeinwesen Herr zu werden. Die Großstädte aber sind stadtgeschichtlich gesehen Sonder-, sind Ausnahmefälle. Wie auch immer die in ihren Amtsbüchern überlieferten Daten gewichtet werden: Der berufsmäßige Henker ist im Mittelalter eine Ausnahme-, keine Regelerscheinung. Das wird er erst unter dem Schutz des Fürstentums in der frühen Neuzeit.

Der Weg des Henkers auf das Land

Der Henker als eine dem ländlichen Lebensbereich ursprünglich fremde Gestalt – die frühneuzeitliche Umformung der Landämter und ihre Auswirkungen auf die Strafgerichtsbarkeit – die frühneuzeitliche Professionalisierung und das veränderte ökonomische Profil

Das frühneuzeitliche Fürstentum lernt von der spätmittelalterlichen Stadt. Als es das Prinzip einer flächendeckenden Rechtspflege in Gebot und Gesetz nach dem Vorbild urbaner Statuten entdeckt und zur Schaffung eines Untertanenverbandes, konkret: eines Verbandes von Steuerzahlern, nutzt,[379] muß es auch in den Landämtern eine professionalisierte Gerichtsbarkeit schaffen. Ein schwieriger Anpassungsprozeß, der sich lange hinzog. Anfänge: Die niederbayerische Landesordnung kennt 1474 nur drei Scharfrichter im ganzen Herzogtum, die zu Ingolstadt, Landshut und Burghausen.[380] In jener Zeit war der Münchener Henker zugleich für die umliegenden Landgerichte zuständig.[381] Das galt auch für andere Regionen. Bis 1597 sollte das Scharfrichteramt für ganz Ostfriesland von dem in Emden ansässigen Nachrichter wahrgenommen werden.[382] Im Bamberg des 16. Jahrhunderts hatte der von der Hofkammer besoldete Angstmann die Todesurteile in den Gerichten des Umlandes zu vollziehen.[383]

Der Weg des Henkers auf das Land ist nicht so zu verstehen, als wäre er in Dörfern ansässig geworden. Es sind vielmehr die kleinen, meist zu Füßen einer Burg gelegenen Amtsstädte, jene in ihrer Funktion als Scharniere für die Durchsetzung des Territorialstaats lange von der landesgeschichtlichen und der allgemeingeschichtlichen Forschung „Amtsstädte",[384] in denen, Teil des Ausbaus der Amtsverwaltung, der Henker jetzt tätig wird. Es handelt sich um eine Variante dessen, was Karl Härter den „dualen Inquisitionsprozeß" nennt, bei dem lokale Untersuchungen dem Entscheid der Zentralbehörde vorarbeiten.[385] „Den Territorien, die im Spätmittelalter noch den Entwicklungen in den städtischen Gemeinwesen hinterhergehinkt hatten, gelang es jetzt, eigene Akzente in der Weiterbildung von Recht, Gesetz und Staatlichkeit zu setzen."[386]

Der Weg des Henkers auf das Land läßt sich am württembergischen „Landschaden" ablesen; dem Land wurden die Kosten aufgebürdet, die sich aus der Übertragung der städtischen Strafgerichtsbarkeit in das neu definierte Territorium ergaben.[387] Deshalb bilden die Landschadensregister, wie schon 1905 erkannt wurde, eine noch nicht ausgewertete strafrechtsgeschichtliche Quelle.[388]

Es sollte nicht verschwiegen werden, daß mancherorts schon im 15. Jahrhundert der Henker zur ländlichen Welt gehörte, wie österreichischen Weistümern zu entnehmen ist. Im niederösterreichischen Mistelbach muß der „nochrichter" auf Geheiß des Richters von Haus zu Haus gehen und zum Banntaiding, dem Gemeinde-Gericht des Marktes, laden.[389] In einem anderen österreichischen Markt hat der Henker das rechte Wein- und Biermaß „anzugießen", also das richtige Einschenken der Wirte zu überwachen.[390] Erkennbar ist: Es handelt sich nicht, wie in den Großstädten, um anrüchige Aufgaben, die dem Henker zugemutet werden, sondern allgemein um Vollzug und Kontrolle herrschaftlicher Anordnungen.

Der Weg des Henkers auf das Land ist in seinen regionalspezifischen Bedingungen bisher nur für Bayern und das Osnabrücker Hochstift in wünschenswertem Maße erforscht worden.[391] Allzu selbstverständlich erschien es ansonsten, daß der Scharfrichter von jeher in einer Amtsstadt gewaltet habe. Außer Betracht blieben etwa die Henker-Umritte, außer Betracht blieb vor allem, daß erst der frühneuzeitliche Ausbau der Landämter den Weg des Henkers auf das Land gebahnt hatte.

Das Ausmaß des strafrechtlichen Anpassungsprozesses, in dessen Verlauf der professionelle Henker auf dem Land Einzug hielt,[392] ist im landesgeschichtlichen Ausschnitt längst mustergültig in einem Werk erschlossen worden, das die Forschung wegen seiner Belegdichte – wenn sie dieses voluminöse Werk überhaupt zur Kenntnis nahm – eher verstört als angeregt hat. Ehrend sei dieses so oft verkannte Werk hier genannt: Hermann Knapp, Die Zenten des Hochstifts Würzburg.[393] Darin wird sichtbar: Der in der frühen Neuzeit auf das Land einwandernde Henker übernimmt Aufgaben, die zuvor in der Verantwortung der ländlichen Genossenschaften – zu erinnern ist an das Richten „zu gesamter Hand" – gelegen hatten. In den fränkischen Zenten war zwar die Rügepflicht der „vier hohen Fälle" Raub, Mord, Diebstahl und Notzucht erhalten geblieben,[394] erschien aber doch angesichts der Vielfalt lokaler Rechtstraditionen eher wirrnisvoll[395]. Daß die Trennung von Hoch- und Niedergericht, die mit diesen vier hohen Fällen eigentlich gesichert sein sollte, klar war, dürfte mit Karl Härter zu bezweifeln sein.[396] Der Weg des Henkers auf das Land verhinderte zumindest, daß die personelle Verflechtung der beiden Ebenen noch weiter fortschritt, und bereitete im Würzburger Land die Zent-Reformation der Echter-Zeit vor.[397]

Der Weg des Henkers auf das Land bedeutete eine Verallgemeinerung der genuin urbanen Strafjustiz des Spätmittelalters. Es spricht aber nicht viel dafür, daß es jetzt wesentlich mehr Todesurteile in den Landämtern gegeben hätte. Es sind die noch zu besprechenden „Nebenaufgaben" des Nachrichters, die hier seine Existenz sicherten. Und sodann: Alte Rechtsgewohnheiten konnten noch lange auf dem Land überleben. Ein Beispiel: Als Nachfolger des Klägers hat der Henker vielerorts das Zetergeschrei vor Gericht zu erheben.[398]

Der Weg des Henkers auf das Land ist zugleich Teil der frühneuzeitlichen Professionalisierung seiner spezialisierten Tätigkeit. Vorbei sind die Zeiten der Improvisation, als man etwa in den Städten Missetäter unter der Bedingung begnadigte, daß sie das Amt des Nachrichters übernähmen.[399]

Mit dem Weg auf das Land verändert sich das ökonomische Profil des Scharfrichterberufs. Wie auch immer das Verhältnis von Henker und Schindanger sich gestaltete, so war doch für den Angstmann auf dem Land der Schindanger, selbst wenn er ihn verpachtete, von viel größerer materieller Bedeutung als für seinen Kollegen in der Stadt. Bei den Henkern in ländlichen Gebieten ist aus ökonomischer Sicht nicht der Schindanger Annex des Scharfrichteramtes, sondern umgekehrt: Denn beispielsweise jener Stader Scharfrichter, der ein Notizbuch seiner Tätigkeit hinterlassen hat, wäre schlicht verhungert, wenn er von den Einkünften hätte leben müssen, die ihm die durchschnittlich alle vier Jahre vorkommenden Hinrichtungen bescherten, wenn er nur auf die Gebühren angewiesen gewesen wäre, die ihm aus den Torturen zustanden, die nur alle halbe Jahre einmal anfielen.[400]

Die Unehrlichkeit des Scharfrichters

Der schillernde Rechtsbegriff „Unehrlichkeit" – ein gemieteter Knecht vollzieht eine ursprüngliche Gemeinschaftsaufgabe – die Nähe des spätmittelalterlichen Henkers zur Kriminalität – anrüchige Nebentätigkeiten: Verstärkung der Infamierung – vom Hundeschlager zum Pfleger fürstlicher Jagdhunde – die großen Unterschiede zwischen spätmittelalterlicher und frühneuzeitlicher Unehrlichkeit – Betrugsbettler als wallfahrende Henker – Richtschwert und Galgen: die unterschiedliche Wirkung des Berührungstabus – obrigkeitliche Gegenwehr gegen die Unehrlichkeitsverrufe – die Einstellung des gemeinen Mannes: Erzählungen vom besonnenen Henker

„Weil einfache Sichtweisen auszureichen schienen, ist kein Begriff so eng mit der Gestalt des Scharfrichters verbunden worden wie jener der Unehrlichkeit. Wenig genutzt hatte, daß 1970 das Standardwerk von Glenzdorf und Treichel zutreffend feststellte: Die Unehrlichkeit des Henkers bildete keine feste Rechtsform, war schillernd, war zwiespältig und labil, sie war nicht auf festen Gesetzen, sondern auf schwankenden überlieferten Ansichten fundiert."[401]

Ebenso nüchtern, wie die Professionalisierung des Strafvollzugs aus den Bedingungen einer arbeitsteiligen städtischen Gesellschaft und ihrer ökonomischen Verfestigung in der Neuzeit zu beschreiben war, sind auch die Entstehungsbedingungen der Unehrlichkeit des Henkers zu betrachten.[402] Ohne in mythisierende Deutungsbemühungen und letztlich unbeweisbare Hypothesen zu verfallen, ist die naheliegendste Erklärung diese: Die „Gemeinschaft", gewählt sei dieser Begriff, um die jeweilig unterschiedlichen Kreise von einer Missetat betroffener Menschen neutral zu benennen, die Gemeinschaft also verachtet denjenigen, der eine Tätigkeit ausübt, die ursprünglich ohne jeden Ehrenmakel in der Verantwortung dieser Gemeinschaft selbst gelegen hatte, von ihr als Strafe vollzogen werden mußte, was noch Teil des Richtens war.[403] Der Henker jedoch, in dessen Person die Trennung von Richten und Strafen offenbar wurde, war von der Tat des Verbrechers persönlich nicht berührt. Er vollzog als Mietling gegen Geld, wovor die Gemeinschaft selbst sich scheute. Ein Mietling: Bei der ersten Erwähnung eines Henkers 1276 in deutschen Landen wird er nicht von der Stadt, sondern von dem siegreichen Kläger bezahlt.[404]

Noch im 14. Jahrhundert steht ein Bürger, der einen Missetäter hinrichtet, nicht in Gefahr der Infamierung. Als in Augsburg ein Missetäter wegen vieler Diebstähle und Siegelfälschung geköpft wird, notiert Burkard Zink ganz sachlich: „in berechet ain burger, hieß Hermann Nordlinger."[405] Fast hundert Jahre später aber wird der Breslauer Patrizier Hans Rintfleisch in seiner Heimatstadt für unehrlich erklärt, weil er in Polen gezwungen worden war, einen von ihm verklagten Verbrecher auch selbst zu richten.[406] In Polen war immer noch selbstverständlich, was einst auch in deutschen Landen – zu erinnern ist nur an die Geschichte der Barte – gegolten hatte. Das aber galt zumindest in der Oberschicht der Städte des deutschen Rechts nicht mehr: Für solch eine Tätigkeit hatte man doch seine Leute.

Es dient der Klärung der „schillernden" Unehrlichkeit des Nachrichters, wenn der Vergleich mit den Verrufen gesucht wird, von denen auch der Müller im Dorf betroffen ist, der Müller, dessen Mühle außerhalb des Dorfes liegt; und der Henker hat seine Behausung beim Schindanger vor den Toren der Amtsstadt. Stärker noch als dem Müller mit seinen engeren Bindungen an die Grundherrschaft wird dem Henker schon deshalb Mißtrauen entgegengebracht, weil er der wenig geliebten Obrigkeit untersteht.

Der Vergleich der Unehrlichkeit des Müllers mit der des Henkers zielt auf einen gravierenden Unterschied: Die Unehrlichkeit des Müllers ist im Mittelalter lediglich eine moralische Verdächtigung ohne Rechtsfolgen.[407] Erst mit dem 16. Jahrhundert, als, von Norddeutschland ausgehend, die süddeutschen Zünfte ebenfalls den Ausschluß aller Unehrlichen verlangten, zeitigte das Vorurteil gegen den Müller Rechtsfolgen: Seine Kinder durften nicht in die Zünfte aufgenommen werden. Als aber mit dem 16. Jahrhundert der Henker, von der Obrigkeit protegiert, in den Gesichtskreis einer ländlichen Welt rückt, die aus anderen, aber wohlbegründeten Ursachen der Obrigkeit mißtrauisch gegenübersteht, haften Vorurteile an ihm, die ihm in seinem städtischen Wirkungsfeld zugewachsen waren. Auf dem Lande werden normalerweise die Verrufe des urbanen Handwerks erst im 18. Jahrhundert übernommen, als auch die städtische Kleidung für die Bauern stilbildend wird, sogenannte Bauerntrachten erzeugend. Der Henker hingegen brachte in eine Welt, die der Obrigkeit ohnehin mißtraute, all das Mißtrauen mit, das ihm in der Stadt entgegengebracht worden war. Und das war nicht allein die Verachtung des „Mietlings".

Der Nachrichter steht in der spätmittelalterlichen Stadt – oft durchaus zu Recht – im Geruch der Kriminalität. In Emden zum Beispiel betreibt er eine „bodelye", eine übel beleumdete Schenke, einen Treffpunkt der Unterwelt, eine Stätte von Mord und Totschlag.[408] Henker sind im Spätmittelalter oft selbst straffällig geworden.[409]

Die Infamierung des Henkers hatte sich allenfalls dadurch verfestigt, ohne darin begründet zu sein, daß dem ursprünglich nur verachteten Mietling zugleich weitere anrüchige Aufgaben zugewiesen wurden. Vielerorts hatte er, was ihm schon das Augsburger Stadtrecht 1276 vorschrieb,[410] die Kloaken in der Stadt zu reinigen beziehungsweise ihre Reinigung zu organisieren,[411] was – ungewöhnlicherweise – noch im Münster des 18. Jahrhunderts bezeugt ist[412]. Damit sind, von Ort zu Ort verschieden, noch weitere Nebentätigkeiten verbunden. So muß er etwa in Freiburg das Rathaus heizen.[413] In Straßburg darf er als sportelnbringendes Nebenamt das Glücksspiel im Torhaus überwachen,[414] bei ihm kann man auf „des nachrichters schiben"[415] eine Art Roulette spielen. Aus seiner mehrfach bezeugten Pflicht, die fahrenden Fräulein zu vertreiben – auch dies ist bereits im Augsburger Stadtrecht bezeugt –, entwickelt sich bei der Entstehung städtischer Frauenhäuser seine Aufsichtspflicht über diese obrigkeitlich überwachten Bordelle[416] – eine Kompetenz, die er mit der Ausweitung der urbanen Frauenhauskultur im ausgehenden Mittelalter dann meist verliert.

Anrüchige Tätigkeiten. Es nutzte dem Ansehen des Henkers nicht, daß mit seiner Professionalisierung zumeist alle erwähnten „anrüchigen" Aufgaben seinem Gesinde übertragen wurden. „Wie der Herr, so das Gescherr." Wenn der Henker oder sein Gehilfe der Abdecker „hundsbub" genannt werden und dieser Ausdruck sich zum gebräuchlichen Schimpfwort entwickelt, belegt dies eine tiefe Mißachtung von Menschen, welche die Plage herrenloser, herumstreunender Hunde in den Städten zu bekämpfen hatten.[417] Henker und Schinder heißen oft geradezu „Hundeschlager".[418] Vor allem im Sommer, wenn die „Hundswut", die Tollwut drohte, mußten sie die herrenlosen Tiere töten.[419] 1444 wurden in Wien allein 866 von ihnen „gestöbert".[420] Tatsächlich gehören streunende Hunde zu den Plagen des mittelalterlichen Stadtbewohners.[421] Selbst Kleinstädte wie Stadthagen haben die Zahl der Hunde, die gehalten werden durften, beschränkt.[422] In Ulm mußte der Bürger, der sein Tier nicht dem verhaßten Hundeschlager – gleich zwei waren hier seit 1509 angestellt – zum Opfer fallen lassen wollte, einen eigenen Schild erwerben und dem Hund um den Hals hängen.[423]

Bei dem Weg des Henkers auf das Land verändert sich auch die Verantwortung des „hundsbuben"; denn Hunde waren in der Stadt eher verzichtbar als auf dem Land. Hier werden Henker und Schinder in der frühen Neuzeit diejenigen, denen die Aufzucht fürstlicher Jagdhunde übertragen wird.[424] Denn auf dem Schindanger fiel genug Tiernahrung an; Relativierung der Unehrlichkeit, welche in der höfischen Gesellschaft keine Geltung besaß.

So verschieden die Nebenaufgaben des Henkers von Stadt zu Stadt ausgestaltet waren, so verschieden war die Intensität seiner Infamierung. Mancherorts mußte er in einer stigmatisierenden Kleidung herumlaufen,[425] in der das Rot überwog, wie zahlreiche Bilderzeugnisse der Passionsszenen und Heiligenmartyrien bezeugen[426]. Die rote Kapuze aber, Requisit der modernen Schauerromantik, hat er nicht getragen.[427] Die stigmatisierende Kleidung war „Amtstracht", die vom Rat gestellt wurde.[428] (Und als Amtsperson konnte er mancherorts, wie in einigen sächsischen Städten, sogar das Bürgerrecht erwerben.)

Die Unehrlichkeit hat ihre Geschichte und damit ihre unterschiedlichsten Ursprünge.[429] Es ist keinesfalls so, daß der Henker in einer Reihe mit anderen unehrlichen Berufen vom

Büttel bis zum Totengräber steht. Die Unehrlichkeit als sozialer Verruf stammt aus dem städtischen Handwerk[430] und ist erst in der frühen Neuzeit zu einem festen Rechtsbegriff geworden. Selbst für den Henker, die bekannteste Gestalt unter all den Unehrlichen, gilt, daß ihn die Infamie im Spätmittelalter noch nicht wie in der frühen Neuzeit grundsätzlich[431] und vor allem nicht lebenslang stigmatisierte, geschweige denn auf seine Kinder als ererbter Makel übertragen wurde. Bei der großen Mobilität im späten Mittelalter konnten Herkunftsfragen nur bedingt gestellt werden (zumal es noch keine Kirchenbücher gab, mit denen eine unechte „Geburt" hätte bewiesen werden können). Allgemein: Die Verfestigung der Unehrlichkeit zum Rechtsprinzip gehört letztlich zu jenem Prozeß, der die latente mobile spätmittelalterliche Gesellschaft mit ihrer nur bedingten Seßhaftigkeit zu der seßhaften Gesellschaft der frühen Neuzeit verwandelte.[432]

In Nürnberg, wo der Rat vom Bamberger Bischof 1510 die Erlaubnis des Sakramentenempfangs in der Fastenzeit für den Nachrichter erwirkt hatte,[433] wo der Henker zu Neujahr „Ehrungen" der Stadt empfing,[434] sorgte die Obrigkeit dafür, daß für einen verdienten Nachrichter, der in ihrem Namen seines Amtes gewaltet hatte, die Unehrlichkeit nicht lebenslang galt. Der Rat schenkte 1497 dem Meister Jörg, der viele Jahre als Nachrichter der Stadt gedient hatte, das Bürgerrecht und verlieh ihm, damit er ein Auskommen hatte, das Holzmesseramt.[435] In einem anderen Fall, als der Rat dem Henker erlaubte, sein Amt aufzugeben und als Briefmaler sein Geld zu verdienen, respektierten die Nürnberger die Handwerksehre trotz seines Unehrlichkeitsverrufs.[436]

Unterschiede zwischen spätmittelalterlicher und frühneuzeitlicher Stigmatisierung des Henkers werden beim Betrugsbettel unübersehbar. Die „Krocher", die „Dallinger" des Liber Vagatorum, behaupten, sie seien Henker gewesen und wollten nun zur Tilgung ihrer Sünden eine Wallfahrt unternehmen: „und wan sie das ein wile getriben und die lute betriegent, so werdent sy widerumbe hengker."[437] Das Bettelargument wurde den Betrügern geglaubt, denn tatsächlich haben die Städte ihrem Nachrichter „Urlaub", im mittelalterlichen Verständnis: ehrlichen Abschied, gegeben, wenn dieser nach Rom pilgern und Buße tun wollte.[438] Eine solche Wallfahrt war, allgemein bekannt, eine privilegierte Bettelfahrt. Als 1486 der Scharfrichter zu Eger aus „Reu und Laid" sein Amt niederlegte und nach Rom pilgern wollte, gab ihm der Rat Empfehlungsbriefe, „brieflich Fürdrung und Kuntschaft ..., heilige Almusen einzuheben".[439] Die Bevorzugung beim Almosenheischen hilft, die Unehrlichkeit des Henkers mentalitätsgeschichtlich genauer einzuschätzen. Die Gauner wissen besser als historische Lehrbücher, daß die mittelalterliche Unehrlichkeit den Betreffenden noch nicht stigmatisierend aus der Gesellschaft ausgrenzt, daß sie eben kein untilgbarer Makel ist wie dann in der frühen Neuzeit, sondern daß sie durch die Kraft der Buße abgestreift werden kann.[440]

Erst für die frühe Neuzeit hat der wissenschaftliche Konsens seine Berechtigung, wonach die Unehrlichkeit des Henkers „wirksam im eigentlichen Sinn, und zwar ansteckend im höchsten Grade" ist: „Schon flüchtiger Kontakt" machte unehrlich.[441] Die Quellen lassen an dieser Auffassung wenig Zweifel. Ein Beispiel: Die Schwanksammlung des Montanus erzählt die Geschichte von einem Studenten, der eine Zeitlang Nachrichter war. Er durfte aber „sein lebenlang undter kein ehrlich gesellschaft nimmermehr gohn".[442] Das ist die neue, die untilgbare Form der Unehrlichkeit. Zahlreiche Nachrichten belegen die Wirkung dieser Auffassung.[443] Nur ein Beispiel: 1669 wurde in Lübeck ein Schmied aus seiner Zunft ausgeschlossen, weil er mit dem Scharfrichter auf dem Schießplatz gewesen war.[444]

Die Straßburger Nachrichter-Ordnung aus dem 16. Jahrhundert schreibt dem Henker vor, sich an die Regeln der sozialen Isolierung zu halten, damit er niemandem Ärgernis („unwillen") gebe. Er soll auf der Straße frommen, ehrsamen Leuten Platz machen, soll auf dem Markt keine Waren anfassen, es sei denn, er wolle sie kaufen, in der Kirche darf er sich nur „an ein sunder ort stellen", und vor allem darf er „in keinen weg" in Gesellschaft der Bürger essen und trinken.[445] Ähnlich wie in Straßburg wird es vielerorts gehalten. Dem Henker wurde sein Standort außerhalb der Gesellschaft mit harter Regel vorgeschrieben[446]: In der Kirche hatte er einen eigenen, abgesonderten Platz.[447] Oft wurde er nicht einmal zum Abendmahl zugelassen,[448] und ein kirchliches Begräbnis wurde ihm mancherorts wie in Frankfurt verweigert[449]. An Hochzeiten ehrbarer Leute durfte er nicht teilnehmen, angesehene Gasthöfe waren ihm verschlossen; Gnade bedeutete es schon, wenn er in einem Dorfwirtshaus auf einem besonderen, abseits stehenden Stuhl sitzen durfte. Auch seine Wohnung am Stadtrand, in verachteter Gegend,[450] oft in Brückennähe, fast stets aber isoliert von den Häusern der Bürger,[451] ließ ihn als Außenseiter erkennen.

Noch im 16. Jahrhundert ist die Unehrlichkeit des Henkers nicht derart in der Bevölkerung festgeschrieben, daß der Mensch hinter dem Amt verkannt wird. Aufschlußreich für die Einstellung des gemeinen Mannes sind die vielgelesenen Schwankerzählungen des 16. Jahrhunderts, weil sie auf die Einstellungen ihres Publikums reagieren. Dabei zeigt sich, daß dem Henker in der Bevölkerung keine generelle Verachtung entgegengebracht wurde. Er kann menschlich, kann rettend, kann hilfreich handeln. Jörg Wickram berichtet, daß bei einem Mordfall in Reichenweiler der Nachrichter von Colmar hinzugezogen wurde, um Verdächtige „peinlich zu fragen. Es hat aber der nachrichter als einer so diser ding gepflegen ... der sachen gar weyt nachdenckens gehabt. Darzu auch den amptleuten geraten, mit den gefangnen nit zu eylen." Der Henker als Experte in Kriminalfällen kommt hier auf die richtige Spur und rettet die unschuldig Angeklagten.[452]

Mit dem 16. Jahrhundert zieht das frühneuzeitliche Berührungstabu immer weitere Kreise. Es erfaßt nicht nur den Henker als Person, sondern auch das Richtschwert und den Galgen als die augenfälligsten Symbole seines Richtens. Und gerade hier erweist sich eine folgenschwere Veränderung. Die Unehrlichkeit beginnt, die soziale Vorstellung auch des gemeinen Mannes zu prägen, wird – wir überspitzen provozierend – zu einem Teil der „Volkskultur", mit der die Obrigkeit nichts zu tun hat. Denn das Richtschwert gehört der Stadt. Seine Reinigung und Schärfung, das „Fegen", geschieht auf städtische Rechnung.[453] Kunstvoll, repräsentativ gefertigt, ist es Rechtssymbol für die Hohe Gerichtsbarkeit.[454] So wertvoll es dem Rat erscheint, als so infamierend gilt sein Gebrauch in der Bevölkerung. Schon das Berühren des Richtschwertes konnte ehrlos machen. Deswegen wurde zum Beispiel 1590 in Frankfurt ein Handwerker aus seiner Zunft ausgeschlossen.[455] Wie reimt sich dieser durchaus typische Fall mit dem Stolz einer Stadt auf ihre Richtschwerter zusammen? Zur Erklärung ist die Engführung einer innergesetzlichen Entwicklung der Unehrlichkeit aufzugeben. In einer Zeit, in der das Abbitten unterbunden wird, ist das Strafen vollends Ausdruck der Herrschaft geworden, deren Urteile nicht mehr durch den Konsens des Umstandes korrigiert werden können. Dem Stolz der Obrigkeit begegnet in der Bevölkerung eine Reaktion in Form eines kaum zu entwirrenden mentalen Geflechts aus Furcht und verschwiegenem Protest. Die Auffassung, daß das Berühren des Richtschwertes infamierend wirke, hängt nicht nur mit der Geschichte der Unehrlichkeit zusammen.

Vergleichbare Prozesse wie für das Richtschwert geschildert wirkten auch bei der erst in Ablehnung des obrigkeitlichen Strafmonopols entstandenen Vorstellung, daß die Berührung des Galgenholzes unehrlich mache.[456] Es war schwierig und oft nur unter Zwang möglich, angesichts solcher Denkweisen Menschen für die Aufrichtung von Galgen zu gewinnen.[457] Unausweichlich kam es deshalb immer wieder zu Schwierigkeiten beim Neubau einer Hinrichtungsstätte.[458] Der Augsburger Clemens Sender berichtet, wie der Rat seiner Stadt damit fertig wurde: „Hat man hie von alters wegen den galgen aprochen und geraumpt und am neuen hiltzin wider gemacht. Da hat ain rat geschafft, daß alle zimerleut und schmid in der gantzen stat daran hand miessen arbaiten mit sampt irenn knechten, damit kainer andern mig auffheben, er sei des henckers knecht gewessen."[459] Eine solche Lösung war in deutschen Landen weit verbreitet.[460] Sie ist eine Variante des schwierigen Verhältnisses von Rat und Handwerkszünften, eines Verhältnisses, das weniger wegen sozialer Gegensätze als vor allem wegen der Regulierung des Marktgeschehens so heikel war. Den Bestrebungen der Zünfte, ein Marktoligopol durchzusetzen, mußte der Rat im Interesse des gemeinen Nutzens Grenzen setzen. Schwieriges Verhältnis. Gegenüber den wohlhabenden „Nahrungsmittelzünften" der Metzger und Bäcker hätten sich die Stadtväter wohl kaum ein solche Zwangsverpflichtung erlauben können wie bei den armen Zimmerleuten und Maurern. Aber dieser Zwang läßt erkennen, daß die „Unehrlichkeit" auch ein Problem des Verhältnisses der einzelnen Handwerke untereinander war, ausgedrückt in den Zunftverrufen. Wo alle Mitglieder eines Handwerks zum Galgenbau verpflichtet werden, kann ein solcher Verruf nicht wirksam werden. Die Obrigkeiten wußten besser als viele spätere Historiker, daß die Unehrlichkeitsverrufe ein Problem des Handwerksrechts waren.

Die Peinliche Halsgerichtsordnung Karls V. verbietet 1532 bei hoher Geldstrafe, daß bei der Aufrichtung des Galgens einer der Aufgebotenen deshalb „verklagt, verschmäht oder verkleinert würde". Es sollte dadurch unterbunden werden, daß Zunftmitglieder, Konkurrenzgedanken tarnend, sich gegenseitig unehrlich sprachen. Tatsächlich weist die soziale Tabuisierung des Henkers weniger auf die Gesellschaft insgesamt als auf die Zünfte zurück. Vor allem im Handwerk begegnet die Auffassung von der sozialen Ansteckung durch den „infamen" Henker oder durch die Berührung des Galgens.

Konnte die Infamierung des teuren Richtschwertes, des Symbols der Hochgerichtsbarkeit, kommentarlos hingenommen werden? Die Unehrlichkeitsverrufe des Handwerks fanden seit dem 17. Jahrhundert immer stärkeren Widerspruch der Obrigkeiten. Wenn der Lübecker Rat den Ausschluß des erwähnten Schmiedes, der sich mit dem Scharfrichter im Armbrustschießen geübt hatte, wieder rückgängig macht,[461] so ist das ein Beispiel für eine neue Einstellung der Obrigkeit.

Schillernd wie die Unehrlichkeit selbst ist auch die Reaktion der Obrigkeit zu dieser aus dem Handwerksrecht stammenden Infamierung. Die spätmittelalterlichen Ratsherren haben den verdienten Scharfrichter, der ihr „Diener" war, in Schutz genommen, haben für ihn etwa die Erlaubnis zum Abendmahlsempfang erwirkt – aber sie konnten den Vorurteilen in ihrer Bevölkerung nicht direkt widersprechen; sie unterliefen sie, etwa indem sie das „Briefmalen" für kein Handwerk erklärten. Die Straßburger Nachrichter-Ordnung des 16. Jahrhunderts zeigte jedoch, daß die städtische Obrigkeit nicht mehr fähig war, gegen den in ihrer Bürgerschaft verbreiteten Infamierungsgedanken offensiv den Strafgedanken zu verteidigen, jenen Strafgedanken, den ebendiese Obrigkeit in ihren repräsentativen Richtschwertern betonte und es gleichwohl hinnehmen mußte, daß schon das Berühren eines Richtschwerts die Infamierung nach sich ziehen konnte. Auch das Fürstentum hat dem wachsenden Unehrlichkeitsverruf im 16. Jahrhundert noch nicht widersprochen. Jedoch lange vor der Aufklärung haben akademisch gebildete Juristen die Unhaltbarkeit des Unehrlichkeitsverrufs formuliert, haben eine Rechtssprechung eingeleitet, die in der Praxis in direktem Widerspruch zu Zunftordnungen stand. Auf welche Schwierigkeiten man dabei stieß, zeigt der – ein Rechtsgutachten von 1671 aufnehmende – Reichstagsschluß von 1731,[462] der alle Unehrlichkeitsverrufe aufhob, aber für die Schinder eine Ausnahme vorsah: Erst die Enkel eines Schinders durften für ehrlich angesehen werden.[463] Der Reichstagsschluß war für Juristen, nicht aber für die Bevölkerung maßgebend. Noch Heinrich Heine glaubte – nicht zu Unrecht –, alte Vorurteile hinwegküssen zu können. Von allen Fürstentümern wagte nur der Modellstaat der deutschen Aufklärung, Braunschweig-Wolfenbüttel, die Unehrlichkeit des Henkers aufzuheben.[464]

Die Intentionen der Obrigkeit sind eindeutig zu erkennen. Wenn der Königsberger Henker sich „preußischer Hof- und Stadtscharfrichter", seit 1701 gar „Kgl. Hofscharfrichter" titulieren durfte,[465] so war er mit dem klangvollem Titel dem Hof zugeordnet, der zünftischen Infamierung ebenso entrückt wie die Hofbäcker usw. dem Zunftzwang ihres Gewerbes. Etwa zu jener Zeit haben in Hannover die Scharfrichter Meisner und Vogt für sich und ihre Familien einen repräsentativen Grabstein gesetzt, auf dem in betonter Opposition zum Unehrlichkeitsverruf des Verstorbenen gedacht wird: „ehrbar und wohlgeachter Scharfrichter alhie."[466]

Die wirtschaftliche Lage des Henkers in der frühen Neuzeit

Verfestigung der Unehrlichkeit und ökonomische Konsolidierung in der frühen Neuzeit – hoher Sold und einträgliche Sporteln – der überbeschäftigte Henker und sein Gehilfe – der Schinder als Tierarzt – Hierarchisierung in der Welt der Unehrlichkeit: der große soziale Abstand des Scharfrichters vom Schinder – Handwerksehre des Henkers und sein Meisterstück – das Entstehen von Scharfrichter-Dynastien

Verfestigung der Unehrlichkeit des Henkers, die nicht mehr durch die Bußwallfahrt nach Rom bereinigt werden kann, ist die eine Seite der Geschichte des Nachrichters in der frühen Neuzeit; die andere Seite besteht in der Erlangung einer ökonomisch gesicherten Position. Er steht mitnichten mehr in der Nähe des Gelichters, sondern ist als Herr über den Schindanger Meister eines mittleren Gewerbebetriebes.[467] In Schwäbisch Hall, wo er 1614 sogar als reicher Mann bezeichnet wird,[468] ist sein Haus ein stattliches, von Wohlhabenheit zeugendes Gebäude[469].

Ironischerweise wird in den Zeiten, in denen sich die Unehrlichkeit des Henkers verfestigt, seine ökonomische Situation immer besser. In größeren Städten wird seit dem ausgehenden 15. Jahrhundert der Nachrichter zu einem festen, ziemlich hohen Sold angestellt.[470] In Nürnberg erhält er jährlich die nicht unbeträchtliche Entlohnung von 55 Pfd. Heller.[471] Dafür muß er als vereidigter städtischer Bediensteter[472] die früheren Nebentätigkeiten aufgeben. Die Straßburger Nachrichter-Ordnung erklärt zu Anfang des 16. Jahrhunderts, daß der Henker nunmehr einen festen Sold von wöchentlich einem Gulden erhalte und deswegen „alles spils und des frowen pfennigs müssig stän" solle. Die Veranstaltung von Glücksspiel und Einnahmen aus dem Frauenhaus waren in dieser Bischofsstadt ebenso wie in anderen Städten zunächst Teil seiner Einnahmen gewesen.[473]

In den Großstädten ist der Henker ein Spezialist des Strafvollzugs geworden. Er ist der Stadt so wertvoll, daß Nürnberg ihn nur gegen Bürgschaft von 50 Pfd. Heller an Nachbarstädte ausleiht.[474] Die wachsende Bedeutung des Amtes spiegelt sich in steigender Besoldung, in Schwäbisch Hall etwa von 5 über 15 und schließlich ab 1520 auf 24 Schillinge wöchentlich.[475] Die Besoldung ist zugleich Ausdruck der Professionalisierung.[476] Die anrüchigen Nebentätigkeiten fallen weitgehend fort. Mit der frühen Neuzeit sind die Zeiten vorbei, in denen Städte sich den Nachrichter ausliehen.[477] Zu häufig werden jetzt offenbar seine Dienste gebraucht, als daß man auf eine feste Anstellung verzichten könnte. Professionalisierung. Der Henker wird, auch wenn er im 16. Jahrhundert noch kein Meisterstück wie ein Jahrhundert später nachweisen muß, als ausgewiesener Experte angestellt. Vorbei sind die Zeiten, als man Diebe unter der Bedingung begnadigte, daß sie fortan als Scharfrichter fungieren würden,[478] vorbei auch die Zeiten, daß der Henker, zum Verbrecher geworden, selbst gehängt wurde.[479]

Neben dem neuen festen Sold bleiben dem Henker die hergebrachten hohen Sporteln, die er für jeden Strafvollzug erhält.[480] In Hildesheim, wo Hinrichtungen noch Ende des 14. Jahrhunderts Ausnahmefälle sind, zeichnet sich 1379 ab, was der Vollzug der Todesstrafe kostet. Der eigens von Braunschweig geholte Scharfrichter erhält für eine Hinrichtung 1/2 Mark und 1 Schilling als Zehrung. Jeweils 1 Schilling erhalten auch seine beiden Knechte, welche die Leiter zum Galgenberg tragen. Und 2 1/2 Schilling werden an Cord Bregen ausbezahlt, der den Scharfrichter beherbergte und wieder nach Braunschweig geleitete.[481] Diese Kosten erhöhten sich im Laufe der Zeit. 1407 erhalten diejenigen, die den auswärtigen Henker beherbergen und zurückgeleiten, 7 Schilling.[482] Schon 1382 bekam im Rheinland der Nachrichter für das einfache Hängen eines Diebes 2 fl. – für diese Entlohnung mußte ein Zimmermann länger als einen Monat arbeiten.[483] In Marburg erhielt der Scharfrichter am Ausgang des 15. Jahrhunderts 3 Pfd. Heller für eine Hinrichtung.[484] Der Geldbetrag erhöhte, ja verdoppelte sich, wenn statt Köpfens oder Hängens mit Brand oder Rad gerichtet werden mußte.[485] Die Höhe dieser Sporteln wurde 1503 dem Nürnberger Nachrichter zum Verhängnis. Ein kleines Vermögen, 20 Gulden, die er für fünf Hinrichtungen im Umland erhalten hatte, zählte er in einer Schenke, weckte damit Begehrlichkeiten und wurde Opfer eines Verbrechens.[486] Meister Augustin, der Henker des Brandenburger Markgrafen Kasimir, verdiente 1525 ein Vermögen von 114 fl., als er nach dem Bauernkrieg bei der Strafexpedition seines Herren durch das Frankenland 80 Enthauptungen vollzog und 69 Aufständischen die Augen ausstach oder die Hände abschlug.[487]

Abb. 6: Der Henker in typischer Männerkleidung seiner Zeit, noch ohne eigene, stigmatisierende Henkerstracht. Miniatur im Soester Nequambuch. 14. Jh. Soest, Stadtarchiv.

Sinnfälliger als alle blassen Geldangaben scheint zu sein, was während der großen Hungersnot 1771/72 der Frankfurter Scharfrichter für nur eine Hinrichtung erhielt: 10 Pfd. Rindfleisch und 12 Pfd. Kalbsbraten nebst Brühe, Topf und Bratpfanne.[488]

Der Vollzug von Körperstrafen brachte den gewissermaßen im Stücklohn besoldeten Henkern zusätzliche Einnahmen. Das (häufige) Abschneiden der Ohren und das (seltenere) des Fingers wurde in Nürnberg mit 5 Schillingen oder 30 Pfennigen, in Schwäbisch

Hall gar mit 10 oder 16 Schillingen entgolten.[489] Zu erinnern ist dabei, daß zu jener Zeit der durchschnittliche Taglohn in Nürnberg etwa bei 15 Pfennigen lag und nur schwerste Arbeiten höher bezahlt wurden – am meisten erhielt der Stößel, der Schwerstarbeiter, der bei der Pflasterung der Straßen für die Knochenarbeit, die Steine in den Boden zu rammen, 27 Pfennige erhielt. Die Stadt Hildesheim zahlte 1407 dem von auswärts herbeigeholten Scharfrichter 3½ Pfund und 2 Schillinge, um einem armen Sünder die Augen auszustechen.[490]

Der Henker war in einer spätmittelalterlichen Großstadt so beschäftigt, daß er einen Gehilfen brauchte. Dieser in Oberdeutschland sogenannte Löwe[491] hat die anstrengende, armlähmende Arbeit des Aushauens mit Ruten zu übernehmen, er vernichtet die verdorbenen und gefälschten Waren, stellt die Menschen an den Pranger, verbrennt die Leichen der Selbstmörder und ist bei Torturen und Hinrichtungen die rechte Hand des Meisters; ja er vollzieht oft das Aufhängen, das unter allen Hinrichtungsarten noch am einfachsten war. In Nürnberg und in Eichstätt erscheint er sogar, falls kein Kläger vorhanden ist, als öffentlicher Ankläger bei Hochgerichtsfällen[492] – doch wohl eher eine Analogie zu den Aufgaben des früheren Fronboten, ohne in derselben Tradition zu stehen.

Weil mit dem Amt des Scharfrichters ein Gewerbebetrieb verbunden war, können in den Städten Straßennamen wie „Henkergasse" an dieses Amt erinnern.[493] Der Beruf des Schinders hatte sich im Laufe des 15. Jahrhunderts entwickelt.[494] In größeren Städten wie in Frankfurt oder München ist in der frühen Neuzeit der Betrieb des Schindangers vom Amt des Scharfrichters getrennt worden.[495] In Klein- und Mittelstädten hingegen lebte der Henker weniger von den Einkünften aus dem Strafvollzug als von denen aus der Abdeckerei.[496] Auf dem abseits der Siedlung gelegenen „wasen", wie man eine grasbewachsene, zur agrarischen Nutzung ungeeignete Fläche nannte, auf dem „Tiergarten", wie (massenhaft in Flurnamen belegt) der Schindanger hieß, amtierte der Schinder, der Wasenmeister, oft auch Kleemeister genannt, als Pächter des Scharfrichters.[497] Er übernahm auch Aufgaben, die vielerorts zunächst diesem zugewiesen worden waren, wie in Hamburg die Aufgabe des „cloacarius".[498] Das erklärt, warum der Schinder als Henkersknecht „Racker" und „Abtrittfeder" heißen kann. Die alte Henkersaufgabe der Straßenreinigung bleibt jetzt an seinem Gehilfen hängen.[499]

Unehrlich wie der Henker war auch sein Gesinde, die auf dem Wasen, dem Schindanger, dem einträglichsten Teil des Henkerbetriebes arbeitenden Wasenmeister und Schinderknechte, die als „Schinder-Racker" beschimpften Menschen. Ihre Tätigkeit als Abdecker[500] erscheint oft unter dem Berufsnamen Caviller, Filler, Fallmeister, Klee(mann)[501]. Andere Bezeichnungen sind „Halbmeister"[502] oder – wie in Würzburg – „Peinlein"[503].

Haupteinnahmequelle vom Schindanger war der Fell- und Häuteverkauf;[504] denn „gefallenes" (verendetes) Vieh[505] mußte hierhin gebracht werden. Auf diese Abdeckereien waren vor allem Gerber, Riemer und (wegen des Unschlitts[506] sowie der Knochen) Seifen- und Leimsieder angewiesen;[507] diese gerieten deshalb mancherorts selbst in die Gefahr der Infamierung[508].

Wie auch sein Herr, der Scharfrichter, befaßte sich der Abdecker und Wasenmeister mit der Medizin, vorzugsweise und vom Beruf her naheliegend mit der Tierheilkunde.[509] Schließlich ist er, der sich dauernd mit gefallenen Tieren beschäftigen muß, gefragter Experte bei Viehseuchen.[510] Die Roßkuren[511] sind sein Metier.

Ein glücklicher Zufall hat die Rezeptsammlung, „ein Viehbüchlein", eines Wasenmeisters aus dem beginnenden 19. Jahrhundert erhalten.[512] Es konserviert insgesamt volksmedizinische Überlieferung, bewahrt sogar noch Rezepte, die aus der ältesten hippiatrischen Fachschrift in deutscher Sprache, der „Roßarznei" des Meisters Albrant aus dem Anfang des 13. Jahrhunderts, stammen. So empfahl Albrant gegen den Harnwind bei Pferden „nim ain loet lorber und stözz die und nym ein pecher weins oder pier und tue dez pulver dar in und laz es loe werden". Das verkürzt fast 700 Jahre später der Wasenmeister, ohne das Rezept in seiner Substanz zu verändern: „Nim Lorbeer, stoß sie zu Pulver und machs warm in Wein."[513]

Schinder und Abdecker stehen in der Nähe zur vagierenden und oft kriminellen Unterschicht.[514] Der wohlhabende Henker in der Stadt hingegen achtete auf seine Berufsehre, die nunmehr enge Kontakte zur kriminellen Unterschicht ausschloß. Schon Meister Franz Schmidt blickte voller Verachtung auf die Missetäter herab, die sich bei den Knechten des Henkers, „desgleichen auff den Schindereyen" herumgetrieben hätten.[515] Ungeachtet aller „Unehrlichkeit" ist der Henker in der Schicht der Armen und Vaganten derart angesehen, daß 1714 eine Gaunerin hochstapelt: Sie sei die Tochter des Nachrichters von Allstedt.[516] Dahinter steht eine längere, erst gegen Ende des 16. Jahrhunderts erkennbare genealogische Entwicklung, und das heißt unter den damaligen Bedingungen: eine soziale Entwicklung. Die Nachrichter in den Städten stammten zunächst augenscheinlich selbst aus der mobilen Unterschicht. Langjährige Tätigkeit an einem Ort war noch um 1500 eher die Ausnahme – sie ist aber um 1600 die Regel. Damit schwindet die Nähe des spätmittelalterlichen Henkers zur Kriminalität. Wenn in Gaunerlisten Nachrichter als „Gartväter" erscheinen, als Beherberger fahrenden Gesindels und Hehler, dann handelt es sich um kleine „Landhenker", abseits selbst von kleinen Siedlungen wie Markt-Schönfeld oder Speckfeld hausend.[517]

Meister Franz – und auch das läßt seine Aufzeichnungen als Kulturdenkmal erscheinen – personifiziert in seinem Berufsbewußtsein jenen entscheidenden frühneuzeitlichen Wandel, den der moderne Begriff der Professionalisierung nur unvollkommen abdeckt. Es geht im Schatten des von den Zünften getragenen Verrufs der Unehrlichkeit ironischerweise um den Aufbau einer den Zünften analogen „Handwerksehre". Diese Ehre setzte sich aus professioneller Fertigkeit und Ansehen zusammen. Ersteres wurde durch eine qualifizierende Lehrzeit, das zweite, soziales Ansehen, durch eine vorteilhafte Heirat erreicht. Meister Franz hatte bei seinem Vater gelernt – der typische Vorgang im Handwerk. Das „erste Richten" ist ein Köpfen und das Meisterstück. Um 1600 hat sich in ganz Deutschland durchgesetzt, daß ein angehender Henker erst sein Meisterstück, fast stets das saubere Köpfen eines Verbrechers, abgelegt haben muß, worüber das Gericht einen Meisterbrief ausstellt.[518] Meister werden und Heiraten erfolgt Schlag auf Schlag. Die frühneuzeitliche Handwerksregel gilt auch für die Henker. Insofern ist das Meisterstück zugleich Ausdruck genealogischer Verfestigung, Ausdruck der Entstehung von Henkerdynastien.[519] Leidtragende waren – ebenfalls wie bei den Zünften – die Gesellen, die vom Meister abhängigen Schinder, Abdecker und Knechte. Die einträglichen Scharfrichterstellen wurden mit dem 16. Jahrhundert eher vererbt als vergeben. Zwar kam es vor, daß ein wohlhabender Henker eine ehrbare – meist verarmte – Frau heiratete,[520] aber es sollte seit dem 16. Jahrhundert zum Regelfall werden, was als sehr frühes Beispiel ein Brief um 1340 von einer Hochzeit

Abb. 7: Der Scharfrichter bei der Enthauptung von Hans Pienzenauer, des Pflegers von Kufstein, Im Jahre 1504. Holzschnitt von Hans Burgkmair im „Weisskunig" Kaiser Maximilian I.

berichtet: Der Henker zu Nordhausen hatte seine Tochter dem Sohn des Amtsbruders zu Mühlhausen gegeben.[521] Nicht zuletzt, weil mit dem Scharfrichteramt keineswegs geringe Einkunftsmöglichkeiten verbunden waren, begegnen auch hier die gleichen Probleme, wie sie in der bürgerlichen Gesellschaft an der Tagesordnung waren: Junge Nachrichter mußten, um einen selbständigen Gewerbebetrieb zu übernehmen, nicht selten eine weit ältere Scharfrichterswitwe ehelichen.[522] Standesgemäße Mitgift[523] war bei Eheabreden in diesen Kreisen ebenso Ausdruck von Wohlstand wie ansonsten in der Gesellschaft. (Nur am Rande sei erwähnt, daß bedeutende Menschen von früheren Scharfrichterdynastien abstammen: Albert Lortzing zum Beispiel oder Käthe Kollwitz.)[524]

Wie im Handwerk gab es arme und wohlhabende Henker. Letztere sind auf den einträglichen Stellen in den Städten zu finden. Berühmt wurde im ausgehenden 18. Jahrhundert der Scharfrichter zu Eger, Karl Huß. Er hatte seit 1770 im Gymnasium der Piaristen zu Brüx eine gediegene Bildung erworben, hatte dann aber den Beruf seines Vaters gewählt. Diesem Scharfrichter von Eger,[525] den Goethe 1806 kennenlernte und später noch mehrfach aufsuchte, war bei strenger Strafe jede ärztliche Tätigkeit verboten worden; seine Pflaster, Salbentiegel und ähnliches wurden bei einer Razzia beschlagnahmt. Dennoch wurde sein Rat immer wieder gesucht; offenbar gewährten ihm einflußreiche Patienten Protektion. Er kam zu bedeutendem Wohlstand, der es ihm erlaubte, eine kostbare Sammlung alter Münzen anzulegen, um deretwegen ihn Goethe besuchte. Die auf 12000 fl. geschätzte Sammlung wurde später vom Fürsten Metternich aufgekauft.[526] Das Beispiel steht für viele: Um 1800 spielte für die bessere Gesellschaft die Auffassung von der sozial ansteckenden Unehrlichkeit des Henkers keine Rolle. Nur ist das noch kein Hinweis auf einen grundsätzlichen, der Aufklärung verpflichteten Einstellungswandel. Ganz abgesehen davon, daß – insofern hatte Heinrich Heine recht – im allgemeinen Bewußtsein der Henker nach wie vor sein Stigma zu tragen hatte, sind die Kontakte der besseren Gesellschaft zu einem Scharfrichter wie Karl Huß vor allem ein Indiz für dessen ärztliche Fähigkeiten. Das aber war durchaus nichts Neues. Seit jeher wurden Kontakte mit dem Scharfrichter, wurden seine Ratschläge als Heilkundiger gesucht.

Zwischen Wissenschaft und Aberglauben: der Henker als heilkundiger Helfer

Die schon spätmittelalterliche Wertschätzung medizinischer Kenntnisse des Scharfrichters – anatomisches Wissen als berufliches Erfordernis – die Konkurrenz mit studierten Medizinern und Handwerkschirurgen – Nutzung des Galgenaberglaubens: ein Geschäftszweig des Henkers – Armsünderreliquien – das angeblich unter dem Galgen wachsende Erdmännlein und seine Zauberkraft

Der als unehrlich verrufene Nachrichter stand zugleich als „Kasperer" in einem großen Ansehen als Arzt.[527] Anfang des 17. Jahrhunderts war der Bruder des Henkers zu Schwäbisch Hall, der diesem als Wasenmeister diente, „ein berühmter Arzt, ein medicus, hatte einen großen Zulauf, hatte niemand ob ihme einen abscheuen, weder geist- noch weltlich".[528] Felix Platter erzählt zum Jahre 1577, zugleich das Beispiel einer Scharfrichter-Dynastie bietend, von den beiden Basler Henkern, den Gebrüdern Käse, die ebenfalls als Mediziner einen großen Zulauf hatten, und „deren ältester Bruder zu Schaffhausen berühmt gewesen in der Arznei, wie auch ihr Vater Wolf, Nachrichter zu Tübingen".[529] Hinter diesen Nachrichten steht eine spätmittelalterliche Tradition. Wegen seiner medizinischen Kenntnisse durfte der Nachrichter im spätmittelalterlichen Frankfurt sogar eine eigene Bude aufschlagen.[530] (Als er 1443 aber noch das Stadtwappen anbringen und seiner Tätigkeit einen offiziellen Anstrich geben ließ, schritt der Rat ein.[531])

Gewiß also: Der Henker erscheint als Zauberer,[532] mächtig der Beschwörungsformeln zur Heilung von Mensch und Tier,[533] als Geisterbanner[534] und so fort; aber er war auch der geborene Empiriker: Längst bevor im 18. Jahrhundert an den Universitäten die Leichen

Hingerichteter seziert wurden, hatten die Nachrichter anatomische Studien getrieben.[535] Bevor im 18. Jahrhundert die Leichen Hingerichteter an die anatomischen Institute der Universitäten abgegeben wurden,[536] waren sie häufig vom Henker für Untersuchungen des menschlichen Körperbaus genutzt worden. Die Kenntnis der Anatomie war für den Scharfrichter berufliches Erfordernis. Denn zur Richtstätte durfte nur ein (äußerlich betrachtet) körperlich unversehrter Mensch geführt werden. Die bei einer Tortur ausgekugelten Gelenke mußten wieder eingerenkt werden.[537] Immer wenn Ärzte, Bader und Chirurgen gegen die medizinische Konkurrenz des Nachrichters Beschwerden bei der Obrigkeit einreichten,[538] wurde diesem jedwede ärztliche Tätigkeit untersagt bis eben auf das Heilen von Knochenbrüchen und das Einrenken von Gliedmaßen[539]. Das brachte ihn in eine Konkurrenzsituation zu dem neuzeitlichen Beruf des Handwerkschirurgen.[540]

Kenntnis der Anatomie als berufliches Erfordernis. In Nürnberg war schon 1548 dem Meister Heypel, dem Henker, gestattet worden, „des armen einen, so gerichtet worden, in St. Peterskirche zu schneiden (zu sezieren), doch daß nit viel volks darzu komme".[541] Bald nach seinem Dienstantritt mußte Franz Schmidt 1578 auf Geheiß des Nürnberger Rates einen mit dem Schwert gerichteten Räuber sezieren: „den hab ich Adonamirt und geschnitten."[542] Noch mehrfach hat Meister Franz solche Sektionen durchgeführt,[543] er ist anwesend, wenn der Stadtarzt die Leiche eines Gerichteten seziert,[544] aber er hat nie gelernt, „Anatomie" richtig zu schreiben.

Nicht zuletzt wegen der anatomischen Praxis sind mehrfach seit dem 17. Jahrhundert Scharfrichtersöhne, die keine Zunft aufgenommen hätte, als Medizinstudenten bezeugt.[545] Die Universitäten hatten keine Bedenken, Henkerssöhne zu promovieren.[546] Weltoffenheit der Universität gegenüber dumpfen Vorurteilen? Ich möchte es gern glauben; nur beschleichen mich gelinde Zweifel, weil damals die Professoren an den hohen Promotionsgebühren interessiert waren, welche die Söhne wohlhabender Scharfrichter problemlos erlegen konnten. Wie auch immer: Das Aufschlußreiche an der Promotion von Scharfrichtersöhnen liegt darin, daß die Universität aus ihrer mittelalterlichen Tradition heraus immer noch das offenste soziale System unter allen Institutionen und gesellschaftlichen Organisationen geblieben war, aber, Bruch der mittelalterlichen Tradition, in den Fürstentümern als staatliche Ausbildungsstätte definiert, provinzialisiert und ihrer Würde beraubt worden war.[547] Nachdem es gelungen war, das Ansehen der Hohen Schulen in der Welt zu ruinieren, konnte selbst der Doktortitel nicht das vom Vater ererbte Stigma tilgen. Als Dr. Johann Michael Hofmann, der Sohn des Frankfurter Scharfrichters, 1766 in das Doktorenkolleg seiner Heimatstadt aufgenommen werden wollte, gab es große Schwierigkeiten, die erst nach langwierigen Verhandlungen auf Druck des Wiener Hofrats zugunsten Hofmanns beigelegt wurden.[548] Der Hofrat entschied nicht in Rücksicht auf das Ansehen der Universitäten, sondern folgte einer insbesondere von den so oft unterschätzten Reichsinstitutionen verfolgten Tendenz, die Unehrlichkeitsverrufe abzuschleifen.

Der Henker als Heilkundiger, als Praktiker in der Bevölkerung geschätzt,[549] als Scharlatan von den Ärzten denunziert und auf ihr Betreiben von der Obrigkeit verfolgt[550]: Das Vertrauen in die medizinische Kunst des Scharfrichters, oft auch in die seiner Frau,[551] war von Erfahrung, von kluger Einsicht in die Fähigkeiten eines mit der Anatomie vertrauten Menschen bestimmt, daneben aber auch von abergläubischen Vorstellungen. Es besteht kein Anlaß, den Spuren angeblich magischer Kräfte des Nachrichters in archaischer Dämmerung nachzuforschen;[552] denn solche Kräfte wurden dem Henker gar nicht angedichtet. Schaudern und Hoffnung auf Geheimnisvolles verbinden sich nicht mit seiner Person, wohl aber mit der Galgenstätte, wo angeblich die Alraunen wachsen.[553] Mit den Leibern der Hingerichteten ist die Vorstellung von geheimen Kräften verbunden,[554] die selbst in Liebesangelegenheiten helfen können[555].

Armsünderreliquien gelten als heilkräftig.[556] Vom Henker zu Salben verarbeitete Leichenteile sind ein begehrter Artikel.[557] Mit „Schelmkraut", das unter dem Galgen wächst, und mit „Schelmbein", den Knochen von Gehenkten, läßt sich gut Schadenzauber treiben.[558] Vom 16. bis ins 19. Jahrhundert ist die Auffassung bezeugt, daß das Blut eines Enthaupteten gegen Epilepsie helfe.[559] Das „Armsünderschmalz", das Fett der Gehenkten, gilt als wirksames Heilmittel.[560] Der Gehirnschale von Gerichteten werden heilende Wirkungen zugemessen,[561] und insbesondere mit dem Strick, mit dem ein Verbrecher aufgeknüpft wurde, sind Hoffnungen auf magische Kräfte verbunden. Unter anderem soll dieser Strick „fest" machen können,[562] unverletzbar selbst gegen Gewehrschüsse. „Festmachen", die sogenannte „Passauer Kunst",[563] der nicht nur von Landsknechten und ihren Nachfahren gesuchte Zauberschutz vor Verletzungen und Schüssen in gewalttätiger Zeit, verbindet sich häufig mit diesem Aberglauben,[564] und deshalb nimmt es nicht wunder, daß der Scharfrichter von Hersbruck 1611 als Zauberer mit dieser „Passauer Kunst" verdächtigt wird. Sein Kollege in Pilsen sollte sich dagegen hervorragend auf das Gießen von in jedem Fall treffenden „Freikugeln" verstehen.

Für Handel und Gewerbe erschienen vielen Armsünderreliquien hilfreich und nützlich. Wer ein Knöchelchen von einem Hingerichteten im Beutel hat, dem geht das Geld nie aus.[565] Der Strick, an dem der arme Sünder gehenkt wurde, dient dem Schmied, um wilde Pferde zu zähmen.[566] Vor allem ist der Daumen des Diebes außerordentlich nützlich[567]: Unter die Waren gelegt, bringt er dem Kaufmann Glück; in die Tasche gesteckt, hilft er beim Spiel zu gewinnen; in die Fässer gehängt, macht er das Bier schmackhafter und süßer.

Bei so viel Zauberkraft verwundert es nicht, daß immer wieder in städtischen Akten von Unbefugten die Rede ist, die sich an der Galgenstätte und an den Leibern der Gehenkten zu schaffen machen. Nicht allein Bedürfnis nach Zaubermitteln, sondern auch bittere Armut ließ die Scheu vor dem Hochgericht schwinden. Arme Sünder, die in ansehnlicher Kleidung gehängt worden waren, werden in dunkler Nacht am Galgen ausgezogen.[568] Die Gehenkten konnten ohne Scheu geplündert werden. Ihre Kleidung besaß einen Wert für arme Leute, denn Textilien waren teuer. Meister Franz Schmidt weiß davon zu berichten, daß den am Galgen hängenden armen Sündern Hosen und Wams ausgezogen wurden,[569] daß ein Hingerichteter gleich in der ersten Nacht bis auf die Strümpfe völlig entkleidet worden war, so daß ihm eigens auf städtische Kosten Hemd und Hose angezogen werden mußten[570]. Der Nürnberger Scharfrichter weiß auch von der List eines Verbrechers zu berichten, mit der er hoffte, nach kurzer Zeit vom Galgen abgeschnitten zu werden. Er erzählte vor seiner Hinrichtung seinen Mitgefangenen, daß er viel Gold in seiner Kleidung vernäht habe. Wer ihn vom Galgen abschneide, könne reich werden.[571] Er hoffte, daß, nachdem seine Leiche gefilzt worden war, der Henker gezwungen wäre, ihn zu begraben.

Abb. 8: Der Galgen, anfangs nur ein Ast, wandelt sich zum „dreistempeligen" oder „dreischläfrigen" Galgen. Gehängter, Buchmalerei um 1475. Miniatur aus einem Vaticinium für die Tage des Jahres, Nürnberg um 1475.

Wie sich Menschen wegen Kleiderwünschen an den Gerichteten vergriffen, konnten sie auch bei Nacht und Nebel an die begehrten Armsünderreliquien gelangen. 1444 wurde in Nürnberg eine Frau gefangengesetzt, weil sie das Hemd eines Geräderten von der Richtstatt gestohlen hatte. Der Rat vermutete, sie wolle damit Zauberei treiben.[572] Die Magdeburger Schöffen mussten sich 1587 mit dem Fall befassen, daß auf Anstiften einer alten Frau einem Dieb, der bereits zweieinhalb Jahre am Galgen gehangen hatte, das Glied zu Zauberzwecken abgeschnitten worden war.[573] Manchen graut vor nichts, um an die begehrten Diebsfinger zu kommen. Um Mitternacht besteigen Mitglieder einer Bande das Hochgericht, um Geräderten die Finger abzuschneiden. Das Übliche aber war: Weitgehend im Verborgenen, in aller Heimlichkeit wurde der Henker aufgesucht, bei dem Galgenstrick, Armsünderschmalz und Diebsdaumen zu erwerben waren.

Mit Galgenaberglauben und Scharfrichterwissen hängt zusammen, wovor Paracelsus (1493–1541) in seinem „Liber de imaginibus", im Buch der Trugbilder, warnt: vor Betrügern, die mit angeblichen Alraunwurzeln durch die Lande ziehen. Der Gelehrte hatte einen wachen Blick für die realen Folgen abergläubischer Vorstellungen. Die Wurzel der Alraunpflanze, der Mandragora, einer nahen Verwandten der Tollkirsche,[574] hat seit der Antike bis in die neueste Zeit hinein zu phantastischen Vorstellungen Anlaß gegeben; denn diese fleischige Wurzel, die in zwei „Schwänze" ausläuft, besitzt Ähnlichkeit mit der menschlichen Gestalt. Sie stellt einen der beliebtesten und gesuchtesten Talismane dar.[575] Dabei erscheint sie zumeist in männlicher Gestalt: „Galgenmännlein, Erdmännlein, Glücksmännlein." Selbst eine Nonne im Kloster Wienhausen hatte auf diesen Glücksbringer nicht verzichten wollen.[576]

Die vorwiegend im Mittelmeerraum, besonders in Nordafrika vorkommende Alraune hoffte man auch in deutschen Landen finden zu können. Unter dem Galgen, so glaubten viele, sei die gesuchte Wurzel zu suchen, „weil der Samen von den erhenkten Dieben heruntertriefte und solche Mandragoram wachsen mache". Galgen und Alraune: 1575 teilt ein Leipziger Bürger seinem Bruder in Riga mit, daß er ihm für 64 Taler ein „Alruniken oder Ertmännchen" beim Scharfrichter gekauft habe. Vorsicht war beim Ausgraben geboten, denn dabei dürfe man kein Wehegeschrei des Alraunchens hören, sonst verfalle man dem Wahnsinn.[577] Man braucht Trompetenlärm, um beim Ausgraben der Alraune den Schrei des Männchens zu übertönen.[578] Solche von Ängstlichkeit und Faszination durchmischten Vorstellungen erklären den Fund einer im 17. Jahrhundert gewachsenen Alraune, die in einem 31 cm langen Sarg gewissermaßen bestattet wurde, in einem Sarg, der an seiner rotlackierten Außenseite einen Gehenkten am Galgen abbildet.[579] In den Tiefen des populären Bewußtseins ist Grimmelshausens „Simplicissimi Galgen-Männlein" (1699) geborgen.

Das Alräunchen ist nach Meinung der Menschen überaus vielseitig, es hilft fast in jeder Not, selbst bei Krankheiten,[580] es gibt beim Schatzgraben die entscheidenden Winke, es beschützt als „Allermannsharnisch" vor Verletzungen, es kann sogar Münzen veredeln[581]. Begehrt ist solch ein Erdmännlein, und das nutzen Betrüger aus.[582] Relativ einfach war eine solche Wurzel, die wenige gesehen, von der aber viele gehört hatten, zu fälschen.[583] Es reichte eine seltsam gewachsene Rübe.[584] Bereits Michel Behaim kennt um 1450 diesen Trick.[585] Entsprechend wurden 1570 in Schaffhausen drei Landstreicher gehängt, die gelbe Rüben als Alraunen verkauft hatten; 1584 wurde in der Steiermark ein Betrüger wegen des gleichen Delikts „mit gemachten Rüben" gesucht.[586] Drei gartende Landsknechte wurden 1551 im Rothenburger Land aufgegriffen, die „zu den einfältigen Bauersleuten in die Weiler und Einzelhöfe", bisweilen auch in die Dörfer gezogen waren und gefälschte Alraunen an den Mann gebracht hatten.[587] Offenbar aber war inzwischen das Mißtrauen selbst auf dem Lande so wach geworden, daß die Landsknechte nur mit einer raffinierten Inszenierung und mit gefälschten Attesten die Bauern hatten überlisten können.

Vom Diebsdaumen bis zur Alraune, von den Bierbrauern bis zur Nonne in Wienhausen: In welche gesellschaftlichen Tiefen reichte eigentlich die vielbesprochene Unehrlichkeit des Scharfrichters? Das Bemühen des Historikers um Verständnis der Vergangenheit hat Grenzen, die nicht nur von dem Mangel an Quellen, sondern vor allem von der Vielfalt der menschlichen Natur bestimmt sind.

3. Um Kopf und Kragen, um Haut und Haar: die Lebens- und Leibesstrafen

Die Todesstrafen

Die erkenntnishindernde Gefahr bei einem Katalog der Strafformen – die gescheiterten Versuche einer Archaisierung der Todesstrafen – fehlender Formalismus: die auf das jeweilige Verbrechen bezogenen Hinrichtungsformen – das Hängen: die am häufigsten vollzogene, die „unehrliche" Strafe – die Technik des Henkens – Diebsspott über den Galgen – das Köpfen: die schwierigste Aufgabe des Henkers – „glückliches" Richten und „Putzen" – das Rädern und sein grausamer Vollzug – „Schleifen" und „Zwicken" – das Vierteilen als Strafe für Hochverräter – Verbrennen von Brandstiftern, Ketzern, Hexen und Homosexuellen – das Ertränken und seine Entwicklung zur Frauenstrafe – die seltene Frauenstrafe des Lebendigbegrabens – Lebendigbegraben und Pfählen – die Vereinfachung des Strafenkatalogs im 18. Jahrhundert

Ein auf Vollständigkeit bedachter Katalog der Hinrichtungsarten enthält schon im Ansatz die Gefahr, eine Bestätigung des Grausamkeitstopos zu liefern, der dem Mittelalter anhängt. Nicht nur auf die Rechtssitte des Abbittens vom Galgen ist bei der Einschätzung der mittelalterlichen Todesstrafen zu verweisen, sondern auch auf ihren Stellenwert innerhalb des Strafsystems. „Allein die Zahl der Stadtverweise ... übersteigt die der Leib- und Lebensstrafen um ein Vielfaches."[588]

Nicht die geringsten Anstrengungen werden wir unternehmen, ein arithmetisches Mittel zwischen Grausamkeit und Gnade bei der Ausbildung des Strafsystems zu errechnen. Große Anstrengungen aber übernehmen wir, um jener Auffassung zu widersprechen, die den Strafvollzug im Mittelalter aus einer vorgegebenen Grausamkeit dieser Zeit ableitet. So nüchtern wir, der Chronistenpflicht genügend, die Todes- und Körperstrafen vorstellen, so zurückhaltend – wissenschaftlichen Geboten folgend – und gleichwohl emotional sei den im Grunde barbarischen Vereinfachungen widersprochen, die eine spezifische Grausamkeit des Mittelalters unterstellen, um die Fortschritte der Neuzeit zu feiern. Ich verzichte auf ein Abwägen mittelalterlicher und neuzeitlicher Grausamkeiten, weil es mir

Abb. 9: „Die Hinrichtung". Federzeichnung, 1512, von Urs Graf (um 1485–1527/28). Wien, Graphische Sammlung Albertina.

um etwas viel Wichtigeres als um ein Verständnis für das Mittelalter geht, nämlich darum, daß bereits damals offenbar wurde: Keine Gesellschaft wird die Frage des Vergeltungsprinzips, der Antwort auf das Verbrechen, die Frage von Schuld und Sühne lösen können, wenn noch nicht einmal die in der europäischen Geschichte am ehesten zum Erbarmen bereite Welt des Mittelalters dazu in der Lage war.

Zurück zur Gefahr, die ein aufzählender Katalog der Hinrichtungsformen mit sich bringt. Dieser Gefahr ist auch das vielbesuchte Rothenburger Kriminalmuseum erlegen; daß die Exponate dem Auftrag dieses Museums entsprechen müssen, ist klar, daß aber noch nicht einmal in dem Begleitband dieses Museums auf die Einseitigkeit eines aufzählenden Strafenkatalogs hingewiesen wird, ist problematisch.[589]

Ein auf Vollständigkeit bedachter Katalog der Strafformen darf der Frage nicht ausweichen, wie verbreitet denn diese Formen jeweils waren. Diese Frage ist natürlich nicht mit genauen Daten, aber doch durch Wägen und Zählen dahingehend zu beantworten, daß die vier Todesstrafen, die der Sachsenspiegel kennt, das Hängen, Köpfen, Verbrennen und Rädern,[590] das Grundgerüst des Strafsystems im Spätmittelalter und in der frühen Neuzeit bilden; alle anderen Todesstrafen treten demgegenüber weit zurück, aber gerade diese waren es, an denen die frühere Forschung beweisen wollte, daß das spätmittelalterliche Strafsystem im Grunde viel älter sei.

In der älteren Forschung war das Bemühen unverkennbar, die Geschichte des spätmittelalterlichen Strafsystems möglichst zu archaisieren, möglichst auf germanische Zustände zurückzuführen.[591] Das war bei Jacob Grimm allein dem Gedanken verpflichtet, in den schriftlichen Quellen Bruchstücke einer verlorenen Welt vor der Schrift wiederfinden zu wollen, und war noch weit von dem „Germanenfimmel" entfernt, der späteren Historikern zur Obsession wurde. Noch weitgehend im Sinne Jacob Grimms schrieb 1842 Wilhelm Eduard Wilda sein zwar größtenteils überholtes, aber gleichwohl beeindruckendes Werk „Das Strafrecht der Germanen", das zu Recht im Jahre 1960 einen Neudruck erfuhr.[592] Zugrunde lagen als wichtigste Quellen die Leges. Hier ist die Forschung inzwischen weit über Wilda hinausgekommen, doch bleibt dieses Werk wegen der Vollständigkeit der Quellenbelege nach wie vor ein nützliches Hilfsmittel. Die damals noch unbestritten herrschende Auffassung, daß ein Historiker sich nach den Quellen und nicht nach seinen zweifellos besseren analytischen Einsichten zu richten habe, bewahrte Wilda davor, jener im Kaiserreich populär gewordenen Eindeutschung der Germanen wissenschaftlichen Tribut zu zollen. Das geschah im Grunde erst, als der nicht zu Unrecht hochberühmte Karl von Amira 1922, die germanischen Todesstrafen als Opfer für die beleidigte Gottheit interpretierend, die Strafen als Mittel ansah, mit dem germanische Mentalitäten zu erschließen seien.[593] Die Hypothesenbildung von Amiras liegt im Bereich des wissenschaftlich Erlaubten. Problematisch war das Werk in seiner Rezeption, weil es gerade in den Zeiten, in denen der „Germanenfimmel" auch politische Aktualität gewann, für bare Münze genommen wurde.

Ein Jahr vor Amiras Buch war der erste Band des Lebenswerks von Rudolf His erschienen, das erst 15 Jahre später mit einem zweiten Band zum Abschluß kam.[594] Schon die Veröffentlichungsdaten lassen auf ein skrupulöses Arbeiten, auf intensive Quellenrecherche schließen und den Grund erkennen, warum nicht dieses um rationale Deutung bemühte gelehrte Werk, sondern von Amiras Darstellung die weitere Forschung prägte. Welche Folgen es haben sollte, daß Karl von Amira den Vollzug der Todesstrafen von germanischen Opferritualen ableitete, zeigt sich noch in einer Dissertation des Jahres 1964. In kühner Beweisführung wird hier das Hängen als „Korrespondenzform" zu dem Aufnahmeritus in den germanischen Kriegerbund beschrieben.[595] Bezeichnenderweise haben Joachim Gernhubers bereits 1957 formulierten Vorbehalte gegen die magisch-sakralen Deutungsmuster keinen nennenswerten Widerhall in der Forschung gefunden.[596] Damit war zugleich der Weg verbaut, den spätmittelalterlichen Strafkatalog und seine eigenständige Entwicklung darzulegen.

Die Archaisierung des spätmittelalterlichen Strafsystems, wie dessen Rückprojektion in frühere, in sogar vorgeschichtliche Zeiten bezeichnet sei, erschien zunächst ohne wissenschaftliche Risiken. Sicherheit gab der in allen Kulturkreisen verbreitete Gedanke, wonach Hinrichtungen Versöhnung mit der beleidigten Gottheit, Heilung der gekränkten Weltordnung bedeuten. Diese Auffassung soll, so wurde denn wissenschaftlich unterstellt, bis tief in die Neuzeit hinein wirksam gewesen sein.[597] Richtig ist daran: Verstorbene Diebe können noch gehängt[598] und selbst Tiere können hingerichtet werden,[599] eine noch 1621 von den Juristen der Leipziger Universität bestätigte Ansicht[600]. Vor allem aber wurde zur Begründung der Archaisierung die schon in den frühesten Kulturen nachweisbare Talionsgerichtsbarkeit des Auge um Auge, Zahn um Zahn herangezogen. Diese bilde, so wurde unterstellt, in Gestalt der die Untat spiegelnden Strafe einen Charakterzug des mittelalterlichen Strafrechts, der bis in das 18. Jahrhundert hinein erkennbar bleibe. Spiegelstrafen[601]: Der Straßenräuber wird gerädert, der Brandstifter verbrannt, der Falschmünzer (auch derjenige, der falsche Münzen in Umlauf bringt) in Öl und Essig oder Wasser gesotten[602] (weil das Sieden mit Weinstein zum Handwerk des Münzfälschers gehörte[603]), der Wiedertäufer wird ertränkt[604]. Solche spiegelnden Strafen sind tatsächlich bis in die Neuzeit hinein nachweisbar.[605] Nur sind sie keineswegs in einem Ausmaß nachweisbar, das die Annahme eines Weiterlebens alter Gebräuche erlaubt. Handelt es sich, so die Frage, bei den entsprechenden Fällen nicht um Analogiebildungen, wie sie sich bei der Suche nach der gerechten Strafe einstellen konnten?

Als die Städte ihr Strafrecht zu entwickeln begannen, konnten sie nicht auf einen vorhandenen Katalog von Strafen zurückgreifen, der jener Vielfalt von Verbrechen gerecht geworden wäre, die inzwischen zum urbanen Erfahrungsraum gehörte. Um dabei auf den naheliegenden Gedanken der spiegelnden Strafe zu verfallen, bedurfte es gar keiner tiefschürfenden Suche nach Vorbildern in der Vergangenheit. (Von den Quellen wird die Vorstellung überhaupt nicht gestützt, daß – angeblich – archaische Strafen weitergelebt hätten.) Es ging einfach darum, aus dem Grundsatz „die Tat tötet den Mann" eine Form des Strafvollzugs in Analogie zur Tat abzuleiten. Und zudem: Nicht jeder Falschmünzer wurde gesotten – dafür fehlte allzuhäufig auch der große Kessel –, selbst in der Messestadt Frankfurt wurde der Falschmünzer verbrannt;[606] nicht jeder Wegelagerer wurde gerädert. Es wurde auch nicht jeder Brandstifter verbrannt, sondern die Strafform war zumeist, wie es der Sachsenspiegel vorsah, das Köpfen.[607] Schon allein der Prozeß, der zu einer neuen Bestimmung von Strafe geführt hat, spricht gegen die Annahme ungebrochener Kontinuitäten seit archaischer Zeit. Der Henker personifiziert als neue Gestalt im Strafvollzug das Neue, das in der Wandlung des Strafsystems im späten Mittelalter angelegt ist, und er steht als Gestalt zunächst des urbanen Lebens dafür, daß aus den Bedürfnissen der urbanen Welt heraus dieses Strafsystem schon von seinen Begründungen her zutiefst verändert wurde.

Die Bedenken mancher Forscher gegenüber dem Ansatz, die Talionsgerichtsbarkeit schlichtweg in den mittelalterlichen Spiegelstrafen wiedererkennen zu wollen,[608] seien noch verstärkt. Zu erinnern ist daran: Der Vollzug der Todesstrafe geschah vor aller Augen; das Urteil mußte von den Umstehenden zumindest indirekt gebilligt werden, von Menschen, die in dem Missetäter auf seinem letzten Weg den „armen Sünder" sahen, von Menschen aber auch, die wußten, warum ein Mörder, der in Bamberg auf einem Brett liegend zur Richtstätte geschleift wurde, um gerädert zu werden, auf diesem Weg vom Henker noch dreimal mit einer glühenden Zange „gezwickt" wurde: Es war ein achtfacher Mörder, der schwangere Frauen aufgeschnitten hatte, um an die zauberkräftigen Händchen des

Embryos zu gelangen – ein furchtbarer, weitverbreiteter Diebsaberglaube[609] –, und der Säuglinge mit den Worten „er will Priester seyn und solche tauffen" auf die Erde geschlagen hatte[610].

Nachwirken der Talionsgerichtsbarkeit? Handelt es sich nicht vielmehr um Analogiebildungen zur Tat aus dem Zwang heraus, wie Dietmar Willoweit begründete, das Recht nicht nur zu finden, sondern auch zu „erfinden", „weil es für viele Vorkommnisse noch gar keine fertigen Rechtssätze gegeben haben kann".[611]

Wie wenig die Ausbildung des spätmittelalterlichen Strafsystems mit archaischer Vergangenheit zu tun hatte, zeigt neben dem Aufkommen des Henkers auch die Wortgeschichte. Zumeist wird im Spätmittelalter im Zusammenhang mit den Leibes- und Körperstrafen das Adjektiv „peinlich" gebraucht. Es geht auf das lateinische „poena" zurück. Unwahrscheinlich, daß ein Strafsystem, das in germanischer Zeit gewurzelt haben soll, sich bei seiner Selbstbezeichnung eines Lehnworts aus einem ganz anderen Kulturkreis bedient haben sollte. „Peinlich" werden bis zu Karls V. Peinlicher Halsgerichtsordnung alle Strafen genannt, die, wie es der Sachsenspiegel formuliert, „an lîf oder ghesunt" gehen und im Gegensatz zu den Strafen zu „Haut und Haar" stehen, die Scheren, Stäupen und Brandmarkung meinen.[612] Alle Erwägungen über die geschichtliche Herkunft und Einordnung der Lebens- und Leibesstrafen entheben uns indes nicht der Pflicht, diese Strafen im einzelnen vorzustellen.

Während das Enthaupten als ehrliche Strafe galt,[613] war das Aufhängen die Hinrichtung „zu trockener Hand", „âne blutige Hand",[614] die Strafe für den kleinen Mann, für den Dieb, und damit die am häufigsten verhängte Todesstrafe[615]. „Den dip scal men hengen", stellte der Sachsenspiegel fest.[616] Deswegen hieß der Nachrichter in Norddeutschland auch „deef-henger".[617] „Das Ende des Diebs ist der Galgen" – dieses Sprichwort kannte man auch bei den Gaunern und übersetzte es ins Jenische, eine Mischsprache mit zahlreichen Entlehnungen aus dem Deutschen, Hebräischen und anderen Sprachen: „Zoof gannew lithlio."[618] „Der Galgen ist der Diebe Kanzel", formulierte ein anderes Sprichwort.[619]

Das Henken, für das immer ein neuer „Galgenstrick" verwendet werden mußte,[620] ist nicht einfach.[621] Der Tod trat nicht durch den Bruch des Halswirbels ein. Das geschah erst durch eine von englischen Henkern seit Ende des 18. Jahrhunderts entwickelte Technik des „long drop": Der Verurteilte mußte ein beträchtliches Stück fallen, damit durch den Ruck des Strickes das Abbrechen des zweiten Halswirbels bewirkt wurde.[622] Der „long drop" entspricht, zynisch mag es klingen, der menschenfreundlichen Intention bei der Erfindung der Guillotine. Die Qualen des Hinzurichtenden sollten abgekürzt werden.

Der „long drop" als Ausdruck der Humanität. Wie sah es denn normalerweise aus? Qualen beim Henken. Wegen der Schwierigkeiten beim Hängen wurden im Mittelalter statt des Galgenstricks[623] bisweilen Ketten verwendet[624]. Das Erhängen war eher ein Erdrosseln; das Gewicht des hängenden Körpers drückte den Strick auf den Adamsapfel, die Drossel, und schnürte dem armen Sünder die Luftröhre zu. Den üblichen Ablauf erwähnt der Bericht über eine Hinrichtung 1701: „Weil aber die Corde ihnen fast nahe unter den Kinn trat, geschahe ihre Erwürgung was langsam und schwer."[625] Nicht selten erhalten Freunde und Verwandte die Erlaubnis, den Gehängten an den Füßen zu ziehen, um seinen qualvollen Todeskampf abzukürzen.[626] Ein Straßburger Nachrichter des 18. Jahrhunderts, „der unschicklich gehangen", läßt sich, um künftig nicht mehr Angriffe von den empörten Zuschauern befürchten zu müssen, von den städtischen Chirurgen belehren, wie er am besten das Aufhängen bewerkstelligen könne, „welches er in folgender Zeit mit gutem succes ausgerichtet".[627]

Das Aufhängen galt als schimpfliche, als „unehrliche" Strafe,[628] die – im Gegensatz zum Enthaupten – Familie und Verwandtschaft infamierte,[629] weil anders als beim Enthaupteten, dessen Körper begraben wurde, der Leib in der Luft verfaulte. Dadurch – so erzählt ein biederer Ulmer Schuhmacher – habe er „erfahren wie ein mensch inwendig aussieht, so er anfängt zu faulen", nämlich nach anderthalb Jahren: „das eingeweid etwa wie ein handvoll russ inwendig gelegen auf den rippen, danach die haut über die rippen gespannt, in der dicke fast wie ein pergament."[630] Eine zweischneidige Praxis war übrigens das Hängenlassen der armen Sünder; denn es konnten, um verbotene Zauberei zu treiben, Körperteile der Gehenkten, ja die Leichen selbst vom Galgen gestohlen werden.[631]

Das Erschrecken vor dem weithin sichtbaren Galgen verdrängen Diebe und Missetäter mit ironischen Umschreibungen. Hängen heißt „im Winde reiten",[632] „mit des Seilers Tochter Hochzeit machen", „die Hanfsuppe auslöffeln", „den dürren Baum reiten", „im Winde exerzieren". „Feldglocke" nennen Gauner den Galgen.[633] Schwänke sind reich an Euphemismen für Hinrichtungen, wobei sichtbar wird, daß das Hängen durch den „meister Reckling" die bekannteste Todesstrafe ist: „in die Galgenmast fahren", „sich begeben zur hangweyd", „durch ein hänffin fenster sehen", „im Hanfacker ertrinken", „ein schwengel in ein feldglocken geben".[634] Der Gehängte war das „Rabenaas", der „Galgenschwengel".[635]

Enthaupten: „War seyn urtheil, man sollte aus seinem leib zway stuck machen, daß deß haupt das kleiner werde."[636] Das Enthaupten verlangte erhebliches Können des Henkers, seitdem es nicht mehr mit Schlegel und Barte ausgeführt wurde. Ein einziger mit beiden Händen geführter Hieb mit dem schweren Richtschwert mußte waagerecht zwischen den Halswirbeln des Verurteilten, der vor dem seitwärtsstehenden Henker kniete, hindurchgehen.[637] Künstler gab es auch in diesem Fach. Ein Nürnberger Henker köpfte zwei Missetäter auf einen Streich, „das das swert gleich hindurch snurret, das in jegliches lobet".[638] Lob für den Scharfrichter[639] – aber wie jedes Lob hatte auch dieses seinen Verpflichtungscharakter und seine Kehrseite. Ein mißglückter Schlag, das sogenannte Putzen, war ein gefährlicher Kunstfehler; denn der Henker lief Gefahr, von der wütenden Menge gesteinigt zu werden. Um solche Fehler zu vermeiden, übte ein Nachrichter, indem er mit dem beidhändigen Richtschwert an Fäden aufgehängte Rüben durchschnitt, und dennoch konnten auch dem erfahrensten Nachrichter, einem Meister Augustin, dem Henker des Bauernkrieges, oder dem Nürnberger Meister Franz Schmidt, Hinrichtungen mißlingen.[640] Das ereignete sich auch deshalb nicht gerade selten, weil die meisten Henker betrunken die Todesstrafe zu vollziehen pflegten.[641] Je seltener im 18. Jahrhundert die Todesstrafe vollzogen wurde, um so häufiger begingen die ungeübten Scharfrichter Kunstfehler. Vier Schläge brauchte 1784 der Nachrichter Goepel aus Göttingen, um im Amt Harste einen Mörder zu enthaupten.[642]

„Glückliches" Richten. Selbst die kargen Notizen des Scharfrichters Jakob Steinmayer aus Haigerloch lassen Erleichterung erahnen, wenn er zum Jahre 1764 notiert: „das erstemal getilt zu Sigmaringen und glücklich."[643] Mit „getilt" meint Steinmeyer das Köpfen. In der Berufssprache des Henkers lebt im deutschen Südwesten die ursprüngliche, die gemeinschaftsgebundene Form des „Dillens" weiter, der Hinrichtung mit Schlegel und Barte. Acht Jahre nach seinem ersten Köpfen, seinem Meisterstück, unterläuft Steinmeyer wie jedem Routinier irgendwann ein Anfängerfehler, den er selbstkritisch notiert: „habe ich den Valentin Uibler gedilt, aber gebutzt."[644]

Der zu Enthauptende kniete nach Aussage der Bildquellen. Er sah den Henker nicht, der hinter ihm stand. Das ist in allen deutschen Landen so. Als auffallend, als ungewöhnlich, wird 1408 die Gewohnheit eines fränkischen Gerichts bezeugt, dem armen Sünder die Augen zu verbinden[645] – dies wurde alsbald in Oberdeutschland gebräuchlich,[646] erreichte allerdings zunächst Mitteldeutschland nicht,[647] ist dann aber nach Aussage der Bildquellen in der frühen Neuzeit üblich geworden. Das aber geschah zum Schutz des Henkers, den der letzte Blick des Gerichteten mit seinem furchtbaren Erschrecken nicht verfolgen sollte,[648] es geschah nicht aus Fürsorge für den Hinzurichtenden, an dessen Gefaßtheit selten Zweifel bestanden.

Der Körper des Enthaupteten wurde bisweilen sogar christlich, in geweihter Erde begraben,[649] allerdings oft „an Ort und Stelle", das hieß, an schimpflicher Stätte, auf dem Schindanger am Galgenberg bestattet[650]. Bei ganz schweren, bei aufsehenerregenden Verbrechen wurde bis in das 18. Jahrhundert hinein der Kopf des Enthaupteten auf einen Pfahl am Galgenhügel gesteckt.[651] Im 18. Jahrhundert wurden die Leichen der Enthaupteten (ebenso wie die der Selbstmörder) den anatomischen Instituten der Universitäten überstellt.[652]

Wie grausam das Enthaupten auf das „Publikum" gewirkt haben muß, ist ungefähr zu ermessen, wenn man den Bericht über eine Hinrichtung im 19. Jahrhundert liest: Der Henker „durchschnitt mit einem Schlage den Hals ... zwei Blutsäulen stiegen aus der Wundfläche fast bis zu einem halben Meter Höhe wie aus einem Springbrunnen hervor, um zurückzufallen und noch ein paarmal immer niedriger und schwächer mit den nächstfolgenden Herzschlägen wiederzukehren. Der Körper des Gerichteten blieb regungslos."[653]

Zu den „unechten" Spiegelstrafen gehört auch das Rädern, das „radebreken", mit dem „rade stozen",[654] möglicherweise ursprünglich die Strafe für den Straßenräuber, die aber bereits der Sachsenspiegel auch für Kirchenraub,[655] Mord und Mordbrand vorsah[656]. Es ist damals nicht mehr die Sklavenstrafe, welche die Lex Salica jenem Sklaven androhte, der sich mit einer Freien verheiratet hatte.[657] Diese Strafe – sie trifft nur die Männer – wird zunächst nur gegen Straßenräuber, später gegen mehrfache Mörder, Kirchenräuber und Mordbrenner verhängt.[658] Irrig ist die Ansicht, wonach das Vierteilen und das Rädern erst 1534 in Frankreich als Folge wachsender Kriminalität übernommen worden seien.[659]

In einer Erzählsammlung des 16. Jahrhunderts werden die Worte des um 1500 berühmten Straßburger Dompredigers Johann Geiler von Kaysersberg zitiert, der für eine lange Passionspredigt das Beispiel des Rädern wählte: „Wan man ein Mörder rederen will, so stoßt man im alle seine Glider ab, Arm und Schenckel und darnach legt man in uff den Buch und stoß im den Rucken entzwei mit dem Rad, das macht in erst gantz gerecht."[660] Um den Kontext dieser Predigt brauchen wir uns nicht zu bekümmern. Der erfahrene Seelsorger weiß, daß all seinen Hörern aus eigener Anschauung bekannt ist: Um die Stoßwirkung des Rades, das der Henker in erhobenen Händen über dem unter ihm liegenden Delinquenten hielt, zu erhöhen, wurden Rundhölzer unter den Leib des armen Sünders

Abb. 10: Drastisch hier die „klassische" Form des Räderns eines Räubers, 1373. Zeichnung in der Spiezer Chronik des Diebold Schilling d. Ä., 15. Jh. Bern, Burgerbibliothek.

geschoben.[661] Mit dem sprechenden Namen „Breche" wurde der so entstehende Holzrost belegt.[662] Beim Vollzug dieser Strafe gab es Unterschiede je nach Schwere des Verbrechens, ob nämlich der Henker „von unten", von den Zehenspitzen an, oder „von oben", von der Schulter an, räderte, ob also der tödliche Stoß auf das Herz früher oder später erfolgte.[663] Wie gerädert werden sollte, war im Urteil genauestens festgelegt, zum Beispiel: „erstlich beede Arm, den dritten Stoß auff die Brust."[664] Von einem besonders grausamen Vollzug dieser Strafe in Bern berichtet Sebastian Fischer, wonach der Henker „das rad mit aim scharpfen eysen beschlagen, das er im (dem armen Sünder) die schenkel und halb dem knie schier abgehoben … welches ich von kainem hencker nie gesehen hab".[665]

Vor allem auf dem letzten Gang des armen Sünders, der gerädert werden sollte, war das „Zwicken" üblich, das „Angreifen" mit einer glühenden Zange. Das Gericht hatte zuvor die Zahl dieser „Griffe" bestimmt.[666] Weit verbreitet war auch, daß ein solcher Missetäter zur Richtstätte geschleift wurde,[667] wobei er auf einem Brett,[668] manchmal auch, wie in Mitteldeutschland gebräuchlich, auf einer Kuhhaut[669] mit den Füßen an den Pferdeschweif gebunden wurde. So notiert Meister Franz Schmidt: „Zu Bamberg auff einer schleiffen ausgeschleift, drey griff mit einer gluenden zangen ... geben, volgend mit dem rad gericht."[670] Dieses „Schleifen" wurde im 17. Jahrhundert ungebräuchlich, auf das „Zwicken" jedoch wollten die Gerichte bis in die erste Hälfte des 18. Jahrhunderts hinein nicht verzichten.[671]

Die Grausamkeit des Räderns[672] ließ selbst die Richter nicht kalt. Der Nürnberger Rat befiehlt 1621 seinem Scharfrichter, daß er bei einer solchen Hinrichtung „dem Herzen zueilen", also möglichst schnell den tödlichen Stoß ausführen und dem armen Sünder „zuvor das Leben nehmen solle, ehe er ihm alle vier Glieder abstieße".[673] Mit dem Rückgang der Todesstrafe im 18. Jahrhundert wird auch das Rädern seltener, obwohl es durchaus noch zum Strafvollzug gehört und noch 1794 im Allgemeinen Landrecht für die Preußischen Staaten vorgesehen ist. Zur Abschreckung wurde noch mancher arme Sünder nach seiner Hinrichtung aufs Rad geflochten.[674] Auf den Abschreckungscharakter dieser Strafe wollte keine Obrigkeit verzichten (sie wurde letztmalig 1841 in Deutschland vollzogen).[675] Im 18. Jahrhundert wurde zwar weiterhin gerädert, jedoch sollte der Delinquent zuvor, ohne daß die Zuschauer es gewahr wurden, „unvermerkt", erdrosselt werden.[676] Das aber ist nicht voreilig als Ausdruck einer neuen Humnität zu werten; schon auf dem ersten Höhepunkt der würzburgischen Hexenprozesse gab der Bischof Julius Echter die Anweisung, den Verurteilten zur Abkürzung der Qualen vor dem Verbrennen ein Pulversäckchen um den Hals zu binden.[677]

Eine besonders grausame, aber nur äußerst selten vollzogene Todesstrafe war das Vierteilen, eine Strafe für Hochverräter.[678] Der in den Würzburger Wirren zwischen Bischof, Domkapitel und Bischofsstadt als Hochverräter angesehene Bürger Hans Bausback wurde 1438 in Würzburg geviertteilt – offenbar eine politische Demonstration, die sich generationentief im Gedächtnis der Bürger eingegraben hat.[679] So selten ist das Vierteilen, daß es fast stets in den Chroniken notiert wird.[680] Denn immer steht es mit hochpolitischen Ereignissen, etwa mit den Hussitenkriegen,[681] im Zusammenhang. Als 1519 in Regensburg der ehemalige Stadtrichter und Ratsälteste Smaller als Hochverräter zur Vierteilung verurteilt wurde, schreckte der Rat in letzter Minute vor dieser Konsequenz zurück und begnadigte ihn zum Schwert.[682] 1567 jedoch wurde in Gotha Wilhelm von Grumbach, der in den sogenannten Grumbachschen Händeln das ganze Reich in Unruhe versetzt hatte, geviertteilt.[683] Eine furchtbare, auf Wirkung in der Öffentlichkeit berechnete Demonstration, gerade weil diese Strafe inzwischen ungewöhnlich geworden war. Immer ging ihr ein politischer Prozeß voraus; weil „Hochverrat" immer ein Delikt war, das von den Verratenen definiert wurde, ist die Strafe des Vierteilens „Siegerjustiz" und verliert sich nicht so schnell in der Geschichte. Bei dem furchtbaren Strafgericht nach dem Berner Bauernaufstand 1653, als 23 Todesurteile (neben fast 1000 Geldbußen) verhängt wurden, wurde einer der Anführer geviertteilt, allerdings – wie seit der frühen Neuzeit üblich, nur im Falle Wilhelms von Grumbach nicht angewandt – zuvor enthauptet.[684] Enthauptung vor dem Vierteilen: Nicht die Brutalität war wichtig, sondern die Demonstration nach dem Tode des als Hochverräter Verurteilten. Deswegen wurden die vier Teile des Körpers an verschiedenen Stellen vor der Stadt aufgehängt.[685]

Enthaupten, Rädern und selbst Vierteilen beließen den Körper des Missetäters noch in der Welt, wenn auch in Gestalt der schimpflichen Zurschaustellung auf der Galgenstätte oder vor den Stadttoren. Anders steht es bei einer Hinrichtungsform, die den Körper des Missetäters gänzlich von der Erde tilgen soll. Das Verbrennen ist zunächst eine Spiegelstrafe gegen Brandstifter,[686] worauf im Zusammenhang mit der Geschichte der Räuberbanden noch einzugehen sein wird. Das Verbrennen, das totale Vernichten des Körpers, wird dann zur typischen Ketzerstrafe[687] und wird als solche auch gegen „Sodomiten", worunter man unter anderem Homosexuelle verstand, angewandt[688]. Von der Ketzerstrafe abgeleitet wird Verbrennen auch zum Schicksal jener seltenen Zauberinnen, die im Mittelalter noch nicht als Hexen, wohl aber als Missetäterinnen gerichtet wurden, wenn ihnen Schadenzauber nachgewiesen wurde.[689] Das Verbrennen entfernt sich in seiner Geschichte immer mehr von der Spiegelstrafe. Es geht vielmehr darum, den Körper des im weitesten Sinne verstandenen Ketzers vom Erdboden zu entfernen, ihn sich in Luft auflösen zu lassen. So werden in dem großen Münchener Wiedertäuferprozeß 1527/28 sieben Handwerker verbrannt (andernorts erleiden Wiedertäufer die Spiegelstrafe des Ertränkens) und drei Frauen ertränkt und sodann ebenfalls verbrannt.[690] Dieses Verfahren, das, zynischerweise sei es bemerkt, sehr unpraktisch war und den Henker vor große Probleme stellte, weist letztlich auf die Unsicherheit der Stadträte hin, denen natürlich bewußt war, wieviel Holz es brauchte, um einen nassen Körper zu verbrennen. Unsicherheit kann zur Brutalität führen. Durch keine Tradition ist gesichert, daß auch Fälscher diese Strafe treffen kann, ob nun ein Notar Testamente oder ob ein Kaufmann Safran fälschte.[691]

Qualvoll lange konnte sich das Sterben des Missetäters hinziehen.[692] Es bildete eine Ausnahme, wenn im Zürich des 15. Jahrhunderts 33 Menschen verbrannt wurden.[693] Diese Form der Hinrichtung wurde schon deshalb vergleichsweise selten vollzogen,[694] weil sie viel Holz verlangte[695]. Drei Fuder Brennholz werden 1423 dem Hildesheimer Zuchtmeister dafür bezahlt.[696] Zu den Beschwerdeartikeln der Stühlinger im Bauernkrieg 1523 gehörte, daß sie das Holz liefern mußten, wenn von der Herrschaft „einer mit dem Brant gericht wurd".[697]

Eine zunächst vor allem Männer, Falschspieler und Sittlichkeitsverbrecher bedrohende Strafe war das Ertränken.[698] Diese schon im 14. Jahrhundert häufige Strafe wurde in Nürnberg dergestalt vollzogen,[699] daß der Delinquent in einen Sack gesteckt wurde. Deswegen wurde die Strafe auch „pena sacci, submersio in sacco, bei dem sack" bezeichnet.[700] Hingegen wurde in Ulm der arme Sünder mit einem hölzernen Knebel im Mund ertränkt. Um den Leib war ihm ein Seil geschnürt, an dem ihn der Henker, der in einem Boot stand, von der Donaubrücke herabzog, um ihn dann mit einem Stock unter Wasser zu drücken. Nach einem anderen ebenfalls in Ulm üblichen Verfahren wurde der Verurteilte auf ein Brett gefesselt, vom Henker auf die Donau gerudert, ins Wasser geworfen und so lange, bis der Tod eintrat, mit dem Brett unter Wasser gedrückt.[701]

Das Ertränken wurde im Verlauf des Spätmittelalters zur Frauenstrafe.[702] „Den Dieb soll man henken, die Hur ertränken", sagte das Rechtssprichwort.[703] Ansatzweise ein Vorgang der Rechtsvereinheitlichung; denn in Regensburg war das Ertränken schon im 14. Jahrhundert die spezielle Hinrichtungsart für Frauen,[704] in Ulm hingegen noch eine allgemeine Strafe[705]. Als typische Frauenstrafe wurde das Ertränken im 16. Jahrhundert für wenige Jahre selbst in Schwäbisch Hall übernommen, obwohl der Kocher für den Vollzug nicht genügend Wasser führte.[706] Die Carolina erwähnte deshalb auch die „bequemlichkeit des Wassers", von der ein Vollzug dieser Strafe abhängig sei.

Den Zürcher Strafbüchern ist zu entnehmen, daß die Frauenstrafe des Ertränkens bei Sittlichkeitsverbrechen auch den Mann treffen kann. Ein Bigamist wird hier 1488 so bestraft wie bis in die zweite Hälfte des 17. Jahrhunderts hinein auch die Ehebrecher (die fortan enthauptet wurden).[707] In dieser Stadt mit ihren genauen Verzeichnissen der vollzogenen Todesurteile wird ebenfalls sichtbar, daß das Ertränken dem Strafvollzug des 15. und 16. Jahrhunderts angehört. In dieser Zeit wurden in Zürich 90 Menschen ertränkt, im 17. und 18. Jahrhundert nur noch acht.[708] Im 18. Jahrhundert wird das Ertränken, soweit zu sehen ist, nicht mehr vollzogen. Vielleicht nicht der letzte, aber zumindest ein sehr später Fall: Im Fürstentum Osnabrück wurde letztmalig 1672 diese Strafe angewendet.[709]

Ebenso wie die Gehenkten am Galgen hängen bleiben, läßt man die Ertränkten einfach im Wasser liegen.[710] Qualvoll war diese Strafe: 1574 bricht in Nürnberg dem Löwen, dem Gehilfen des Henkers, die Stange, mit der er eine Unglückliche unter das Wasser drückte. Die Frau hat „sehr geschryen, auch schier drey virtelstund unter dem Wasser gelebt".[711] Dennoch scheint es Verbrechern lieber gewesen zu sein, ertränkt zu werden als zu wissen, daß ihr Körper am Galgen verfaulen werde. Deshalb bekennt 1465 ein Missetäter aus freien Stücken noch einen Opferstock-Diebstahl, weil „er nit an den Galgen gon mocht". Er wurde wunschgemäß ertränkt.[712]

In den großen Städten an der Donau scheint das Ertränken häufiger als andernorts vorgekommen zu sein. Eine Regensburger Chronik berichtet, daß man im 16. Jahrhundert während der Dauer von Reichstagen „vill leut haimlich bei der nacht ertrenckt" habe, um das Abbitten der Verurteilten durch die zahlreich anwesenden hohen Herren zu verhindern.[713] Ein Ulmer Chronist erwähnt nebenbei, daß an einem Tag im Jahre 1552 drei Menschen ertränkt wurden; er hält das nicht wegen der Zahl für berichtenswert, sondern allein deswegen, weil alle drei Hans hießen.[714] Wie an der Donau scheint auch am Rhein der Strom die Hinrichtungspraxis begünstigt zu haben. Während des 15. Jahrhunderts wurden in Speyer 40% aller zum Tode Verurteilten ertränkt.[715]

Im Schreckenskatalog der Todesstrafen darf die Frauenstrafe des Lebendig-begraben-Werdens nicht fehlen,[716] auch wenn diese Strafe nicht so häufig vollzogen wurde,[717] wie es nach dem Rechtssprichwort den Anschein hat: „Der Mann auf das Rad, das Weib in den Sand",[718] oder: „Die Männer an den Galgen, die Weiber in die Grube"[719]. Es gibt keine Nachweise darüber, daß dieser Grundsatz bereits vor der Ausbildung des urbanen Strafsystems gebräuchlich gewesen wäre. Ein bäuerliches Weistum aus Sulzheim läßt vermuten, daß es sich hier um eine Neuerung handelt; denn diese Rechtsaufzeichnung fügt in ein älteres Weistum im Jahre 1515 eine neue Antwort auf die Frage ein, was mit einer Frau, die ihren Mann ermordet habe, geschehen solle: Lebendig solle sie begraben werden.[720]

Mitte des 14. Jahrhunderts stellt das Goslarer Stadtrecht dezidiert fest: „Welk wif oder maghet mit duve (Diebstahl) oder mit vredebrake ire lif vorwarcht, de scal men levendich begraven."[721] Wo der Tathergang notiert wurde, läßt sich feststellen, daß bei schwerem

Die Lebens- und Leibesstrafen 99

Raub und Kirchenraub durch Frauen die „Grubenstrafe" drohte.[722] Wenn der Kölner Rat die ewige Stadtverweisung für Frauen „bei der Grube" ausspricht, so droht er mit dem Lebendig-begraben-Werden, falls die Frau die Stadt wieder betritt.[723] 1419 stellen die Schöffen von Ingelheim diese Strafe im Grundsatz für eine Frau fest, die ein Kind ermordet hat, weisen aber auf den Ermessensspielraum des Gerichts hin, das auf den Vollzug auch verzichten könne.[724] Der Nürnberger Rat bezeugt im Jahre 1515, daß diese Strafe nur „an wenig orten im heiligen reich vorgenommen wirdet".[725] Tatsächlich wurde diese Strafe in Frankfurt und in Zürich zwischen 1400 und 1600 lediglich in zwei Fällen[726] und in Breslau zwischen 1456 und 1525 nur an drei Frauen[727] vollzogen. Diese Strafe, die zunächst auch den Vergewaltiger bedrohte,[728] wurde seit dem 15. Jahrhundert fast nur noch an Frauen vollzogen,[729] die sich sehr schwerer Verbrechen schuldig gemacht hatten;[730] sie wurde zur Spiegelstrafe für Kindsmörderinnen[731].

Das einleitend zitierte Sprichwort stellt das Lebendigbegraben der Frauen der härtesten Todesstrafe bei den Männern, dem Rädern, gleich. In Ulm wurde noch 1549 eine Frau, die ihren Mann erschlagen und die zerteilte Leiche in einzelnen Stücken versteckt hatte, lebendig begraben, wobei sie, die zweimal auf dem Weg zur Hinrichtungsstätte mit glühender Zange „gezwickt" wurde, eine erstaunliche Vitalität bewies, als sie – was mit dem Lebendigbegraben oft verbunden war[732] – gepfählt wurde: Der Henker setzte ihr einen „Pfahl" auf das Herz: „da hat sy zu aim yeden straych den man uff den pfal hat geschlagen ain lautten schray gethon und schetzt man das sy hat wol 50 schray gethon biß sy gestorben ist."[733] Furchtbar muß diese Strafe, die stets unter dem Galgen vollzogen wurde, für eine arme Sünderin gewesen sein: „Diese Arme hat sich beim Eingraben so hart erzeiget, daß sie die Haut an ihren Händen und Füßen so sehr aufgerissen, daß sie die Leut erbarmet."[734] Auf Bitten des Henkers, den der Vollzug dieser Strafe so sehr erschüttert hatte, daß er den Rat bat, „keine Weibsperson mehr also lebendig begraben zu lassen",[735] entschlossen sich die Nürnberger 1513, künftig Frauen nur noch zu ertränken[736]. In ähnlicher Weise wandelten die Ratsherren von Reval 1501 die „Grubenstrafe" gnadenhalber in Enthaupten um.[737]

Unbekannt war in Deutschland die Variante des Pfählens, wie sie noch Goya in seinen „Desastres de la Guerra" oder „Die Schrecken des Krieges" darstellen mußte.[738] Hier begnügte man sich mit der Primitivform, den Missetäter, häufig denjenigen, der eine Vergewaltigung begangen hatte,[739] auf den Rücken zu legen und ihm einen spitzen Pfahl durch den Leib zu treiben[740]: „und einen eichinen pfal durch sinen lib schlachen ... und an dem pfal lassen sterben."[741] Diese Form kann auch bei der Frauenstrafe des Lebendigbegrabens zur Anwendung kommen.[742] Sie ist in dieser Form zunächst als Strafe für Notzucht in süddeutschen Stadtrechten vorgesehen[743] und etwa im Zürich des 15. Jahrhunderts an zwei Männern vollzogen worden, die sich an Kindern vergangen hatten[744]. Die sadistische, in langwieriger Qual Despotenrache auskostende, orientalische Art des Pfählens war noch in Böhmen bekannt, aber nicht mehr in den westwärts gelegenen Gebieten.

Die Carolina (Art. 131) hatte für die Kindsmörderin die grausame Strafe des Lebendigbegrabens mit der Pfählung vorgesehen: „die werden gewohnlich lebendig begraben und gefehlt." In dem „gewöhnlich" erweist sich, daß dieses Gesetzbuch das hergebrachte Recht respektiert, aber wenn anschließend empfohlen wird, daß, um die Verzweiflung der Frauen zu vermeiden, sie auch ertränkt werden könnten, wird zumindest schemenhaft die damalige Diskussion über den Strafvollzug sichtbar. Deshalb ist die Aufzählung der Fälle, in denen die Grubenstrafe nach 1532 vollzogen wurde, zugleich auch ein Beitrag zur Rezeptionsgeschichte der Carolina. In Lübeck schaffte das revidierte Stadtrecht 1586 das Lebendigbegraben ab: Diebinnen sollten geköpft werden.[745] Allgemein wurde mit dem Ausgang des Mittelalters auf die grauenvolle Strafe des Lebendigbegrabens verzichtet[746] und an dessen Stelle das Ertränken, die sogenannte Säckung, in einem mit Steinen beschwerten Sack gesetzt[747].

Daß man mit der Anwendung der Todesstrafe bei Frauen sehr zurückhaltend war, zeigt sich daran, daß der Nürnberger Scharfrichter Franz Schmidt die gewöhnlichste Hinrichtungsstrafe, die des Hängens, erstmals 1584 an zwei Frauen vollzieht und dazu vermerkt, es sei bisher „nicht geschehen, das man ein Weibsbildt zu Nürnberg hette mit dem Strang gericht".[748] Das Übliche aber war das Enthaupten der Unglücklichen[749] – bisweilen noch nach vorherigem „Zwicken" mit glühenden Zangen[750].

Die Hinrichtungen im 18. Jahrhundert zeigen, daß die Vielfalt mittelalterlicher Todesstrafen erheblich eingeschränkt worden ist. Strang oder Schwert dominieren.[751] Das Rädern wird immer seltener,[752] das Ertränken kommt nicht mehr vor. Das hängt auch mit der Spruchtätigkeit juristischer Fakultäten zusammen, die, wenn sie nach Akteneinsicht für die Todesstrafe entscheiden, Hängen oder Enthaupten als Teil ihres Urteils vorschreiben.[753]

Die Körper- oder Verstümmelungsstrafen

Spätmittelalterliche Entwicklung und frühneuzeitliche Kontinuität – die fehlende Alternative einer Haftstrafe – Blendung, die verkappte Todesstrafe – die häufigste Körperstrafe: das Abschneiden der Ohren – das Abschlagen der Finger oder der rechten Hand – die Spiegelstrafe des Gotteslästerers: das Abschneiden der Zunge

Mit dem Spätmittelalter wurden die Körperstrafen vom Abhauen der Hand bis zum Abschneiden der Ohren Teil des Strafrechts.[754] Der mit einer Körperstrafe Gezeichnete war bei einem neuen Vergehen aufs höchste gefährdet. Nach dem Goslarer Stadtrecht soll der Dieb, der weniger als 5 Schilling Wert erbeutet hat und normalerweise nur gebrandmarkt und gestäubt wird, hängen, wenn er keine Ohren oder keinen Daumen mehr hat oder bereits das Brandmal auf den Backen trägt „oder dor de tene ghebrant is".[755]

Während die Hinrichtungen auf dem Galgenberg stattfanden, hatte der Henker die Körperstrafen meist innerhalb der Stadt zu vollstrecken. In Worms beispielsweise, wo der Galgen vor dem Andreastor stand, wurden die Hände der Verbrecher beim Martinstor abgeschlagen, die Brandmarkungen ebenfalls beim Andreastor vollzogen.[756]

Was an Verstümmelungsstrafen bis zum Beginn des 16. Jahrhunderts entstanden war, hat dann der Abschreckungskatalog der Carolina konserviert.[757] Meister Franz Schmidt hatte in seinen 44 Dienstjahren 345 Menschen im Namen des Rechts verstümmeln müssen.[758] Eine Zeitenwende gab es im Strafrecht nicht. In Salzburg zum Beispiel kann man sich 1652 für einen Kleinkriminellen nur folgende Strafen vorstellen: Staupenschlag, Ab-

Die Lebens- und Leibesstrafen

hauen der rechten Hand, Abschneiden eines Ohres oder zweier Finger.[759] Erst allmählich konnte im 18. Jahrhundert dieses Strafsystem durch die Zuchthausstrafe ansatzweise relativiert werden.

Die Körperstrafen erschienen den Richtern unverzichtbar. Die Haftstrafen waren, worauf noch einzugehen sein wird, allenfalls eine mildere Sanktion für frevelnde Bürger, allenfalls ansatzweise in das Strafrecht integriert. Die Richter sahen keine andere Möglichkeit, als Verbrechen, die nicht todeswürdig waren, mit Körperstrafen zu ahnden. An den Zwängen der Realität wurde die Einsicht zuschanden, wie sie der Nürnberger Ratskonsulent Christoph Scheurl formulierte, „daß deß Menschen angesicht, wölichs nach gottliher pildnuß erschaffen were, nit belaidigt werden solle".[760] Und noch im ausgehenden 17. Jahrhundert war dem gleichen Gedanken, den unter anderem der angesehene Jurist Christoph Besold formuliert hatte und wonach es Sünde sei, das Ebenbild Gottes zu verstümmeln, wenig Wirkung beschieden. Erst in der zweiten Hälfte des 18. Jahrhunderts trat an Stelle des Finger- oder gar Handabschlagens die kaum mildere Zuchthausstrafe mit Prügel und seelischer Folter.

Hinter der Entwicklung der Körperstrafen steht zugleich die Entwicklung zum staatlichen Gewaltmonopol. Gewalt – das wußte man – war zur Abschreckung angewendet worden. Deshalb wird auch nie ein verstümmelter Verbrecher entlassen, ohne daß er feierlich Urfehde geschworen und damit gelobt hat, sich für die erlittene Gewalt nicht zu rächen.[761]

Wer vom Henker gezeichnet war, trug seinen Strafregisterauszug am Körper.[762] Er lebte hinfort gefährlich; denn auch der kleine Dieb wurde dann gehängt, wenn „er sodane teken (Zeichen), de misdadighe lude pleghet to hebbende, an sik hevet".[763] Der Sinn solcher Strafen lag in der Warnung der Gesellschaft und weiterhin im Abschreckungscharakter; aber letzteres war, wie jede Gaunerliste des 17. Jahrhunderts mit ihrer Vielzahl von Gebrandmarkten, Verstümmelten, Nasen- und Ohrlosen zeigt, ein Irrtum.

Die schwerste aller Körperstrafen war das Augenausstechen, die Strafe vor allem der Straßenräuber[764] und bezeichnenderweise zugleich die Strafe für Mitläufer beim Aufruhr gegen die Obrigkeit[765]. Die Blendung war eine verkappte Todesstrafe.[766] Wie ein Nürnberger Ratskonsulent bestätigt, ist sie „nit ein geringer straf ... denn kopf abhawen".[767] Von den 62 Aufrührern im Bauernkrieg, die nach Niederwerfung des Bauernaufstandes 1525 in Kitzingen geblendet wurden, sind „12 kurz den nechsten nacheinander gestorben, uff den gassen offentlich hin und wieder liegen blieben".[768] Aber selbst die Menschen, welche die Blendung länger überlebten, waren in einer verzweifelten Situation; mit der Strafe des Ausstechens der Augen war die Stadtverweisung verbunden,[769] der Entzug aller gewohnten sozialen Bindungen, die Hilfe hätten versprechen können. Der Nürnberger Ratskonsulent hatte Recht: Die Blendung war eigentlich eine Todesstrafe.

Die mit Abstand häufigste Körperstrafe war das Abschneiden der Ohren (seltener der Nase); dies erschien Juristen schon um 1700 als eine zwar früher sehr verbreitete, „vor Zeiten sehr gemein gewesene", jetzt aber selten gewordene Strafe.[770] Nun wurden noch im 18. Jahrhundert oft genug Gauner auf diese Weise gekennzeichnet – und trugen dann in ihren Kreisen Spitznamen wie „Stutzohr" –, aber so häufig wie in früheren Zeiten war sie gewiß nicht mehr.[771]

Ohrenabschneiden war fast eine Art Universalstrafe für den kleinen Diebstahl, für den leichten Betrug, für Kuppelei usw.[772] Ein Mann, der in seiner Kindheit ein Ohr durch einen Schweinebiß verloren hatte, brauchte als Erwachsener angesehene Zeugen, die beschworen, daß dies nicht auf eine Diebesstrafe zurückging.[773] Der Ort, an dem in Nürnberg die Körperstrafen vollzogen wurden, hieß nach der häufigsten der „Ohrenstock".[774] Ein Schwank erzählt von einem Abenteurer, der auf der Frankfurter Messe einen Händler reinlegt. Er verlangt ein Band, welches vom einen Ohr zum anderen reicht, und nimmt – nachdem man über den Preis einig ist – sein Barett mit dem Bemerken ab, sein anderes Ohr hänge in Erfurt am Galgen.[775] Wenn wie in Nürnberg 1409 geschehen, eine Frau verleumdet wurde, sie hätte keine Ohren mehr, sie wäre also eine Kupplerin, so konnte das nur wegen der damals üblichen Haubentracht, den die Ohren verbergenden „Stürzen", möglich sein.[776]

Daß im Strafrecht die Auffassung dominiert, die Missetat trage die ihr gebührende Strafe in sich, zeigt das häufig gegen Meineidige als Spiegelstrafe verhängte Abhauen der Finger,[777] wofür es in Saalfeld einen eigenen „Fingerstein" gab,[778] oder der rechten Hand[779]. Auch der Falschspieler und Fälscher mußte sich davor fürchten.[780] Ein so Gezeichneter hatte hinfort keine Möglichkeit mehr, seinen Lebensunterhalt zu erwerben, war angewiesen auf Bettel oder Kriminalität. Jedermann wußte um die Folgen solchen Richtens, aber die Abschreckung – die abgeschlagene Hand wurde bisweilen an den Pranger genagelt[781] – erschien wichtiger. Allerdings glauben wir, ohne das statistisch genau beweisen zu können, daß diese Strafe, wie für Basel bezeugt,[782] nur selten vollzogen wurde.

Bei Gotteslästerung, Meineid, Verleumdung drohte als Spiegelstrafe das Abschneiden der Zunge.[783] Nun ist zu bedenken, daß auch das weitverbreitete Fluchen bei den Körperteilen Christi, Gottes oder Marias zur Gotteslästerung gezählt wurde. Eine drakonische Bestrafung des Delikts enthielt, da die Geschichte des deutschen Fluchs die Strafabschreckung als wirkungslos erweist, immer die Gefahr der Willkür. Bisweilen waren die Richter weise, verzichteten auf die volle Schwere des Gesetzes und befahlen dem Nachrichter insgeheim, dem Verurteilten „mit dem zängle die zunge umb etwas aus dem maul" herauszuziehen und als Strafe „ein rechtschaffen, cräftiges paar maulschellen" zu geben.[784] Ansonsten hat man vielfach den Gotteslästerern nur die Zungenspitze gekappt. Ein Nürnberger, „welcher erschröcklich Gott gelästert", hatte 1558 deswegen sogar Glück. Nach der Bestrafung „hat er besser geredet als vorhero, dann er früher ziemlich gestammelt".[785]

Gleiches Recht für alle?

Gerichtsbarkeit als Bedrohung der Armen und der Fremden – die Schonung des Mitbürgers nach Möglichkeit – Jugend, Alter, Irrsinn als Gründe der Strafmilderung? – das Sonderrecht der schwangeren Missetäterin – Rücksicht auf die „Schwachheit weiblichen Geschlechts" beim Strafvollzug – die Privilegien des Adels

Die Strafen bedrohten hoch und niedrig gleichermaßen. Darin sind sich die mittelalterlichen Rechtsbücher einig. Denn schließlich gab es keine standesspezifische Kriminalität. Und in diesem Verständnis formulierte das spätmittelalterliche Sprichwort: „Die Tat tötet den Mann."[786] Wegen Gewaltverbrechen oder Betrug sind hochgestellte Ratsherren, sind

Die Lebens- und Leibesstrafen

Angehörige führender Geschlechter verurteilt worden. Dennoch wußte man im Mittelalter, daß vor allem die Armen von der Strafjustiz bedroht wurden. Sprichwörter liefen um, deren populärstes „Kleine Diebe hängt man, große läßt man laufen" heute noch lebt. Aber auch andere Sprichwörter zielen in die gleiche Richtung, etwa: „Arme werden am Genick aufgehängt, Reiche am Geldbeutel" oder „Hat er der Heller nit, man slegt im ab die hant".[787]

Die Entwicklung zum staatlichen Gewaltmonopol hatte zwar die adelige Fehde unterdrücken können, aber an der Schutzlosigkeit der sozial Schwachen hatte sie im Prinzip nichts geändert.

Die Untat trägt die Bestrafung in sich. Diese mühsam über die Landfriedensgesetzgebung gewonnene Erkenntnis war schwer in die Realität miteinander verwobener Freundschafts- und Verwandtschaftsbeziehungen umzusetzen. Die Schonung, aber nicht die Straffreiheit des Bekannten ist unverkennbar. Unverkennbar ist auch, wieviel Unsicherheit mit dem Verhängen von Todesstrafen verbunden war. Dabei ließ die Kirche die Laien allein. Der frühmittelalterlichen Kirche mit ihren Galgenwundern und ihren Heiligen, die Verbrecher vor dem sicheren Tode retteten, war inzwischen eine Kirche gefolgt, die am Strafvollzug keinen Anteil nahm, die nicht im Namen der Menschenliebe das erbarmenlose Strafprinzip korrigierte.

Die möglichste Schonung des Mitbürgers oder des Nachbarn ist ein Charakteristikum der städtischen und dörflichen Gerichtsbarkeit.[788] Die Bauerngerichte, die fast nur über Nachbarn richten, urteilen wesentlich milder als andere Gerichte.[789] In der Stadt schützen zudem auch die Zünfte indirekt ihre Mitglieder.[790] Vor allem die Fremden sind von den auf Pergament und Papier strengen Rechtsvorschriften bedroht – zu Marktzeiten häufen sich die Anklagen gegen sie.[791]

Wenn der Regensburger Rat im Spätmittelalter Prinzipien festlegt, die künftig als Richtschnur bei der Ahndung eines Delikts gelten sollten, verwendet er geradezu formelartig, daß diese Strafen für „wollgefreunt oder ungefreunt" gelten sollen.[792] Zunächst scheint dies nur eine Selbstbindung zu sein. Die Ratsherren sollten alle nach gleichem Recht richten. Tatsächlich aber steckt in der Wendung: Der fremde Straftäter hatte normalerweise vor dem Gericht des Rates härtere Strafen zu fürchten als der Bürger.[793]

Die weitaus meisten Verbrechen wurden von Einheimischen begangen.[794] Dennoch ist allgemein für die Städte Europas festzustellen, daß eher der Fremde als der Mitbürger oder Nachbar bestraft wurde.[795] Fremde Knechte unterlagen schärferer Überwachung und damit größerer Gefahr, bestraft zu werden.[796] Vor allem wurde der Fremde beim gleichen Delikt härter bestraft als der Einheimische.[797]

Daß ein Bürger eher auf Gnade hoffen konnte als ein Fremder, ist 1540 einem Nürnberger Patrizier selbstverständlich, als er einem Verwandten von einem Krämer berichtet, der „unehrlich hendel getriben hat". Der Rat habe ihm die Stadt verboten und ihn mit Ruten aushauen lassen, „und wan man nit etzlicher fürpit und seinen Vater und Muetter angesehen, wurd man ime das leben genommen haben".[798] Bei der Bevorzugung von Bürgern und Bürgerssöhnen ist zu berücksichtigen: Eine Hinrichtung entehrte auch die Familie. In Schwäbisch Hall mußte ein Ratsherr aus dem Rat ausscheiden, nachdem sein Sohn als Dieb gehängt worden war.[799]

Gebrechliches Alter hat nur selten einen Missetäter vor dem Galgen gerettet. Es galt nicht als strafmildernd.[800] Noch 70jährige Greise wurden gerädert.[801] Nach dem Berner Bauernaufstand 1653 wurde auch ein 80jähriger enthauptet.[802] Selbst ein langes ehrbares Leben schützte den Menschen nicht, wenn ihn die Altersarmut straffällig werden ließ. Die Kölner Jahrbücher überliefern zum Jahre 1440 ein solches Schicksal: „der was alle sin Dage gewest ein vrome unversprocken Man, ind up sin Alder intgeink eme sine Naironge: do lachte (legte) hei sich an mit valschem Gelde, darom wart hei gehangen."[803] Natürlich war man nicht ganz erbarmungslos. Einem alten Bettler, der einen Käse und ein paar Schuhe gestohlen hatte, erließ 1548 der Freiburger Rat „uß gnaden" wegen seines Alters die Todesstrafe: „solls nit mehr tun."[804] Das aber war eine Ausnahme. Noch 1757 wurde in Windsbach ein 80jähriger Mann hingerichtet, der seine zehn Jahre jüngere Ehefrau „aus Verdruß über ihre fast täglichen Zänkereyen" erschlagen hatte.[805] Erst recht, wenn es um politische Fragen ging, schützte Alter nicht; die Strafzüge nach dem Bauernkrieg stellten keine Ausnahme dar. Nürnbergs Kampf gegen die Veme, gegen die westfälischen Gerichte, erklärt zu Ausgang des 15. Jahrhunderts die brutale Bestrafung: „da stach man einem päuerlein, pei 80jarn, die augen auß, hat drei seiner nachpaurn gen Westvalen geladen."[806]

Alte Menschen wurden ebenso hingerichtet[807] wie junge – lediglich auf Kindesalter wurde Rücksicht genommen[808]. Der Sachsenspiegel schrieb vor, daß an Kindern unter 12 Jahren weder Leibes- noch Körperstrafen vollzogen werden dürfen.[809] Schwabenspiegel wie Carolina hatten als allgemein akzeptierte Regel vorgeschrieben, daß Dieben unter 14 Jahren nicht das Leben genommen werden sollte – es sei denn, ihre Bosheit wäre zu groß gewesen.[810] Diesem Rechtsgrundsatz folgen auch die Schöffen in Brünn.[811] Deshalb wird zum Beispiel auch 1538 in Rostock ein Übeltäter „umme syner joghet und klenheidt" vom Galgen zur Stadtverweisung begnadigt.[812] Eine Regel aber war das nicht. Aus der Tat selbst folgte, ob das Kind zu bestrafen sei.[813] Nach lübischem Recht waren Kinder unter 12 Jahren dem Sachsenspiegel entsprechend strafunmündig,[814] in Basel aber wurde, obwohl auch hier dieser Rechtsgrundsatz bekannt war, 1503 ein 12jähriger Junge hingerichtet,[815] und noch 1576 in Bern,[816] ja selbst noch 1696 in Zürich[817] wurden zehnjährige Knaben wegen Sodomie enthauptet. Im Kanton Obwalden wurde 1681 gar ein Kind von acht Jahren hingerichtet.[818] Zwar wird der „jugent unvernunfft" häufiger zur Begnadigung geführt haben,[819] aber Prinzipien eines Jugendstrafrechts waren unbekannt[820]. Es gilt, sich der Bedeutung der Hinrichtungsart zu erinnern, um zu erkennen, daß 1554 in Bern die Richter es tatsächlich als Gnadenakt verstanden, wenn sie einen Missetäter „von seiner Jugend wegen" nicht hängen, sondern enthaupten ließen.[821] Selbst bei den Hexenprozessen erweist sich die Unsicherheit.[822] Kinder konnten hingerichtet werden,[823] obwohl die Richter davor große Scheu hatten[824].

Die schon im Mittelalter erzählte,[825] noch von Heinrich von Kleist zur „Anekdote" verarbeitete Geschichte von dem Knaben, der im Spiel einen Kameraden getötet hatte, läßt die tiefe Unsicherheit der Gerichte sichtbar werden, ernüchternd gesagt: das Fehlen einer Jugendgerichtsbarkeit. Dem Täter hielten die weisen Richter einen Apfel und ein Geldstück hin, er wählte den Apfel und wurde nach dieser Probe seiner Naivität freigesprochen. Diese Geschichte wurde in Lübeck sogar in das städtische Rechtsbuch aufgenommen.[826] Und auch die Schöffen von Brünn wenden im 14. Jahrhundert die Apfelprobe bei einem kindlichen Missetäter an.[827] Meister Franz Schmidt erzählt von einem Fall, aus dem hervorgeht, daß die Ratsherren milder urteilen konnten als die ausgebildeten Juristen, erzählt von zwei jugendlichen Beutelschneidern, die er mit Ruten „ausstreichen" mußte und die „bey den hochgelehrten zum Strang verurtheilet gewesen".[828]

Wenn Täter wegen ihrer Jugend begnadigt wurden, hieß das noch nicht, daß ihnen das eine Lehre war. 1476 ließ man in Nürnberg „einen clainen puben", der „vil peutel abgesniten" hatte, mit dem Leben davonkommen und nur vom Henker durchprügeln. In Regensburg wurde der Übeltäter wenig später verbrannt, weil er die Sakramentsbüchse gestohlen, den Inhalt herausgeschüttet und das kostbare Gefäß verspielt hatte.[829] Von vergleichbaren Fällen, wonach ein wegen seiner Jugend Begnadigter sich von weiteren Straftaten nicht abhalten ließ, weiß auch Meister Franz Schmidt, und im Jahre 1724 wird im Nürnberger Land ein Schwerverbrecher gesucht, der bereits zweimal in Bamberg hätte gehenkt werden sollen, „aber allezeit wegen seiner Jugend Gnade erhalten" hatte.[830]

Das „Tagebuch" des Meisters Franz Schmidt bezeugt, daß weder Jugend noch Alter vor dem Strafvollzug schützten. Mit dem Schwert wurde der Junge hingerichtet, der, wie um 1600 bei den Heeren üblich, von einem Landsknecht auf der Straße aufgelesen und für Hilfsdienste mitgeschleppt worden war und inmitten des rohen Lagerlebens einen Landsknecht erschlagen hatte.[831] Als Franz Schmidt 1615 fünf Jungen, „die viel hin un wider gestolen" hatten, aufhängen mußte, schützten ihn sechs Stadtknechte, denn das Urteil erregte große Unruhe in der Bevölkerung („es war ein groß gedös des Volks").[832] Franz Schmidt berichtet auch, daß er wegen geringfügiger Diebstähle einen 75jährigen Mann mit dem Schwert richten mußte.[833]

Ebensowenig wie bei den Kindern und Alten gab es bei den „Toren" Regeln, welche die Strafmündigkeit definierten. Die einschlägigen Vorschriften der hochmittelalterlichen Rechtsbücher[834] wurden nicht überall beachtet, weil sich noch keine allgemein verbindliche Schuldlehre, die Fahrlässigkeit oder Unzurechnungsfähigkeit einbezog, durchgesetzt hatte[835]. Manche irrsinnigen Menschen sind gerichtet, manche als nicht straffähig laufen gelassen worden. „Torheit" wirkte strafmildernd, aber nicht unbedingt strafbefreiend.[836] Ein biederer Ulmer Schuhmacher schildert Mitte des 16. Jahrhunderts diese Rechtsunsicherheit, als er von einem Fall aus Bern berichtet, den er als junger Geselle selbst erlebt hatte. Wegen gotteslästerlichen Fluchens war ein Mann ertränkt worden. Darüber erregten sich die fremden Handwerksgesellen: Der Mann sei „nitt bey sinnen" gewesen, an „filen orten" hätte man ihn nicht hingerichtet.[837]

Wo Kinder und Greise „peinlich" gestraft werden konnten, zeigt sich die Achtung vor dem Leben allein in dem Verzicht, schwangere Frauen hinzurichten.[838] Der Sachsenspiegel hatte die Regel vorgegeben: Schwangere dürfen nicht „höher als zu Haut und Haar", also allenfalls mit Körperstrafen gerichtet werden. Daran haben sich die Richter auch gehalten. Es ist konfessionelle Greuelpropaganda, wenn die Wickiana 1567 von einem Fall aus den fernen Niederlanden wissen will, wonach ein Ehepaar wegen seines evangelischen Glaubens gehängt worden sei und die Frau vier Stunden nach der Hinrichtung Zwillinge zur Welt gebracht habe.[839]

Als in Brünn im 14. Jahrhundert zwei Frauen versuchten, den Juden ein Kind zu verkaufen, wurde die eine lebendig begraben, die andere, da sie schwanger war, geblendet.[840] Es ging den Schöffen zu Brünn nicht um das Leben der Schwangeren, es ging ihnen um das Leben des unschuldigen ungeborenen Kindes. Meister Franz Schmidt berichtet 1593 von einer Frau, der die Nürnberger Ratsherren „das Leben absagen" wollten, aber die sie wegen ihrer Schwangerschaft lediglich mit Ruten ausstreichen ließen.[841] Meister Franz weiß auch von Fällen zu berichten, wo Frauen mit der Behauptung, ein Kind zu tragen, ihre Hinrichtung hinauszögerten;[842] einer Frau gelang das sogar acht Monate lang. Wenn der Rat 18mal Hebammen zur Untersuchung ins Lochgefängnis sandte, zeigt sich, welche Sorge man hatte, ein unschuldiges Leben, das des Ungeborenen, zu vernichten.[843] Noch 1787 setzt die berüchtigte „Schwarze Lis" auf diesen Schutz, als sie nach ihrer Enttarnung behauptet, schwanger zu sein.[844]

Dem allmählichen Durchsetzen des Strafprinzips, das unter allen Umständen gewahrt werden müsse, entsprach es, wenn der Vollzug der Todesstrafe nur bis zur Geburt des Kindes ausgesetzt wurde,[845] wenn zum Beispiel 1569 eine Frau, erst nachdem sie ihr Kind zur Welt gebracht hatte, ertränkt wurde,[846] wenn 1741 im Emsland an einer Frau, drei Monate nachdem sie ihr Kind geboren hatte, das Todesurteil vollstreckt wurde[847]. Letzteres war kein absonderlicher Vorgang, der sich in einem abgelegenen Gebiet abspielte, das war ein Strafvollzug, den die gelehrten Juristen des Hochstifts Münster gewollt hatten. Zu einer so erbarmungslosen Anwendung des Strafprinzips hätten sich spätmittelalterliche Richter nie verstanden.

Unübersehbar ist, daß die mittelalterlichen Richter sich scheuten, Frauen die ganze Strenge der Gesetze, insbesondere die Todesstrafe spüren zu lassen.[848] Bei verbrecherischen Ehepaaren, die sich des gleichen Delikts schuldig gemacht hatten, wurde der Mann gehängt und die Frau mit Ruten ausgestrichen und der Stadt verwiesen.[849] Im spätmittelalterlichen Nürnberg war eine Frau mehr als zehnmal verhaftet und immer wieder der Stadt verwiesen worden; man hatte sie gebrandmarkt, ihr die Ohren abgeschnitten und immer die Strafe des Ertränkens angedroht, falls sie wiederkäme: Doch stets von neuem wurde sie aufgegriffen. Man sperrte sie schließlich lebenslänglich in den Turm.[850]

Selbst der strenge Nürnberger Rat zögerte, die Todesstrafe an Frauen vollziehen zu lassen. Die Diebin durfte man nicht hängen,[851] denn den weiblichen Körper wollte man nicht – ihn am Galgen hängen lassend – der Schaulust preisgeben;[852] und gegen das Köpfen bestanden Bedenken: Frauen könnten sich nicht so mannhaft dem Henker stellen, sie würden „aus plödigkeit zur erde sinken" und das sei schlimm für den Nachrichter, „der sie alsdann auf der erde zermetzeln müsse".[853] Dennoch sind bisweilen in der frühen Neuzeit auch Frauen enthauptet worden; 1582 etwa in Nürnberg die Anführerin einer großen Räuberbande.[854] Meister Franz hat mehrfach Frauen geköpft.[855] Anfänge der Gleichberechtigung? Mörderinnen wurden von Meister Franz wie die Männer vor ihrer Enthauptung mit glühender Zange in den Arm „gezwickt";[856] sie wurden wie die Männer kniend geköpft, und 1584 wurden erstmals in Nürnberg zwei Frauen mit dem Strang gerichtet[857].

Es waren stets ganz außergewöhnliche Missetaten, deretwegen Frauen mit dem Tode bestraft wurden, wie etwa 1730 im Breisgau, als eine Frau sich als Jüdin ausgegeben hatte und Geld erschlich, indem sie sich als angebliche Konvertitin immer wieder taufen ließ.[858] Von solchen spektakulären Fällen abgesehen, hatten unter den Frauen im 17. und 18. Jahrhundert die Kindsmörderinnen die Todesstrafe zu erwarten.[859]

Es gab – theoretisch – kein schichtenspezifisches Strafrecht, aber es gab einen standesspezifischen Vollzug.[860] Unter allen Missetätern konnte allein der Adlige nahezu sicher sein, daß auf seinen Stand beim Strafvollzug Rücksicht genommen würde.[861] Obwohl hundertmal in der Realität widerlegt, galt doch die Auffassung, daß ein Ritter keine unritterliche, also keine todeswürdige Tat begehen könne. Diese Auffassung erforderte die Zeremonie des „Entritterns" vor der Hinrichtung.[862] Vor der Hinrichtung des burgundischen Landvogts Peter von Hagenbach in Breisach im Jahr 1474 trat Kaspar Hurder, der Wappenkönig Herzog Siegmunds, nach dem Urteilsspruch auf, um Hagenbach des Adelstitels zu entkleiden.[863] Auch dem Zürcher Bürgermeister Hans Waldmann wurde 1489 vor der Enthauptung zunächst die Ritterwürde abgesprochen.[864] In der frühen Neuzeit wurde der Adlige nicht durch die schimpfliche Strafe des Hängens bedroht – er wurde ehrenvoll geköpft. Hochgestellte Herren wurden dabei „uf den Sammet gesetzt", das Schafott war mit Samt überzogen.[865] In gleicher Weise wurde auf den als adelsanalog erachteten Stand des Doktors Rücksicht genommen. Der 1605 in Nürnberg hingerichtete Dr. iur. Nicolaus von Gilgen wurde auf einem mit schwarzem Tuch überspannten Sessel sitzend hingerichtet. Aus Samt bestand seine Augenbinde.[866]

Die Hinrichtung eines Adligen wurde in der frühen Neuzeit selten in aller Öffentlichkeit durchgeführt[867] – man wollte nur die Person treffen, aber nicht seine Familie und Verwandtschaft bloßstellen (eine Rücksicht, die bei einfachen Menschen nicht geübt wurde). Das leitet über zu einer in fast allen deutschen Territorien seit dem ausgehenden 17. Jahrhundert nachweisbaren Tendenz zur faktischen Befreiung der Standespersonen vom Strafrecht: So wurde in Hannover 1714 verfügt, daß ohne königliche Genehmigung an vornehmen Verbrechern „nichts Peinliches" vollstreckt werden dürfe, und in Bayern bestimmte der Codex juris Bavarici, daß gegen Adlige verhängte Leibes- und Schandstrafen in Geldstrafen umzuwandeln seien.[868]

Die Haltung des armen Sünders auf seinem letzten Weg und das Verhältnis des Henkers zum Missetäter

Ein Werk pietistisch geprägter Gelehrsamkeit als Geschichtsquelle – existentielle Verzweiflung vor der Hinrichtung: Selbstmorde – Gefaßtheit des armen Sünders auf seinem letzten Gang – Ausnahmen – die persönliche Beziehung von Missetäter und Henker: die Aufzeichnungen des Franz Schmidt – der letzte Auftritt des armen Sünders und der Galgenhumor

1767 verfaßte ein in ganz Deutschland angesehener Rechtsgelehrter ein Werk über die „Lezten Stunden" Verurteilter. Es ging Johann Jakob Moser nicht um eine Diskussion über die Todesstrafe – diese galt ihm, dem Juristen, als selbstverständlich, es ging ihm um den Nachweis, wie gottergeben sich Missetäter in ihr Schicksal gefügt hätten. Letztlich ging es gar nicht um die Verbrecher, sondern um den lieben Gott, der sich in deren „Lezten Stunden" in seiner Güte erwies. Mosers Quellengrundlage, weitgehend Predigten, die sich die Verurteilten auch noch anhören mußten, mag zweifelhaft sein, aber Moser hat keineswegs nur ein erbauliches Buch geschrieben, das Historiker allenfalls wegen der Einflüsse des württembergischen Pietismus interessieren könnte. Durchwegs sind seine Berichte dahingehend stilisiert, daß das „Theater des Schreckens" ein religiöses Drama war, in dessen Mittelpunkt die existentielle Problematik des armen Sünders in seiner „religio", in seinem Verhältnis zu Gott stand. Das alles ist oft genug gestört durch eine dogmatische konfessionelle Perspektive, ist darin aber genauso unvollkommen wie mein Versuch aus wissenschaftlicher Perspektive. Kein Theologe, kein Jurist, kein Psychologe und kein Historiker kann die Tiefe ausloten, die in dem Wissen eines Menschen liegt, daß seine letzte Stunde geschlagen hat.

Das religiöse Drama konnte dann nicht zu Ende gespielt werden, sondern mußte in einem Eklat enden, wenn ein Jude auf seinem letzten Gang nicht nur hartnäckig die Konversion verweigerte, sondern auch den christlichen Glauben verhöhnte. Im Frankfurt des 17. Jahrhunderts beharrte ein Missetäter darauf, wie ein Jude sterben zu wollen, obwohl ihm die Konversion das qualvolle Aufhängen an den Füßen erspart hätte; auf seinem letzten Gang wagte er, den Christen ins Gesicht zu schreien: Gott habe keinen Sohn haben können, da er doch kein Weib gehabt habe.[869] Eines der Mitglieder der Bande des Nickel List, der Jude Jonas Meyer, stieß im Jahre 1699 auf dem Weg zur Hinrichtung „allerhand lästerliche Dinge wider Christentum und sein Evangelium" aus und schmähte, schon auf der Galgenleiter stehend, Christus. Deswegen wurde ihm nach seinem Tode noch die Zunge ausgerissen.[870]

Haltung beim Sterben und existentielle Verzweiflung. Davon wissen die Straßburger Ratsherrn 1461 und erinnern sich der Vorfälle, als nach der Verkündigung des Todesurteils „do etlich darobe so gröslich erschrocken und dodurch so verzwifelt worden ist, das er sich selbs erdötet hat mit erhencken im turn, und also domit libe und sele verdampt".[871] Solche Fälle wurden selten aktenkundig, aber sie kamen vor.[872] Der Zollschreiber von Oberlahnstein vermerkt 1493 in seiner Abrechnung, daß ein gefangener Pferdedieb „sich selbst im thorn erhangen" hat. Dieser Vermerk ist nur deshalb nötig, weil der Henker zwei Gulden erhält, um den Selbstmörder vom Turm in den Rhein zu tragen.[873] Franz Schmidt berichtet von dem Selbstmordversuch eines Mannes, der „von unten herauf" gerädert werden sollte. Er biß sich Fleisch aus den Armen und hoffte zu verbluten.[874]

Den Straßburger Ratsherren ging es 1461 darum, der weltlichen Strafe nicht die bei einem Selbstmord unvermeidliche Höllenstrafe folgen zu lassen. Deswegen schlug die Mehrheit der Ratsherren vor, das Todesurteil nicht am Abend zuvor zu verkünden und auch kein Henkersmahl zu reichen oder einen Mönch („bruder") geistliche Tröstung sprechen zu lassen, „sonder an dem morgen des tages als man in rihten will, wann man das erst mol in den rat lütet so sol man es im erst verkünden und den brüder by im haben, der ine zü andaht wise mit gebet und güten worten, des lidens unsers Herrn zü ermanen und ine mit der barmherzigkeit gottes zü trösten und nit von im zü kommen; und obe er begert alsdann etwas zü essen oder zü trinken, zimlich mag im uf denselben morgen wol geben, in der stat costen".[875] Eine Minderheit aber setzte sich durch: Man solle es halten wie bisher, nur daß der Verurteilte an Händen und Füßen gefesselt werden solle, „das er im selbs den tod nit möht angetun".[876]

Überwiegend gefaßt erleben die Missetäter ihre letzte Stunde,[877] was erst Cesare Beccaria, den bedeutenden italienischen Rechtsphilosophen des 18. Jahrhunderts, erstaunen läßt[878]. Sie haben dem Tod direkt in die Augen gesehen. Der Henker aber, und das wird noch zu behandeln sein, sah die brechenden Augen des Sterbenden; er sollte vor dem existentiellen Erschrecken geschützt werden.

Gefaßtheit. Aber es gibt Ausnahmen. Im Jahre 1700 führt ein Mitglied der Bande des Nickel List auf seinem letzten Gang „allerhand ungeziemende Reden wider die Obrigkeit".[879] Bei allem Protest verrät es aber auch Gefaßtheit, wenn etwa hundert Jahre später Andreas Petry, einer der rheinischen Räuber im Umkreis des Schinderhannes, nach Verkündigung des von ihm erwarteten Todesurteils geistlichen Beistand und Reue ablehnt: „Es gibt keinen Gott – was soll nur ein Gallach (jenisch: Mönch). Ich hab nichts gelernt als stehlen; als Dieb bin ich geboren, als Dieb will ich sterben."[880]

Gefaßtheit. Die Aufzeichnungen des Meisters Franz Schmidt lassen erkennen, daß dies nicht immer Schicksalsergebenheit bedeuten mußte. Es gibt Menschen, die sich völlig unbeeindruckt vom Ernst ihrer Situation zeigen. Ist es Weltfremdheit, tiefer Glaube oder einfach Chuzpe, wenn ein katholischer armer Sünder das Abendmahl nicht empfangen will und verlangt, vor der Hinrichtung nach Gößweinstein zu seinem Beichtvater zu wallfahren, „darnach woll er sich wider einstellen, hat viel seltzommer Red vor sachen trieben im hinausführen".[881] Ein Kommentar des Franz Schmidt läßt darauf schließen, daß es üblich war, der letzten Bitte eines Verurteilten nach Möglichkeit nachzukommen. „Nach Möglichkeit": Ein armer Sünder erklärte nach der Urteilsverkündung, „er wollte gern sterben", man solle ihm nur gönnen, daß er zuvor mit vier Stadtschützen sich prügeln („hauen und Balken") dürfe. „War aber vergeblich bitt."[882]

Den letzten menschlichen Kontakt hatte ein Missetäter mit demjenigen, der ihm das Leben nehmen sollte. Natürlich maße ich mir nicht an, hierüber irgendwelche Vermutungen anzustellen; wohl aber ist es aufgrund seines Rechenschaftsberichts möglich, zu diesem Thema Aufschlüsse aus der Sicht eines Henkers zu gewinnen: Der Nürnberger Scharfrichter Franz Schmidt verzeichnete alle Hinrichtungen, die er zwischen 1573 und 1615 an 361 Menschen vollzogen hatte. Er hat keineswegs, wie die Edition behauptet, ein „Tagebuch" geführt. Offenbar lagen ihm jene Stichworte vor, die er für die Abrechnungen mit dem Nürnberger Rat gebraucht hatte und die er 1615 ausführte, als er seinen Dienst aufgab und vom Nürnberger Rat „wider redlich gemacht worden" ist. Trotz ihres spröden Berichtsstils zeigen die Aufzeichnungen, daß den Meister Franz mit den Menschen, die er hinrichtet, eine persönliche Beziehung verbindet.[883] Deswegen hält er es für erwähnenswert, mit welcher Haltung ein Missetäter den letzten Gang antritt, ob er das Abendmahl verweigert oder nicht. Es war auch Meister Franzens Verdienst, daß das qualvolle Ertränken der Frauen in Nürnberg abgeschafft und durch das Köpfen ersetzt wurde.

Der zeitweilig modisch gewordene Ausdruck „Ego-Dokument" für alle persönlichen Aufzeichnungen wie Tagebücher, Autobiographien, Hausbücher usw.[884] ist nur als schrecklich zu bezeichnen. Gewiß: Meister Schmidt war Schlimmeres gewohnt, als daß ihn eine Subsumierung seiner Aufzeichnungen unter diesem Begriff noch posthum irritieren könnte. Aber der moderne Ausdruck weist persönliche Aufzeichnungen in den Bereich des Privaten zurück, was im vorliegenden Fall den Blick auf ein Kulturdenkmal verstellt. Die Aufzeichnungen des Nürnberger Scharfrichters sind zwar der bedeutendste, aber keineswegs der einzige Rechenschaftsbericht eines Henkers.[885] Zu dessen Professionalisierung in der frühen Neuzeit gehörte auch eine Schriftlichkeit, die in anderen Gewerben noch keineswegs selbstverständlich war. Seine Aufzeichnungen gehen nach einem strengen Schema vor: Datum, Name des armen Sünders, Nennung der Untaten, Urteilsspruch und – gegebenenfalls – vom Üblichen abweichendes Verhalten beim Sterben. Lediglich zu Anfang und zu Ende seiner Aufzeichnungen gestattet sich Franz Schmidt ein knappes persönliches Wort. „Ist mein erstes richten gewest",[886] schreibt er am Schluß der Notiz über das Aufhängen eines Diebes zu Stadtsteinach am 5. Juni 1573, und nachdem er noch einmal feststellt, daß er „361 Persohnen" hingerichtet und an „345 Persohnen" Körperstrafen vollzogen hat, schließt er, von sich in der dritten Person sprechend: „Darmit hat er seinen dienst auff geben, und wider redlich gemacht worden."[887] Außer diesen beiden Notizen findet sich unter allen 706 Eintragungen nur noch zweimal ein persönliches Wort, zum Jahre 1577, als er einen Dieb in Nürnberg richtet: „Ist mein erst Richten alhie gewest",[888] und am Ende seiner Dienstzeit: „dieser ist der letzte gewesen, den ich Meister Franz gerichtet hab."[889]

Ich zähle das „Tagebuch" des Meisters Franz Schmidt zu den bemerkenswertesten Aufzeichnungen deutscher Sprache: Selbst eine fast 45jährige Henkerstätigkeit von 1573 bis 1617 hatte einen Menschen nicht abstumpfen lassen. Hinter einem nüchternen Berichtsstil über die Hinrichtungen, hinter einem Stil, der in seiner Schlichtheit bisweilen bis zur Unbeholfenheit abgleiten kann, verbirgt sich, daß Franz Schmidt die Verbrecher, die er richtet, als Mitmenschen sieht. Das „Tagebuch" ist mitnichten ein Dokument des Berufsstolzes. An keiner Stelle macht Franz Schmidt auf die Kunstfertigkeit seines Richtens aufmerksam. Allenfalls indirekt ist bisweilen ein Blick auf seine Meisterschaft möglich, so, wenn er auf den dicken Hals oder den Buckel eines armen Sünders verweist,[890] aber auf jedwede Bemerkung über das in solchen Fällen besonders schwierige Richten verzichtet.

Indizien gibt es dafür, daß er eine bereits vorliegende (inzwischen wohl verlorene) Nürnberger „Kriminalstatistik", bestehend aus Aufzeichnungen seiner Vorgänger, einsehen konnte; denn woher weiß er im Jahre 1604 so genau, daß in Mittelehrenbach seit 106 Jahren niemand mehr gerichtet worden ist,[891] woher weiß er, daß es 54 Jahre her ist, daß man in Nürnberg das letzte Mal einen Juden gerichtet hat[892]? Die genauen Jahresangaben widerlegen die Vermutung, der Nürnberger Nachrichter habe die Zahlen vom Hörensagen aufgeschnappt.[893] Wer sich mit frühneuzeitlichen „Kundschaften", Zeugenaussagen, in Besitzstreitigkeiten beschäftigt hat, weiß, daß die Zeugen immer nur ungefähre Zeitangaben machen können.

Einen Titel hat Meister Franz seinen Aufzeichnungen gar nicht gegeben. Sie beginnen mit einer Überschrift: „Angefangen zu Bamberg, für meinen Vatter!"[894] Gemeint ist, daß er die ersten 27 Hinrichtungen im Dienste seines Vaters vollzogen hatte. Die nächste Überschrift markiert die Aufnahme seiner Nürnberger Tätigkeit: „Nun folgt der Anfang als ich Meister Franz Schmidt Walburgi, deß 1578. Jahrs zu Nürnberg angenommen worden bin."[895] Ihm ist – modern gesprochen – die Planstelle des städtischen Nachrichters übertragen worden, nachdem er offenbar in Bamberg die Prüfung zum Meister abgelegt hat. Erst nach der Aufzählung aller 361 Hinrichtungen folgt die nächste Überschrift: „Hernach folgen die Leibstrafen."

Ein Motiv der Aufzeichnungen sucht man im Text vergeblich – und das ist bezeichnend: Meister Franz spricht über die armen Sünder, nicht über sich selbst. Er muß sich während seiner Dienstzeit Aufzeichnungen gemacht haben; denn auch das beste Gedächtnis wäre nicht in der Lage gewesen, die genauen Daten der Hinrichtungen festzuhalten. Erkennbar hat Franz Schmidt erst im Nürnberger Dienst Notizen angelegt, denn bei fast allen seinen Bamberger Hinrichtungen fehlen noch die Daten.

Auch wenn wir nicht das Motiv für die Anlage des fälschlicherweise sogenannten „Tagebuchs" des Meisters Franz bestimmen können, so ist doch nicht zu verkennen, daß Franz Schmidt Rechenschaft ablegt – die Frage ist nur, vor wem, vor dem Nürnberger Rat, vor sich oder vor Gott? Formal handelt es sich um eine Rechenschaft, die Meister Franz als „Diener" des Nürnberger Rates, so wie er sich versteht, ablegt, sie betrifft nicht ihn selbst, sondern seinen Dienst. Das heißt aber für den Autor nicht, daß er sich hinter seinem Auftrag versteckt. Für ihn ist selbstverständlich, daß das Schicksal den armen Sünder und seinen Nachrichter zusammengebracht hat – eine menschliche Beziehung. Davon spricht das „Tagebuch" in jedem Eintrag. Jeder Delinquent hat seinen Namen, seine Vita (soweit sie Meister Franz kennt) und seinen individuellen Tod. Obwohl sich viel Gelegenheit dazu ergeben hätte, spart sich der Nachrichter einen moralisierenden Kommentar. Einmal durchbricht er diese Einstellung: „War ein böser bub";[896] eine harte Bemerkung, die sich Meister Franz ansonsten bei 361 Hingerichteten allenfalls dann erlaubt, wenn der Betreffende das Abendmahl verweigerte. Dem Nachrichter ist ein christliches Sterben wichtig. Voller Zorn kann er einem Verbrecher das Urteil nachrufen: „Ein gottloser Mensch"; denn dieser Mann hatte „nicht beten wollen, nichts von Gott sagen und hören wollen", hatte unter dem Galgen noch einen epileptischen Anfall simuliert „und ist also in seinen Sünden gestorben".[897]

Der „endliche Rechtstag" als eine Begegnung des Henkers mit dem armen Sünder. Deswegen weiß Franz Schmidt auch, daß er einen Hinzurichtenden vor „10 Jahren zu Neunkirchen mit Ruthen ausgestrichen" hatte,[898] daß eine 1582 geköpfte Räuberin vor Jahren zu Presseck von seinem Vater gestäupt worden war[899]. Daß der Nürnberger Nachrichter den Vollzug eines Todesurteils als menschliche Begegnung mit einem armen Sünder ansieht, wird vor allem in jenen Einträgen deutlich, in denen der Nachrichter ein abweichendes Verhalten des zu Richtenden notiert.

Das Übliche war: Den letzten Gang gingen die armen Sünder mit einer Fassung, die sie bis zum Sterben bewahrten. Dieses Übliche vermerkt Franz Schmidt im allgemeinen nicht; allenfalls wenn ein – nach seinen Worten – ungeratener Burgersohn gerichtet wird, notiert er, um noch etwas Gutes über diesen Nürnberger zu sagen: „ist gar Christlich gewesen"[900] (womit die Haltung beim Sterben gemeint ist), und auch einer Frau, die er mit dem Schwert richtet, rühmt er nach: „Christlich sich gehalten."[901] Dem entsprechen die Aufzeichnungen des Reutlinger Scharfrichters, der 1564 zu zwei von ihm Gerichteten notiert: „Sein sehr erbaulich gestorben."[902]

Als ungewöhnliche Ausnahme beim letzten Gang notiert der Scharfrichter: „hatt den gantzen weg geweinet, bis er nider kniet."[903] Haltung selbst bei existentieller Fassungslosigkeit – wie schwer diese zu gewinnen war, wird selbst hinter dem Berichtsstil des Franz Schmidt sichtbar, weil dieser jeden armen Sünder bis in dessen letzte Stunde hinein als Individuum versteht. Einer hatte den Gerichtsschöffen, nachdem sie ihn verurteilt hatten, gesagt: „Behütt euch Gott, wie Ihr ietzund mit mir handelt, also werdet Ihr ein mahl, ein Schwartzen Teuffel sehen müssen." Hochmütig erwies er sich noch beim Hinausführen –

„doch bey dem Galgen, hatt er zwey Lieder gesungen. Wann mein Stündlein vorhanden ist. und das, Was mein Gott will das gescheh allzeit."[904]

Wir halten fest, daß Meister Franz, der es mit so vielen Verbrechern, mit Mördern, schwer kriminellen Räubern, mit kleinen und großen Dieben zu tun hatte, nur denjenigen als „gottlosen Menschen" betrachtet, der ohne Gebet und Abendmahl stirbt. Bis zum letzten Augenblick hat ein armer Sünder die Gelegenheit, sich christlich zu erweisen. Bringt der Nachrichter tatsächlich wenig Verständnis für die Verstörung eines armen Sünders auf, wenn er notiert: „hat gar nicht gebetet, die Priester still schweigen heißen ... er mag es nicht hören, machen ihn den kopf toll"[905]? Franz Schmidt verzichtet in diesem Fall auf einen Kommentar wie „gottlos". Es scheint doch so, als übe er hier die gleiche Nachsicht wie bei dem armen Sünder, der das Abendmahl nicht empfangen wollte und „sich gar unnütz mit worten gemacht, aber sich willig drein geben"[906] – also mit Haltung gestorben ist. Die Nachsicht des Scharfrichters ist die eines Menschen, der sich selbst in den schwersten mitmenschlichen Begegnungen nicht zum Richter über andere aufwirft.

Die Vielfalt menschlichen Verhaltens angesichts der gleichen existentiellen Not wird in den nüchternen Berichten des Meisters Franz sichtbar. Ein armer Sünder hat auf seinem letzten Gang nur christliche Lieder gesungen,[907] ein anderer hat sich hingegen „in nausführen ... seltzam gestellt, den Kopff geschüttelt und nur gelacht, nit beten wollen".[908] Manche bleiben bis zum Schluß trotzig; einer verhöhnt noch den Bettelvogt – „das ist sein abschied auffen galgen gewest" –,[909] ein anderer hat „sich gar wildt gemacht und sich unnütz gestelt"[910].

Wie sich der Begriff „Galgenhumor" historisch entwickeln konnte, läßt sich bei Meister Franz nachlesen. Zum Beispiel bringt es ein Missetäter fertig, auf der Leiter am Galgen stehend einen Scherz über das anzubringen, was ihm bevorsteht: „Man hat ihn lang ein Reuther geheißen, jetzt aber so werde er Reht Lernen Reuthen, aber er hab sorg, er werde mit den Kopff in Stegreiff behangen bleiben."[911] So ähnlich, wenn auch nicht ganz so geistreich, hatten sich zuvor schon zwei Diebe erwiesen: „Seind im hinausführen frech und Muthwillig gewesen, Geiauchzet, den Galgen einen Aychen Kirschbaum geheisen."[912] Galgenhumor, von Meister Franz überliefert, ist eine letzte Kontaktaufnahme des Missetäters mit der Welt, die er als sein Publikum bei seinem letzten Auftritt betrachtet. Niemals vorher in seinem Leben dürfte er ein größeres Publikum gehabt haben, vor allem keines, das ihm die Hauptrolle gönnte. Ihn begleitete ein Scharfrichter, der ihm nichts verwehrte, kein Wort abschnitt, kein Singen verbot – kein Beamter, ein Mitmensch.

Stand die Abschreckung am Anfang des Strafsystems?

Verbrechensprävention durch Abschreckung: ein frühneuzeitlicher Konsens – das lange Weiterleben alter Mentalitäten – Popularität der Sünderheiligen noch im Spätmittelalter – der im Garten eines Nürnberger Bürgers versteckte Mörder – Asylgedanke kontra Territorialitätsprinzip – die Ratsobrigkeit als treibende Kraft bei der Entwicklung des Strafsystems – Unsicherheit und hohe moralische Verantwortung der städtischen Entscheidungsträger – der „gemeine Nutz" als Ziel städtischen Strafens – das städtische Strafrecht: ein „erfundenes", kein „gefundenes" Recht

Niemand zweifelte im 16. Jahrhundert daran, daß der schaurige Anblick des Galgenhügels vor der Stadtmauer der Verbrechensprävention diene, der Abschreckung, dazu, daß – wie Valerius Anshelm formulierte – „böse Taten und reden verschücht" werden sollten.[913] In diesem Sinne haben zum Beispiel Zwingli und Luther die Todesstrafe gerechtfertigt.[914] Auch erfahrene Ratsherren sahen das nicht anders. Die Augsburger bauten vor Beginn der Reichstage von 1530 und 1548 eiligst Galgen innerhalb der Stadt auf, weil ihnen das als geeignetes Mittel erschien, bei der Masse des mit den Fürsten einreitenden Volks Frieden durch Abschreckung zu sichern.[915] Auf dem Reichstag von 1550 forderte der kaiserliche Alkalde – mit spanischen Truppen hatte der Kaiser auch spanische Gerichtsbarkeit mitgebracht – die Verlegung der Richtstätten in die Stadt: „er kundte seine Spänier nit meistern, sie sehen dann stetigs und teglich die straff vor augen."[916]

Ob Alkalde, ob Richter: Über alle kulturellen Unterschiede hinweg teilten deutsche und spanische Heerführer eine gemeinsame Auffassung vom Sinn der Strafe und von Disziplin in einem Heer.[917] Die Gerichtsbarkeit ist Anwendung von Gewalt – und wurde ungeschminkt auch so von den Zeitgenossen, seien sie Soldaten oder Zivilisten, verstanden: „Mit böse muß man böses vertreiben."[918] Dieses Sprichwort, das im Krieg und im Frieden galt, erklärt Agricola so: „darumb muß man reder haben, galgen, rabensteyn, thurn, gefencknuß, hencker und stockmeister, damit mann den bösen buben were."[919] Das Kriegsrecht im Felde war zweifellos strenger, aber es verfolgte die gleichen Ziele und ging vom gleichen Prinzip aus wie das Strafrecht in den Städten. Strafjustiz also ist gesellschaftliche Notwehr. Sie ist als solche von Gott legitimiert. Gott – und kein begnadeter Detektiv – sorgt dafür, daß den Verbrecher die verdiente, in seinem Wesen bereits angelegte Strafe ereilt: „Was den Raben gehört, ertrincket nicht";[920] wer den Galgen verdient hat, den trifft kein anderer Tod, ein Wort, das Meister Franz Schmidt in seiner Berufspraxis bestätigt findet[921].

Eine klare Aussage ist vorab unter Berücksichtigung unserer Erwägungen über die Gewalt in der spätmittelalterlichen Welt zu treffen. Alle Zahlen und Nachrichten über die Gewaltkriminalität in der Stadt lassen sich als umfassender Langzeitversuch verstehen, der eindeutig beweist: Der Abschreckungsgedanke, die Auffassung, mit harten Strafen Verbrechen zu verhindern, ist verfehlt. Eine Verbrechensprävention durch Abschreckung läßt sich nicht nachweisen.

Der Abschreckungsgedanke als Legitimierung der Strafjustiz ist erst dann als feste Überzeugung der Ratsherren nachweisbar, wenn sie im 15. Jahrhundert bestrebt sind, die Richtstätte weithin sichtbar zu machen. Die Frankfurter etwa errichten den Galgen auf einem zwei Meter hohen Fundament.[922] Schrecken sollte verbreitet werden, „damit meniglich diebisch gemüt von seinem fürnemen abgewendet" werde,[923] „damit männiglich ein abscheulich exempel vor augen haben möge"[924]. Als die Straßburger 1461 beschlossen, die Leichen der Gerichteten nach dem Vorbild anderer Städte zur Abschreckung am Galgen hängen zu lassen, sahen sie allerdings auch die Nachteile dieser Neuerung. Sie beschlossen zugleich, die Stätte des Hochgerichts mit Mauern einzufrieden, damit die vom Galgen herabfallenden Gebeine nicht von Hunden gefressen würden und den in den nahegelegenen Gärten arbeitenden Frauen der tägliche Anblick von Gerädertgen erspart bliebe.[925]

Der weithin sichtbare Galgen vor dem Stadttor kündigt den Sieg des Abschreckungsgedankens an, der im 16. Jahrhundert vollendet ist. Aber die eingangs zitierten Begründungen aus diesem Jahrhundert müssen nicht unbedingt diejenigen sein, die zur Entwicklung des urbanen, spätmittelalterlichen Strafsystems geführt haben; denn, wir erinnern uns: Der Abschreckungsgedanke und der Gedanke, daß Strafe Notwehr der Gesellschaft, ja, daß sie göttlich legitimiert sei, sind keineswegs genuin mittelalterlich, sie mußten mühsam in die Bevölkerung hineinmissioniert werden. Die ursprüngliche Auffassung der Menschen spiegelt sich in den Heiligenviten des frühen Mittelalters. Immer wieder wird rühmend, verehrungsvoll hervorgehoben: Der Heilige errettet einen Verbrecher vor der Hinrichtung. Dabei ist den Viten gemeinsam, daß an der Schuld der Hinzurichtenden kein Zweifel besteht, sie sind wegen Straßenraubs, Dieberei oder einfach wegen vieler Verbrechen verurteilt worden.[926] Verneint wird damit, daß Strafen Schutz der Gesellschaft bedeuten. Der Heilige erbarmt sich des Sünders, erwirkt dessen Befreiung – von einer Besserung wird kein Wort gesagt –, gleichviel, was dieser verbrochen hatte.

Die Auffassung der frühmittelalterlichen Kirche lebt lange weiter. Noch im Spätmittelalter können Heilige in den „endlichen Rechtstag" eingreifen.[927] Im 13. Jahrhundert erzählt Caesarius von Heisterbach ergriffen, wie der hl. Nikolaus einen Gehenkten vom Galgen befreit – immer noch wird als unerheblich offengelassen, ob der Gerettete schuldig oder unschuldig verurteilt worden war.[928] Diese Auffassung teilt der gemeine Mann noch jahrhundertelang. Er kennt Schutzpatrone für die Errettung zum Galgen Verurteilter: St. Theobald, St. Jakob und – als merkwürdigen Heiligen – einen St. Barbleu. Das Galgenwunder des hl. Jacobus, der allerdings einen Unschuldigen das Hängen überleben ließ, gehörte zum Glaubensstoff aller Wallfahrer nach Santiago de Compostela.[929] Solche Heilige können nur in einer Welt verehrt werden, die zutiefst von der sündentilgenden Kraft von Buße und Reue überzeugt ist. Deswegen ist in spätmittelalterlichen Mirakelspielen der Typ des Sünderheiligen eine populäre Gestalt.[930] Auch in der Realität läßt sich das Weiterleben frühmittelalterlicher Auffassungen nachweisen. Ein Beispiel: Im spätmittelalterlichen Nürnberg wurde ein Bürger bestraft, der in seinem Garten einen Mörder entdeckte und gar nicht daran dachte, ihn der Obrigkeit anzuzeigen, vielmehr ihn versteckte und mit Lebensmitteln versorgte.[931]

Heilige retten arme Sünder, aber Heilige strafen auch selbst. Die Ohrfeige des hl. Sebald hat für den Betroffenen furchtbare, lebenslang sichtbare Folgen.[932] Wie reimt sich dieser Widerspruch zusammen? Strafe ist zunächst einmal personale Rache, mehr nicht. Der mittelalterliche Heilige ist noch nicht in honigsüße Milde getaucht; denn er stammt aus einer gewalttätigen Gesellschaft. Er kann sich sogar rächen, wenn man ihn nicht verehrt.[933] Strafe ist Rache für Mißachtung. Deshalb hat noch im 11. Jahrhundert niemand etwas am Verhalten des hl. Sebald auszusetzen. Auf tiefe Veränderungen im Rechtsbewußtsein läßt schließen, wenn die Heiligen mit dem hohen Mittelalter mildtätiger werden, wenn sie Mißachtung nur durch Entzug ihrer Gunst bestrafen. Allmähliche Wandlungen im Rechtsbewußtsein: Der Heilige belangt seit dem hohen Mittelalter Menschen für Frevel, die sie an dem Mitmenschen begangen haben. Das ist keine himmlische Strafjustiz. Der Rachegedanke steht auf einer höheren, schon die Frage nach sozialer Gerechtigkeit stellenden Gedankenebene, wenn der Heilige die Rache für denjenigen vollzieht, der dazu nicht in der

Lage ist, der „ohnmächtig" ist, wenn er zum Beispiel den Ritter mit tödlicher Krankheit straft, der einer armen Witwe das Hühnchen raubte, um seinen Habicht zu atzen.[934]

Die Hinweise auf ein Weiterleben alter Mentalitäten mögen genügen, um aus dem neuen, mit der Friedensbewegung entwickelten Begriff der Strafe nicht gleich einen allgemein akzeptierten Abschreckungscharakter abzuleiten. Zu wiederholen ist: Im wesentlichen teilen wir die Meinung Victor Achters, wonach sich erst seit dem Hochmittelalter der moderne Strafgedanke entwickelt habe, wir nehmen nur nicht das von Achter vorausgesetzte schnelle Tempo dieser Entwicklung an.[935] Seine Ansichten sind leider von den Rechtshistorikern allzu wirkungsvoll mit dem Zirkelschluß unterdrückt worden, daß es „Strafe als soziale Reaktion" immer gegeben habe.[936] Ein Scheinargument, denn gerade um das hier als selbstverständlich vorausgesetzte Adjektiv „sozial" geht es, es ist das eigentlich umstrittene Wort. Konzentrieren wir uns auf die Stadt, deren zentrale Bedeutung für die Entwicklung des spätmittelalterlich-frühneuzeitlichen Strafsystems wir immer wieder hervorgehoben haben. Eine städtische Gesellschaft ist, ohne in Begriffshuberei zu verfallen, im Verlauf des 13. und 14. Jahrhunderts als Bürgergemeinde zu verstehen, die sich in Urkunden mit der Formel „wir Bürger reich und arm" in ihrer rechtlichen Gestalt zu erkennen gibt. Die Formel verschweigt nicht, daß sich hinter der Rechtsgemeinschaft ganz erhebliche Gegensätze in der politischen Partizipation verbergen. Und insofern gewinnt unser Beispiel von dem Nürnberger Bürger, der bestraft wurde, weil er einen Mörder geschützt hatte, grundsätzliche Bedeutung. Der Nürnberger Bürger hatte das getan, was seit der Friedensbewegung des hohen Mittelalters verboten war, er hatte einen Geächteten „gehauset und gehofet". Nur war der Mörder, den er geschützt hatte, kein Geächteter im Sinne der Landfrieden gewesen. Der Nürnberger Rat aber bestrafte seinen Bürger im Sinne einer strafrechtlichen Weiterentwicklung der Acht, im Sinne von deren Ausdehnung auf die zu verfolgende Missetat, und er belangte gleichzeitig einen Bürger, der die obrigkeitlichen Sanktionen noch ganz im alten, von Heiligenlegenden bewahrten Sinne als Gewalt, der zu begegnen sei, verstand.

Die Formel „wir Bürger reich und arm" benannte Gemeinsamkeit bei unterschiedlicher politischer Partizipation. Die „Reichen": das bezeichnete die Führungsschicht, die aufgrund ihrer ökonomischen Macht den Rat stellte; die „Armen" in dieser Formel waren nicht die sozial schwachen, sondern die nicht direkt an der politischen Macht Beteiligten. „Nicht direkt": Auf die Meinung des gemeinen Mannes hatten selbst die mächtigen Ratsherren zu achten. Überschätzen wir möglicherweise einen Außenseiter, wenn wir behaupten, daß die städtische Entwicklung des spätmittelalterlich-frühneuzeitlichen Strafsystems von der Ratsobrigkeit ausging, die in ihrem Handeln keineswegs ungeteilte Zustimmung in der Stadtgemeinde fand? Aber von den verschiedenen Einstellungen abgesehen: Die Grundlage nicht nur des städtischen Strafrechts, sondern auch aller städtischen Satzungen war deren unbedingte Geltung für alle Bürger. Zugleich wird für den Raum der Stadt jetzt erst die Territorialität des Rechts konkret, wird der alte Gedanke der Personalität des Rechts, das mit der Geburt als stammes- oder standesgebunden erworben wird, aufgehoben. Das Neue im Recht erschien aber den mittelalterlichen Menschen immer verdächtig. Um die damit entstehenden Fragen hat sich die Forschung wenig gekümmert. Die Antwort ist nur über einen Umweg zu finden, da zu solchen letztlich mentalitätsgeschichtlichen Fragen keine Quellen vorliegen. Zu diesem Umweg lädt ein einfacher Sachverhalt ein. Der Gedanke des Asyls, der Freistätte, in die ein Missetäter fliehen konnte, gehörte in eine Welt, die von einem territorial definierten Rechtsraum noch nichts wissen wollte. Das Asyl ist Alternative zum Strafrecht in einem territorial definierten Rechtsraum, bietet Möglichkeiten zur Versöhnung mit den Geschädigten, indem ein Opfer zur Sühneleistung angeboten wird. Die gesuchte Antwort auf unsere Frage ist also – deshalb der Umweg – in der Geschichte des Asyls in der urbanen Welt zu finden.

Erinnern wir uns an Heinrich Bebels Erzählung und das darin zentrale Thema des Asyls. Diese Erzählung ist geeignet, die Unterschiede zwischen Stadt und Land zu präzisieren, wie sie sich mit der Ausbildung urbanen Strafrechts entwickelt haben. Der Gedanke des kirchlichen Asyls lebt zwar auch in der städtischen Bevölkerung, aber er stößt hier mit den Ansprüchen des Rates zusammen, der die Gerichtsbarkeit in der gesamten Stadt ohne jede Einschränkung ausüben will und dabei genug Schwierigkeiten hat, mit den kirchenrechtlich geschützten Freiräumen geistlicher Institutionen fertig zu werden.[937] Weil der Rat bei dieser Auseinandersetzung um die kirchlichen Freiheiten auf große Sympathien beim gemeinen Mann stößt, den die Steuerfreiheit der Geistlichen ärgert und der durch deren Zollfreiheit auch wirtschaftliche Nachteile verspürt, kann der vor allem von der Kirche vertretene Gedanke des Asyls, der „Freiung", in der Stadt nicht die rechtssichernde Kraft haben, die er bis in die frühe Neuzeit hinein auf dem Lande besitzt.[938] Hier ist das Asylrecht der Kirche, die sowieso im Dorf viel tiefer als in der Stadt in das Gemeindeleben integriert ist, noch ungebrochen, wie Heinrich Bebels Erzählung lehrt, hier lebt auch der Gedanke der Sühnbarkeit von Verbrechen fort, länger als in der Stadt mit ihrer Offizialklage.

Der Abschreckungsgedanke ist keineswegs das Motiv, das spätmittelalterliche Stadträte leitet, wenn sie das kirchliche Asylrecht abzuschleifen versuchen und damit das in der Realität so wichtige Mittel, um statt spontaner Rache ruhigere Sühneverhandlungen zu üben, diskreditieren. Es geht vielmehr um das „Territorialitätsprinzip", um die einheitliche Justiz im städtischen Rechtsraum.[939] Dabei ist aber nicht zu übersehen, daß die Stadt in Gestalt der Bürgergemeinde auch einen Personenverband bildete. Die städtischen Statuten waren für die Bürger auch dann bindend, wenn sie außerhalb der Stadt Konflikte untereinander austrugen.[940]

Einige Hinweise mögen genügen, um erneut die Frage zuzuspitzen, ob am Anfang des städtischen Strafrechts der Abschreckungsgedanke gestanden haben kann. Voreilig wäre die Annahme einer gefühllosen, einer erbarmungslosen Herrschaftspraxis. Es sollte den mittelalterlichen Schöffen und Ratsherren geglaubt werden, daß sie ein Todesurteil in genauer Befragung ihres Gewissens verhängten; sie wußten, daß das Blut Unschuldiger über sie kommen, ein Fehlurteil das Heil ihrer Seele gefährden würde. So erklärt der Nürnberger Rat 1453: „wer uns auch lieber, das zehen schuldig darvon komen, denn ein unschuldiger getöt werden sollt."[941] Die Ratsherren kannten die Bibel: „Richtet nicht, damit ihr nicht gerichtet werdet." Allerdings kommt es auch vor, daß wie 1487 in Görlitz in der Gemeinde Klage über den Rat geführt wird, der „um leichtfertiger Sachen willen, als um Raufen, Wunden und schlechte Frevel" harte Urteile spreche.[942] Die Berechtigung solcher Vorwürfe ist nicht mehr zu ermitteln; hinter ihnen steht der Gedanke, daß die Gemeinde eine Mit-

Die Lebens- und Leibesstrafen   117

verantwortung an der Gerichtsbarkeit trage, und diese Klage kann sich nur artikulieren, weil die Sanktionen in der Stadt zuvor nicht so streng gewesen waren.

Beiläufige Notizen in den Strafbüchern lassen erkennen, daß den spätmittelalterlichen Stadträten bewußt war, was sie ihren Mitmenschen antaten. Wo sie keine Gnade walten ließen, bewiesen sie zumindest Erbarmen. Gewählt sei das Beispiel der Körperstrafen. In Frankfurt wird derjenige, dem die Augen ausgestochen wurden, zunächst im Spital geheilt, bevor er auf die Landstraße geschickt wird,[943] die Hildesheimer befehlen 1407 dem Scharfrichter, „do he den mennen de ogen utbrak", Leinentücher zum Verbinden der Augen bereitzuhalten,[944] und die Ulmer gestatten 1516 einem Geblendeten, in der Stadt zu bleiben[945]. In Nürnberg wird demjenigen, dem die Ohren abgeschnitten wurden, vier Tage lang Geleit gegeben.[946]

Die Geschichte des Strafrechts steht in der Gefahr, von einer allein innerjuristisch vorbestimmten Entwicklung auszugehen. Wie realitätsfremd dieser Ansatz ist, läßt Eikes von Repgow Satz erkennen, daß es sich um einen Kampf handele, aus dem das Recht „gestärkt", als Sieger, hervorgehen solle. Wie so häufig im Sachsenspiegel erweist sich bei Berücksichtigung der damaligen Realität dieser Satz als viel tiefsinniger, als es die Formel vom Kampf um das Recht auszudrücken vermag. Wie der Kampf gehörte auch der Krieg viel stärker zum Erfahrungsraum der Menschen, als das von heute her, seit der Entwicklung der stehenden Heere nach dem 30jährigen Krieg noch vorstellbar ist. Das ursprüngliche Wortfeld von Krieg und Kampf umschließt den weiten Bereich der gewalttätigen Auseinandersetzung. Wenn es nach dem Wort Eikes von Repgow um einen Krieg zwischen Recht und Unrecht geht, so ist in einer Welt, die noch nicht die intellektuelle Verniedlichung harter Sachverhalte kennt, die Realität dessen gemeint, was den Zeitgenossen vor Augen stand, wenn sie von „Krieg" sprachen: hemmungslose Brutalität.

Der Kampf der Stadt gegen die „Plackerei" und die sogenannten Raubritter, ein Kampf, den wir noch zu behandeln haben, ist nur die schillernde Außenseite eines im Innern geführten Kampfes um die Kriminalisierung der Untat. Schillernde Außenseite. Die spektakuläre Fehdeführung der Stadt darf nicht die mühsame, die alltägliche Arbeit im Innern um Friedenswahrung übersehen machen. Städtische Fehde und städtisches Strafrecht gehören, von der gleichen Obrigkeit verantwortet, zusammen. Das weckt Zweifel, ob der Abschreckungsgedanke tatsächlich am Anfang der Entwicklung urbaner Strafjustiz stand. Der Abschreckungsgedanke widerspricht dem Gnadenrecht des Abbittens, und bei der Ausbildung des spätmittelalterlichen Strafsystems ist unverkennbar, daß es nicht darum geht, ein „Exempel zu statuieren".

Am Anfang des städtischen Strafsystems stand der Gedanke, den Frieden zu wahren, und sei es auch durch Anwendung von Gewalt. So begründet das Schaffhauser Stadtbuch 1385 die hier festgeschriebenen Strafen „durch unser statt nutze und ere und durch gutes und gemaines frides willen".[947] Der Griff zur Gewalt erfolgt nicht sofort. In den frühesten Stadtrechten überwiegen die Geldbußen alle anderen Sanktionen bei weitem.[948] Erst in den 1520er Jahren sollte auf den Reichstagen gefordert werden, statt der Geldbußen die „rechten, ordentlichen forchtsamen Strafen" durchzusetzen.[949]

Daß sich die Anwendung von strafender Gewalt in der städtischen Gerichtsbarkeit veränderte, läßt sich vergleichsweise einfach beweisen. In vielen Stadtrechten des 13. Jahrhunderts ist noch die „Wüstung", die Zerstörung des Hauses eines Missetäters, vorgesehen.[950] Von dieser dem Kampfrecht direkt entsprechenden Gewaltform kamen die Stadträte aber alsbald ab; sie erkannten, daß sie nicht nur den Frevler, sondern auch seine Erben bestraften.[951]

Daß der Abschreckungsgedanke nicht das ursprüngliche Motiv urbanen Strafens gewesen sein kann, läßt sich an der erst spät aufkommenden Sitte, den Gehängten am Galgen hängen zu lassen, erweisen. Diese Demonstration der Hochgerichtsbarkeit war mit dem Abschreckungsgedanken verbunden.[952] 1461 beratschlagt der Rat von Straßburg darüber, ob man wie bisher alle Gehängten vom Galgen abnehmen solle. Die Beratung führt zu dem Ergebnis, daß dem Vorbild anderer Städte nunmehr auch in Straßburg nachgeeifert werden solle. „Och als man bitzhar hat lossen alle die abslahen die gehencket worden sint, dodurch der galge alle wegen lere gestanden ist, als obe man keinen diep hie zü Straßburg strafte, do man aber meinet wann man die die man hencket daran liesse hangen, so brehte die ellende angesiht ein forhtsam schreck, das sich maniger besorgen würde zü stelen, und sich daran stiesse us forht das er ouch erhungen würde."[953] Abschreckung: Aber auch hier gilt für die Straßburger die Bevorzugung der Bürger: Man solle die Gehängten am Galgen hängen lassen, „usgenomen do einer burger were und sin fründe für ine beten, den möhte man solichen sinen fründen zü lieb gönnen, in irem costen, abzùslahen".[954] Diese typische Einschränkung bestätigt, daß der Straßburger Rat erst 1461 aufgrund des Vorbildes anderer Städte eine Zusammenführung von Straf- und Abschreckungsgedanken vornahm.

Unversehens sind wir bei einer Frage angelangt, zu der nur unter der Wahrheit des Nietzsche-Wortes Stellung genommen werden kann, daß allein das definierbar ist, was keine Geschichte hat. Was also ist Strafe? Von wortgeschichtlichen Untersuchungen versprechen wir uns in diesem Fall wenig, und auch die Aussagen des gelehrten Rechts der Legisten und Kanonisten scheinen uns für die Mentalitäten des Spätmittelalters wenig ergiebig; denn um Mentalitäten, um die Einstellungen auch des gemeinen Mannes muß es bei einer Frage gehen, die sich auf dem „endlichen Rechtstag" im Beisein von Richtern, Schöffen und „Umstand" konkretisierte. Was ist Strafe? Können die Galgen, die vom 14. bis zum 18. Jahrhundert vor den Stadtmauern stehen, eine Kontinuität des Strafgedankens veranschaulichen? Der Begriff der Strafe kann nicht nur von seinem Wortfeld, von dem Sinn her, den es besitzt, untersucht werden, sondern auch von seinem Worthof her, also von den Umständen, die diesen Begriff bergen. Eine Welt der Öffentlichkeit des Gerichts, des Gnadebittens kennt dafür andere Antworten als eine Welt, in der Urteile in geschlossenen Amtsstuben gefunden und ohne Einrede des Volkes vollzogen werden.

Die Entscheidung der Straßburger Ratsherren im Jahre 1461 scheint die Antwort auf die Frage nach der Abschreckung in dem Meer der unterschiedlichen Gestaltungen spätmittelalterlichen urbanen Lebens versinken zu lassen, in einem bisher noch nicht ansatzweise mit seinen Sandbänken und Untiefen kartographierten Meer. (Ich kann es mir nicht verkneifen anzumerken, daß alle Äußerungen über die urbane Kultur des Spätmittelalters an die Schiffahrt der Hanse erinnern, die bis ins 16. Jahrhundert zum leicht entsetzten Erstaunen erfahrener Reisender ohne Seekarten allein mit dem Senkblei auskam.) Unterschiede zwischen den Städten. Noch der Til Eulenspiegel weiß, daß Lübeck berühmt oder auch be-

Die Lebens- und Leibesstrafen 119

rüchtigt ist wegen seiner strengen Gerichtsbarkeit.[955] Das findet in den Quellen etwa dadurch seine Bestätigung, daß in Lübeck dem armen Sünder nicht das Bußsakrament gereicht werden durfte.[956]

Bei allen Unterschieden: Wenn, wie bereits dargestellt und wie es auch die Straßburger Entscheidung 1461 besagt, die Städte sich untereinander befragen, wie es mit der Gerichtsbarkeit zu halten sei, wenn sie bei Oberhöfen um Rat in schwierigen Rechtsfragen, auch in denen des Strafrechts nachsuchen, wenn – allerdings selten – die Ratsherren sogar ihren Henker fragen, welche Strafe aus ihrem Urteil folge, dann hat das alles eine gemeinsame Wurzel: Unsicherheit. Diese wird zwar im Laufe der Zeit nicht zuletzt durch das Entstehen eines Korpus von Präzedenzfällen zur juristischen Selbstgewißheit erstarren, aber diese Entwicklung braucht lange Zeit. Wir erinnern an das Diktum der Nürnberger Ratsherren, die 1453 auf eine intensive Strafrechtstradition zurückgreifen und sich des Rates bester Juristen versichern konnten und die dennoch wußten, daß sie Entscheidungen trafen, die sie auf ihr Gewissen nehmen mußten: „wer uns auch lieber, das zehen schuldig darvon komen, denn ein unschuldiger getöt werden sollt."

Unsicherheit verträgt sich nicht mit dem Abschreckungsgedanken; denn dieser setzt die Sicherheit der Strafzumessung voraus. Was also steht für die Ratsherren am Anfang der Definition dessen, was Strafe ist? Sie ist Sanktion zum Schutz der Stadtgemeinde, konkret des „gemeinen Nutzens", für den sich die Stadträte verantwortlich wissen. Deswegen wird, was noch darzustellen ist, die Stadtverweisung die häufigste der von ihnen verhängten Strafen sein. Was aber zwingt eine Stadtgemeinde, „peinliche Strafen" zu verhängen?

Ein spätmittelalterlicher Stadtrat mußte zur Durchsetzung seiner Gebote ohne eine „Polizeitruppe" auskommen. Er benötigte bei allen Maßnahmen den Konsens der Gemeinde, auch wenn dieser Konsens nicht institutionell verankert war. (Die „Echtedinge" des deutschen Nordens zum Beispiel, die zunächst im Stadtrecht verankerten Mitbestimmungsformen, verblaßten rasch unter dem Druck der alltäglich notwendigen Konfliktlösungen.) Ohne Konsens mit ihrer Gemeinde hätten die Ratsherren nicht das „peinliche" Strafrecht durchsetzen können.[957] Und hier ist, einen Umweg nicht scheuend, zu bedenken, daß die wenigen Stadtknechte in der Bevölkerung mißachtet, wenn nicht gar verhaßt waren,[958] ganz abgesehen davon, daß sie oft selbst straffällig wurden[959]. Seit dem beginnenden 16. Jahrhundert stieg im großen Nürnberg die Zahl der Stadtknechte kontinuierlich bis auf zwölf Mann an;[960] sie wurden dort eingesetzt, wo man sie gerade brauchte. Die Strafverfolgung blieb lange nur ein Teil ihrer Tätigkeit.[961] Konsens mit der Gemeinde: Zunächst einmal waren nicht die Strafen, sondern die Taten grausam. Taten, deretwegen Mörder gerichtet wurden, zogen Strafen im Bereich der kollektiven Empörung nach sich. Bei den Dieben sieht es anders aus: Strafen wurden aus kollektiver Verachtung heraus verhängt. Wir könnten fortfahren und würden doch nur vorwegnehmen, was in der Geschichte der einzelnen Missetäter zur Genüge hervortreten wird: Missetaten sind Störungen des sozialen Friedens, eines Friedens, der in der Stadt, die als räumliche Konzentration von Konfliktfeldern zu charakterisieren ist, das höchste Gut darstellen mußte.

Am Anfang der Ausformung des „peinlichen" Strafrechts steht die Rationalität, steht die Sorge um den „gemeinen Nutz" und die für den inneren Frieden des Gemeinwesens. Das erweist sogar die Spiegelstrafen, um von der Talionsgerichtsbarkeit ganz zu schweigen, nicht als ein Weiterwirken alter Traditionen, nicht als „gefundenes", sondern, um Dietmar Willoweits treffende Klarstellung zu zitieren, als „erfundenes" Recht. Ganz fern steht weiterhin dem frühen städtischen Strafrecht die Angst vor Gottes Kollektivstrafe. Diese Angst wird späterhin den Rahmen strafbarer Handlungen, wie an der Geschichte der Sittlichkeitsdelikte nachzuweisen sein wird, ausweiten; aber sie steht nicht am Anfang des städtischen Strafrechts, das – dieser Beweis mag genügen – die Gotteslästerung wenn überhaupt, dann zunächst nur mit geringen Bußen ahndet.[962] Weder die Kirche noch gar der liebe Gott spielt bei der Umformung des hochmittelalterlichen Strafgedankens zum städtischen Strafsystem eine entscheidende Rolle.

4. Das weite Umfeld der Lebens- und Leibesstrafen

Bußgelder. Die Gerichtsbarkeit als Einnahmequelle

Geldbußen, die häufigsten Strafen – Kontinuitäten vom frühmittelalterlichen Zentenar zum neuzeitlichen „Taschenrichter" – Bußgelder als herrschaftliche Einnahme: bäuerliche Beschwerden 1525 – Gerichtsbußen und Gerichtskosten als Belastung kleiner Leute

Gegen die Vorstellungen von Härte und Grausamkeit des mittelalterlichen Strafrechts wandte Gunter Gudian ein, daß die Spruchtätigkeit mittelrheinischer Schöffenkollegien ein „wesentlich freundlicheres Bild mittelalterlicher Strafrechtspflege" zeige.[963] Todesstrafen bilden die Ausnahme, Leibesstrafen fehlen völlig. Zumeist werden Geldstrafen verhängt.[964] Daß damit Unterschiede zwischen städtischer und ländlicher Gerichtsbarkeit benannt sind, sei hier nicht weiter vertieft. Entscheidend ist, daß mit Gudians Feststellung ein lange in seiner Bedeutung unterschätzter Charakterzug früherer Gerichtsbarkeit in den Mittelpunkt gerückt wird: Sie diente als Einkunftsquelle der Gerichtsherren.[965]

Daß die Gerichtsbarkeit als Einnahmequelle fungiert, wird heute immer dann behauptet, wenn Falschparker den Empfang des Strafzettels mit der Bemerkung kommentieren, auf diese Weise solle der Stadtsäckel gefüllt werden. Tatsächlich handelt es sich um ein überzeitliches Problem, wie ein wortgeschichtlicher Befund erklärt: Aus dem antiken Quästor, dem öffentlichen Ankläger, wird der Schatzmeister. Die Judikatur als Einnahmequelle gehört schon allein der Geldbußen wegen gleichermaßen zum Mittelalter und zur frühen Neuzeit. Geldstrafen, deren Empfänger der Gerichtsherr war.[966] Dieser überließ zumeist als Sporteln und damit als Besoldungsteil diese Gelder seinen Richtern oder Amtleuten[967] – Hintergrund für harte Kritik.

Im ausgehenden 17. Jahrhundert kritisiert Benedikt Carpzov die von ihm sarkastisch sogenannten „Taschenrichter", die im eigenen Interesse hohe Geldstrafen verhängten und zu sagen pflegten: „Es haben dieses Jahr über die Brüche und Geldbußen, Gott sey lob, ein ehrliches getragen."[968] „Ein ehrliches", das bedeutet eine stattliche Summe. Ein weiter Bogen läßt sich schlagen von karolingischen Kapitularien des 9. Jahrhunderts bis hin zu dem bissigen Kommentar des Benedikt Carpzov.

Schon die „Capitula Francia" Karls des Großen hatten den Richtern geboten, wegen der

Armen nicht allzu häufig die allgemeinen Volksversammlungen, Dinge, in den Zenten einzuberufen: „Et centenarii generalem placitum frequentius non habeant propter pauperes."[969] Die weiten Wege zu den zentralen Thingstätten in einer Welt der Streusiedlungen und Einzelhöfe waren zeitaufwendig und damit eine finanzielle Belastung. Aber das „wegen der Armen" hat einen Hintergrund, den erst das „Capitulare pro lege habendum" des Jahres 829 aufhellt: Die „vicarii et centenarii" halten aus Begehrlichkeit, nämlich der Bußen wegen allzu häufig Gerichtsversammlungen ab und bedrücken damit das Volk.[970]

Verzichtet sei darauf, die Darstellung der Gerichtsbarkeit als Einnahmequelle vom karolingischen Zeitalter bis zu dem der Aufklärung im einzelnen auszuführen: Der gleiche Sachverhalt gilt für die Welt und ebenso für die Kirche. In der sogenannten Vagantendichtung werden die bischöflichen Offiziale beschimpft, die wegen geringer Vergehen Geldstrafen verhängen und das Geld in der eigenen Tasche verschwinden lassen.[971]

Die Gerichtsbarkeit als Einnahmequelle bildete einen Beschwerdepunkt im Bauernkrieg 1525. Die Stühlinger Artikel klagen über die Erhöhung der Bußgelder. Ein „Maulstreich", der früher mit 3 oder 5 Schillingen gebüßt wurde, werde jetzt „in großen Frävel gezogen", konkret: wesentlich höher bestraft.[972] Und weiterhin: Wenn über einen Mörder gerichtet werde, müssten Frau und Erben des Getöteten selbst dann die Gerichtskosten tragen, wenn der Täter entlaufen sei.[973] Und damit nicht genug. Die Stühlinger Artikel klagen auch über die Praxis bei Diebstahlsverfahren: „So der Diep ledig gelaßen wurt, so nimpt der Herr das gestolen Gut."[974]

Die Stühlinger standen nicht allein mit ihren Klagen. Selbst angesichts der überregionalen Kontakte der Aufrührer ist es unwahrscheinlich, daß Beschwerden aus Schwaben in Tirol zum Vorbild dienten. Vielmehr waren die gleichen Ursachen Anlaß für die gleichen Beschwerden. Michel Gaismairs Tiroler Landesordnung hielt 1525 fest: Gestohlenes Gut soll dem Bestohlenen zurückgegeben werden, die Herrschaft soll nichts davon nehmen.[975] Und die Bauern im Klettgau klagen über den Grafen von Sulz, der alle Vergehen – wir erinnern an die „Maulstreiche" in den Stühlinger Artikeln – als Malefizhändel bezeichne und die Leute in den Diebsturm werfe,[976] aus dem sie dann nur gegen Geldzahlung wieder freikommen.

Bußen, bis in das Spätmittelalter hinein „Wandel" genannte Geldstrafen,[977] ließen die Gerichtsbarkeit dem gemeinen Mann als Bedrohung erscheinen; denn Bargeld war knapp. Selbst scheinbar geringe Summen taten dem kleinen Mann, der nur wenige Taler an barem Geld im Jahr erwerben konnte, bitter weh.[978] Das ist nicht zuletzt daran zu erkennen, daß diese Bußen oft in Naturalien oder Arbeitsleistungen abgegolten wurden,[979] um der Drohung einer ersatzweisen Körperstrafe zu entgehen, die etwa die Regensburger androhten: „hat er der pfennig nicht, so sei haut und har."[980] Ein originelles Verfahren wählte der Breslauer Rat. Statt Geld mußte eine bestimmte Anzahl von Ziegeln, die der Frevler offenbar selbst im städtischen Ziegelofen herstellen konnte, abgeliefert werden.[981]

Bußen wurden verhängt wegen Prügeleien, wegen Streit mit herrschaftlichen Büttelln, wegen „unzüchtigen" Verhaltens usw.[982] Die Gerichtsbarkeit als herrschaftliche Einnahmequelle bedeutete aber auch, daß sie in ihrer Administration – modern gesprochen – möglichst kostenneutral arbeiten und Schadensersatz für Gerichtskosten fordern mußte.[983] Gerade dieses ließ sie für die kleinen Leute als Bedrohung erscheinen.

Geld, der Umtauschfaktor aller Werte, macht selbst in einer Welt, die das Gnadenrecht in seiner mittelalterlichen Ausdehnung nicht mehr kannte, auch das Freikaufen vom Galgen möglich.[984] Solche Fälle werden der über die fürstlichen Ämter laufenden Gerichtsbarkeit selten offenbar. Ein rational durchgestalteter Instanzenweg steht aber noch in weiter Ferne. Selbst wenn er in der Forschung vorausgesetzt wird, mag folgender Fall aus dem frühen 18. Jahrhundert an die finanzielle Seite der Gerichtsbarkeit als Einnahmequelle erinnern. Eine Erlanger Chronik berichtet: „Anno 1715 den 30. Julii wurden Anna Margaretha Kißnerin und Appolonia Streunin, die Eheweiber zweyer Diebe, mit dem Staupbesen bestraft und des Landes verwiesen. Der Caspar Kiesner, welcher 3 Grade der Tortur ausgehalten ohne etwas zu gestehen, nachhero in Güte die begangenen Diebstähle eingestanden, wurde durch seinen Bruder, einen Wirth in Westphalen mittelst baarer Bezahlung von 800 fl von der Todesstrafe befreyt und nach geschworener Urphede freigelassen."[985] Die Nachricht läßt erkennen, daß es sich bei Caspar Kiesner um einen gefährlichen und erfahrenen Dieb gehandelt haben muß, der mit einer „Cameradschaft" gewerbsmäßig dem Stehlen nachging; und dennoch waren dem Erlanger Rat 800 fl. wichtiger als die Hinrichtung mit allen ihren kostspieligen Zurüstungen.

Die Stadt- und Landesverweisung, der Staupenschlag und die Brandmarkung

Verweisung, Ächtung, Verfestung – die einzige Strafe, die eine Differenzierung des Strafmaßes zuließ – von der Stadt- zur Landesverweisung, von der feierlichen Rechtshandlung zum Verwaltungsakt – die negativen Folgen: Verhinderung der Resozialisierung – Staupenschlag und Aushauen mit Ruten – die „erste Weihe zum Galgen" – die Brandmarkung, das „Diebswappen" – das gefährliche Mal: Kennzeichnung des Vorbestraften – erfolgreiche Gaunerausrede: Brandmarkung als Strafe für Desertion

Die Stadtverweisung, zu unterscheiden von der erst im 16. Jahrhundert relevanten Landesverweisung, war neben den Geldbußen die am häufigsten von den mittelalterlichen Stadtgerichten verhängte Strafe.[986] Sie kann zunächst nur ein schlichtes Gebot sein, wie etwa in Regensburg („er sull seinen pfennig andern enden zeren");[987] sie bedeutet aber spätestens um 1300 strafende Ächtung; deshalb wird etwa in Olmütz die Stadtverweisung „proscriptio" genannt: Acht.[988] Schnell verliert sich das schlichte Gebot der Verweisung; diese wird zur Strafe – immerhin eine Bestätigung unserer Ansicht, daß der Abschreckungsgedanke nicht am Anfang des städtischen Strafsystems stand.

Keine klaren Grenzen sind zwischen Acht und Verfestung zu ziehen.[989] Zu Ausgang des 13. Jahrhunderts, als etwa um 1293 das bremische Nequambuch einsetzt,[990] mussten die Städte dazu übergehen, Verzeichnisse der Verfestungen anzulegen. Denn abschreckend konnte diese Strafe überhaupt nur wirken, wenn ihre Einhaltung überprüft wurde. Und nicht zuletzt dadurch entwickelte sich zwischen Verfestung und Stadtverweisung ein großer Unterschied; erstere betraf vor allem den flüchtigen Verbrecher, letztere den angesessenen Bürger.

Die Stadtverweisung, wie sie sich mit dem 14. Jahrhundert als Rechtsregel im Strafsystem entwickelte, sollte die Bürger vor allem vor Diebstahl und Betrug schützen,[991] vor jenen beiden Delikten, deretwegen die Ratsherren sich zumeist scheuten, die Todesstrafe zu verhängen. In aller Öffentlichkeit mußte die Strafe angetreten werden: „Und sol auf hewt bei schynender sune außgen von Bamberg."[992] Innerhalb des Strafsystems stellte die Stadtverweisung die einzige Möglichkeit dar, um differenziert gemäß der Schwere des Vergehens das Strafmaß festzulegen; denn ganz unterschiedlich, stets auf den Einzelfall bezogen, wurde geurteilt, wie lange die Verweisung gelten sollte – von wenigen Wochen bei geringen Vergehen[993] bis lebenslänglich konnte die Spanne reichen. Nur bei schweren Verbrechen wurde die Stadt „auf ewig" verboten.[994] Differenzierungen nicht nur der Zeit, sondern auch des Raumes: Geurteilt wurde, wie groß der Abstand sein mußte, den der Delinquent von der Stadt zu halten hatte, ob etwa – sehr milde – nur eine oder – streng – gar zwanzig Meilen, um von den Verweisungen zu schweigen, die Waldgebirge oder große Flüsse als jene Grenze festlegten, über die sich der Verurteilte nicht der Stadt nähern durfte.[995] Ein Beispiel für die Differenzierungen. 1420 wird in Bamberg einem Mann lebenslang die Stadt verboten.[996] Er muß sich von ihr über die „vier Wälder", über den Thüringer Wald im Norden, den Böhmerwald im Osten, den Schwarzwald („Wasgenwalt") im Westen und den Scharnitzwald an den Isarquellen im Süden entfernen.[997] Er darf sich bei seinem Abzug nie länger als eine Nacht an einem Ort aufhalten, es sei denn, Krankheit oder höhere Gewalt („gotes gewalt") hindern ihn daran. Nach vier Jahren jedoch darf er in Würzburg oder Nürnberg seinen Wohnsitz nehmen.

Die Stadtverweisung ist für die Bürger eine gefürchtete Strafe. Sie schneidet einen Menschen von seinen sozialen Bindungen ab.[998] Immer wieder erreichen den Nürnberger Rat Bittschriften, in denen ein Verwiesener fleht, man möge „im herwieder einzukommen vergünnen".[999] In Regensburg bitten oft auf ewig der Stadt Verwiesene nach einem Jahr um Begnadigung.[1000]

Die Stadtverweisung wurde, als sie in das urbane Strafsystem integriert war, zu einer Universalstrafe, die gegen Bürger, gegen Fremde und Fahrende, gegen Gäste und Mägde und Knechte, die nicht zu Bürgerrecht ansässig waren, verhängt wurde. Gegenüber Nichtbürgern war sie mit der im 14. Jahrhundert aufkommenden Urfehde verbunden,[1001] mit eidlichen Versprechen, sich nicht rächen zu wollen[1002]. Denn zumindest Haft, wenn nicht gar Folter waren vorausgegangen, wenn ein Fremder gelobte, die Stadt nie wieder zu betreten. Dieses Gelöbnis ersparte ihm härtere Strafen und konnte sogar die Dankesformel an die Ratsherren mit einschließen, nicht härter bestraft worden zu sein, „daz ich in ze danchen han, di weil ich leb";[1003] „das ich inen mit der höchsten demut ... dancken" soll[1004]. Das werden insbesondere die Missetäter, die vom Galgen freigebeten worden waren und deren Urfehdeurkunden in Regensburg „Galgenbriefe" genannt wurden, mit Inbrunst getan haben.[1005] Noch im 16. Jahrhundert, als sich die ersten Ansätze einer Formalisierung des Verweisungsaktes zeigen, war die Erinnerung an dessen Feierlichkeit noch lebendig. So mußten 1551 in Rothenburg Landsknechte dem Bürgermeister „einen gelehrten, leiblichen Eid mit auferhobenen Fingern" schwören, also die Urfehde geloben.[1006] Die Urfehde zeigte sich in ihrer rechtsverbindlichen Feierlichkeit auch dann, wenn sie ein Jude unter Auflegung der Hände auf die Bücher Mosis zu schwören hatte.[1007]

Wer die Urfehde brach und früher in die Stadt zurückkehrte, dem konnte es ergehen wie Ulrich Swurl im Jahre 1435. Ihm wurden vom Henker zwei Finger abgeschlagen, weil er nach Nürnberg gekommen war, „ehe seine Jahre aus waren".[1008] Denn angesichts geschworener Urfehde galt eine solche Übertretung als Meineid.[1009] In Basel wurde nicht nur die Meineidsstrafe angedroht, also das Abschlagen der Schwurfinger, sondern sogar die Todesstrafe. Dies geschah mit einer Begründung, die mehrfach in den Märchen begegnet: Du hast dir dein Urteil selbst gesprochen. Wenn in Basel ein der Stadt Verwiesener vorzeitig zurückkehrt, „so sol man ime das houpt abslahen, und die urteil hat er über sich selber geben".[1010]

Von der Stadt lernt das Fürstentum. Seit jeher hat ein Fürst ihm unliebsamen Personen sein Land verboten; das betraf Personen höherer Geburt – vor allem aufsässige Adelige. Die Landesverweisung aber,[1011] mit der seit dem 16. Jahrhundert vor allem das sogenannte herrenlose Gesindel bedroht wird,[1012] ist nicht personales Gebot des Herrschers, sondern Instrument, mit dem die neuen Ordnungen des zum Gesetzgebungsstaat sich wandelnden Fürstentums durchgesetzt werden sollen. Während die Stadtverweisungen zurückgingen,[1013] wurden die Landesverweisungen immer zahlreicher; denn auch die städtischen Gerichte begannen nunmehr, die Landesverweisung auszusprechen, die ihnen eine umständliche Beschreibung der Distanzen ersparte, wieweit sich ein Missetäter von der Stadt zu entfernen habe.

Die Landesverweisung wird in der Neuzeit im Gegensatz zum Mittelalter nicht nach Schwere des Verbrechens, sondern nahezu schematisch gegen fast jeden Verbrecher verhängt.[1014] Scheinbare Nuancen nur, aber doch Indikatoren für einen letztlich entscheidenden Wandel: Die Stadtverweisung[1015] wurde selbst in mittelalterlichen Großstädten feierlich von der Kanzel verkündigt, genau festgelegt war, wie lange jemand fernbleiben mußte; in Hildesheim wurden sogar die Glocken geläutet, wenn ein Vornehmer verwiesen ward.[1016] Rechtsetzendes Zeremonialhandeln ging oft der Verweisung voraus: Den Schandkorb mußte der Verurteilte tragen, am Pranger stehen oder dort die Stäupung, wenn nicht gar Peitschenhiebe erleiden.[1017] Zunächst war aus dieser städtischen Tradition heraus die Landesverweisung bis ins 16. Jahrhundert hinein ein Akt voller Rechtsfeierlichkeit geblieben; genau waren die Wege vorgeschrieben, auf denen der Scharfrichter den Sünder aus der Stadt schlagen mußte, genau vorgeschrieben auch die feierliche Verweisungsformel. Spätestens seit dem 17. Jahrhundert aber wird die Landesverweisung eine allgemeine, eine nahezu automatisch ausgesprochene Strafe, ein Verwaltungsakt;[1018] sie trifft den harmlosen Vaganten und den kleinen Bienendieb ebenso wie den Schwerkriminellen. Abgeschliffen ist der einst feierliche Eid, sich nicht rächen zu wollen. Urfehde und Landesverweisung erscheinen fast als Synonyme.[1019] Die Schematisierung von Stadt- und Landesverweisung sollte nicht darüber hinwegtäuschen, daß sie den ansässigen Armen (im Gegensatz zum abgehärteten Landfahrer) sehr hart traf. So ist eine Besenbinderin, die 1692 aus Nürnberg ausgewiesen wurde, tags darauf im tiefen Schnee erfroren aufgefunden worden.[1020] Das Beispiel läßt verstehen, warum die juristischen Fakultäten um 1700 langjährige Zuchthaushaft und Landesverweisung als gleichwertige Strafen auffassen.

Die Landesverweisung war wenig geeignet, die Gesellschaft vor dem Verbrecher zu schützen. Abgesehen davon, daß sie wie die Urfehde immer wieder gebrochen wurde, weil

Das weite Umfeld der Lebens- und Leibesstrafen 125

Abb. 11: Die Öffentlichkeit der Strafe: Ankündigung des Vollzuges der Prügelstrafe am Pranger durch den Stadttrompeter. Miniatur in der Chronik des Jean Froissart, III f. 44, 15. Jh. Breslau, Stadtbibliothek.

die Obrigkeit gar nicht in der Lage war, ihre Durchführung zu kontrollieren,[1021] so hatte sie auch noch schlimme Folgen; sie zerschnitt die letzten sozialen Bindungen, verhinderte die Resozialisierung[1022]. Denn der Inquisit konnte sich unerkannt überall im Territorium aufhalten, nur nicht in seinem Heimatort, in der Nähe der Familie, von Verwandtschaft und Freunden, wo ihn die Beamten kannten. Und weiterhin: Die Stadtverweisung war, von den Geldbußen abgesehen, die einzige Strafe gewesen, die im Mittelalter eine Differenzierung des Strafmaßes zugelassen hatte. Das galt nicht mehr für die formalisierte Landesverweisung. Das Fürstentum war gar nicht in der Lage, eine solche Differenzierung, nicht einmal zeitlicher Art, zu kontrollieren. Die Landesverweisung galt – theoretisch – lebenslang, praktisch so lange, bis das sprichwörtliche Gras über die Missetat gewachsen war.

So ist die Landesverweisung nicht nur wirkungslos, was den Schutz des Territoriums angeht, sie hat auch noch schädliche Folgen, indem sie die Zahl der heimatlosen Vaganten weiter anschwellen läßt. Man wußte im 18. Jahrhundert, „daß dergleichen Verwiesene meist in Jaunergesellschaft geraten und sich sehr oft in ihr Vaterland als ärgere Tagdiebe … einzuschleichen wissen".[1023] Bereits 1606 stellte ein Jurist lakonisch fest, aus schlechten Leuten würden durch die Landesverweisung noch schlechtere, aus Verbrechern würden Schwerverbrecher.[1024]

Trotz aller Formalisierung der Landesverweisung blieb an den Betroffenen das Stigma der Bestrafung haften, vermischte sich mit den frühneuzeitlichen Unehrlichkeitsverrufen. Deswegen wurde sie zwar nicht für hartgesottene Landfahrer, aber für alle anderen zu einer harten Form der Ausgrenzung. Ein Betroffener bezeugt: „überall wo ich mich hinwendete, erfuhr man bald, auf welche Weise ich von Haus weggekommen war, kein anderer Handwerksmann wollte neben mir arbeiten, und so blieb mir nichts übrig, als … mich zu der Gesellschaft der Jauner und Bettler zu schlagen."[1025] Aus solchen Erfahrungen wird es im 18. Jahrhundert vielfach üblich, Staupenschlag und Landesverweisung nur noch gegen fremde Gauner anzuwenden.[1026] In Bayern zum Beispiel hatte der Codex juris Bavarici begriffen, daß die Relegierten „mehr verschlimmert als verbessert" worden seien, und die Kommentatoren dieses Gesetzbuches erwiesen sich als verständnisvoll und relativierten die harten Strafbedingungen, „weil die Landesverweisung denen baierischen Landsleuten Nudl und Knödl halber unverschmerzlich fallet".[1027] Mit der Diskussion um den Sinn der Landesverweisung, auf die aber mit wenigen Ausnahmen keine Obrigkeit verzichten wollte, geriet auch der mit dieser Strafe verbundene Staupenschlag ins Gerede. Er wurde im Herzogtum Lauenburg schon 1717, im Fürstentum Osnabrück 1768 abgeschafft.[1028]

Mittelalterliche Strafpraxis lebte zunächst ungebrochen in der frühen Neuzeit in einer der anstrengendsten Verrichtungen des Scharfrichters weiter, die bezeichnenderweise in den Henkertaxen mit am höchsten entlohnt war, dem Staupenschlag, dem Aushauen oder Ausstreichen des Verbrechers mit Ruten. Am Pranger vor dem Rathaus beginnend,[1029] führte der Weg des Missetäters unter Schlägen bis zum Stadttor. Beim Ausstreichen schlug der Henker nicht so kräftig zu wie beim Aushauen.[1030] Die Art und Weise, wie diese Strafe zu vollziehen sei, war dem Henker vorgeschrieben, zum Beispiel waren im Herzogtum Schleswig 27 Hiebe auf den bloßen Rücken das Normalmaß.[1031] Im Osnabrück des 18. Jahrhunderts kannte man drei Stufen: „gelinde", „ziemlich" und „stark".[1032] Beim „Ausstreichen mit Ruten" stand der Henker unter Kontrolle des Gerichts, das Zahl und Härte der Hiebe festgelegt hatte.[1033] In Eßlingen wurde 1525 ein Schweizer so „hartt" mit Ruten ausgehauen, „das er bald gestorben was".[1034] Ihm war wohl die Auffassung zum Schicksal geworden, daß das Vorbild der Schweizer die Bauern widerspenstig gemacht habe.

Die „erste Weihe zum Galgen", wie sie die Zeitgenossen nannten (und damit den Abschreckungscharakter der Strafe in Abrede stellten), vollzog der Henker mit Ruten aus Birkenreisern, in die er bei schweren Fällen noch Draht geflochten hatte. Er mußte diese Strafe häufig vollziehen: „Wenn eine Ruthe abgehauen und nicht mehr scharff ist, wirft der Nachrichter sie weg und nimmt eine neue."[1035] Vom Amtshaus bis zum Stadttor, auf gewohnheitsrechtlich festgelegtem Wege, hatte der Delinquent die Schläge zu erdulden, eine nicht nur schmerzhafte, sondern auch lebensgefährliche Tortur. Deshalb befahl der Frankfurter Rat 1528 dem Henker, einen jungen, noch schmächtigen Verbrecher nur „gemach" mit Ruten auszuhauen,[1036] deshalb meinten die Juristen des 17. Jahrhunderts, bei erstmaligem Staupenschlag sei dieser zu mäßigen, damit der Inquisit am Leben bleibe[1037]. Wenn einerseits die Strafe durch entsprechende Anweisungen an den Henker gemildert werden konnte, so gaben andererseits die Richter zuweilen auch gegenteilige Aufträge. Der Nürnberger Heinrich Deichsler berichtet um 1500 von einem solchen Fall, wo die Ratsherren schweren Herzens auf die Todesstrafe verzichteten: „Man hat lange keinen so hart gehauen, wann man wolt ihn gehangen haben."[1038] Tatsächlich konnte auf diese Weise, wie 1573 in derselben Reichsstadt geschehen, das Aushauen eine faktische Todesstrafe werden: „Man hauet ihn so hardt, das er den andern Tags stürbe."[1039]

Ausstreichen: Körperliche Schwäche ist kein Grund, vom Recht abzuweichen. Meister Franz Schmidt hatte 1606 eine betrügerische Schatzgräberin mit Ruten auszuhauen. Die Frau war schwer krank, hatte schon öfter im Siechkobel gelegen und „hat nit gehen können". Zwei Bettelvögte mußten sie stützen, damit sie beim Aushauen bis zum Stadttor kam.[1040]

Das Aushauen hinterließ lebenslang sichtbare Narben, wegen ihres Aussehens von den Gaunern „Blaukohl" genannt.[1041] Verbrecher trugen auf dem Rücken ihren Strafregisterauszug. So kann in einer Gaunerliste vermerkt werden, daß der Betroffene zweimal mit Ruten ausgehauen sein müsse.[1042]

Die Brandmarkung,[1043] das Kennzeichen des Verbrechers mit dem „Diebswappen", wie es der Volksmund nannte, das „merchen mit eim gluenden eysen",[1044] war ein in vielen Kulturkreisen gebräuchliches Verfahren, war Strafe des Verbrechers und Warnung der Gesellschaft zugleich. Schon seit dem hohen Mittelalter war diese Kennzeichnung im weltlichen, aber auch im kirchlichen Recht bekannt. Dreißig Pfennige erhielt der Henker zu Nürnberg für das Brandmarken, sei es das auf der Stirn, sei es das „durch die zene prennen",[1045] das Aufbrennen des Mals – meistens das Stadtwappen –[1046] auf beiden Backen. Das war stets mit Stadtverweisung und Ausstäupen verbunden. Lediglich bei angesehenen Handwerkern wie Veit Stoß verzichtete der Nürnberger Rat auf diese Strafverschärfung.

Die Brandmarkung, die noch das ganze 18. Jahrhundert hindurch gebräuchlich war,[1047] paßt nicht zu der Vorstellung, wonach die Neuzeit eine Humanisierung des Strafvollzugs gebracht habe. Sie brachte lediglich eine Formalisierung, aber keine Rücknahme der Abschreckungssignale. Gewiß, man brannte seit dem ausgehenden 17. Jahrhundert einem Verbrecher nicht mehr das Stadtwappen mitten auf die Stirn, sondern etwas diskreter zwischen die Schulterblätter; aber man setzte das Brenneisen zugleich viel häufiger ein, wandte es nicht nur gegen den gefährlichen Verbrecher, sondern auch und vor allem gegen den meist harmlosen Vaganten an.[1048]

Wer als Fahrender gebrandmarkt war, schwebte hinfort in Lebensgefahr. Wirtschaftliche Krisenzeiten schlugen sich im Anstieg von Kriminalität und damit im Anstieg von Henkerlöhnen nieder.[1049] Denn zentimetertief wird ein solches Mal bei einer Temperatur von etwa 377°, bei der das Eisen nicht mehr rot, sondern schwarz glüht, zwischen den Schulterblättern eingebrannt.[1050] Schießpulver oder Farbe in die Wunde eingerieben, sollte das Entfernen eines solchen Mals verhindern. Wer ein solches, meist mit einem Durchmesser von drei Zentimetern rundes und mit dem Wappen oder Anfangsbuchstaben der strafenden Herrschaft versehenes Zeichen trug, zum Beispiel ein „B" für Bayern, ein „N" für Nürnberg, der war auch bei kleineren Verbrechen für den Galgen qualifiziert. Selbst der einfallsreichste Vagant war mit seinen Ausreden bald am Ende, wenn ein Amtmann genauer nachfragte und nicht glaubte, daß das verräterische Mal von einer Verbrühung herrühre. Der herbeigeholte Henker widerlegte diese Ausflucht. Erfahrene Gauner bissen deshalb die Zähne zusammen, ließen sich die Brandmarkung herausschneiden, die tiefe Fleischwunde für das geringere Übel haltend, und ließen die Wunde verheilen, so daß die Behörden oft unsicher waren, ob eine merkwürdige Stelle an der Stirn oder auf dem Rücken nicht doch „der gebrannte Galgen sey". Chirurgen wurden herangezogen, um Klarheit zu bringen. Es erregte die bayerischen Landstände, daß nicht sie, sondern der so gering geachtete Henker die wissenschaftliche Auskunft gab.[1051]

Eine Ausrede jedoch versprach bezeichnenderweise Erfolg, die Behauptung, die Brandmarkung sei Strafe für eine Desertion. Selbst Beamte sahen in der Fahnenflucht kein verwerfliches Delikt, hatten Verständnis für den Deserteur.[1052] Geistesgegenwärtige Gauner konnten auf dem Lande mit einer entsprechenden Behauptung ihr Leben retten.[1053] Schwerer war dies in den Städten, wo der Henker mit seinen Torturwerkzeugen schnell greifbar war. Als 1724 in Hildesheim aufgegriffene Zigeuner die verräterischen Male – alle waren zwei- bis dreimal gebrandmarkt – mit Desertion erklärten, erschien dies den Beamten auf den ersten Blick gar nicht unwahrscheinlich; denn auch Zigeuner wurden als Soldaten angeworben. Was aber war die Wahrheit, wenn schließlich einer der Aufgegriffenen, nachdem der Henker die Tortur verschärft hatte, die Ausrede zugab?[1054]

Als wiederum 1724 im Hildesheimischen zwei gebrandmarkte Zigeunerfrauen aufgegriffen werden, gibt die erste an, sie habe das Mal erhalten, als ihr Mann zu Reims von französischen Truppen desertiert sei, die zweite behauptet, nur wegen ihres katholischen Glaubens gebrandmarkt worden zu sein, als ihr Mann aus einem mecklenburgischen Gefängnis entsprungen sei.[1055] Die gleichen Ausreden begegnen auch im Trierer Erzstift.[1056] Die Richter sind ratlos, genauso ratlos wie in dem Fall einer anderen Zigeunerin, welche das Mal auf ihrem Rücken damit erklärte, sie habe es erhalten, „als in brandeburgischen die newn zigeuner galgen aufgerichtet" worden seien und sie zufällig das Land betreten habe.[1057] Die Untersuchungsakten brechen an dieser Stelle, wie so häufig, einfach ab. Dahinter steht die eigentliche Humanität im Strafvollzug des 18. Jahrhunderts. Man hatte die Zigeunerinnen einfach laufengelassen und die Akten beiseite gelegt. Jedes weitere Verfahren wäre, sporteltrachtig, gewiß aktenkundig geworden.

Man scheue sich überhaupt, an Frauen die Todesstrafe zu vollziehen, und man hatte allen blutrünstigen Strafandrohungen zum Trotz im allgemeinen doch Scheu, diese Drohungen zu realisieren. Die Hildesheimer Richter waren 1724 und 1731 in dem Fall einer dreimal gebrandmarkten Zigeunerin[1058] nicht gewillt, die den Edikten zufolge fällige Todesstrafe zu verhängen. Es erschien ihnen nicht unwahrscheinlich, daß diese Brandmarkungen allein Bestrafungen für Herumvagieren im Lande gewesen waren, Ausdruck für die verbotene Existenz der Zigeuner. (Im Gegensatz zu den harten Vagantengesetzen des Frankreichs Ludwigs XIV. kannte man in Deutschland das Rasieren der Köpfe als Strafe für vagierende Frauen nicht.[1059])

Zwischen Strafe und Willkür: das Prügeln

Von der frühmittelalterlichen Knechtsstrafe zur herrschaftlichen Willkür auch gegen Freie – die frühmittelalterliche Wurzel der Selbstjustiz – Gerichtsbarkeit unter der Gerichtsbarkeit: herrschaftliche Willkür und ihr Weiterleben bis ins 18. Jahrhundert

Die Prügelstrafe gehört zur Geschichte,[1060] und sie hat auch ihre Geschichte. In der sogenannten Villikationsverfassung, der für das Frühmittelalter spezifischen Wirtschaftsordnung eines um einen Haupthof gelagerten Systems von Nebenhöfen, einer hierarchisch gelenkten Gewalt über abhängige Menschen, welche Stufe der Hörigkeit sie auch immer hatten, war die Prügelstrafe eine übliche Drohung gegen alle möglichen Formen der Aufsässigkeit. Typisch etwa das vierte Kapitel des Capitulare de villis: Falls jemand aus der „familia" der Königsgüter durch Diebstahl oder Fahrlässigkeit die Einkünfte gemindert habe, solle neben dem Schadensersatz dem Betreffenden auch die gesetzmäßige („pro lege") Prügelstrafe auferlegt werden.[1061] Dem entspricht, daß der Dieb nach der Lex Burgundionum, selbst wenn er ein Freier ist, durchgehauen werden soll.[1062]

Allein beim Prügeln hat die „Nivellierungstheorie", wonach die Knechtsstrafen der Leges in die hochmittelalterliche Strafgerichtsbarkeit übergegangen seien, eine gewisse Wahrscheinlichkeit. Die ottonischen Herrscher ließen sogar hohe Herren ausprügeln. Das war zwar in der Folgezeit den Königen nicht mehr möglich, aber daß Fürsten, ja selbst Bischöfe freie Männer prügeln ließen, ist immer wieder bezeugt. Daß der Bremer Erzbischof Bezelin-Alebrand Menschen auszupeitschen befahl, erregte nur deshalb Mißfallen bei seiner Mitwelt, weil er Laien, die Geistliche schimpflich („inhoneste") behandelt hatten, so bestrafte.[1063]

Es scheint fast so, als wäre die Achtung vor der Geistlichkeit in die Welt nicht hineinmissioniert, sondern -geprügelt worden. Zum Beispiel läßt um 1160 Bischof Gerold von Oldenburg einen Laien, der einen Geistlichen verleumdet hatte, überaus heftig durchprügeln („acerrime plagiari").[1064] Zu berücksichtigen ist dabei allerdings, daß die waffenlosen Geistlichen der Gewalt ohne Möglichkeit der Selbstverteidigung ausgesetzt waren. Klagen über hohe Herren, die gleichermaßen armen Leuten und Klerikern Prügel androhten, überliefert schon die Hildesheimer Briefsammlung zwischen 1054 und 1079.[1065]

Als die Städte den Staupenschlag in ihr Strafrecht einbezogen, schien eine Verrechtlichung erreicht worden zu sein; denn schließlich setzte dieser Vollzug ein gerichtliches Urteil voraus. Aber das Schlagen des Mitmenschen hat einen so weiten Spielraum zwischen privater und öffentlicher Gewalt, daß der Willkür keine engen Grenzen gesetzt sind. Ein Beispiel: Das Kirchenrecht schützte den Kleriker vor dem weltlichen Gericht. Die Grafen von Zimmern aber, die streng altkirchlich gesonnen waren, sollten sich nicht scheuen, den geistlichen Missetäter, den sie nicht gerichtlich verurteilen konnten, einfach durchprügeln zu lassen.[1066] Weiterhin: Die Gemeinschaft sucht nicht immer die gerichtliche Strafe; sie schlägt auch selbst zu, zuweilen unter Absingen von Liedern, wobei der Takt der Musik den Takt der zuvor gemeinschaftlich festgelegten Schläge wiedergeben soll.[1067]

Nur zwei Hinweise erscheinen nötig, um festzustellen: Die Einbeziehung des Schlagens in das Recht war nur die eine Seite in der Geschichte der Prügelstrafe. Außergerichtlich wurde weitergeprügelt. Damit seien nicht die üblichen Raufereien benannt; vielmehr handelt es sich um ein Züchtigen von Amts wegen. Das Prügeln blieb, auch wenn sich das soziale Profil der Opfer veränderte, Ausdruck des Herrenrechts am Menschen. Es wurde mit der Ausbildung des staatlichen Gewaltmonopols von den Amtleuten problemlos neben und außerhalb des staatlichen Strafvollzugs praktiziert. Nur trafen jetzt diese Züchtigungen wehrlose kleine Leute und Vaganten.

In den Hunderten von Mandaten, die den Landfahrer in der frühen Neuzeit bedrohten, war viel von drakonischer Abschreckung, aber selten von dem alltäglichen Mittel der Vagantenbekämpfung die Rede, von Prügel und Schlägen.[1068] Neben dem willkürlichen Filzen der letzten Habseligkeiten durch die obrigkeitlichen Polizeitruppen gehörte das Schlagen der Vaganten durchaus zur regulären „Rechtspflege", zu den selbstverständlichen Pflichten eines Amtsknechts. Das „mit Riemen abschmieren" war bereits um 1600 das wichtigste Strafmittel des Landprofosen Jakob Bithner.[1069] Es wurde selbst in der milder gesonnenen zweiten Hälfte des 18. Jahrhunderts den Beamten direkt empfohlen. Eine Ausnahme blieb es, wenn eine Würzburger Instruktion 1780 den Husaren vorschrieb, Bettler nur mit „einigen mäßigen Stockschlägen nach Leibsbeschaffenheit zu züchtigen" und die kranken Landfahrer nicht zu schlagen.[1070]

Noch von Glück konnte sagen, wer nicht willkürlich und brutal von den Husaren gezüchtigt wurde, sondern vor dem Amtshaus seine „Tracht Prügel" erhielt, worunter eine genau bemessene Zahl von 12 bis höchstens 15 Stockschlägen verstanden wurde.[1071] Prügel und Schläge ersparten den Amtleuten Zeit und vor allem Kosten. Darin sah selbst der Heidelberger Stadtdirektor Pfister, der „alle Vaganten durch öffentliche Patente für rechtlos erklären" wollte, polizeitaktische Nachteile und wollte diese eigenmächtige Justiz verboten wissen; denn „Hölzerlips und Manne Friedrich haben sich über dergleichen erlittene Mißhandlungen, wobei sie mehrere hundert Prügel bekamen und all ihrer Habseligkeiten beraubt wurden, ohne daß bei irgendeinem Amte darüber eine Anzeige gemacht wurde, oft und bitter beklagt, und dieselbe als die dringendsten Impulse zu neuen Diebereien bezeichnet".[1072]

Mit ihrer Formalisierung und Ausdehnung selbst auf letztlich harmlose Kleinkriminelle war die mit der Landesverweisung verbundene Fustigation faktisch wenig von der Prügelstrafe unterschieden, die ein Vagant am meisten von den Amtleuten auf dem Lande zu fürchten hatte. Der Unterschied lag lediglich in der Willkür; die Zahl der Schläge war nicht wie beim Staupenschlag festgelegt.[1073] Schon um 1600 klagt der steirische Landprofos Jakob Bithner, daß die Amtleute lieber die Gartbrüder durchprügeln und laufenlassen als mit ihnen Scherereien zu haben.[1074] Und im 18. Jahrhundert empfahlen angesichts der Überfüllung von Zuchthäusern sogar die Obrigkeiten, es mit dem Auspeitschen bewenden zu lassen.[1075]

Als Strafe konnten Prügel die gestandenen Gauner nicht schrecken, die sogar „über die gemeine species torturae schon weit hinaus" abgehärtet waren.[1076] Den Haß auf die Obrigkeit konnten Prügel nur wecken und verstärken, zumal dann, wenn ein Jauner von den Beamten noch um seine kärgliche Habe gebracht, gewissermaßen von der Obrigkeit bestohlen wurde. Ein solches Ausplündern gelangte, da die Jauner rechtlos waren, nicht in die Akten. Den Husaren war schließlich befohlen worden, die Bündel der Fahrenden zu inspizieren – und wer wollte schon entscheiden, wann auf abgelegenen Straßen Untersuchungen aufhörten und Beraubungen begannen.

Die Prügel, mit denen Vaganten gezwungen werden sollten, ein Territorium zu meiden, bezeichnen zugleich eine Realitätsebene dessen, was als Sozialdisziplinierung, was als wichtiges Ziel der frühneuzeitlichen Staatsverwaltung weitgehend theoretisch deduziert worden ist. Das Schlagen der rechtlosen Vaganten stellt zugleich eine Bedrohung aller vom Recht nur wenig geschützten kleinen Leute dar, eine Bedrohung, wie sie noch bis in das 19. Jahrhundert bestand. Auch wenn einzelne Staaten wie Baden 1803 und Hessen-Kassel 1809 die körperliche Züchtigung (bis auf die „intramurane" innerhalb des Zuchthauses) abschafften,[1077] so blieb sie doch schon allein aus fiskalischem Denken, aus Gründen der Kostenersparnis, bis in das erste Viertel des 19. Jahrhunderts die häufigste gegen untere soziale Schichten verhängte Strafe.[1078] Und noch 1854 stellten Kriminalisten, als in Österreich und Württemberg die Prügelstrafe wieder eingeführt worden war, mit wünschenswerter Deutlichkeit fest, daß „diese Strafe auf die untersten Schichten der Gesellschaft beschränkt" sei, „auf Personen, bei denen Prügeleien im täglichen Leben häufig vorkommen, welche folgeweise im Geprügeltwerden keine besondere Ehrverletzung finden".[1079] Hier liegt eine Spätfolge der obrigkeitlichen Mandate gegen das herrenlose Gesindel vor. Das stellten wiederum die bereits zitierten Kriminalisten klar, wenn sie meinten, daß die Prügelstrafe nur gegen Vagabunden Anwendung finden solle, daß die österreichische Gesetzgebung aber „etwas zu weit" gehe, „wenn Dienstboten, Handwerksgesellen, Lehrjungen, Kutscher und überhaupt Tagelöhner schlechthin dieser Strafe unterworfen werden".[1080] Immerhin zeigt das österreichische Vorgehen, daß die Mandate gegen die Vagabunden auch eine indirekte, aber für die Betroffenen spürbare Bedrohung aller unteren sozialen Schichten enthielten, also gerade derjenigen Leute, die ohne feste Anstellung in Lohnarbeit sich durchschlagen mußten.

Bis ins 19. Jahrhundert wurden Prügel als unerläßliches Mittel des Strafvollzugs angesehen (weswegen diese Strafe 1863 auch in England wieder eingeführt wurde).[1081] Sie wurden von den Juristen selbst im Zeitalter der Aufklärung noch nicht in Frage gestellt, sondern nur genauer qualifiziert und differenziert. Wichtig erschien den Rechtsgelehrten die Unterscheidung des Vollzugs, ob mit Stock oder Rute, ob mit Peitsche („Karbatsche") oder Ochsenziemer; weiterhin, ob die Ruten vorher eingeweicht werden durften, ob „trockene" oder „nasse" Schläge (unblutige oder blutige) verabreicht, ob Rücken oder Hintern (selbst bei Frauen!) „gestrichen" werden sollten.[1082] Das aber war nichts anderes als Weiterführung einer spätmittelalterlichen Tradition, als die Stadträte vorschrieben, in welcher Form das „Ausstreichen" zu erfolgen hatte.

Die Überwindung des vom frühen Mittelalter an bezeugten Prügelns als Ausdruck des Herrenrechts am Menschen ist insofern ein spannendes Thema, als es die gewohnten Periodisierungen der Historiker in Frage stellt. Die Ausbildung des frühneuzeitlichen Staates hatte eben nur für die „bessere Gesellschaft" Fortschritte der Rechtssicherheit gebracht. Die kleinen Leute wurden weiter geprügelt. Das Herrenrecht mittelalterlicher Großer nahmen auch die Amtleute der frühen Neuzeit für sich in Anspruch. Und alle Humanisierungstendenzen im Zeitalter der Aufklärung erreichen doch nicht, wie die Geschichte der rheinischen Räuberbanden belegt, die alltägliche Ebene.

Der entscheidende Fortschritt in der Überwindung der Prügelstrafe kam – wie so häufig in der Geschichte des Fortschritts – von unerwarteter Seite, in diesem Fall von der militärischen Organisation. Als unter dem Eindruck der französischen Revolutionskriege die preußischen Reformer die „Freiheit der Rücken" für die Soldaten durchsetzten, stöhnte zwar der General von Rüchel, das bedeute den Untergang der preußischen Armee, aber wenn selbst im Heer des Fürsten nicht mehr geprügelt werden durfte, war der Untergang dieser Strafe nur eine Frage der Zeit und der Anpassung.

Haftstrafen? Die Gefängnisse

Geburt der Haftstrafe im Mittelalter? Von zweierlei Willkürbegriffen – „Mönchung" und andere Vorformen der Haftstrafe – der Normalfall: das Gefängnis als Verwahrort bis zur Hinrichtung – vom Diebsstock zum „Rosengarten" – Unterschiede zwischen Stadt und Land: Turm oder Seidenfaden – Haft als Druckmittel: gegen Übertreter von Ratsgeboten, säumige Schuldner, übermütige Patriziersöhne – der Experimentalcharakter der Haftstrafe – Betrugsbettler in Ketten – Kälte, Nässe, Schmutz, Wasser und Brot: die harten Haftbedingungen – Ausbildung eines differenzierteren Gefängniswesens in größeren Städten – häufige Ausbrüche von Gefangenen – der flüchtige Gefangene, noch kein Stigmatisierter – Sonderform der Haftstrafe: die lebenslange Einmauerung

Wegen der Meßbarkeit der Zeit ist von allen Strafen allein die Haftstrafe geeignet, für den konkreten Einzelfall rationale Strafen von einem Strafprinzip abzuleiten. Daß diese Ableitung historisch nicht gelingen kann, gilt es im folgenden nachzuweisen, um damit auch allen Versuchen, ein den diversen Urteilsfindungen gemeinsames Strafrecht aufzuspüren, den Boden zu entziehen.

Der Schatten der wirkungsmächtigen Theorien Michel Foucaults liegt derzeit noch über jedem Versuch, Klärung über die Geschichte der Haftstrafe zu gewinnen.[1083] Es liegt nicht in unserer Absicht, die Thesen Foucaults zu diskutieren,[1084] auch wenn wir um die Feststellung nicht herumkommen, daß die Geschichte des Gefängnisses – und das wird sich gleichfalls an der des Zuchthauses erweisen – eine Geschichte der Aushilfsmaßnahmen war, die sich der entwicklungsgeschichtlichen Logik weitgehend entzieht, weil sie in der

Realität für die Betroffenen einen weiteren Spielraum von Willkür durch die Strafenden eröffnet. In aller Deutlichkeit: Von einer geregelten Interpretation der Haftstrafe in ein System der Rechtspflege kann vor dem 19. Jahrhundert, das allerdings von der Nachdenklichkeit der Spätaufklärung profitierte, keine Rede sein. Willkür im modernen Verständnis ist immer Zeichen von Unsicherheit; im Mittelalter war der Ausdruck ein Rechtswort, das die umfassende, die rechtsetzende, die bis in das Strafrecht hineinreichende Gewalt des Gerichts bezeichnete.[1085] Mittelalterliches und neuzeitliches Verständnis von Willkür – unmöglich ist es, eine auch nur halbwegs zutreffende zeitliche Einordnung der Begriffsveränderung nachzuweisen – verwehren schon von der Sache her den umfassenden theoretischen Ansatz. Der Gedanke an eine Haftstrafe als Möglichkeit des Strafvollzugs blieb dem Mittelalter weitgehend fremd.[1086] Noch in der Carolina spielt die Freiheitsstrafe eine ganz untergeordnete Rolle.[1087]

Das spätantike Gefängniswesen war schon im Frühmittelalter verfallen. In der Vita der hl. Radegundis wird zwar noch um 600 in Péronne eine Haftanstalt erwähnt, in der ein eigener „iudex" für die Insassen verantwortlich ist,[1088] aber das ist ein vereinzelter Beleg. Wenn die Flucht von gefangenen Räubern in den karolingischen Kapitularien immer wieder beklagt werden muß,[1089] so ist das ein Entfliehen aus der Haft von Richtern und Grafen, keine Erscheinung, die auf spezielle Kerker, geschweige denn auf eine „öffentliche" Freiheitsstrafe schließen läßt. Die Fesselung, bezeichnenderweise „haft" genannt, ersetzt das Arrestlokal.[1090] Und selbst die Bilderhandschriften des Sachsenspiegels kennen statt eines Gefängnisses die Fesselung an einer Säule.[1091]

Vorahnungen der Freiheitsstrafe kann man allenfalls in der zwangsweisen „Mönchung" hoher Adeliger oder sogar von Angehörigen der Königssippe sehen.[1092] Aber dieser für die fränkische Zeit spezifische Kompromiß zwischen Todesstrafe und Respekt vor dem erlauchten Geblüt war ein politischer Kompromiß, keiner, der für die Geschichte der Strafe von Belang geworden wäre. Schon in ottonischer Zeit ist dieser Ausweg vergessen.

Verliese gibt es natürlich in Burgen und befestigten Häusern, wie sie seit dem ausgehenden 11. Jahrhundert entstanden. Die Bilderhandschriften des Sachsenspiegels zeigen Burgen, wenn sie den Rechtssatz illustrieren, daß dem König alle Gefangenen ledig werden, wenn er in ein Land einreitet.[1093] Verliese auf Burgen bleiben das ganze Mittelalter hindurch für adelige Fehdeführung unerläßlich. Wenn die „Sühne", die Beilegung einer Fehde, erfolgt, spielt die „Atzung", der Ersatz für die Verpflegung des freizulassenden Gefangenen, eine entscheidende Rolle. Ein gewissermaßen politischer Preis ist dabei für schmale Kost in dunkler Kammer zu entrichten. Ende des 14. Jahrhunderts hat ein Straßburger Dompropst 400 Pfd. Pfennige als „Atzung" zu erlegen[1094] – ein Vermögen. Mit Gerichtsbarkeit haben diese Burgverliese nichts zu tun. Nur ein Beispiel, das den „privaten" Charakter der Haft auf Adelsburgen, welche auch kleine Leute bedrohte, belegt. Die Erzlagersucher, die Gebrüder Zwerger, waren, wie 1453 Nikolaus von Kues an Albrecht III. von Bayern-München schrieb, „in ewr freuntschafft vanckknuss gewesen", woraus sie „mit gots an ander hilff auskomen sind".[1095] Ohne andere Hilfe: Ein gelungener Ausbruch aus herrschaftlicher Haft, aber keine Infragestellung eines Vollzugs verdienter Strafe.

Auch von dem innermonastischen Strafvollzug, von dem „ergastulum", dem Gefängnis des undisziplinierbaren Mönches, gingen keine Wirkungen auf die Geschichte der Freiheitsstrafe aus,[1096] obwohl diese Haft bereits den zukunftsweisenden Gedanken der Strafe für denjenigen enthält, der gegen die Ordnung der Gemeinschaft verstößt. Ein Seitenblick: In den Klöstern ist schon seit der Spätantike die Freiheitsstrafe für die Mönche bekannt.[1097] Die Strafmaßnahme lebt in fränkischer Zeit weiter, ist aber von der „Mönchung" als politischer Maßnahme zu unterscheiden.[1098] Klosterhaft gab es auch in den Nonnenkonventen, wie eine Nachricht Gregors von Tours lehrt: König Gunthram wies Theudichilde, die Witwe König Chariberts, in ein Kloster ein. Sie wollte fliehen, aber ihre Flucht wurde entdeckt. „Die Äbtissin ließ sie hart geißeln und in den Kerker werfen, in dem sie bis zum Ende ihres zeitlichen Lebens ... nicht geringe Leiden zu ertragen hatte."[1099]

Der Historiker Mabillon stößt bei der Erforschung mittelalterlicher Geschichtsquellen auf eine noch in seiner Zeit lebendige Tradition: das Klostergefängnis. Die Benediktinerregel kannte ein solches nicht. Mabillon verweist auf einen Beschluß der Abtei Aachen von 817, wonach es verboten wurde, den sündigen Mönch nackt vor den Augen aller Gläubigen auszupeitschen; vielmehr solle er in einen angeschlossenen, aber heizbaren Raum eingesperrt werden.[1100] Heftig tadelt Mabillon die Strenge französischer Äbte des 11. Jahrhunderts, die unverbesserliche Mönche lebenslang in einem unterirdischen Verließ in Form eines Grabes gefangenhielten.[1101]

Mabillons Studie wurde erstmals 1724 gedruckt. Dem lag kein historisches, sondern ein neues, der Aufklärung verpflichtetes Interesse zugrunde. Von der Aufklärung war der 1707 verstorbene Mabillon nicht beeinflußt, aber er hatte Reformforderungen mit seinen historischen Arbeiten verbunden, und indirekt zeigt seine Studie, wie wenig überhaupt von den innermonastischen Strafen bekannt war. Das Klostergefängnis blieb ein vor der Welt bewahrtes Geheimnis. Daran wollte Mabillon wohl nichts ändern, aber die gegebenen Zustände erschienen ihm untragbar. Die Bestrafung von Mönchen sollte nicht analog zum weltlichen Recht erfolgen, sondern der Benediktinerregel entsprechend von Erbarmen gelenkt werden.[1102] Die Gefangenen sollten spazierengehen dürfen, und es sei ein Mangel an Barmherzigkeit, ihnen keine Bücher zu geben.[1103]

Am frühesten war in England ein Gefängniswesen als Mittel der Rechtspflege ausgebildet worden.[1104] Es begegnet hier schon im 13. Jahrhundert. Noch handelt es sich um Holzhütten in den Innenhöfen der Burgen. Nur in London ist 1232 ein entsprechender Steinbau in der Fleetstreet bezeugt. Zu Ausgang des 14. Jahrhunderts werden die ausbruchssicheren Steinbauten allgemeiner. Hier zeichnet sich bereits ein englischer Sonderweg ab. Eigene Gebäude, und nicht wie auf dem Kontinent Behelfsräume in Stadttürmen und dergleichen, weisen bereits auf den Weg zur Haftstrafe als Möglichkeit der Judikatur hin, einen Weg, der auf dem Kontinent erst in der frühen Neuzeit beschritten wird. Deswegen wird in England der Gefängnisaufenthalt als infamierend angesehen, während er auf dem Kontinent, etwa bei der Schuldhaft, nicht als ehrenrührig gilt. Die Gerichtsbarkeit des reisenden Richters in England brauchte ein ausgebildetes Haftwesen; denn die Angeklagten, die keine Kaution stellen konnten und auf ihren Prozeß warteten, mußten verwahrt werden. Wenn aber im England des 14. Jahrhunderts 94% der Insassen gehängt wurden,[1105] erweist sich bei allen Unterschieden zu den kontinentalen Verhältnissen das Gemeinsame: Das Gefängnis dient in erster Linie der Verwahrung von Gefangenen, denen die Hinrichtung bevorsteht. Unter dem Druck der Realität erst erwächst daraus das Untersuchungsgefängnis, was sich in einem lakonischen Eintrag der Nürnberger Stadtrechnungen zum Jahre 1434 spiegelt. Kosten werden notiert für die Inhaftierung einer Frau und dreier Fußknechte, „die man wegen Straßenraubs unschuldigerweise herein in das Loch führte".[1106]

In Deutschland haben zuerst die spätmittelalterlichen Städte ein Haftverfahren zur kurzfristigen Verwahrung von Verbrechern benötigt. Die hergebrachten Aushilfen der Fesselung und Verwahrung in wenig genutzten Räumen reichten nicht mehr aus. Am Anfang stand oft ein einfacher Block,[1107] der schon verfeinert war, wenn ein „stuelschaff", ein Bottich zur Verrichtung der Notdurft, darundergehängt wurde[1108]. Dieser „Diebsstock"[1109] stand am Anfang. Ihm folgte der Diebskasten, ein Käfig,[1110] der mit der „Torenkiste", dem „Narrenhäuslein", identisch sein konnte[1111]. Die Entwicklung vom Stock bis zum Diebskasten unterstellt eine Entwicklung zur geregelten Haftstrafe. Das aber ist nicht der Fall. Haft – das war Anwendung von Gewalt, wie es mit wünschenswerter Deutlichkeit die Frankfurter Schöffen 1297 den Weilburgern mitteilten: Man sperre den Übeltäter so lange in den Turm, „bis er weint und verspricht, es nie wieder zu tun".[1112] Die Haft als Druckmittel: Das gleiche Gefängnis kann den Missetäter und den säumigen Schuldner aufnehmen.[1113] Bei allen Unterschieden gilt schon im Mittelalter, was Karl Härter für die frühe Neuzeit feststellte: „Das Abschreckungs- und Disziplinierungspotential des Untersuchungsverfahrens war insgesamt erheblich."[1114] Mit wachsender Urbanität wuchsen die strafrechtlich relevanten Fälle, zum Beispiel das Übertreten der städtischen Spielverbote. Mit dieser Urbanität, mit ihren neuen Stadtmauern und kommunalen Bauten wuchsen aber auch neue Möglichkeiten der Haftstrafe in den Stadttürmen und in den Kellern der Rathäuser. Geradezu typisch ist die Entwicklung in Schlettstadt verlaufen. Dem verschließbaren Stock, von dem die Statuten reden, folgen von eigenen Wärtern, von den „bott in der keffigen" beaufsichtigte Verschläge und schließlich um 1500 ein eigenes Gefängnis.[1115] Wenn Gefängnisse „fronfest"[1116] oder – erstaunlich häufig – „Rosengarten"[1117] heißen, handelt es sich um das Haus des Büttels, also um einen Zwischenschritt auf dem Weg vom Untersuchungsgefängnis zur städtischen Haftanstalt.

Die Revaler Kämmereirechnungen lassen erkennen, wie zunächst – üblicherweise –[1118] das Haus des Scharfrichters als Haftanstalt diente, für die 1437 „slutisern", Schlösser, in Art von Hand- und Fußschellen angeschafft wurden; bereits sieben Jahre später aber muß es, wie aus Reinigungskosten hervorgeht, ein städtisches Gefängnis, „der deve hues", gegeben haben.[1119]

Wie aber sieht es auf dem Land aus? Während in der Stadt dem Übertreter städtischer Gebote die (übrigens noch nicht ehrenrührige) Turmhaft angedroht wird, droht im Dorf demjenigen, der gegen den Dorffrieden verstößt, die Sanktion durch die Gemeinschaft. Diese Sanktion kennt die verschiedensten Formen; eine sei hier vorgestellt, weil sie das Gegenstück zur urbanen Turmstrafe besonders eindrücklich zeigt: der Seidenfaden, der vor das Hoftor des Friedensstörers gespannt wird und den dieser, so dünn der Faden auch ist, nicht zerreißen darf, um der Haft in seinem eigenen Haus zu entgehen. Das ist eine andere Welt, in der ein Mensch die Sanktionen der Gemeinschaft zu respektieren gelernt hat, das ist nicht die urbane Welt, in der eigens verboten werden muß, daß die in den Türmen wegen verbotenen Glücksspiels Einsitzenden, die Statuten verlachend, erneut mit ihren

Besuchern würfeln. Seidenfaden und Stadtturm. Die Obrigkeiten in den Städten können sich nicht wie die im Dorf auf die Unterordnung des einzelnen unter die Sanktion durch die Gemeinschaft verlassen. Das im hohen Mittelalter entstandene Dorf ist mit seinen verschiedenen Sozialgruppen vom Klein- bis zum Großbauern gewiß keine harmonische Gemeinschaft, aber es kennt nicht im gleichen Maße wie die Stadt die räumliche Konzentration sozialer Konflikte, was eine Verschärfung der Sanktionen erforderte.

Möglich, aber nicht beweisbar ist, daß die Kirche über die bischöfliche Gerichtsbarkeit auf die Entwicklung von Haftstrafen in der Stadt eingewirkt hat; denn das im späten 13. Jahrhundert entstehende bischöfliche Gericht, das Offizialat, kannte bereits die Haftstrafe.[1120] In der Reformatio Sigismundi, einer Reformschrift im weiteren Umkreis des Basler Konzils, meint „Kerker" stets das kirchliche Gefängnis.[1121]

Ob die spätmittelalterlichen Städte aus Sachzwängen oder aufgrund kirchlicher Anregungen Gefängnisse entwickelten, läßt sich nicht entscheiden. Wohl aber läßt sich sagen, daß die Inhaftierung wegen übertretener Ratsgebote und auch die wegen unbeglichener Schulden, die Schuldhaft, nur den sekundären Vorgang darstellte. Primär und alltäglich war: Die Haft diente der Verwahrung der verurteilten Verbrecher, die nach wenigen Tagen zur Hinrichtung geführt wurden. Sodann brauchte man die Gefängnisse auch für Leute, die nicht das Bürgerrecht besaßen und die man nicht mit der Universalstrafe der Stadtverweisung belegen konnte.

Allmählich benötigt im 15. Jahrhundert die Gerichtsbarkeit zumindest in den großen Städten eine befristete Haftstrafe als Strafmöglichkeit neben der Stadtverweisung.[1122] Sie braucht sie für Frevler wie Trunkenbolde oder Völler, die keine Bürgen stellen können.[1123] Das Gefängnis wird hier zur Ersatzstrafe, falls die Geldbuße nicht erlegt werden kann.[1124] Das aber befremdet als Neuerung noch 1525 den gemeinen Mann in Frankfurt. Man solle doch jene Bürger, die bei Verfehlungen oder Zahlungsunfähigkeit keine Bürgen stellen können, nicht gefangensetzen: „umb schult oder Freffel ... nit gefenglich annemen."[1125]

Deutlicher als bei der Entwicklung der Leibes- und Lebensstrafen zeigt sich bei den Haftstrafen der Experimentalcharakter auf dem Weg zum urbanen Strafsystem. Folgenlose Ansätze. 1447 erbaute der Erfurter Rat „eine zucht unde ein behelteniss unde nanten das das Pardisz". Dieses ironisch als Lustplatz benannte Haftlokal brauchte man in der bedeutendsten Universitätsstadt des deutschen Mittelalters, falls man „ehrliche person addir studentin ... umbe lichte sache zuchtigen wulde".[1126] Im ähnlichen Sinne war wohl auch im spätmittelalterlichen Lübeck eine disziplinierende Haftstrafe für Jugendliche vorgesehen.[1127] Hier konnten im 15. Jahrhundert auch ungebärdige Angehörige der Jeunesse dorée von ihren Vätern ins Gefängnis gesteckt werden.[1128] Übrigens scheute sich auch der Nürnberger Rat nicht, übermütige Patriziersöhne für acht Tage in den Stadtturm zu stecken.[1129]

Weit war der Weg zu einer Haftstrafe. Lediglich eine Drohung, für deren Realisierung es keine Belege gibt, stellte es dar, wenn Städte den Mann, der ein Mädchen ohne Einwilligung von deren Eltern oder Vormündern heiratete, mit langjähriger oder wie in Dortmund sogar mit lebenslänglicher Haft strafen wollten.[1130] Da das Kirchenrecht die sogenannte „heimliche Ehe" für gültig erklärt hatte, sahen die Stadtväter keinen anderen Ausweg als diese leere Drohung, um das Prinzip der Eheabreden zwischen den Familien aufrechtzuerhalten.

Eher zum Experimentalcharakter bei der Entwicklung eines Strafsystems denn zur neuzeitlichen Geschichte des zeitlich limitierten Freiheitsentzugs gehören die mittelalterlichen Nachrichten von einer zeitlich begrenzten Gefängnisstrafe. Im Speyer des 14. Jahrhunderts warf man Kuppler und Berufsspieler für vier Wochen in den Turm, bevor sie auf ewig der Stadt verwiesen wurden.[1131] In Bamberg mußte der Schreiber Mertein Ditmar eine Zeitlang im Gefängnis sitzen, weil „er sich an eweiber gehenckt" hatte.[1132] Allerdings scheint sich im Regensburg des 15. Jahrhunderts die Entwicklung zur zeitlich begrenzten Haftstrafe anzubahnen.[1133] Hier mußte eine Apothekerin, die leidenschaftlich dem Glücksspiel anhing und verdächtig war, ihrem Mann nach dem Leben zu trachten, ein Jahr lang im Turm einsitzen, bevor ihr die Stadt auf ewig verboten wurde.[1134]

Vielerorts wird die Gefängnisstrafe erst im Zeitalter der „neuen Sittlichkeit" im 16. Jahrhundert als Haftstrafe für Sittlichkeitsdelikte verhängt,[1135] bevor sie dann im 18. Jahrhundert, teilweise sogar als lebenslängliche Verwahrung, Teil des Strafrechts wird, allerdings überlagert von dem neuen Zuchthausgedanken.[1136] In habsburgischen Ländern beginnt man erst im ausgehenden 16. Jahrhundert, die Haftstrafe über den kleinen Dieb zu verhängen, was dann 1768 im Strafgesetzbuch Maria Theresias allgemein vorgeschrieben wird.

Im Prinzip aber zeichnet sich im 15. Jahrhundert bereits ab, daß ein Gefängnis nicht allein Arrestlokal, sondern auch Strafanstalt sein kann.[1137] Dieses „kann" ist den ersten Zeugnissen des Amnestiegedankens abzulesen. Die Reformatio Sigismundi behauptet, allerdings fälschlicherweise, daß mit den damals alle 50 Jahre stattfindenden besonderen Gnadenjahren in Rom – das letzte hatte 1400 stattgefunden – eine Amnestie der Gefangenen verbunden sei, daß „im jubelior alle gevangnuß, turnin, kercker offenston".[1138] Eine wirkliche Amnestie verkündete 1424 der Nürnberger Rat, als die Reichskleinodien in der Reichsstadt ankamen. „Auf den selben tag feirt yder man und man tet das loch und die türn auff und ließ alle gevangen ledig."[1139]

Zu berücksichtigen ist das mittelalterliche Verständnis von Strafe. Wenn Wiener Testamente Legate aussetzen, mit denen arme Leute aus dem Gefängnis ausgelöst werden können, so ist das Weiterleben jener Auffassung zu erkennen, wonach Strafe primäre Gewalt darstellt, der mit christlichem Erbarmen zu begegnen sei. St. Leonhard war der Schutzheilige der Gefangenen. Ihm gewidmete Votivgaben danken für Errettung aus großer Not.[1140] Die Menschen sahen in einem Gefangenen nicht den Verbrecher gegen die Gesellschaft, sondern einen armen Mann. Die Ketten des Gefangenen stigmatisierten noch nicht, sondern erregten jenes Mitleid, das zum tätigen christlichen Erbarmen zwang. Das hatten sich Betrugsbettler, die zur Ausübung ihres Gewerbes genauestens die Einstellung ihrer Mitmenschen kennen mußten, zunutze gemacht. Schon die berühmte „Admonitio generalis" Karls des Großen hatte 789 gegen Betrüger gewettert, die in Ketten durch die Lande zögen[1141] und von ihren Menschen nicht als Straffällige, sondern als reuige Büßer Almosen erflehten. 1491 wurden in Nürnberg solche falschen Büßer enthauptet, die „mit betrüglichen Ketten etwa vil lewt umb vil geltz betruglich und listiglich gebracht haben".[1142]

Die Haft ist im Spätmittelalter allenfalls im formalen Sinne als integraler Teil des entstehenden Strafsystems der öffentlichen Gerichtsbarkeit verstanden worden. Sie galt vor allem als eine persönliche Schädigung, weswegen der Gefangene nach seiner Freilassung immer den Racheverzicht, die Urfehde, schwören muß.[1143] Das nimmt nicht wunder, wenn man sich die Zustände in einem spätmittelalterlichen Stadtgefängnis vergegenwärtigt.

Die Türme der Stadtmauern dienen nicht nur zur Wacht und Wehr, sondern auch als kommunales Gefängnis.[1144] (In dieser Gestalt gibt es den „Diebsturm" auch in Kleinstädten.) Die Kellergewölbe werden zumeist dafür gewählt. Sie sind so feucht, daß der Volksmund den Wärter als „Wirt zum grünen Frosch" verspottet.[1145] Wer hier einsitzt, wird „hart gehalten".[1146] Verfaulendes Stroh bildet seine Lagerstatt. Nur schmale Kost erhält jener Gefangene, der nicht das Geld besitzt, sich selbst zu versorgen.[1147] (In England mit seinen längeren Haftstrafen gibt es deshalb auch die anderwärts fast unbekannten Almosenstiftungen für die Versorgung von Gefangenen,[1148] gibt es – häufiger als auf dem Kontinent[1149] – die Möglichkeit, daß Häftlinge die Vorübergehenden anbetteln können.) „Mußsuppen und Wasser",[1150] meist aber schon „Wasser und Brot" sind spätmittelalterliche Häftlingsnahrung,[1151] eine Ernährung, die bereits 1296 die Hanse in ihrem Kontor in Novgorod vorsah,[1152] was Rückschlüsse auf das in den Ostseestädten Übliche zuläßt. Immerhin: Die Stadt schafft erste Regelungen, die der zu unterstellenden Willkür, wie sie auf den Burgen herrschte, Schranken setzte. Vier Pfennige darf im Straßburg des 15. Jahrhunderts der „turmhüter" dem Rat für das Kostgeld eines Gefangenen berechnen.[1153] Das dürfte ungefähr den Kosten entsprechen, die ein Tagelöhner für seine Ernährung aufwenden mußte.

Zustände in den städtischen Gefängnissen[1154]: Selten nur werden die unterirdischen Zellen gereinigt. Es stinkt hier so sehr, daß Wachslichter „von des geschmacks wegen" angeordnet werden, wenn Richter oder Schöffen sich zu den Gefangenen begeben.[1155] Bestenfalls wird zur Winterzeit die Erwärmung der naßkalten Räume durch einige Kohlenpfannen angeordnet.[1156] Die Haft in diesen Verliesen kam, wie zutreffend formuliert wurde, mehr einer Körperstrafe denn einer Freiheitsstrafe gleich.[1157] Ein in Hildesheim wegen nächtlichen Unfugs Gefangengesetzter klagte über die Zustände im Gefängnis, „dar wol grote wiise (gesunde) lude krank yhnen werden".[1158]

Die schon in spätmittelalterlichen Städten erkennbaren miserablen Zustände, von der mangelnden Hygiene angefangen bis hin zur körperverletzenden Kälte,[1159] durchziehen die Geschichte der Haftstrafe[1160]. Indirekt werden die hergebrachten, als normal geltenden Zustände in einem Schleswiger Mandat beleuchtet, wonach „die Gefängnisse so beschaffen sein sollen, damit schwache Personen an ihrer Gesundheit keinen Schaden erleiden"[1161]. Im 18. Jahrhundert sollte in welfischen Landen „so viel möglich" ein neuer Grundsatz gelten, „daß die Inquisiten mit Ungeziefer, Gestanck, Finsterniß, Feuchtigkeit, Kälte ... nicht gepeinigt" werden.[1162] Maria Theresia forderte Sauberkeit in den Haftanstalten.[1163]

In dunklen, schaurigen Räumen sitzen die Häftlinge an Ketten geschmiedet oder in „Stöcken", „vangenhelden", geschlossen, an den Händen, am Fuß gefesselt oder an den Gliedmaßen in Holzblöcken, in denen Arme und Beine eingeschlossen werden, verwahrt.[1164] In „Halsbändern" dicht an die Wand gefesselt, können die Gefangenen nur zwischen Hocken, Kauern und Sitzen ihre Lage wechseln. Ein Streiflicht: 1593 entkam ein Delinquent aus dem Gefängnis, weil sein mitleidiger Wärter ihn losschloß, als die Ketten die Arme bis auf die Knochen durchgescheuert hatten.[1165] Es ist zu verstehen, daß unter solchen Umständen viele „kleinmütig" wurden und Selbstmordgedanken hegten.[1166] Wem im Gefängnis der Suizid gelang, der wurde posthum verbrannt.[1167] Selbst vornehme Gefangene wurden oft unter barbarischen Bedingungen verwahrt. Graf Johann von Hoya mußte um 1444 in Osnabrück sechs Jahre in einem Kasten aus Eichenbohlen verbringen, in dem er nicht aufrecht stehen konnte.

Manche Städte entwickelten ein differenzierteres Gefängniswesen, das mildere und härtere Haftlokale kannte.[1168] In Basel wurden unterschieden „das Bärenloch, der Brandstetter, das Stibli, die untere Gefangenschaft, das Hexenkämmerchen, die Krätze und der Vogelkäfig".[1169] Stets galt das Rathaus als angenehmeres Gefängnis im Vergleich zu den Stadttürmen; das wird zum Beispiel in Eichstätt sichtbar, wo die Bürger im Ratskeller ihre Strafe absitzen durften, Fremde aber im Haus des Büttels untergebracht wurden.[1170] In Zürich wurde dem adeligen Gefangenen die Gnade gewährt, nicht im Stadtturm, sondern im Ratskeller arrestiert zu werden.[1171] Auf ein differenziertes Haftwesen in Hildesheim läßt schließen, daß von zwei Missetätern der eine „in der deve keller" gelegt wird, der andere „up den torn" einsitzen muß.[1172]

Nur die größeren Städte wie Nürnberg, Frankfurt oder Mainz kannten neben den Stadttürmen noch eigene „Lochgefängnisse".[1173] Sie galten als härtere Haftlokale im Vergleich zu den Verliesen in den Stadttürmen oder den alten Rathauskellern. Es handelt sich um neu ausgebaute Kellerräume im Rathaus, kammerartig abgeteilt, in Nürnberg ein ganzes Labyrinth von 70 Türen in sich schließend, das nur durch eine vierfach eisenbeschlagene Pforte zugänglich war.[1174] Für die Gebärenden gibt es hier ein Kindbettsstüblein, für die Juden ein eigenes „Judenprisaun".[1175] Der Stockwärter, der Büttel, der in diesem unterirdischen Reich herrschte, hatte meistens seine „Lohnwärter" für die unangenehmsten Arbeiten; er selbst war zuständig für Gerichtsladungen und dergleichen.[1176] Eine obrigkeitliche Kontrolle der Wärter fand nicht statt. Unzucht der Gefangenenwärter mit Insassinnen, wie sie 1570 Damhouders Praxis rerum criminalium rügt,[1177] ist nur Variante eines allgemein bekannten Sachverhalts: Gewalt üben die Wärter über die Gefangenen aus.[1178] In dem Labyrinth des Nürnberger Lochgefängnisses lag auch die „Kapelle", wie die Gefangenen mit Galgenhumor die Folterkammer getauft hatten.[1179] Denn mit dem Aufkommen der Folter im 14. Jahrhundert hatte sich eine weitere Zweckbestimmung der Gefängnisse ergeben.

Trotz der zumeist nur kurzen Haftdauer waren die Gefängnisse überfüllt. In Deutschland werden erst im 15. Jahrhundert in größeren Städten jene Zahlen erreicht, die aus dem Northampton oder dem Canterbury Castle schon des 14. Jahrhunderts mit etwa 20 Gefangenen bezeugt sind.[1180] Die Gefängnisse vergleichbarer deutscher Städte waren für so viele Insassen nicht ausgelegt. In Hildesheim reichten 1424 die Stadttürme und die beiden Gewölbe unter dem Rathaus nicht aus, als eine Münzfälscherbande ausgehoben worden war.[1181] Das städtische Vorbild wurde in der frühen Neuzeit zögernd von den Territorien übernommen.[1182] Das Zögern ist nur zu verständlich, wenn die Schwierigkeiten berücksichtigt werden, überhaupt geeignete Arrestlokale auf dem Lande zu schaffen.[1183] Verfallende Bergfriede oder nicht mehr gebrauchte Amtsstuben eines Klosters mussten dafür herangezogen werden.[1184]

Die Geschichte des Gefängnisses ist zugleich eine Geschichte der Ausbrüche von Häftlingen.[1185] Das gelang selbst Frauen wie einer Gewohnheitsdiebin in Nürnberg, die 1441 der Rat steckbrieflich suchen ließ,[1186] das gelang in Schwäbisch Hall einer lebenslänglich Eingemauerten,[1187] das gelang 1462 sogar einem Gefangenen im „stock" zu Ehrenbreitstein[1188]. Nicht nur abgefeimten Gaunern und Gaunerinnen glückte die Flucht, auch der in diesem Gewerbe sicherlich unerfahrene ehemalige Pfarrer von Eggolsheim, Johann Christoph Dill, konnte zweimal aus seiner Haft entspringen.[1189] Von Ausbrüchen aus den als vergleichsweise sicher geltenden Nürnberger Gefängnissen weiß auch Franz Schmidt zu berichten.[1190] Er kennt auch einen Experten, der dreimal entweichen konnte: Einmal hatte er mit Knochen die Steine im Stadtturm gelockert, einmal hatte er die Bank an den Ofen gehalten und einen Brand entfacht, einmal aber ist er auch tief gestürzt, als er sich vom Stadtturm abseilte.[1191] „Habe er gedacht, es sey besser weit davon als nah dabey", erklärt mit Schelmenwitz ein der Haft entsprungener Falschmünzer.[1192]

Korrumpierbarkeit der schlecht bezahlten Gefängniswärter hat schon im Mittelalter manchen Ausbruch ermöglicht.[1193] Deshalb befürchtete man in Nürnberg bei der Verhaftung eines Patriziers die Bestechung der Wärter.[1194] Am häufigsten führte jedoch die Findigkeit der Gefangenen selbst zu deren Freikommen; am spektakulärsten vielleicht bei jenem zum Tode Verurteilten, der 1580 die Wärter des unterirdischen, scheinbar ausbruchssicheren Nürnberger Lochgefängnisses übertölpelte. Mit Eisenstangen arbeitete er sich durch zwei Türen, grub sich einen unterirdischen Gang und durchbrach das Straßenpflaster.[1195]

Erst recht auf dem Lande waren die Gefängnisse für erfahrene Gauner keine größere Gefahr. Als ausgesprochene Schwachstelle bis in die frühe Neuzeit hinein erwies sich der Ofen.[1196] Als ein erfahrener Jurist 1685 das Muster eines Steckbriefes (auf „Hans Stehler von Greifhausen" lautend)[1197] veröffentlicht, läßt er den Gesuchten durch den Kamin aus dem Gefängnis entspringen. Das ist Alltag.[1198] Seltener war, daß Räuber ihre Genossen gewaltsam befreiten;[1199] häufig entwichen die Gefangenen aus eigener Kraft – und das nicht nur aus den einfacheren Wachtstuben des platten Landes, sondern selbst aus Zuchthäusern und landesherrlichen Festungen[1200]. Mehrfach konnte die im deutschen Südwesten wohlbekannten „Schleiferbärbel" aus Gefängnissen ausbrechen.[1201] Als ihr sogar aus dem als sicher geltenden Sulzer Gefängnis die Flucht gelang, hinterlegte sie ihre Ketten als Votivgabe in einer Kapelle.[1202]

Bis tief ins 18. Jahrhundert hinein ist immer wieder die Flucht von Gefangenen mitsamt ihren Ketten bezeugt. Manche Gauner entwickelten sich geradezu zu Ausbruchsspezialisten, wie etwa ein Steckbrief vermerkt: „Er wurde zwar schon oft verhaftet, entsprang aber allzeit, und so sprang er auch einmal, da er von Bremen aus verfolgt wurde, mit Ketten belastet in die Weser und durchschwamm sie."[1203] Flucht in Ketten ist häufiger belegt,[1204] was Kriminalisten zur Klage veranlaßt, die Ketten seien, „wie man so häufig sieht, bloße Symbole des Criminal-Arrestes oder Theaterketten"[1205]. Die in der Bamberger Zent Eltmann inhaftierte berüchtigte Diebsbande, um deren Gefährlichkeit man nach 140 Diebstählen in 80 Orten wohl wußte, konnte „durch Abfeilung der Fuß-Schellen und Einlegung eines Theils vom Ofen" die Flucht ergreifen, und in einem anderen Fall des gleichen Jahres haben zu Würzburg inhaftierte Gauner „zwei Wände durchbrochen, die Ketten entzwey gefeylet, sich somit vom Turm herab gelassen".[1206]

Nicht nur als Belege teils für erstaunliche Vitalität, teils für Nachlässigkeit bei den Haftbedingungen können die zahlreichen Nachrichten für Flucht in Ketten dienen. Wenn es lange Zeit nichts Ungewöhnliches war, daß ein Mann mitsamt seinen Ketten dem Gefängnis entrinnen und mit diesen Zeichen im Namen des hl. Leonhard, des Patrons der Gefangenen, betteln konnte,[1207] läßt das auf Mentalitäten schließen. Erst sehr spät lohnte sich für Staat und Obrigkeit die im 19. Jahrhundert allgemein gewordene besondere Häftlingskleidung,[1208] um Ausbrüche zu verhindern. Jetzt konnte sie stigmatisieren – im Spätmittelalter und in der frühen Neuzeit hätte sie nur almosenfördernd gewirkt.

Eine besondere Form der Haftstrafe gab es in manchen oberdeutschen Städten in den Fällen, wo eine Todesstrafe vermieden werden sollte, sei es, weil es sich um einen Patrizier, sei es, weil es sich um eine Kleptomanin handelte: die lebenslängliche Einmauerung.[1209] Ungewöhnliche Fälle stehen hinter dieser ebenso ungewöhnlichen Strafe. 1399 wurde in Zürich ein Ratsherr aus politischen Gründen lebenslang in einem aus Holzbohlen gezimmerten Kasten verwahrt.[1210] 1487 gestand in Zürich eine Frau, sie habe sich dem Teufel ergeben und Menschen und Vieh vergiftet. Sie wurde eingemauert und ihr Körper nach ihrem Tode verbrannt.[1211] Eine solche Strafe bedeutete, lebenslang zu „faulen".[1212] Der Hintergrund dieser spätmittelalterlichen Charakterisierung: In das enge Gehäuse, worin lediglich ein vorstehender Balken als Sitz diente, drang nur ein schwacher Lichtschimmer durch die Luke, durch welche die tägliche Brotration geschoben wurde. Bewegungsmangel, Sommerhitze und Winterkälte haben, von der seelenzerstörenden Enge abgesehen, die Häftlinge, die stets „auf der freundschaft costen" hier einsaßen, nicht lange überleben lassen.[1213]

Exkurs: Der Pranger im Rechtssystem

Der Pranger, eine städtische Erfindung – die unterschiedliche Ehrenrührigkeit von Prangerstrafen – Prangerstrafen und das „gesunde Volksempfinden"

Mit dem Wachstum der Städte, das schon den professionellen Henker erfordert hatte, war auch der Pranger entstanden.[1214] Darauf reagiert der Schwabenspiegel mit einer um 1300 entstandenen Ergänzung, was die Behandlung des Missetäters angeht: „Man sol in witzegen mit slegen an der sraiget", man soll ihn an den Pranger „schlagen".[1215] Der Pranger, der Kaak, oder seine andere – süddeutsche – Gestalt als drehbarer Käfig, als Trülle oder Driller,[1216] als „Narrenhäusel"[1217] stand meist auf dem Marktplatz,[1218] bisweilen auch auf den ebenfalls volkreichen Brücken[1219]. Der Pranger begleitete den Weg des Henkers und damit der territorialen Strafgerichtsbarkeit von den Städten auf das Land.[1220] Selten nur blieben die entsprechenden „Wegweiser" erhalten, wie bei dem Rathaus im unterfränkischen Eschau, wo an der Frontseite ein aus dem 17. Jahrhundert stammendes Halseisen die Zeiten überdauert hat.[1221] Auf dem Lande hat sich bisweilen in Analogie zum städtischen Schandpfahl der Pfahlstock gebildet,[1222] ein im Spätmittelalter noch gar nicht, sondern erst in der frühen Neuzeit vereinzelt erwähntes Rechtsaltertum.

Von Stadt zu Stadt ist die Integration des „Halseisens" in das Strafrecht verschieden. Zumeist dient es nur der „Veröffentlichung" von kleineren Vergehen; wer am Schandpfahl steht, büßt nicht unbedingt seine Ehre ein, wenn ihn der Stadtknecht und nicht der Henker festschließt.[1223] Wenn aber das Prangerstehen auf die Körperstrafen erst aufmerksam machen soll,[1224] dann wirkt es auch infamierend. Als Disziplinierungsmittel vor allem für die unteren sozialen Schichten war der Pranger gedacht.[1225] Deswegen wird sein Bau 1585 in Posen mit den Geldbußen bezahlt, die Mägde und Köchinnen wegen Übertretung der Kleiderordnung entrichten mußten.[1226] In dem in Magdeburg bis 1417 geübten Pfingstbrauch des „blicken und kakwien", der „Prangerweihe", machten sich die kleinen Leute über dieses obrigkeitliche Disziplinierungsinstrument lustig.[1227]

Daß nicht die spektakulären Todes- und Körperstrafen, sondern die Ehrenstrafen eine gesellschaftsprägende Bedeutung haben, läßt sich an der unterschiedlichen Differenzierung ihres Vollzugs ablesen. Wenn die Zahl der Zwicke beim Ausschleifen eines Mörders festgelegt wird, handelt es sich um Strafe im Sinne von Abschreckung, wenn aber beim Anschnallen an den Pranger oder beim Tragen eines Schandsteines vor der Öffentlichkeit der Stadt Szenen aufgeführt werden, handelt es sich um auch für die Zukunft gültige gesellschaftlich differenzierte Festlegungen, bei denen der Verurteilte mitzuspielen hat. Die Prangerstrafe gehört dort, wo sie der Stadtknecht und nicht der Henker vollzog, wie das Tragen des Schand- oder Lastersteines,[1228] der Schandgeige usw.,[1229] zu den Leumundsstrafen, zu den Ehrenstrafen,[1230] die den Betreffenden dem Gespött seiner Mitmenschen aussetzten, aber keine ausgrenzenden Rechtsfolgen hatten. Der Pranger war gewissermaßen geschlechtsneutral. Schandmasken, Schandsteine, Schandschnäbel und Schandgeigen hingegen dienten in der Hauptsache als Ehrenstrafe für Frauen.[1231] Das Steinetragen war aus der kirchlichen Sendgerichtsbarkeit erwachsen,[1232] aber an diesen Ursprung erinnert schon im ausgehenden Mittelalter nichts mehr.[1233] Die Stadt hatte Aufgaben der Sendgerichte selbst im Bereich der Sittenzucht an sich gezogen. Als im 16. Jahrhundert das Steinetragen zur Unzuchtsstrafe wurde, galt es als weltliche Strafe.[1234] Der bisweilen bezeugte oberdeutsche Kirchenpranger[1235] ist nicht mittelalterlichen Ursprungs, sondern eine Neubildung im konfessionellen Zeitalter in Analogie zum weltlichen Pranger.

Die Geschichte des Prangers auf den Dörfern spiegelt mitnichten „gesundes Volksempfinden" wider; sie gehört – bis hin zum Kirchenpranger – zum Bemühen der Obrigkeit, ihre Strafgewalt sinnfällig zu machen. Was aber wäre die Regel ohne die Ausnahme. Wegen der zunehmenden Felddiebstähle hatte sich Küps, ohne die Redwitzsche Herrschaft zu bemühen, 1707 einen eigenen Dorfpranger zugelegt, der bis 1848 bestand.[1236]

Von dem Ertränken ist das „Schwemmen", das „Schnellen" oder „Wippen" zu unterscheiden, vor allem eine populäre Bäckerstrafe.[1237] Sie wurde vollzogen, indem der Delinquent an einer Wippe hängend in den Fluß eingetaucht wurde,[1238] keine Leibes-, sondern eine Ehrenstrafe.[1239]

Eine neue oberdeutsche Form des frühneuzeitlichen Strafvollzugs: die Galeerenstrafe

Die zeitliche Begrenzung des Strafmaßes als Fortschrittsmerkmal – ein frühes Esslinger Zeugnis für Sträflingsverkauf – der zuerst von den oberdeutschen Städten realisierte finanzielle Nutzen der Verschickung auf die Galeeren – praktisch eine Todesstrafe: Bastonaden und alltägliche Strapazen – das Ausbleiben der Kopfgelder: das Ende der Galeerenstrafe

Die Galeerenstrafe ist eine von den Kommunen am Mittelmeer im 16. Jahrhundert entwickelte, erstmals 1556 in Genua begegnende Form des Strafvollzugs.[1240] Sie war gleichermaßen abschreckend und kostengünstig. Es mag angesichts der noch zu schildernden Grausamkeiten der Verurteilung auf die Galeeren zynisch erscheinen, wenn in ihr eine Vorform der modernen Gefängnisstrafe gesehen wird. Erstmals war nämlich, was ansonsten im Ancien Régime nicht üblich war, das Strafmaß zeitlich limitiert. Daß die Obrigkeit in der Verschickung von Häftlingen auf die Galeeren einen fiskalischen Vorteil suchte und entsprechende Verträge mit Genueser oder venezianischen Agenten abschloß,[1241] hatte eine Neuerung im Gefolge: Im Urteil, spätestens aber bei dem obrigkeitlichen Vertragsabschluß, wurde genau die Zeit bemessen, die ein Sträfling auf den Galeeren zu verbüßen habe[1242] – keineswegs eine Selbstverständlichkeit, wie noch die Geschichte des Zuchthauses zeigen sollte.

Ein frühes Zeugnis vom Sträflingsverkauf aus deutschen Landen überliefert aus dem Jahre 1555 ein Esslinger Bürger.[1243] Er sieht „88 mener an ketten geschmidet". Sie waren mit einem ein bis zwei Pfund schweren Eisenring um den Hals und einer Kette an jene lange Kette geschmiedet, die alle 88 Männer zusammenhielt. Die Härte dieser Gefangenschaft rief allgemeines Entsetzen der Zuschauer („ein gros scheyen") hervor. Die strafende Obrigkeit hatte nichts ausgelassen, um die Gefangenen für den Käufer zu sichern, hatte ihnen eine einheitliche Kleidung verpaßt, lange graue Röcke, die bei einer Flucht sofortiges Erkennen und Ergreifen ermöglichten. Der Esslinger Bürger kennt den Grund der Vorsichtsmaßnahmen. Die Gefangenen „müsten auff die galleen auff das mer", sie sind zwischen 16 und 20 Jahre alt, „gar ein jung unverschuldtt volck". Unschuldig? Der Bürger hat mit ihnen gesprochen, hat erfahren, daß sie als Mordbrenner verurteilt worden sind, was sie allerdings heftig abstreiten und was der Chronist ihnen auch abnimmt. Tatsächlich flackert die Mordbrenner-Hysterie, von der der Esslinger Bürger nicht angesteckt war, seit der zweiten Hälfte des 16. Jahrhunderts immer wieder auf.

Die Galeerenstrafe wird in Deutschland ziemlich schnell nach ihrer Einführung in italienischen Kommunen, also mit der zweiten Hälfte des 16. Jahrhunderts angedroht.[1244] „Der Christenheit zum Besten" solle – einem kaiserlichen Mandat von 1570 zufolge – eine solche Strafe verhängt werden. Aber es ging um Geld. In Schaffhausen wurde direkt von „verkaufen" gesprochen, wenn die Galeerenstrafe verhängt wurde.[1245] Mit dieser Praxis glaubte 1588 der Graf von Hohenlohe seinem adeligen Namen nicht zu schaden, als er einen Gefangenen an einen Augsburger Kaufmann für die Verschickung auf die Galeeren veräußern wollte.[1246] In jener Zeit – 1583 – wurden in der Eidgenossenschaft Verhandlungen mit den spanischen und savoyischen Botschaftern gepflogen, „damit man die kräftigsten aus dem Gesindel an die Galeeren abliefern könne".[1247] Diese Strafe konnte wie in Basel 1609 auch gegen einen betrügerischen Bankrotteur verhängt werden.[1248]

Sehr früh, vielleicht sogar am frühesten von allen oberdeutschen Städten nutzten Augsburg[1249] und Nürnberg die Möglichkeit, Straffällige als „Galeoten" an Venedig und Genua zu verkaufen. Um 1570 ist Hans Welser in Nürnberg der Mittelsmann, der über seine guten Beziehungen zu den beiden Städten den Handel mit Straffälligen abwickelt.[1250] Ein Handelssystem muß bereits 1572 bestanden haben, wenn Schweinfurt drei „Galeoten" zunächst nach Friedberg in der Wetterau bringen läßt, von wo der Abtransport nach Venedig erfolgen soll.[1251]

Von den Städten übernahmen im 17. und 18. Jahrhundert die Fürstentümer die Galeerenstrafe,[1252] die, wenn auch nicht in dem Ausmaß wie in Frankreich,[1253] so allgemein geworden ist, daß „Galeottenhaus" oder „Galeerenacker" – Stellen, an denen die Gefangenen in Ketten zusammengeschlossen[1254] und abgeführt wurden – in württembergischen Flurnamen weiterleben können[1255].

Wenn 1580 in Schaffhausen ein zur Galeerenstrafe Verurteilter begnadigt werden mußte, weil sich keine Möglichkeit seiner Versendung ergab,[1256] so zeigt sich, daß ein so großer Bedarf an Ruderklaven, wie es Häftlinge gab, nicht bestand. Genua war zunächst der größte Abnehmer,[1257] versorgte sich im 17. Jahrhundert jedoch immer seltener mit deutschen Verbrechern, und Venedig sollte sich in größerem Stil erst seit dem ausgehenden 17. Jahrhundert auf dem oberdeutschen Gefangenenmarkt bedienen.[1258]

Auch bei der Verschickung auf die Galeeren dachte die Obrigkeit an Abschreckung. Der Wagen mit den unglücklichen gefesselten „Galeoten" wurde in Nürnberg öffentlich durch die Straßen gezogen, „damit sich das volck samlen und den Actum und die Personen sehen konnen".[1259] Als Drohung gegen „Müßiggänger" und kriminelle Landfahrer war diese Strafe gedacht; sie konnte aber auch gegen Wiedertäufer verhängt werden.[1260]

Daß diese Strafe von den Juristen der Zeit auf eine Stufe mit der Todesstrafe gestellt wird,[1261] ist verständlich, nicht nur wegen der ungeheuren Strapazen, denen sich ein Delinquent auf den Schiffen ausgesetzt sah,[1262] sondern auch wegen der grausamen Bastonaden, die ihn während dieser Zeit bedrohten. Nach der Schilderung eines Betroffenen, eines Hugenotten, wird die „Bastonade, oder die Strafe der Rücken=Schläge auf den Galeeren, folgender Gestalt vollzogen. Man zieht den Unglücklichen, der sie bekommen soll, bis an die Hüften nackend aus; alsdann muß er sich mit dem Bauche auf den Mittel=Gang der Geleere legen, und die Beine innerhalb seiner Bänke, die Arme aber in die gegen über stehenden Bänke strecken. Zween Sclaven halten ihm die Beine, und zween andere die Arme; alsdann schlägt ein sehr handfester Türke, mit einem Ochsen=Ziemer, Prügel, oder knotigen dicken Stricke, aus allen Kräften, auf den Rücken oder an die Fuß=Sohlen des Verurtheilten. Dieser Türke ist ebenfalls ganz nackend, und hat den Befehlshaber hinter ihm stehen, welcher ihm, damit er desto stärker zuschlagen möge, die Schultern mit dem Stricke streichelt, dagegen aber ohne Verschonen auf ihn zuhauet, falls er nur die allergeringste Gelindigkeit gegen den armen Züchtling beweiset. Die zu dieser Leibes=Strafe verurtheilten Personen können kaum 10 bis 12 dergleichen Hiebe ausstehen, ohne die Sprache und Bewegung zu verlieren; dem ungeachtet aber hält man mit den Schlägen eines solchen armen Körpers nicht inne. Zwanzig bis dreißig Hiebe ertheilt man, wenn Jemand auch nur das allergeringste versehen hat. Manche bekommen gar an die hundert; jedoch ist es auch sodann mit dergleichen Person aus."[1263]

Im Schiffsbauch, der durch einen Mittelgang geteilt ist und wo auf erhöhten Planken peitschentragende Aufseher die Kontrolle ausüben, sitzen die Unglücklichen. Wer auf der linken Seite des Schiffes sitzt, ist am rechten Bein angeschmiedet und umgekehrt. Härteste Ruderarbeit ist meist vier Stunden hintereinander ohne Pause zu leisten. Den Rhythmus diktieren die Aufseher mit Pfeifensignalen; wer den Takt verfehlt, gerät in Gefahr, vom Ruderknauf des Vordermannes erschlagen zu werden. Und während dieser Zeit ist die einzige Stärkung ein in Wein getränkter Zwieback, der, um das Rudern nicht zu unterbrechen, den

Sklaven in den Mund gesteckt wird. Ruhezeiten im Hafen, auch nur Andeutungen von Matrosenromantik, gibt es nicht. Die Gefangenen werden in den Häfen zu Lastenträgern. Erholungszeiten bieten allenfalls ungewöhnlich harte Winter, wenn Schiffahrt und Warentransport zum Erliegen kommen. Manchem gelingt während dieser Zeit die Flucht.[1264]

Die Galeerenstrafe wird im Laufe des 18. Jahrhunderts in Deutschland immer weniger angewandt. In habsburgischen Landen ist sie 1768 durch Maria Theresia verboten worden.[1265] Nicht Humanisierung des Strafvollzugs, sondern Kostengründe waren dafür ausschlaggebend. Hatte noch in besseren Zeiten die Signoria bis zu 30 Dukaten für einen Galeoten gezahlt, so verschwand die Galeerenstrafe in der zweiten Hälfte des 18. Jahrhunderts, weil – wie das Poenal-Patent des Fränkischen Reichskreises von 1746 zu melden weiß – „von einiger Zeit her dergleichen Missethäter von ermeldter Republic Venedig auf die Galeeren nicht gerne mehr übernommen werden. Mithin seyn dieselbe mit andern scharfen Strafen zu züchtigen".[1266] Selbst aus der Eidgenossenschaft, deren Sträflinge Venedig besonders gern abgekauft hatte, wurden seit etwa 1770 keine Missetäter mehr übernommen.[1267] Denn damals waren die Galeeren als Handels- und Kriegsschiffe überholt.[1268]

Wenn also 1786 festgestellt werden konnte, die Galeerenstrafe sei im Gegensatz zu Spanien, Portugal, Frankreich, England und Italien „bey uns in Deutschland nicht sehr üblich",[1269] war dafür ausschlaggebend, daß die oberitalienischen Signorien keine Kopfgelder mehr zahlten. In Frankreich hatte noch 1764 ein Bettelmandat, das an Härte all seine Vorgänger übertraf, nur Kinder unter 16 sowie Greise und Greisinnen über 70 Jahre von der Drohung mit der Galeerenstrafe verschont.[1270] Und Frankreich hielt über alle Veränderungen der politischen Verhältnisse hinweg noch bis ins 19. Jahrhundert an der Galeerenstrafe fest. Die Galeere ergänzt das französische Zuchthaus. In einer polizeilichen Untersuchung auf der Plassenburg im Jahre 1823 ist mehrfach von Räubern zu lesen, die in Frankreich bereits langjährige Galeerenstrafen verbüßt hatten.[1271]

Das Zuchthaus und die „offenen Arbeiten": Schrecken oder Reform des Strafvollzugs

Vorbild Niederlande – das Zuchthaus als Demonstration des staatlichen Gewaltmonopols und die Realität hinter den Mauern – konkurrierende Ziele: Wegschließen des Gesindels, Strafe, Erziehung – das Werk- oder Arbeitshaus als Reaktion auf die wachsende Arbeitslosigkeit – Dominanz des Strafgedankens über den Werkhausgedanken – Sammelplatz für Kriminelle und Kriminalisierte – Zuchthausstrafe: ein Beitrag zur Überwindung des überkommenen Strafensystems? – Willkür bei der Einweisung, Willkür im Innern – wirtschaftlicher Mißerfolg der Zwangsinstitute – Kindsmord im Zuchthaus – die „offenen Arbeiten": Karrenstrafe oder Überstellung ans stehende Heer

Auf das Ende des 16. Jahrhunderts entstandene niederländische Vorbild, auf das Zuchthaus in Amsterdam 1595/97,[1272] gehen die Anfänge der deutschen Zuchthäuser zurück[1273]. Übernommen wurde auch die Programmatik, wie sie das Relief am Portal des Amsterdamer Hauses verdeutlicht. Die eingemeißelte Inschrift „castigatio" übersetzt das Bild: Ein von wilden Tieren gezogener, mit Brasilholz und Handwerksgerät beladener, von einem peitschenschwingenden Fuhrmann gelenkter Wagen wird von Züchtlingen begleitet.[1274] Das „tuchthuis" hieß in Amsterdam wegen der Verarbeitung des Brasilholzes auch „rasphuis", und eine ironisch die alten Heiligenviten zitierende Dichtung feierte 1612 die hier (angeblich) erzielten Erziehungserfolge, indem sie dem Heiligen den sprechenden Namen des Rasplers gab: „Miracula San Raspini Redivivi."[1275]

Am frühesten in deutschen Landen übernahmen jene vier Hansestädte, die damals den noch verbliebenen Kern des Bundes bildeten, nämlich Bremen (1613), Lübeck (1613), Hamburg (1622)[1276] und Danzig (1629), das Amsterdamer Vorbild.[1277]

Bei seiner Erbauung war ein Zuchthaus der Stolz des Fürsten; es demonstrierte den Willen, auf Ordnung und Regelung der Lebensbedürfnisse der Untertanen zu achten, und es war damit auch eine Demonstration des staatlichen Gewaltmonopols. Anders als die düsteren Stadttürme, die als Gefängnisse noch keineswegs ausgedient hatten, wurden Zuchthäuser in der Stadttopographie demonstrativ zur Schau gestellt;[1278] ihre Fassade war nach den Kriterien eines Repräsentativbaus gestaltet. Eine solche Anstalt wurde mit Stolz vornehmen Gästen, „vielen Dames, Grafen, Chevaliers" gezeigt[1279] – natürlich nur von außen, denn der Gestank im Inneren hätte die noblen Kavaliere und ihre honetten Damen die Nasen rümpfen lassen. Tatsächlich waren die Besucher von den baulichen Anlagen beeindruckt,[1280] drückten diese doch ganz anders als die alten Stadttürme und sonstige Improvisationen des Gefängniswesens den Straf- und Zuchtwillen eines Staates aus,[1281] demonstrierten nach außen hin die absolute Macht des Fürsten, eine Macht, die den gewachsenen inneren Verhältnissen gar nicht entsprach. Das Zuchthaus mit seiner effektheischenden Fassade und den schlimmen Zuständen im Innern ist ein Sinnbild für die Komplexität, die sich hinter dem Begriff Absolutismus verbirgt.

So ansprechend die Fassade, so überlegt auch die am grünen Tisch entworfenen Organisationsstatuten sich ausnehmen: Die Realität hinter den Mauern, deren Fenster mit Eisenstangen gesichert sind, sieht anders aus. Die Geschichte des Zuchthauses ist im 18. Jahrhundert in erster Linie die Geschichte seiner Überfüllung.[1282] Die Zweckbestimmung der schlecht dotierten Anstalten war schon allein deshalb nicht zu erreichen. Die kursächsischen Landstände hatten auf die Zuchthaus-Gründungen in Leipzig (1668) und in Waldheim (1716) gedrängt, um das Land von Vagabunden zu befreien, aber sie mußten selbst einsehen, „daß mehr auf Zuchthausstrafe erkannt als wegen Mangels solcher Anstalten vollstreckt werden kann".[1283]

In diesen überfüllten Anstalten,[1284] Heimstätten aller Arten von Ungeziefer, herrschten schlimme hygienische Zustände[1285]. Eine Krankenversorgung gab es nicht. Skorbut, Krätze und Tuberkulose verbreiteten sich ungehemmt.[1286] Die Sterberate war hoch.[1287] Dazu trugen auch die für diese Anstalten spezifischen Arbeiten bei, die hier ohne jeden Schutz für die Augen verrichtet wurden: Brillenschleifen, Marmorschleifen oder wie in Graz das Feilen von Kupfer und Hirschhorn.[1288] Selbst das Spinnen war unter den Anstaltsbedingungen gesundheitsgefährdend, was durchaus im 18. Jahrhundert bekannt war.[1289] Schlecht war die Ernährung,[1290] die jener der staatlichen Armenfürsorge entsprach[1291]. Sporadisch schaute vielleicht einmal eine vom Fürsten gesandte Visitationskommission vorbei – aber danach blieb alles beim alten. Nicht einmal in Preußen, wo die Könige über die schlimmen Zustände in ihren Zuchthäusern unterrichtet waren,[1292] kam es zu irgendwelchen positiven Veränderungen[1293]. Von den Geistlichen, die tatsächlich in manchen Zuchthäusern amtierten,[1294] gingen selbst im schreibseligen 18. Jahrhundert keine wirksamen Initiativen aus[1295].

Nach den überlieferten Ordnungen scheinen in dem Berner Zuchthaus, dem 1615 gegründeten „Schallenwerk",[1296] im Jahre 1783, nachdem Zuchthaus und Arbeitshaus getrennt worden waren,[1297] Reformgedanken wirksam geworden zu sein: Es gab genaue Instruktionen für die Wärter,[1298] und die Verpflegung war – jedenfalls nach den vorgeschriebenen Sätzen – einfach, aber ausreichend[1299].

Im Zuchthaus wurde gestorben und geboren.[1300] Die Säuglinge und Kleinkinder blieben in diesen „Beinschellenkerkern",[1301] bis ihre Mütter entlassen wurden. Es war ein seltener Ausdruck von Humanität, wenn in München die im Zuchthaus geborenen Kinder in einer eigenen sogenannten „Kinderstube" untergebracht wurden.

In der Geschichte des Zuchthauses rivalisieren drei Gedanken miteinander und vermischen sich in der Praxis. Der erste ist derjenige von der Ein- und Abschließung des Gesindels von der Gesellschaft als Ausdruck eines rationalen utilitaristischen Staatsdenkens. Vorahnung im Italien des 15. Jahrhunderts: Filaretes Architekturtraktat sieht 1464 ein solches Gefängnis als Arbeitshaus vor, in das – Konsequenz des geburtsständischen Prinzips – auch die hier geborenen Kinder eintreten sollen.[1302] Der Staat als Schützer der Gesellschaft: ein interkonfessioneller Gedanke. Weder in Kassel noch in Gent hatte man 1720 respektive 1775 Bedenken, die Anstalten „wie das Bösebubenhaus zu Rom" einzurichten, also das 1704 durch Clemens XI. errichtete Zuchthaus zum Vorbild zu nehmen.[1303] Dieser Gedanke verband sich allzu problemlos mit dem Strafgedanken. Und das sollte über alle wohlgemeinten Gründungsstatuten hinweg die Praxis in diesen Anstalten bestimmen. Die Gründungsstatuten enthalten fast immer den dritten Gedanken, der sich als zuletzt entwickelter mit den älteren, den traditionellen auseinandersetzen muß: den Erziehungsgedanken.

Immer wieder erklärtes Ziel der Zuchthausgründungen war – modern gesprochen – die Resozialisierung. Zucht, durch Gewalt garantierte Erziehung, sollte als Mittel dienen. Dieser „Erziehungsgedanke" griff weit über den Strafgedanken hinaus. Das Zuchthaus war zugleich als Instrument sozialer Disziplinierung gedacht, als Möglichkeit, die Dienstboten-Ordnungen endlich durchzusetzen, die hausväterliche Gewalt gegen „schlimme Ehehalten und heillose Dienstboten" zu schützen.[1304] In der Praxis ging noch man weiter: Ins Würzburger Zuchthaus kam 1798 zwangsweise auch der gewiß nicht kriminelle Schuhmacher Weckesser, der „zu Hause und im Bette liegen bleibt, um seinem von häufig eingeschlucktem Wein und Brandtwein, welche letzteren er Maas weiß zu sich nimmt, ganz angefüllten Körper recht gemächlich ausruhen zu lassen".[1305]

Das Beispiel des Würzburger Trunkenbolds zeigt, wie schnell Straf- und Resozialisierungsgedanke ineinander übergehen können, wie in der Praxis jene drei theoretisch zu unterscheidenden Gedanken sich vermischen. Das gilt auch für einen vierten Gedanken, den wir erst jetzt benennen, weil er der zukunftsweisende hätte sein können. Es geht um den Gedanken, daß Armut und Arbeitslosigkeit zur Kriminalität führen können, daß die Obrigkeit oder der Staat also Arbeitsmöglichkeiten schaffen müssen, um die Gesellschaft zu schützen. Der in Filaretes Architekturtraktat 1464 vertretene Gedanke, daß unbescholtene Leute, die keine Nahrung haben, in die projektierten Haftanstalten einzuweisen seien,[1306] findet sich in der Geschichte der Zuchthäuser wieder, die vielfach auch Zucht- und Werkhäuser heißen.

Der Klarheit halber stellen wir den Begriff des Werkhauses, also einer staatlichen Beschäftigungsanstalt, dem des Zuchthauses gegenüber. Die späterhin zumeist verwischten Unterschiede[1307] werden in Lübeck sichtbar, wo 1602 im St. Annenkloster ein „Armen- und Werkhaus" eingerichtet wird. 1613 wird das Zuchthaus angebaut; aber beide Häuser werden räumlich genau voneinander getrennt.[1308] Späterhin wurde oft der umgekehrte Weg eingeschlagen. Nachdem der Strafcharakter des Zuchthauses dominant geworden war, versuchte man eigene Werkhäuser, wie in Hamburg 1669 das Spinnhaus,[1309] zu gründen.

Die Konzeption des Werk- oder Arbeitshauses wurzelt in der interkonfessionellen Armutsgesetzgebung des 16. Jahrhunderts.[1310] Deren Grundgedanke war das Bettelverbot bei Einschärfung der Arbeitspflicht des Menschen. Zwei Beispiele aus dem Norden und dem Süden: 1614 wird als Grund für den Bau des Hamburger Zuchthauses angegeben, daß „dadurch die Armen unterhalten, die Bettler abgeschafft" wurden.[1311] In gleicher Absicht sollte auch in Bern das Zuchthaus der Bekämpfung von Müßiggang und Bettel dienen.[1312] Allein im Werkhaus ist das Eingeständnis enthalten, zu dem sich die Obrigkeiten in all ihren Vaganten- und Bettlergesetzen nicht bereit finden, das Eingeständnis der in der frühen Neuzeit anwachsenden Arbeitslosigkeit.[1313] Die ganze Hilflosigkeit aber des frühmodernen Staates angesichts dieser sozialen Problematik erweist sich in dem Verkümmern des Werkhausgedankens angesichts des Strafgedankens.[1314] Die zukunftsweisende Idee wird erstickt von den ungelösten Fragen der Vergangenheit.

Wenn die Zuchthausstrafe vielfach an die Stelle der alten Körper- und Verstümmelungsstrafen treten, wenn sie die Landesverweisung ersetzen sollte,[1315] dann blieb nur noch wenig Platz für den Werkhausgedanken. So wird in Würzburg der herumstreunende Koch Michel ins Zuchthaus eingewiesen, weil er so heruntergekommen war, „daß er kaum ohne Ärgernuß anzusehen seye und da solcher keine Liegestatt und manchen tag gar nichts zu essen habe", sei aus „Abgang der Kleidung und Nahrung" zu befürchten, daß er „in einen gefährlichen, gemeinschädlichen Wahnsinn übergehen möge".[1316] So sieht die Praxis aus, wenn Mandate erklären, das Zuchthaus diene dazu, die Straßen „so viel als muglich von dem Gesindel" zu säubern.[1317]

Nachdem im 18. Jahrhundert das Zuchthaus endgültig zur Strafanstalt geworden war,[1318] versuchten die Obrigkeiten oft entweder durch eine räumliche Trennung von Zucht- und Werkhaus[1319] oder durch eigene Gründungen wie Spinnanstalten[1320] den alten Arbeitsgedanken zu retten. Das alte Übel, die geringe materielle Dotierung, ließ diese Ansätze verkümmern. Und weiterhin: Wo schon gegen die von der Obrigkeit geförderte Hausindustrie des Spinnens eine starke Resistenz in der Bevölkerung bestand,[1321] war schwerlich auf Erfolg bei den Strafarbeiten zu rechnen.

Der Werkhausgedanke konnte auch deshalb nicht umgesetzt werden, weil er der Gesellschaft selbst zu ungewohnt war, einer Gesellschaft, in die durch Tausende von Mandaten seit dem 16. Jahrhundert die Verachtung der Arbeitslosigkeit mit der gleichzeitigen Denunzierung des Müßiggangs hineinmissioniert worden war. Der Müßiggänger, zumeist der arbeitslose Knecht oder Tagelöhner, die arbeitslose Frau nicht zu vergessen, entzieht sich seiner oder ihrer gottgewollten Arbeitspflicht und ist an diesem Schicksal selber schuld. Warum also auf einmal Werkhäuser? Mißtrauen hatten die Menschen sowieso gegenüber neuen Maßnahmen eines Staates, den sie nur als Steuern und Abgaben und Söhne für das Militär fordernde Obrigkeit kannten, und wenn diese Obrigkeit im Namen der Resozialisierung auch Personen, die in der Gesellschaft als „unehrlich" galten, ins Werkhaus aufnahm, war diese Anstalt vollends diskreditiert.[1322]

Weit haben wir uns von einer Deutung entfernt, die durch Michel Foucault popularisiert worden ist, von einer Deutung, wonach unter anderem in der Geschichte der Zuchthäuser ein neuer Disziplinierungswille der Herrschaft gegenüber der Gesellschaft sich mit weittragenden Folgen entwickelt habe. Wenn es doch nur so gewesen wäre! Es hätte sich dann auch der Werkhausgedanke weiterentwickeln lassen. Es war aber vielfach so, daß die ungelösten Probleme der Vergangenheit die zukunftsweisenden Lösungen erstickten. Wir wiederholen diesen Gedanken, weil er in bitterer Variante das Problem der Überlagerungen in der Strafrechtsgeschichte, das der Tradition und das der Anpassung an neue soziale und, wie jetzt zu ergänzen ist, mentale Entwicklungen reflektiert. Ein einfaches Beispiel: Wie sollte mit den ergriffenen Zigeunern, denen die Existenz im Reich verboten war, umgegangen werden? Ohne Klärung des Problems wurden sie ins Zuchthaus gesteckt.[1323] Die Schleswig-Holsteinische Statistik der Zuchthausinsassen erweist[1324]: An erster Stelle stehen Diebe, an zweiter Stelle Bettler und Zigeuner.[1325] Das heißt: Im Zuchthaus des 18. Jahrhunderts sind Kriminelle und Kriminalisierte versammelt, das überzeitliche Problem des Diebstahls und das spezifisch frühneuzeitliche Problem der Denunzierung des Müßiggangs personifizierend.

Disziplinierung, Zucht, das machte jetzt auch vor denen nicht halt, die der Strafvollzug früherer Jahrhunderte verschont hatte: schwererziehbare, „ungeratene" Kinder und schließlich sogar armer Leute Kinder, die im Verdacht des Bettels standen. In diesem Sinne hat der Lübecker Rat noch 1727 dekretiert: „Das Zuchthaus ist nur auf ungehorsame Kinder, auch mutwillige und gottlose Bettler eingerichtet."[1326] Schon zehnjährige Jungen und Mädchen sollten in den neuen Anstalten erzogen werden.[1327] Juristen haben diese Auffassung allgemein gebilligt.[1328] Wo mißratene Kinder in das als Besserungsanstalt verstandene Zuchthaus eingewiesen werden sollten, lag wie in Lüneburg der Gedanke nicht fern, auf Antrag der Ehemänner auch zänkische Ehefrauen hier aufzunehmen.[1329]

Reformwillige Juristen versprachen sich von der Zuchthausstrafe die Überwindung des überkommenen Strafensystems. So hoffte man 1699 in Lüneburg, daß nunmehr Staupenschlag und Brandmarkung der Vergangenheit angehören würden.[1330] Im 18. Jahrhundert glaubte man in Österreich, daß viele Todes- und Galgenstrafen durch Zuchthausstrafen ersetzt werden könnten.[1331] Illusionen.

Nicht alle Herrschaften verfügten über ein eigenes Zuchthaus. Im territorial zersplitterten deutschen Südwesten versuchte der Schenk von Castell, der „Malefizschenk", daraus Nutzen zu ziehen – eine intelligente Variante der „Peuplierungspolitik", mit der so viele seiner Standesgenossen und Reichsritter ihre Finanzen zu sanieren versuchten, indem sie gegen Abgaben Wohnrecht in Gemeinden ihrer Herrschaft gewährten.[1332] Aber wie so oft: Die intelligente Variante scheitert. Der „Malefizschenk" hatte – wie übrigens auch alle Geheimen Räte bei den Zuchthausgründungen – die Kosten unterschätzt, welche selbst die primitive Unterbringung und Versorgung der Züchtlinge verursachten. Statt im Sinne des „Überwachens und Strafens" der Foucaultschen Interpretation sind die Gründer von Zuchthäusern als Gefangene ihrer eigenen Vorstellungen zu verstehen, die im Banne des Müßiggang-Topos glaubten, durch Zwang zur Arbeit würde sich schon alles richten – auch zum fiskalischen Wohlgefallen.

Der Tagesablauf begann um 4 oder 5 Uhr im Sommer.[1333] Die Arbeiten in den Zuchthäusern, vor allem Textilarbeiten,[1334] deckten demnach bei weitem nicht die laufenden Kosten[1335]. Deswegen verlangten die Fürstentümer und Städte, die Zuchthäuser besaßen, die Unterhaltskosten, wenn eine fremde Herrschaft ihre Sträflinge in diese Anstalten einweisen wollte[1336] – das Prinzip, aus dem der „Malefizschenk" ein Geschäft machen wollte. Den zentralen Einwand gegen alle Vorstellungen, die in den Zuchthausgründungen eine Humanisierung des Strafsystems mit seinen nun theoretisch überflüssigen Körperstrafen sehen wollen, formuliert ein Rechtsgutachten der Freiburger Juristischen Fakultät. Der Missetäter sei zu zehn Jahren Zuchthaus zu verurteilen, sollte dieser aber nicht unentgeltlich aufgenommen werden, so seien statt dessen Staupenschlag und Landesverweisung anzuraten.[1337]

Hinter repräsentativer Fassade erweist sich die Geschichte der Zuchthausstrafe als Geschichte von Willkür[1338] – auch darin ein Abbild der Herrschaftspraxis im Zeitalter des sogenannten Absolutismus. Willkür waltete schon bei der Einweisung in eine solche Anstalt; selten genug hatten Urteile überhaupt die Haftdauer festgelegt.[1339] Der zentrale neue Gedanke, daß die Strafe Schutz der Gesellschaft, deren Rechte verletzt worden waren, sein sollte, wurde angesichts solcher Praxis zuschanden. Die Gauner, hinter denen sich die schweren Tore schlossen, wußten, daß sie schutzlos jedweder Gewalt ausgeliefert waren.[1340] Prügel waren an der Tagesordnung.[1341] Selbst im regulierungswütigen 18. Jahrhundert dachten die Geheimen Räte in ihren Kanzleien gar nicht an eine Konkretisierung dessen, was bei den Zuchthausgründungen so feierlich als Absicht proklamiert worden war, sie dachten nicht an genaue Instruktionen für die Wärter.[1342] Einer dieser – in der Gesellschaft verachteten – Männer, in deren Hand das Wohl und Wehe der Häftlinge gelegen hat,[1343] beklagt sich bei seiner Obrigkeit: „Und da ich schon in dem 7. Jahr Zuchtknecht bin, jedannoch aber noch nicht eigentlich weiss, wie ich mich dabei verhalten solle."[1344] Angesichts solcher Zustände war es geradezu ein Fortschritt, wenn 1782 in Würzburg den Aufsehern untersagt wurde, einem Gefangenen an einem Tage eigenmächtig mehr als zehn Stockschläge zu verabreichen.[1345]

Prügelnde Stockknechte regierten im Zuchthaus. Aber dabei ist zu bedenken: Eine Einzelhaft, Zellen, kannten weder das Gefängnis noch das Zuchthaus. Graz bildet eine rühmenswerte Ausnahme.[1346] Der Stockknecht muß durch dosierte Gnade und Willkür, die vom Schlagen bis zur Kürzung der Essensrationen reicht,[1347] jene Furcht schaffen, die eine Solidarisierung der Gefangenen verhindert. Wo die Häftlinge in der Nacht nicht angekettet werden,[1348] ist auf vergleichsweise humane Zustände zu schließen. Einem Pfarrer, der 1750 eine Beschreibung der damals weitberühmten Anstalt von St. Georgen bei Bayreuth bietet, kommt nicht von ungefähr folgendes Sprachbeispiel in den Sinn, mit dem er für seine Leser das hier gesprochene Rotwelsch illustrieren will: „ich bin im Kittgen und muß grandig schineckeln, und habe wenig zu aggeln und zu pafen, und der Schoter will mir immer Macks stecken" – „Ich bin im Zuchthaus und muß sehr viel arbeiten, und habe wenig zu essen und zu trinken und der Knecht will mir immer Schläge geben."[1349] Welches Leben ihn erwartete, wird einem Züchtling gleich am ersten Tag verdeutlicht, im „Willkomm", einer Tracht Prügel,[1350] die in Osnabrück mit 25 Karbatschenschlägen genau festgelegt war[1351].

Der Willkür im Innern entsprach die Willkür draußen; denn es stand im Belieben des Amtmannes, ob er einen aufgegriffenen Vaganten einfach durchprügeln und anschließend laufen ließ oder ihn ins Zuchthaus steckte.[1352] Es hing oft von der Belegung einer solchen Anstalt ab, ob ein Verbrecher überhaupt inhaftiert werden konnte (meist ohne die Dauer seiner Haftstrafe zu kennen)[1353] oder ob er nach schmerzhaftem Staupenschlag des Landes verwiesen wurde.

Wer als einzelner schutzlos war, mußte die Hilfe seiner Schicksalsgenossen suchen. Es lag auch an den inneren Verhältnissen, wenn die Zuchthäuser zu Gaunerschulen wurden, wie man sowohl in den Regierungen als auch in der kriminellen Unterschicht wußte. Hier lernte der kleine Vagant die Tricks erfahrener Räuber.[1354]

Bereits im vorfriederizianischen Preußen wurde versucht, das Zuchthaus als Regiebetrieb zu etablieren, in Spandau und Magdeburg, welche Zuchthäuser 1687 zur Förderung der Woll- und Seidenmanufaktur gegründet wurden,[1355] ebenso wie in Küstrin[1356]. Entsprechende Bemühungen wurden im 18. Jahrhundert immer wieder in der Hoffnung angestellt, sogar fiskalischen Gewinn aus den Strafanstalten zu ziehen.[1357] Alle Kostenvoranschläge erwiesen sich indes als Illusionen.[1358] Wie in Preußen schwankten die Regierungen auch anderswo zwischen den beiden Möglichkeiten eines staatlichen Regiebetriebs oder einer an private Unternehmer zu verpachtenden „Enterprise".[1359] Das Schwanken reagiert auf die Diskrepanz zwischen Theorie und Praxis. In der Theorie erschien kostenlos angebotene Arbeit für den Unternehmer gewinnbringend, aber auch der Staat selbst hatte sich ja fiskalische Nutzungen erhofft. Unternehmerisches Scheitern kann für den Historiker aufschlußreich sein. Weder in den fürstlichen Kanzleien noch bei wagemutigen bürgerlichen Unternehmern gab es ein Bewußtsein von den emotionalen Grundlagen der Arbeit, die unter Zwang bestenfalls lustlos geleistet wird.[1360] Denn als Wirtschaftsunternehmen war das Zuchthaus weder in der staatlichen noch in der privatisierten Form rentabel.

Konkretisieren wir das Problem an fränkischen Beispielen. Im berüchtigten Bayreuther Zuchthaus St. Georgen wurde der Marmor der Region bearbeitet,[1361] ohne je Rendite abzuwerfen. Das Schwabacher Zuchthaus, in dem Brillengläser geschliffen wurden, was für die Augen der Häftlinge wegen der Silikose gefährlich war, produzierte jährlich 400 Kisten Gläser und wurde dennoch 1804, weil es keinen Gewinn abwarf, verpachtet;[1362] und dabei galt dieses Zuchthaus weithin als vorbildlich[1363]. Selbst die Wollmanufaktur im Würzburger Juliusspital, wo der Zucht- und Arbeitsgedanke in einer eigenen Anstalt noch am ehesten verwirklicht worden war,[1364] rentierte sich nicht, weil die Produkte einen üblen Ruf hatten und die Sträflinge die Werkzeuge absichtlich ruinierten[1365]. Unrentabel war schließlich auch die 1817 vom neuen bayerischen Staat gegründete, mit modernen Spinnerei-Maschinen bestückte Tuchmanufaktur im Strafarbeitshaus auf der Plassenburg.[1366]

Im Schwabacher Zuchthaus erscholl nachmittags um 2 Uhr am 9. Juni 1776 plötzlich gellendes Geschrei aus dem Raum, in dem Frauen Glas schleifen mußten. Veronika Meyer hatte ihr kleines Kind umgebracht, hatte es auf dem Abtritt mit ihrem Halstuch erdrosselt, hatte es, damit der Tod gewiß eintrete, zweimal mit dem Kopf an die Wand geschlagen. Die Mutter hatte dann beim Eintritt des Verwalters „mit entsetzlichem Schreyen und Fluchen ausgerufen, ‚umbracht hab ichs'".

Veronika Meyer befand sich in einer Extremsituation. Die Umstände aber, die ihren psychischen Zusammenbruch herbeiführten, waren die normalen. Mit ihren drei Kindern, zwei älteren Buben und einem wohl gerade dem Säuglingsalter entwachsenen Kleinkind, lebte sie mit anderen Gefangenen auf engstem Raum zusammengepfercht. „Das Kind habe freylich die Nacht über fast unaufhörlich geschrien." Die anderen entnervten Schicksalsgenossinnen ließen das die Mutter entgelten mit „unaufhörlichen Zänkereyen, welche ihre Mitgefangenen, die Markertin, Härperin und Hornin alle Tage mit ihr anfangen". Vor allem standen alte Rechnungen noch offen. Besonders Frau Härper und Frau Horn warfen der Veronika Meyer immer wieder vor, „sie und ihr Mann hätten ihre Männer zu Uffenheim an den Galgen gebracht".

In dieser gespannten Atmosphäre konnte eine Mutter nicht Mutter sein; aber sie mußte die ganze Verantwortung für ihre Kinder, die keinerlei Bewegungsfreiheit hatten, tragen. Sie versuchte es mit brutalen Drohungen. Weiterhin hatte die entnervte Frau – wie ihr vorgeworfen wurde – ihre Kinder nicht „von Ungeziefer säubern wollen"; Streit zwischen Mutter und Kindern gab es auch um das karge Essen. Am Tag des Mordes jedoch hatte die Meyerin, wie die Mitgefangenen aussagten, „das Schüßelchen Hirßebrey zu ihrer aller Erstaunen fast ganz zu essen geben".

Die Tat war keine Affekthandlung, sie war geplant, aber nicht mit kaltem Herzen, sondern mit gepreßter Seele. Veronika Meyer war ein Mensch ohne Hoffnung; wahrscheinlich hätte sie alles noch ertragen können, wenn ein Ende ihrer Qualen abzusehen gewesen wäre. Die Dauer ihrer Zuchthausstrafe war ihr aber nicht mitgeteilt worden. Sie glaubte, lebenslänglich eingekerkert zu sein, und war, wie es trocken in den Akten heißt, „wegen ihrer Gefangenschaft, von der sie kein Ende gesehen, ihres Lebens ueberdrüßig worden". Sie sann auf ein Ende ihrer Qualen und fand die Antwort auf die Willkür der Obrigkeit, indem sie diese zum Werkzeug eines indirekten Selbstmords machen wollte; sie dachte sich, wie sie zu Protokoll gab, „bringst du dein Kind um, so muß man dir dein Recht anthun, und um dieses wollte sie auch bitten, denn sterben wolle sie und verlange nicht anderes".[1367]

Wie der Gedanke des Zuchthauses ging auch jener von den Niederlanden aus, der als Strafe die „offenen Arbeiten", die „opera publica", verhängte, also Arbeiten im öffentlichen Interesse wie Straßenbau und Straßenreinigung.[1368] Die Strafe, in Hamburg schon 1604[1369] und in Ostfriesland 1613[1370] angewandt, lebte bis in das 19. Jahrhundert. Ein 1854 erschienenes „Criminallexikon" rechtfertigt die Zwangsarbeit. Sie sei nötig, um „die verschiedensten Feinde der Staatsgesellschaft damit zur Einsicht zu bringen".[1371]

Das Prinzip der offenen Arbeiten hatte bereits 1521 Eberlin von Günzburg vorgeschlagen: „Ein dieb soll ain jar ein gemeiner knecht sein zu aller bossel arbeit der stat, und soll ein kettin geschmidet tragen an baiden füssen."[1372] Ein Straßenräuber soll lebenslang diese Strafe erleiden: „ein ewigen knecht der gemein machen."[1373]

Eberlin von Günzburg läßt erkennen, daß der Gedanke des Zuchthauses ebenso im Arbeitsethos des Protestantismus wurzelt wie der der offenen Arbeiten. Und auch darin ist Eberlin zukunftsweisend: Die offenen Arbeiten werden in Ketten, oft „Springer" genannt,[1374] verrichtet. Auch der Gedanke der lebenslänglichen Zwangsarbeit weist in die Zukunft. Zum Beispiel wird 1722 in Kurhannover ein zum Tode Verurteilter begnadigt, lebenslang „ad operas publicas auf dem Kalkberg zu Lüneburg" zu dienen.[1375]

Offene Arbeiten sind das Zuchthaus im Freien. Die Sträflinge tragen nicht nur, wie von Eberlin vorgeschlagen, Fußfesseln, sondern sind auch mit Ketten an ihre Schubkarren angeschlossen,[1376] ob sie nun Zwangsarbeit bei der städtischen Straßenreinigung[1377] oder beim Festungsbau leisten. Karrenstrafe lautet der gebräuchliche Ausdruck.[1378] Um 1700, als die große Welle der Zuchthausgründungen einsetzt, werden auch die sogenannten Karrenanstalten ins Leben gerufen, die Organisation, mit der bei den Landesfestungen die anfallenden Schanz- und Erdarbeiten durch Sträflinge erledigt werden.[1379] Auch Frauen werden dazu herangezogen.[1380]

Die Karrenstrafe war gewissermaßen die zivile Form der offenen Arbeit, welche mit dem Aufkommen stehender Heere nach dem Dreißigjährigen Krieg auch eine militärische Variante kannte. Vorläufer in den kaisertreuen oberdeutschen Reichsstädten war die Verschickung von Missetätern an die Festungen der Türkengrenze. So wurde 1605 in Nürnberg an Stelle des Galgens ein Verbrecher „10 Jahre auf ein Grenzhaus in das Ungerlandt gestrafft".[1381] Wenn Franz Schmidt dieser Notiz anfügt, „aber dahin nicht kommen",[1382] so wird deutlich: Im Zeitalter der Söldnerheere mit ihren Freiwilligen konnte der Kriegsdienst als Strafe nur an den umkämpften Festungen der Türkengrenze mit ihrer speziellen Disziplin realisiert werden;[1383] der Weg dahin – teuer für die Reichsstadt – war aber auch ein Abenteuer. Gauner, die Gefängnissen entspringen, werden auch auf den langen Fußmärschen ihre Chance zur Flucht gesucht und genutzt haben. Das „Verschicken" auf die Festungen an der Türkengrenze wandelte sich mit dem Aufkommen der stehenden Heere nach dem Dreißigjährigen Krieg. Soldaten für diese stehenden Heere werden nicht nur geworben, gepreßt und aus dem Lande erhoben, sie werden auch von den Gerichten dem Militär überstellt. Kriegsdienst als Strafe,[1384] ein auch in Frankreich geläufiges Verfahren,[1385] charakterisiert eine Welt der larvierten Arbeitslosigkeit, in der Werbungen Erfolg versprachen, und zugleich eine Welt, in der hinter schmucken Uniformen das Elend jenes Soldatenlebens stand, wie es die Ausstellung in Höchstädt 2004 eindrucksvoll dokumentierte.

Exkurs:
Gab es eine Humanisierung des Strafsystems im Zeitalter der Aufklärung?

Zerlegbare Guillotine statt Richtschwert – der Untergang des Abbittens: zum Recht muß keine Gnade mehr gehören – Innovation versus Beharrung: grundsätzliche Durchsetzungsprobleme fortschrittlicher Ideen – die Anwendung der Todesstrafe bei Frauen als Beispiel für eine Humanisierung des Strafvollzugs? – die Kostenfrage als Motor der Strafjustizreform – das Prinzip der Abschreckung als Konstante – wachsende Skrupel bei der Anwendung des alten Strafsystems

Die mittelalterliche Grausamkeit des Strafvollzugs war eingebettet in menschliches Erbarmen. Es besteht weder ein Anlaß, die frühere Strafjustiz in der Absicht geheimer Gruselschauer zu brutalisieren, noch ein Anlaß, dieser Justiz ihre Härte zu nehmen. Es besteht aber auch kein Anlaß, die Neuzeit als Epoche der Humanisierung des Strafvollzugs gegenüber einem angeblich finsteren Mittelalter zu feiern. Verwiesen sei – um nicht noch schlimmerer Fälle zu gedenken – auf die Verfolgung politischer Gegner in modernen Diktaturen, deren staatlich verordneten Sadismus im Mittelalter kaum jemand verstanden hätte. Wenn seit dem 19. Jahrhundert Hinrichtungen „inframuran", hinter Zuchthaus- und Gefängnismauern, vollzogen werden, so ist diese Grausamkeit durch eine Kälte des technischen Vollzugs charakterisiert, die der mittelalterlichen Welt fremd war.[1386] Die Bedeutungsschwere, die Rechtssymbolik und Aberglauben dem Richtschwert zumaßen, weist auf ein anderes Bewußtsein vom Todesurteil hin als die zerlegbare Guillotine, die seit 1924 der Scharfrichter Johann Reichshart auf einem LKW durch Bayern karrte, von Hinrichtungsstätte zu Hinrichtungsstätte – für 150 Reichsmark zuzüglich Spesen pro Hinrichtung.[1387]

Die Geschichte des immer stärker eingeschränkten Gnadenrechts des Abbittens läßt erkennen: Die häufig behauptete Humanisierung der Rechtspflege in der frühen Neuzeit kann allenfalls sektoral, auf den unmittelbaren Strafvollzug beschränkt, gesehen werden.[1388] Die Überzeugung, daß zum Recht die Gnade gehören müsse, war mit dem Mittelalter untergegangen.[1389] Unbestritten sei, daß Humanität und Menschenfreundlichkeit Leitbegriffe der Aufklärung waren und vor allem in deren Spätzeit, als die mit diesen Leitbegriffen verbundene sozialpolitische Verantwortung verstanden wurde, in die Praxis überführt wurden. Stellvertretend für diese Leistung sei auf die „oeconomischen Preisfragen" der Gesellschaft der Wissenschaften zu Göttingen verwiesen.[1390] Der Hinweis auf die direkten Folgen des Humanitätsideals von den Agrarreformen bis hin zu den Feuerlöschanstalten diene dazu, die Frage nach der Humanisierung des Strafrechts im Zeitalter der Aufklärung zu konkretisieren. Wo lassen sich – selbst unter der Einschränkung auf den Strafvollzug – konkrete Wirkungen feststellen? Die in vielen rechtsgeschichtlichen Lehrbüchern verbreitete Auffassung von einem Fortschritt in der Geschichte des Strafrechts bietet keine große Hilfe; denn diese Entwicklungslinie ist ohne Berücksichtigung des Alltags, allein von den Äußerungen der Juristen des 17. und 18. Jahrhunderts her formuliert worden. Abgesehen davon, daß man nur eigens ausgewählte Juristen zur Kenntnis nahm: Die zwischen 1550 und 1650 entstehende deutsche Strafrechtswissenschaft, die bei italienischen Rechtsgelehrten in die Schule gegangen war[1391] und die im Sinne allgemein gültiger Normen das in seiner regionalen, ja lokalen Tradition geborgene, gewiß üppig wuchernde Rechtsbrauchtum zurückstutzen wollte, spielte bei der alltäglichen Bekämpfung der Kriminalität gar keine Rolle.

Aus der Perspektive der Gerichtspraxis ist die Frage nach der Humanisierung des Strafrechts zugleich eine Frage nach dem Verhältnis von gedanklicher Innovation und der im Gewohnten geborgenen Beharrungskraft der Tradition. Das wußten gebildete Fürsten ebenso wie ihre gelehrten Räte. Sie werden sich – um ein Ergebnis unserer folgenden Darlegung vorwegzunehmen – daher zwar gegen Todesstrafe und Tortur aussprechen, sich aber hüten, daraus ein verbindliches Gesetz zu formulieren. Ebenso wie die Agrarreformen erst nach mühsamer Überzeugungsarbeit wirksam werden konnten, brauchten auch die

Das weite Umfeld der Lebens- und Leibesstrafen 155

Abb. 12: Enthaupten durch das Fallbeil, wie es im Spätmittelalter aufkam. Holzschnitt über das Martyrium des hl. Matthias in den „Martern der Apostel" von Lucas Cranach d. Ä. Um 1512.

Reformgedanken des Strafrechts ihre Zeit. Wenn wir bezweifeln, daß die Humanisierung des Strafsystems überhaupt stattgefunden hat, so stellen wir damit doch nicht die langfristig erfolgreichen Wirkungen der Aufklärung in Frage. Noch ohne den Fall des Kindsmords, der die Unentschiedenheit zwischen Einsicht und Mut zum Bruch mit der Tradition exemplarisch verdeutlicht, aufzugreifen, sei ein einfaches Beispiel gewählt, um die Schwierigkeiten der engagierten Vertreter der Aufklärung anzudeuten. Selbst die Pockenimpfung, ein typischer Fall der Hinwendung von gelehrten Problemen zu Existenzproblemen des gemeinen Mannes, hatte es trotz unbestreitbarer Effizienz schwer, sich durchzusetzen: „Man opfert lieber Kinder als Vorurteile auf."

Bei allen Zweifeln an der Leitlinie einer Entwicklung des Strafrechts zur Humanität, bei allem Respekt auch vor denjenigen, die sich im 18. Jahrhundert dafür einsetzten, sei doch vorab eindeutig klargestellt: Die vereinfacht sogenannte „Humanisierungsthese" enthält eine schreiende Ungerechtigkeit gegenüber der Vergangenheit – und nicht nur, was den grundsätzlichen Wandel in der Geschichte des Abbittens betrifft.

Wie zur Geschichte der Folter die Zweifel an ihr gehörten, gehörte auch zur Geschichte der Todesstrafe längst vor Cesare Beccaria die Frage nach ihrer Berechtigung. Im 16. Jahrhundert warnte der erfahrene Graf Wilhelm Werner von Zimmern, der immerhin Richter am Reichskammergericht gewesen war, die Mächtigen davor, Missetätern „umb geringe ursach das leben nehmen, welches doch ohne Got sonst niemandts geben oder wiedergelten kente".[1392]

Nur bei spektakulären Prozessen, wenn es um Standespersonen oder um Menschen, die sonstwie zählten, ging, konnten die neuen Lehren der Strafrechtswissenschaft wirksam werden; dann holten die Gerichte, gestützt auf die Carolina,[1393] die Gutachten juristischer Fakultäten ein, legten deren im allgemeinen milder gewordene Spruchpraxis ihren Urteilen zugrunde – ein teures Verfahren[1394]. In der zweiten Hälfte des 18. Jahrhunderts wurde deutlich, daß die Juristischen Fakultäten als Spruchkollegien sehr zurückhaltend mit dem Verhängen der Todesstrafe geworden waren. Ein Missetäter, der 60 Betrugsfälle eingestanden hatte, kam nach dem Urteil der Freiburger Fakultät mit zehn Jahren Zuchthaus davon.[1395]

Aber läßt sich die Humanisierung des Strafvollzugs nicht bei den Todesstrafen für Frauen nachweisen, wenn an Stelle des grausigen Lebendigbegrabens der Frauen die Hinrichtung mit dem Schwert trat, wenn in Nürnberg der Henker, Meister Franz Schmidt, 1580 durchsetzte, daß das qualvolle Ertränken der Frauen abgeschafft wurde und die Missetäterinnen statt dessen geköpft wurden?[1396] Doch geht der Blick von diesen selten vollzogenen Strafen auf den allgemeinen Vollzug, so zeigt sich ein anderes Bild. Die spätmittelalterliche Scheu, Todes- und Leibstrafen an Frauen zu vollziehen, war verblichen. In Zürich stieg im Zeitraum zwischen 1400 und 1800 die Zahl hingerichteter Frauen stetig an, von zunächst 5% auf 36% aller Hinrichtungen.[1397] An dem häufigen Auspeitschen „bis aufs Blut", an Strafenzumessungen von 60 bis 100 Rutenstreichen auch bei Frauen, hatte niemand etwas auszusetzen – allein aus Gründen der Sittlichkeit meinte man in Würzburg 1796, es wäre „nicht anständig", Frauen auf den bloßen Rücken zu geißeln.[1398]

Die Vorstellung von einer Humanisierung des Strafsystems im Zeitalter der Aufklärung ist mehr dem Gedanken des Fortschritts in der Geschichte als den Quellen verpflichtet.

Die Kostenfrage war, wie in Bayern seit der Mitte des 18. Jahrhunderts,[1399] vielfach das wichtigste Motiv, die Strafjustiz zu reformieren. Im 18. Jahrhundert wurden die Todesstrafen seltener – eine Hinrichtung war sehr teuer –,[1400] aber das Prinzip der Abschreckung, die herrschaftliche Grausamkeit, war nicht in Frage gestellt: Mördern wurde noch die Hand abgehauen, bevor sie der Henker köpfte, und diese Mordhand wurde mit dem Mordmesser neben dem aufs Rad geflochtenen Körper angenagelt.[1401] Noch Mitte des 18. Jahrhunderts wurden in Bayern 17 Missetäter gerädert und zwei geviertelt.[1402] Im Hochstift Osnabrück wurden zwischen 1716 und 1803 noch 75 Todesstrafen verhängt und davon 55 vollzogen.[1403] Letztmalig wurde hier 1789 ein Mann gerädert (gnadenhalber aber zuvor enthauptet).[1404] In Münster fand 1798 die letzte Verbrennung statt.[1405]

Todesstrafen wurden zwar seltener verhängt,[1406] aber an ihrem Prinzip wurde nicht gerüttelt. Das zeigt sich an dem bekannten Fall, daß der Dichter der Gretchentragödie, als Geheimer Rat mit einem konkreten Fall des Kindermords konfrontiert, für die Todesstrafe der Mutter plädierte, die nur dank des Eingreifens seines Herzogs nicht vollzogen wurde.[1407] Wie die meisten Juristen seiner Zeit sah auch Goethe nicht, warum die Gnade, die im Mittelalter so oft selbst Schwerverbrecher vor dem Tode rettete, für verzweifelte Mütter unehelicher Kinder gelten sollte. Die große Diskussion im ausgehenden 18. Jahrhundert über die Bestrafung des Kindsmords,[1408] die den Dichter Goethe inspiriert hatte, ließ den Juristen Goethe unbeeindruckt. Und das war insofern typisch, als in den Territorien des untergehenden alten Reichs vielfach die Kindsmörderinnen die letzten waren, an denen die Todesstrafe vollzogen wurde.[1409] 1790 wurde in Bern und im gleichen Jahr auch in Münster eine Kindsmörderin mit dem Schwert hingerichtet.[1410] Selbst die von Ideen der Aufklärung beeindruckte Justizkanzlei des Hochstifts Osnabrück plädierte 1797 in einem solchen Fall für Anwendung „der Strenge des Gesetzes".[1411]

Friedrichs II. Abschaffung der Todesstrafe 1743 war ein entschlossener und mutiger Schritt,[1412] er erregte Aufsehen, aber fand wenig entschlossene Nachfolge. Verbreitung fand allerdings der Gedanke, daß Todesstrafen der Bestätigung durch den Landesherren bedurften.[1413] Das bereitete, weil der Fürst sein Gnadenrecht wahrnehmen wollte, die Umwandlung der Todesstrafe in eine Zuchthausstrafe vor.[1414] Aber immer noch stellte es einen Ausnahmefall dar, wenn 1771 in den Herzogtümern Schleswig und Holstein die Todesstrafe generell durch lebenslänglich Zuchthaus ersetzt wurde.[1415]

Unübersehbar gewinnt in der zweiten Hälfte des 18. Jahrhunderts die in Ansätzen schon viel ältere Diskussion über das Strafsystem an Intensität.[1416] Der Leitgedanke der Humanität schloß eine neue Definition des Verständnisses beim Umgang der Menschen miteinander ein.[1417] Bei den damit verbundenen Konsequenzen für den Strafprozeß ist der Einfluß von Freimaurern wahrscheinlich.[1418] Aber zur gleichen Zeit wird in einer gedruckten Urgicht (der Niederschrift über den Vollzug einer Hinrichtung) „gegen die Behauptung einiger neueren Philosophen und Rechtsgelehrten, daß die Todesstrafen abgestellt werden sollten", polemisiert.[1419]

Unwahrscheinlich ist, daß der berühmte Traktat des Cesare Beccaria „Dei delitti e delle pene" (1764)[1420] eine direkte Auswirkung auf den Rückgang der Todesstrafen gehabt hat. Die indirekten Auswirkungen stehen allerdings außer Zweifel, der Einfluß auf einen juristischen Diskurs, dem sich die Geheimen Räte in den Kanzleien nicht entziehen konnten.

Freimaurer verbreiteten die Ideen Beccarias im Rußland Katharinas II., auch wenn hier erst 1801 die Tortur verboten wurde.[1421]

Auf die Abschreckung durch Strafe wollte in der frühen Neuzeit niemand verzichten, selbst der entschlossenste unter allen aufgeklärten Fürsten, Kaiser Joseph II., nicht. Ein Jahr, nachdem er die Aufhebung der Todesstrafe verkündet hatte, dekretierte er 1789, daß die Brandmarkung eines Verbrechers öffentlich zu geschehen habe.[1422] Erst die Grundrechte des deutschen Volkes, wie von der Paulskirchenversammlung festgelegt, bestimmten in Paragraph 9: „Die Strafen des Prangers, der Brandmarkung und der körperlichen Züchtigung sind abgeschafft."

Unübersehbar sind seit der zweiten Hälfte des 18. Jahrhunderts die wachsenden Skrupel bei der Anwendung des herkömmlichen Strafsystems. Die Urteilsbegründungen werden immer länger, sichern sich mit immer mehr Zitaten aus der rechtswissenschaftlichen Literatur ab.[1423] Die Grundsatzfragen aber, die Cesare Beccaria aufgeworfen hatte, werden dabei nicht berührt.[1424] Die Aufklärung wirkt nicht direkt auf das Strafrecht ein, sondern indirekt über ein Selbstbewußtsein der Richterschaft, die sich in staatstragender Funktion wußte und damit der Staatslehre der Aufklärung verpflichtet und sich selbstbewußt in latenter Opposition zum eingesessenen Adel empfand.[1425] Deshalb sahen etwa die Osnabrücker Räte das überkommene Rechtssystem zu Ausgang des 18. Jahrhunderts als völlig überholt an.[1426] Seit 1786 wurde in diesem Hochstift kein Todesurteil mehr vollzogen.[1427] Aber selbst hier hielten es die Räte 1787 für untunlich, dem Wunsch des Landesherren zu folgen und die Folter abzuschaffen.[1428]

Das Osnabrücker Beispiel ist typisch. Im Grunde begegnet hier erneut das Problem der Überlagerung der gegensätzlichen Prinzipien von Beharrung und Anpassung an neue Umstände. Hier nach Wirkung und Ablehnung aufklärerischer Gedanken zu fragen, hieße einem geisteswissenschaftlichen Schematismus zu huldigen, zumal alle Reformgedanken sehr schnell – wie unter anderem die Geschichte des Zuchthauses lehrt – an die finanziellen Grenzen stießen, die ein engherziger und oft genug von der Schuldenlast erzwungener Fiskalismus zog. Gerichtsbarkeit und Fiskalismus: Das bewirkte den Rückgang der teuer gewordenen Hinrichtungen, das ließ aber auch nur Reformen zu, die nichts kosteten.

5. Die Folter, die „peinliche Frage"

Das Quälen des Mitmenschen war dem gewaltbereiten Mittelalter nicht fremd; fremd aber war den früheren Zeiten, die Folter als Rechtsmittel einzusetzen.[1429] Das Prügeln der Knechte in der Leges mag man als Straffolter deuten;[1430] eine Ermittlungsfolter aber kennen die frühen Rechte nicht. Die Sache jedoch war außerhalb des gerichtlichen Verfahrens in gewaltbereiter Zeit bekannt. Daß Geistliche und Laien, daß Freie und Unfreie neben Gewalttaten auch Qualen ausgesetzt werden konnten, um Geheimnisse preiszugeben,[1431] daß, wie Gregor von Tours erzählt, mit Peitschenhieben Geständnisse wegen des Mordes an König Chilperich erpreßt werden sollten,[1432] hatte nichts mit einem rechtlichen Verfahren zu tun, und es bildete auch nicht die Anfänge einer entsprechenden Tradition[1433]. Dem widersprach schon die kirchliche Lehre. Kirchenväter haben die Folter ebenso abgelehnt[1434] wie die Päpste Gregor der Große und Nikolaus I.[1435]. Dieser Tradition gab das Decretum Gratiani die juristische Form: Erklärungen, die unter Furcht, Zwang oder Gewalt abgegeben worden seien (c 15 q 6 c 1: „per metum aut fraudem aut per vim extortae fuerint"), dürften nicht gegen den Angeklagten verwendet werden.[1436] In diesem im Spätmittelalter rezipierten Verständnis hat Luther die Folter als ein Notrecht gerechtfertigt, das gegen hartnäckige Leugner einer offenbaren Tat, aber nur mit Vorbedacht und Maß angewandt werden dürfe.[1437] Das war nichts Neues.

Inquisitionsprozeß und Tortur

Der Einfluß päpstlicher Dekretalen: die Rolle der „fama", des Geschreis – Folter als Begleiterscheinung eines auf Notorietät gestützten Prozeßverfahrens – Erlaubnis zur Folter im Ketzerprozeß – Folter als verbreitetes Mittel der Geständniserzwingung im Straßprozeß erst um 1500 – das erfolterte Geständnis: Bekenntnis des Täters zu seiner Tat – die Kontrolle des städtischen Rates über die Anwendung der Folter – das Verschwinden des Gottesurteils

Vorab: Zur Geschichte der Folter gehört, daß sie in geschlossenen Räumen vollzogen wird. Schon von daher ist klar, daß sie dem öffentlichen mittelalterlichen Prozeß, der unter freiem Himmel stattzufinden hat, fremd ist, daß alle mit großer Belesenheit ausgemachten frühmittelalterlichen Vorstufen dem Sklavenrecht der Knechte und dem „privaten" Racherecht, nicht aber einem in der Bevölkerung konsensfähigen Gerichtsverfahren zuzuordnen sind.

In den italienischen Städten schon des frühen 13. Jahrhunderts war erstmals die Folter, allerdings nur in engbegrenzten Ausnahmefällen, bei Majestätsverbrechen, Hochverrat und Münzfälschung, zulässig.[1438] Und Mitte dieses Jahrhunderts kam sie auch in Südfrankreich, möglicherweise als Spätfolge der Albigenserkriege, zur Anwendung, blieb aber auch hier die Ausnahme.[1439] In die führenden oberitalienischen Städte gelangte sie erst im ausgehenden 13. Jahrhundert.[1440]

Daß italienische Städte oft ein Vorbild für die Städte nördlich der Alpen geboten haben, ist aus der Geschichte des europäischen Handels sattsam bekannt. Nur ist in diesem Fall keine analoge Entwicklung anzunehmen. Entscheidend waren vielmehr Dekretalen des großen Juristenpapstes Innozenz III., Dekretalen, die in ganz Europa über die Vermittlung der Universitäten bekannt wurden. Und auch die Folter ist eine gesamteuropäische Erscheinung.[1441] Innozenz III. hatte für den Prozeß gegen Geistliche die Notorietät des Vergehens zum Kriterium gemacht, hatte mit dem Begriff der „fama" die Evidenz der Täterschaft gefordert. Er hatte bei dem Begriff „fama" gewiß nicht an Vergils klassische Darstellung des fliegenden Gerüchts, sondern an die mittelalterliche Erscheinungsform gedacht, wie sie die deutsche Rechtssprache jener Zeit formuliert: „Geschrei", Verrufung, „Verschreiung" – ein weiteres entsprechendes Rechtswort –[1442] konnte einerseits bloßes Gerede im Dorf sein, wie es vielen in den Hexenprozessen zum Schicksal wurde, es konnte aber auch als Leumundsverfahren integraler Bestandteil des Inquisitionsprozesses sein[1443].

Die Folter ist Teil des sogenannten Inquisitionsprozesses,[1444] dessen Grundlegung Europa Innozenz III. verdankt, der den Reinigungseid im Verfahren gegen Geistliche abschaffte und zugleich die Offizialklage und das Beweisverfahren forderte, was dann Kaiser Friedrich II. in den Konstitutionen von Melfi übernahm[1445]. Die große prozessuale Bedeutung, die Innozenz III. der „fama", dem Geschrei – notabene im Zusammenhang mit dem Klerikerprozeß –, einräumte,[1446] stand im Gegensatz zu dem in allen Nachfolgeländern des karolingischen Reichs üblichen Beweisverfahren. „Fama" – das war eben nicht Gerücht, sondern Ausdruck der Notorietät, der Bekanntheit eines Verbrechens.[1447] Eine neue Form des Beweisrechts, das sich durchaus nicht allein auf die „fama" verließ, sondern auch die „probationes plenae" forderte, die offen zutage liegenden Beweise.[1448] Falls nicht die „handhafte", die „frische Tat" den Täter erwies, hatte das „Übersiebnen", das Überführen des Missetäters durch sieben unbescholtene Zeugen zu erfolgen. Durch Reinigungseid und Eideshelfer vermochte ein Angeklagter seine Unschuld zu beweisen.[1449] Die offene, die in der Wissenschaft umstrittene Frage, ob es bereits im mittelalterlichen Strafrecht eine Unschuldsvermutung gab,[1450] möchte ich dezidiert verneinen. Die Unschuldsvermutung liegt allenfalls vor dem Prozeßbeginn. Im Prozeß dann muß die Unschuld, und sei es durch Eineid, offenbar werden.[1451]

Die Folter ist Begleiterscheinung eines Prozeßverfahrens, das sich immer stärker auf die Notorietät, auf die „fama" eines Verbrechens stützt. Das umständliche und unter den gewandelten Bedingungen der Urbanität auch schwer durchführbare „Übersiebnen", die Überführung des Missetäters durch sieben unbescholtene Zeugen, hatte sich im 15. Jahrhundert weitgehend überlebt.[1452] Aber noch 1515 glaubte der Rat von Schweinfurt, nur mit einem kaiserlichen Privileg das Übersiebnen abschaffen zu können.[1453]

Wie tief die Wandlung zum sogenannten Leumundsverfahren ging, einem Verfahren, in dem „fama" oder „Geschrei" eine zentrale Bedeutung gewann, läßt sich am Regensburger Beispiel zeigen. Die „handhafte", die „frische Tat".[1454] Der Sachsenspiegel[1455] und ihm folgend die Stadtrechte[1456] hatten diese Begriffe zu feststehenden Rechtswörtern, das heißt zu Rechtsregeln, werden lassen. Aber im spätmittelalterlichen Regensburg kommen diese Begriffe nicht mehr vor. An ihre Stelle treten, auf die Bedeutung von „fama" als öffentlichem „Geschrei" hinweisend: „offentat", die Tat, die „kund und gewiß" ist.[1457] Ist es ein Zufall, daß Regensburg sehr früh die Folter eingeführt hat, als Mittel, den Täter zu dem persönlichen Geständnis dessen zu zwingen, was allgemein „kund und gewiß" war?

Es kann angesichts des an allen europäischen Universitäten gelehrten Kirchenrechts kein Zweifel daran bestehen, daß eine Dekretale Papst Innozenz IV. aus dem Jahr 1252 auch im Reich bei den Klerikerjuristen bekannt war: Die nachvollziehbaren Grundsätze Innozenz' III. wurden unter dem Eindruck des Albigenserkriegs parteinehmend verdreht, als Innozenz IV. mit der Dekretale „Ad exstirpanda" die Tortur im Ketzerprozeß erlaubte.[1458]

Ob für die Verbreitung der Folter der Ketzerprozeß entscheidend war,[1459] muß aus der Perspektive deutscher Lande sehr fraglich erscheinen; denn Deutschland war nie ein Land der Ketzer; die Häresie erscheint hier lediglich als Berufsrisiko gelehrter Theologen. Die Folter ist im 13. Jahrhundert in deutschen Landen noch völlig unbekannt[1460] und bildet noch bis zur Mitte des 14. Jahrhunderts eindeutig die Ausnahme[1461]. Immerhin: Es sind alles Bischofsstädte, in denen diese Form der Erzwingung des Geständnisses in den städtischen Statuten am frühesten begegnet: Augsburg (1321), Straßburg (1322), Speyer und Köln (nach 1322),[1462] Regensburg (1338)[1463]. In diesen Städten gab es ausgewiesene Experten des Kirchenrechts, denen die Dekretale Innozenz' IV. bekannt war. Abgesehen davon, daß sie den vorsichtigeren Erlassen Innozenz' III. mit dem Notorietätsindiz der „fama" oder des „Geschreis" den Vorzug gegeben haben werden, weil sich dies mit den Rechtszuständen am einfachsten harmonisieren ließ, werden sie wohl kaum die Formen des Ketzerprozesses den weltlichen Gerichtsverfahren oktroyiert haben. Viel naheliegender ist doch, daß sie hilfreich einer in der gewaltbereiten Welt sowieso vorhandenen Bereitschaft der Geständniserzwingung eine von den Dekretalen gedeckte Überführung in ein rechtliches Verfahren ermöglichten.

Vor allem unter dem Einfluß gelehrter Juristen gewann in den größeren Städten die Folter Eingang in den Strafprozeß.[1464] Ganz unterschiedlich ist dabei der Zeitpunkt, zu dem die Tortur erstmals Anwendung findet; in Nürnberg ist sie bereits 1371 bezeugt,[1465] während die Folter in manchen Städten wie Nördlingen[1466] und Hamburg[1467] erst im 16. Jahrhundert angewendet wird. Als Faustregel mag gelten, daß dieses Mittel der Geständniserzwingung um 1500, als etwa in Lüneburg ein domus torturae bezeugt ist[1468] und als es in Regensburg eine Folterkammer im Rathaus gab,[1469] zur Gerichtsbarkeit gehört[1470].

Daß die Tortur noch im ausgehenden 15. Jahrhundert keineswegs selbstverständlich war, lehrt der hochpolitische Prozeß gegen den elsässischen Landvogt Peter von Hagenbach 1474. In Breisach war kein Folterknecht vorhanden, er mußte von Basel ausgeliehen werden.[1471] Selbst wo die Folter im Spätmittelalter zur Anwendung kam, scheute man sich doch, dem erpreßten Geständnis zu vertrauen, wie ein Fall aus Schlettstadt lehrt. Zwei Männer sind wegen „unfure" der Stadt verwiesen worden. Ein Geständnis hatte man nicht von ihnen erlangt, obwohl sie auf der Folterleiter „aufgezogen" worden waren, allerdings ohne durch den Stein gestreckt worden zu sein. Die Verdachtsmomente erschienen Richter und Schöffen zwar gravierend, aber bei einer Verschärfung der Tortur, „alz sich noch irem wesen wol hatte gezimpt ... sei werent umb ir leben kommen".[1472]

Die Folter ist Erzwingung des Geständnisses,[1473] und dieses Geständnis mußte, wenn ein Gericht in aller Ordnung gehegt wurde, auf ordentlicher Gerichtssitzung „freiwillig" wiederholt werden.[1474] Deswegen muß sie noch lange in Gegenwart des Gerichts vollzogen werden,[1475] wobei zuweilen, wie in Wiesbaden, die Schöffen, nicht aber die Untersuchten zu ihrer Stärkung den „Folterwein" tranken[1476].

Das Geständnis darf in der Frühzeit der Folter nicht vom modernen Prozeß her definiert werden. Es ist vielmehr ein Bekenntnis des Täters zu seiner Tat und ist damit dem Erzählmotiv „du hast Dir selbst dein Recht gesprochen" in den Märchen verwandt. Abwegig ist die populäre Auffassung von der Grausamkeit des Mittelalters als Nährboden für eine bedingungslose Anwendung der Tortur, ein populäre Auffassung, der in der Wissenschaft mit dem Bemühen Rechnung getragen wird, eine Humanisierung des Strafvollzugs im 18. Jahrhundert am Beispiel der Tortur nachzuweisen. Die Skrupel mittelalterlicher Ratsherren bei der Erzwingung des Geständnisses[1477] und die schon von Anfang an begegnende Kritik am Foltern führen erst zur Überwindung des Geständnisses im Sinne des Selbsturteils, führen zum Beweisverfahren und zur Indizienlehre;[1478] denn die Strafvermutung, konkret das Ernstnehmen der öffentlichen Meinung, des Geschreis, mußte ausreichend sein[1479]. Es ist nicht zu übersehen und bestätigt letztlich den Trost des in der Zeit der selbsternannten Aufklärung wurzelnden Optimismusgedankens vom „bonum per malum", daß ein großer zivilisatorischer Fortschritt, nämlich die Entwicklung des Beweisrechts zur Schlüsselstellung im Strafverfahren,[1480] mit der Geschichte der Folter verflochten ist.

Kontrolle bei der Erzwingung des Geständnisses. Die vornehmen Nürnberger Ratsherren begaben sich nicht in das finstere „Lochgefängnis" im Rathaus, um die „peinliche Befragung" zu überwachen. Sie gingen davon aus, daß ihren Befehlen gefolgt wurde, und schrieben vor, wie die Befragung durchzuführen sei. Dabei begegnet ein nürnbergisches Spezifikum unter den Folterinstrumenten, das Faß; denn die Ratsherren bestimmten auch, welches der vorhandenen Instrumente angewendet werden sollte, etwa einem Verdächtigen „im loch wee tun mit dem vaß",[1481] und weil das nicht wirkte, ihn „mit dem vaß baß angreifen, ein warhet zu sagen"[1482]. Ein anderes Martermittel befiehlt der Rat bei einem Polen anzuwenden: „den bolacken, der nit sagen will, mit dem stein angreufen."[1483] Die Folter erscheint dem Nürnberger Rat als letztes Mittel der Aufklärung von Verbrechen. Die Anwendung dieses Mittels behält er stets seiner Entscheidung vor. 1471: „Nickel von Eschenbach zu rede halten und im droen, mee an im eigentlichen zu erfahren des mortes halben und nit wee tun."[1484]

1472 macht auch der Rat von Regensburg deutlich, daß vorsichtig mit der Folter umgangen werden solle. In dem politisch hochbrisanten Prozeß gegen Heinrich Erlbach fordern die Räte des Herzogs von Bayern, allen voran der berühmte Dr. Martin Mair, die härteste Anwendung der Folter. Ein zynisches Argument gebrauchen sie. Für Erlbachs Angehörige wäre es besser, er stürbe unter den Qualen, als wenn er öffentlich gerichtet werde. Der Rat widerspricht: Erlbach solle gefoltert werden, „wie es der menschlichen Natur erleidenlich" sei.[1485]

Die Folter als Mittel des Inquisitionsprozesses, als Teil eines neuen Beweisverfahrens[1486]: Damit hängt auch zusammen, daß in dem Maße, in dem dieses Mittel gebraucht wird, ein anderes, früher in Zweifelsfällen als unverzichtbar angesehenes Verfahren verschwindet: das Gottesurteil.[1487] Hans Fehr hat bereits 1926 auf diesen Zusammenhang hingewiesen.[1488] Nicht mehr Gott mußte mit seiner Zeichensprache dem Richter die Entscheidungsgrundlage liefern, sondern der Angeklagte mit seinem wie auch immer motivierten Geständnis.

Nicht nur der Zweikampf, sondern auch die anderen Gottesurteile kamen außer Gebrauch. Noch 1315 hatte sich in Bern eine Frau durch das Tragen des glühenden Eisens vom Diebstahlsverdacht befreien können.[1489] Aber späterhin sind solche Fälle nicht mehr bekannt geworden. Die 1375 einsetzenden Zürcher Richtbücher enthalten keinen Fall eines Gottesurteils mehr.[1490]

Die Brutalisierung der Folter seit dem ausgehenden 16. Jahrhundert

Begrenzung der Willkür bei der Anwendung von Folter durch die Carolina – trotz rationaler Hintergründe: das alltägliche Wirken der Brutalität im Inquisitionsprozeß – das Gefälle zwischen Stadt und Land in der Anwendung der Folter – Verschärfung von Folterformen in der frühen Neuzeit als Ausdruck eines Professionalisierungs- und Brutalisierungsvorgangs – spanische Stiefel und andere importierte Foltermethoden – die Auswirkung der Hexenprozesse auf die Folterpraxis

Die Folter, die „peinliche Frage"

Wie soll, so die naheliegende Frage des Lesers, die knallige Überschrift überhaupt bewiesen werden? Die Grausamkeit der Folter ist von Anfang an, ob willkürliche Gewalthandlung, ob Überführung in ein rechtliches Verfahren, gegeben. Und dennoch darf der Historiker sich nicht bei der Betrachtung von Folterinstrumenten[1491] mit Bekundungen von Abscheu und Empörung begnügen. Er hat zu fragen, wo, wann und unter welchen Voraussetzungen diese Instrumente zur Anwendung kamen. Das dient nicht irgendwelchen Relativierungen; denn die Geschichte der Tortur zeigt mahnend das „principiis obsta", zeigt, daß es keine „vorsichtige" oder „in Ausnahmefällen gerechtfertigte" Erzwingung von Geständnissen, wie in der aktuellen heutigen Diskussion bisweilen suggeriert wird, geben kann. Rationale Gründe zur Anwendung der Folter hatten schon die spätmittelalterlichen Stadträte. An Vorsicht, an Bedenken hat es, wie noch die Carolina zeigt, dabei nicht gefehlt.

Die spätmittelalterliche Geschichte der Folter spiegelt einen mühsamen, voller Skrupel vollzogenen Rezeptionsvorgang wider. Dieser ließ allerdings willkürlicher Auslegung breiten Raum. Eine der Leistungen der Peinlichen Halsgerichtsordnung Karls V. von 1532 liegt in der Begrenzung eben dieser Willkürlichkeit.[1492] Die Carolina widmete der Frage breiten Raum, wann die Folter überhaupt angewendet werden durfte.[1493] Sie folgte dabei einer bereits eine Generation zuvor entwickelten Juristenlehre.[1494] Vielen Gelehrten war bewußt, welche Gefahr die Tortur für einen Unschuldigen bedeutete,[1495] sie kannten schließlich nicht nur die Praxis, sondern auch das Römische Recht und damit den Satz Ulpians von der trügerischen und gefährlichen Erzwingung von Geständnissen durch die Tortur[1496]. Das wirkte zum Beispiel in Bayern auf die Landrechtsreformation von 1518 mit ihren strengen, einschränkenden Vorschriften für die Anwendung der Folter ein.[1497] Solange die Menschen sich bewußt sind, daß trotz aller Indizien die Folter auch ein Unrecht sein kann, so lange sind der Brutalisierung, der Gefahr, die der Tortur stets inhärent ist, Grenzen gesetzt. In diesem Sinne sprach Art. 20 der Carolina dem zu Unrecht Gefolterten ein Schmerzensgeld zu.

Unter Juristen galt, daß mit der Tortur nicht die Tat, sondern die Täterschaft bewiesen werden solle[1498] und daß das Verbrechen bereits vor Anwendung der Folter feststehen müsse, woran 1608 der Präsident des Bayerischen Hofrats seine juristischen Kollegen in diesem Gremium erinnern mußte[1499]. In dieser Anwendungsbegrenzung lag, bereits um 1500 intensiv diskutiert, die Lehre von den Indizien beschlossen,[1500] die Beweiswürdigung, die das ältere Strafrecht nicht kannte[1501].

Anfänge des Indizienprozesses, Verdrängung der Ordalien, Limitierungsversuche der Carolina: Groß ist die Gefahr der Verharmlosung, wenn auf die rationalen Hintergründe der Geschichte der Folter im Rahmen des Inquisitionsprozesses hingewiesen wird. Die Betroffenen sahen hier nur eine brutale Gewalt, vor der allenfalls Heilige schützen konnten. Votivbilder sind überliefert, in denen dankbare Menschen sich himmlischer Errettung aus Folterqualen erinnern.[1502]

Votivbilder von geretteten Menschen sind Ausnahmen, sie können nicht die Schmerzensschreie und Verzweiflung vergessen lassen, die wegen fehlender Quellen geschichtslos dennoch zur Geschichte gehören. Nur zufällig reißt der dichte Schleier auf, der über diesen brutalen Alltag des Inquisitionsprozesses gebreitet ist, und läßt einen allerdings nur flüchtigen Blick auf Gegebenheiten zu, welche die erwähnten Votivbilder als vergleichsweise heiter erscheinen lassen. In das Protokoll des „peinlichen Verhörs" eines Viehdiebes in Eger 1571 fließt die wörtliche Rede des auf der Streckleiter Stöhnenden ein: „O Gott laß dich Erbarmen soll man mich also martern des geringen dings halben."[1503] Erzwungene Geständnisse von Unschuldigen; ebenso gibt es aber auch Fälle, wie sie Meister Franz notiert, wonach ein notorischer Missetäter „niemals durch Peinliche Frag etwas bekandt".[1504] Die Richter wußten, wieviel Schmerzen mit der Folter verbunden waren. Die Territion.[1505] Es handelt sich um die Praxis, dem Tatverdächtigen die Folterwerkzeuge zu zeigen, „als ob man ihm we tun wollte",[1506] ein noch im 18. Jahrhundert übliches Verfahren[1507]. Schrecken wurde erzeugt, um Geständnisse zu erzwingen. Selbstmordversuche aus Angst vor der Folter kamen vor.[1508]

Auch in der Geschichte der Tortur zeigt sich, daß die Städte Mittelpunkt des „peinlichen Rechts" sind. Die ländlichen Gerichte kannten allenfalls Halseisen, mit denen Missetäter an den Pranger geschlossen wurden.[1509] Das änderte sich in der frühen Neuzeit nicht nennenswert.[1510] Als 1715 der Würzburger Bischof eine Enquete über die Zustände in den Zenten, den Gerichtseinheiten seines Hochstifts, erheben ließ, erwies sich, daß auf dem Lande lediglich Bein- und Daumenschrauben vorhanden waren.[1511] Allein in der Bischofsstadt bestand eine gut ausgestattete Folterkammer, wohin auch, um „die peinliche Frage besser vollziehen zu können", Angeklagte aus den Landämtern gebracht wurden.[1512] Hier befand sich auch die Leiter zur „tortura extensionis", auf der zum Beispiel 1763 ein Dieb „mit Cordelen aufgezogen und ihm an jede große Zehe ein 25 Pfund schwerer Stein gehängt wurde, also zwei Stund gehangen und nichts gestanden".[1513]

Selbst die Foltermethoden haben ihre Geschichte. Es ist die Geschichte einer in der frühen Neuzeit wachsenden Grausamkeit.[1514] Diese Aussage scheint wegen der Beweisfrage (wie soll Grausamkeit quantifiziert werden?) ebenso abwegig zu sein wie wegen der Bedeutung der Carolina mit ihrem limitierenden Regelwerk. Verschiedene Grade der Tortur kannte das rechtliche Verfahren.[1515] Und als mit dem ausgehenden 16. Jahrhundert die juristischen Fakultäten um Rat gefragt wurden, unterschieden sie in ihren Gutachten gemäß der gängigen Praxis, ob „gelinder Weise", also mit Daumenschrauben, oder „mit der Schärfe ziemlicher Maßen", also etwa mit spanischen Stiefeln, die Wahrheit zu erpressen sei.[1516] Aber selbst solche Unterscheidungen werden dort, wo die Folter zur Selbstverständlichkeit geworden ist, abgeschliffen. Was wissen Gaunerlisten des 18. Jahrhunderts nicht alles zu berichten? Da heißt es etwa: „und ohnerachtet ihm der stärkste Grad appliciret, und Liechter unter denen Armen gebrennet, die Fußsohlen abgeschnitten und Pfeffer hinein gestreuet worden, habe er doch nichts bekennet".[1517] Kein Ratsherr im spätmittelalterlichen Nürnberg hätte einer solchen Prozedur zugestimmt, geschweige sie angeordnet. Ein Einzelfall? Das brutale sadistische Verfahren, die blutenden, schwerverletzten Füße auch noch zu pfeffern, ist gewiß ein solcher; nicht aber das Brennen unter den empfindlichen Achselhöhlen.[1518] Dies wird schon seit dem Ende des 16. Jahrhunderts häufig angewandt, in der Mark Brandenburg[1519] ebenso wie in Nürnberg[1520]. Das hergebrachte „Strecken" auf der Leiter wird mit brennenden Pechkerzen noch weiter brutalisiert, wie ein Fall aus Eger 1574 stellvertretend für viele andere verdeutlichen mag. „Nota man hat Ine Montags zu Nachts an der Leiter seer gedenet und Angetzogen. In Seiten mitt Bechkertzen gebrent, die Schrauben an dj Pein geleget und geschraubt unnd heut dinstags wider bestreckt, und weiter nichts ... bekent."[1521] Von Glück konnte jener Schmied sagen, der in einer Gaunerliste gesucht wurde und dem nur der Nagel am linken Daumen fehlte, „so von der zu Bamberg vor ungefehr 4 Jahren ausgestandenen Tortur herrührt".[1522]

Die Beispiele zeigen: Allzu einfach wäre es, die in den Gaunerlisten des 18. Jahrhunderts erscheinenden brutalen Folterformen auf Spätfolgen des Dreißigjährigen Krieges zurückzuführen. Schließlich sind diese Formen schon vor dem Großen Krieg in einem Ausmaß bezeugt, der die Relativierung „Einzelfall" ausschließt. Zwei Ursachen ließen die einschränkenden Bestimmungen der Carolina vielfach vergessen. Die erste Ursache liegt in dem Weg des Henkers auf das Land. Die in den Städten eingespielten Kontrollmechanismen waren hier noch nicht eingeübt, und die Gefahr der Willkür, die der Geschichte der Folter stets inhärent ist, war besonders groß. Vor allem aber, die zweite Ursache, waren es die Folgewirkungen der ersten großen Welle der Hexenverfolgungen im ausgehenden 16. Jahrhundert, welche den Professionalisierungsdruck auf den Henker in eine fatale Richtung lenkten. Wenn – ein keineswegs seltener Fall – ein Scharfrichter das Geständnis einer Hexe nicht erlangte, wurde sein „Kollege" geholt, der es besser konnte.

Neben dem Brennen unter den Achselhöhlen ist noch eine weitere „Vervollkommnung" der Tortur im 16. Jahrhundert zu erkennen, die „Beinschraube". Uns gelüstet es nicht, quälende Methoden auszumalen, aber daß diese Methoden im 16. Jahrhundert Herkunftsnamen tragen, weist gleichermaßen auf einen Professionalisierungs- und einen Brutalisierungsvorgang der frühen Neuzeit hin. Denn diese Beinschrauben heißen im 16. Jahrhundert spanische Stiefel,[1523] „Spanische Wade"[1524] oder in der Mark Brandenburg „braunschweigische Stiefel"[1525]. Als „Mecklenburger Instrument" wurde eine spezielle Art der Schnürung auf der Folterbank bezeichnet.[1526] Entwicklung immer neuer Foltermethoden. Es ehrt die Stadtväter von Bern, daß sie 1614 die neue Form der offenbar von Frankfurt vermittelten, mir aber ansonsten nicht bekannten „Bourrière" verbieten.[1527] Herkunftsnamen weisen auf Lernen hin – wo aber liegen die Motive dieses Lernens?

Die Brutalisierung der Folter ist diesem Rechtsmittel inhärent. Sie ist aber darüber hinaus besonders durch die neuzeitlichen Hexenprozesse intensiviert worden. Ein neues Expertentum entstand im Gefolge dieser Verfahren. Und es war nur konsequent, wenn Friedrich von Spee mit den Hexenprozessen auch die Folter ablehnte.[1528]

Die Carolina wurde konzipiert und publiziert, als die Hexendiskussion, die Institoris und Sprenger mit ihrem Hexenhammer auslösen wollten, vorerst abgeebbt war. In diesem Werk war der Folter breiter Raum eingeräumt worden[1529] – ein furchtbares Beispiel dafür, welche Folgen virulente Vorstellungen zeitigen können. Hans Fehr gebührt das Verdienst, die Zusammenhänge aufgedeckt zu haben. Die Gottesurteile, so seine wegweisende Erkenntnis, beruhten auf der Erwartung von Hilfe gegen den im Missetäter wohnenden Teufel. Eine Abbildung im Soester Nequambuch zog Fehr zu Recht für seine Argumentation heran.[1530] Konsequenterweise kann er die Folter, die an die Stelle des Gottesurteils trat, ein „dämonenbefreiendes Instrument" nennen.[1531] Wir wollen Institoris und Sprenger nicht in Schutz nehmen, wenn wir leise darauf hinweisen: Assoziationsgetränkte Folgerungen aus scheinbar einleuchtenden Entwicklungen können bis heute zu wissenschaftlichen Konsequenzen führen, deren Folge die Wissenschaftler – und das sind Institoris und Sprenger durchaus – verkannt haben. Dabei aber sei nicht übersehen: Der Hexenhammer war wissenschaftliche Reaktion auf eine souveräne Zurückweisung, die Heinrich Institoris in Innsbruck erfahren mußte, als ihn Bischof Georg Golser einfach der Stadt verwies, nachdem der Dominikaner einen fragwürdigen Hexenprozeß angezettelt hatte.

Nur scheinbar sind wir weit von unserem Thema abgewichen. Hexenprozesse und entstehende Willkür und Brutalisierung der Folter hängen zusammen. In den Hexenprozessen galt nicht, daß Alte, Schwangere, Kranke und Minderjährige dem Ius Commune zufolge nicht gefoltert werden durften.[1532] Die Hexenprozesse haben ihre Geschichte, sie flammten Ende des 16. Jahrhunderts auf, in eben jener Zeit, in der die neue Foltermethode des Brennens unter den Achselhöhlen in Erscheinung trat. Der Hexenwahn verblaßte im Zeitalter des Dreißigjährigen Krieges. Die Foltermethoden aber blieben und wurden sogar verschärft. In den neuzeitlichen Hexenprozessen wurde üblich, was die Carolina verboten hatte: die Befragung während der Folter.[1533]

Der Hexenhammer war zur Zeit der Carolina ein nahezu vergessenes Werk gewesen. Folgenreich sollte allerdings sein, daß Ulrich Tengler, pfalz-neuburgischer Landvogt aus Höchstädt, in der zweiten Auflage seines viel benutzten „Laienspiegels" (1511) Teile aus dem Hexenhammer eingeschoben hat.[1534]

Ende des 17. Jahrhunderts ist das Werk des Jacob Döpler ein über die sachliche Mitteilung zum Strafprozeß hinaus aufschlußreiches, ein mentalitätsgeschichtliches Zeugnis für den einsetzenden Rationalisierungsvorgang nach dem Abflauen der Hexenprozesse. Diese waren in ihren Verschwörungstheorien prinzipiell davon ausgegangen, daß niemand, ob Adelige oder kleine Leute, ob Geistliche oder Laien, ob Männer oder Frauen, ob Kinder oder Alte, von der Verfolgung und von der Tortur ausgenommen sein könne.[1535] Döpler hingegen konstatierte ganz im Banne dieses mit den Hexenprozessen aufgelösten schichtenspezifischen Rechts des privilegierten Gerichtsstandes: Vor der Anwendung der Tortur sind Adelige, Doktoren und Geistliche zunächst ihrer Würde zu entkleiden[1536] – ein Verfahren, auf das während des Höhepunkts der Hexenprozesse niemand geachtet hatte. So unscheinbar diese Bestimmungen erscheinen, so sind sie doch Indizien für einen Normalisierungsvorgang. Wie so häufig bieten Verfahrensfragen mentalitätsgeschichtliche Aufschlüsse. Hier reagiert Döpler auf die Vergangenheit, aber seine Ausführungen deuten – obwohl er alles andere als ein begnadeter juristischer Denker ist – auch in die Zukunft. Aus seinem thüringischen Wirkungsraum kennt er das Weiterleben mittelalterlicher Auffassungen. Schwangere Frauen – wir erinnern uns spätmittelalterlicher Rechtspraxis – sind von Tortur und Territion ebenso frei[1537] wie Epileptiker[1538] und „melancholische Menschen",[1539] für die das Mittelalter ein besonderes Verständnis gehabt hatte[1540].

Stets war selbst angesichts der Folter der Gedanke erhalten geblieben, daß die körperliche Integrität Teil der Menschenwürde sei. Sogar wenn Gott einen Missetäter erhielt, mußte dieser in dem Zustand sein, wie der Herr ihn erschaffen hatte.[1541] Für das 18. Jahrhundert bedeutete diese Tradition eine Herausforderung. Jetzt hätte sich die Wissenschaft mit dem Glanz der Menschenfreundlichkeit schmücken können, hätten hygienische Zustände und Rücksichtnahmen auf die Gesundheit in die Folterkammern einziehen können.[1542]

Allenfalls oberflächliche Humanisierung: die Folterpraxis im 18. Jahrhundert

Zweifel an den erpreßten Geständnissen nicht erst seit der Aufklärung – Fortschritte, aber lange kein Mut zur Abschaffung der Folter – die aktuelle Diskussion um den prohibitiven Einsatz von Folter

Ein mit der Metapher von der neuen Inneneinrichtung des spätmittelalterlichen Strafraums benanntes Thema nehmen wir in der Absicht wieder auf, die letzten Zweifel zu zerstreuen, ob die Aufklärung denn nun eine epochale Neuorientierung des Strafsystems – denn um nichts anderes handelt es sich beim Stichwort der Humanisierung – herbeigeführt habe.

Zunächst: Die Folter war seit ihrer Einführung stets umstritten.[1543] Selbst die Ineffizienz dieser Methode zur Wahrheitsfindung war vielen bekannt.[1544] Dazu bedurfte es nicht grundlegend neuer Argumente. Die Diskussion der Rechtsgelehrten um 1500, die so oft im städtischen Dienst ihre Erfahrungen gesammelt hatten, führte zu den reglementierenden Bestimmungen der Carolina. Um 1600 hat Graf Froben Christoph von Zimmern, alles andere als ein hochadeliger Eigenbrötler, die allgemeinen Bedenken gegen die Praxis der Geständniserzwingung zusammengefaßt,[1545] und im Jahre 1701 sah sich angesichts europaweit wachsender Kritik[1546] der Pfarrer Hosmann aufgerufen, gegen alle Rechtsgelehrten zu polemisieren, welche die Folter in Frage stellten[1547]. Als Friedrich II. 1740, nur knapp von Cocceji daran gehindert, die Folter abschaffen wollte, war der Strom der Argumente dafür stark angeschwollen, selbst wenn der König seine Absicht noch nicht in die Tat umsetzen konnte.[1548]

Mit den Hinweisen auf die Zeit um 1500, um 1600 und um 1700 sei belegt: Die Geschichte der Folter ist zugleich auch eine Geschichte der Zweifel an den erpreßten Geständnissen. Diese Zweifel sind keineswegs nur theoretisch, sie können, wie das Frankfurter Beispiel des 17. Jahrhunderts erweist, die Gerichtspraxis prägen. Der Rat läßt aufwendig die unter der Tortur abgelegten Geständnisse überprüfen, schreibt an teilweise weit entfernte Gemeinden, in denen gestandene Missetaten stattgefunden haben sollen. Und die Antworten aus den Dörfern kommen erstaunlich schnell und bestätigen nicht immer, daß die Geständnisse erpreßt worden sind.[1549] Die Geschichte der Folter ist indirekt zugleich eine Geschichte des sich erst im 19. Jahrhundert entwickelnden Rechtsbeistandes für einen Angeklagten. Dem mittelalterlichen „Fürsprech", der vor allem die Hegungsformeln des Gerichts beherrschen mußte,[1550] waren keine Möglichkeiten gegeben, den Missetäter wirklich zu verteidigen. Noch 1616 sollten die bayerischen Stände im Codex Maximilianei solche Möglichkeiten nur sehr zögernd zulassen.[1551] Dazu gehörte aber nicht, dem Fürsprech Teilnahme am Untersuchungsverfahren zu gewähren.[1552]

Unsere Darlegungen laufen auf eine massive Kritik an der populären Auffassung hinaus, wonach im Zeitalter der Aufklärung auch die Ideen der Aufklärung verwirklicht worden seien. Daß im 18. Jahrhundert ein zuvor selbstverständliches Verfahren überwunden worden sei, zögernd und mühsam gewiß,[1553] ist insofern eine Mythe, als die Tortur stets umstritten war[1554]. Im 18. Jahrhundert wurde lediglich zu Kontrollmechanismen wie der Einschränkung auf bestimmte Fälle zurückgekehrt, die schon im ausgehenden Mittelalter bekannt waren, und mit der Rationalisierung des Prozesses wurde auch die Brutalisierung der Folter, die insbesondere durch die Hexenprozesse in der frühen Neuzeit erfolgt war,[1555] beschnitten[1556]. Daß das Gerichtsverfahren auf Vermeidung, nicht auf Anwendung der Folter ausgerichtet war,[1557] ist bereits im Spätmittelalter erkennbar.

Daß Landesherren sich im ausgehenden 18. Jahrhundert vorbehielten, über die Anwendung der Tortur zu entscheiden,[1558] ist eine Rückkehr zu Verhältnissen, die spätmittelalterlichen Ratsherren – auf dem Lande wurde damals noch nicht gefoltert – selbstverständlich gewesen waren. Selbst auf dem Höhepunkt der Berner Hexenprozesse war der Rat nicht von diesem Prinzip abgewichen und hatte die Anwendung der Tortur von seiner Genehmigung bei gleichzeitiger Vorlage der Untersuchungsakten abhängig gemacht.[1559]

In Baden wurde seit 1767 die Folter wesentlich eingeschränkt.[1560] In München kam es letztmalig 1796 zu einer Tortur.[1561] Im Musterland der Aufklärung, im Fürstentum Braunschweig-Wolfenbüttel, wurde die Folter letztmalig 1771 angewandt.[1562] Andere Fürstentümer ließen sich länger Zeit. Vor allem nach 1789 kam die Tortur kaum noch zur Anwendung.[1563] In Kurhannover, wo bereits 1717/18 Staupenschlag und Schandpfahl abgeschafft und damit Zeichen einer aufgeklärten Strafrechtspflege gesetzt worden waren, wurde auf die Erpressung von Geständnissen erst 1822 verzichtet.[1564]

Es hieße, das engagierte Bemühen aufgeklärter Juristen verächtlich zu machen, wenn wir die Augen vor Fortschritten verschlössen, vor dem Rückgang der Folter im 17. und 18. Jahrhundert.[1565] Zu nennen sind etwa die kurhannoversche Instruktion, die 1736 die Zuziehung von Ärzten schon bei der Territion verlangte, die Tatsache, daß in Zürich 1777 das letzte Mal gefoltert wurde,[1566] oder die Überzeugungsarbeit, die Juristen geleistet haben müssen, um in Bern 1785 den Rat der Zweihundert zur Einschränkung der Tortur zu bewegen[1567] – schwer ist es, Gremien für Neuerungen zu gewinnen. Aber auch in Bern ist die Folter erst in der Folge der Französischen Revolution, in der Helvetik 1798 abgeschafft worden.[1568]

Denn das gilt allgemein für das Zeitalter der Aufklärung: Der Mut zur grundsätzlichen Abschaffung der Folter fehlte. Bei allen Einschränkungen: Immer noch wurde nach Lage des Einzelfalls entschieden.[1569] Es ist bezeichnend, daß, als 1779 in Bayern Kurfürst Karl Theodor die Einschränkung der Tortur anordnet, gleichzeitig den Landgerichten die Anschaffung fehlender Folterinstrumente befohlen wird.[1570] Und umgekehrt: Wenn die Folter erst 1822 im Königreich Hannover abgeschafft wird,[1571] so ist das kein Beleg für die Rückständigkeit der Kurlande, in denen immerhin die modernste Universität des 18. Jahrhunderts entstanden war, sondern ordnet sich in das allgemeine Bild ein. Zweifel an der Berechtigung der Tortur, aber keine grundsätzliche Abschaffung. Immer noch galt dieses Mittel im Einzelfall für zulässig. 1799 hatte erstmals seit 20 Jahren wieder eine Folterung in Hannover stattgefunden.[1572]

Etwas kryptisch, zumindest für die von mir noch in 30 Jahren erhofften Leser, mag sich die weiter oben gemachte Bemerkung über die gegenwärtige aktuelle Diskussion ausnehmen. Gemeint ist ein Fall, in dem ein hoher Frankfurter Polizeibeamter, um das Leben eines Kindes zu retten, dem Entführer und (wie sich herausstellen sollte: dem Mörder) eine Art Folter androhte (im alten Verständnis: eine Territion). Unter dem Eindruck des 11. September wurde dieser Fall hochpolitisch: Darf die Folter zur Vermeidung terroristischer Übergriffe, darf sie prohibitiv zum Schutz von Menschenleben genutzt werden? Ich maße mir nicht an, hier einen Gesetzesvorschlag zu formulieren. Ich maße mir aber an, darauf hinzuweisen, daß ein wie auch immer formuliertes Gesetz nicht vor Mißbrauch schützen kann, daß andererseits auch der Staat in seiner Verantwortung für seine Bürger ein Notwehrrecht besitzt. Wie weit dieses auszulegen ist, sollte nicht dem Gesetz (der Radikalenerlaß und seine Folgen mahnen zur Vorsicht), sondern der Verantwortung und dem Gewissen der Entscheidungsträger überlassen bleiben. Unvermeidbar: Die Folter, ja selbst auch die Territion, sind ungeeignete Mittel der Wahrheitsfindung. Wenn in der aktuellen Diskussion die Folter als prohibitives Mittel des Schutzes von Menschenleben erwogen wird, besteht ein Unterschied zur Folter früherer Zeiten, in denen es um die vollendete Tat, um das Geständnis ging. Dabei nähert sich das Notwehrrecht des Staates nicht der spätmittelalterlich-frühneuzeitlichen Folterpraxis und Folterdiskussion an, sondern dem archaischen Prinzip der Geheimniserpressung.

Eine Lösung maße ich mir nicht an. Ich fürchte, daß es sie auch nicht gibt. Allzu offen ist die Frage der Gerechtigkeit. Jeder Jurist weiß, welche Unterschiede zwischen Gesetz, Recht und Urteil bestehen. Aber darum geht es im vorliegenden Fall der Tortur gar nicht in erster Linie. Wo die Geständniserzwingung möglich ist, ist stets eine Form des „Vorurteils" gegeben. Der Historiker kann nur vor Versuchen warnen, die Tortur – in heute selbstverständlich eng begrenzten Fällen – in irgendeiner Form zu legalisieren. Und dennoch halte ich das erwähnte Vorgehen des hohen Frankfurter Polizeibeamten für gerechtfertigt. Oberstes Gut der Gerechtigkeit ist der Schutz des Lebens, nicht unbedingt, so brutal es klingt, dessen Würde. Leben ohne Würde ist, wie zum Beispiel die Geschichte der „Gaunerehre" zeigt, schwer vorstellbar. Das Notwehrrecht des Staates zum Schutz der Bürger hat ebenso Geltung wie der wunderbare Paragraph eins des Grundgesetzes: Die Würde des Menschen ist unantastbar. Ein Widerspruch aus der Geschichte der Folter? Mit den Hinweisen auf die aktuelle Diskussion sei darauf aufmerksam gemacht, daß keine Überheblichkeit gegenüber der Vergangenheit, die angeblich die Folter gebilligt hat, angebracht ist, daß vielmehr in der Welt die Frage der Gerechtigkeit nicht widerspruchsfrei zu lösen ist und daß es sich von daher verbietet, über die Vergangenheit abwertende Urteile – Grausamkeit – zu fällen.

Dritter Teil:
Missetaten und Missetäter

1. Was ist eine Missetat, was ist ein Verbrechen?

Was ist eine Missetat? Die Frage war deshalb im ganzen Mittelalter vielfach schwer zu beantworten, weil Gewalt als Mittel der Konfliktlösung nicht prinzipiell abgelehnt wurde.[1] Eines der Leitmotive unserer Untersuchung klingt an: Die Entwicklung des öffentlichen Strafgedankens ist nur von der Frage des menschlichen Miteinanders her zu lösen. Der Rachegedanke mochte einigermaßen im frühen Mittelalter überwunden worden sein, aber der Gedanke, daß ein Verbrechen zunächst einmal ein dem Mitmenschen zugefügter Schaden war, dessen Ausgleich zunächst Sache des Geschädigten blieb, ließ sich, wie insbesondere die Geschichte des Betrugs lehren wird, nicht so leicht überwinden.

Die Aussagen der Sprachgeschichte

Wortgeschichte als Spiegel der Mentalitätsgeschichte – von „missetat" zu „Malefiz" – das Friesische als Spiegel des alten Denkens in Schadenskategorien: „scatha" – der wortgeschichtliche Hintergrund von „Verbrechen": ein mit Geldstrafe belegter Rechtsbruch

Die Sprachgeschichte, welche die Wandlungen des Rechtswesens widerspiegelt,[2] erweist in ihren Befunden, welche Probleme die neuen Strafdefinitionen der hochmittelalterlichen Friedensbewegung und der sich anschließenden städtischen Strafpraxis aufwarfen, Probleme, die mit rechtsgeschichtlichen Quellen nur ansatzweise sichtbar werden können. Denn entscheidend ist, welches Verständnis von Verbrechen oder Missetat herrschte und welchen Wandlungen dieses Verständnis unterlag. Die Sprachgeschichte bietet hierfür die wichtigsten Auskünfte. Horst Haider Munske hat die volkssprachliche Rechtsterminologie des frühen und hohen Mittelalters und damit ein historisches Quellenmaterial von hohem Aussagewert erschlossen.[3]

Bis zum Anachronismus reichende Gefahren der Vereinfachung drohen, wenn dem mittelalterlichen Strafrecht ein unreflektierter Begriff des Verbrechens zugeordnet wird. Es brauchte lange Zeit, bis sich im Deutschen eine allgemein übliche Bezeichnung für das lateinische „scelus" entwickelte. Ziemlich jung, erst allmählich im Spätmittelalter entstanden, ist der moderne Begriff „Verbrechen".[4] „Missetat" ist ebenso wie „Untat" schon im Althochdeutschen bezeugt, hat aber ein weit über „Straftat" ausgedehntes Wortfeld.[5] Auch der Sachsenspiegel kennt kein allgemein übliches Wort für Verbrechen, und selbst wenn er von „missetat" spricht, ist nicht immer die strafbare Handlung gemeint.[6] Eike von Repgow hatte ein Gespür dafür, daß unabhängig von der Strafbarkeit die „missetat" Ansehensverlust bedeutet. Er bezeugt damit auch, warum dem von Innozenz III. in das Strafrecht eingeführten Begriff der „fama", des „Leumunds", eine so große Wirkung beschieden war. Mit dem 16. Jahrhundert sollte sich dann „Malefiz" als allgemein gebrauchte und verständliche Benennung des Rahmens von Untat und Missetat durchsetzen.[7] Die sprachliche Klärung ging der juristischen voraus, denn erst im 18. Jahrhundert wurde der Verbrechensbegriff von der Rechtswissenschaft eindeutig definiert.[8]

Sprachgeschichtliche Aussagen lassen den tiefen Einstellungswandel erkennen, der sich mit der Durchsetzung des Strafprinzips gegenüber der Bußgerichtsbarkeit verbinden mußte; denn vom 9. bis zum 11. Jahrhundert umschließen alle Worte für Schuld den Sinnbereich des Schädigens.[9] Und auch hier konserviert das Friesische alte Mentalitäten, gebraucht „scatha", Schaden, für Missetat.[10] Das Begehen einer strafbaren Handlung wird im frühen Mittelalter mit dem allgemein verwendeten Verb „tun" im Sinnbereich des Wirkens benannt.[11] Der Mord zum Beispiel heißt einfach „Tat".[12] Dem entspricht noch das hochmittelalterliche Friesisch, wo „dêde" der häufigste Ausdruck für die Untat ist und erst sehr spät und allein in westerlauwersschen Texten „misdêde" begegnet.[13]

Einstellungswandel. Alte Rechtsworte sterben aus wie das althochdeutsche „firina" und verwandte Begriffe für lateinisch „scelus". Und selbst das häufige „meintat" begegnet seit dem 13. Jahrhundert nur noch selten.[14] Alte Rechtsworte sterben aus, neue begegnen wie „ubeltât", „un(ge)tât", deren große Karriere sich im 15. Jahrhundert abzeichnet.[15]

Erst im Spätmittelalter entwickelt sich allmählich eine allgemein gebräuchliche Bezeichnung für das weite Wortfeld von Missetat. „Verbrecher" begegnet erstmals 1280 in Breslau,[16] ein damals noch vereinzelter Beleg, der noch längere Zeit zumeist Vergehen gegen die städtischen Statuten,[17] Handlungen also von nicht allzu großer Strafwürdigkeit, benennt. Der wortgeschichtliche Hintergrund: „broke" oder „broeke" ist die häufigste, allerdings auch die undifferenzierteste Bezeichnung für den Rechtsbruch;[18] wenn aber die Geldstrafen zumeist „brüche" heißen, wird deutlich, in welchem ursprünglichen Verständnis das heutige „Verbrechen" wurzelt. Das Wort „Strafe" übrigens begegnet erst um 1200 in der Bedeutung „mit Worten tadeln".[19]

Während die Wortgeschichte von „Verbrechen" eine immer größer werdende strafwürdige Aufladung erkennen läßt, verläuft die von „Frevel" genau umgekehrt. Der frühmittelalterliche Wortsinn von Kühnheit und Unbesonnenheit vermischt sich, keineswegs unlogisch, mit dem der Untat,[20] als diese noch nicht unbedingt die strafbare Handlung benannte. Noch lange, noch bis ins 15. Jahrhundert wird „frevel" mit dem leichteren Vergehen analog zu „unfur",[21] „ungeschick" und „unfug" gleichgesetzt,[22] wird die Paarformel „frevellich und ubellich" gebraucht[23]. Zugleich zeichnet sich im 15. Jahrhundert bereits ab, daß „frevel" ebenso wie „untat" das schwere Verbrechen bezeichnen wird.[24]

Auf die Wortgeschichte haben wir uns zurückgezogen, um halbwegs sicheren Boden zu gewinnen. So wichtig das kanonische Recht seit Innozenz III. für die Entwicklung des Prozeßrechts werden sollte, so wenig hilfreich war es in den Fällen, welche die Stadträte im Alltag zu behandeln hatten. Schuld und Sühne standen dem Auftrag der Kirche gemäß im Mittelpunkt der Frage, was Delikt oder Verbrechen sei.[25] Gratian hatte, ganz Wissenschaftler, fünf verschiedene Bedeutungen von „crimen" dargelegt, um dann, schwere Sünden und Verbrechen gleichsetzend,²⁶ die Missetat klar zu definieren: Sünde. Dieses Verständnis gewann für die weitere Entwicklung des Strafrechts zwar eine grundlegende theoretische Bedeutung,²⁷ blieb aber für die Stadträte nur von geringer Verbindlichkeit.

Die „vier hohen Fälle" und die Abgrenzung von Raub und Diebstahl

Die erst späte sprachliche Stufung der Unrechtstaten nach ihrer Schwere – Raub als ehrliches, Diebstahl als unehrliches Verbrechen

Der Terminus „vier hohe Fälle" umschließt bis zum Ende des Alten Reiches die Todesstrafe für Diebstahl, Raub, Mord und Notzucht. Offen ist die Frage, wann diese Bezeichnung entstanden ist. Für alle westgermanischen Sprachen gilt im frühen Mittelalter: Es gibt keine sprachliche Stufung der Unrechtstaten nach ihrer Schwere.²⁸ Damit wird sichtbar, daß die Definition der „vier hohen Fälle" erst im Zusammenhang mit der neuen Definition von Strafe im hohen Mittelalter entstanden sein kann;²⁹ sie ist damals erst vorbereitet worden; denn zur Hochgerichtsbarkeit gehörte der Galgen in seiner erst im urbanen Raum des Spätmittelalters perfektionierten Gestalt.

Abgrenzungsprobleme zwischen Raub und Diebstahl. Selbst das im Europa um 1300 am weitesten entwickelte englische Recht vermochte hier keine klare Unterscheidung zu treffen.³⁰ Die Menschen aber waren damals zutiefst davon überzeugt, auf diese Frage eine verbindliche Antwort zu kennen. Den Raub bezeichneten sie als „ehrliche" Untat, während der Diebstahl wegen seiner Heimlichkeit als verachtenswert, als „unehrlich" galt.³¹ Das Köpfen wurde dementsprechend als „ehrliche" Todesstrafe für den Räuber aufgefaßt, während das Hängen des Diebes als schimpflich, als „unehrlich" angesehen wurde. Die Kriterien einer Unterscheidung von Raub und Diebstahl lagen also im Tathergang begründet, in der Öffentlichkeit, in der sich der Raub abspielte, und in der Heimlichkeit des Diebstahls.

Möglicherweise liegt in dem Respekt vor dem adeligen Räuber die Begründung der Vorstellung vom „ehrlichen" Raub; denn der Unfreie hatte nicht das Recht der öffentlichen Herausforderung, und seine Missetaten waren schon durch seinen Stand „unehrlich". Insofern spräche viel für den Übergang vom hohen zum späten Mittelalter als die Zeit, in der sich die Vorstellung von den „vier hohen Fällen" ausformte. Dafür spräche auch, daß diese Aufstellung der todeswürdigen Missetaten alles andere als vollständig ist, also vor der Zeit liegen muß, in der die städtische Gerichtsbarkeit neue Kriterien des Strafrechts schuf. Bei den „vier hohen Fällen" fehlt unter anderem der Betrug. Daß weiterhin das Delikt der Hexerei nicht erwähnt wird, kann allerdings nur denjenigen überraschen, der dieses Delikt für ein Spezifikum des Mittelalters hält.

Was ist eine Missetat? Das Beispiel der verschiedenen Einstellungsmuster zum Kirchen- und Reliquienraub

> „Furta sacra": das frühmittelalterliche Frohlocken über den heiligen Diebstahl – Selbsthilfe als einziges Gegenmittel – die professionelle Umsetzung der Tat – Reliquienraub, ein Echtheitsgarant – die Kriminalisierung der „furta sacra" seit dem 11. Jahrhundert – die weiterhin hohe Delikthäufigkeit – Kirchenraub als Delikt von kleinen Opferstockmardern wie von professionellen Banden – Gegenwehr: gesicherte Opferstöcke, „Schlafschüler", Wachhunde – Kleriker als Kirchendiebe – Verschärfung der Strafen auf Kirchenraub – das Allerheiligste als Beutegut – Wie vertragen sich Frömmigkeit und Kirchendiebstahl? Das Fallbeispiel der Dürener Annareliquien – Papst Julius II., ein Frühsozialist

Obwohl der Diebstahl in allen Kulturkreisen als Untat verstanden wurde, ist er in seiner Definition von gesamtgesellschaftlichen Entwicklungen abhängig. Zum Beispiel hat sich der Gedanke des Eigentums, der den Diebstahl erst zur Missetat werden läßt, in der mittelalterlichen Welt in ganz eigener Weise entwickelt. So werden vielfach in Feld, Wald und Flur die Besitzverhältnisse durch die Frage geregelt: Wer hat welche Rechte an welcher Sache?[32] Gewählt sei ein einfaches Beispiel, um zu zeigen, daß nach einer Definition von Diebstahl nicht aus Freude an akademischer Spitzfindigkeit gesucht wird. Der Kirchenraub ist in Mittelalter und früher Neuzeit gleichermaßen in großer Delikthäufigkeit nachweisbar. Er wird bereits in frühmittelalterlichen Bußbüchern auffallend oft erwähnt.[33] Wenn frühmittelalterliche Chronisten frohlockend über die gelungene Entwendung von Reliquien und deren Überführung in die Heimat oder das Kloster des Geschichtsschreibers berichten, so plagt sie kein Unrechtsbewußtsein. Wie Einhards „Translatio et miracula ss. Marcellini et Petri" verschweigen die Translationsberichte keineswegs die Tatsache des Diebstahls.

„Furta sacra" – heilige Diebstähle.[34] Die Mönche von St. Emmeram bezichtigten sich selbst, sie hätten aus St. Denis den Leib des hl. Dionysius entführt. Wütender Protest in der französischen Königsabtei: Wir haben den Körper noch; die von St. Emmeram sind Lügner, aber keine Diebe.[35] Mit ihrer Selbstbezichtigung glaubten die Mönche von St. Emmeram, ihren Anspruch auf die gleiche Königsnähe begründen zu können, wie sie in Frankreich die Abtei St. Denis besaß. Schließlich war im Jahre 1002 mit Heinrich II. in deutschen Landen der bayerische Herzog zum König gewählt worden; aber der neue Herrscher dachte gar nicht daran, der Abtei vor seiner bayerischen Hauptstadt Regensburg die gleiche Stellung im Reich zu gewähren, wie sie das vor den Toren von Paris gelegene St. Denis innehatte. Das Verhalten der Mönche von St. Emmeram ist eine indirekte Aussage über die Einschätzung des Reliquiendiebstahls. Wäre dieser der „unehrlichen" Missetat zugeordnet worden, hätte das den Ansprüchen der Mönche geschadet.

Das Bewußtsein von dem kriminellen Hintergrund so manchen Reliquienerwerbs ist keineswegs verdrängt worden. Der Priester Felix, der die Reliquien des hl. Severus in Ravenna gestohlen hatte, die 836 nach Mainz und von dort nach Erfurt kamen, war ein Gewohnheitstäter. Das verschweigt noch nicht einmal der Autor der „Translatio Sancti Severi", der als Kind diesen Geistlichen kennengelernt hatte: „Er hatte die Gewohnheit, in verschiedenen Ländern herumzureisen und Heiligenreliquien, wo er es nur konnte, zu

Was ist eine Missetat, was ist ein Verbrechen? 175

Abb. 13: Schockierend erschien dieser Diebstahl eines silbernen Hostienbehälters, weil der Inhalt achtlos in einen Keller geworfen wurde. Da die Hostien unversehrt wiedergefunden wurden, errichtete man über dem Keller eine Kapelle. Ausschnitt aus dem Altar mit der Darstellung des Regensburger Hostienfrevels. Augsburg 1476. Germanisches Nationalmuseum Nürnberg.

stehlen."[36] Niemand bezweifelte, daß selbst „furta sacra" Diebstähle waren; gegen solche hatte man sich selbst zu wehren. Noch war keine durchgebildete kirchliche Hierarchie entstanden, die zu Hilfe gerufen werden konnte. Selbsthilfe gegen Diebstahl: Bischof Chrodegang von Metz wurden 765, auf der Rückreise von Rom, die dort (legal) erworbenen Reliquien, in einem Kloster, wo er Station machte, von den Mönchen entwendet. Alles Bitten um Rückgabe half nichts. Daraufhin griff der Bischof selbst zum Stemmeisen und holte sein Eigentum zurück.[37]

Als Sachsen unter den Ottonen Kernlandschaft des Reiches geworden war, fiel auf, wie reliquienarm dieses Gebiet war. Im Gegensatz zu anderen deutschen Altsiedellandschaften hatten die Sachsen bei ihrer Missionierung zu wenige Missionare erschlagen und zu Märtyrern gemacht.[38] Beim Import der nunmehr dringend benötigten Reliquien wurde die Professionalität erfahrener Diebe keineswegs verschmäht. Das bezeugt etwa die Umsicht, mit der im Auftrag der Markgräfin Gertrud die Gebeine des hl. Auctor heimlich aus Trier entwendet wurden. Zur Vorbereitung hatten die Diebe die Klöppel aller Glocken versteckt. Nach der Entdeckung des Diebstahls besaßen sie genügend Vorsprung bei der Überführung der Gebeine nach Braunschweig, denn die Glocken konnten nicht zur Verfolgung geläutet werden.[39]

In frommer Absicht, aber mit krimineller Energie entwenden 962 im Zusammenhang mit dem Italienfeldzug Ottos I. Bischof Othwin von Hildesheim und zwei Priester die Reliquien der hl. Speciosa aus ihrem Sarkophag in Pavia. Durch den Erfolg ermutigt, planen die drei, auch die Reliquie des hl. Epiphanius zu stehlen. Bischof Othwin wartet in der Herberge, während seine beiden Geistlichen auf den Raubzug gehen. Sie lassen sich nicht abschrecken, als Wächter sie beim ersten Versuch stören. Damit haben erfahrene Diebe eben zu rechnen. Durch einen Seiteneingang schlüpfen sie bei Dunkelheit in die Kirche – welche Strafverschärfung droht nicht ansonsten dem nächtlichen Dieb, dem „fur nocturnus"? –, reißen die Mauer, die den Sarkophag umgibt, ein und schaffen die Reliquie sofort, noch bevor die Sache ruchbar wird, über die Alpen in das Kloster Reichenau, in dem Bischof Othwin Mönch gewesen war.[40]

Daß die Translationsberichte weder die Tatsache des Diebstahls noch dessen kriminelle Begleitumstände verschweigen, hat naheliegende Gründe: Mögen die Umstände der Erwerbung heiliger Gebeine moralisch auch noch so zweifelhaft gewesen sein, so bezeugen sie doch die unbezweifelbare Echtheit der Reliquien.[41] Wenn ein ehrenwerter Bischof wie Othwin Gebeine von Heiligen raubte, mußten diese unzweifelhaft echt sein. Bei Tätern geringeren Ansehens können Zweifel auftreten. Wunder können diese Zweifel beseitigen. König Karl der Kahle glaubte einem Mönch nicht, der behauptete, in Rom die Gebeine der hl. Helena entwendet zu haben. Nicht die Eigentums-, sondern die Echtheitsfrage wollte der König in einer so wichtigen Angelegenheit klären. Er veranlaßte die Einberufung einer Synode durch Erzbischof Hinkmar von Reims, die dann ein Gottesurteil anordnete, dem sich der Mönch auch unterzog. Er bestand zur allgemeinen Freude die Prüfung.[42] Die allgemeine Freude galt nicht der Ehrenrettung des Mönches, sondern der durch Gottesurteil bewiesenen Echtheit der Reliquien. An eine Rückgabe des Geraubten dachte niemand. Denn schließlich bezeugten die Wunder, die der Heilige bei dieser Sonderform der Reliquientranslation wirkte, sein Einverständnis.[43] Was ein toter Heiliger billigte, konnte keine Missetat sein. In diesem Sinne erzählt Thietmar von Merseburg, wie die Utrechter die Leiche des von ihnen verehrten Bischofs Ansfried aus jenem Kloster raubten, in das der im Alter erblindete Bischof eingetreten war. Die Mönche hatten keine Chance, irgendwelche Eigentumsansprüche an einer Leiche geltend zu machen, die bei ihrer „Überführung" einen „kräftigen wunderbaren Duft" verströmte, der „noch in mehr als drei Meilen Entfernung Nase und Mund lieblich erfüllte".[44]

Die große Zeit der „furta sacra", an denen sich sogar Bischöfe beteiligen konnten, neigt sich mit dem 11. Jahrhundert dem Ende zu. Jetzt wird von Heiligen erzählt, die dem Diebstahl ihrer Reliquien widersprachen und straften, statt Wunder zu wirken.[45] Ein französischer Abt, der 1010 einen Zahn des Apostels Johannes entwendet hatte, erkrankte und gesundete erst, als er die kostbare Reliquie zurückgegeben hatte.[46] Schon bei Thietmar von Merseburg lassen sich die Anfänge der Kriminalisierung des Kirchenraubs mit der Folge von Todesstrafen erkennen, noch bevor Gottes- und Landfrieden ein neues Verständnis von Strafe entwickelten. Thietmar berichtet von einem mißlungenen „Bruch" im Magdeburger Dom,[47] wobei auffallend ist, daß hier bereits den ertappten Täter die Strafe ereilt, die auch späterhin den Kirchenräuber bedroht: das Rädern.

Spätestens mit den Landfrieden waren die „furta sacra" strafwürdige Delikte geworden. Das aber zog kein Abnehmen der Delikthäufigkeit nach sich. Im Gegenteil. Kulturlandschaft und Verfassung mochten noch so verschieden sein – Raub und Diebstahl bedrohten stets, trotz schwerster Strafandrohungen, die Sakralräume.[48] „Der Dieb findet so leicht wie der Glöckner den Kelch" weiß das Sprichwort.[49] Für die Häufigkeit dieses Delikts spricht unter anderem, daß es 1430 von der Dortmunder Versammlung der Vemerichter als eines der Verbrechen benannt wird, das die Veme zu verfolgen habe.[50] Die reicher fließenden spätmittelalterlichen Quellen lassen eine erstaunliche Verbreitung des Kirchenraubs erkennen.[51] Schon das älteste Lüneburger Verfestungsregister proskribiert im 14. Jahrhundert zwei Männer wegen Kirchenraubs.[52] 1404 erläßt der Bischof von Minden ein Mandat gegen die Diebe, die aus der Hamelner Stiftskirche kostbare liturgische Geräte entwendet haben.[53] Immer wieder ist von diesem Delikt zu hören;[54] denn Gold und Silber und das Bargeld in den Opferstöcken mußten eine große Versuchung darstellen; das Kieler Varbuch listet zwischen 1465 und 1546 außerordentlich viele Fälle von Kirchenraub auf.[55] Meist erscheint dieses Delikt als eine Nebentätigkeit von Schwerkriminellen: So sitzt 1540 im Gefängnis zu Merseburg ein Pferdedieb, der darüber hinaus „Kleider, gelt gestolen, Kirchen gebrochen" hat.[56] Aber auch von Spezialisten ist im Breslauer Stadtgericht (1448–1509) ebenso wie im Kieler Varbuch zu hören,[57] Spezialisten, die etwa auf öder Heide die gestohlenen Geräte einzuschmelzen wußten,[58] Spezialisten, die ein hohes Risiko wegen der Mittelpunktsfunktion einer Kirche einzugehen bereit waren. Solche Spezialisten wie jener Dieb aus Oppeln, der es 1454 fertigbrachte, in einer Nacht in vier Dörfern die Kirchen aufzubrechen,[59] unterschieden sich von den kleinen Opferstockmardern, die sich damit begnügten – um die Gaunersprache zu zitieren –, „dem Jackel das Eingeweyd auszunehmen"[60]. Von Bettlern, die „kilchendieb und stöckuffbrächer" waren, berichtet Diebold Schilling.[61] Wegen dieser alltäglichen Gefahren wurde 1460 in der Nürnberger Johanniskirche der Opferstock von den kunstfertigen Schmieden so konstruiert, daß ein Dieb sich selber fangen mußte.[62] Auch der frühneuzeitliche Kirchenraub ist durch die soziale Vielfalt der Täterprofile charakterisiert, wofür schon allein das „Tagebuch" des Franz Schmidt spricht. Der Nürnberger Henker hat mehrfach Kirchenräuber hinrichten müssen,[63] kleine „Opferstockmarder"[64] und einen unprofessionellen Bienenkorbdieb, der sich in diesem Metier versuchte,[65] aber auch eine spezialisierte und professionalisierte Bande[66].

Spätmittelalterliche Vorsichtsmaßnahmen gegen den Kirchenraub: Sogenannte „Schlafschüler" wurden bezahlt, arme Schüler, die – wie in Braunschweig – in den Kirchen übernachten und sie bewachen sollten. Vielfach wurden auch Wachhunde in den Kirchen gehalten, was einem Tagelöhnerkind in der Lübecker Marienkirche zum Schicksal wurde, als es versehentlich nachts eingeschlossen worden war. Der kleine Junge wurde von den Hunden zerfleischt.[67]

Daß im hohen Mittelalter die Beraubung eine allgemeine Gefahr für die Kirchen in Stadt und Land darstellte, zeigt sich schon allein daran, daß dieses Delikt einen häufigen Gegenstand der Sendgerichtsbarkeit bildet.[68] „Da Kirchenraub keine Seltenheit ist, genügt allein verdächtiges Umhertreiben in der Nähe einer Kirche, jemanden ins Gefängnis zu werfen."[69] Weiterhin wissen auch Mirakelberichte von diesem Verbrechen. Caesarius von Heisterbach erzählt von einer großen Bande, die zu Utrecht die Sakristei aufgebrochen hatte. Die Diebe wurden gehängt.[70] Eine andere Geschichte wird um 1300 von Rudolf von Schlettstadt berichtet. In Lübeck sei nachts ein Dieb durch die Fenster in die abgeschlossene Kirche eingestiegen. Beim Versuch, das Kruzifix abzunehmen, sei die Leiter unter ihm zusammengebrochen. Damit hatte er auch keine Möglichkeit mehr zur Flucht. Die normale Diebsstrafe ereilte ihn, er wurde gehängt.[71]

Predigtmärlein warnen immer wieder vor dem Kirchenraub und bezeugen damit dessen Alltäglichkeit.[72] Aber man würde kirchliche Erzählfreude schlicht mißverstehen, wenn man sie auf die didaktischen Absichten moralisierender Warnungen einschränkte. Mirakelgeschichten wissen auch von der Gnade zu berichten, die Gott dem Kirchenräuber erweisen kann. Dieser darf seine Tat sühnen, indem er sich in einem rechtsförmlichen Verfahren als Leibeigener jener Kirche übergibt, die er zu bestehlen getrachtet hat.[73]

Die hoch- und spätmittelalterlichen Reliquiendiebstähle,[74] Sonderformen des Kirchenraubes, sind keine „furta sacra" mehr, sie sind auch nicht mehr Sache frommer Bischöfe, sondern kleiner Leute[75] und armer Studenten. In Köln raubt ein Basler Student das Haupt des hl. Vinzenz.[76] Ein angehender Kleriker erscheint hier als Kirchendieb. Und das ist kein Einzelfall.

Einen Geistlichen, möglicherweise aus der Schicht der vagierenden, stellungslosen Kleriker stammend, vermuten wir auch in jenem Dieb, der am bestohlenen Sakramentshäuschen über die Worte „Dominus est in isto loco" schrieb: „Surrexit, non est hic."[77] Der Sakramentsfrömmigkeit – der Herr ist in diesem Gehäuse präsent – steht der frivole Intellektuellenscherz gegenüber: Er ist auferstanden und deshalb nicht mehr hier. Goliardenwitz, passend zur Parodie liturgischer Formen in studentischen Kreisen des Mittelalters. Nicht von Ruchlosigkeit, sondern von Witz und Intelligenz eines vagierenden Klerikers namens Guido, der 1297 zum Kirchenräuber wurde, weiß ein Chronist zu berichten.[78] Dieser Guido stahl von einem Kruzifix die Silberverbrämung und richtete davon seinen Gesellen ein großes Gelage aus. Vor dem Bischof angeklagt, antwortete er durch zwei Verse: „Guido carens ere, dum se vidisset egere / Excoriando Jesum largum sibi prebuit esum"; „Der geldlose Guido hat sich sehr dürftig befunden/Nahrung verschaffte er sich, indem er Jesus geschunden". Der Chronist übergeht das weitere Schicksal dieses Goliarden – höchstwahrscheinlich wurde er unter allgemeinem beifälligen Amüsement laufengelassen –, aber er berichtet eigentlich genug: Not und Kriminalität sind verschwistert, selbst vor einem Kirchenraub schreckt der Vagant nicht zurück. Die blasphemischen Verse weisen auf die Welt der Vagantendichtung zurück, in der Saufmessen verfaßt und bis hin zum Salve Regina

Kirchenlieder frech parodiert wurden. Auch das ist aufschlußreich: Der Chronist zitiert die Verse des Vaganten, mit denen er sich rechtfertigte, und ist dabei fasziniert von der Beherrschung des Latein, von Rhythmus und Reim. Er weiß, wie wenig Bildung als Aufstiegschance taugt, während anwendbares Wissen etwa im Kirchenrecht die fettesten Pfründe erhoffen läßt.

Das Delikt des Reliquiendiebstahls war formal gesehen gleich geblieben; den Vaganten Guido hatten freilich andere Motive bewogen als den Bischof Othwin. Das sah man natürlich auch im Mittelalter. Der Kontinuität des Delikts liegen verschieden Motive zugrunde, und ihr stehen auch verschiedene Einstellungsmuster gegenüber: Kriminalisierung, aber auch, wie möglicherweise im Falle Guidos, belustigtes Erbarmen.

Das altfriesische Recht kennt für den Kirchenraub die Buße von sechs Mark – soviel wie für einen Ehebruch.[79] Das entsprach nicht der Strafe für einen gemeinen Dieb, sondern der Buße für einen Herrn, der sich in Fehdezeiten an der Kirche seines Gegners vergriff. Die Grenze zum Raub konnte verwischt werden, wenn die Großen in Kriegszeiten ihren Söldnern gestatteten, daß diese „kirchen oder kirchhof uff stießen".[80] Grundsätzlich war beim Einbruch in eine Kirche die Grenze zwischen Raub und Diebstahl schwer zu ziehen. Gewiß, der kleine „Opferstockmarder" kam meistens mit Staupenschlag und Stadt- oder Landesverweisung davon.[81] Einer Frau, die Wachs vom Altar stahl, wurden – die gewöhnliche Diebesstrafe – die Ohren abgeschnitten.[82] Selbst der Kirchendieb kann bisweilen mit Gnade rechnen.[83] Im allgemeinen aber droht dem der Tat Überführten die Todesstrafe. Im Hochmittelalter wurde er einfach gehängt, wie in den Mirakelgeschichten des Caesarius von Heisterbach und des Rudolf von Schlettstadt zu lesen ist. Im Spätmittelalter wurde der Kirchenräuber zumeist gerädert,[84] wie es das weithin rezipierte lübische Recht geradezu vorschreibt[85]. Die Bestrafung läßt nur bedingt Rückschlüsse auf die Einschätzung dieser Untat zu, gleichviel, ob das Rad oder der Strang,[86] bisweilen sogar die Ketzerstrafe des Verbrennens den Kirchenräuber bedrohte[87]. Lediglich zu vermuten ist, daß die Verschärfung des Strafvollzugs vom Hängen zum Rädern oder sogar zum Verbrennen auf den Willen der Obrigkeit, nicht aber auf eine allgemeine Auffassung von der besonderen Ruchlosigkeit des Kirchenraubs zurückging. Festgehalten aber sei: Während auf Kirchenraub der Tod stand, kam der christliche Synagogendieb, der den kostbaren siebenarmigen Leuchter gestohlen hatte, mit einfacher Züchtigung davon.[88]

Zur Kontinuität des Delikts gehört auch, daß der Kirchenräuber meist einen Hehler braucht, der ihm seine gefährliche Beute abnimmt. Schon der Sachsenspiegel weiß, daß jüdische Pfandleiher als Helfer der Räuber mitschuldig wurden: Der „ungewerte" (also in seiner legalen Herkunft nicht nachweisbare) Besitz von Kirchengerät und Priestergewand reicht aus, um einen Juden, wenn er nicht den Unschuldsbeweis erbringen kann, wie einen Dieb zu hängen.[89]

Die zur Schau gestellten kostbaren Objekte der Devotion können in der Welt der Armut gefährlich glitzern und „Amateure" zum Raub verführen, wie 1511 die Töchter eines Goldschlägers und eines Kürschners.[90] Kirchenraub ist ein Delikt von kleinen Kriminellen, von unerfahrenen Einzeltätern und von ganzen Banden wie den 1574 in Tirol gesuchten „Meußköpfen".[91] Kirchenraub ist nicht gleich Kirchenraub. Das gilt nicht nur, was die Täter, sondern auch, was die Objekte angeht; es machte einen großen Unterschied aus, ob nur Gold und Silber oder ob Reliquien gestohlen wurden. Am schlimmsten war es, wenn die Diebe sich am Allerheiligsten vergriffen. „Menglich von ganzem herzen erschrack", als 1464 im Berner Münster eine silberne Monstranz mit dem Sakrament gestohlen wurde.[92] Wegen des Aufsehens eines solchen Raubes und der Erschütterung der Menschen wurde in Konstanz 1463 ein Kelchdieb nicht wie üblich außerhalb der Stadt an der gewohnten Hinrichtungsstätte „gerechtfertigt", sondern, um alle Bürger an der Sühne des beleidigten Gottes teilhaben zu lassen, auf offenem Marktplatz.[93] Weil ein Kirchenraub die Sakramentsfrömmigkeit des Spätmittelalters zutiefst verletzte, ist er häufig in Chroniken und Gerichtsbüchern erwähnt. Und dennoch muß mit einer großen Dunkelziffer gerechnet werden. So ist der Diebstahl einer Monstranz nur deshalb überliefert, weil der Täter seine Hinrichtung überlebte.[94] Daß 1466 in der Mainzer Domkirche der Opferstock aufgebrochen wurde, wird nur zur Erklärung für die daraufhin erfolgte Sicherung des Opferstockes für die Beisteuer zum Türkenkrieg berichtet.[95] Weil im Kirchengestühl der Danziger Marienkirche Feuer ausbrach, wird „ein dieb, ein toller Mensch", der sich über Nacht in der Kirche hatte einschließen lassen, in der Chronik erwähnt.[96]

Die Häufigkeit des Kirchenraubes über die Zeiten hinweg erzwingt die Frage, wie es tatsächlich mit der Frömmigkeit bestellt war, die gemeinhin als die wichtigste mentalitätsprägende Kraft zumindest des Mittelalters angesehen wird. Wie kompliziert die Antwort auf diese Frage ausfallen muß, lehrt ein Fall aus der Zeit um 1500, den Stephan Beissel schon 1890 erschlossen hat.[97] Der Steinmetz Leonhard aus Kornelimünster arbeitet um 1500 in der Stephanskirche zu Mainz. Er findet hinter dem Hochaltar in einer Mauernische ein Kopfreliquiar mit einem 6 cm großen Stück der Hirnschale der hl. Anna. Empört, daß man dieser kostbaren Reliquie nicht die gebührende Verehrung zuteil werden läßt, nimmt er das Reliquiar an sich und bringt es nach Kornelimünster, die Votivgaben legt er in die Nische zurück. Seine Mutter beschwört ihn, die kostbare Reliquie zurückzugeben. Der folgsame Sohn macht auf dem Weg nach Mainz Station in Düren und gibt die Reliquie in die Obhut der dortigen Franziskaner. Das spricht sich schnell herum, wird zum beherrschenden Thema in einer Stadt, die damals mit 3000 Einwohnern die größte des Jülicher Herzogtums war.

Der Dürener Rat beschließt, juristisch korrekt, die Reliquie als möglicherweise gestohlenes Gut in Sicherheitsverwahrung zu nehmen. Die Stimmung in der Stadt aber ist bereits zu aufgeregt, als daß diese Maßnahme Ruhe stiften kann. Wie üblich muß ein städtischer Rat, der über wenig Machtmittel, noch nicht einmal über eine Polizeitruppe verfügt, den Konsens mit seinen Bürgern suchen. Es sind die Frauen, die einflußreich fordern, die Reliquie der hl. Anna, der Modeheiligen des ausgehenden 15. Jahrhunderts, in feierlicher Prozession in die Stadtkirche St. Martin zu überführen. Der Rat, der Prozessionen zu ordnen hat, muß nachgeben, gerät in große Schwierigkeiten und wird auf Betreiben des Mainzer Stifts vom Papst verurteilt und mit dem Interdikt bedroht.

Die Dürener fürchten offenbar die Schelte ihrer Frauen mehr als den Spruch des Papstes. Sie geben nicht nach. Als König Maximilian 1504 in ihrer Stadt Aufenthalt nimmt, lassen sie sich von ihm Hilfe versprechen, zumal ungeachtet des römischen Spruches eine Wallfahrt zu der Hirnschale der hl. Anna eingesetzt hat. Auf Intervention des Königs bestätigt dann der Papst, daß diese Reliquie in Düren bleiben solle. Für den in italienische

Fehden verwickelten kriegerischen Julius II. war dieser Fall gewiß keine Herzensangelegenheit. Die Begründung aber, mit der die päpstliche Bulle den Dürenern Recht gibt, zeigt, wie wirkungsmächtig die frühmittelalterlichen Vorstellungen noch immer waren: Die Hirnschale der hl. Anna sei nicht in Mainz, wohl aber in Düren sehr verehrt worden. Wunder seien nicht in Mainz, wohl aber in der Stadt am Niederrhein geschehen. Die Heilige habe entschieden. Und dann folgt der entscheidende Satz, der auf die inzwischen entwickelten Rechtsvorstellungen reagiert: Reliquien können ihrer Natur nach niemandes Eigentum sein („reliquie ex sua natura in nullius bonis existunt").

Wir können es uns einfach nicht verkneifen, den kriegerischen Julius II. als Frühsozialisten zu bezeichnen, der ebenso wie Bert Brecht (in der Rahmenhandlung zum Kaukasischen Kreidekreis) das Eigentum von der Verantwortung für die betreffende Sache her definiert. Im Ernst: Die päpstliche Entscheidung nimmt die alten Auffassungen, wonach der Heilige durch die Zeichensprache des Wunders entschied, gegen die inzwischen entwickelten Eigentumsvorstellungen in Schutz. Vergessen wir nicht die erste Reaktion des Dürener Rates, die vorbeugende Beschlagnahme der Hirnschale als möglicherweise gestohlenes Gut. Wenn im Zuge der anschließenden Entwicklung die Dürener Martinskirche das Patrozinium austauscht und zur St. Annenkirche wird, muß der Historiker nicht nur den in jener Zeit sehr seltenen Patrozinienwechsel notieren, er muß sich auch eingestehen, wie begrenzt selbst die brillantesten Interpretationen seiner Quellen sind; denn diese wurden nicht zu seiner Unterrichtung oder Belehrung, sondern zur Bekräftigung zeitgenössischer Rechtsstandpunkte verfaßt. So erweist das Schicksal der Hirnschale der hl. Anna: Alte und neue Vorstellungen konkurrieren noch um 1500 in der Frage des Eigentums miteinander.

Was aber, so fragt der neuzeitliche Leser, geschah eigentlich mit dem Steinmetz? Wenn die Quellen darüber nichts berichten, hängt das in diesem Fall nicht mit dem Desinteresse am Schicksal kleiner Leute zusammen. Der Steinmetz ist straffrei davongekommen; denn er war nur Komparse in einem Schauspiel des Wunders, Handlanger, um den gottgewollten Wert der Reliquie zu offenbaren. Jeder Prozeß gegen ihn hätte ein Wunder trivialisiert und verdunkelt.

Die Mutter hatte den Steinmetz auf den rechten Weg gebracht. Der Dürener Rat hatte rechtskonform gehandelt. Die Öffentlichkeit entschied anders. Dem entspricht ein Fall, der sich 1476 in Regensburg ereignete. Der silberne Hostienbehälter war gestohlen und der Inhalt achtlos in einen Keller geworfen und zur Erleichterung aller wieder aufgefunden worden. Als Wunderzeichen für die Unverletzlichkeit der Hostie wurde über diesem Keller eine Kapelle errichtet.[98] Der 13jährige Täter wurde nur mit Auspeitschung bestraft; das war keine strafmildernde Rücksicht auf sein Alter, sondern Würdigung des Geschehens. Nur durch den jugendlichen Dieb konnte das Wunder sich ereignen, das nicht durch ein Bluturteil verdunkelt werden durfte.

Ein spektakulärer Kirchenraub um 1440 erweist, daß der Dürener Fall kein Einzelfall gewesen ist. Der Diebstahl von Reliquien, die für sich selber sprechen können, unterliegt nicht dem einfachen Gesetz der Rückgabe. Diese Konsequenz kann angesichts der Bedeutung von Reliquien, und seien sie auch gestohlen, nicht gezogen werden, weil sich das Spätmittelalter, wie die geistlichen Schauspiele belegen, noch dem Leben Christi nahe fühlte.[99] Nicht das sicherlich reichlich vorhandene Gold und Silber raubten jene Diebe, die das Kloster Einsiedeln 1440 heimsuchten, sondern das Kostbarste: Haare, Milch, Kleider und Gürtel Marias und ein Stück von der Dornenkrone Christi.[100] Die Räuber wurden zwar gefaßt und hingerichtet, aber die Zürcher Kirche, der die Verbrecher die kostbaren Reliquien verkauft hatten, wollte diese der Wallfahrtsstätte nicht mehr zurückgeben. Weil nun aber die Attraktivität des Pilgerziels auf das Höchste gefährdet war, was auch für den Landesherrn spürbare wirtschaftliche Folgen haben mußte, legte sich Herzog Albrecht von Österreich ins Mittel und veranlaßte 1448 die Zürcher Chorherren, den kostbaren Schatz dem Eigentümer auszufolgen.

In der frühen Neuzeit mochten Reformation und Konfessionalisierung die Kirche vor neue Herausforderungen stellen. Der Kirchenraub aber bildet eine Kontinuität über alle Umbrüche hinweg. Als interkonfessionelle Erscheinung begegnet er immer wieder in den Akten. Ob konfessionelles Zeitalter, ob Epoche der Aufklärung, ob katholisches oder protestantisches Territorium: Fast jede Ortsgeschichte weiß aus der frühen Neuzeit von einem spektakulären Kirchenraub zu berichten.[101]

Einzeltäter und Banden begehen Kirchendiebstähle.[102] Das Egerer Urgichtbuch ist voll von solchen Fällen.[103] Kelche, Meßgewänder, Opferstöcke sind Raubobjekte; Monstranzen werden eingeschmolzen oder an Juden verhökert. Die Diebe gelangen mit dem alten, etwa 1303 bezeugten Trick in die Kirche, indem sie sich einschließen lassen,[104] oder sie bohren des Nachts die Türen auf oder steigen zu mehreren mit Leitern ein. Lediglich ein Trick scheint neu zu sein: daß Gauner sich als Geistliche verkleiden.[105]

Versuchung zum Verbrechen über alle sozialen Schichten hinweg

Kein Pardon für Ratsherren – die verbreitete kaufmännische Unmoral – Bestechlichkeit als Oberschichtsdelikt – kriminelle Geistliche

Die Kriminalität insgesamt war und ist nie schichtenspezifisch; eine Feststellung, die natürlich bestimmte Formen berufsbedingter Delikte nicht ausschließt.[106] Schon die Lex Salica kann sich neben den Knechten auch Halbfreie und Freie als Diebe vorstellen,[107] und ein Gesetz des englischen Königs Aethelstan bedrohte 930 jeden Dieb gleich welchen Standes mit der Todesstrafe[108]. Manchen Geistlichen hat zum Beispiel die Jagdlust zum Wilderer werden lassen,[109] und Johannes Rothe klagt über einen Grafen von Schwarzburg, der „ouch seynes adels vergaß" und Fische stahl[110].

Die Bedeutung der spätmittelalterlichen Stadt für die Entwicklung des Strafrechts haben wir mehrfach hervorgehoben. Die gleichen Ratsherren, die Strafen festlegten und verhängten, mußten aber oft genug auch einen der ihren verurteilen. Patrizier,[111] ja sogar Richter[112] konnten zu Verbrechern werden. In den Gefängnissen der Nürnberger Stadttürme saßen Ratsherren und Angehörige des Patriziats ein.[113] 1533 wurde in dieser Reichsstadt ein Stromer verurteilt, lebenslang in seinem Hause angeschmiedet inhaftiert zu bleiben.[114] Der Regensburger Rat scheute bei Prozessen gegen seine Mitglieder nicht die Anwendung der Folter.[115] Gewiß gehörten Fälle wie der des Niklas Muffel oder der des Zürcher Amtmanns Rudolf Kolb zu den spektakulären Ausnahmen,[116] aber es wird immer wieder deutlich, daß die Stadträte zu Prozessen gegen einen der ihren und entsprechenden Bestrafungen bereit waren.

Die Ratsprotokolle der Mittelstadt Kitzingen[117] belegen für das ausgehende 16. Jahrhundert, daß der Ratssitz nicht vor Strafe schützte, daß Ratsherren zwar nicht schwerer Verbrechen, aber immerhin doch der Übertretung städtischer Statuten bezichtigt und entsprechend, etwa durch Stadtverweisung oder gar durch ewige Verweisung „in schimpf", bestraft werden.[118] Ratsherren haben Gänse gestohlen,[119] haben in ihrem Beruf als Gastwirte aus zu kleinen Kannen Wein ausgeschenkt[120] und haben sich in einer Vielzahl von Fällen der Übertretung von Geboten im Namen der „neuen Sittlichkeit" schuldig gemacht, sei es durch „ungebühliches Tanzen", durch „unfügliche handlung" auf der Ratstrinkstube, durch Fluchen oder sogar durch Ehebruch. Ein Ratsherr, der in betrügerischer Absicht die Gulden an den Rändern beschnitten hatte, um den Metallwert einzuschmelzen, war vom Landesherrn begnadigt worden, aber er wurde hinfort im Rat brüskiert, weil er „bey den burgern zimlich ausgeschrien", also in der städtischen öffentlichen Meinung sehr beschimpft worden war.[121] Denn das wird noch um 1600 in dieser Mittelstadt sichtbar, daß ein Ratsherr nicht von vornherein als ehrbar gilt; er kann des Unterschleifs bei städtischen Einnahmen bezichtigt werden,[122] er wird bestraft, weil er einfache Leute, Arbeiter oder Flurhüter, beschimpft hat[123]. Was kein Nürnberger Bürger ohne harte Bestrafung sich hätte leisten können, dürfen – nur durch die üblichen Strafen bei Ehrkränkung bedroht – die Kitzinger, nämlich ihre Ratsherren als „junge rotzloffel" wüst zu beschimpfen.[124]

Bei der engen Verflechtung von politischer und wirtschaftlicher Führungsschicht in den mittelalterlichen Städten nimmt es nicht wunder, in welchem Ausmaß selbst bei Großkaufleuten „kaufmännische Unmoral" festzustellen ist.[125]

Spektakulär flog 1497 in Mailand der Versuch der Großen Ravensburger Handelsgesellschaft auf, Silber unter einer Zinnladung verborgen unverzollt nach Genua zu verfrachten.[126] Wenn selbst eine so angesehene Gemeinschaft von Kaufleuten nicht vor dem Schmuggel zurückschreckte, verwundert es nicht, daß die kaufmännische Geschäftsmoral nicht unbedingt den obrigkeitlichen Vorschriften folgte.

Einen großen Bereich der Oberschichtskriminalität haben wir bisher ausgeklammert, die Korruption. In einer Welt von Gabe und Gegengabe ist naturgemäß schwer auszumachen, wo das höfliche Geschenk beginnt und die Bestechung anfängt. Eindeutig allerdings vergingen sich in fränkischer Zeit Grafen gegen das Gesetz, wenn sie Verbrechern Hilfe oder Unterstützung angedeihen ließen.

Valentin Groebner hat die seit dem Spätmittelalter genauer gezogenen Grenzen zwischen Geschenk und Bestechung vermessen.[127] Aber trotz aller warnenden Exempel mußte Bern 1612 den Landvogt von Morsel, David Tscharner, wegen nachgewiesener Bestechlichkeit hinrichten.[128]

Vieles an Betrugs-, an Täuschungs- und an Verhehlungsversuchen bleibt schon deshalb unentdeckt, weil sich die Gegner vernünftigerweise verglichen.[129] Man kannte einander ja. Ein Beispiel: Auf einen Vergleich ließ sich 1425 in Bamberg Hans Kezzler ein, der des Nachts von Hermann Fritz auf der Straße geschlagen und verwundet worden war. Auf seine Klage hin war Fritz ins Gefängnis geworfen worden. Aber er hatte „erberger lewt bete angesehen" und in ein Schiedsgericht gewilligt. Es wurde vereinbart, „aller sach auf bedseiten bey fünfen beliben" zu lassen. Hermann Fritz trug alle Gerichtskosten und die Zehrungskosten der Schiedsleute, insgesamt 16 Pfd. Heller, er mußte wegen der Haft Urfehde schwören und der Stadt zehn Jahre im Abstand von fünf Meilen fernbleiben.[130]

Daß die Kriminalität in allen Schichten anzutreffen war, bereitete bei der Sonderstellung der Geistlichkeit große Probleme. Das „privilegium fori" schützte den Kleriker vor dem Zugriff des weltlichen Gerichts. Unendlich die Zahl der daraus erwachsenden Konflikte. Geistliche können Betrüger werden,[131] Mönche kriminell[132]. Und immer wieder wird Klerikern Amtsmißbrauch vorgeworfen.[133]

Selbst Geistliche konnten kriminell werden.[134] Schwer war es angesichts der kirchlichen Freiheiten, sie zu bestrafen. Der Bischof von Halberstadt mußte 1389 auf Klage des Rats von Helmstedt den Priester Hinrek von Zelschen, der „vele myssedot" begangen hatte, zu lebenslänglichem Kerker verurteilen.[135] Diese im Mittelalter völlig ungewöhnliche Bestrafung läßt Rückschlüsse auf die Schwierigkeiten zu, die das Bestrafen der privilegierten Kleriker mit sich brachte. So einfach wie im frühen Mittelalter, als Geistliche wegen schwerer Vergehen gehängt wurden,[136] war es seit dem 12. Jahrhundert, als in ganz Europa das kanonische Recht rezipiert wurde, nicht mehr. Dieses Recht beinhaltete auch ein privilegiertes Standesrecht der Geistlichen. Letztmalig – soweit wir sehen – wurden Ende des 13. Jahrhunderts ehebrecherischen Geistlichen die Geschlechtsteile abgeschnitten. Wenn damals in Basel die Genitalien der Betroffenen noch in aller Öffentlichkeit zur Schau gestellt wurden, so war das auf privater Rache beruhende Abaelard-Schicksal einbezogen in den Bereich des entstehenden städtischen Strafrechts, das auf den Konsens der Bürgergemeinde angewiesen war. Die Rezeption des kanonischen Rechts verwehrte aber eine Integration laikalen Rachebedürfnisses in das Strafrecht.

Kehren wir zu dem exemplarischen Fall von 1389 zurück. Priester Hinrek muß schon eine Menge auf dem Kerbholz gehabt haben, um seinen Bischof überhaupt zum Einschreiten zu bewegen. In spätmittelalterlichen Bamberger Rechtstexten begegnen schwerkriminelle Geistliche,[137] was die dortigen Domherren 1432 veranlaßt, deren Verfolgung einem künftigen Bischof in der Wahlkapitulation vorzuschreiben[138].

Die Bamberger Domherren waren nicht weltfremd, als sie das Problem krimineller Geistlicher in ihrer Wahlkapitulation von 1432 aufwarfen. Ein Beispiel. Der Priester Johann von Bornich hatte 1474 versucht, den Grafen von Katzenelnbogen mit in den Wein geträufeltem Arsenik zu vergiften. Der Versuch mißlang, der Priester entfloh. Als er aber in Köln ergriffen wurde, mußte er dem bischöflichen Offizial, wahrscheinlich unter Folterandrohungen, gestehen, noch andere Missetaten begangen zu haben. Er war dazu stets von anderen durch Geldversprechen angestiftet worden. Priester Johann, offenbar ein stellungsloser Kleriker, dem allein seine geistliche Würde Zugang zu den Großen ermöglichte, wurde beim Kölner Galgen verbrannt.[139]

1444 wurde in Regensburg ein Priester, der zuvor entweiht worden war, gerädert. Er hatte einen Kleriker aus Eifersucht wegen seiner Haushälterin ermordet.[140] Eine solche konsequente Bestrafung aber war keineswegs die Regel. Insbesondere der adelige Geistliche war kaum gerichtlich zu belangen, wie folgender Fall lehrt, der wegen seiner grundsätzlichen Bedeutung ausführlicher geschildert sei. [Anm. d. Verlags: Der Text dieses Kapitels bricht im Manuskript hier ab.]

2. Diebstahl – das häufigste, das strafwürdigste Delikt

Gelegenheit macht Diebe

Betrugsbettler sind niemals Diebe – „Diebstahl" im Bedeutungswandel: von der gestohlenen Sache zur Missetat – Pferdediebstahl als wohl älteste Spezialisierung im Diebstahlsgewerbe – die Vielfalt der zeitbedingten Spezialisierungen – „Springerbuben": Früh übt sich ... – kleine und große Diebe – Diebstahl aus Not und Diebstahl als Profession – langjährige Diebskarrieren

Betrugsbettler ziehen im Spätmittelalter durch die Lande und erflehen Almosen: Ich habe im Gefängnis gesessen, ich habe Vater oder Bruder umgebracht, gebt mir Almosen, um mich freizukaufen.[141] Aber niemals behaupten die Betrüger: Ich habe gestohlen. Niemand kennt seine Mitmenschen besser als der erfahrene Beichtvater, der Bettler und der Betrüger. Letztere wissen: Für Morde selbst an den engsten Verwandten können Menschen noch Verständnis aufbringen, nicht aber für das Entwenden von Sachgütern. Daß in rauflustiger Zeit das Messer gefährlich locker sitzen kann, weiß jeder, die Gefahren des Jähzorns sind allbekannt, und allbekannt sind auch die Entschuldigungen für im Jähzorn begangene Untaten: Man sei – wörtlich verstanden – außer sich geraten, der Teufel habe einen übermannt usw. Der Diebstahl hingegen beruht auf Vorsatz, und dafür kann es keine Entschuldigung geben.[142]

Im Frühmittelalter wurden Eigentumsdelikte im Sinne des „Schadens" und des Schädigens verstanden. „Die meisten Bezeichnungen für Diebstahl sind Ableitungen der Täterbezeichnung Dieb."[143] Der Geschädigte rächt sich, wenn er den Dieb bestrafen, etwa in karolingischer Zeit öffentlich auspeitschen läßt.[144]

„Diebstahl" hieß ursprünglich: die gestohlene Sache,[145] und erkennbar ist noch Eike von Repgow von diesem Wortverständnis beeinflußt. Wenn aber seit dem 14. Jahrhundert „Diebstahl" die Bedeutung von Missetat gewinnt,[146] verschiebt sich, das Gewissen der Richter strapazierend, die Ahndung der Tat vom „Schaden" auf den Täter. Der wortgeschichtliche Wandel des Begriffs Diebstahl von der gestohlenen Sache zum Delikt antwortet auf einen strafrechtlichen Wandel. Dem Dieb droht die Todesstrafe. Nicht der Geschädigte rächt sich, sondern die Gemeinschaft straft.

Die allgemeine und konsequente Ächtung durch die Bevölkerung konnte die Diebstähle nicht unterbinden. Wie sollte das auch angesichts der Verschiedenheit der Delikte gelingen können?[147] Schon die Mirakelberichte wissen von primitiven Einbrüchen am hellichten Tage zu erzählen, aber auch von raffinierten Trickdieben, vom heimlichen Untergraben von Mauern usw.[148] Springen wir über die Zeiten, so zeigt sich stets das Gleiche. „Von menigfeltigkeit der dieberey" spricht 1452 der Nürnberger Rat.[149] In der frühen Neuzeit liest man dann von „Ring-, Messing-, Spitzen-, Betten-, Röhren- und Lazareth-Dieben", von Spezialisten,[150] die sich auf bestimmte Gegenstände[151] oder, wie der „Lazareth-Dieb", auf bestimmte Gelegenheiten konzentrieren[152]. Angesichts dieser Spezialisierungen ist nicht auf ein differenziertes Kriminalitätsprofil zu schließen, sondern auf verbreitete Armut, etwa die der Gesellen. Messerer stehlen Klingen,[153] und bei den Diebstählen von Messing wird man ebenfalls auf Gesellen im Metallhandwerk schließen dürfen.

Angesichts des Ausmaßes und der Vielfalt von Eigentumsdelikten erscheint es sinnvoll, zunächst einen ungefähren Überblick über Vielfalt und Alltäglichkeit der Diebstahlsgefahr zu bieten, um erst dann nach dem Strafrahmen zu fragen; denn in einer Welt, in der die Diebstahlsgefahr so alltäglich und zudem von so bedrohlicher Vielfalt war, konnten Strafnormen nie die den Schöffen und Richtern abverlangte Würdigung des Einzelfalls ersetzen. Abschließend ist, den ersten Überblick vertiefend, das Thema zu behandeln, was alles gestohlen werden konnte und mit welchen Techniken; ein Thema, das zugleich den sozial- und den kulturgeschichtlichen Auftrag der Kriminalitätsgeschichte einschließt.

„Gelegenheit macht Diebe." Das Entwenden von kupfernen Röhren läßt sich vom Spätmittelalter bis ins 18. Jahrhundert in Nürnberg nachweisen.[154] Aber nicht nur die Gelegenheit, die mangelnde Vorsicht bildet das Problem, sondern die Spezialisierung, die zugleich ansatzweise auch eine Professionalisierung bedeutet. Die älteste Spezialisierung dürfte der Pferdediebstahl gewesen sein, der bereits in karolingischer Zeit so häufig war, daß das Umherirren der Pferdediebe, ihre vom Heiligen veranlaßte „Ziellosigkeit" zum Legendentopos wurde.[155] Von Heiligen ließen sich um 1300 die Experten des Pferdediebstahls[156] ebensowenig beeindrucken wie die Knechte im Unterweserraum, deretwegen Bremer Kaufleute im Spätmittelalter so häufig den Verlust ihrer Reittiere beklagen mußten.[157] Bis tief in das 18. Jahrhundert hinein entsprach das Entwenden von Pferden dem heutigen Autodiebstahl.[158] Ich streite gar nicht ab, daß eine solche Bemerkung auch einem krampfhaften Bemühen um Gegenwartsbezug geschuldet sein könnte; immerhin ermöglicht diese Aktualisierung aber den Hinweis, daß dem Pferdediebstahl im Frühmittelalter derjenige von Ochsen entsprach; es ging dabei um die Zugtiere, nicht um das Fleisch.[159] Wenn der schwäbischen Hochadeligen Dietburg auf einer Wallfahrt die ihren Karren ziehenden Ochsen gestohlen werden, verdächtigt sie ihr Gesinde ebenso, wie heute die Polizei vermutet, daß bei dem Diebstahl eines LKW auf einer Autobahnraststätte der Fahrer mit den Dieben unter einer Decke stecken könnte. Damit aber endet die Vergleichbarkeit. Nicht Kriminalistik, sondern Wunder helfen im frühen Mittelalter Dietburg. Unerwartet findet man die Ochsen auf offener Straße wieder.[160]

Im Frühmittelalter waren Ochsen- und Pferdediebstahl gleichermaßen auf das Mittel der Fortbewegung (hier im verkehrstechnischen Sinne gebraucht) gerichtet. Wenn aber späterhin ein Ochsendiebstahl erwähnt wird, geht es nicht mehr um das Zugtier, sondern um das Fleisch. Mit der Übernahme des asiatischen Kummets werden im Hochmittelalter die schnelleren Pferdewagen viel wichtiger als der schwerfällige Ochsenkarren. Und darauf wollen wir in diesem Überblick hinaus: Der zeitenübergreifende Diebstahl von Fortbewegungsmitteln darf nicht – Kriminalitätsgeschichte ist auch Zivilisationsgeschichte – die jeweils zeitspezifischen Bedingungen verkennen.

Pferdediebstahl bildet eine bis zu moderneren Fortbewegungsmitteln reichende Konstante. Ansonsten aber folgen die Spezialisierungen der Gewohnheitsverbrecher den zivilisatorischen Fortschritten entsprechenden Eigentumsdelikten. Kaum ist der Wert von Kupferröhren entdeckt, schon richten sich darauf begehrliche Blicke. Das Strafrecht, das konsensgebunden ist und deshalb konservativ sein muß, kann von seiner Natur her nicht flexibel auf die im Verlauf der Zeiten sich wandelnde Deliktstruktur reagieren. Selbst heutzutage hat es Jahre gedauert, bis die Computerkriminalität in ihrer Strafwürdigkeit erkannt wurde. In früheren Zeiten, als das Recht, konsensgebunden in Gemeinschaftsstrukturen, für tendenziell unantastbar und damit unveränderbar angesehen wurde, war die Anpassung an neue Gegebenheiten weitaus schwerer. Wie nur konnte, wenn kupferne Röhren so lange unbekannt waren, ein einschlägiger Diebstahl bewertet werden? Das Strafrecht nahm auf die ganz unterschiedlichen Diebstahlsobjekte, die zugleich auf eine unterschiedliche Deliktstruktur verweisen, keine Rücksicht; ja es unterschied – in der Theorie – noch nicht einmal den harmlosen Dieb von dem gefährlichen Gewohnheitsverbrecher. In der Praxis jedoch hat man durchaus den ersten mit Prügelstrafe und Prangerstehen davonkommen lassen.

Auch der Diebstahl wollte gelernt sein.[161] Seit dem späten Mittelalter mehren sich die Nachrichten, daß Gauner Kinder zum Stehlen abrichteten.[162] Im frühneuzeitlichen Nürnberg waren die „Springerbuben" die ertappten Kinderdiebe, die mit Springern, mit Hand- und Fußfesseln, öffentliche Arbeiten verrichten mußten.[163] „Jugendstrafe"? Der Gedanke an eine Resozialisierung lag in weiter Ferne. Meister Franz Schmidt richtete einen 17jährigen Beutelschneider, der seit dem neunten Lebensjahr von Diebstahl gelebt hatte.[164] Er hatte offenbar einen erfahrenen Lehrmeister gehabt,[165] weswegen seine Diebstähle so lange nicht aufgeflogen waren. Nicht immer waren solche Lehrer genügend professionell. Sehr schnell flog der „Flurer", der Flurschütz vom nürnbergischen Gostenhof, auf, als er Jungen zum Stehlen abrichten wollte.[166]

Bei aller Ächtung des Diebstahls als einer Alltagsgefahr wußten die Menschen doch auch – und das schwingt bei dem „armen Sünder" mit –: „Kleine Diebe henkt man, große läßt man laufen"[167] – ein Spruch, der in allen europäischen Sprachen verbreitet ist und auch in nachdenklicher Variante erscheint wie: „Die kleinen Diebe müssen die großen fromm machen."[168] Der Merkvers gestaltet dies zu einer Kritik an der sozialen Ungleichheit aus der Perspektive der Gerichtsbarkeit: „Ein kleiner Dieb an den Galgen muß/von Großen nimmt man Pfennigbuß."[169] Selbstverständlich war dem Mittelalter die Geschichte von Alexander und dem Seeräuber bekannt, jene Geschichte, die Johannes Pauli in der Moral ausklingen ließ: „Darumb so hencken die grosen Dieb die kleinen."[170]

Überwiegend beggnen in den Aufzeichnungen der mittelalterlichen Gerichtsbarkeit arme Leute. Deswegen weigerte sich Graf Wilhelm Werner von Zimmern (1512–1554), Diebe zu henken, „dann er sprach, es wer nit billich, das einer am leben von ains geringen guets wegen, das doch etwan user armut beschehe, solte büesen".[171] Trotz allem Respekt, den wir vor der Einsicht des Grafen von Zimmern haben, dürfen wir es bei seiner Äußerung belassen; denn arm war die Mehrheit der Bevölkerung, ohne kriminell zu werden. Gewiß haben wir Mitleid mit den wandernden Schülern[172] und auch mit den armen Leprosen im Straßburger Gutleutehaus, wenn sie bei Diebstählen ertappt wurden[173]. Wir haben aber auch Verständnis für die Bestohlenen. Gibt es nicht auch einen von den Tätern gewollten Einstieg in die Kriminalität? Der 1421 in Bamberg auf ewig der Stadt verwiesene „schüler bey sibenczehen jaren" hatte Gulden und Leinwand gestohlen und war erwischt worden, als er die kostbare Beute im Wald vergraben wollte.[174] Beginnende Professionalität oder Unerfahrenheit eines fahrenden Scholaren?

Unterhalb der von der Kirche vorgetragenen Ideologie der vor Gott verdienstlichen Armut erkannten die Menschen ganz nüchtern, daß „die Armut von vielen gelobt und von wenigen gesucht" werde,[175] und sie erkannten vor allem, daß die Armut Feindin der Tugend sei[176]. Und dem entspricht die Realität. Unter armen Leuten begegnen auch solche, die den Diebstahl nicht aus Not, sondern als professionelles Gewerbe betreiben. Der Priester Steffen Pfarr, der 1517 neben drei Morden und zwei Mordversuchen auch 26 Diebstähle eingestand,[177] hatte gewiß keine einträgliche Pfründe inne; er gehörte wie so viele geweihte Priester zum spätmittelalterlichen Klerikerproletariat, aber er war eben auch ein Gewohnheitsverbrecher.

Gewohnheitsverbrecher konnten gerade im Bereich der Eigentumsdelikte lange unentdeckt bleiben, ein Problem, das Mittelalter und Neuzeit verklammert. 1625 wird im fränkischen Arnstein ein Dieb festgenommen, dem selbst mit den damaligen Untersuchungsmethoden 18 Diebstähle in den verschiedensten Städten nachgewiesen wurden.[178] Sogar im engen regionalen Umfeld mit seiner genaueren Überwachung konnte ein Dieb lange unentdeckt bleiben oder jedenfalls ohne Anzeige bei der Obrigkeit. Er muß schon übertrieben haben, wenn ihm bereits nach vier Jahren der Prozeß gemacht wurde.[179] Ebenso wie spätmittelalterliche Stadträte verzweifeln auch die Historiker an der Aufgabe, das ganze Ausmaß der Eigentumsdelikte mit ihrem Variantenreichtum aufzudecken. Welch ein Zufall, als 1495 in Breslau ein „Schottenfeller",[180] ein Hausierer, bei einem Ladendiebstahl vom Verkäufer ertappt wurde – bei einem Trickdiebstahl, den der alte Mann (er war schon 60 Jahre im Gewerbe, also um die 70 Jahre alt) nicht mehr mit letzter Konzentration ausführte. Dieser „Schottenfeller" war zugleich ein gewiefter Falschspieler und verhökerte unter seinesgleichen gefälschte Würfel.[181] Ein Routinier, der die Begrenzung der Routine durch das Alter mit dem Tode bezahlte.

Die Alltäglichkeit der Diebstahlsgefahr

Hardenbergs Statistik – die geringe Effizienz der Strafverfolgung – Diebstahl auf dem Land: Getreide, Heu, Produktionsmittel – die ganz alltäglichen Rivalitäten unter Verwandten oder Nachbarn als Ursache – das Dorfgericht als übliches Forum der Konfliktregelung – „Justiznutzung" nur im Ausnahmefall – die strapazierte Langmut der dörflichen Gemeinschaft – Diebstahlsschutz: Talismane, Heilige, Wahrsager

Eigentumsdelikte gehörten zum gefährdeten Alltag.[182] Der Diebstahl bleibt auch in der frühen Neuzeit das häufigste Delikt.[183] Im Gegensatz zu der heutigen Welt mit ihrer sorgfältigen Aufteilung von Behördenzuständigkeiten und Kompetenzen war die Kriminalität, also in unserem Zusammenhang der Diebstahl, auch eine Frage des menschlichen Miteinanders, nicht nur eine Frage, die allein „rechtshistorisch" betrachtet werden kann. Es war letztlich Weltfremdheit des von den Härten des gemeinen Lebens abgehobenen Adeligen, wenn sich Friedrich Karl von Hardenberg in seinem Generalbericht über die Markgraftümer Ansbach und Bayreuth verwundert die Augen rieb: „merkwürdig ist es, daß Diebstähle die am häufigsten vorkommenden Verbrechen sind."[184] Und dabei hatte der Minister nur die Fälle vor Augen, die in die Akten geraten waren. Die ganze Breite der unentdeckten und der vor den Augen der Obrigkeit versteckten Kriminalität war ihm gar nicht bekannt.

Mit den realen Verhältnissen vertraute, aber nicht so hochgestellte Zeitgenossen wußten auch ohne die von Hardenberg bemühte Statistik, daß Diebereien in den Mainbistümern alltäglich waren.[185] Das war allenthalben das Gewohnte. Der Rothenburger Rat verdächtigte im Jahre 1692 Knechte, Bauernkinder und Roßbuben, nächtlicherweile Obst, Bienen und Schafe zu stehlen, behauptete dann 1753, „daß manch auch bei Tag sich nicht scheute, solche Mauserey zu begehen", und drohte dafür die üblichen Strafen an, als da wären Tragen der Schandgeige, Prangerstehen und Aufenthalt im Trillhäuschen (ein drehbarer Pranger).

Wie vieler Diebe konnte man überhaupt habhaft werden? Hans Georg Kirchhof behauptet, jetzt, zu seiner Zeit, Ende des 16. Jahrhunderts, nota bene: Als der Henker auf das Land gewandert war, habe sich die Aufklärungsquote sehr gehoben: „Umb list willn und der bawrn einfalt, / worden die dieb vor zeiten alt, / wo sich er dieb list jetzt hinlenckt / Der bawren list solchs vor bedenckt, / Drumb seind all galgen vol gehenckt."[186] Doch diese Ansicht war Zweckoptimismus. Nicht mit Frühformen der Kriminalistik versuchte man der Diebe Herr zu werden. „Diebe fängt man mit Dieben" lautete ein in vielen Varianten überliefertes Sprichwort[187] – man brauchte den erfahrenen Spießgesellen, der zumindest die gebräuchlichsten Tricks kannte. Und wer wegen der Vielzahl von Diebstahlsmöglichkeiten der Verzweiflung nahe war, konnte sich mit einem anderen Sprichwort trösten: „Ein Dieb stiehlt sich selten reich."[188] Das stimmte nicht unbedingt. Immerhin hatte ein Gaunerpärchen von Marktdieben soviel zusammengestohlen, daß es für einen kleinen Jahrmarkts- oder Hausierhandel mit Silberkram reichte.[189]

Abb. 14: Folterung durch Brennen wie durch Aufziehen. Dahinter der Vollzug einer Strafe des Handverlustes. Holzschnitt in: „Ulrich Tengler, Der neue Laienspiegel", Augsburg 1512.

Diebstahl als alltägliche Gefahr. Wenig Chancen hatten die Menschen, sich vor einem erfahrenen Gewohnheitsverbrecher zu schützen. Immer wieder zeigt sich, wie wenig effizient die Strafverfolgung war. Meister Franz richtet einen Dieb, der 15 Jahre lang gestohlen hatte,[190] er richtet einen Beutelschneider, dem 66 Fälle nachgewiesen werden konnten, bei denen die ein Vermögen bildende Summe von 746 fl. erbeutet wurde[191]. 1519 gestand unter der Folter ein Dieb im steirischen Aussee 20 Diebstähle, die er bei seinen weiten Fahrten in Süddeutschland und Tirol begangen hatte.[192]

Alltäglichkeit des Diebstahls: Eines Morgens des Jahres 1427 finden die Nürnberger vor dem Rathaus einen Bürger, den Inhaber eines „krom oder gewelb", eines Ladens, der sich im Keller des Rathauses befand. Dieser Bürger liegt mitleidheischend am Boden „und grain und wainet und schrai jemerlich, sprach, man het im vil gestoln". Wir brauchen mit diesem Mann kein Mitleid zu haben, denn es stellte sich heraus, daß er den Diebstahl nur vorgetäuscht hatte.[193] Seine Betrugsabsicht gründete aber auf der so alltäglichen Gefahr, daß die Mitmenschen der gespielten Verzweiflung zunächst vertrauen.

In einer Welt des gefährdeten Alltags, in der man als Maßnahme gegen den Diebstahl auf Selbsthilfe und nicht auf die Obrigkeit setzt, kennt die Landbevölkerung die Schleichwege des lichtscheuen Gesindels, kennt – was Flurnamen noch festhalten –, die „Diebsstiege", die „Diebsstraße", die vielfach rechtwinklig von der Landstraße abzweigt,[194] bisweilen auch parallel der Hauptstraße durch unwegsames Gelände folgt[195]. Eine andere Bewandtnis hat es mit dem „Diebessteig" in Wernigerode – er liegt unweit des Galgenberges[196] und belegt somit, daß trotz der Ineffizienz der Strafverfolgung auch ein Dieb gefährlich lebte.

Die Gefahr, bestohlen zu werden, gehört nicht nur zum städtischen Markt, zur Messe, wo Beutelschneider ihr Gewerbe ausüben,[197] sie gehört auch zum Dorf. Gewiß: Der Hof war schon seit frühmittelalterlicher Zeit durch Hofhunde einigermaßen geschützt,[198] nicht jedoch das Feld. Ein den Bauern durchaus wohlgesonnener Franziskaner klagt Ende des 13. Jahrhunderts, sie würden sich untereinander die Früchte auf dem Felde stehlen und sich gegenseitig das Land abpflügen.[199] Auch Berthold von Regensburg kritisiert: Die Bauern schaden einander, indem sie sich das Vieh stehlen.[200] Solche Nachrichten sind über die seelsorgerliche Mahnung hinaus Widerspiegelung einer bis tief in die Neuzeit reichenden Realität.[201] Das belegen etwa die Landgerichtsprotokolle der Grafschaft Katzenelnbogen aus dem 15. Jahrhundert: nächtliche Getreidediebstähle und heimliches Abmähen der Wiesen, ja sogar Gänsediebstahl am offenen Tage. Ein Bauer klagt den anderen an, er habe ihm ein Messer gestohlen, der aber bezichtigt den Kläger, er habe ihm einen Ring aus der Tasche entwendet.[202] Diese Gegenrede, ob wahr oder nicht, läßt ahnen, daß viele Diebstähle gar nicht vor Gericht und damit auch nicht in die Akten kamen.[203] Diese Ahnung wird sich im Laufe unserer Untersuchung bestätigen: Das häufigste, das alltägliche Delikt ist vergleichsweise selten in den Strafbüchern überliefert. Der zitierte Katzenelnbogener Fall ist mitnichten eine Kuriosität; er spiegelt, wie die gesprächigeren Akten des 18. Jahrhunderts erkennen lassen, das Normale wider.

Diebstähle waren Ausdruck verwandtschaftlicher oder nachbarschaftlicher Rivalitäten. Jedoch die Obrigkeit ließ man solche Interna nur wissen, wenn die Streitigkeiten über das übliche Maß der intimen Feindschaft hinaus zum Haß führten. Dann ist zum Beispiel zu erfahren, daß ein Bauer des Pflegamtes Lauf gegen seinen Schwager zu Neundorf Klage wegen einer nachts vom Felde gestohlenen Egge erhebt. Der Beschuldigte gab die Tat auch zu, nicht ohne dem Kläger nachzuweisen, daß auch dieser ihm einen Schleifstein und junge Obstbäume entwendet habe.[204]

Alltägliche Delikte, alltägliche Gefahr. Die Felder können gar nicht so geschützt werden, als daß Korn- oder Heudiebstähle nicht zum allseits gefährdeten Leben gehören würden.

Bezeichnenderweise rechnet sie der Sachsenspiegel wegen ihrer Häufigkeit nicht zu den schweren Delikten.[205] Diese Delikte sind nicht nur ein Problem der Dörfer, sondern auch der Städte.[206] Der Göttinger Rat droht 1330 demjenigen, der in den Gärten vor der Stadt Gras oder Bohnen stiehlt, die vergleichsweise geringe Buße von drei Schillingen an.[207]

Wenn Eigentumsdelikte offenbar wurden, galt es zunächst, den Frieden im Dorf zu wahren. Die Bauern, die ihre Streitigkeiten und Verfehlungen vor allem untereinander regelten, wandten sich zunächst an ihr Dorfgericht. Dieses verhängte Bußen, die nach Gerichtsende gemeinschaftlich vertrunken wurden. Erst wenn intern keine Konfliktregelung mehr möglich erschien, wenn es jemand zu arg trieb, wurde die Obrigkeit eingeschaltet. Treffend hat Martin Dinges dafür den Begriff der „Justiznutzung" geprägt.[208] Erst im nachhinein, wegen ganz anderer Delikte, wurde zum Beispiel offenbar, daß um 1580 ein Dieb von einem Herrenhof einem Knecht das Gewehr gestohlen hatte. Dieser war ihm nachgeeilt, ergriff ihn und „bleute ihn dazu ab". An eine Anzeige dachte der Knecht natürlich nicht.

Der gemeine Mann machte mit der Obrigkeit ungern gemeinsame Sache.[209] Das galt unter den Armen als schlimmes Vergehen. Eine Bettlerin wurde in Nürnberg 1558 fast gesteinigt, weil sie in Verdacht geraten war, dem Rat einen Totschlag angezeigt zu haben.[210] Die „informelle Schlichtung" unter Ausschluß der Obrigkeit war in ganz Europa, war selbst in Großstädten wie Paris und London verbreitet.[211] Immer wieder wurde in der frühen Neuzeit versucht, mit Gesetzen „zu einer Erhöhung der Anzeigewilligkeit" zu gelangen.[212] In Württemberg glaubte man sogar, ein Denunziantensystem der „heimlichen Rüger" aufbauen zu müssen, um die ländliche Kriminalität bekämpfen zu können.[213]

Mentalitätsstrukturen von langer Dauer sind bei der Verweigerung des gemeinen Mannes zu notieren, mit der Obrigkeit gemeinsame Sache zu machen.[214] Bis in das 18. Jahrhundert hinein dachten die bestohlenen Bauern nicht daran, der Obrigkeit Anzeige zu machen. Diebstahl war ein Stück gefährdeter Alltag, eine Gefahr unter vielen anderen. Man half sich lieber mit den von Generation zu Generation weitergegebenen und weitverbreiteten Diebssegen, die Diebe abhalten und gestohlenes Gut wiederbringen sollten. Felddiebstähle durch Dorfgenossen wurden eher im Dorfgericht, im Petersgericht, als Frevel bestraft – wovon die Gemeinde selbst auch durch die Strafgelder etwas hatte –, als daß der Dieb durch Anzeige bei der Herrschaft kriminalisiert wurde.

Zweifel sind erlaubt, ob es in den Städten grundsätzlich anders aussah. Obwohl die Stadträte über ihre Bürger eine viel wirksamere Kontrolle ausüben konnten als ein Fürst über seine Untertanen, wurde – ein Beispiel unter vielen – eher zufällig erst 1720 in Würzburg aktenkundig, was von der Frau eines Maurers seit Jahren stadtbekannt war, „daß sie auf dem Markt oft gemauset und dessentwegen oft geschlagen worden" – einen Prozeß hatte die Frau deswegen nicht ertragen müssen, wohl aber die Selbstjustiz der Beteiligten.[215]

Man muß es schon sehr arg getrieben haben, wenn die Nachbarn offiziell Klage erheben; so wie ein Bauer, der in seinem Dorfe als „ausbündiger Dieb und Mauserkopf" verschrien war, aber erst, nachdem er fünf Jahre lang gestohlen hatte, 1599 in Hämelschenburg angeklagt wurde.[216] Diesem Beispiel aus dem deutschen Norden sei ein entsprechendes aus dem Süden zur Seite gestellt. Allzu sehr die Langmut einer dörflichen

Gemeinschaft strapaziert hatte ein armer Landmann aus Ostheim, „welchen lediglich übertriebene Bratwurstliebe zu einem gefährlichen Diebe machte". Er hatte sich mit dauernden kleineren Eigentumsdelikten die Kreuzer zum Bratwurstessen verschafft, und seine Unehrlichkeit war so notorisch geworden, daß sich seine Frau von ihm scheiden ließ; aber erst als er weiter Dorf- und Felddiebstähle beging, einmal sogar seinem Beichtvater die Bibel stahl, um sie zu verkaufen, wurde ihm schließlich der Prozeß gemacht.[217] Langmut mag bei allen solchen Fällen, etwa wenn es sich um einen Bienendieb handelte,[218] mitgespielt haben, aber es war eindeutig obrigkeitliche Unfähigkeit bei der Strafverfolgung, wenn im Nürnberger Umkreis Landstreuner 20 Morde verüben konnten, bevor sie gefaßt wurden.[219]

Wenn bei gewissermaßen „normalen" Diebstählen der Täter ruchbar wurde, konnte er zwar nicht auf Verständnis beim Bestohlenen rechnen, aber das Opfer hatte sich dem Konsens der Dorfgemeinschaft zu beugen, daß Konflikte unter Nachbarn intern geregelt werden sollten. Jedoch war es nicht mehr von der Dorfgemeinschaft sühnbar, wenn von den Feldern nicht Korn oder Kraut, sondern Pflüge oder Eggen gestohlen worden waren, wenn nicht ersetzbares Eigentum, sondern schwer zu beschaffende Produktionsmittel entwendet worden waren; dann drohte sogar die Todesstrafe.[220]

Wie schützt man sich in Dorf und Stadt vor der Diebstahlsgefahr? Was der Hofhund für das dörfliche Gehöft ist, sind in der Stadt die Kettenstöcke, mit denen des Nachts die Gassen der Reichen abgesperrt werden. Es richtet sich durchaus nicht nur gegen fahrendes Volk, sondern auch gegen die eigenen Nachbarn, wenn in dieser Welt Zaubermittel, Talismane als vorbeugende Sicherheit gegen Entwendungen gesucht werden[221] (es hilft, einen Diebsfinger unter der Türschwelle zu vergraben[222]), wenn nicht die Hilfe der Obrigkeit, sondern die von Heiligen angerufen wird, weswegen in den Mirakelbüchern Eigentumsdelikte einen großen Raum einnehmen[223]. Vor allem die Künste von „Wahrsagern", der Vorläufer der Privatdetektive, sind auf dem Lande gefragt.[224] Auch Frauen bewähren sich in diesem Metier.[225] Zweifelhaft erscheint das Expertentum dieser „Wahrsager". Daß die Quellen lediglich von ihrer Existenz, nicht aber von ihren Erfolgen oder Mißerfolgen berichten, hängt einfach damit zusammen, daß die Quellen sowieso wenig von dörflicher Konfliktregelung wissen. Aber wie bei jeder Kunst gibt es auch hier Stümper. Selbst der erfolglose Wahrsager wird nicht in den Akten auftreten, wohl aber jener Stümper, der zugleich Betrüger ist. So bestraften 1421 die Bamberger einen Mann, „dorumb er gelt nam von den leuten und in sagen wolt, wer ire pfert und silbrin becher gestoln solt haben und domit er unschuldig in schult bracht wolt haben".[226] Aber beachtet sei: Es handelt sich hier um einen „Wahrsager" im städtischen Bereich, und er beschuldigt Nachbarn nicht wegen Heu- oder Korndiebstahls, sondern wegen des Klauens von Objekten, auf denen von ihrem Wert her gesehen die Todesstrafe stand: Pferde und Silbergeschirr.

Kleiner und großer Diebstahl: der enge Strafrahmen und seine weitherzige Auslegung

Die strafrechtliche Orientierung am Wert der gestohlenen Sache – das Fehlen von Normen bei der Festlegung des Strafmaßes – der weite Ermessensspielraum der Richter – Beispiel Mundraub: der allmähliche Sieg des Prinzips trotz geringen Schadens

Die alltägliche Gefahr des Diebstahls ist als erstes berücksichtigt worden, um die Hilflosigkeit der Obrigkeit, die mit diesem Delikt nicht fertig wurde, nicht allein als administrative Schwäche zu werten. Die Entwicklungslinien der Strafgerichtsbarkeit lassen sich zwar auch bei diesem Delikt erkennen, aber eben nur die Prinzipien; ihnen ist, weil die Menschen im Mittelalter grundsätzlich strafrechtlichen Prinzipien mißtrauten, eine allenfalls der Orientierung dienende, keinesfalls aber normierende Realität zuzubilligen.

Als sich die Lehre von der Hochgerichtsbarkeit durchsetzte, wurde der Diebstahl zu den vier hohen Fällen gerechnet; ein Dieb solle, so der Sachsenspiegel, der in diesem Fall weithin rezipiert wurde,[227] hängen – aber natürlich wußte man, ohne daß sich das in den frühmittelalterlichen Quellen spiegelt, daß es kleine und kriminelle Diebe gab. Der Sachsenspiegel versuchte, eine klare Grenze zu ziehen: Wer stiehlt, was mehr als drei Schillinge wert ist, also mehr Wert hat als ein einjähriges Schwein oder ein abgerichteter Schäferhund, dem droht der Galgen.[228] Ein Prinzip hatte der Sachsenspiegel damit aufgestellt, aber eine Realitätswirkung seiner ziemlich schematischen Regelung konnte nicht eintreten. Im Spätmittelalter wurden großer und kleiner Diebstahl dem vermehrten Geldumlauf entsprechend vielfach durch eine Fünf-Schilling-Grenze unterschieden[229] oder – wie in den Hansestädten – durch die Wertbestimmung von einem Vierdung beziehungsweise einer viertel Mark lübisch, oberhalb derer der schwere Diebstahl begann[230]. Regionale und lokale Variationen: Ruprecht von Freising kennt statt der Zweiteilung des Sachsenspiegels eine Dreiteilung, gestaffelt nach dem Wert des Diebstahlsguts.[231] Im spätmittelalterlichen Brünn galt, daß hängen müsse, wer gestohlen habe, was mehr als 40 Pfennige wert sei; bei geringeren Sachen drohten Pranger und Brandmarkung.[232] Nach dem strengen lübischen Recht galt alles, was über eine viertel Mark hinausging, bereits als schwerer, als todeswürdiger Diebstahl.[233] Bei allen Unterschieden und lokalen Abweichungen ist doch als Folge des Sachsenspiegels auszumachen: Die Unterscheidung des Strafmaßes nach dem Wert der entwendeten Sache gehört seitdem zum Strafrecht[234] und wird in der Unterscheidung von kleinem und großem Diebstahl in der Carolina festgeschrieben[235]. Aber schon die Vielzahl der Artikel, welche das im Namen Karls V. erlassene Gesetz bei diesem Delikt aufwenden muß (Art. 157–175),[236] läßt erahnen, daß es in der Rechtswirklichkeit erhebliche Abweichungen von den Vorschriften gegeben haben muß.

Das Bamberger Echtbuch aus der ersten Hälfte des 15. Jahrhunderts erweist, daß keineswegs zwangsläufig dem großen Diebstahl die Todesstrafe folgen mußte. Ein kleines Vermögen, 30 fl., waren einem Kaufmann aus Eger gestohlen worden; der Täter wurde mit Pranger, Rutenstreichen und ewiger Stadtverweisung belegt.[237] Wenige Jahre später, 1424, wurde der aus Worms stammende Koch Hans Lobeles auf frischer Tat beim Beutelschneiden erwischt. Mehrere abgeschnittene Beutel wurden bei ihm nebst 24 Groschen gefunden. Ihm wurden beide Ohren abgeschnitten, das Brandmal wurde auf beiden Backen eingebrannt, und auf ewig wurde er aus der Stadt verbannt.[238] Obwohl er eine erheblich geringere Summe als der erste Dieb gestohlen hatte, wurde er wesentlich härter bestraft; wahrscheinlich, weil er Wiederholungstäter war. „Wahrscheinlich": Noch nicht einmal bei den Geldstrafen, wo es noch am einfachsten gewesen wäre, ist eine das Strafmaß normierende Relation zwischen der Tat und ihrer Ahndung zu erkennen. Das gilt allgemein, gilt nicht nur für das Bamberger Echtbuch.[239] Sehr weitherzig, unter Ansehung des Einzelfalles, legten die Richter die Strafbestimmungen aus. Das Prinzip der mildernden Umstände kannten sie ebensowenig wie das der Strafnorm. An einer ziemlich vagen Vorstellung vom Strafrahmen, innerhalb dessen der Urteilsspruch sich zu bewegen habe, orientierten sie sich. Die in den einschlägigen rechtsgeschichtlichen Lehr- und Handbüchern so betonte Unterschiedlichkeit von großem und kleinem Diebstahl hält der Wirklichkeit nur bedingt stand. Obwohl sich die Lehrbücher durchaus auf mittelalterliche Rechtstexte, vom Sachsenspiegel angefangen, stützen können, waren in der Realität die Richter viel großzügiger, als die teilweise sehr engherzigen Unterscheidungen von großem und kleinem Diebstahl glauben machen wollen.[240] Im Hanseraum war selbst der schwere Dieb nur dann wirklich vom Galgen bedroht, wenn er rückfällig wurde.[241] Und mittelrheinische Schöffenkollegien des Spätmittelalters verhängten zumeist nur Geldstrafen – oder überwiesen den Rückfalltäter in schweren Fällen „an des Herrn Gnade".[242]

Hier, spätestens, ist die Begründung dafür zu geben, daß wir uns nur in begrenztem Maße an die Diebstahlsartikel der Rechtsbücher von Ruprecht von Freising bis hin zu Johannes Purgoldt halten, sondern statt dessen jene Quellen bevorzugen, die auf direkter Strafzumessung und nicht auf den Versuchen einer Regelsetzung beruhen. Das Bemühen der Rechtsbücher um Regeln spiegelt die Problematik wider, die wir mit dem Stichwort Ermessensspielraum benannt haben. Auch die mittelalterlichen Richter haben ein Gewissen und stehen vor einer Aufgabe, die vor allem mit den Bedürfnissen urbanen Lebens zusammenhängt, nämlich den in der Gesellschaft allmählich sich bildenden Begriff der Missetat in Strafzumessungen zu fassen. Die Rechtsbücher wollen, vor der gleichen Problematik stehend, dabei helfen. Deswegen die bemühte Versicherung etwa in der Adaption biblischer Nachrichten im „Königsbuch".

Der weite Ermessensspielraum spätmittelalterlicher Richter wird mit der Umdeutung und Neudefinition des Wortes „Schaden" sichtbar. Das sei am Fall des Mundraubes erläutert, womit zugleich verdeutlicht werden kann, wie verfehlt eine Auffassung ist, die der Strafgerichtsbarkeit im 18. Jahrhundert eine Entwicklung zu größerer Humanität im Vergleich zum grausamen Mittelalter unterstellt. Für den aus quälendem Hunger begangenen Mundraub hatten die spätmittelalterlichen Richter soviel Verständnis, daß ihn noch die Carolina, der üblichen Rechtssprechung folgend, tolerierte. Aber – Signum der frühen Neuzeit – das Prinzip begann, über das Verständnis zu siegen. Sicherlich war die Grenze schwer zu ziehen, wo der Mundraub aufhörte und der qualifizierte Diebstahl begann. Aber nicht nur wegen der Mühen und Kosten wäre folgender Fall im Spätmittelalter undenkbar gewesen: Aufgrund zahlreicher Vorfälle in Weikersheim wurde 1613 ein kostspieliges Universitätsgutachten zur Frage eingeholt, „wie ein Vagabond zu bestrafen (sei), der zur theurer Zeit oft und vielfältig mit Einsteigen, doch nichts considerables gestohlen".[243]

Ließ man es damals noch mit Staubbesen und Landesverweisung bewenden, so schwankte man späterhin immer zwischen gnadenhalber verhängter Landesverweisung und Todesurteil, auf das erst gegen Ausgang des 18. Jahrhunderts verzichtet wurde. So wird von einem 1764 zu Windsbach Hingerichteten berichtet: „Der arme Müller dauert mich, so oft ich sein Urtheil lese. Seine Diebstähle, deren überhaupt wenige waren, waren zugleich von einer geringen Bedeutung, so daß der Wehrt von manchem kaum einige Kreuzer betrug. Ein paar Mahlzeiten Erdbirn, ein paar Hunde, welche er den Bauern davon führte, selbig alsdann todschlug, um sich des Hungerns zu erwehren, verzehrte, ein paar Töpfe mit Milch. ... Jetzt (1786) käme er vielleicht mit einer Zuchthausstrafe von ein paar Jahren davon."

Die Qualifizierung des Diebes.
Überlegungen zum Ermessensspielraum der Richter

Die fundamentale Bedeutung der Tatzeit: Tagedieb und Nachtdieb – die Abschwächung dieser Unterscheidung durch Professionalisierung des Diebes – was Militär- und Kriminalitätsgeschichte gemeinsam haben – die durch Armut auch des Diebes gesteckten Grenzen der Professionalisierung – neue Gelegenheiten, neue Diebestypen: Beutelschneider und Badstubendiebe – der Sonderfrieden des Badehauses, eine wenig beachtete spätmittelalterliche städtische Schöpfung

Diebstahl ist nicht gleich Diebstahl. Dem Bienendieb begegnet in Nürnberg, das wegen der Reichswälder als des Heiligen Reiches Immengarten gilt, weniger Nachsicht als anderswo.[244] Der Traubendieb wird in Weinlandschaften stärker verfolgt[245] als im Norden, der Dieb von Garn für Barchentstoffe kann in Ulm, das inmitten des spätmittelalterlichen Barchentreviers liegt, auf weniger Gnade hoffen als anderswo. Diebstahl ist nicht gleich Diebstahl. Unabhängig vom regional unterschiedlichen Wert einer Sache, die als „Schaden" bei der Strafzumessung eine Rolle spielt, ist bei der Verlagerung des Diebstahlsbegriffs von der Sache auf den Täter die Tatzeit ein entscheidender Faktor bei der Strafzumessung. Eine heute noch lebende Redewendung erscheint in spätmittelalterlichen Quellen in ihrer lebensgefährlichen Bedeutung für den Missetäter: „by nacht und nebel."[246] Der „fur nocturnus", der Nachtdieb, kann auf wenig Gnade hoffen, er begeht einen schweren Diebstahl,[247] anders als der Tagedieb. Der heute nur noch schwach erkennbare, eher liebevolle Tadel des faulen „Tagediebs" enthüllt seine historische Tiefenwirkung in dem heute vergessenen Wortsinn des Nachtdiebs und konserviert interessanterweise eine weitere historische Mentalitätsschicht. Der „Tagedieb" ist im heutigen Wortgebrauch der Nachfolger des seit dem 16. Jahrhundert obrigkeitlich denunzierten „Müßiggängers", der angeblich – die Arbeitslosigkeit wird als Problem verschwiegen – nicht arbeiten will.[248] In seiner ursprünglichen Bedeutung bezeichnet er, strafmildernd, den Gegensatz zum Nachtdieb. Der „fur nocturnus" schon der Volksrechte[249] lebt weiter im Sachsenspiegel, wo jeder nächtliche Diebstahl – auch der unter drei Pfennigen – die Galgenstrafe nach sich zieht;[250] denn dem „fur nocturnus" wird strafverschärfend unterstellt: Hinterlist[251]. Die Milde, mit der ein Diebstahl von Feldfrüchten normalerweise bestraft wurde, galt nicht für den „fur nocturnus". Der Mann im Mond, so erzählte man sich, sitze dort zur Strafe, weil er des Nachts seinem Nachbarn Kohl gestohlen habe.[252]

Noch 1330 bestimmt der Göttinger Rat: Wenn einer des Nachts dem anderen Korn abschneidet, „deme geydet an sin liff".[253] Denn nach wie vor gilt das mittelalterliche Sprichwort: „Die Nacht ist keines Menschen Freund."[254] Feinde lauern in der Dunkelheit. Im Spätmittelalter beginnt bei der Strafzumessung der Gedanke zu verblassen, daß der Nachtdieb besonders schwer zu bestrafen sei.[255] Daß der „Tagedieb" in seiner frühneuzeitlichen Wortgeschichte die Vorurteile des Müßiggangstopos aufsaugt, hängt nicht zuletzt mit einer Abschwächung des im Mittelalter so wichtigen Gegensatzes zwischen dem „ehrlichen" Tagedieb, gegen den man sich wehren kann, und dem heimtückischen Nachtdieb zusammen. Diese Abschwächung reagiert auf einen simplen Sachverhalt. Die Diebe werden professioneller. Nicht nur die Nacht, sondern auch der Tag steckt voller Gefahren.

Professionalisierung des Diebes: Die Geschichte des Militärs und die der Kriminalität kennen das überzeitliche Gesetz, daß jeder entwicklungsgeschichtliche Vorsprung seine Antwort durch den Gegner findet. Das Schloß, mit dem Reichtümer gesichert werden, ist zugleich ein Signal für Diebe, das anzeigt, wo Reichtümer zu finden sind. Zum Schloß gehört der Nachschlüssel, der „postclavis". Schon die Lex Salica kennt ihn.[256] Der Nachschlüssel begleitet die Geschichte der Kriminalität.[257] Je besser die Schlösser, um so verfeinerter die Tricks derer, die sie aufbrechen wollen. Meister Franz Schmidt weiß davon zu berichten,[258] und er kennt auch die Technik, durch Wachsabdruck einen Nachschlüssel anzufertigen[259]. Allerdings: Die Armut von Dieben setzt zumeist aufwendiger Technik beim Aufbrechen der Schlösser enge Grenzen. Armut des Diebes und ebenso mangelnde Professionalisierung lassen sich an den einfachen Mitteln ablesen, mit denen die meisten Diebstähle bewerkstelligt werden. Schlösser werden mit Nägeln[260] oder gewaltsam mit dem Brecheisen geöffnet. Natürlich gibt es auch den gewerbsmäßigen Dieb, der sich eigens ein Krummeisen anfertigen läßt,[261] natürlich ist auch der Dietrich bekannt; gefährlich ist dessen Anfertigung für einen Schlosser, denn der Hersteller eines solchen Werkzeugs kann unter den Qualen der Folter preisgegeben werden[262].

Der Vergleich von Militär- und Kriminalitätsgeschichte, den wir nur in der wechselseitigen Beziehung von Fortschritt und Gegenwehr betrachtet haben, hat seine Grenzen. Im Gegensatz zur Militärgeschichte mit ihrem Rückhalt an entsprechenden staatlichen Anstalten ist die des Diebstahls in der frühen Neuzeit keine Geschichte der professionellen Vervollkommnung. Zu sehr begrenzt die Armut ihre Entfaltungsmöglichkeiten. Und zudem: Der neuzeitliche Staat konnte beim Militär Erfahrungen konservieren und weitervermitteln, die die Diebe stets von neuem gewinnen mußten. Zwar galten auch die Zuchthäuser zutreffenderweise als Gaunerschulen, in denen Erfahrungen weitergegeben wurden,[263] aber einen Vergleich zu den im 18. Jahrhundert entstehenden Militärakademien scheuen wir doch, überzeugt von dem Sinn eines geordneten und in seinen Inhalten logisch aufgebauten Unterrichts, der im Zuchthaus nicht gewährleistet war. Vor allem fehlte – die Grenzen unseres Vergleichs aufzeigend – den Dieben und Gaunern das Buch, das bei der Vermittlung von Kriegserfahrungen eine große Rolle spielen sollte.

Von Fortschritt zu Fortschritt eilte die Geschichte der Militärtaktik; vergleichbares kannte die der Kriminalität nicht. Unvermeidlich hatte die Geschichte des Diebstahls nicht nur Fortschritte, sondern auch Rückschritte zu verzeichnen. So raffinierte Mittel, wie sie noch 1616 ein zu Nürnberg gerichteter Dieb gebraucht hatte, trifft man im 18. Jahrhundert nicht mehr an. In der Tradition des Nürnberger Eisenhandwerks, das durch Erfindungsreichtum und praktische Raffinesse groß geworden war, hatte ein Paul Kraus für kriminelle Zwecke einen „Neber" ersonnen, „welcher neben dem Bohrer ein schneidend Eisen gehabt, welches im Bohren das Holzwerk geschnitten, so daß man mit der Hand hineingreifen können".[264] Die Diebswerkzeuge des 18. Jahrhunderts sind zumeist ausgesprochen primitiv. Häufig wird zum Beispiel aus Pflügen, die am Wegesrand stehen, der Sech, das Schneidmesser, entwendet, um als Stemmeisen beim Einbruch gebraucht zu werden. Selbst professionelle Diebe erfahren des Nachts, wenn sie bei Kerzenschein Schränke öffnen wollen, daß ihr Dietrich nichts taugt. Da hilft nur eines, das Beil; ein entschlossener Schlag, obwohl das Haus eines reichen Spediteurs voll belegt ist: „Die Fuhrleute auf der Streu hätten zwar das Krachen gehört, hätten aber geglaubt, es mögten vielleicht ein Katzen einen Teller hinunter geworfen haben."[265]

In frühmittelalterliche Zeiten weist die Kriminalisierung des Nachtdiebes ebenso zurück wie die des hinterlistigen Anfertigens von Nachschlüsseln. Allerdings ist das Thema „Der Dieb und der Schlüssel" nach unserer Ansicht lediglich ein begleitendes Thema, was die Entwicklung hin zu einer Abschwächung der klaren Unterscheidung von Tag- und Nachtdieb nicht erklären kann. Zur Professionalisierung des Diebes gehören vor allem die neuen Gelegenheiten, die sich mit der Ausbreitung der Urbanität im späten Mittelalter ergaben. Einen Diebstyp kennt erst das hohe und späte Mittelalter, den Beutelschneider. War dem Nachtdieb die Heimtücke zu unterstellen, so dem Beutelschneider die Professionalität; den Begriff kannten die spätmittelalterlichen Richter natürlich nicht, aber sie vermuteten im Beutelschneider den Wiederholungstäter.

Viel mehr Aufmerksamkeit als dem Diebstahl mit Nachschlüsseln widmen die spätmittelalterlichen Stadträte dem Diebstahl in den Badstuben.[266] Das war realitätsnah, wie bis heute das Sprichwort weiß: „Gelegenheit macht Diebe." Aus einem neuen Denken heraus, dem der Prohibition des Verbrechens, erfolgt die verschärfte Kriminalisierung des Diebstahls in Badstuben.[267]

Diebstahl ist nicht gleich Diebstahl. Der Beutelschneider, der in der Kirche oder auf dem Friedhof, wo sich die Menschen drängen, seinem Gewerbe nachgeht, wird sehr hart bestraft; er hat nicht nur eine Missetat begangen, sondern auch den Frieden gebrochen. Der Marktdieb, ja auch derjenige, der im Badehaus die abgelegten Kleider stiehlt, wird keine Gnade erfahren – er hat bei seiner „Untat" zugleich einen Sonderfrieden mißachtet,[268] und deswegen kann ein solcher Dieb schon beim ersten Vergehen an Leib oder Leben bestraft werden[269]. Der eingangs erwähnte „Lazareth"-Dieb mag ein Sonderfall gewesen sein; seine exemplarische Bestrafung aber weist auf das Grundsätzliche, das alle Diebe bedrohte, die einen Sonderfrieden brachen.

Der Diebstahl im Badehaus ist ein erst im Spätmittelalter überhaupt mögliches Delikt.[270] Er galt deswegen als so gefährlich, weil er vergleichsweise leicht zu bewerkstelligen war. Man ging mit alten Kleidern in die von allen Ständen nicht zuletzt als Wärmestube begehrten saunaähnlichen Bäder und kam mit neuem Gewand wieder hinaus.[271] Die Badstuben gehörten zur spätmittelalterlichen urbanen Kultur und genossen einen Sonderfrieden, der sich nicht in speziellen Satzungen, sondern allein im Bewußtsein der Bürger ausbildete. Ein nicht juridifizierter Sonderfrieden, im Gegensatz zu dem der Mühlen; denn den besonderen Rechtsschutz, unter den schon die frühesten Landfrieden die Mühlen gestellt hatten, finden wir im Spätmittelalter nicht mehr. Mühlen boten lohnende Objekte für Diebe,[272] die Landfrieden schützten sie vor Raub und Zerstörung, nicht aber vor dem alltäglichen Diebstahl. Und darauf wollen wir hinaus. Der Frieden des Badehauses ist ein aus den Bedingungen der Urbanität entwickelter Gedanke; er hat deswegen in der rechtshistorischen Literatur so wenig Aufmerksamkeit gefunden, weil er mit dem Untergang der spätmittelalterlichen Badekultur in der frühen Neuzeit nicht den gesuchten traditionsstiftenden Konstanten entsprach. Die „Freiheit" des Badehauses ist eine wenig beachtete, weil kein Rechtsaltertum bildende, neue Form urbaner Gestaltung, eine Form, die nicht mehr der herrschaftlichen Sanktionierung durch die Landfrieden bedarf, wohl aber – wie die Strafrechtsgeschichte zeigt – aus städtischen Bedingungen einen neuen Gedanken zeitigt, den des „befreiten Ortes".

Mit der Unterscheidung von Mühlen- und Badstubendiebstahl haben wir indirekt, aber ziemlich parteiisch zu der Frage Stellung genommen, ob die „Geburt der Strafe" nicht vor allem im Wochenbett der Urbanität stattgefunden habe. Die Würdigung unserer Argumente für eine urbane Entstehung des Strafsystems mag der wissenschaftlichen Diskussion überlassen bleiben. Zunächst gilt es, ausgehend vom Mühlen- und Badehausdiebstahl, einer schlichten Frage nachzugehen.

Was kann überhaupt gestohlen werden?

Kostbare Diebsbeute als Ausnahme – Absatzprobleme für hochwertige Hehlerware – Diebstähle in einer Welt der Armut sind meist Kleindiebstähle – das häufigste Diebesgut: Nahrungsmittel – Vaganten als „Hanenwürger" – ebenfalls oft und gern mitgenommen: Kleidung, Wäsche, Federbetten, Geschirr – das Insider-Wissen der Dienstboten – die Stadt als Hauptbetätigungsfeld für Gewohnheitsdiebe – Wertschätzung und realer Wert von Diebesgut

Als Antwort auf die Frage der Kapitelüberschrift lautet die erste Faustregel: Gestohlen werden kann alles, was nicht niet- und nagelfest ist;[273] und die zweite: Die meisten Eigentumsdelikte sind, auf die Härten des Lebens in Armut zurückweisend, Kleindiebstähle. Natürlich gibt es ebenso auch die Experten für große Einbrüche, und Begehrlichkeit macht selbst vor nietfesten Gegenständen nicht halt. Angesichts des Werts von Kupfer sind entsprechende Entwendungen von Danzig[274] bis Nürnberg bezeugt. In der Stadt an der Pegnitz war noch nicht einmal der kupferne Wasserseyer am Hallertürlein sicher. Ein Dieb ließ sich hier 1604 an einem Seil in den Stadtgraben herab und stahl ihn.[275] Gestohlen wurde im Grunde alles; was zählte nicht alles das Stralsunder Verfestungsregister zwischen 1277 und 1310 auf: Bier, Holz, Pferde, Kleidung, usw. usw.[276] Angst um Hab und Gut plagte diejenigen, die etwas zu verlieren hatten.

Sicherlich: Kostbare Gegenstände können gestohlen werden, wie schon das Bamberger Echtbuch weiß: ein Schwert, eine Rüstung.[277] Bei Juden sind die hinterlegten Pfänder, Geschmeide und silberne Spangen zu erbeuten.[278] Meister Franz Schmidt weiß von ertragreichen Diebstählen zu berichten: Eine Magd entwendet ihrem Herrn 800 fl. – ein Vermögen.[279] Einem vornehmen „Wandschneider", einem Tuchhändler, klaut eine Diebsbande Silbergeschirr[280] und Geschmeide im Wert von 2200 fl., und dem Bamberger Domdekan Neustetter werden Kleinodien im Wert von 2000 fl. gestohlen[281]. Spektakulär sind die geschilderten Diebstähle – aber sie sind nicht typisch. Soviel Schmuck wie der Bamberger Domdekan hatten nur wenige.

Je wertvoller die Diebsbeute, um so angesehener der Bestohlene und deshalb: um so konsequenter die Verfolgung. Die städtischen Korrespondenzen sind voller Aufforderungen, einem qualifizierten Diebstahl nachzugehen. Wir begnügen uns mit einem Beispiel: 1449 erreicht den Nürnberger Rat ein Schreiben aus Venedig „von etlicher gestolner samat wegen, die hie verkauft sein sullen". In der gleichen Angelegenheit schreibt selbst ein Kardinal an die Reichsstadt.[282] In solchen Korrespondenzen erweist sich, worin das Problem all derjenigen bestand, denen ein großer Diebstahl wie der von kostbarem Samt gelungen war. Nicht in Heroldsberg oder Wendelstein waren kostbare Stoffe zu verkaufen, sondern nur in der zahlungskräftigen Oberschicht einer Reichsstadt.

Bei dem alltäglichsten Delikt, dem des Diebstahls, erweist sich am klarsten, wie sehr Armut die gesellschaftlichen Verhältnisse im Mittelalter und in der Neuzeit bestimmt. Wir begnügen uns mit Hinweisen aus dem 18. Jahrhundert. Selbst für die Gauner, die jahrzehntelang ihrem Gewerbe nachgegangen waren, galt das Sprichwort: „Ein Dieb stiehlt sich selten reich." Das konnte auch bei der weitverbreiteten Armut in Stadt und Land nicht anders möglich sein, bei der allenthalben, selbst bei Bessergestellten, herrschenden Kargheit der Lebensbedingungen. Neben den Lebensmitteln wird Kleidung und vor allem Bettzeug gestohlen – denn etwas anderes von Wert war in den meisten Häusern gar nicht vorhanden. Eine Bande, die ungestört eine ganze Wohnung ausräumen kann und alles, was nicht niet- und nagelfest ist, mitgehen läßt, richtet dennoch nur einen Schaden von 5 fl. an.[283]

Verharmlosend klingt der Ausdruck „Kleindiebstahl"; aber er verfälscht vor allem dann die Aussagen, wenn er nicht aus einer Welt der Armut heraus verstanden wird. Vieles, was uns heute als geringfügiger Verlust vorkommen mag, war in früheren Zeiten Anlaß zu größeren Klagen, als noch vorstellbar ist. Das lehrt eine Aufstellung des Rothenburger Rates aus dem Jahre 1714 über das, was alles in den letzten zwei Jahren den Bauern innerhalb der reichsstädtischen Landwehr entwendet wurde.[284] Noch am kostbarsten war ein Schwein im Wert von 8 fl., ansonsten Gänse, Schmalz und geräuchertes Dörrfleisch aus den Vorratskammern, Strümpfe, Mieder, etwas Flachs, Wolle, Tuche usw. Für die Opfer jedoch bedeuteten solche Diebstähle bei der verbreiteten Armut allemal herbe Verluste. Ein Bettlaken und zwei Tücher waren sicherlich keine große Beute für den Dieb, der betroffene Bauer aber hatte sein ganzes „Weißzeug" verloren. Beiläufig sei angemerkt, daß diese Quelle unsere Auffassung von der verschwiegenen Alltäglichkeit der Diebstahlsgefahren bestätigt.

Zu der erst von der modernen Geschichtswissenschaft entdeckten Mobilität im Mittelalter und der frühen Neuzeit, zu einem aufregenden Thema, das alle Vorstellungen von der guten alten Zeit mit ihrer sozialen Statik als Konstrukt entlarvt, gehören auch die Eigentumsdelikte. Kleindiebstähle mußten all die armen Menschen, die der Hunger oder die Hoffnung auf bessere soziale Chancen zum Wanderleben zwang, oft begehen, um überhaupt ihr Leben fristen zu können. In der immer wieder auftretenden Not des Wanderlebens sind auch einige Brotlaibe oder Würste, die im Schlot hingen, und selbst ein Zwerchsack voller Äpfel höchst willkommene Beute.[285] Es dürfte aber gar nicht einfach gewesen sein, in Keller und Vorratskammern zu gelangen. Ein mit Frau und fünf Kindern durch die Lande ziehender Streuner hatte in seiner Verzweiflung Grabdenkmäler plündern und die Metalltafeln unter höchster Entdeckungsgefahr verkaufen müssen, „weiln er mit seinem Weib und Kindern in größter Armuth stecke". Schon bei den Vaganten des Mittelalters waren Hühnerdiebstähle das wohl häufigste Eigentumsdelikt. Einige Vaganten scheinen sich hierauf geradezu spezialisiert zu haben, wie jene Landfahrerin, die deswegen in ihrer Gesellschaft den Namen „Hünersteigen" erhielt. Diebstähle der vagierenden Unterschicht – das sind vor allem Nahrungsmitteldiebstähle, zu denen knurrende Mägen treiben: ein Viertel Speck, ein Laib Brot;[286] Einbrüche in die Milchgruben und Milchkeller, die oft außerhalb des Wohnhauses gelegen sind.[287] Schwer zu bewerkstelligen ist der Gänse- und Hühnerdiebstahl,[288] der den Vaganten, den angeblichen „Hanenwürgern", immer wieder zur Last gelegt wird. Es war eben doch nicht so leicht, wie es Untersuchungsprotokolle behaupteten, daß ein Landfahrer einfach Brosamen ausstreute, „und wann die Hennen hergeloffen het er Ihn auf die Zehen gedretten und sie also gefangen".[289] Thomas Platter berichtet von seiner Wanderschaft, wie gefährlich ein Gänsediebstahl war; wurde er entdeckt, lief das ganze Dorf dem Dieb nach;[290] denn Geflügel war ein wertvoller, sorgfältig gehüteter Besitz. Es bedurfte der ganzen mühsam erlernten Überlebenskunst erfahrener Vaganten, um wirklich zum „Hanenwürger" zu werden.

Hühner und Gänse, die auch in den Städten gehalten wurden, waren vor dem Zugriff von Menschen, die „haberstroh kiefen", armselig leben mußten, gewiß nicht sicher. In solchen Fällen wurde nicht die ganze Strenge der Diebstahlsstrafen angewendet, wenn jemand sich ertappen ließ. Mit zwei Jahren Stadtverweisung wurden 1344 in Nürnberg Gesellen belegt, die „hüner und tauben mit den angeln fingen". (Sie werden wohl nicht den Max-und-Moritz-Trick angewendet, sondern jene Leimruten genutzt haben, die man auch zum Vogelfang gebrauchte.) Eigenversorgung, eigenen Herd konnte sich unter dem „hudelvolk" kaum jemand leisten.[291]

Das häufigste Diebesgut in einer Welt der Armut waren Nahrungsmittel.[292] Heu- und Korndiebstahl galten schon dem Sachsenspiegel als alltägliche Straftaten.[293] Flur- und Feldschützen, Hirten bis hin zur kleinen Gänsemagd sollten den Besitz in der Gemarkung behüten. Und dennoch blieben Feld- und Gartendiebstähle,[294] blieb heimliches Abschneiden von Reben und Trauben[295] bis in die Neuzeit hinein an der Tagesordnung. Zu vielseitig war die bäuerliche Wirtschaft, als daß nicht selbst dem wachsamsten Flurhüter vieles hätte entgehen müssen. Sogar die besonders gesicherten Bienenstöcke waren vor diebischem Zugriff nicht gefeit.[296] (Die Lebzelter und Pfefferküchler in den Städten fragten nicht lange nach der Herkunft des Honigs, der vom Lande in die Stadt gebracht wurde)[297].

Felddiebstähle können auch von Nachbarn ausgeführt worden sein. Viehdiebstähle hingegen setzten zumeist eine bandenmäßige Organisation vorraus: Sie verlangten eine eigene Logistik und eine eigene, aus der Erfahrung gewonnene Raffinesse.[298] Regionale Unterschiede: In Gebieten, die für die Zucht bestimmter Tiere berühmt sind, häufen sich die entsprechenden Eigentumsdelikte. Bis in die Neuzeit lohnt sich der Diebstahl von Pferden in den niedersächsischen Zuchtgebieten.[299]

In einer Welt, in der arme Leute kaum mehr an Kleidung besaßen als das, was sie am Leibe trugen, ist der Kleiderdiebstahl häufig.[300] Und überhaupt war Wäsche ein begehrtes Diebesgut. Bei dem hohen Wert, den Textilien in früheren Zeiten hatten, wundert es nicht, daß Wäsche auf der Bleiche gestohlen wurde,[301] daß Bürger den Schandstein tragen mußten, weil sie sich an einem Bettlaken vergriffen hatten[302]. Bettdecken und Bettpfühle waren begehrtes Diebesgut – überaus wertvoll und auch schnell weiterzuverkaufen.[303] In einer Welt, in der kratzende Strohsäcke die gewöhnliche Bettdecke bildeten, waren die teuren Federbetten begehrt. In Bamberg hatte 1423 ein Dieb die Federn aus dem Überzug herausgeschüttet und weiterverkauft;[304] ein Ausdruck für die Kargheit aller Lebensverhältnisse. Noch im 18. Jahrhundert konnte sich eine Landfahrerfamilie auf den Diebstahl von Bettfedern spezialisieren. Der Vater – ein Soldatenkind – besaß die verschiedensten Messer, um Betten aufschlitzen zu können. Die Kinder nähten mit der Mutter dann die Kissen wieder zu.[305] Mit solchen Diebstählen ist das allerdings lukrativere Herausschneiden von teuren Stoffen verwandt, etwa dem Entwenden der kostbaren scharlachfarbenen Bezüge aus der repräsentativen Kutsche eines Edelmannes – wie aber war dieses Diebesgut abzusetzen?

Wegen der Häufigkeit von Textildiebstählen mahnte der Göttinger Rat 1468 seine Bürger, darauf zu achten, daß sich beim Kauf von „cleydern docken laken deken küssen" keine Hehlerware unter den Gegenständen befände.[306] Wie berechtigt diese Mahnung war, läßt das Bamberger Echtbuch erkennen. Schleier werden ebenso gestohlen wie Röcke, Mäntel[307] und Kleiderspangen, wie Hauben, Kittel und das teure Tuch aus Hof („hoftuch"). Selbst „fuchswammer", Fuchsbälge, wurden aus den Mänteln herausgeschnitten und weiterverkauft.[308]

Angesichts des Wertes von Textilien wurden Textildiebstähle schwer geahndet. Drei Diebe, die Tücher von der Bleiche gestohlen hatten, mußte Meister Franz Schmidt um 1600 aufknüpfen,[309] und einen Mann, der in sieben Fällen den Menschen auf offener Gasse Mäntel entwendet hatte, mit dem Schwert richten;[310] denn dessen Taten wurden als Raub betrachtet.

Wie Textilien war auch das ebenfalls nicht niet- und nagelfeste Geschirr ein beliebtes Diebstahlsobjekt.[311] Das erwähnte Göttinger Ratsstatut von 1468 warnte nicht nur vor dem Kauf gestohlener Textilien, sondern auch vor dem von einfachen Grapen, dreibeinigen Töpfen, und Kannen.[312] Gerade die allmählich im Spätmittelalter aufkommenden Zinnkannen waren gefährdet. Verdächtig war in solchen Fällen stets das Gesinde. Der Diebstahl von Wäsche auf der Bleiche konnte von jedermann begangen werden; der von Zinngeschirr wies auf Insider-Wissen hin. Dies dürfte der Grund dafür sein, daß etwa in Regensburg vor allem Mägde wegen Diebstahls verurteilt wurden,[313] daß hier 1432 ein Brauerknecht die Solidarität des Gesindes gegenüber der Hausherrschaft ausnutzte und mit seiner Frau verscherbelte, „waz die ehalten (die Knechte und Mägde) stelen"[314]. Wann immer wieder Knechte und Mägde beggenen, die ihre Herrschaft bestehlen,[315] geht das auf eine Störung der Hausgemeinschaft, auf nicht gelöste Konflikte zurück, nicht aber auf eine kriminelle Schicht, auf Professionalität.

Professionalität des Diebs im Spiegel der Diebstahlsobjekte. Erinnern wir uns an die einleitend erwähnten Messingdiebe. Gewiß gab es auch die Vaganten als „Hanenwürger", aber alle weiteren Zeugnisse des Wirkungsbereichs von Gewohnheitsverbrechern belegen, ob Wäsche, ob Zinngeschirr: Die Professionalisierung des Diebstahls ist zunächst eine Bedrohung der Stadt. Es sollte noch ein Problem der Räuberbanden des 18. Jahrhunderts bilden, daß auf dem Lande gar nicht soviel zu stehlen war.

Des Nachts mochten die Reichen ihre Höfe durch Kettenstöcke sichern; aber sie konnten diese tagsüber angesichts des ständigen Kommens und Gehens in einem Haus, das gleichermaßen als Wohn- und Geschäftshaus diente, nicht in gleicher Weise schützen. Diebe haben am hellichten Tage Truhen aufbrechen können und wurden vergleichsweise milde mit zehnjähriger Stadtverweisung bestraft.[316] „Ein freyheitlin", ein zwielichtiger Geselle, vermochte im spätmittelalterlichen Bamberg im privaten Bereich des Hausherrn „einen schreibtisch" aufzubrechen und zwölf Groschen daraus zu stehlen.[317] Einen Trickdieb mußte Meister Franz richten, einen Drechsler, der in die Häuser unter dem Vorwand eines Kundenauftrags ging und dabei Mäntel stahl.[318]

Ein Seitenblick: Die kriminalitätsgeschichtlichen Quellen geben Auskunft sowohl über Wertschätzung als auch über reale Werte von Diebstahlsobjekten. Wertschätzung: Es muß sich schon um ein bedeutendes Werk gehandelt haben, das heute das Entzücken der Kunsthistoriker hervorrufen könnte, das 1361 in Augsburg der Maler Waltherlin, ein Kenner also, aus St. Peter stahl und dafür vergleichsweise milde mit fünf Jahren Stadtverweisung bestraft wurde.[319] Von der Wertschätzung zur Wertmessung. Weil die Gauner alles, was nur einige Kreuzer an Wert hatte, mitgehen ließen, sind Kriminalitätsakten auch wirtschaftsgeschichtliche Quellen. Aus ihnen ist zu erfahren, was die kleinen Dinge des Alltags gekostet haben. 1426 konnten in Bamberg drei Zinnkannen für 12 Groschen verscherbelt werden.[320] 1785 hatte im Nürnberger Umland ein Paar Stiefel den Wert von 1 fl. 30 Kreuzern, ein Frauenrock den von 30 Kreuzern und – erstaunlich hoch – die Federfüllung eines Bettes den von 3 fl.[321]

Bargeld lacht. Die Beutelschneider

Kleidermode und ihre Folgen – das Vernähen des Reisegeldes – seltene Beute: prall gefüllte Beutel

Bargeld war immer bevorzugtes Diebstahlsgut. Erinnert sei an das Thema von Mobilität und Kriminalität. Pilgern wird ebenso das Geld aus der Tasche gestohlen wie Kaufleuten, die zur Messe ziehen.[322] Sicherheit bestand nirgendwo, aber auf den Landstraßen und den städtischen Märkten am wenigsten. Einem Fuhrmann konnte in der Schlafkammer der Geldbeutel gestohlen werden – allerdings war dieser Beutel mit 100 Gulden besonders prall und auffallend gefüllt.[323] Der Geldbeutel. Die Entstehung des Diebstyps des Beutelschneiders, des „seckelschneiders", „sackgreifers", „kißlers", „bimuthers",[324] hängt mit einer modischen Entwicklung seit dem ausgehenden 13. Jahrhundert zusammen. Als das langwallende Gewand, wie es etwa noch die Abbildungen der Großen Heidelberger Liederhandschrift zeigen, einer körperbetonten Kleidung wich, wurde der Gürtel zum unverzichtbaren Accessoire. An diesem Gürtel hing der Geldbeutel. Das galt für Städter ebenso wie für Bauern. In Bamberg wurde einem Bauern sein Geldbeutel mit der gesamten Barschaft von fünf böhmischen Groschen „abgesniten".[325] Überall dort, wo viele Menschen zusammenkamen, sei es bei Gottesdiensten, bei Begräbnissen,[326] bei den Oster- und Weihnachtsspielen,[327] lauerte die Gefahr, Opfer von professionellen Dieben zu werden, von Spezialisten, für die Chance war, was andere Diebe abschreckte: „wo viel lüt hin kumen, da ist nit guot stelen."[328] Dagegen spricht jedoch, daß sich schon an frühmittelalterlichen Wallfahrtsorten den Dieben viele Gelegenheiten boten.[329] Auch die Messen des Spätmittelalters und der frühen Neuzeit waren Treffpunkte von Dieben.[330]

Frauen[331] und Kinder[332] sind unter den fingerfertigen Beutelschneidern zu finden, die aller Vorsichtsmaßnahmen der Reisenden spotteten wie dem üblichen Vernähen des Reisegeldes in der Kleidung. In Bamberg wurde 1417 ein Büttnerknecht auf „warer tat", auf frischer Tat also, erwischt, als er jemandem 17 böhmische Groschen „auß seinen ermeln gesnitten" hatte. (Er wurde mit ewiger Stadtverweisung bestraft)[333]. Ein 1585 in Nürnberg hingerichteter Beutelschneider gestand die Zusammenarbeit mit Komplizen einer Fechtschule, wobei einem Kaufmannsdiener mitten im Gedränge 30 fl. entwendet wurden, die dieser in seinen Ärmeln eingenäht hatte. Auf dem Augsburger Reichstag wurden einem kaiserlichen Rat 26 Goldstücke aus der Pluderhose herausgeschnitten, während sich alles um die kaiserliche Tafel drängte.[334]

Von Glück konnte der auf frischer Tat ertappte Beutelschneider sagen, wenn nicht allzuviel Geld im Beutel des Bestohlenen war; dann kam er vielleicht mit der Spiegelstrafe davon, daß ihm die Ohren abgeschnitten wurden.[335] Das Rechtsbuch Ruprechts von Freising nennt wieder dreigeteilte Straftarife: Wenn weniger als 3 Pfennige im Beutel sind, wird der Daumen abgeschnitten, bei weniger als 12 Pfennigen droht das Brennen durch die Backen, bei höheren Beträgen jedoch der Strang.[336] Im Allgemeinen aber befanden sich gar nicht allzu viele Münzen im Beutel, denn schließlich war der Bargeldumlauf im Mittelalter und noch in der frühen Neuzeit nur gering. Und nicht zuletzt deswegen genossen die Beutelschneider nur geringes Ansehen unter den professionellen Dieben.[337] Das Problem des Bargeldmangels in den meisten Geldbeuteln löste die bedeutendste aller Beutelschneider der deutschen Kriminalitätsgeschichte, die „Schwarze Lis", auf ihre Weise. Sie scheute sich noch nicht einmal vor dem „Malfizschenken", dem Grafen Schenk von Castell, der aus seinem Oberdischinger Zuchthaus einen einträglichen Gewinn ziehen wollte. Ihm schnitt sie während eines Gottesdienstes, der zu Ehren des Besuchs eines russischen Großfürsten gehalten wurde, einen Beutel mit 1400 fl. ab.[338]

Wie wird gestohlen? Hehler und kriminelle Gemeinschaften

Stehler und Hehler – die Hehler, selbst Teil der Armutsgesellschaft – die Ehe als Überlebensgemeinschaft

Bei Raubfällen, ja sogar bei Mord kannte das Mittelalter nicht den Begriff des Anstifters; die Hintermänner der Gewaltkriminalität wurden selten behelligt. Ganz anders bei dem alltäglichen Delikt des Diebstahls. Hier wird derjenige, der mit den Tätern unter einer Decke steckt, mit dem Täter gleichgesetzt und mit gleicher Strafe bedroht. Denn wie der Dieb handelt auch der Hehler mit Vorbedacht, macht sich also der Heimlichkeit des Vergehens schuldig.[339] „Hehler und Stehler, Räther und Thäter sind alle gleich schuldig."[340] Oder: „Hehler und Stehler gehören an einen Galgen."[341] Und das entsprach durchaus der Realität,[342] entsprach einem Rechtsdenken, das schon Eikes von Repgow Sachsenspiegel formulierte: Wie der Dieb werden auch der Diebshehler und der Diebsgehilfe gehängt.[343] „Wer die Leiter hält, ist so schuldig wie der Dieb."[344]

Auch bei dem Hehler läßt sich erkennen, daß die alltägliche Gefahr des Diebstahls mit der Alltäglichkeit der Armut zusammenhängt. 1272 macht das Lüneburger Verfestungsregister einen Mann namhaft, der Dieben Herberge gewährt hatte und aus Furcht vor der Todesstrafe floh, als eine Diebesbande ausgehoben worden war. Aber wo lag seine „Herberge": in den Gärten vor der Stadt, dort, wo in einfachen Hütten die Armut zu Hause war.[345] Ein Einzelfall? Erst in den Quellen der frühen Neuzeit wird sichtbar, wie sehr der Hehler, der „Scherfenspieler" der Gaunersprache, Teil der Armutsgesellschaft ist. Diebshelfer sind die Hirten,[346] die „Flurer", die Flurschützer,[347] die außerhalb des Dorfes hausen; erstaunlich selten aber die Bewohner der ebenfalls außerhalb des Ortes gelegenen Mühle[348]. Große Chancen haben diese Außenseiter nicht, um zu Reichtum zu gelangen; denn es war allzu auffällig, wenn ein armer Schäfer oder Flurschütz plötzlich wertvolles Geschmeide verkaufte.[349]

Auch in der Geschichte der Hehlerei bildet sich ab, daß die Ehe im Mittelalter als Überlebensgemeinschaft verstanden wurde. Die Frauen der professionellen Diebe sind deren Hehlerinnen, wie bereits um 1300 in England erkennbar ist.[350] Immer wieder erscheint die Frau oder die Partnerin, „der Anhang" eines Diebes, als dessen Gehilfin, die Schmiere steht, oder als Hehlerin.[351] Das ist der Welt so vertraut, daß etwa im spätmittelalterlichen Ulm bei Schmuck- oder Gold- und Silberdiebstählen die besondere Obacht auf die „Kauflerinnen", die Händlerinnen, befohlen wird.[352] Die Frau als Hehlerin – das entspricht dem, was auch in der ehrbaren Gesellschaft üblich ist: Die Frau verkauft, was ihr Mann hergestellt hat; die Ehe als Überlebensgemeinschaft.[353] Und auch das entspricht den allgemeinen Produktionsprozessen: Die ganze Familie kann daran beteiligt sein. Was weiß nicht Franz Schmidt zu berichten. Eine Mutter hat ihren beiden Söhnen „zu der dieberey geholffen".[354] Vater und Sohn sind Diebe.[355] Ein Vater lehrt seine Tochter das Stehlen.[356]

3. Betrug und Fälschung

List als Überlebensstrategie – Betrug: Unklarheit der gerichtlichen Zuständigkeit wie des Begriffs – Vielfalt der Betrugsformen – ein Kaiser als Betrüger? – Betrug in der kaufmännischen Oberschicht – Alltagsbetrügereien: teigiges Brot und gepanschter Wein – der stets geforderte Sachverstand des Käufers – die Kriminalisierung des Betrugs: ein Paradefall für den Zusammenhang von Stadt- und Strafrechtsentwicklung – Steuerhinterziehung, ein schon mittelalterliches Vergehen

List gehörte zu den Überlebensstrategien in Mittelalter und früher Neuzeit, bildete schon im frühen Mittelalter mit der Wendung „ohne List und Tücke" indirekt eine Art Rechtsregel.³⁵⁷ Sinnvoller als etwa rechtsdogmatische Klärungen, wonach die Postglossatoren den römischrechtlichen Begriff der „fraus" der frühneuzeitlichen Juristenlehre und der Carolina vermacht hätten,³⁵⁸ erscheint uns deshalb darzulegen, wieweit und ab wann Überlebensstrategien kriminalisiert werden konnten; das ist aufschlußreich für eine Welt, in der vom Bettler mit seinen vorgeschobenen Almosenargumenten bis zum korrupten Amtmann mit seinen Unterschlagungen³⁵⁹ alle Welt nach modernen Vorstellungen betrog. Unser Ansatz wird dadurch bekräftigt, daß der Ausdruck „Betrug" bis in das 16. Jahrhundert hinein lediglich in nichtjuristischen Texten verwendet wird.³⁶⁰ Natürlich standen die Menschen den Betrügereien nicht hilflos gegenüber. Schließlich wurden Münzfälschung und Falschspiel und nicht zuletzt Verfälschen von Nahrungsmitteln mit harten Strafen bedroht.

Sachlich steht der Betrug dem Diebstahl unter den Bedingungen einer Welt der Armut nahe. Das Verrücken der Grenzsteine wurde in der ländlichen Welt als schwerer Diebstahl gewertet und mit der Todesstrafe bedroht.³⁶¹ Und was in den Fluren das Verrücken der Grenzsteine ist, ist falsches Maß und Gewicht in der Stadt.³⁶² Deshalb wird noch in der Carolina auf den Art. 113, der Maß-, Gewichts- und Warenfälschung behandelt, ein Artikel über das Verrücken von Grenzmarkierungen folgen. Ein Beispiel für die Rechtsunsicherheit: Ungeklärt blieb, ob Betrügereien nicht vor das Sendgericht gehörten. Das Braunschweiger Sendweistum von 1300 zählt „undersat", also die Minderung der Hohl- und Gewichtsmaße, zu jenen Vergehen, die vor dem Send zu richten sind.³⁶³ Im gleichen Verständnis sollte auch die Urkundenfälschung, das Delikt der „falschen Briefe", hier abgeurteilt werden.³⁶⁴ Eine Klärung brachte letztlich erst die Auflösung der Sendgerichte in der Reformationszeit.

Für die Städte aber war es unerläßlich, Fälschungen von Maß und Gewicht ihrer Gerichtsbarkeit zu unterstellen; denn schließlich gehörte das Setzen dieser Maße in die Kompetenz der Obrigkeit.³⁶⁵ Deshalb widmen die Stadtrechte diesem Betrug große Aufmerksamkeit. Als Beispiel mag das Lübecker Recht, zwischen 1260 und 1276 entstanden, genügen.³⁶⁶ Die Strafpraxis wird etwa in Nürnberg deutlich, wo selbst angesehene Handwerker wegen Maß- und Gewichtsfälschungen verurteilt werden.³⁶⁷

Was ist ein Betrug? Weder das Mittelalter noch die frühe Neuzeit kennen einen juristisch klassifizierenden Begriff. Und das ist auch kein Wunder, wenn man bedenkt, daß es selbst im heutigen Raum der Europäischen Gemeinschaft 70 verschiedene Definitionen für Betrug und verwandte Delikte gibt.³⁶⁸ Was heute unter Betrug verstanden wird, ist im Mittelalter in Einzelfälle mit ganz unterschiedlichen Strafzumessungen aufgesplittert.³⁶⁹ So werden zum Beispiel in Zürich 1549 eine Reihe von Tatbeständen jeweils gesondert aufgeführt, die nach heutigem Verständnis allesamt Betrügereien sind.³⁷⁰ Deswegen hat bereits die Carolina in den Artikeln 111–114 einzelne Delikte nacheinander aufgezählt: Münz-, Urkunden-, Gewichts- und Warenfälschung sowie das Verrücken von Grenzzeichen.³⁷¹ Betrug und Fälschung gehen noch ineinander über. Erst im 19. Jahrhundert werden beide Begriffe rechtsdogmatisch voneinander getrennt.³⁷²

Das Mittelalter kennt Worte wie „untriuwe", „falschheit", „unredlike handlung" usw., die alle ebenso auf Betrug und Fälschung hinweisen wie ein um 1460 entstandener Holztafeldruck, der dem Publikum warnend „acht Schalkheiten" vorstellt.³⁷³ Schon deshalb konnte es keinen Sammelbegriff für Betrug geben, weil dieser durch alle Stände mit ihrem jeweiligen Standesrecht hindurch auftrat. War ein Kaiser des Betrugs zu bezichtigen, der – wie Karl IV. – den Wittelsbachern die Mark Brandenburg unter der Bedingung abkaufte, daß den Verkäufern das Kurrecht bei einer künftigen Königswahl verbleiben solle, und der in der Goldenen Bulle reichsrechtlich sanktioniert hatte, daß nur wählen dürfe, wer das Land auch tatsächlich innehabe?

Nicht nur Kaiser, Fürsten und Adelige betrogen. Im 15. Jahrhundert kam der Begriff „Praktik" (aus dem italienischen „practiche") für politische Winkelzüge auf, die oft genug den Tatbestand des Betruges erfüllten.

Betrug auch in der bürgerlichen Oberschicht. Kein Zeugnis besäßen wir von der Tuchherstellung der Fugger, die doch den Aufstieg dieses Geschlechts begründet hatte, wenn die Augsburger Warenbeschauer nicht unredlich gewebte Tuchballen der Fugger eingezogen hätten. Ein Einzelfall? Der hochangesehene und welterfahrene Kölner Jurist Dr. Johann Rynck verfügte 1512, daß seine Söhne keine Kaufleute werden dürften, weil dies dem Seelenheil schade.[374] Man lernt Johann Rynck zu verstehen, wenn man aus den Urkunden des Fondaco dei Tedeschi am Rialto Einblick in eine Blütenauslese der Kaufmannskriminalität gewinnt. All diese Urkunden gewähren Strafnachlässe; etwa für die Einfuhr schlechten Villacher Eisens,[375] für aus Krain eingeschmuggeltes Falschgeld[376] usw. Die Venezianer sind nicht besser. Einer stellt für den Export nach Deutschland betrügerisch manipulierte Goldfäden her.[377] Wie im Süden, so im Norden. Im Bereich der Hanse beinhaltet der Begriff der „unredliken Kaufmannschaft" stets betrügerisches Handeln,[378] was jedoch nur in wenigen Hansestädten als Straftat verfolgt wurde[379]. Der Weg zum ehrbaren Kaufmann war lang.

Am einfachsten fällt der Beweis dafür, daß die kaufmännische Oberschicht noch nicht einmal aus Eigeninteresse daran dachte, den Betrug zu ächten, am Beispiel der Safranfälschung.[380] Safran war ein Handelsartikel der vermögenden Kaufleute. Jedoch nicht die Kaufleute, sondern die Ratsherren gingen gegen die Fälschung dieses teuren Gewürzes vor. Mochten die Ratsherren auch selbst im Handel engagiert sein, so entsprangen ihre entsprechenden Gebote doch dem Gedanken, die Stadtgemeinde zu schützen, nicht der Auffassung, daß dem Betrug zu wehren sei. Wie Basel und Regensburg kannte auch Nürnberg (seit 1441) eine Safranschau. Das war auch dringend notwendig, konnte man doch sogar Landfahrer ertappen, die „etwovil species" bei sich führten, mit denen Gewürze gefälscht werden konnten.[381] Der gefälschte Safran wurde verbrannt, der Fälscher mit unterschiedlichen Strafen belegt. Am strengsten ging Nürnberg vor, wo 1444, 1456 und 1484 Safranfälscher verbrannt wurden beziehungsweise eine Safranfälscherin lebendig begraben wurde.[382]

Was den angesehenen Großkaufleuten recht war, war den Händlern auf dem Markt nur billig. Das „verwigen" geschah stets zu Ungunsten der Käufer.[383]

Weil die List ein beliebtes Erzählthema etwa der Mären ist, weil die Menschen Freude daran haben, wenn einer der ihren übertölpelt wird,[384] führen auf den spätmittelalterlichen Marktplätzen die beliebten Osterspiele ihrem Publikum viele den Zuschauern durchaus vertraute Betrugsformen vor: Der Bäcker spart so sehr am Brennholz, daß sein teigiges Brot den Magen verklebt, der Schuhmacher bearbeitet die Sohlen so oberflächlich, daß sie bald brüchig werden, der Schneider behält von den fünf Ellen Stoff, die ihm für

Betrug und Fälschung

einen Rock übergeben werden, eine halbe Elle für sich, der Metzger stopft seine Würste so sehr mit Abfällen voll, daß sie beim Braten „wie ein alter Schuh tropfen".[385] Der Betrug erscheint im Mittelalter zunächst als eine Form des menschlichen Miteinanders, eingebunden in die noch nicht kriminalisierte List, die als Überlebensstrategie verstanden wird.

Wie die Osterspiele kritisiert auch die didaktische Literatur des Spätmittelalters die Betrügereien von Handwerkern.[386] Was listet nicht alles Berthold von Regensburg auf von der Überdehnung bei den Kleiderstoffen bis hin zum Verwässern des Weins.[387] Und am Ausgang des Mittelalters kritisiert im gleichen Sinne Thomas Murner Weinpanscherei, Roßtäuscher, betrügerische Tuchhändler usw.[388] All das ist nicht Literatur, sondern Spiegel einer Realität, in der ein Kunde sich in erster Linie auf sein Wissen verlassen muß, um nicht betrogen zu werden.[389] Als Käufer von Kleidungsstoffen muß er prüfen können, ob er nicht einem betrügerischen Färber[390] aufsitzt, und selbst beim Erwerb von teuren Pelzen kann er hereinfallen, weil die durch Färben „veredelt" sein können[391].

Bei all dem ist zu bedenken: Wenn Waren nicht bei Tageslicht auf dem Markt verkauft werden, sind sie wie die Tuche oder Pelze im „Gewölbe" in den Kellerräumen zu erstehen. Das jiddische „Gewelbe" für Kaufhaus erinnert noch daran. Viel leichter als heute die gleißende künstliche Beleuchtung der Kaufhäuser kann im Mittelalter das schummerige Licht an den unterirdischen Verkaufsständen über den wahren Charakter der Ware täuschen.

Die Auffassung, daß der Käufer sich selbst schützen müsse, prägt den spätmittelalterlichen Wortsinn von „Abenteuer"; „abenteuerliches" Gut ist verdächtiges Gut. In Bamberg wird 1422 ein Goldschmied von den anderen Meistern seiner Zunft überführt, daß er seine Ware „abentewerlich gemacht ... und die den lewten für gucz gerechts silber zukawffen geben".[392] Wäre das aber ohne den Konkurrenzneid herausgekommen?

Wie allgegenwärtig die Gefahr des Betruges im mittelalterlichen Leben war, zeigt sich daran, daß dieses Delikt in allen Ständen, selbst bei den kleinen Leuten begegnet. Die Bergleute wußten, wie man „dem ärz ain mantel anlegen" konnte, schlechtes Erz mit gutem an der Oberfläche überdeckend.[393] Sogar Bettler konnten mit vorgetäuschten Gebrechen almosenheischend betrügen.[394]

Am Beispiel der Safranschau ist bereits sichtbar geworden, daß die Stadträte im Interesse ihrer Bürger den Betrug nicht als eine Form des gefährlichen mitmenschlichen Umgangs betrachten durften, sondern diese Erscheinungen von List kriminalisieren mußten. Es könnte lohnend sein, der Frage nachzugehen, ob die Urkundenfälschung nicht erst durch die städtische Gerichtsbarkeit wirkungsvoll kriminalisiert worden ist. Die Betrugsmöglichkeit der „falschen Briefe" konnten lange Zeit nur Geistliche nutzen. In dem Maße aber, wie seit der zweiten Hälfte des 13. Jahrhunderts auch Laien schriftgewohnt wurden und „falsche Briefe" verfertigen konnten, mußte dieses Delikt schon deshalb der weltlichen Judikatur unterstellt werden, weil es mit der Todesstrafe bedroht war.[395]

Der enge Zusammenhang von Stadt- und Strafrechtsentwicklung ist im Falle des Betrugs geradezu evident; denn die Stätte der meisten Betrugsformen war der städtischer Obrigkeit unterstehende Markt. Mit der Verfolgung von falschem Maß und Gewicht in den Städten steht die obrigkeitliche Warenschau im engsten Zusammenhang.[396] Der Rat ließ besonders streng Produkte überwachen, bei denen, wie etwa beim Einbecker Bier, der Name der Stadt mit einer Qualitätsgarantie verbunden war und bei deren internationalem

Verkauf zugleich der Ruf der Stadt auf dem Spiel stand. So entging der Warenschau der Stadt Augsburg, deren wirtschaftliches Rückgrat die Textilproduktion bildete, eben auch nicht, daß die Fugger einen Betrug mit minderwertig gewebten Tuchen begangen hatten.

In Bamberg brachte ein Träger die Warenkontrolle in Verruf, der 1426 den geschworenen Heringsbeschauern „in ir ere und eyde geredt hatte", sie also als pflichtvergessen bei der Prüfung beschimpft hatte, und der deswegen für ein Jahr der Stadt verwiesen wurde.[397] Wir begnügen uns mit diesem Beispiel, um die Wichtigkeit obrigkeitlicher „Beschau" und Bekämpfung des Betrugs für das Wirtschaftsgeschehen zumindest anzudeuten; eine einläßliche Darstellung würde ein eigenes Buch erfordern, denn es hieße letztlich, einen Warenkatalog mittelalterlicher Handelsartikel auszubreiten, wenn alle Gegenstände, mit denen Betrug geübt wurde, aufgelistet würden. Hinzuweisen ist aber mit allem Nachdruck darauf, daß hinter dem Zusammenhang von Betrug und obrigkeitlicher Kontrolle ein zentrales stadtgeschichtliches, nicht nur aus ökonömischer Perspektive abzuhandelndes Thema steht. Bei der Münzfälschung und der Steuerhinterziehung mußten die Stadträte Betrugsformen bekämpfen, die das Leben ihres Gemeinwesens zutiefst gefährdeten.

Die Münzfälschung war ein seit eh und je, in den Quellen seit dem frühen Mittelalter einwandfrei nachzuweisendes Delikt. Immer wieder wird als Beispiel für die dem Mittelalter angeblich eigene spezifische Grausamkeit angeführt, daß der Falschmünzer in einem mit siedendem Öl gefüllten Bottich sein Leben verlieren sollte. Das aber ist allenfalls bedingt und nur dann richtig, wenn dem weitherzig zugeordnet wird, daß der Verbrecher vielfach verbrannt wurde.[398] Der Sachsenspiegel aber hatte als Strafe für die verbrecherischen Münzer das Hängen vorgesehen,[399] und in der frühen Neuzeit wurde das Delikt oft durch Enthaupten geahndet[400].

Das Delikt der Steuerhinterziehung gehört schon zum Mittelalter, sei es, daß man „über den Zapfen haut", also beim Weinungeld betrügt, sei es, daß man sein Vermögen zu niedrig deklariert. Das letztere erfüllt den Tatbestand des Meineides, denn zur Vermögensangabe gehörte der Steuereid. Die Städte aber straften in diesem Fall milde. Wenn nach dem Tode eines Mannes bei der Erbteilung herauskam, daß er falsche Steuerangaben gemacht hatte, erhielt er vielerorts wie in Nürnberg nur ein stilles Begräbnis. Eine sinnvolle Sanktion war auch, was die Basler Steuerverordnung von 1475 vorsah. Der Rat durfte das Vermögen zum deklarierten Wert übernehmen.[401] Das verhinderte zumindest eine allzu geringe Selbsteinschätzung.

4. Mord und Totschlag

> *„Bei Nacht und Nebel":* Heimtücke als Abgrenzungskriterium zwischen Mord und Totschlag – Tötungen im Affekt – die *„Ehrlichkeit"* des Totschlags – das Fehdeverbot des Immerwährenden Landfriedens von 1495 und das allmähliche Ende des *„Faustrechts"* – Tötungen in *„nôtwer"* und *„ungeverlich"* – das Beispiel des in flagranti erwischten Ehebrechers: das Ende der erlaubten Selbsthilfe

Die Unterscheidung von Mord und Totschlag ist selbst für heutige Juristen schwierig zu treffen. Es liegt wohl an dieser Juristenerfahrung, daß sich immer wieder in der rechtshistorischen Literatur die Aussage findet, das Mittelalter habe hier nicht genau unterschieden; das beruht teils auf einer anachronistischen Übertragung moderner Schwierigkeiten in die Vergangenheit, teils auf einem Sehfehler.[402] Daß „Mord und Totschlag",[403] wie man nach moderner, keineswegs zufälliger Redewendung sagt, vor dem gleichen Hochgericht verhandelt wurden, daß der Sachsenspiegel immer von „totslag" spricht und keinen eigenen Begriff für Mord kennt,[404] was sich bis in die frühneuzeitlichen Stadtrechte hinein fortsetzt,[405] heißt nicht, daß es keine unterscheidenden Kriterien gab[406]. Im Gegenteil.

Über alle Wandlungen des Strafsystems hinweg ist den Menschen im gesamten Mittelalter ein klares Kriterium bewußt, das Mord von Totschlag abgrenzt. Ein Mord wird vorsätzlich und mit Heimtücke begangen. Ob Vorsatz vorliegt oder nicht, prägt noch bis heute die strafrechtliche Beurteilung. Erklärt sei zunächst der Begriff der Heimtücke, ein moderner Begriff, der tiefe historische Erfahrungen birgt. Die Heimlichkeit, zu der die Hinterlist gehört, hat schon im frühen Mittelalter den Mord als Verbrechen definiert.[407] Das gilt für den Sachsenspiegel[408] und noch für Bambergensis und Carolina. Die Heimlichkeit[409] – der Gegensatz zum offenen Kampf – verbirgt sich in dem Adjektiv „arglistig", das in den mittelalterlichen Quellen häufig den Mord als eine mit Vorbedacht begangene Handlung bezeichnet[410]. Die „arglist", die der Sachsenspiegel noch nicht benannt hatte, wird bereits im 13. Jahrhundert zu einem Schlüsselbegriff des entstehenden Strafrechts.[411]

Wie beim Diebstahl sprach gegen den Täter, wenn er, wie in Basel durch Hensel Kugelhut geschehen, einen Rivalen „bi nacht und bi nebel" erstochen hatte. Der Rat entschied in diesem Fall gegen alle Versuche, diese Tat als Notwehr, zumindest als Totschlag darzustellen, daß „dieser handell ein mort sie".[412] Schwieriger war ein Urteil zu finden, wenn – wie so häufig – Mord und Totschlag bei festlichen Zusammenkünften geschahen,[413] wenn – ebenfalls häufig – das Wirtshaus zum Tatort wurde[414] und der Alkoholgenuß leidenschaftliche Affekte auslöste[415]. „In der Mehrzahl der Fälle kannten sich Opfer und Täter."[416] Spontaneität kennzeichnet die Mehrzahl der Tötungen; das zeigt sich auch an den Tatwerkzeugen: Nicht Schwert oder Messer, sondern Arbeitsgeräte wie Axt, Hacke und Knüppel sind es in der Regel.[417]

Die Stadträte, die allenthalben in deutschen Landen Mandate gegen das Messerzücken erließen, die das Tragen längerer Messer in der Stadt sogar verboten,[418] wußten, wie schnell aus Jähzorn Mord und Totschlag entstehen konnte[419]. Es ist zwar richtig, daß erst die Carolina dem Affektgedanken die für das Strafrecht richtungsweisende Form gegeben hat,[420] aber schon vorher haben die Richter diesen Gedanken in Rechnung gestellt, wenn sie Mord und Totschlag unterschieden.

Was ist Mord im Gegensatz zum Totschlag? Seine Schändlichkeit und Strafbarkeit liegt in der Form der Tat begründet, in der Heimlichkeit, weiterhin in den verwerflichen Motiven des Täters und schließlich bei der Tötung Wehrloser in der Feigheit der Tat.[421] Vereinfacht: Mord ist im Gegensatz zum Totschlag die Tötung ohne Ehre. Die „Ehrlichkeit" des Totschlags liegt in der Offenheit des Kampfes, was bei der Tatwürdigung auch den Affektgedanken einschließen konnte. Schwer war es, die Strafe festzulegen.[422] Wann immer es möglich war, griff man zu den alten Mitteln des Sühnevertrags und der Bußleistung. Doch unter dem Eindruck des Strafgedankens war für den Täter damit die Sache nicht erledigt.

Er durfte, wie 1459 der Göttinger Rat durch eine Rechtsweisung belehrt wurde, künftig kein Zeuge in Strafsachen („in pynliken saken") mehr sein.[423]

Heimlichkeit grenzt etwa für die Bambergensis und die Carolina als ein Kriterium den unehrlichen Mord von dem ehrlichen Totschlag ab. Wenn jemand hinterrücks, bei Nacht und Nebel, einen anderen „liblos getan" hatte, war es eindeutig Mord. Ebenso wurde schon in den Leges eine Tat, die gegen Wehrlose begangen wurde,[424] als Mord verfolgt. Schwer hatte es auch jemand, dessen Tat für eine niedrige Gesinnung sprach, sich auf Notwehr herauszureden. Nachgewiesene Arglist qualifizierte den Mörder. Der Mord also geschieht „wissentlich", „muthwillig", „freventlich".[425]

Einen weiten Ermessensspielraum hatten die spätmittelalterlichen Gerichte bei der Frage, wie und wieweit überhaupt ein Totschlag gesühnt werden sollte.[426] Straffrei blieb ein Totschlag innerhalb einer Fehde und bei einem derart offenen Streit, daß die Grenze zur erlaubten, zur straffreien Notwehr schwer zu ziehen war.[427] Allmählich schuf die Reichsgesetzgebung in der frühen Neuzeit etwas Klarheit. Nachdem es im ersten Drittel des 16. Jahrhunderts gelungen war, das Fehdeverbot des Immerwährenden Landfriedens von 1495 durchzusetzen, war die Möglichkeit hinfällig geworden, den Totschlag im offenen Streit straffrei zu lassen. Er wurde am Ende des 16. Jahrhunderts allgemein zu den „Malefizhändeln" gezählt. Ein Beispiel: Jener 75jährige Pfründner im Nürnberger Spital, der 1605 im Streit einen Mitpfründner erstach und deswegen enthauptet wurde,[428] wäre hundert Jahre früher wohl mit einer Sühneleistung davongekommen.

Daß die Totschlagsühnen mit dem ausgehenden 16. Jahrhundert zwar nicht ganz aussterben, aber künftig nur noch Ausnahmefälle darstellen,[429] gehört zu den Folgen der zumeist unterschätzten Reichsgesetzgebung. Wo der Totschlag im offenen Streit zur Hochgerichtsfrage wurde, mußte der im Mittelalter noch ziemlich weite Begriff der straffreien Notwehr juristisch handhabbar gefaßt werden.[430] Enge Grenzen wurden nunmehr der erlaubten Selbsthilfe gesetzt – es war durchaus berechtigt, wenn die Juristen des 18. Jahrhunderts in dem Immerwährenden Landfrieden von 1495 nicht nur ein Verbot der Adelsfehde, sondern eine Beseitigung des, wie sie es nannten, „Faustrechts" sahen.

Wegen der veränderten Rechtslage ist es unmöglich, einen Rückgang der Totschlagszahlen in der frühen Neuzeit zu konstatieren und – weil es immer gut ist, eine unbewiesene Theorie durch eine ebenso unbewiesene andere zu stützen – daraus eine verstärkte Affektkontrolle im Sinne von Norbert Elias abzuleiten.[431] Schlägereien gehören zum mittelalterlichen wie neuzeitlichen Wirtshaus und zur Kirchweih – es gibt noch nicht einmal den Schatten eines Beweises, daß sie im Mittelalter signifikant mehr Todesfälle nach sich zogen als späterhin.

Ein zentrales Thema der mittelalterlichen Rechtsquellen bildete die Notwehr.[432] Natürlich war sie, wie der Sachsenspiegel ausdrücklich feststellte, straffrei.[433] Die Schwierigkeit lag aber darin, wie sie gegenüber dem offenen Kampf mit Totschlagsfolge definiert werden konnte.[434] Schon im Frühmittelalter waren die Kriterien, die dann zu dem mittelhochdeutschen „nôtwer" führen sollten,[435] sprachlich entwickelt: eine Tat, die widerwillig und unter Zwang begangen werden mußte[436.] Und das betraf nach dem Sachsenspiegel auch den Friedensbrecher, der straffrei erschlagen werden durfte.[437] Die Notwehr war schwer nachzuweisen. Das Problem wurde noch dadurch verschärft, daß sie zwar, sofern sie nachgewiesen werden konnte, als strafmildernd, aber vielfach dennoch als verwerflich galt, wie nicht nur die Totschlagsühnen zeigen; vielfach zog ein Totschlag in Notwehr die Stadtverweisung nach sich.[438]

Von einem großen Ermessensspielraum des spätmittelalterlichen Gerichts haben wir gesprochen. Allgemeine Grundsätze, wie zum Beispiel der strafbare Versuch behandelt werden sollte,[439] gab es ebensowenig wie im Fall der Fahrlässigkeit[440]. Unsicher waren die Gerichte auch, wie die absichtslose „untat", die der Sachsenspiegel unter Strafe stellen wollte,[441] zu beurteilen sei. Daran erinnert unser heutiges „ungefähr", eine Ungenauigkeit benennend, die den mittelalterlichen Schöffen ganz konkret vor Augen stand, wenn sie eine Tötung als „ungeverlich" einstuften, etwa wenn auf dem Schießstand jemand den Knaben, der die Trefferzahl angab, „ungeverlich" erschossen hatte.[442] Dieses Wort konnte erst den allgemeinen, den heutigen Wortsinn gewinnen, seitdem die Rechtswissenschaft des 18. Jahrhunderts die Dreiteilung in vorsätzliches, fahrlässiges und zufälliges Handeln klar durchgeführt hatte.[443]

Nur eine Andeutung von den im Gerichtsalltag überaus verwickelten Problemen konnten wir bieten. Um aber den Wandel zu verdeutlichen, für den die frühneuzeitlichen Juristen den Begriff des nun überwundenen und unter Strafandrohung stehenden „Faustrechts" wählten, sei der Fall des Ehemanns erwähnt, der auf frischer Tat den Ehebrecher bei seiner Frau ertappt. Er darf ihn im Mittelalter – Stichwort: offener Streit – noch straffrei töten.[444] Ratsuchend wendet sich noch 1528 der Ulmer Rat an den zu Nürnberg. Im Affekt hatte ein Barbier einen Ulmer Patrizier, den er in flagranti beim Ehebruch ergriffen hatte, erschlagen. Selbst die standesbewußten Nürnberger Patrizier entscheiden, daß der Barbier straffrei sei und die Ulmer gut daran täten, ihn durch einen Sühnevergleich vor der Rache von Verwandten des Getöteten zu schützen.[445] Im gleichen Sinne wurde 1583 im Herzogtum Wolfenbüttel der Schutz eines Bauern, der einen Knecht erschlagen hatte, vor der Rache der Verwandten ausgesprochen.[446]

5. Die Frau als Opfer und Täterin

„Raptus", „notnunft", Notzucht

Vom frühmittelalterlichen Brautraub zu einem der vier hohen Fälle – Strafandrohung „on alle gnad" bei gleichzeitiger hoher Dunkelziffer – die sofortige Klagepflicht des Opfers – wie richterliches Mißtrauen zu zerstreuen ist – ein alternativer Problemlösungsweg: Heirat – Herrengewalt an Frauen

Der Schutz von Frauen vor männlicher Gewalt ist über alle Wandlungen hinweg ein Grundzug des mittelalterlichen Strafrechts. In der Welt der Lex Salica war bereits das unsittliche Betrachten von Armen und Brüsten strafbar. Die Frau, vor allem die freie Frau, weniger aber die Magd in der Webhütte, sollte in ihrer Würde und Ehre geschützt werden. Deswegen stellte die Lex Baiuvariorum den „walewurf", das Herunterreißen der Haarflechten, unter Strafe.[447]

Der älteste Ausdruck für die sexuelle Gewalt an Frauen ist, an die Kriminalisierung des Brautraubes im Frühmittelalter erinnernd, „raptus". In eine ganz andere Rechtswelt führen im 13. Jahrhundert Wendungen, die den lateinischen Begriff „raptus" mit dem gewöhnlichen deutschen erklären: „Raptus seu violenta corruptio virginum seu mulierum, quod vulgariter dicitur notnunft."[448] Es geht nicht mehr um den Brautraub, es geht um männliche Gewalt, nicht um romantische Entführungen, sondern um Verbrechen. Die Notzucht wurde zu den vier hohen Fällen gerechnet, die mit dem Tode geahndet werden sollten. Das war – im Prinzip, wie zu betonen ist – unumstritten;[449] die Frauen gehörten zu dem Personenkreis, den die Landfrieden in besonderem Maße schützten. Der Vergewaltiger ist für den Sachsenspiegel zugleich der Friedensbrecher.[450] Aber Eike denkt weiter, denkt an die grundsätzliche Würde der Frau: Selbst an einer Hure kann Notzucht begangen werden.[451]

Eindeutig war – ob im Sachsenspiegel oder im Meißner Rechtsbuch –, welchen Tod der Notzüchter zu erleiden hatte: die Hinrichtung mit dem Schwert,[452] die Hinrichtung, wie die Carolina (Art. 119) erklärt, „einem Räuber gleych". Der alte Gedanke des „raptus" wirkt weiter. Notzucht ist Raub – immerhin ehrlicher als Diebstahl. Nach dem Sachsenspiegel waren auch alle, die sahen, wie einer Frau Gewalt angetan wurde, und ihr nicht zu Hilfe eilten, des Todes schuldig.[453] Schon der Versuch der Notzucht wurde hart bestraft, in Bamberg mit Prangerstehen und ewiger Stadtverweisung,[454] in Basel mit einem Monat strenger Turmhaft und fünfjähriger Stadtverweisung[455].

„On alle gnad" drohte dem Vergewaltiger etwa in Ulm die Todesstrafe.[456] Eindeutig, traditionsgesichert, die Strafdrohung, mehrdeutig ihre Umsetzung in der Realität.[457] Das schwingt in dem Satz des Johann Agricola mit: „wer eyn Jungfraw schendet, der stirbt keyns gutten todts",[458] ein Satz, der auf die hohe Dunkelziffer bei diesem Verbrechen zielt. Dabei ist zu bedenken, daß unter Notzucht auch die Unzucht mit Kindern verstanden wurde,[459] wobei als Kind noch das zwölf- bis vierzehnjährige Mädchen galt, das in diesem Alter bereits verheiratet werden konnte. Was hatte nur die Nürnberger Ratsherren, die ansonsten Sittlichkeitsdelikte streng verfolgten, bewogen, den Vergewaltiger eines zwölfjährigen Mädchens lediglich mit Ruten aushauen zu lassen?[460]

In den Basler Strafbüchern werden nur selten Fälle von Vergewaltigung verzeichnet.[461] Die Vermutung, daß es eine hohe Dunkelziffer gab,[462] ist nur zu berechtigt. Denn die Frau, das Opfer, mußte klagen und zwar, wie schon der Sachsenspiegel vorschrieb, sofort.[463] (War das einem Mädchen zuzumuten?) Sie mußte unmittelbar nach der Tat, die nicht „übernächtigt" werden durfte,[464] das „Gerufte" erheben, „mit zerfahlenem haar und traurigen gemieth" das an ihr begangene Verbrechen anzeigen[465]. Zerrauftes Haar, zerrissenes Gewand hatte sie, wie vielerorts bestimmt wurde, dem Gericht vorzuweisen.[466] Konnte sie, unter Schock stehend, überhaupt auf die Schnelle den „Schreimann" finden, der mancherorts gefordert wurde, um den Notzüchter bei handhafter Tat überführen zu können?[467] Das Regensburger Stadtrecht versucht, das Problem zu lösen. Wenn die Frau mit ihrem Eid und mit sieben Zeugen, die ihre Hilferufe gehört haben, klagt, geht es dem Täter an den Kragen (im wörtlichen Sinne), „man richt es hin zu dem leib".[468] Ansonsten verlangt das Regensburger Stadtrecht den Beweis durch das Opfer: „daz sol sy beweisen mit abgerissen pent, mit schreiendem mund, mit gestraubten har und nasser füd."[469]

Die Frau als Opfer und Täterin 213

Mit „nasser füd". Wieweit das Mißtrauen der Richter vor dem Wahrheitsgehalt der Aussagen einer vergewaltigten Frau gehen kann, zeigt diese Wendung, zeigt aber auch das häufig vorgeschriebene Verfahren, daß – so die Berner Landrechte 1454/57 – drei ehrbare Frauen die Klägerin beschauen sollen,[470] daß – so die Basler Ordnungen – die „Matronen des geistlichen Gerichts" die Frau zu untersuchen haben,[471] daß – wie der Hamburger Rat dekretiert – vier Frauen das Opfer auf seine verlorene „junckfrouweschop" hin „besichtigen" sollen[472].

Die Richter wußten, in wie vielen Formen sich Gewalt darstellen konnte; sie standen aber unter dem Zwang, einander widersprechende Zeugenaussagen in einer nichtschriftlichen Welt zu würdigen. Keineswegs als frauenfeindlich, wie es zunächst erscheinen mag, sondern aus der Verantwortung heraus, dem Recht zwischen streitenden Parteien zu dienen, sind die Satzungen zu verstehen, die dem Opfer die sofortige Klage vorschreiben. Sind aber die teilweise entwürdigenden Bestimmungen (mit „nasser füd") nicht Ausdruck eines latenten frauenfeindlichen Mißtrauens, oder lassen sie sich aus jenem redseligen Bemühen um Konkretheit verstehen, das auch ansonsten in Rechtstexten begegnen kann? In Zürich wurde eine Vergewaltigung, wenn das Opfer sich nicht zur Wehr gesetzt hatte, nur mit Geldbußen geahndet.[473] Nachvollziehbar ist es, daß die Klage auf Notzucht nicht verfolgt wurde, wenn die Frau mit dem Täter „unbetrunglichen", ohne Gewalt, zu Tisch und Bett gegangen war.[474] Unbestritten ist bis heute, daß die Beweisfrage in Notzuchtsfällen oft genug schwierig ist. Das sah auch das friesische Recht, das in der Verteidigung der Würde der Frau den frühmittelalterlichen Leges noch am nächsten stand. Das Hunsingoer Recht sah für den Mann einen Reinigungseid mit zwölf Zeugen vor, ansonsten eine Strafe von zwei Dritteln des Wergeldes der Vergewaltigten und Zahlung von 12 Mark als Friedensgeld.[475]

Erinnert sei daran, daß Gewaltkriminalität oft innerhalb des Verwandtenkreises stattfand, daß sich Täter und Opfer kannten. Verzeihung der Vergewaltigung durch das Opfer? In Regensburg wurde in diesem Fall dem Täter zwar das Leben geschenkt, aber die Hand abgeschlagen.[476] Prinzipiell ist die Vergewaltigung als Ausdruck von Gewalt strafbar, aber immer noch wirkt nach, daß die Geschädigte Klage erheben muß. Das Prinzip der Offizialklage war nicht auf die Vergewaltigung ausgedehnt. Glück hatte in Basel ein Mann, der „genotzogt hat ein junge tochter" (gemeint ist: eine junge Hure). Er kam mit ewiger Stadtverweisung davon; „hette die tochter gewellet klagen", hätte sie Klage erhoben, wäre er hingerichtet worden.[477]

Verzeihung des Opfers ist auch Voraussetzung für die Bestimmung so mancher Weistümer, daß auf die Todesstrafe verzichtet wird, wenn der Täter sein Opfer heiratet.[478] Man sollte das nicht voreilig belächeln oder kritisieren. Die bäuerlichen Schöffen gehen wie ihre städtischen Kollegen von der sozialisierenden Kraft der Ehe aus.

Die Notzucht ist nur die kriminalisierbare, die äußere Seite der Gewalt, die Frauen angetan werden konnte. Daneben gibt es aber auch jenen aus sozialen oder ökonomischen Gegebenheiten abgeleiteten Druck, der die Frau unter Mißachtung ihres Eigenwillens gefügig machen soll – in einer weiten Grauzone liegen diese nicht als strafwürdig angesehenen Fälle, die Mägden so häufig zum Schicksal wurden. Hören wir genau einer spätkarolingischen Mirakelerzählung zu.[479] Eine gelähmte Leibeigene hatte die Jungfrau Maria um

Hilfe gebeten, die ihr auch gewährt wurde. Als sie aber gesundet war, sah ihr Grundherr sie mit begehrlichen Blicken an und machte, wie die Erzählung formuliert, das Herrenrecht der geschuldeten Gefügigkeit („debitae ... servitutis iura") geltend. Maria hilft erneut. Die Frau wird wieder gelähmt. Und jetzt das – modern gesprochen – Happy-End, im mittelalterlichen Verständnis das Wunder. Der Herr sieht seine Schuld ein und legt ein reuevolles Gelübde ab. Daraufhin gesundet die Frau endgültig.

Leicht wäre es, diese Geschichte mit trivialpsychologischen Erklärungen zu deuten. Sie ist aber in erster Linie als Mahnung an die Herren zu verstehen, ihre Abhängigen nicht als Sache zu betrachten. Das galt in einer Welt, in der Gewalttaten an den Mägden in den Webhäusern gesühnt wurden, indem ein Wergeld an den Herren gezahlt wurde, das galt aber noch bis tief in die Neuzeit hinein. An Stelle der rechtlichen Abhängigkeit der „Leibeigenen", genauer: der Eigenfrau, konnte die ökonomische Abhängigkeit treten. Der Hausherr zwang die Dienstmagd zum Beischlaf – ein offenes Geheimnis noch im 18. Jahrhundert.[480]

Frauen und Gewaltkriminalität

Gewaltkriminalität: eine männliche Domäne – Frauen, das friedfertige Geschlecht? – Mäusegift und Mückenpulver – das häufigste Frauendelikt: Diebstahl

Während heute – 1990 – 23% der bekannt gewordenen Verbrechen von Frauen begangen werden,[481] liegt im Mittelalter diese Zahl nur bei 5–10%.[482] Zu bedenken ist jedoch, daß sich die mittelalterlichen Zahlen stets auf die vollzogenen Strafen beziehen und daß Frauen selbst bei gleichen Delikten milder, und das heißt auch: seltener, als Männer bestraft wurden. Wenn für die Neuzeit ein Verhältnis von 7:3 zwischen männlichen und weiblichen Tätern angenommen wird,[483] so verdecken solche Annahmen nicht nur die unterschiedliche Schwere der Delikte, sie verdecken auch, daß die spezifisch frühneuzeitliche Sittengesetzgebung vor allem zu Lasten der Frauen ging.

Eindeutig ist die Gewaltkriminalität eine männliche Domäne. Was für England ermittelt wurde, daß nämlich von 3492 Mördern nur 8,6% Frauen waren,[484] gilt ungefähr auch für die deutschen Lande.[485] Natürlich gibt es eine weibliche Kriminalität.[486] Darauf wird noch zurückzukommen sein. Zunächst gilt es aber noch festzustellen, daß auch eine andere für das mittelalterliche England festgestellte Zahl ungefähr den deutschen Verhältnissen entsprechen dürfte: Fast 20% der Opfer von Gewaltkriminalität sind Frauen.[487]

Unter allen zwischen 1410 und 1459 in Regensburg bestraften Gewalttätern stellten die Frauen nur einen Anteil von 2,3%.[488] Das macht verständlich, warum für die Stadtrechte, die allenfalls die zänkischen Ehefrauen erwähnen, die Gewalttäter stets männlich sind.[489] Daß aber Frauen friedfertiger wären als Männer, hätte kein mittelalterlicher Richter geglaubt. Und die moderne Forschung[490] und Geschlechtergeschichte[491] bestätigen ihn in dieser Auffassung. Frauen können Brandstifterinnen,[492] können Mörderinnen sein[493]. Bei der Bandenkriminalität ist mehrfach die führende Rolle von Frauen zu erkennen. Ehrbare Hausfrauen und arme Mägde können zu Mord und Diebstahl anstiften. Die Kri-

Die Frau als Opfer und Täterin 215

Abb. 15: Gattenmord: Klytämnestra ermordet ihren Gemahl Agamemnon. Französische Buchmalerei um 1402, aus „Le livre des femmes nobles et renommées", einer Übersetzung des Werkes von Giovanni Boccaccio.

minalitätsgeschichte kann somit einen Beitrag zur Versöhnung von Sozial- und Genderforschung leisten.

Die moderne Genderforschung will die Augen nicht davor verschließen, daß Frauen kriminell werden können. Dem Historiker stellt sich eine andere Frage: Inwiefern sind die Formen der Gewaltkriminalität in der Welt der Frauen wirksam? Voreiligen Vermutungen einer geschlechtsspezifischen Sanftmut ist mit Skepsis zu begegnen. Wenn zwei Mägde ihren Dienstherrn ermorden,[494] sind Mutmaßungen über das Willkür einschließende Herrschaftsverhältnis innerhalb des Hauses statthaft; aber alle zum Verzeihen bereite Motivsuche wird zuschanden angesichts der Grausamkeit, mit der 1474 zwei Frauen eine Schwangere töten, um das als zauberkräftig geltende Händchen des Embryos abzuschneiden[495].

Obwohl Frauen „erstaunlich grausame Morde" an ihren Ehemännern begehen konnten,[496] scheint der moderne kriminologische Lehrsatz, daß eine Frau zum Gift greift, wo ein Mann den Weg der Gewalt wählt, schon im späten Mittelalter ein Glaubenssatz der

Männerwelt gewesen zu sein; verbietet die Regensburger Apothekerordnung doch 1397 den Verkauf von Giften an Frauen („daz er kein giftig ding keinem weib nicht verkaufen soll")[497]. Es sieht tatsächlich so aus, daß Frauen Eheprobleme bereits im Mittelalter mit Gift zu lösen trachteten.[498] Dabei ist zu bedenken, daß der Gattenmord keineswegs selten war. In Worms gab es eine eigene Hinrichtungsstätte, eine Wegkreuzung vor den Toren, für Frauen, die ihren Mann umgebracht hatten.[499] Die Regensburger Geistlichen sahen 1407 die Vergiftung eines Ehemannes nicht als so ungeheuerlich an, als daß sie nicht – erfolgreich – Fürbitte zur Begnadigung der Täterin eingelegt hätten.[500] Mit dieser Würdigung des Einzelfalles war es in der frühen Neuzeit vorbei: Das Strafprinzip beginnt zu siegen. In Zürich wurde 1520 eine Frau, die ihren Mann mit Mäusegift hatte umbringen wollen, ertränkt.[501] Späterhin aber wurden Giftmörderinnen enthauptet.[502] Die letzte Strafe der Verbrennung in Zürich 1730 traf eine Giftmörderin.[503]

Das Risiko für eine Frau, die sich mit Gift ihres Ehemannes zu entledigen trachtete, lag in zu schwacher Dosierung der gereichten Gabe. Der gescheiterte Vergiftungsversuch wurde schneller offenbar als der gelungene. In den Fällen der beiden Frauen, die Meister Franz Schmidt wegen Gattenmordes mit dem Schwert richten mußte, hatten die Männer die Zugabe von Mückenpulver überlebt.[504] Und auch jene Frau mußte Meister Franz mit dem Schwert richten, die ihren Vater hatte umbringen wollen, indem sie ihm Mückenpulver ins Essen mischte, weil – wie der Scharfrichter weiß – er „ein böser heftiger Mann" war, der seine Tochter „hart gehalten" hatte.[505]

Unübersehbar ist: Die Frau war, was das Waffen-, was das Kriegsrecht anbelangt, unterprivilegiert. Niemand kam im Mittelalter und in der frühen Neuzeit auf den Gedanken, ihr ein Fehderecht zuzugestehen. Es gibt keine Michaela Kohlhaas. Einen Sachwalter – und Götz von Berlichingen war dazu nur zu bereit – mußte sie sich suchen. Steht aber deshalb die Frau außerhalb der Geschichte der Gewaltkriminalität? Frauen haben versucht, zum Mord an ihren Männern anzustiften.[506] Erstaunlicherweise kam 1382 in Regensburg eine Frau mit dem Leben davon und wurde nur mit ewiger Stadtverweisung bestraft, „die gemacht hat, das ir man erstochen ist worden".[507] Meister Franz Schmidt bestätigt, daß Frauen nicht etwa nur im Affekt zu Täterinnen wurden, weil sie nämlich bereits am Körper als Schwerkriminelle gekennzeichnet waren, bevor sie als Wiederholungstäterinnen den letzten Gang zur Hinrichtungsstätte antraten: Sie waren zuvor mit Ruten ausgehauen, durch beide Backen gebrannt worden, und beide Ohren waren ihnen bereits abgeschnitten.[508]

Diebstahl war das häufigste Delikt, dessentwegen zwischen 1410 und 1459 Frauen in Regensburg bestraft wurden und Urfehde schwören mußten.[509] Überhaupt wurden Frauen häufig als Diebinnen verurteilt.[510]

6. Die „neue Sittlichkeit" seit dem 16. Jahrhundert und ihre Straffolgen

Neue Sittlichkeit und neue Staatlichkeit

„Neue Sittlichkeit" als von der Obrigkeit initiierter Normierungsvorgang – das entspannte Verhältnis des Mittelalters zur Sünde – die rasante Zunahme der Sittlichkeitsdelikte seit der frühen Neuzeit – die langfristig mentalitätsprägenden Folgen

Mit dem Ausdruck „neue Sittlichkeit" sei benannt, daß seit dem 16. Jahrhundert Landesordnungen, Polizeiordnungen und Kirchenordnungen neben Hunderten von Einzelmandaten[511] das Verhalten der Untertanen im Sinne eines Gott wohlgefälligen Lebenswandels normieren wollten und es dabei an Strafandrohungen nicht fehlen ließen. Das Stichwort „neue Sittlichkeit" bezeichnet also keinen allgemeinen Mentalitätswandel, sondern einen von oben, von der Obrigkeit initiierten Normierungsvorgang, der nicht allein Folge der Reformation war, sondern auch die gleichzeitige Umformung fürstlicher Herrschaft zum Fürstenstaat voraussetzte. Die auf diesen beiden neuen Entwicklungen beruhende Gesetzgebung griff in das Leben des gemeinen Mannes ein, jenes gemeinen Mannes, der im Verlauf des 16. Jahrhunderts zum „Untertan" seiner Obrigkeit werden sollte.[512] Sittlichkeit war selbstverständlich bereits im Mittelalter ein Wert, der von Welt und Kirche verteidigt wurde, aber zu dieser Verteidigung benötigten die Menschen weder staatliche Gesetze noch regelnde Normen. Und ein weiterer gravierender, den Begriff „neue Sittlichkeit" rechtfertigender Unterschied: Zur Sexualität, die in der frühen Neuzeit in den Mittelpunkt der obrigkeitlichen Gesetzgebung rückte, hatte das Mittelalter zwar auch kein entspanntes Verhältnis, aber es hatte ein entspanntes Verhältnis zur Sünde. Deswegen konnte im Spätmittelalter jene Kultur der „Frauenhäuser", der Bordelle, entstehen, die dann im Verlauf des 16. Jahrhunderts allenthalben verboten wurden.[513] Diese Frauenhäuser haben den Schock der Syphilis überstanden, nicht aber den der Gesetzgebung des 16. Jahrhunderts.

Im Gefolge der „neuen Sittlichkeit" als einer Konsequenz der neuen Staatlichkeit werden mit einer auffallenden Häufigkeit deviante Verhaltensweisen offenbar, die es gewiß schon im Mittelalter gegeben hatte, an deren konsequenter Verfolgung aber – Stichwort: entspanntes Verhältnis zur Sünde – niemand Interesse gehabt hatte: die „Bestialität" zum Beispiel, das Problem pubertierender Hirtenjungen. Neue Staatlichkeit, neue Sittlichkeit. Die Sittengesetzgebung hatte in der mittelalterlichen Kanonistik breiten Raum eingenommen. Die Durchsetzung der hier niedergelegten Gebote jedoch oblag weitgehend der Offizialats- und Sendgerichtsbarkeit und litt damit unter deren Schwächen.[514] Die frühneuzeitliche Sittengesetzgebung der Landes-, Polizei- und Kirchenordnungen hingegen, die ihren Strafanspruch immer weiter ausdehnte,[515] war schon deswegen wirksam, weil sie auf eine neue verfassungsgeschichtliche Gestalt zielte, den steuerzahlenden Untertan[516].

Bei aller Unsicherheit von Zahlenangaben ist doch unübersehbar, daß im 16. Jahrhundert Sittlichkeitsdelikte an die Spitze aller von der Obrigkeit verfolgten Vergehen treten, selbst den Diebstahl verdrängend und fast ein Drittel aller Bestrafungen bilden.[517] Allgemein gilt in deutschen Landen,[518] was für Nördlingen festgestellt wurde: „Erst seit der Reformation rücken Unzuchtdelikte in den Vordergrund. Es erscheinen neue, bis dahin unbekannte Straftatbestände."[519] Die nunmehr einsetzende „rasante Zunahme der Unzuchtsdelikte" ließ diese neben Diebstahl und Raub „für lange Zeit als drittes großes Segment der Delinquenz" erscheinen.[520] Das hatte, obwohl wir betont haben, daß die „neue Sittlichkeit" ihre Ursprünge nicht in einem allgemeinen Mentalitätswandel hatte, langfristig mentalitätsprägende Folgen; denn die Strafmaßnahmen der „neuen Sittlichkeit" wirkten in einer Welt, in der – als Stichwort genüge das Abbitten – der Konsens des gemeinen Mannes, des „Umstands", beim Gericht immer unerheblicher geworden war.

In Bayern standen Sittlichkeitsdelikte seit der frühen Neuzeit an der Spitze aller vom Hofrat abgeurteilten Verbrechen.[521] Das schlägt sich in dem berühmt-berüchtigten bayerischen Sittlichkeitsmandat von 1635 nieder.[522] Dabei galt für alle Sittlichkeitsdelikte, insbesondere was den ebenfalls kriminalisierten vorehelichen Beischlaf betraf,[523] dasselbe wie für den Diebstahl: Die Bevölkerung hielt die ihr bekannt gewordenen Fälle nach Möglichkeit vor der Obrigkeit geheim.[524] Vor allem auf dem Lande begegneten die Menschen der „neuen Sittlichkeit" mit großer Reserve.[525]

Gerade weil wir überzeugt sind, daß im 16. Jahrhundert mit langfristig mentalitätsbildenden Folgen eine „neue Sittlichkeit" entwickelt wurde, werden wir ihre Vorformen – erinnert sei daran, daß das Mittelalter kein entspanntes Verhältnis zur Sexualität hatte – nicht verschweigen. Die Gefahr des Fundamentalismus drohte in der Welt des 16. Jahrhunderts. Dietmar Willoweit hat es auf den Punkt gebracht, als er das Strafrecht der Kirchenordnungen des 16. Jahrhunderts in ihrem Unterschied zur hergebrachten Kanonistik charakterisierte: „Die Bibel scheint sich in ein Gesetzbuch zu verwandeln."[526]

„Unzucht". Die neue strafrechtliche Relevanz von Sexualität

> „Unzucht" und „Übelhausen" – Stadtverweis als typisch spätmittelalterliche Strafe bei Ehebruch – die frühneuzeitliche Strafverschärfung bei Sittlichkeitsdelikten – vorehelicher Beischlaf, ein häufiges Delikt – Beischlaf zwischen Juden und Christen – Bigamie, alles andere als ein Randproblem – Stellungsfragen und andere unübliche sexuelle Praktiken – das Ende der spätmittelalterlichen Bordellkultur – die Kriminalisierung der Prostitution und ihr neues kriminelles Umfeld – Homosexualität: die „stumme Sünde" im Visier der Sittenrichter – Zunahme der Todesstrafen für Inzest – „in den Tantze schendlich nicht vordreihen": das weite Themenspektrum der Sittengesetzgebung

Das neue, das strafrechtlich relevant werdende Verständnis von Sexualität als der eigentlichen Erprobung von Sittlichkeit läßt sich an der Wortgeschichte erweisen. „Unzucht" hat im Mittelalter eine weite, keineswegs nur auf sexuelle Devianz eingeschränkte Bedeutung. Typisch ist ein Göttinger Ratsstatut, das 1464 unter Unzucht Ehebruch ebenso versteht wie das Verhalten von schrägen Vögeln wie Riffianen (Zuhältern und Falschspielern) und Buben, „rufferie, ebrekerye edder boverye".[527] Die „Unzüchter" in Basel sind ein Ratsausschuß, der die leichteren Vergehen wie Messerzücken und Raufereien bestraft.[528] Eine Sammelbezeichnung, die dem im 16. Jahrhundert aufkommenden Verständnis von „Unzucht" für geschlechtliche Vergehen entspräche,[529] kennt die frühere Zeit noch nicht. Ohne die obrigkeitlichen Ordnungen hätte sich dieses neue Verständnis von Unzucht nicht entwickeln können.

Die am tiefsten wirkenden und die folgenreichsten mentalitätsgeschichtlichen Veränderungen zwischen Mittelalter und früher Neuzeit lagen im Wandel des Verständnisses von Sexualität. Dieser Ansatz wird zwar im Zusammenhang mit den neuzeitlichen Hexenprozessen erneut sichtbar werden, wird aber zunächst auf den Protest der Kirchenhistoriker stoßen, die sich hoffentlich nicht damit abfinden, daß die von ihnen sogenannten „Profanhistoriker" sich sowieso ihre eigenen Gedanken über die Periodisierungen in der Geschichte machen; die Reformation war Teil einer sich verändernden Welt, nicht ihre Ursache. So folgenreich das neue, bis zur Kriminalisierbarkeit reichende Verständnis der Sexualität auch war, liegen die Ursachen dieses Wandels doch nicht außerhalb der Liebe. (Ich wähle nicht der sprachlichen Variation halber dieses Wort, sondern weil ich „Sexualität" für einen zwar unverzichtbaren, aber auch inhumanen Begriff halte, dessen Karriere eben eine Spätfolge der „neuen Sittlichkeit" ist.) Die Gesetzgebung der frühen Neuzeit hätte bei allem erkennbaren Widerstand in der Bevölkerung nie so wirksam die Liebe disziplinieren können, wenn sie diese nicht in eine „neue Sittlichkeit" integriert hätte, die weit über vorehelichen Beischlaf und Ehebruch hinausging. Als quellengesicherte Stichworte dafür seien „Übelhausen" und „Müßiggang" gewählt.

Das „Übelhausen" konnte schon im Spätmittelalter geahndet werden.[530] Aber dabei handelt es sich um Fälle der „Justiznutzung". Die kleinen Leute waren noch nicht das Ziel dieser Rechtsprechung wie dann seit dem 16. Jahrhundert; denn nun wurde das „Übelhausen" dem neuen Verständnis von „Müßiggang" gleichgesetzt, dem (angeblichen) Entzug von der Arbeitspflicht. Die „neue Sittlichkeit" wird verkannt, wenn sie nur dem Thema Sitte zugeordnet wird; sie ist zugleich ein obrigkeitliches Disziplinierungsmittel in – modern gesprochen – sozialpolitischer Absicht, konkret: um des Armutsproblems Herr zu werden.

Unzucht, Übelhausen. Die Stichworte der neuen Sittlichkeit des 16. Jahrhunderts mußten die Strafbarkeit des Ehebruchs verschärfen. Der Ehebruch, die mittelhochdeutsche „ovirhôr", „uberhuor",[531] wurde im Mittelalter zwar als Delikt erachtet,[532] aber allenfalls dann verfolgt, wenn einer der Partner klagte. Daß, wie der Sachsenspiegel forderte, der Ehebrecher enthauptet werden sollte,[533] ist in der Realität nicht bezeugt. Allenfalls zum Tragen des Schandsteins verurteilte ihn das Sendgericht.[534] Der Rechtssatz des Sachsenspiegels diente zur Begründung, daß der in flagranti erwischte Ehebrecher straflos vom Ehemann getötet werden durfte, wenn – so einschränkend das Recht in Brünn – sofort nach der Tat die Schöffen gerufen wurden.[535] Bei aller schon im ausgehenden Mittelalter sich abzeichnenden Unsicherheit in der Ahndung des Ehebruchs ist doch ein Grundzug zu erkennen. Die Stadträte bemühen sich um einen Strafrahmen;[536] und darin, nicht etwa in der eher zufälligen Ahndung einzelner Delikte, liegt die wichtigste Vorbereitung der „neuen Sittlichkeit"; denn eigentlich gehörte der Ehebruch vor das geistliche Gericht[537].

Schon im Spätmittelalter konnte das „Sittengericht" vom kirchlichen Send in den Verantwortungsbereich spätmittelalterlicher Stadträte geraten.[538] Das Bamberger Echtbuch verzeichnet schon für das 15. Jahrhundert zahlreiche Bestrafungen bei Ehebruch. Die

Bamberger kennen aber offenbar nicht die im 16. Jahrhundert oft verhängten schweren Strafen bei dem sogenannten doppelten Ehebruch, wenn beide Partner verheiratet sind. In einem Fall des Jahres 1418 wurde der Mann für zehn Jahre der Stadt verwiesen, die Frau jedoch nur für fünf Jahre. Sie hatte aber im Gegensatz zu ihrem Liebhaber in aller Öffentlichkeit den Schandstein zu tragen.[539] Viel milder war zuvor die ledige Adelheid Kopplein bestraft worden, die mit Christian Wagner geschlafen hatte. Sie erhielt nur ein Jahr Stadtverweisung, mußte aber schwören, „fürbaz mit Cristian Wagner nicht mer zuschicken noch pullerey mit im zutreiben, dieweil sie lebt". Den entsprechenden Eid hatte auch Christian Wagner zu leisten.[540] Zwei Jahre Stadtverweisung wurden wenig später einer Frau auferlegt, die mit einem verheirateten Mann geschlafen hatte. Strafverschärfend wirkte sich dabei aus, daß sie die Ehefrau und die Kinder des verheirateten Mannes um ihr Erbe hatte bringen wollen.[541]

Ein Mann und seine Lebensgefährtin werden mit dem Schwert gerichtet. Er, weil er mit vielen Ehefrauen, sie, weil sie mit 18 Ehemännern Ehebruch begangen hatte.[542] Ein anderer Mann hatte seinen Vater bestohlen und, obwohl verheiratet, zwei Mägden, die als „huren" bezeichnet werden, die Ehe versprochen. Diebstahl oder Ehebruch als Hinrichtungsgrund? Auf Ersuchen des Vaters, der „begehrt, Ihme sein Rechte zuthun", wird er ins Gefängnis gelegt und – obwohl der Vater sein Geld zurückbekommen hatte – mit dem Schwert gerichtet.[543]

Viel konsequenter als in Bamberg wurde der Ehebruch im spätmittelalterlichen Regensburg verfolgt. Im Zeitraum zwischen 1410 und 1459 reagieren über 150 Urfehdebriefe auf Bestrafungen wegen dieses Deliktes. 70% der Bestraften waren Männer.[544] Die Stadtverweisung drohte hier ebenso wie in anderen Städten, etwa in Zürich.[545]

Die spätmittelalterlichen Gerichte urteilten beim Ehebruch ebenso wie bei allen anderen Sittlichkeitsdelikten von Fall zu Fall ziemlich unterschiedlich; einen Strafrahmen kannten sie nicht. Es scheint so zu sein, daß sie auch gar nicht gewillt waren, strengere Normen anzulegen, ja noch nicht einmal gewillt waren, Abweichungen von der normalen Sittlichkeit konsequent zu verfolgen. Das alles sollte sich im 16. Jahrhundert unter dem Eindruck der „neuen Sittlichkeit" ändern.[546]

Bereits im Frankreich des 15. Jahrhunderts verschwimmen die Unterschiede zwischen Ehebruch und Hurerei.[547] In der Neuzeit werden auch in Deutschland beide Delikte gleichgesetzt.[548] Schon die Bambergensis hatte für die Ehebrecher den Tod durch das Schwert vorgesehen, die Carolina hingegen sprach von einer Bestrafung gemäß „unsern kaiserlichen Rechten" – eine dehnbare Bestimmung, die im Grunde bedeutete: Der Tod wurde dem Ehebrecher prinzipiell angedroht, aber einer milderen Bestrafung war Raum gelassen.[549] In diesem Sinne hat dann zum Beispiel die Sachsen-Lauenburgische Landesordnung von 1591 von der Todesstrafe absehen und nur die Landesverweisung verhängen wollen, wenn der betrogene Ehepartner den Ehebrecher abbitte.[550] Erst mit Beginn des 17. Jahrhunderts finden, und vor allem Frauen waren hiervon betroffen, Hinrichtungen wegen Ehebruchs statt.[551]

Typisch für das Bemühen so vieler Stadträte, eine eigenständige Strafverfolgung für Sittlichkeitsdelikte zu schaffen (schließlich drohte Gott der jeweiligen Stadt mit der Kollektivstrafe), ist das revidierte Lübecker Stadtrecht von 1586. Es sah für den Ehebruch im ersten

Fall Turmhaft bei Wasser und Brot, im Wiederholungsfall die Prangerstrafe und bei weiterem Übertreten der Gebote die lebenslange Stadtverweisung vor. Dieselben Strafen sollten auch die Witwe treffen, die nicht keusch lebte.[552]

Die härter werdenden Bestrafungen des Ehebruchs entsprechen den allgemein härteren Bestrafungen von Sittlichkeitsdelikten in der frühen Neuzeit.[553] Die Carolina Art. 116 bestimmte die Todesstrafe bei Unzucht mit Tieren, Homosexualität und lesbischer Liebe. Letzterer Punkt war wohl nur dem Bemühen um Vollständigkeit geschuldet, denn entsprechende Urteile sind weder aus dem Mittelalter noch aus der frühen Neuzeit bekannt.

Wie schwer sich die Obrigkeiten mit der Durchsetzung der Sittenzucht taten, zeigt ein Kirchenbucheintrag aus Quedlinburg im Jahre 1600. In Gegenwart von Bürgermeister, Stadtschreiber, Syndikus und Ratsherren wurde im Rathaus ein Ehepaar getraut, „welche beyde nach der Copulation offentlich von des Scharffrichters jungen ausgepaucket und verwiesen worden, weil er sie und noch eine andere geschwengert".[554]

Der voreheliche Beischlaf war im Mittelalter allenfalls dann bestraft worden, wenn etwa durch das Verhalten einer Magd die Hausehre des Herrn betroffen schien.[555] Schließlich war die kirchliche Trauung keine Vorschrift, weswegen es die späteren öffentlich wirksamen Kirchenstrafen noch nicht geben konnte. In der frühen Neuzeit sah die weltliche Obrigkeit dann von einer Bestrafung ab, wenn die Heirat erfolgte.[556] Aber das Delikt war derart häufig, daß die Beteiligten im wesentlichen nur die öffentliche Kirchenbuße zu fürchten hatten.

Urteile in Ehesachen im Zeitalter der neuen Sittlichkeit betreffen nicht nur Fragen des Ehebruchs, sondern auch das weite Spektrum des ehelichen Zusammenlebens. Zutreffend formulierte Helga Schnabel-Schüle aufgrund der entsprechenden Gerichtsakten: „Die Institution Ehe stellte ... ein hohes Konfliktpotential dar."[557] Hier mischte sich die weltliche Gerichtsbarkeit in Bereiche ein, die das mittelalterliche Kirchenrecht wohlweislich ausgespart hatte.

Kriminalisiert waren schon im Mittelalter die zu den vier hohen Fällen zählende Notzucht und außerdem die Bigamie, für die es keinen festgelegten Strafrahmen gab. Als zu verfolgende sexuelle Devianz wurden definiert, aber eher nachlässig verfolgt: Homosexualität (zumeist als Sodomie bezeichnet), Unzucht mit Tieren und – nachgeordnet – der Beischlaf zwischen christlichen und jüdischen Partnern. Nachgeordnet: Während in den ersten beiden Fällen die Todesstrafe drohte, folgte etwa für die Christin, die mit einem Juden geschlafen hatte, das Prangerstehen, für den Juden die ewige Stadtverweisung.[558]

Mit der Feststellung, daß das Mittelalter ein entspanntes Verhältnis zur Sünde hatte, lassen wir es bewenden. Fern liegt uns die Auffassung, ein tolerantes Mittelalter gegen frühneuzeitliche Verkrampfungen auszuspielen. Jede Zeit hat ihre Obsessionen. Ein Hinweis: Die Carolina übernahm nicht die Rechtsauffassung des Schwabenspiegels, wonach der Geschlechtsverkehr zwischen jüdischen und christlichen Partnern die Todesstrafe nach sich ziehe.[559] Angesichts der Intention dieser Kodifikation, eine Vereinheitlichung der regionalen Strafverfahren zu erreichen, liegt die Vermutung nahe, daß die Stadträte in diesem Fall dem Schwabenspiegel gar nicht gefolgt sind. Tatsächlich zeigt sich im späten Mittelalter, wie hart die Obrigkeit reagieren konnte, wenn ein Jude mit einer Christin schlief,[560] aber die Todesstrafe verhängte sie nicht. Und auch zu Verstiegenheiten gelehrter Juristen, welche die Kastration des Juden vorsahen,[561] verstand sie sich nur selten[562]. Daß sich in der frühen Neuzeit das Problem kaum mehr stellte, hatte nichts mit wachsender Toleranz, sondern damit zu tun, daß die Juden, aus dem angestammten urbanen Lebensraum verdrängt, als Landjuden ihre Existenz fristen mußten. Weltfremd wäre die Annahme, daß es dabei nicht auch zu sexuellen Kontakten mit Christen (welch schreckliche Formulierung) gekommen wäre; nur wurden diese auf dem Land eher vor der Obrigkeit verborgen als in der Stadt.

Von allen Vergehen gegen die Sittengesetze ist das der Bigamie das einzige, bei dem sich zumindest in der Theorie, aber nur bedingt in der Praxis eine spätmittelalterlich-frühneuzeitliche Kontinuität feststellen läßt. Die Todesstrafe drohte dem Mann, der – was gar nicht so selten vorkam –[563] im Mittelalter zwei oder gar drei Ehefrauen gleichzeitig hatte,[564] ein Delikt vor allem der mobilen Unterschicht, wandernder Knechte, der Schiffsleute etwa,[565] die an verschiedenen Orten die Ehe geschlossen hatten. Wenn ein solcher Missetäter oft bei ewiger Stadtverweisung mit dem Leben davonkam,[566] lag das angesichts der lockeren Formen des Eheschlusses an den Schwierigkeiten, die Bigamie nachzuweisen. Und umgekehrt: Die Anklage gegen einen solchen Missetäter beruhte zumeist auf dem Zeugnis einer der hintergangenen Ehefrauen. Das wiederum läßt den Umkehrschluß zu. Hatte sich der Mann zuvor beiden Frauen als ein zumindest zeitweiliger guter Lebensgefährte erwiesen, konnte er durchaus mit Verschwiegenheit oder damit rechnen, durch eine seiner Ehefrauen vom Galgen abgebeten zu werden.[567]

Die Bigamie war auch in der frühen Neuzeit kein Randproblem.[568] Die Enthauptung wurde jetzt zur Regelstrafe.[569] Dem Bigamisten wurde zum Verhängnis, daß nunmehr die Theologen sowohl der Alten als auch der Neuen Lehre die Ehe als eine kirchliche Institution verstanden und entschlossen den Kampf gegen die „Winkelehe" aufnahmen, die der spätmittelalterlichen Tradition des weltlichen und freien Eheversprechens verpflichtet war. (Ein jeder Reformator, der auf sich hielt, hat ein Ehe- oder Traubüchlein geschrieben.)

In Nürnberg aber bewahrte der Rat noch bis in die Zeit um 1600 die letztlich der spätmittelalterlichen Tradition verpflichtete Praxis, den Bigamisten mit Ruten auszuhauen und der Stadt zu verweisen.[570] Das betraf gleichermaßen denjenigen, „welcher 2 Weiber genommen", wie denjenigen, „so 3 Weiber genommen".[571] Selbst derjenige, der „5 Weiber genommen", kam mit dem Leben davon.[572] Diese angesichts der sonstigen rigiden Strafpraxis geradezu als milde erscheinende Sanktion wurde nicht nur in Fällen von „Winkelehen" verhängt, die der Rat seinen Bürgern längst verboten hatte, sie betraf auch diejenigen, die dreist genug waren, ganz offiziell eine zweite Ehe zu schließen,[573] wie jener Schreiber, der zu Hof seine Heirat von der Kanzel hatte verkünden lassen und gleichwohl in Nürnberg mit einer anderen Frau Hochzeit hielt[574]. Ganz selten war die Frau über eine Doppelehe informiert; in diesem Fall wurde auch sie mit Rutenstreichen der Stadt verwiesen.[575] So hielt es der Nürnberger Rat im Jahre 1592, als ein konvertierter Jude, der nach jüdischem Ritus verheiratet war, nach seiner Konversion zur katholischen Kirche glaubte, eine Christin heiraten zu dürfen.[576]

Im 18. Jahrhundert wurden keine Todesstrafen wegen Bigamie mehr vollzogen. Überhaupt wurde dieses Delikt allein als ein weltliches Vergehen verfolgt[577] und war damit Teil der in diesem Jahrhundert erkennbaren, von Pfarrern beklagten[578] Erosion der Kirchenstrafen. Angemerkt sei zum Thema Bigamie: Den modernen Typ des Heiratsschwindlers habe ich nur einmal gefunden: in Zürich 1657, als ein solcher Betrüger, der sich als Pfarrer ausgegeben hatte, enthauptet wurde.[579]

Die Aufzeichnungen des Meisters Franz Schmidt lassen in ihrer lakonischen Kürze für die Zeit um 1600 eine Welt erkennen, in der die traditionelle Verpflichtung zum Schutz der Frau mit Gedanken der neuen Sittlichkeit verwoben wird. Die Strafe des Aushauens mit Ruten durch den Henker trifft gleichermaßen Männer, die gegen den Willen von Frauen ihren Trieben nachgaben, wie solche, die in den Augen der Nürnberger Ratsherren merkwürdige Sexualpraktiken bevorzugten. Wenn jemand mit Ruten ausgehauen wird, der „ein alte Frau … zur Unzucht nöthigen" wollte,[580] so wird ebenso ein Antasten der weiblichen Würde angenommen wie in dem Fall, in dem ein Jude Frauen so lange begrabscht hatte, „bis ihme aus Frechheit sein Natur entgangen"[581]. Mit Ruten ausgehauen wird auch jener Mann, der „einer armen Magd, so kein Bain gehabt, ein Kindt gemacht". In diesem Fall aber stellt ein Nachsatz des Nürnberger Scharfrichters klar, daß es sich nicht um eine Vergewaltigung handelte: „er vor ein weib."[582] Das Verlassen der Missionarsstellung galt als strafbar. Nicht weil er es mit drei Huren getrieben hatte, sondern weil „er vor ein weib" eine andere als die genehmigte Stellung bevorzugte, spürte ein Nürnberger die Rute des Henkers.[583] Ebenso erging es jenem Schneidergesellen, der mit seiner Braut schlief und – es gab damals noch kein Fernsehen – „andere Jungfrauen zusehen lassen" hat.[584] Daß Meister Franz Frauen mit Ruten aushauen mußte, die „Unzucht" mit mehreren Männern oder mit zwei Brüdern getrieben hatten, „welches sie Schory Mory geheisen",[585] daß er ebenso eine Mutter, die ihre Tochter verkuppelt hatte,[586] den Staupbesen spüren ließ, hätte auch im Spätmittelalter geschehen können. Aber die Kriminalisierung unüblicher Sexualpraktiken zog in erster Linie Strafen für den Mann nach sich.

Signifikantester Ausdruck der „neuen Sittlichkeit" war die Vernichtung der blühenden spätmittelalterlichen Bordellkultur, war die Kriminalisierung der „schönen Frauen", der Dirnen.[587] Die Folgen aber waren keineswegs geeignet, den Vorstellungen der „neuen Sittlichkeit" zu entsprechen.[588]

Das Verbot der Frauenhäuser bereitete den Weg zur Verbindung von Prostitution und Kriminalität. Dank der Aufzeichnungen des Meisters Franz Schmidt ist dieser Weg für die Reichsstadt Nürnberg genauer nachzuzeichnen. Nach der von Geistlichen geforderten Auflösung des obrigkeitlich kontrollierten Frauenhauses[589] entstand ein unkontrollierter Straßenstrich, den jeder Nürnberger kannte, die „Neuwalders Huren". Und nach der Aufhebung des Frauenhauses zeichnet sich alsbald der Zusammenhang von Prostitution und Kriminalität ab. Zwei 1601 gerichtete Räuber hatten ein Zusatzgeschäft damit gemacht, daß sie die Freier erpreßten.[590] Bei einer Dirne, die hier 20 Jahre gearbeitet hatte, war notorisch geworden, daß sie den Freiern Geld aus der Hose stahl,[591] viele ihrer Kolleginnen sind von Meister Franz mit Ruten ausgehauen worden[592]. Es gibt bereits den spezifisch neuzeitlichen Bordellwirt[593] und den männlichen Nutznießer der obrigkeitlichen Diskriminierung, denjenigen, der die Freier der Neuwalders Huren ausraubte[594].

Vor allem erweisen die Aufzeichnungen des Meisters Franz, was die sittenstrenge Aufhebung des Frauenhauses bewirkte: Die Prostitution verbreitete sich unkontrolliert in und vor der Stadt. Die Neuwalders Huren waren nur die bekanntesten derer, die sich in den

Heckenwirtschaften in den Gärten vor der Stadt herumtrieben.[595] Puffmütter gab es, deren Damen ihnen den halben Lohn abliefern mußten,[596] und nach wie vor strichen Dirnen durch die Gassen der Reichsstadt, allenthalben unter der rätselhaften Bezeichnung „welscher Doctor" bekannt[597]. Falls sie angezeigt wurden, mußte sie Meister Franz mit Ruten ausstreichen.[598] Wo der Rat nicht mehr kontrolliert, kann er auch nicht schützen. So erscheinen in den Aufzeichnungen von Meister Franz Huren als Opfer von Verbrechen.[599]

Daß trotz aller Strafen und Drohungen die „Unzucht" in der Reichsstadt gang und gäbe war, lehrt folgender Fall. 1599 wird ein Badergeselle angeklagt, er habe das Schröpfeisen so präpariert, daß 70 Menschen von den „Franzosen" angesteckt worden seien. Die Anklage ist offenbarer Unsinn, beruhend auf Ausreden der Angesteckten und medizinischer Unkenntnis. Der selbst an der Syphilis erkrankte Badergeselle wird mit Ruten ausgehauen, aber nicht mit dem Tode bestraft; denn – und das rettete ihn – zu jener Zeit waren in Nürnberg so viele Leute geschlechtskrank, daß ihm sein angebliches Verbrechen nicht konkret nachgewiesen werden konnte.[600]

Huren konnten in dem „Bettelstock", dem Gefängnis für Übertretung der Bettelordnung, inhaftiert werden – tatsächlich waren die Übergänge zwischen Bettelei und Prostitution fließend –, wie aus dem Vorgehen eines Bettelrichters zu erfahren ist, der eine solcherart Inhaftierte besucht und mit ihr geschlafen hatte. Deswegen wurde er mit Ruten ausgehauen.[601]

Franz Schmidt wird mit einem Mal auffallend gesprächig, als er von einer Hure und Kupplerin berichtet, die am Pranger stand, mit Ruten ausgestrichen und 1595 durch beide Backen gebrannt wurde. Sie hatte den Männern „zum Latz griffen, die Scham heraus zogen, und gesagt, sie sey ein Amme, könne greiffen, welcher Man ein Kind trage, der soll nur fluchs in ihr Magd schieben ... aber [weiterhin] gesagt, mus sehen, was thun meine Mötzelein oder kinderlein", hat sich vor Männern entkleidet „und gesagt ‚Fotz, Friß den Man'".[602]

Vergleichsweise einfach ist es, die Folgen der „neuen Sittlichkeit" im Bereich des Ehebruchs, der Bigamie und der sogenannten „Hurerei" zu beschreiben. Schwerer fällt dies im Bereich der „stummen Sünde", der Homosexualität.[603] Schon der mittelalterliche Ausdruck „stumme Sünde" weist auf ein Verschwiegenheitsgebot, das möglicherweise zunächst gar nicht auf strafrechtliche, sondern auf gesellschaftliche Ächtung zurückging.

Die gleichgeschlechtliche Liebe – erst die Carolina überliefert, daß auch die unter Frauen bekannt war – wurde im Mittelalter durch Verbrennen der Beteiligten bestraft.[604] Die Fälle sind zwar selten, aber insofern aufschlußreich, als bei Bekanntwerden ihrer Homosexualität selbst Adelige wie 1431 Hermann von Ladenberg und 1482 der reiche Ritter Richard von Hohenberg in Zürich verbrannt wurden.[605] Es handelte sich um spektakuläre Einzelfälle, die, aus welchen Gründen auch immer, von den spätmittelalterlichen Chronisten erwähnt wurden. Uns scheint, als wäre das Übliche, das Unspektakuläre eher im Sinne des Kölner Sendweistums von 1452 zu suchen, das die Schandstrafe des Steinetragens für den Homosexuellen vorsah.[606]

Abwegig wäre die Annahme, daß die in der frühen Neuzeit wesentlich häufigere Bestrafung der Homosexualität, die etwa in Zürich und seinem Landgebiet im 16. Jahrhundert das nach Diebstahl und Mord häufigste Delikt bilden sollte,[607] auf einer Veränderung sexueller Präferenzen beruhe. Vielmehr handelt es sich um eine neue Wahrnehmung strafbarer Handlungen, um eine Variante der „neuen Sittlichkeit". Mit der Weitherzigkeit des Mittelalters in Fragen der Sexualität war es vorbei. Wir bleiben beim Züricher Beispiel. Das Verbrennen der Homosexuellen war mittelalterliche Tradition, wurde in der Stadt an der Limmat noch 1657 vollzogen, bevor das Enthaupten an seine Stelle trat.[608] Aber im Mittelalter ist schwer eine derart planmäßige Verfolgung vorstellbar, wie sie unter dem Zürcher Landvogt Johann Conrad Heidegger stattfand, der in seiner Amtszeit von 1694 bis 1698 insgesamt 22 Menschen wegen Homosexualität oder Unzucht mit Tieren hinrichten ließ, wesentlich mehr als vorher oder nachher.[609]

Schwer ist auch vorstellbar, daß bereits im Mittelalter Fälle verfolgt worden wären, wie sie im Nürnberg des ausgehenden 16. Jahrhunderts Homosexuellen zum Schicksal wurden. Zwei Männer, die „3 Jahr lang sodomitische Unzucht mit einander getrieben", wurden von Meister Franz gerichtet. Sie waren von einem Bürger dabei ertappt wurden, als sie in einer Gasse „hinter der heken" ihrer Lust nachgingen. Ein Bauer wurde mit Ruten ausgehauen, weil er versucht hatte, in Nürnberg Partner für „sodomitische Unzucht" zu finden.[610] Wenn Meister Franz einen mehrfachen Mörder richtet, der zugleich ein „Sodomiter" war, muß er die Leiche anschließend verbrennen: Die lutherischen Ratsherren erinnerten sich der altkirchlichen Sanktion. Dem Homosexuellen drohte die Ketzerstrafe.[611]

Erst in der frühen Neuzeit erscheinen häufig Inzestfälle als ein zumeist mit der Todesstrafe geahndetes Delikt.[612] Die Braunschweiger Stadtordnung formuliert 1579 einen als Strafnorm üblichen Konsens bei Inzest: Der Mann ist zu enthaupten, die Frau zu ertränken.[613] Die Frankfurter enthaupten stets den Mann, lassen es aber bei der Frau mit Rutenstrafe und Stadtverweisung bewenden.[614] In Nürnberg hingegen richtet Meister Franz zwei der „Blutschande" schuldige Mägde mit dem Schwert,[615] ein Mann hingegen, der mit seiner verheirateten Tochter geschlafen und seine jüngere Tochter zur Ehe genommen hatte, kommt mit dem Leben davon, wird „aus gnaden ausgestrichen"[616]. In Zürich wird unter dem Einfluß der Geistlichkeit seit der zweiten Hälfte des 16. Jahrhunderts der Inzest häufig mit dem Tode bestraft. Von den 327 Hinrichtungen des 17. Jahrhunderts in dieser Stadt erfolgen 40 wegen dieses Delikts.[617]

Bereits mittelalterlich ist der Begriff Sodomie, der den Geschlechtsverkehr mit Tieren ebenso wie die gleichgeschlechtliche Liebe bezeichnen kann. Der Grundgedanke der Strafwürdigkeit ist: Der Geschlechtsverkehr hat der Zeugung von Nachkommen zu dienen.[618] Die Unzucht mit Tieren wurde, wenn sie kundbar wurde, stets mit Verbrennen bestraft.[619] Das Tier wurde mitverbrannt,[620] gleichviel, ob es sich 1451 in Zürich um den Versuch eines Mannes handelte, mit einer Kuh Geschlechtsverkehr zu haben,[621] oder ob es in Büdingen ein Mann mit seinen Hunden trieb[622].

Die seit 1495 mit der Reichsreform einsetzende Sittengesetzgebung betrifft Gotteslästerung und Zutrinken als Sünden, welche die neue Plage der Syphilis heraufbeschworen haben, aber sie beinhaltet noch nicht, wie eigentlich zu erwarten wäre, die Diskriminierung sexueller Libertinage. Diese ersten Themen der Reichspolizeiordnungen werden in die Statuten einer südwestdeutschen Kleinherrschaft aufgenommen, die 1512 gegen Gotteslästerung, Zutrinken, Spielsucht und Prassen wettern, das weitherzige Liebesleben der Zeit aber nicht diskriminieren. Der Themenkatalog wird im Verlauf der Reichsreform erweitert. Obwohl die Rechtsgeschichte längst die Carolina von 1532 als Teil der Reichsreform erkannt hat, wurden die in ihrer Wirkung so lange unterschätzten Reichspolizeiordnungen von 1530, 1547 und 1577 nicht als Fortsetzung der Reformreichstage zur Zeit Maximilians verstanden. Aber erst dieser Sachverhalt erklärt, warum die Sittlichkeitsdelikte unter dem Eindruck der von der Reichsgesetzgebung inspirierten territorialstaatlichen Ordnungen im Namen „guter Policey" ein sehr weites Spektrum gewinnen, das auch das „Übelhausen" mit all seinen Erscheinungsformen wie Völlerei, Trunk- und Spielsucht umfaßt.[623]

Zu den territorialstaatlichen Ordnungen, mit denen in der frühen Neuzeit die Sittlichkeit der Untertanen auf Gottes wohlgefällige Wege geleitet werden sollte, gehörten in protestantischen Fürstentümern und Städten auch die Kirchenordnungen.[624] Zwar wurde bei deren Umsetzung die Institution Kirche respektiert,[625] aber diese Kirche war eben über das Konsistorium zugleich der landesherrlichen Behördenorganisation unterworfen. Zudem: Einigkeit bestand zwischen geistlichen und weltlichen „Beamten" über die Ziele der Sittenaufsicht,[626] und: ob Pfarrer oder Amtmann, beide erschienen dem gemeinen Mann als Obrigkeit.

Die alte Autorität des geistlichen Gerichts wollte in protestantischen Territorien niemand mehr akzeptieren. Der Einfluß von Predigern aber ist nicht zu unterschätzen. Sie waren es, die den zögernden Nürnberger Rat zur Aufhebung des Frauenhauses zwangen und im Jahre 1600 gegen die Entscheidung des Zürcher Rats Sturm liefen, einem Beutelschneider das Leben zu schenken.[627]

Die Braunschweiger Stadtordnung von 1579 sei als eine typische Ordnung der Zeit ausgewählt, denn sie benennt die Rahmenbedingungen ebenso wie das Ausmaß dessen, was unter „neuer Sittlichkeit" zu verstehen ist. Was im Spätmittelalter allenfalls eine Regelung bei der Almosenvergabe war, wird nunmehr zur allgemeinen Pflicht: Niemand darf sich in der Stadt aufhalten, der die Glaubensartikel nicht kennt und sich in ihnen auch nicht unterrichten lassen will.[628] Die Leitkultur als Rahmenbedingung. Und sodann: Die Marktmeister und ihr Gesinde sollen darauf achten, daß – noch finden die Tänze öffentlich statt – „die Frawen und Jungfrawen in den Tantze schendlich nicht vordreihen".[629] Verboten ist, daß Menschen während der Predigt auf den Kirchhöfen „stehen oder spatzieren" (was mag das nur für ein Vergnügen gewesen sein?),[630] geschweige denn, daß Branntwein oder andere Getränke ausgeschenkt werden[631]. (Tatsächlich ist die Sonntagsheiligung erst im Zuge der neuen Sittlichkeit durchgesetzt worden.) Und schließlich drohen den „Huren" (worunter generell unkeusch lebende Frauen verstanden werden) achttägiges Gefängnis bei Wasser und Brot und die Stadtverweisung.[632]

Die Gebote der neuen Ordnungen des Gesetzgebungsstaates zielten auf so unterschiedliche Verhaltensweisen wie Prassen, Zutrinken, unsittliche Tänze; aber verfolgt wurden lediglich Sexualdelikte.[633] Bei allen unterschiedlichen Erscheinungsformen der „neuen Sittlichkeit" und ihrer Straffolgen gilt: Vorwiegend Frauen und darunter besonders arme Frauen und Mägde werden davon betroffen.[634]

Und die Folgen? Tod den Kindsmörderinnen

Kindsmord als „das" todeswürdige Frauendelikt bis ins 18. Jahrhundert – Kindsmörderinnen sind Mägde – Gnade ist noch möglich: das 16. Jahrhundert als Übergangszeit – der Geheime Rat und die Kindsmörderin

Ein Thema, das der mittelalterlichen Kanonistik schwer zu schaffen gemacht hat, war das der Abtreibung. Erstaunlicherweise wird dieses Thema nicht oder nur kaum aus der Deliktperspektive der neuen Sittlichkeit wahrgenommen. Das dürfte damit zusammenhängen, daß diese neue Sittlichkeit nicht auf kirchlichen, sondern auf weltlichen Geboten beruhte, die weniger an der Abtreibung als vielmehr am Kindsmord interessiert waren.[635]

Der Kindsmord.[636] Im Tagebuch des Meister Franz Schmidt erscheint um 1600 der Kindsmord als das häufigste Delikt, dessentwegen Frauen hingerichtet wurden.[637] Und im 18. Jahrhundert, als allgemein die Todesstrafen zurückgingen, sind zumeist die Kindsmörderinnen die letzten Delinquentinnen, die in aller Öffentlichkeit geköpft werden.[638] Und auch das bleibt typisch für die frühe Neuzeit: Es sind Mägde, die wegen Kindsmord hingerichtet werden.[639] Das Verheimlichen der Schwangerschaft ist im Grunde auch eine Frage des Verhältnisses von Herrschaft und Dienstboten. In einem Fall will die Bäuerin, als sie mit der Magd beim Heumachen ist, die Amme holen – die Magd jedoch behauptet, sie litte an Kopfschmerzen,[640] und quält sich arbeitend durch den Tag. In einem anderen Fall rettet die Bäuerin das Kind, das die Magd ersticken lassen will.[641]

War es nur die Angst vor der Schande, die eine Magd zum Verheimlichen der Schwangerschaft und in tiefster Verzweiflung zum Kindsmord führte, oder war es nicht vielmehr die Aussichtslosigkeit ihres weiteren Lebens? Wenn eine Frau ihr bereits zweijähriges Kind im Brunnen ertränkt und sich dann der Obrigkeit stellt,[642] dann wird die Verzweiflung einer Mutter sichtbar, die Not, vor der sich jede Magd fürchten mußte.

In Nürnberg wurden bis 1579 die Kindsmörderinnen ertränkt. Im Jahre 1580 aber gelingt es Meister Franz zusammen mit zwei Geistlichen, für drei Kindsmörderinnen, zu deren qualvoller Hinrichtung „die Brukhen schon auf gemacht" war, die Gnade der milderen Todesstrafe durch das Schwert zu erwirken.[643] Seitdem wurden in Nürnberg die Kindsmörderinnen geköpft – und ihr Haupt an den Galgen genagelt.

Diese Not hat ihre Geschichte. Am Beispiel Nürnbergs, wo dieses Delikt vor dem 16. Jahrhundert nicht bestraft worden war,[644] läßt sich beobachten, wie sich die Bestrafung der unglücklichen Mütter immer mehr verschärfte. 1549 konnte eine solche Mutter noch begnadigt werden: „Jugend und unverstandt" galten ebenso wie Anfechtung durch den Teufel („deß pösen feinds verfürung") als Entschuldigungsgründe.[645] Obwohl die Bambergensis und die Carolina (in den Art. 35 f.) gegen den Kindsmord vorgehen,[646] erscheint doch das 16. Jahrhundert als eine Übergangszeit, was die Durchsetzung der neuen Sittlichkeit angeht. Noch immer waren Begnadigungen der Kindsmörderin möglich.[647] Selten wurde das Delikt überhaupt verfolgt,[648] in München zum Beispiel sind im 16. Jahrhundert keine Kindsmörderinnen bestraft worden[649]. Hundert Jahre später aber dominiert so sehr der Abschreckungsgedanke, daß der Nürnberger Rat verfügt: Auf dem Land sollen die

Abb. 16: Ein Gnadenakt: Die Kindsmörderin Rosina Graez wird 1730 vor dem Verbrennen auf einem Scheiterhaufen an einem Pfahl erwürgt. Ausschnitt aus einem zeitgenössischen Flugblatt. Nürnberg, Germanisches Museum.

Köpfe der hingerichteten Kindsmörderinnen mit „eisernen Nägeln" am Galgen „zu längerer gedechtnus und größern forcht" aufgesteckt werden, damit „die Bauersmeidt" von dergleichen Untaten abgehalten werden.[650] Immerhin waren die Nürnberger Ratsherren weise genug, in Zweifelsfällen nicht die Todesstrafe, sondern die Stadtverweisung und das Aushauen mit Ruten zu verhängen, wenn eine Dienstmagd in Verdacht stand, ihr Kind getötet zu haben.[651]

Die Kindsmörderin wurde vielfach ertränkt[652] oder, wie seit 1720 in Preußen, gesäckt. Auffallend ist, daß im Verlauf des 18. Jahrhunderts, als vielfach Kindsmörderinnen die letzten waren, die hingerichtet wurden, die „ehrliche" Todesstrafe des Köpfens angewandt wurde.[653]

Wenn dem jungen Goethe als dem Verfasser der Gretchentragödie ein genialer Protest gegen ein inhumanes Strafsystem unterstellt wird, ist das aus den wissenschaftlicher Produktion immanenten Gesetzen heraus verständlich (weswegen wir auf in diesem Fall denunzierende Literaturhinweise verzichten). Geniekult verbindet sich mit Unkenntnis. In einfachen Bevölkerungsschichten war – wir erinnern nur an den Posthalter von Possenheim – das Mißtrauen gegen die Justiz der Leibes- und Todesstrafen immer wach geblieben. Und die verblüffende Kenntnis „volkstümlicher" Fäkal- und Sexualsprache, die der junge Goethe in ihren Techniken weiterzuentwickeln versucht, wird er wohl kaum in Patrizierkreisen erworben haben. Es hängt dann mit den neuen Erfahrungshorizonten zusammen, daß der Geheime Rat ein Todesurteil gegen eine Kindsmörderin abzeichnen wird.

7. Die Hexenprozesse

Die angeblich mittelalterlichen Wurzeln des Hexenwahns

Hexenverfolgung im 15. Jahrhundert: noch keine Massenerscheinung – „Hexenhammer" versus „Himmelstraß" und die oft überschätzte Wirkkraft des ersteren – das noch spätmittelalterliche Verständnis von Hexerei als Schadenzauber – Hexen und Hexer: die eindeutige Opferzahlenstatistik und die wenig eindeutigen Folgerungen daraus

Die Forschungsgeschichte der Hexenprozesse erweist, wie tief das Vorurteil von der Grausamkeit des Mittelalters selbst in der Wissenschaft verwurzelt war.[654] Ungeachtet aller Quellenaussagen stand lange fest: Der Hexenwahn gehört zum Mittelalter; die frühneuzeitlichen Massenprozesse sind nur die Folgeerscheinung. Kritische Stimmen gegen diese Auffassung mehren sich zwar seit etwa zwei Dezennien,[655] aber sie sind erkennbar noch nicht in das allgemeine Bewußtsein gedrungen[656].

Erstmals ist 1419 das Wort Hexe bezeugt,[657] und es ist selbst im 16. Jahrhundert nur selten belegt[658]. Die Sache ist natürlich älter. Die althochdeutsche „hagasuzza" ist die Zauberin. Und von der Sache weiß auch schon die Lex Salica. Aber lassen die mittelalterlichen Prozesse gegen den Schadenzauber[659] auf Kontinuität zur Neuzeit schließen? Es waren ja vor allem Männer, die im 15. Jahrhundert der Hexerei bezichtigt wurden.[660]

Der Hexenhammer ist immer wieder als Ausdruck mittelalterlicher Mentalitäten namhaft gemacht worden und damit als Ausdruck eines verhängnisvollen Erbes, welches das Mittelalter der frühen Neuzeit vermacht habe. Verstellt war damit die Perspektive auf die spezifisch neuzeitlichen Bedingungen, die seit der zweiten Hälfte des 16. Jahrhunderts mit jeweils unterschiedlicher regionaler Intensität zu Massenverfolgungen von Hexen führten. Und das Werk von Heinrich Institoris als Ausdruck mittelalterlicher Mentalität? Selten

Abb. 17: Ketzer, Zauberer (Hexen) und Giftmischerinnen sollen verbrannt werden. Textillustration der Dresdener Bilderhandschrift des Sachsenspiegels, 14. Jh.

sind die Zeugnisse von Hexenverfolgungen, noch seltener die von Massenprozessen. Zwar hat es schon im 15. Jahrhundert größere Hexenverfolgungen am Oberrhein[661] und in den Alpenregionen[662] gegeben. Verschwörungstheorien von der Existenz einer den Christen feindlichen Teufelsgemeinschaft begegnen, wenngleich vereinzelt, bereits hier.[663] Auch die Vorstellung vom Hexenflug gibt es schon.[664]

Alle Nachrichten aus dem 15. Jahrhundert aber lassen sich nicht mit den Hexenwellen der frühen Neuzeit zu einer Entwicklungslinie verbinden. Man sollte weder die Vereinzelung der Nachrichten übersehen, die auf Sonderfälle hinweisen, noch den „Innsbrucker Fall": Heinrich Institoris, der zwischen 1482 und 1485 in Ravensburg so erfolgreiche Hexenprozesse durchgeführt hatte,[665] wurde – ungeachtet der von ihm erwirkten Hexenbulle Papst Innozenz VIII. vom Jahre 1484 – durch den weltklugen Bischof Georg Golser der Brixener Diözese verwiesen[666].

Und auch der Hexenhammer war nicht aus heiterem Himmel gefallen. Er hatte Vorläufer, die aber längst nicht so erfolgreich, längst nicht so verbreitet waren wie das Werk des Heinrich Institoris.[667] Bereits um 1450 ist in einem Hexenprozeß in Luzern die später so verhängnisvolle Vorstellung vom Hexensabbat unter Vorsitz des Teufels wirksam.[668]

Daß der Hexenhammer durchaus nicht Ausdruck vorhandener Mentalitäten ist, bezeugt eine Schrift des Wiener Propstes Stephan von Lanzkranna, die 1484 gleichzeitig mit dem Werk des Heinrich Institoris erschien.[669] Schon mit den Stichworten des Titels „Himmelstraß im Latein genannt Scala celi" mahnt der Wiener Propst, den Sinn von „religio", die Bindung des Menschen an Gott zu bedenken. Er wettert gegen Vorstellungen, nach denen „Frau Bercht" oder „Frau Hold", „Druten", „Unholde" oder gar „die Werwolf" schicksalhaft werden können. All diese Gestalten sind als „Läpperei und Gedichtung" zu erachten.

Der Wiener Propst schildert vorhandene Vorstellungen von Unholden – aber er weiß noch nichts davon, daß diese „nachtfahrenden Gespenster", wie er sagt,[670] Gefolgsleute in der Bevölkerung hätten, wie der Hexenhammer behauptet, und vor allem: Nicht die Hexen, sondern die Wahnvorstellung von ihnen ist im Sinne christlichen Denkens zu verfolgen.

Institoris und Sprenger mochten stolz die Bulle Papst Innozenz' VIII. „summis desiderantes affectibus" vorzeigen, die Bulle, mit der 1484 ihre Hexeninquisition die päpstliche Billigung erhielt – mehr als eine Belobigung ihres Vorhabens war diese Bulle nicht; sie war vor allem nicht Ausdruck eines päpstlichen Willens zur Hexenverfolgung. Diese Bulle war Ergebnis eines Routinevorgangs an der Kurie mit ihrem massenhaften Schriftverkehr. Auf welchen Wegen im verwickelten Geschäftsgang die Ausfertigung erreicht wurde, ist noch nicht einmal ansatzweise zu ermitteln. Und selbst wenn in Rom in der Ausfertigung mehr als ein Routinevorgang gesehen worden wäre: Die Autorität des Papstes galt nicht viel in deutschen Landen um 1500. Immerhin mochte sie die beiden Dominikaner vor Angriffen aus Gelehrtenkreisen schützen.

Kontinuität wurde oft mit der Interpretation des Hexenhammers als der ideologischen Mitte des Massenwahns unterstellt.[671] Nur: Nach der – immerhin – 13. Auflage 1520 wurde es still um dieses Werk.[672] Die Carolina hat es erkennbar nicht mehr herangezogen, hat nur den traditionellen Schadenzauber zur Missetat erklärt.[673] Es dürfte mit der anfänglichen Wirkung des Hexenhammers zusammenhängen, daß um 1500, gewissermaßen als Vorboten, erste Anzeichen von Verfolgungswellen begegnen wie 1477–1486 in der Schweiz.[674] 1494 rühmt sich der Henker von Wetzlar, daß er große Erfahrungen im Trierer Land bei Hexenprozessen gewonnen habe, wo er „ungeverlich bij den 30 frauwen in demselben lande verbrent binnen zweyen iaren".[675]

Selbst in der Zeit, in der das Werk des Heinrich Institoris 13 Auflagen erlebte, wurde Hexerei allenfalls als Schadenzauber, nicht aber wie späterhin dramatisierend als „crimen exceptum" behandelt. Dies zeigt sich beispielsweise an einem Fall, als 1509 in Düren eine Frau verbrannt wurde, weil sie mit Zaubermitteln die Waidansätze eines Färbers verdorben hatte.[676] Der typische Schadenzauber. Der Rat von Bern begnadigte 1519 eine Frau, die „uß narrheit" behauptete, Umgang mit dem Teufel zu haben, und fromme Bürger bezichtigt hatte, „sy syent strudel und hexen".[677] Noch 1538 wußten die Ulmer mit dem Delikt nichts anzufangen und fragten in Nürnberg nach, wie mit einer in Ulm gefangengesetzten Frau zu verfahren sei. Nürnberg antwortete: Hier halte man Hexenglauben für eine Wahnvorstellung und verweise die Verdächtigen lediglich der Stadt.[678]

Wie in England[679] beginnt auch in deutschen Landen erst in der zweiten Hälfte des 16. Jahrhunderts die eigentliche Zeit der Hexenprozesse,[680] teils einen Zusammenhang bildend mit den Maßnahmen einer neuen Sittlichkeit.

Neben der Vorstellung einer aus dem grausamen Mittelalter ableitbaren Kontinuität des Hexenwahns hat sich auch der moderne Forschungsansatz der Gender Studies als wenig erhellend erwiesen.[681] Unbestritten ist, daß Frauen die häufigsten Opfer der Prozesse waren; die Frage ist nur, ob das, wie allerdings der prononciert frauenfeindliche Hexenhammer nahelegt, direkt mit einer latenten Entwürdigung der Frau zusammenhängt[682] oder nicht indirekt eine Folge der sozialen Schwäche der Frau innerhalb der Gesellschaft ist. Schließlich sind in nicht geringer Zahl auch Hexer verbrannt worden.[683] Gefährdet waren etwa die männlichen Wahrsager, Segensprecher und Kristallseher.[684] Wir trauen zwar der sorgfältig begründeten Annahme, daß in katholischen Regionen bis zu 30% der

Opfer männlich waren, in protestantischen hingegen nur 10–20%,[685] wir trauen uns aber nicht, daraus irgendwelche Schlüsse zu ziehen außer demjenigen, daß auch Männer gleichermaßen wie Frauen verbrannt werden konnten. Ansonsten mißtrauen wir allen quantifizierenden Ansätzen, weil, wie noch darzulegen ist, im Grunde jede Verfolgungswelle in ihrem zeitlichen und regionalen Kontext einzeln bewertet werden muß.[686] Dabei ist aber nicht zu übersehen: Wenn Angehörige der Oberschicht verurteilt wurden, handelte es sich um Männer.[687] Daß, wie Rita Voltmer nachwies, in diesen Fällen die Denunziationen aus dem Umland stammten,[688] kann als Rache des Landgebietes, das die meisten Opfer stellte, an der dominierenden Stadt gelten, ist den komplizierten Beziehungen des Stadt-Umland-Verhältnisses geschuldet. Der angesehene Ratsherr war mit seinen Besitzungen vor den Stadtmauern zugleich Nachbar von einfachen Bauern. Und Nachbarschaftsdelikte werden, Variante der „Justiznutzung", oft genug in den Hexenprozessen ausgetragen. Denn auch das ist nicht zu übersehen: Der neuzeitliche Hexereivorwurf negierte die Standesschranken, konnte Hoch und Niedrig, Geistliche und Laien treffen.

Zur Einordnung des Phänomens

Die allgemeine Hoch-Zeit der Hexenverfolgung und die je nach Region zeitlich verschiedenen Verfolgungswellen – die regional unterschiedliche Intensität der Verfolgung – Hexenverfolgung als überwiegend ländliches Phänomen – Hexenprozesse als Teil des frühneuzeitlichen Territorialisierungsvorgangs

Thesenartig seien die vier Feststellungen vorab getroffen, welche im Folgenden auf breiterer Basis zu erörtern sind. Erstens: Seit dem ausgehenden 16. Jahrhundert werden Hexenprozesse für einen Zeitraum von etwa drei Generationen zu einer Massenerscheinung, die europaweit ungefähr zu 60000 Hinrichtungen geführt hat.[689] Die Jahrzehnte zwischen 1580 und 1600 und die zwischen 1630 und 1650 bilden Höhepunkte der Verfolgungswellen.[690] Innerhalb dieser Zeiträume erweisen sich, unterschiedlich von Region zu Region, die Prozesse auf wenige Jahre beschränkt; sie bilden keine zeitliche Kontinuität. Wählen wir nur aus dem hexenreichen Westfalen das Beispiel des Hochstifts Paderborn aus. Serien von Hexenprozessen gab es hier zwischen 1597 und 1602, zwischen 1628 und 1631 und zwischen 1656 und 1659.[691] Dabei sind – ebenso wie zu gleicher Zeit in den Mainbistümern –[692] die Jahre zwischen 1628 und 1631 die fürchterlichsten; die Zahl der Opfer liegt bei einer Größenordnung von 650 bis 1000 Menschen[693]. Im ausgehenden 17. und im 18. Jahrhundert gehören diese Prozesse wieder zu den großen Ausnahmen und werden jetzt nur noch individuell geführt.[694]

Zweitens: Bei den Massenprozessen handelt es sich um eine gesamteuropäische Erscheinung, die aber, unabhängig von der Intensität der Verfolgungen in den einzelnen europäischen Ländern,[695] einen ihrer Schwerpunkte in deutschen Landen hat[696]. Jeder Prozeßwelle eignet, regional begrenzt, ihre spezifische, mit den jeweiligen lokalen und regionalen Bedingungen engstens verflochtene Gestalt. Eine allgemeine Erscheinung ist der Hexenwahn nur in der Summe einzelner regionaler Prozeßserien, die in zeitlich voneinander abzugrenzenden Wellen auftreten – weitaus die meisten Regionen werden davon nur am Rande oder gar nicht berührt. „Deutschland, das unbestrittene Kernland der frühneuzeitlichen Hexenverfolgung in Europa, untergliederte sich in eher verfolgungsarme und eher verfolgungsintensive Gebiete."[697] So kennen zum Beispiel die Kurpfalz oder die Reichsstädte Nürnberg[698] und Rothenburg keine oder nur vereinzelte Verfolgungen,[699] und auch in Friesland, wie überhaupt an der Nordseeküste, wird man einzelne Prozesse finden, aber Massenprozesse vergeblich suchen.

Regionale Wellen der Hexenprozesse: Westfalen als Beispiel einer besonders betroffenen Region. Während das benachbarte Niedersachsen nur im braunschweigischen Herzogtum eine Prozeßwelle von 1557 bis 1620 erlebte, gab es hier um 1590, um 1630 und um 1655 zahlreiche Massenprozesse. Aber es gibt keine spezifische, regionale Identitäten stiftenden Hexenlandschaften. In unterschiedlicher Intensität schwappen die Prozeßwellen über die einzelnen Landschaften.[700] Ein Beispiel: die erste große Welle von Verbrennungen. In Bern mit seinem großen Landgebiet wurden bis 1591 nur acht Hexen verbrannt, in den folgenden Jahren bis 1599 aber 116.[701]

Klargestellt sei: Wenn hier wie im Folgenden häufig ein „nur" oder „wenige" in Bezug auf Hexenprozesse erscheint, geht es keineswegs um eine Relativierung von Unrecht und Grausamkeit – auch nur eine verbrannte Frau ist eine zuviel –, es geht wie bei der gesamten Geschichte des Strafrechts allein darum, die Ursachen zu erkennen, die Menschen zum Schicksal wurden. Keineswegs ist der Versuch einer wissenschaftlichen Analyse ein Gegensatz zum menschlichen Mitempfinden. Ich stelle nur das erste an den Anfang und überlasse das zweite meinen Lesern.

Drittens: In erster Linie gehören Hexenprozesse als Massenerscheinung zum Lande; genauer: Wo die Prozesse in der Stadt geführt und die Opfer vor der Stadt verbrannt werden, handelt es sich zumeist um Bewohner des Umlandes.[702] Vereinfacht: Bürgerin und Bürger waren vor Hexenprozessen besser geschützt als Bäuerin und Bauer und ihr Gesinde. Denn in der Stadt waren die Bürger wenigstens einigermaßen mit den Rechtsregeln vertraut und dadurch etwas besser vor den Prozessen geschützt. In manchen Großstädten wie Nürnberg oder Frankfurt fanden sie überhaupt nicht statt. Für andere Reichsstädte sind nur einzelne Fälle überliefert, keine Massenprozesse. In Ulm wurden zwischen 1594 und 1636, als in Franken die Verbrennungsfeuer loderten, nur drei Hexen gerichtet.[703] In Schweinfurt wurden selbst in der hohen Zeit der Verfolgungen nur fünf Hexen verbrannt.[704] Auffallend ist hier, wie viele Prozesse mit einem Freispruch endeten.[705] Wenn aber in Schweinfurt 1671 eine 70jährige Greisin verbrannt wird,[706] erweist sich, daß in dieser Stadt eine grundsätzliche Ablehnung der Hexenvorstellung, wie wir sie allenfalls in Nürnberg vermuten können, keineswegs allgemeiner Konsens ist, sondern die Respektierung eines sanktionierten Beweisverfahrens. Wenn alle in Zürich verbrannten Hexen aus dem Landgebiet, aber nicht aus der Stadt selbst stammen,[707] ist selbst im Zeitalter des Hexenwahns das strafrechtliche Prinzip, die möglichste Schonung des Bürgers, erkennbar. Denn von den 225 Menschen, die zwischen 1462 und 1714 hier wegen Hexerei angeklagt wurden, endeten nur 80 – allesamt aus dem Landgebiet stammend – auf dem Scheiterhaufen.[708]

Schon um 1600 erkannten manche, wieviel an heimtückisch eigennützigen Denunziationen, Varianten der „Justiznutzung", in die Hexenprozesse einflossen.[709] Aber allenfalls die Ratsgremien größerer Städte waren in der Lage, den Anfängen dieser die Nachbarschaft in der Bürgergemeinde zutiefst störenden Prozesse zu wehren.[710] Kleinere und mittlere Städte konnten sogar wie etwa Lemgo in der Herrschaft Lippe Zentren regionaler Verfolgungswellen werden.[711] Trotz der Beispiele bedeutender Städte läßt sich, was die Prozeßintensität angeht, kein Stadt-Land-Gegensatz ausmachen. Im Hochstift Osnabrück ist die Bischofsstadt ein Zentrum der Verfolgungen; im benachbarten Paderborn aber finden diese vor allem auf dem Land statt.[712]

Viertens schließlich sind Hexenprozesse und frühmoderne Staatlichkeit nicht voneinander zu trennen. Die Prozesse erwachsen als Massenerscheinung nicht aus mittelalterlichen Voraussetzungen, nicht aus gewachsenen Mentalitäten, sondern stellen eine Variante dessen dar, was wir mit dem Weg des Scharfrichters auf das Land geschildert haben. In den Hexenprozessen spiegelt sich der ganze Umfang des territorialstaatlichen Umformungsvorgangs;[713] fiskalische Interessen[714] ebenso wie etwa Demonstrationen einer Reichsunmittelbarkeit,[715] deren Kriterium die Hochgerichtsbarkeit war. Aus dem territorialstaatlichen Intensivierungsprozeß erklärt sich am zwanglosesten, daß Hexenprozesse unabhängig von der Konfession sowohl in protestantischen als auch in katholischen Herrschaften stattfanden,[716] wenn auch katholische Herrschaften eher als protestantische betroffen waren[717].

Hexenbild und Hexenwahn:
das Wurzelgeflecht von gelehrter Systematisierung und obrigkeitlicher Missionierung, Disziplinierung, Herrschaftsintensivierung

Mittelalterliche Bestrafung des Schadenzaubers und frühneuzeitliche Hexenprozesse: zwei Paar Schuhe – die sich ausweitende Zuständigkeit weltlicher Gerichte als Konstante und Voraussetzung – das „Hineinmissionieren" von Verschwörungstheorien ins Volk – Hexenprozesse auf Initiative „von unten" – Sieg des Rechtsprinzips auch im Hexenprozeß – die Tortur und ihre sich wandelnde Funktion im Strafprozeß – die so verschiedenen Ergebnisse der Missionierung von oben – Teufelsbuhlschaft als Kern der Verschwörungstheorien – Hexenprozesse, auch eine Folge der neuen Sittlichkeit – „coniuratio" im Zwielicht – die Verführung der bedauernswerten Frau von Egloffstein – Almosen für arme Besessene – Ketzer- und Hexenprozesse: auch zwei Paar Schuhe – das Beispiel Nürnberg: Lob vom „deutschen Erzhumanisten" – Zauberglauben als Konstante – der gelehrte Rahmen: Expertengutachten – „ohne vernünftige Kenntnis des Rechts" – von der „fama" zur Denunziation – gestörte nachbarschaftliche Verhältnisse und ihre Auswirkungen – das Beispiel Würzburg: Hexenprozesse gegen Domvikare – Mordbrenner-Furcht als „missing link"?

Hexenprozesse gehören zur Ausweitung fürstlicher Herrschaft,[718] sind Teil des Territorialisierungsvorgangs des 16. Jahrhunderts, des Weges des Henkers auf das Land und vor allem der obrigkeitlichen Durchsetzung einer „neuen Sittlichkeit". In der Entwicklung des Untertanenbegriffs findet das Phänomen seine erste Erklärung, denn, wie schon 1934 ein unter der Flut wissenschaftlicher Literatur nahezu vergessener, aber überaus kenntnisreicher Autor, nämlich Fritz Byloff feststellte: In den mittelalterlichen Hexenprozessen ist „kein Fall einer Massenverfolgung der Schadenzauberei" zu finden.[719] Der Schadenzauber, der älteste Bestandteil des Hexenwahns, von dem sich selbst Eike von Repgow nicht ganz freimachen konnte,[720] der Schadenzauber, der in der Carolina mit Todesstrafe bedroht war (Art. 109), jene Obsession, die selbst in der kultivierten Oberschicht etwa bei einer Blasenstein-Erkrankung in Anschlag gebracht wurde,[721] diese einzige in das Mittelalter zurückweisende Hexereivorstellung hatte keine anstiftende Bedeutung für die aufkommenden frühneuzeitlichen Hexenprozesse.

Nur eine mittelalterliche Voraussetzung haben die Hexenprozesse: die bereits im Rahmen der Vorgeschichte der „neuen Sittlichkeit" aufgefallene, von der städtischen Gerichtsbarkeit ausgehende Erosion der kirchlichen Judikatur. Theoretisch hätten die Prozesse vor ein kirchliches Gericht gehört – und die populären Vorstellungen nehmen genau dies an –, aber es sind die weltlichen Gerichte, die im Sinne der von den spätmittelalterlichen Stadträten entwickelten Aufsicht über die Sitten diese Prozesse führen.[722] Die gelehrte Frage nach dem Verhältnis von Ketzer- und Hexenprozeß übersieht den schlichten Sachverhalt: Der von einem kirchlichen Gericht verurteilte Ketzer wird zum Strafvollzug – „ecclesia non sitit sanguinem" – der weltlichen Obrigkeit überstellt. Von einem solchen skrupulösen Instanzenzug, wie er etwa die Verbrennung des Johannes Hus kennzeichnet,[723] wissen die neuzeitlichen Hexenprozesse nichts mehr.

Der Territorialisierungsvorgang des 16. Jahrhunderts bildet die Voraussetzung, nicht jedoch die Begründung für die Hexenprozesse. Aber zu der neuen Definition des Territoriums und der Obrigkeit gehören Juristen. Und – wir wollen nicht den Territorialisierungsprozeß, wohl aber seine sozialgeschichtlichen Begleiterscheinungen für die neue Qualität der Hexenprozesse verantwortlich machen – Juristen werden es sein, die das überlieferte Hexenbild in ein System bringen, die nicht den Einzelfall des Schadenzaubers, sondern das Grundsätzliche sehen wollen. Das war, wie schon vor langer Zeit Byloff erkannte, im „Volk ursprünglich als fremd ... abgelehnt worden",[724] es wurde aber von der Obrigkeit in das Volk hineinmissioniert. Diese Erkenntnis wurde deswegen nur unvollkommen rezipiert, weil man den überzeitlichen Glauben an magische Künste als integralen Bestandteil der Hexenprozesse ansah. Dieser Glaube begründete – wie im Falle der Mutter des Johannes Kepler, stellvertretend für so viele unbekannte Opfer, wegen des berühmten Sohnes erschütternd dokumentiert – den Anfangsverdacht, aber eben einen Verdacht, der nunmehr über den individuellen Fall hinaus auf eine allgemeine Verschwörung zielte. Und diese Verschwörungstheorie mußte erst ins Volk hineinmissioniert werden; denn im Volk waren weder der Gebrauch noch die Inanspruchnahme magischer Praktiken als Sünde oder als Delikt verstanden worden.[725]

Die Missionierung kennt den Missionar etwa vom Typ eines Nicolas Remy in Lothringen, der sich rühmte, 900 Hexen auf den Scheiterhaufen gebracht zu haben,[726] oder etwa eines Heinrich Schultheiß[727]. Zur Missionierung gehört nicht nur der Missionar, sondern auch der Auftrag der Mission. Daß die Kirche stets einen Kampf gegen den „Aberglauben" geführt hatte, wozu auch die Ablehnung des „Hexenwerks" als Zweifel an Gottes Allmacht gehörte, erfährt Ende des 16. Jahrhunderts eine grundlegende Veränderung, als im Reich beide Konfessionen „ihren Kampf gegen magisch-abergläubische Vorstellungen und Praktiken von der zunächst belehrenden Diskriminierung und verwarnenden Disziplinierung auf eine verurteilende Kriminalisierung und bestrafende Sanktionierung umgestellt" hatten.[728]

Die Hexenprozesse der Neuzeit sind kein Ausdruck eines vom Volk getragenen Massenwahns, sie sind kein Ausdruck einer allgemeinen Mentalität. Dem scheint zu widersprechen, worauf in der Forschung zu Recht aufmerksam gemacht worden ist, daß Hexenverfolgungen auch „von unten" gefordert wurden.[729] Schon der erste Blick verdeutlicht aber, daß es sich um regional eingrenzbare Sonderfälle handelt, deren exemplarische Bedeutung überhaupt nicht nachgewiesen werden kann. Die einlinige mentalitätsgeschichtliche Ausrichtung ließ verkennen, daß hieraus nicht ein Rückschluß auf virulente Hexenvorstellungen zu ziehen ist, sondern die im Alltag so mühsam zu erreichende Neubestimmung des Verhältnisses von Obrigkeit und Untertanen mit den gleichzeitig aufgeworfenen Fragen der Gemeindeautonomie und – vor allem – der „Justiznutzung" eine zentrale Bedeutung hatte. Also: Am Mittelrhein sind in erstaunlich großer Zahl Gemeinden bei Hexenprozessen selbst initiativ geworden.[730] Wenn aber Gemeinden wie im Trierer Land Hexenprozesse geradezu forderten, ist nicht von „Volkstümlichkeit" auszugehen, nicht von einer Akzeptanz beim gemeinen Mann. Hinter den „Gemeinden" steht eine Oberschicht in proletaroiden Winzerdörfern mit ihren seit dem hohen Mittelalter kleinteilig parzellierten Besitzverhältnissen, eine Oberschicht, welche die hier besonders heikle Frage der Herrschaft im Dorf in ihrem Interesse entscheidet. Die gerade in Weinbaulandschaften mit ihren schwer zu meisternden wirtschaftlichen Unsicherheiten zum Überleben unverzichtbare geistige Beweglichkeit der Häcker und Winzer erweist sich hier in der negativen Variante des freien Wirtschaftens, eines die politischen Wetterlagen ausnutzenden Opportunismus.

Erinnert sei daran, daß die Anzeige von Diebstählen bei der Obrigkeit auf zutiefst gestörte Nachbarschaftsverhältnisse schließen läßt. Das gilt auch in dramatischerer Form dort, wo Gemeinden, genauer: Gemeindeobrigkeiten, das Eingreifen staatlicher Obrigkeit fordern. Aus solchen Fällen „Bruchstücke einer großen Konfession", einer allgemeinen Verbreitung des Hexenwahns in der Bevölkerung zu folgern, verkennt die spannungs- und konfliktreiche soziale Wirklichkeit in den Dörfern und verkennt, daß die Gemeindeobrigkeiten sich nur an jene staatlichen Obrigkeiten wandten, bei denen sie Zustimmung zu ihrem Verlangen nach Verfolgung erhoffen konnten. Wohlweislich haben sich die Bauern des Nürnberger Landgebietes gehütet, entsprechende Ansinnen an ihre Herrschaft zu stellen.

Die Annahme einer in sich konsistenten „Volkskultur" ist eine Fiktion, aber eine Fiktion, die von der Hexenforschung so lange nicht wirklich überwunden ist, solange sie nicht die verfassungsgeschichtlichen Wandlungen ebenso in ihr Frageraster einbezieht wie die – allerdings bisher noch kaum untersuchten – Informationskanäle, auf Grund derer nicht zuletzt durch eifernde Kleriker Standpunkte intellektueller Hexendogmatiker im Volk Angst und Furcht erzeugen konnten. Die „Dämonologie" Jean Bodins ist keine Entgleisung eines bedeutenden Staatstheoretikers, sie ist Ausdruck einer in Verbindung mit der neuen Staatlichkeit wirksamen Intellektuellen-Wahnvorstellung vom Prinzip, dem sich die Prüfung des Einzelfalls unterzuordnen habe.

Knapp, aber eindrücklich haben Rita Voltmer und Franz Irsigler den tiefen Unterschied betont, der zwischen dem Glauben an die schadenstiftende Magie, einer anthropologischen Konstante, und dem frühneuzeitlichen Hexenbegriff bestand.[731] Wir werden dieses Ergebnis noch in mehrfacher Hinsicht bestätigen können und betonen zunächst nur, daß dieser Unterschied erhebliche prozessuale Folgen hatte, nämlich die des Urteils nach Prinzipien und nicht nach dem Einzelfall. Alle Traditionen des „Gnade vor Recht" galten bei den Hexenprozessen nicht mehr. Erneut – ich bitte meine Leser um Nachsicht ob dieser insistierenden Wiederholung – ist darauf aufmerksam zu machen, daß das Unterdrücken des Abbittens dem Gedanken vom Rechtsprinzip zum Siege verhalf. Die Hexenprozesse waren in einen nicht mehr kontrollierten Rechtsraum von Normen unterschiedlichster Herkunft gestellt, nachdem das im Namen des gelehrten Rechts vom neuzeitlichen Fürstenstaat durchgesetzte Strafprinzip den Konsens des „Umstandes" als störend unterdrückt hatte. Und das hieß in letzter Konsequenz: Allein Obrigkeit und Wissenschaft konnten die Überwindung des von ihr ursprünglich initiierten Hexenwahns leisten, jenes Hexenwahns, der dem gemeinen Mann, dem Volk zugeschrieben wurde, um die merkwürdige Geschichte des modernen Staates nicht zu problematisieren.

Nichts zeigt die Missionierung des Hexenbegriffs von oben, die Zurückhaltung in der Bevölkerung, nichts zeigt das Neue deutlicher als eine nur scheinbar verfahrensrechtliche Veränderung. An die Geschichte der Folter ist zu erinnern. Die Tortur wurde im Spätmittelalter von den vornehmen Nürnberger Ratsherren persönlich überwacht. Diese bildeten sich ihr Urteil. Den jeweils individuellen Fall galt es zu überprüfen. Ein Bild von dem Täter suchten sich die Ratsherren in ihrer Verantwortung vor Gott zu verschaffen; für viele Ratsherren in der frühen Neuzeit aber stand die von vornherein vorausgesetzte Strafwürdigkeit der Tat im Vordergrund. Unter den Bedingungen des frühneuzeitlichen Wandels im Strafprozeß ging es bei den Hexenprozessen darum, die Unschuld zu beweisen, jene Unschuld, für die kein „Umstand" des Gerichts im Zweifelsfall protestierend Einspruch erheben konnte.

Der entscheidende Vorgang, daß nicht die Schuld, sondern die Unschuld bewiesen werden mußte, dieser Vorgang, der in seinen Voraussetzungen – Mordbrennerfurcht und neue Sittlichkeit – an anderer Stelle behandelt wird, spiegelt sich im frühneuzeitlichen Verständnis der Tortur, deren Vollzug neue Experten verlangt. Der Henker wird nicht mehr in seinen Tätigkeiten überwacht, sondern er selbst wird überprüft. Der von Jutta Nowosadtko eindrücklich beschriebene Vorgang, daß der Henker vor Ort nicht als tauglich angesehen wurde, um Hexen zum Geständnis zu bringen, daß auswärtige Scharfrichter, die sich – dieser Zynismus sei gestattet – entsprechend weitergebildet hatten, herangezogen wurden und natürlich die Proben ihrer Schulung ablegten,[732] etwa die Nadelprobe anwandten (die Hexe blutet nicht)[733] – all das weist auf die obrigkeitliche Missionierung mit Hilfe wissenschaftlicher Autoritäten zurück. Dabei ist zweifelsfrei: Die Richter in Stadt und Land verfolgten nicht Interessen im Namen einer Obrigkeit; diese Obrigkeit stand für sie fest. Sie waren die ersten Opfer der verführerischen Kraft von Ideologien. Die angesprochene Missionierung ist durch ein Eindringen gelehrter Dämonologie in populäre Vorstellungen charakterisiert.[734] Die Hexenprozesse mögen der Vergangenheit angehören, nicht aber die Voraussetzungen, die sie erst ermöglicht haben.

Zugegeben: Der von uns so apostrophierte Missionierungsvorgang unter Einschluß territorialstaatlicher Wandlungsvorgänge und der Rezeption gelehrter Dämonologie ist nicht geeignet, um unter Hinweis auf diese neue Erscheinung die ganz verschiedenen Verlaufsformen der Hexenprozesse auf allgemein gültige Ursachen zurückzuführen. Zu unterschiedlich stellen sich noch in der frühen Neuzeit die geistigen Profile dar, zu unterschiedlich fallen die Ergebnisse der angesprochenen Missionierung schon allein in ihren regionalspezifischen Folgen aus. Dafür können weiterhin noch nicht einmal lokalgeschichtliche Prädispositionen als Erklärung herangezogen werden. Vielfach bemühten sich die Stadtväter, besorgt um das Gemeinwohl, um die Abwehr von Hexenprozessen. So kam es 1694 im mecklenburgischen Wittenburg zu tumultartigen Protesten, als sich die Stadtbevölkerung die Hexenprozesse durch die Ratsobrigkeit nicht mehr gefallen lassen wollte.[735] Aber auch das umgekehrte Motiv kann das Ratshandeln bestimmen, wenn die Bürgergemeinde vom Sinn dieser Prozesse überzeugt ist. Als 1657 Bischof Dietrich Adolf von Paderborn den Hexenprozessen in seinem Hochstift wehren wollte und den als Exorzisten tätigen Pater Löper S. J. entließ, kam es zu einem Auflauf in der Stadt, bei dem die Bürger ihren Bischof als Hexenanwalt bezeichneten.[736] Beispiele für eine Widersprüchlichkeit, die als solche nur dann nicht aufzulösen ist, wenn nach gemeinsamen und verallgemeinerbaren Wurzeln des Hexenwahns gesucht wird. Allerdings ist häufiger zu beobachten, daß mit zunehmender Prozeßdauer, die stets die Zahl der Verdächtigten anwachsen läßt, sich die Kritik in der Bevölkerung bis zu Auflehnung steigern und einen Abbruch der Prozesse bewirken kann.[737]

Missionierung: Einfach war das Volk nicht zu überzeugen. Der Weg zum deutschen Untertanen ist selbst im späten 16. Jahrhundert noch weit. Neben der Berücksichtigung verfassungsgeschichtlicher Wandlungen ist von der Hexenforschung auch zu fordern, den ereignisgeschichtlichen Wurzelgrund von Verschwörungstheorien zu berücksichtigen. Deren Grundgedanke, wonach es sich um die Aufdeckung einer vom Teufel initiierten Vereinigung gegen die notabene christliche Gesellschaft handelte, erschien einleuchtend angesichts der Mordbrenner-Psychosen, die seit 1540 ebenfalls in Wellen die deutschen Lande heimsuchten. Die Furcht vor Mordbrennern war real; sie ließ auch bei den einfachen Menschen die Gefahr einer terroristischen Vereinigung – denn darum handelte es sich bei der Hexengefahr – als drohend erscheinen. Es ging jetzt um mehr als um angezauberte Krankheiten wie Blasensteine, es ging jetzt um die Gesellschaft. Und als deren Sachwalter empfahl sich nunmehr der Fürst, in der überpersonalen Abstraktion: der Staat.

Mordbrennerfurcht ist aber nicht die einzige neue Entwicklung, welche die Bevölkerung bereit machte, den wissenschaftlichen, den kollektiven Hexenbegriff zu übernehmen. Was waren denn die entscheidenden Anreize, die der Teufel bei der Bildung seiner terroristischen Vereinigung hatte? Die Teufelsbuhlschaft! Verzichtet sei auf ein Referat der einschlägigen Schilderungen in Prozeßakten,[738] wie sich diese Teufelsbuhlschaft vollzieht, Schilderungen voll versteckter Lüsternheit, Schilderungen auch, welche den Samen des Teufels entweder als sehr kalt oder als sehr warm kennzeichnen. Wie kann es denn überhaupt zu den Fragen kommen, aufgrund derer solche Nachrichten in die Prozeßakten gelangen? Die Lüsternheit steckt bereits in den Fragen; die unter Folter erpreßten und dann protokollierten Aussagen stellen – um endlich von der Pein erlöst zu werden – nur dar, was die Richter hören wollen.

Ich setze mich der Kritik mit der Behauptung aus, daß die Unterdrückung der spätmittelalterlichen Bordelle in der frühen Neuzeit mit den Hexenprozessen etwas zu tun hat. Gewiß: Ein stringenter Beweis fehlt. Aber wie wäre er auch zu führen? Wer erklärt denn überzeugend, warum heutzutage Verschwörungstheorien Konjunktur haben? Aber könnte nicht der von mir ansonsten wenig geschätzte Plausibilitätsbeweis in diesem Fall in Anschlag zu bringen sein, könnte nicht tasächlich hier die Anwendung der Trivialpsychologie auf die Geschichte erlaubt sein, könnten also die Hexenprozesse nicht auch als Folge der neuen Sittlichkeit zu erklären sein? Ganz so trivial, wie es erscheinen mag, ist die Annahme nicht. Die Bordell-, die „Frauenhaus"-Kultur des späten Mittelalters beruhte nicht auf einem entspannten Verhältnis zur Sexualität, wohl aber auf einem gelassenen Verständnis von Sünde.[739] Die Menschen brauchten im Spätmittelalter nicht die Teufelsbuhlschaft, um ihre sexuellen Phantasien auszuleben.

Der Gedanke der Teufelsbuhlschaft ist – hier darf der nachlebende Historiker wohl seiner Empörung freien Raum lassen – einer der widerlichsten, der in den Geständnissen von Gefolterten erpreßt wird. Hexentanzplätze und Orgien (deren Schilderung allerdings nie das lüsterne Niveau und den entsprechenden Differenzierungsgrad heutiger einschlägiger Medien erreichen wird) – das war in die Beschuldigten hineingefragt und unter Folter auch gestanden worden.[740] Und in den Folterkammern wurde zugleich ein Prinzip zutiefst geschädigt, das zum Werden Europas soviel beigetragen hatte, das der „coniuratio", der Eidverbrüderung zur Durchsetzung einer gerechten Welt. Diskriminierbar waren um 1600 alle „Verschwörungen", selbst wenn sie auf lokaler Ebene nur die Abwehr gegen die Ausdehnung der Zehnten zum Ziel hatten. Zu den unbeachteten, den verfassungsgeschichtlichen Folgen der Hexenprozesse um 1600 gehörte die Stabilisierung des neuen staatlichen Instanzenzuges, der jede „Eidgenossenschaft" in ein gefährliches Zwielicht stellte.

„Teufelsbuhlschaft". Tatsächlich war die Verbindung von Teufelsbuhlschaft und Hexensabbat, die große Obsession während der Prozeßwellen, etwas Neues.[741] Ihr gemeinschaftsbegründender Gedanke entspricht insofern gängigen Vorstellungen, als „coniurationes" auf personalen Grundlagen beruhten. Nur werden sie jetzt nicht durch Eid, der Gott ins Spiel bringen würde, sondern durch Geschlechtsverkehr hergestellt. Die entsprechenden Probleme werden je nach Geschmack als abstoßend oder faszinierend geschildert. Aber das alles hat mit der mittelalterlichen Tradition des Liebeszaubers und auch des Schadenzaubers oder der „impotentia per maleficationem" nichts mehr zu tun. Welten liegen zwischen dem Gedanken der Liebe, der Zubereitung mittelalterlicher Zaubertränke, um Zuneigung und damit soziale Sicherheit zu gewinnen, und dem, was auf dem Blocksberg und anderswo geschehen sein soll.

Am Beispiel der Teufelsbuhlschaft ist der Wandel vom Mittelalter zur frühen Neuzeit wohl am besten zu demonstrieren. Der Eichstätter Domherr Heinrich Taube von Selbach erzählt zum Jahre 1348 von einer Frau von Egloffstein, deren Mann im Kampf gefallen war. Nach dessen Tod erschien der schwangeren Frau ein Teufel in Gestalt ihres Mannes („demon incubus apparuit") und schlief mit ihr. Überhaupt erschien, so der Domherr, damals in der Bamberger Diözese vielen Menschen ein Teufel in Gestalt eines erstaunlich beredten kleinen Jungen. Von irgendwelchen Prozessen ist nicht die Rede, und wenn die unglückliche Frau von Egloffstein bei der Geburt ihres Kindes stirbt, wird das keineswegs als Strafe, sondern als Schicksal berichtet.[742]

Der Teufel ist im Mittelalter als Person verstanden worden, der Trugbilder vorgaukelt, der aber auch selbst betrogen werden kann.[743] Man soll bloß nicht, so etwa die Mahnung

Heinrich Vintlers, auf ihn hereinfallen: „der teufel ist gar ein großer Schalk/darumb sol man ihm getrawen nicht."[744]

Das Schicksal der unglücklichen Frau von Egloffstein zeigt: Mitleid schlägt im Mittelalter den Menschen entgegen, die vom Teufel genarrt werden. Mitleid gilt auch denjenigen, die vom Teufel besessen sind.[745] Der altbekannte Exorzismus spielt bei den Hexenprozessen bezeichnenderweise keine Rolle.[746] Teufelsbesessenheit gilt jetzt nicht mehr als Schicksal, sondern als Verrat an der Christenheit.

Bis Mitte des 16. Jahrhunderts waren die damals noch seltenen Hexenprozesse dem Verdacht des Schadenzaubers verpflichtet. Die Anklage führte nur selten zum Scheiterhaufen.[747] Fahrende konnten noch bis in die 1570er Jahre mit dem almosenheischenden Argument, sie seien vom Teufel besessen, durch die Lande ziehen.[748] Alsbald werden sie ebenso wie die seit langem obrigkeitlich denunzierten „starken Bettler" die ersten Opfer der um 1590 anhebenden Hexenprozesse.[749] In Braunschweig kannte man noch 1579 nur den Schadenzauber und die Wahrsagerei als Delikt.[750]

Dort, wo die Massenprozesse die Städte erreichen, erweist sich bei näherem Hinsehen als Hintergrund ein verfassungsgeschichtlicher Vorgang, die Erosion städtischer Autonomie und der Einfluß fürstlicher Herrschaft. Typisch der Fall der Bischofsstadt Würzburg, wo seit 1583 mit der Vertreibung der protestantischen Oberschicht die bischöfliche Stadtherrschaft durchgesetzt worden war. Die bürgerliche Solidarität war aber auch dadurch zunächst nicht zu überwinden. Die Verfolgungswellen der 1590er Jahre erreichten Würzburg noch nicht. Die ersten Massenprozesse fanden hier 1604 statt und betrafen die Insassen des vom Bischof gestifteten Spitals,[751] des heute noch allen Weinkennern bekannten Juliusspitals.

Viel lockerer als oft angenommen ist der Zusammenhang von Häresieverdacht und Hexenprozeß. Eine Kontinuität besteht lediglich im Beweismittel der Folter.[752] Wenn der Hexenhammer in seiner Argumentationsnot den Bezug zur Ketzerei herstellt,[753] beruht dies allein auf den seit den Zeiten der Albigenser virulenten Verschwörungstheorien, hat aber mit den realen Ketzerprozessen wenig zu tun. Genauestens war lange zwischen Ketzern und Hexern unterschieden worden.[754] Erst auf dem Basler Konzil (1431–1438) begegnen, ohne von der Kirchenversammlung autorisiert zu werden, Gedanken einer Verschmelzung von Hexer- und Ketzerprozeß,[755] Gedanken, die künftig bei Zaubereiprozessen in der Westschweiz und Savoyen zwar eine Rolle spielen, aber doch erkennbar nicht die Zukunft der großen, von der weltlichen Obrigkeit geleiteten Prozeßwellen der Neuzeit bestimmen werden[756].

Der Ketzerprozeß war im Spätmittelalter ein Berufsrisiko der Theologen. Vor allem: Die deutschen Lande, später Zentrum der frühneuzeitlichen Hexenverfolgungen, waren nie ein Land der Ketzer gewesen. Entsprechende Prozesse fanden hier sehr selten statt. Das beruht weniger auf Frömmigkeit als auf Intellektualität; denn Bildung, welche die Lehrmeinungen der Kirche herausfordern konnte, gehörte zum Ketzer. Daß die „Verketzerung" als Ausschluß von der kirchlichen Gemeinschaft bei der Popularisierung frühneuzeitlichen Hexenwahns mitgespielt haben könnte, will ich nicht ausschließen. Populäre Vorstellungen stecken voller unverdauter Geschichte. Aber eine Entwicklungslinie vom spätmittelalterlichen Ketzer- zum frühneuzeitlichen Hexenprozeß ziehen zu wollen, zeugt von einem Unwillen, ziemlich triviale, aber in den Quellen wohlbegründete Sachverhalte zur Kenntnis zu nehmen, wie etwa daß der Ketzerprozeß unbestritten eine Aufgabe der kirchlichen Judikatur war, der Hexenprozeß jedoch von der jeweiligen Obrigkeit autorisiert werden mußte.

Zur gleichen Zeit, als die fränkische Edelfrau von Egloffstein wegen der Verführung durch den Teufel allenfalls bedauert, aber keineswegs behelligt wurde, hat man in Nürnberg Mitglieder einer ketzerischen Sekte verbrannt.[757] Ketzer wurden auch in dieser Reichsstadt unnachsichtig verfolgt,[758] aber nicht die Zauberinnen; sogar Fälle wie der, daß eine Frau, die „zaubernuß getrieben" hatte, eine halbe Stunde am Pranger stehen mußte, gebrandmarkt und lebenslang der Stadt verwiesen wurde, sind ebenso wie andernorts selten[759]. Immerhin sind das Urteile, die eine Intention des Rates wiedergeben, weswegen Konrad Celtis in seinem Lob der Stadt Nürnberg die Bestrafung von Frauen, die Liebestränke bereitet oder andere Zaubereien getrieben haben, rühmen kann.[760] Warum aber das Lob? Lassen wir den „deutschen Erzhumanisten" allein und halten das eigentliche Lob fest: Die neuzeitlichen Hexenprozesse hat es in dieser Reichsstadt nicht gegeben. Große Veränderungen müssen stattgefunden haben.

Die Maßnahmen des Nürnberger Rates im Spätmittelalter sind insofern typisch, als vielfach der Zauberei die Stadtverweisung folgen konnte,[761] aber nicht unbedingt folgen mußte. Noch im 15. Jahrhundert wird Zauberei in der Steiermark mit einer geringen Geldstrafe geahndet.[762] Der Weg zur Carolina 1532, die in Art. 109 Zauberei – allerdings nur den Schadenzauber – mit Feuertod bedroht, ist noch weit. Eine weitere Ausnahme könnte es sein, daß 1493 in Zürich erstmals eine Hexe verbrannt wird.[763] Aber es könnte sich dabei auch um eine Variante des Schadenzaubers gehandelt haben. Eine genaue Deutung ist hier nicht möglich. Zu lakonisch sind häufig die Nachrichten spätmittelalterlicher Quellen. Ein Beispiel: 1477 werden in Hildesheim zwei Frauen „toverige halben" verbrannt. Zauberinnen? Erst eine weitere Quelle läßt den Hintergrund erkennen. Sie hatten aufgrund spezieller Kenntnisse, die sonst niemand besaß, einen tödlichen Giftmix hergestellt, „dat se gift gemaket hadden, das lude van gestorben weren".[764] Giftmischerei lag auch einem Prozeß von 1509 zugrunde, als 7 von 14 Angeklagten als Zauberinnen, als „maleficae" verbrannt wurden.[765]

Im Unterschied zu den neuzeitlichen Prozessen waren die des Mittelalters stets gegen ein Individuum gerichtet, gegen einen individuell vorgenommenen Schadenzauber. Verschwörungsängste waren noch nicht wirksam bei den alten Vorstellungen vom Schadenzauber[766] in ihrer ganzen Breite vom „Milchabzaubern"[767] bis hin zum Liebeszauber[768]. Schließlich konnte man sich vor zauberkräftigen Mitmenschen durch Gegenzauber,[769] vielleicht sogar mit Hilfe bewährter „Hexenbanner" schützen[770]. Der überzeitliche und interkulturell nachweisbare Glaube an die Kraft der Magie drang erst dann in die Spielwelt der Kinder ein, als er sich in der frühen Neuzeit mit kollektiven Ängsten verband.[771] Der ethnologisch-anthropologische Forschungsansatz, der die logischen Verknüpfungen innerhalb der Zaubereivorstellungen sichtbar werden ließ,[772] kann aus den Gerichtsakten viel Material schöpfen,[773] denn natürlich leben diese alten Vorstellungen weiter; sie können sich sogar mit den neuen Gedanken vermischen[774]. Aber daraus läßt sich keine Begründung für das Anheben und Abebben von Verfolgungswellen ableiten. Schon vor den Hexenprozessen und noch lange nach deren Ende[775] lebten Zauberei und Dämonenglaube in der Bevölkerung.

Die Hexenprozesse fallen in eine Zeit, in der die Gerichte den Rat der Gelehrten suchten. Gutachten Juristischer Fakultäten spielten in der Geschichte der Hexenprozesse oft eine entscheidende Rolle.[776] Versendung von Untersuchungsakten zur Beurteilung an Oberhöfe oder juristische Fakultäten[777]: Was eine allgemeine Erscheinung des Gerichtsverfahrens wurde, war bei Hexenprozessen zugleich Ausdruck dessen, was als „Missionierungsvorgang" bezeichnet worden ist, um zu kennzeichnen, daß nicht in volkstümlichen, sondern in gelehrten Vorstellungen der theoretische Rahmen der Hexenprozesse gezimmert wurde. Lediglich in Hinblick auf die Spruchkollegien läßt sich die föderale Verfassungsstruktur des Reiches als eine – wenngleich marginale – spezifisch deutsche Begründung der Hexenprozesse ausmachen. Denn dem Reichskammergericht war die Rolle als Revisionsinstanz in Strafsachen verwehrt; die Skepsis im obersten Reichsgericht gegenüber den Hexenprozessen in den Territorien[778] konnte deshalb keine Auswirkungen im Reich gewinnen, konnte etwa nicht die augenscheinlichen Verfahrensmängel beseitigen[779]. Wenn sich die Gerichte nun an die „Experten" der juristischen Fakultäten wandten, zeigt sich doch, wieviel Skrupel Juristen hatten, etwa die Dämonologie des gefeierten Jean Bodin kritiklos zu übernehmen. Eindrücklich hat Claudia Kauertz am Beispiel der Helmstedter Universität dargestellt, wie Gelehrte, trotz ihres Respekts vor den im wissenschaftlichen Gewand daherkommenden Meinungen berühmter Autoritäten wie Jean Bodin, sich um ein eigenes Urteil mit der unverkennbaren Tendenz zur Milde, aber ohne grundsätzlichen Widerspruch bemühten.[780] Andererseits: Im norddeutschen Raum taten sich im frühen 17. Jahrhundert die Juristen der Universität Rinteln durch „kompromißlose Härte" ihrer Konsilien hervor.[781] Nicht umsonst hatte der Rintelner Universitätsbuchdrucker einen blühenden Verlag für Hexenschriften aufgebaut.[782] Kommerzielle Spezialisierung mit europaweitem Erfolg. Man wußte, daß in Rinteln die aktuellste Hexenliteratur zu erwerben war. Deshalb ließ auch Friedrich von Spee seine Cautio criminalis eben hier erscheinen.[783] Aber selbst in Rinteln sollte sich mit einer neuen Juristengeneration seit den 1660er Jahren das Blatt wenden. Die Rintelner Professoren gutachteten zugunsten der Hexen.[784]

Aufschlußreich sind die Universitätsgutachten auch darin, wer denn die juristische Fakultät um Rat fragt. Es sind stets die Schöffenkollegien, die nach alter Observanz ohne den Beistand von „Konsulenten" auskommen mußten, während etwa die größeren Städte ihre eigenen Juristen besolden konnten. Ratlosigkeit auf dem Land, als alle Welt in intellektuellen Kreisen von Hexen redete. In den Städten konnte es angesehene Juristen geben, die sich von der Vernunft und nicht von Autoritäten wie Jean Bodin leiten ließen. Erinnert sei an das Schweinfurter Beispiel, wo die Mehrzahl der Hexenprozesse mit Freisprüchen endete. Wie aber sollten sich zum Beispiel die fränkischen Zentschöffen zurechtfinden?

Wo es Wellen der Hexenverfolgungen gab, ist immer von einer Erosion des im Mittelalter entwickelten Prozeßverfahrens auszugehen. Das bestätigt 1657 Papst Alexander VII. Er habe sich die Paderborner Hexenakten vorlegen lassen und festgestellt, daß sie „ohne vernünftige Kenntnis des Rechts angelegt" seien. Die Verbindung der Angeklagten mit dem Teufel sei nicht nachgewiesen, sondern – der Grundfehler einer „petitio principii" – vorausgesetzt worden.[785] Bei der Billigung des Hexenhammers durch Papst Sixtus IV. war das

Papsttum bestrebt, die Urheber in Schutz vor allen aufgeregten Interpretationen zu nehmen. Ein solches Gefälligkeitsgutachten – um nichts anderes handelt es sich – produziert der Geschäftsgang der Kurie. Entsprechend werden wir uns hüten, in der Entscheidung Alexanders VII. eine Wiedergewinnung des mittelalterlichen „favor apostolicus", eine päpstliche Hilfe bei den Gebrechen der Welt zu sehen. Der Hintergrund der Entscheidung Alexanders VII.: Bischof Dietrich Adolf war in Paderborn in große Schwierigkeiten geraten, als er den Hexenverfolger, den Jesuiten Löper auswies. An der Kurie aber wirkte sein Verwandter Ferdinand von Fürstenberg als päpstlicher Kämmerer, versorgt durch eine Pfründe als Domherr zu Paderborn.[786] Es geht uns nicht um Würdigung des Papsttums und auch nicht um den Nachweis eines Netzwerkes zwischen Paderborn und Rom, es geht allein darum, daß die Stellungnahme des Papstes, wie auch immer sie zustande gekommen sein mag, in aller Klarheit offenlegt, wie grundsätzlich die Hexenprozesse sich von dem mühsam errungenen spätmittelalterlichen Verfahren entfernt hatten. Und darin öffnet der Paderborner Fall den Blick auf das Grundsätzliche. Ohne Juristen sind die Hexenverfolgungen nicht zu denken – aber ohne Juristen auch nicht deren Überwindung. Der Prozeßverlauf[787] – nicht so sehr dessen Grundlagen – erweckte schon Mitte des 17. Jahrhunderts Zweifel unter den Rechtsgelehrten[788].

Nichts wollen wir den bekannten Bekämpfern des Hexenwahns von ihrer Ehre nehmen,[789] aber hinzuweisen ist doch auf jene unbekannten Juristen, die auf der Wahrung eines auch den Angeklagten schützenden Prozeßablaufs bestanden, auf jene namentlich nicht bekannten „Ratskonsulenten", die in so mancher Stadt wie in Schweinfurt zumindest die schlimmsten Auswüchse der Hexenprozesse verhindert haben und deren konsequente Haltung letztlich mit der Betonung prozeßrechtlicher Regeln zur Überwindung des Hexenwahns beigetragen hat.

Unumstritten ist, daß der im Spätmittelalter rezipierte Inquisitionsprozeß in der Geschichte der Hexenprozesse weiterwirkte. Aber dieses Verfahren hatte eine selten beachtete Veränderung durchgemacht. Es ging dabei um die Frage der Indizien. „Petitio principii". Die Folter war auch im späten Mittelalter angewandt worden, aber Voraussetzung dazu waren „fama" und Indizien, Voraussetzung war eine Beweislage, welche das Geständnis als „regina probationum" nahelegte. Die Folter der Hexenprozesse hingegen schuf erst, was im mittelalterlichen Verständnis unerhört gewesen wäre, die Indizien, zum Beispiel mit Hilfe der Nadelprobe. Das aber, was ursprünglich als „fama" an die Öffentlichkeit gebunden war, wurde jetzt verkürzt. Aus dem öffentlichen „Geschrei" wurde die individuelle Denunziation.[790] Verhängnisvoll wirkte sich dabei aus, daß in der frühen Neuzeit die Gerichtsverhandlungen in geschlossene Räume verlegt worden waren. Die Hexenprozesse waren Inquisitionsprozesse.[791] Aber was ursprünglich im Indizien- und Beweisverfahren noch kontrolliert werden konnte, war nunmehr ins Gegenteil verkehrt. Die Öffentlichkeit mußte Angst haben.

Gestörte soziale Beziehungen, Nachbarschaftskrisen, Familienstreitigkeiten sind häufig Voraussetzungen für Hexenprozesse,[792] nicht zu vergessen auch Korruption und Gewinnsucht[793]. Wo sich diese lokal verdichten, sind sie über die individuellen Anlässe hinaus stets Ausdruck gestörter Nachbarschaft.[794] In der Geschichte des Diebstahls war zu erkennen, daß eine Dorfgemeinschaft diese Frage lieber unter sich regelte, als den Missetäter bei der

Obrigkeit anzuzeigen. Dieses nachbarschaftliche Denken muß zutiefst zerrüttet gewesen sein, wenn Hexenrichter Erfolge verzeichnen konnten.

Gestörte nachbarschaftliche Beziehungen; Klatsch und Tratsch als Ausgangspunkt von Denunziationen.[795] In diesen Zusammenhang gehört auch, daß im Trierer Land und in Luxemburg Geistliche Opfer der Hexenprozesse wurden.[796] Das Verhältnis von „des Pfarrers Untertanen" zu ihrem Seelenhirten war in in ökonomischer Hinsicht stets heikel, weil die Pfarrgüter im Gemenge mit den Feldern der Bauern lagen.

Auf einer ganz anderen Ebene spielen sich die Hexenprozesse gegen Würzburger Domvikare 1629 ab. Geradezu beklemmend sind die biographischen Nachrichten zu lesen, die Alfred Wendehorst zu den Mitgliedern des Domklerus mit magistraler Gelehrsamkeit zusammengestellt hat. Wenn in den Nachrichten nach 1600 zu lesen ist, daß ein Vikar mehrfach wegen seines Lebenswandels getadelt wurde, kann man geradezu sicher sein, daß er 1629 auf dem Scheiterhaufen landet.[797] Das Würzburger Domkapitel nutzt die vom Bischof, nicht vom Kapitel initiierten Hexenprozesse, um die im Prinzip nicht absetzbaren Kleriker, deren Lebenswandel in der Vergangenheit mehr als anstößig gewesen war,[798] aus der Domgemeinschaft „zu entfernen".

Als die Mordbrennerfurcht seit 1540 in deutschen Landen grassierte, war der Hexenhammer das vergessene Werk einer vergangenen Epoche. Was sollte man sich auch um Schadenzauber kümmern, wenn Schadensstiftung viel unmittelbarer drohte? Und vor allem: Daß Hexer und Hexen eine Verschwörung gegen die Gemeinschaft der Christen betrieben, glaubte um 1540 noch niemand. An Theorien über die Entstehung des Hexenwahns im ausgehenden 16. Jahrhundert besteht so wenig Mangel, daß es mir geradezu unkollegial erscheint, in den inzwischen entstandenen Forschungskonsens der sich wechselseitig versichernden Anmerkungen einen verstörenden neuen Gedanken einzuführen, der zudem mit allen Erklärungsversuchen für das neue Anschwellen der Hexenprozesse den Nachteil teilt, daß er aus den Quellen nicht stringent begründet ist. Das ist der Nachteil aller Erklärungsversuche, die zu spät kommen, leicht ist ihnen das Stigma der monokausalen Begründung anzuhängen. Diesem Versuch sei nicht mit dem Hinweis widersprochen, daß neue Auffassungen, wonach eine – notabene: eine – der Voraussetzungen der Hexenprozesse die Zerstörung der Nachbarschaft durch die Zwangskonfessionalisierung war, durch meinen Erklärungsversuch gestützt werden. Also unumwunden provozierend Leser und Forscher fragend: Ist es, obwohl stringente Zusammenhänge aus den Quellen nicht zu ermitteln sind, abwegig, das „missing link" zwischen spätmittelalterlichem Schadenzauber und den seit etwa 1580 vermehrt anhebenden Hexenverfolgungen in der Mordbrenner-Furcht seit den 1540er Jahren zu suchen, die im Zusammenhang mit der Bandenbildung noch einläßlicher zu behandeln ist?

Unumstritten ist, daß die Suche nach Hexenmalen erst ein Spezifikum des Prozesses der frühen Neuzeit ist.[799] Kein spätmittelalterlicher Richter hat solchen Zeichen, die auf die Mitgliedschaft in einer (nach modernem Verständnis) terroristischen Gemeinschaft verweisen sollten, nachgespürt, Erkennungszeichen untereinander, die dann einer gezielten Hexenverfolgung als Indiz dienten. „Erfahrene" Henker machten sich anheischig, solche Zeichen zu entdecken. Wo aber kommt der Gedanke her, daß kriminelle Vereinigungen über ein geheimes, nur den „Insidern" bekanntes Zeichensystem verfügen? In der Welt des

Mittelalters war schließlich die „Zeichensprache", ob Wappen der Adeligen, ob Brustschild fahrender Sänger im Fürstendienst, stets auf die Öffentlichkeit bezogen gewesen. Aber was im Zusammenhang mit der Mordbrennerfurcht von Gaunerzinken angefangen bis zu den Abzeichen der Salzburger Räubergruppen erscheint, ist ein geheimes Signalsystem. Und dieses System macht sich auch der Teufel zunutze, nur daß er sich nicht mit rot-weißen Wolfsangeln auf der Kleidung begnügt, sondern – eben weil er den ganzen Menschen fordert – die Zeichen am Körper tragen läßt.

8. Bandenbildung und ihre Bekämpfung – die teils unterschätzte, teils romantisierte Frühform der organisierten Kriminalität

Zur Überschrift dieses Kapitels: Effektheischend scheint es zu sein, die Bandenbildung als Geschichte der organisierten Kriminalität zu verstehen, also einer Erscheinung zuzuordnen, die als spezifisch modern angesehen wird. Nur gerade das ist nicht richtig, wenn der Wortsinn von „organisieren" vergegenwärtigt wird. In der Gegenwart wie in früheren Zeiten handelt es sich um Zusammenschlüsse von Menschen, die eine „Organisation", eine gemeinschaftliche Struktur außerhalb der bestehenden Gemeinschaft nicht primär in der Absicht bilden, diese Gemeinschaft zu schädigen, sondern eine Alternative zu deren Erwerbsformen zu eröffnen. Diese auf den ersten Blick theoretische und spitzfindige Unterscheidung deutet zumindest an, daß in der überzeitlichen Geschichte der organisierten Kriminalität ganz unterschiedliche Einstellungsmuster enthalten sind, unterschiedliche Erscheinungsmuster, die auf den jeweiligen Zustand der sozialen Ordnung zurückweisen. Von der Popularität des „Schüttensamen" im Nürnberg des 17. Jahrhunderts bis zur Schinderhannes-Romantik zieht sich als vordergründig gemeinsame Linie die Verklärung des Räubers. Der Unterschied liegt darin, daß in der frühen Neuzeit die Untaten einer Räuberbande erst vergessen sein mußten, ehe die Legendenbildung einsetzte, während diese Legendenbildung im Falle des Schinderhannes unmittelbar im Zusammenhang mit seiner Hinrichtung stand.

Knappe Hinweise mögen genügen, um das Folgende zu verdeutlichen: Es geht einmal um die Darstellung der organisierten Kriminalität, seit erstmals in karolingischer Zeit ihre Strukturen erkennbar wurden, und zum zweiten um die Reaktionen auf diese Kriminalität.

Die organisierte Kriminalität folgt den Entwicklungen der sozialen Verhältnisse. Diese noch zu beweisende Feststellung diene zunächst zur Gliederung der im folgenden gebotenen Stoffsammlung. Der Darstellung liegen dabei drei wesentliche Sachverhalte zugrunde. Erstens: Die neuzeitliche Räuberromantik verdeckt, daß bis ins 16. Jahrhundert hinein Räuberbanden sich erfolgreich nur im direkten oder indirekten Zusammenhang mit der Herrschaftswelt entwickeln konnten. Zweitens: Im 16. und 17. Jahrhundert wird die Bandenstruktur der organisierten Kriminalität überlagert von Vorstellungen einer terroristischen Vereinigung. (Bis zur Darstellung der Zusammenhänge lasse ich den naheliegenden Vorwurf auf mir sitzen, eine unwissenschaftliche Aktualisierung vorgenommen zu haben.)

Drittens schließlich: Die Schinderhannes-Romantik weist bereits auf Kommunikationsprobleme der Gegenwart voraus, wonach nicht die Taten selbst, sondern ihre Aufbereitung für die Öffentlichkeit über die Würdigung von Gerechtigkeit entscheiden.

Worauf wollen wir hinaus: Bandenbildung ist – wir werden es noch beweisen – keine Sonderform der Verbrechensgeschichte, sie ist dieser Geschichte inhärent. Der moderne Ausdruck Bande drückt von vornherein eine Kriminalisierung aus, die im Mittelalter dem „Bund", dem wortgeschichtlichen Ursprung von Bande, noch keineswegs eigen war. „Coniuratio", Verschwörung, hatte einen Sinn, der staatsbildend wie bei der Eidgenossenschaft, der gesellschaftsbildend wie bei Gilden und Zünften sein konnte, der aber auch Gleichgesinnte zur Opposition (und das schloß Mordgedanken nicht aus) gegen den Herrscher verpflichtete. Die Banden, die bereits in fränkischer Zeit die Welt beunruhigten, konnten Schwurvereinigungen wie die damals aufkommenden Gilden sein. Ein Kapitular von 850 benennt „collecti latrones", die Pilger und Kaufleute ausrauben. Eine Bandenstruktur wird sichtbar, eine Gemeinschaft von Männern, die untereinander verschworen sind, „inter se conspirent". Schwurvereinigung, Eidgenossenschaft. Solche Banden durchziehen raubend die Grafschaften. Und es gibt bereits – was uns noch interessieren wird – Adelige, die sich mit auswärtigen „latrones" verbinden, sie unterstützen und die Beute mit ihnen teilen.[800]

Sozialrebell und edler Räuber: die mentalitätsgeschichtlichen Aussagen der Räuberromantik

Räuber und „Schande", ein Kinderspiel – Mythenbildung und Räuberromantik um 1800 und ihre Folgen bis heute – die schon spätmittelalterliche Popularität von Räubern und die einfachen Gründe dafür – Räuber vom Typ Robin Hood: zunächst kein Herz für die Armen – der weiße Schimmel „Sozialrebell"

Eines der beliebtesten Spiele in meiner Kindheit war „Räuber und Schande". Schande war die Verballhornung von Gendarm, und es war viel beliebter, sich als Räuber zu verstecken als wie ein Gendarm mühevoll zu suchen und hechelnd hinter dem davonspringenden Banditen herzueilen. Dieses Kinderspiel hat seinen historischen Wurzelgrund in der Bekämpfung des Bandenwesens in der Zeit um 1800. Um aber populär zu werden, brauchte dieses Spiel eine bestimmte Voraussetzung: Der Räuber ist gar kein von der Gesellschaft zu verfolgender, auszugrenzender und zu verachtender Verbrecher; verborgene Sympathie wird ihm entgegengebracht, wie am einfachsten am Schinderhannes-Mythos zu erkennen ist. Auf dessen zeitbedingte politische und mentalitätsgeschichtliche Voraussetzungen wird noch einzugehen sein. Zunächst sei festgestellt: Diese Voraussetzungen haben bis in die Gegenwart Wirkungen gehabt, haben sogar in der eigentlich zum genauen Werten verpflichteten Geschichtswissenschaft dazu geführt, in manchem Räuber einen Sozialrebellen erkennen zu wollen. Was der Schinderhannes in zunächst mittelrheinischer und dann national vereinnahmter Tradition werden sollte, war schon zuvor mit dem ausgehenden 18. Jahrhundert im Nachleben des Angelo Duca in Unteritalien vorgeführt worden[801]: Mythenbildung.

Abb. 18: Der Räuber Hannikel, eigtl. Jakob Reinhart, wird am 7. Juli 1787 in Sulz am Neckar hingerichtet. Zeichnung, 1792, von Johann Baptist Seele.

Im allgemeinen Bewußtsein leben Räuber als kühne Anführer von Banden bis heute, leben in regionaler Tradition wie Lips Tullian oder im lokalen Gedächtnis wie der Hannoveraner Hannikel. Ihren Nachruhm überstrahlt der von Carl Zuckmayer dramatisierte Schinderhannes. Der Film nahm sich dieser Gestalt an, legte Zuckmayers Drama dem Drehbuch zugrunde, spekulierte aber auf die davon unabhängige Popularität des „Helden". Diese wiederum nährte sich aus der Vorstellung vom edlen Räuber, der eigentlich nur die ungeliebte Obrigkeit zum Feinde hatte. Das wird noch eigens zu untersuchen sein. Wichtig ist zunächst die Feststellung, daß die Räuberromantik an Erscheinungen des späten 18. Jahrhunderts anknüpft und in ihrer auf Personen zugespitzten Verklärung die lange historische Entwicklung dieser Bandenbildung verkennen läßt.

Der edle Räuber als Sozialrebell.[802] Näherer Begründungen, geschweige denn einläßlicher Quellenstudien bedurfte es nicht, um zum Beispiel Eric Hobsbawms Konstruktion vom Räuber als Sozialrebellen Anerkennung in der Fachwelt, nicht jener der Kriminellen, sondern jener der Wissenschaftler, zu sichern.[803] Schließlich hatten auch seine Rezipienten in ihrer Jugendzeit die Stories von Robin Hood in irgendeiner Form mit heißen Ohren gehört. Damit aber ist ein weiteres Stichwort gegeben, das die Schwierigkeiten benennt, die Geschichte der Räuberbanden als das zu beschreiben, was sie gewesen ist, nämlich als Teil der Geschichte des Verbrechens. Die Räuberromantik, deren Voraussetzungen um 1800 ziemlich klar ermittelt werden können, ist eine neue Erscheinung. Sie hat keine Wurzeln, die bis in das Spätmittelalter zurückreichen. Der Typ des Sozialrebellen, den die Wissenschaft zu entdecken glaubte, lebte nur scheinbar als legendäre Sympathiefigur schon in der Welt des ausgehenden Mittelalters. Aber nur beiläufige und letztlich zufällige Analogien sind erkennbar. Welten liegen zwischen der Verklärung eines Robin Hood und der eines Schinderhannes.

Räuber vom Typ Robin Hood: Es handelt sich um Gestalten, deren Taten in Liedern weiterleben. Wie Robin Hood, der erstmals 1377 in Langlands „Piers Plowman" als legendäre Gestalt erwähnt wird, seit dem 15. Jahrhundert zur populären Gestalt wird,[804] brauchen auch Eppelein von Gailingen, der Lindenwirt und der Schüttensamen längere Zeit nach ihrem Tode und nach ihren Untaten, bis sie in Nürnberg und seinem Umland die in Volksliedern besungenen Heroen werden. So bescheiden hinsichtlich der Reichweite ihrer Volkstümlichkeit die fränkischen Räuber sich im Vergleich zu Robin Hood ausnehmen, so ist doch der Grund dieser Volkstümlichkeit der gleiche: Der Räuber narrt eine Obrigkeit, die dem gemeinen Mann, der die Lieder von diesen Räubern singt, oft genug zuwider ist. Daß ausgerechnet in Nürnbergs Bevölkerung Lieder vom „Schüttensamen", dem abgesagten Feind der Reichsstadt, gesungen werden, hat im 17. Jahrhundert den Chronisten Johannes Müllner sehr irritiert.

Können aber volkstümlich gewordene Gestalten von Robin Hood bis hin zum „Lindenwirt" wegen ihrer Popularität als frühe Zeugnisse eines eigenwilligen Ausdrucks von sozialem Protest im Gewande der Raubkriminalität dienen? Handeln nicht vielmehr Menschen, die entsprechende Lieder singen, nach einer Variante des Grundsatzes: Der Feind meines Feindes ist mein Freund, denjenigen, der die von mir nicht geliebte Obrigkeit narrt, den hab ich gern?

Der in Liedern besungene Räuber ist im Grunde ein gewalttätiger Till Eulenspiegel. Wo der Mann aus Kneitlingen mit List und Tücke ehrbare Meister und Bürger hereinlegt, provoziert der legendäre Räuber die Obrigkeit mit Gewalt. In beiden Fällen ist die Popularität wenn nicht gar dem Rachegedanken, so doch der Schadenfreude am Mißgeschick „der Leute da oben" geschuldet. Ein Herz für die Armen wird den Räubern vom Typ eines Robin Hood gar nicht angedichtet. Im Gegenteil: Eppelein von Gailingen straft in dem ihn ehrenden Lied die Bäuerin hart, die er inkognito fragt, was sie von ihm halte, und von der er die Antwort erhält, Eppelein sei „ein nasser Knab", ein grüner Junge. Daß solche Kriminelle bisweilen auch Gutes tun können, ist kein entscheidender Grund ihrer Popularität. Das sollte sich im ausgehenden 18. Jahrhundert ändern. Damals wurde die Räuberromantik vom entstehenden Bürgertum entwickelt, also nicht von den Betroffenen, sondern von den Gebildeten. Ein Beispiel: Daß der „edle Räuber" nur die Reichen, aber nicht die Armen heimsuchte, ist eine Konstruktion. Bei Einbrüchen in Kirchen ließen die Räuber stets die Armenkiste, den „Armenstock" mitgehen. Bei den Armen, so wußte man nur zu genau, war sowieso nicht viel zu holen. Aber das wenige lag durchaus im begehrenden Interesse selbst der populärsten Räuber. Nicht den geringsten Hinweis gibt es, daß Räuberbanden die Armen geschont hätten.

Ob Sozialrebell, ob edler Räuber: Übersehen wird bei allen weittragenden Interpretationen ein schlichter Sachverhalt. Der Kommentar der Nachlebenden oder auch der Zeitgenossen ist mitnichten eine Aussage, die sich auf die Taten selbst beziehen läßt. Die Gründe für die Verklärung spätmittelalterlicher und frühneuzeitlicher Räuber – ebenso wie diejenigen Gründe, die zur Räuberromantik des 18. Jahrhunderts geführt haben – liegen nicht in der Geschichte des Strafrechts, sondern in der Gemengelage von Sozial- und Mentalitätsgeschichte. Doch das wird klarer werden, wenn die Realität hinter dieser Romantik geschildert worden ist, wenn zum Beispiel deutlich geworden ist, welch ein Feigling hinter dem Schinderhannes-Mythos stand. Zunächst geht es also darum, das überzeitliche Thema der Raubkriminalität im naturwissenschaftlichen Sinne zu präparieren, das Untersuchungsobjekt von Fremdeinwirkungen freizuhalten. Eines verdient darüber hinaus festgehalten zu werden: Der Ausdruck „Sozialrebell" ist ein weißer Schimmel. Nicht nur die Raubkriminalität ist sauber zu präparieren, sondern auch die des Rebellen, eines Menschen, der sich gegen bestehende Zustände auflehnt. Schwer hat es der Historiker zu unterscheiden, was Übermut (im mittelalterlichen Sinne verstanden), was, subjektive Einstellungen berücksichtigend, berechtigte Empörung ist. Rebellion schließt immer auch die sozialen Gegebenheiten ein. Rebellion in ihren verschiedensten Erscheinungsformen ist für den Fortschritt unerläßlich. Der weiße Schimmel „Sozialrebell" ist nicht nur ärgerlich, er ist darüber hinaus auch für die Erforschung des überzeitlichen Themas des produktiven Gegensatzes von Tradition und Innovation hinderlich.

Wie weit sich der Begriff der Missetat, des Verbrechens auf menschliche Verhaltensweisen ausdehnt, wird immer von den sich wandelnden gesellschaftlichen Sanktionen abhängen. Selbst der Dekalog ist von solchen Wandlungen nicht ausgenommen; das darf doch aber nicht zu einer Relativierung des Verbrechensbegriffs dergestalt führen, daß gemeine Räuber posthum zu Sozialrebellen erklärt werden. Zweifelnde Leser fragen wir, was sie sagen würden, wenn in hundert Jahren freche Fälscher von wissenschaftlichen Arbeiten als im Prinzip ehrenwerte Rebellen gegen einen verkrusteten, an Originalität und Wahrheitsfindung gekoppelten Wissenschaftsbegriff mit der Begründung gefeiert werden, daß es die „reine Wissenschaft" sowieso nicht geben könne?

Bandenbildung als überzeitliche Erscheinung oder: die zeitspezifischen Formen der organisierten Kriminalität

Helfer, Helfershelfer, Hintermänner – die Konstanz „böser Gesellschaften" und ihre wenig konstante Zusammensetzung – die lange anhaltende Prägung organisierter Kriminalität – Banden im Blickfeld städtischer Strafjustiz

Die Geschichte des Strafrechts orientierte sich, ganz neuzeitlich, am einzelnen Verbrecher. Dieser individualisierende Grundzug, der die Humanisierungsbestrebungen des Strafvollzugs seit dem 19. Jahrhundert, der das große Problem der Täter-Opfer-Beziehung begleitet, hat in der Gegenwart zu einer Überraschung durch die organisierte Kriminalität geführt, durch eine Erscheinung, die dem Mittelalter und der frühen Neuzeit als selbstverständlich, als großes Spektrum der Kriminalität[805] vor Augen stand. In diesen Zeiten wußte man, daß die gefährlichsten Verbrechen nicht individuelle Taten waren, sondern Helfer und Helfershelfer voraussetzten. Die Hinrichtung eines Missetäters war oft genug auch eine Warnung an seine Hintermänner, derer man nicht habhaft werden konnte. Im Prinzip galt: Der Hehler ist wie der Stehler,[806] der Mittäter und Anstifter ist genauso zu bestrafen wie der Täter[807]. Allmählich tastet sich die Rechtssprechung bei den heutigen Formen der Wirtschaftskriminalität an dieses Bewußtsein von der Strafwürdigkeit menschlichen Handelns heran, das nur unvollkommen mit dem modernen juristischen Begriff der Anstiftung zu fassen ist. Was zunächst als verkrampfte Aktualisierung erscheinen mag, sei mit dem Hinweis widerlegt, daß in dem Bemühen, den Insiderhandel bei Aktienkäufen zu kriminalisieren, das gleiche Problem verborgen ist, mit dem schon das Mittelalter nicht ganz fertig wurde, nämlich den Hehler als Kriminellen zu definieren. Und weiterhin: Bei den sogenannten „feindlichen Übernahmen" moderner Aktiengesellschaften erscheint genaugenommen der hilfreiche Analyst als Nachfahre des Baldowerers, jenes Typs, auf den wir im Zusammenhang mit den „feindlichen Übernahmen" der Räuber des 18. Jahrhunderts noch einzugehen haben.

Die Bandenkriminalität schon der karolingischen Zeit war eine Angelegenheit der Freien, der Oberschicht gewesen, jener Schicht, in welcher der Adel wurzelte. Bereits Karl der Große hatte die Kirchen gemahnt, nicht durch die Drohung mit Höllenstrafen von Sterbenden so reiche Schenkungen zu erlangen, daß die verarmten Erben zu Räubern werden müßten.

Allenfalls an der Begrifflichkeit, nicht jedoch an der Sache hat sich seit karolingischer Zeit etwas geändert. Hochmittelalterliche Rechtsquellen kriminalisieren die „Heimsuche" durch Banden.[808] In ganz Europa haben sich Missetäter vor allem für Raubüberfälle zusammengeschlossen.[809] „Bündnis, Verbündnis" nennen sie einen solchen verbrecherischen Zusammenschluß,[810] Hinweis darauf, daß nicht ein Zweckzusammenschluß wie in der frühen Neuzeit, sondern eine Art Verbrüderung diesen „bösen Gesellschaften", wie sie auch in den Quellen heißen, zugrunde gelegen hat. Eine Eidverbrüderung dürfte es wohl zumeist gewesen sein wie bei einer 1443 in Speyer gefaßten über 30 Köpfe zählenden Räuberbande: Sie hatten „zusame gelobt uff der strassen zu nehmen und zu rauben und zu morden".[811] Ein Vergleich mit den besser überlieferten englischen Banden warnt davor, solchen „coniurationes" eine feste, dauerhafte Struktur zu unterlegen. Die seit dem frühen 14. Jahrhundert in England vergleichsweise gut dokumentierten Zusammenschlüsse von Berufsverbrechern[812] änderten sich fortwährend in ihrer Zusammensetzung.[813] Die dauernden personellen Veränderungen und Neubildungen gehören bis ins 18. Jahrhundert zur Geschichte der Räuberbanden. Daß diese so wenig den populären Vorstellungen von einer „verschworenen Gemeinschaft" entsprechen, hat einen einfachen Grund: Man mißtraut einander und sucht bei der Aufteilung der Beute möglichst gut wegzukommen und hat keine Bedenken, die eigenen Spießgesellen zu hintergehen, wenn sich die Gelegenheit dazu ergibt.[814] Weniger der Eid als die in ganz Europa und auch in deutschen Landen mehrfach nachgewiesenen verwandtschaftlichen Beziehungen[815] dürften ein gewisses stabilisierendes Element gebildet haben.

Die organisierte Kriminalität – wir müssen vorgreifen – ist bis tief in das späte Mittelalter hinein adelig geprägt, Erbe der fränkischen Zeit. Sie ist Abspaltung der adeligen Gewalt und teilweise sogar noch Inhalt der adeligen Gewalt. Ein Zusammenhang zwischen Devianz und Kriminalisierung kann noch nicht entstehen, wenn allen Bestrebungen, den Straßenraub zum verwerflichen Tun zu erklären, noch im Spätmittelalter entgegengehalten werden kann: „Rauben und stehlen ist keine Schand, das tun die Besten im ganzen Land." Die „Besten" – das ist keine moralische, sondern eine soziale Definition; gemeint ist der Adel. Noch lange erzählt man sich im Thüringer Land, daß 1327 „des landes echtir", geächtete Ritter und Edelknechte, zu Gotha mit Ketten gehenkt worden waren.[816]

Auf die vom Adel geprägte Geschichte der Bandenbildung müßte, dem herrschenden Geschichtsbild zufolge, eigentlich eine „bürgerliche" folgen. Das war nicht der Fall. Die von der Stadt ausgehende neue Strafjustiz hatte im Spätmittelalter das Gesellschaftsgefüge irritiert und schließlich verändert. Wenn die Bandenkriminalität seit dem 16. Jahrhundert ohne adeligen Schutz auskommen muß, ist dies vor allem ein Erfolg der Städte, welche auch die Grundlinien entwickelt haben, denen die Kriminaljustiz des frühmodernen Fürstenstaates folgte. Hinter diesem einfachen Ablaufschema verbergen sich komplizierte Zusammenhänge.

Schon im 14. Jahrhundert zeigt das Stralsunder Verfestungsbuch,[817] was sich erst seit dem 15. Jahrhundert allgemein durch die Achtbücher zieht, daß nämlich nicht nur Einzeltäter, sondern ganze Banden gesucht und teilweise auch ergriffen werden[818]. Daß solche Banden in der städtischen Überlieferung erscheinen, hängt letztlich mit dem Stadt-Umland-Verhältnis zusammen, das viel enger war als lange angenommen. Denn Bandenheimsuche ist weniger ein Problem der Städte (wo es sie natürlich auch gab)[819] als das des platten Landes. Wegen der spröden und einsilbigen Überlieferung der ländlichen Geschichte im Spätmittelalter geraten die damaligen Räuberbanden allerdings nur dann in den Lichtkegel der Quellen, wenn sie sich im Umland der Städte bewegen. Was fernab der Urbanität in den Streusiedlungen, Weilern und Einzelhöfen geschieht, bleibt weitgehend verborgen.

Raubritter oder gerechte Fehde.
Die Burg als Kristallisationskern von Bandenbildung

Der hochmittelalterliche Burgenbau – Diskriminierung unadeligen Handelns bei Eike von Repgow und Ulrich von Liechtenstein – „famosus praedo", „ein ungelewnter reubischer ritter": die Entwicklung hin zur Leumundsschädigung – das erfolgreiche Vorgehen der Städte gegen „landschädliche Leute" – „Raubbürger": die auch städtische Inanspruchnahme des Fehderechts – gerechte Fehde als formalisierte Gewaltanwendung – das vorgebliche Raubprivileg des fränkischen Adels – nicht die Realität ändert sich, sondern deren Wahrnehmung – „aufgehobene" Tuchballen und schlichte „Ysenschnappen" – Instrumentalisierung des Fehderechts am Beispiel des Hans von Rechberg zu Hohenrechberg

Als im ausgehenden 11. Jahrhundert die Höhenburgen, dem Adel Nachnamen gebend, aufkamen, wurde gleichzeitig offenbar, daß von diesen neuen Befestigungen nicht Schutz des Umlandes, wie bei den gewohnten Fluchtburgen, sondern Bedrückung ausging. Was von hier aus an Gewalt und Unrecht geschah, bleibt weitgehend in der Herrschaftsgeschichte des Hochadels im hohen Mittelalter verborgen. Wo hört die legitime Machtausübung auf, wo fängt brutale Gewalt an? Die ersten Burgen im Sachsen des 11. Jahrhunderts stoßen auf wütende Empörung der Bevölkerung im Umland, die Gewalt von den Burgenbesatzungen zu ertragen hat, eine Empörung, die ohnmächtig und vor allem ohne Resonanz in den Quellen geblieben wäre, wenn sie nicht, Opposition der Großen und Volksaufstand verbindend, eines der Motive des sächsischen Aufstands gegen Heinrich IV. gebildet hätte.[820]

Heinrichs IV. Reichslandfrieden gebot 1103 die Zerstörung der Burg, die Friedbrechern Schutz gewährte.[821] Das war bereits in der bayerischen Schwurformel des Ulmer Landfriedens von 1093 beschworen worden.[822] So direkt wird von keinem der hochmittelalterlichen Friedensgebote die Burg als mögliches Zentrum unrechtmäßiger Gewalt benannt. Was aber ist daraus zu folgern? Diesen Gesetzen geht es um Täter und geschützte Personen, nicht um Ursachenforschung. Es ist doch aufschlußreich, daß der Sachsenspiegel sich den Raub nur in engem Zusammenhang mit der Burg vorstellen kann.[823] Und das weist in die Vergangenheit zurück. Jetzt wird erkennbar, welche Realität hinter der Äußerung Ottos von Freising stand, wonach es als günstiges Vorzeichen für den Beginn des (zweiten) Kreuzzuges gewertet wurde, daß eine so große Menge von Räubern („predonum et latronum") von ihren Untaten abließ und das Kreuz nahm.[824] Wer das Kreuz nahm, war entweder adelig oder stand zumindest dem schwertgewohnten Adel nahe. Ein neues Betätigungsfeld mit der Hoffnung auf Gewinn und nicht etwa Furcht vor Strafe veranlaßte die Räuber zur Aufgabe ihres bisherigen Tuns. Natürlich: Hunger kann zum Verbrechen führen. Aber können es einfache Leute gewesen sein, die in der Not des Jahres 1145 das Kloster Fulda ausplünderten?[825]

Es mag eine Parteibehauptung sein, wenn 1091 Erzbischof Liemar von Bremen dem Grafen Gerhard von Stumpenhausen vorwirft, daß er nach dem Tod seines Vaters viele Räubereien begangen habe,[826] aber die Taten eines Widukind von Schwalenberg sind noch nicht einmal mit einem weitgefaßten Fehdebegriff zu bemänteln, Taten, die Helmold von Bosau so charakterisiert: Dieser Adelige habe von Jugend an den Ritterdienst als Raubmöglichkeit verstanden.[827]

Der Sachsenspiegel postuliert, daß selbst in dem Fall der Sühne einer Missetat ehrloses Werk adeliges Recht und Ehre verlieren läßt.[828] So weltfremd war Eike von Repgow nicht, daß er damit den Hochadel seiner Zeit glaubte binden zu können. Ihm ging es vor allem um den Stand der Dienstmannen, dem er selbst angehörte. Sein Gedanke leitete aber auch den Hochadeligen Ulrich von Liechtenstein, als dieser die fehdereichen Zeiten in Österreich nach dem Aussterben der Babenberger 1246 schilderte. Tag und Nacht werde geraubt, so daß viele Dörfer wüst lägen. Wenn aber der Reiche zum Räuber werde, so der reiche und im Frauendienst sich als wahrer Ritter stilisierende Liechtensteiner, gehe ihm Gottes Huld und der Frauen Gunst verloren. Begeht der Edle eine unedle Tat, so büße er seinen Adel ein.[829] Soweit ich sehe, wird allein hier die integrative, hohen und niederen

Adel verbindende Idee der Ritterschaft über die Position des Sachsenspiegels hinausgehend als gemeinsame Standesehre im Sinne des Friedensgedankens definiert. Das Selbstbewußtsein des Adels erlaubte noch im 13. Jahrhundert keine Akzeptanz der Kriminalisierung seines Gewalthandelns, wie es die Friedensordnungen forderten. Vor diesem Hintergrund gewinnt Ulrichs von Liechtenstein Position ein scharfes Profil: zwar keine Kriminalisierung der Missetat, aber Ausschluß des Missetäters aus der Gemeinschaft der Edlen.

Unter seinen Standesgenossen mag Ulrichs von Liechtenstein Ansicht kaum verbreitet gewesen sein; verbreitet war sie aber beim gemeinen Mann. Er wußte, daß Adel und Kriminalität sich nicht ausschlossen. Deshalb können im 13. Jahrhundert Burgen als Raubschlösser verrufen werden.[830] Was im Hintergrund steht, wenn Eike von Repgow und Ulrich von Liechtenstein sich zur Diskriminierung unadeligen Handelns gezwungen sehen: Caesarius von Heisterbach erzählt – ohne die geringste Spur des Erstaunens – von einem kriminellen Ritter („criminosus").[831] Hochmittelalterliche Mirakelberichte rücken Ritter oft in die Nähe von Räubern,[832] und ebensowenig wie Caesarius wunderte sich noch um 1300 Rudolf von Schlettstadt darüber, daß ein Adeliger ein „famosus praedo" gewesen war[833].

Das 13. Jahrhundert ist das Jahrhundert, in dem die Anfänge zur Kriminalisierung des adeligen Räubers liegen. Das läßt sich aus der Wendung ablesen, die um 1300 Rudolf von Schlettstadt gewählt hat: „famosus praedo", berüchtigter Räuber. Hier ist in dem „famosus" bereits die Leumundsschädigung ausgedrückt. Rauben ist unadeliges Verhalten. Erinnert sei an den von Caesarius von Heisterbach erwähnten kriminellen Ritter. Das von dem Autor gewählte „criminosus" wird zweihundert Jahre später der deutsche Übersetzer erweitern: „ein ungelewnter reubischer ritter."[834] Der Übersetzer kann es sich im 15. Jahrhundert gar nicht anders vorstellen, als daß ein solcher Adeliger, der mit allen Rechtsfolgen verschrien wird, keinen Leumund mehr besitzt. Der scheinbar belanglose Zusatz „ungelewnter" zum „criminosus" der Vorlage ist aufschlußreich. In diesem zusätzlichen Adjektiv, das dem Übersetzer als selbstverständlich in die Feder geflossen ist, ist enthalten, was sich seit den Zeiten des Caesarius verändert hat. Der Zisterzienser hatte wie der Sachsenspiegel und Ulrich von Liechtenstein den „criminosus" als Täter einer unedlen Handlung verstanden und mit der ganz unbestimmten Sanktion des Adelsverlustes bedroht. Der Übersetzer des 15. Jahrhunderts jedoch sieht inzwischen ganz konkrete Rechtsfolgen. Zu erinnern ist an die Bedeutung der „fama" innerhalb des sich im Spätmittelalter entwickelnden, mit der Tortur verbundenen Beweisrechts. Schlechter Leumund hatte Rechtsfolgen für den kriminellen Handwerker ebenso wie für den kriminellen Adeligen – im Bereich der städtischen Gerichtsbarkeit. Und dabei zeigt sich: Der kriminelle Adelige gehört zur Geschichte des Verbrechens. Nach ihm wird im ältesten Braunschweiger Verfestungsbuch gefahndet,[835] er kann sogar den Titel eines Ritters tragen, wie jener Nikolaus Schreiber, dessen Verbrechen 1310 in Stralsund aufgelistet werden: Friedensbruch, Totschlag und Notzucht,[836] er kann einer berühmten Familie angehören wie Peter von Leonroth, der 1434 in Nürnberg als Straßenräuber gerädert wird[837].

Zurück zur Übersetzung der Mirakelgeschichte des Caesarius von Heisterbach. Das wie eine scheinbar belanglose Ergänzung der Vorlage daherkommende „ungelewnter" ist keineswegs in seinem Auskunftswert mit dem Hinweis ausgeschöpft, daß trotz der sachlichen Nähe zu den Diskriminierungen unadeligen Handelns bei Eike von Repgow und Ulrich von Liechtenstein keine gradlinige Entwicklung zur Vorstellungswelt des Johannes Hartlieb, endlich nennen wir den Namen des Übersetzers, führt. Die städtische Gerichtsbarkeit hatte inzwischen die Rechtsfolgen konkretisiert; in diesen Zusammenhang gehörte aber auch die Frage, wie weit diese Gerichtsbarkeit reichte. Hinter dem „ungelewnter" verbirgt sich eine Erfolgsgeschichte städtischen Handelns, die durch wissenschaftliche Kontroversen eher verdunkelt als erhellt worden ist. Konkret: Wer sind die „landschädlichen Leute",[838] gegen die sich insbesondere das städtische Vorgehen richtete?

Etliche Forschungskontroversen hätten sich bei Berücksichtigung des Sachverhalts vermeiden lassen, daß der Begriff der „landschädlichen Leute" vielleicht nicht städtischer Provenienz ist, aber seine Verbreitung städtischen Interessen verdankt. Und das ist kein Zufall: In diesem diskriminierenden Begriff steckt sachlich die Verleumdung als Rechtsprinzip. Diese Verleumdung ist nicht auf den Adel beschränkt, sondern darunter werden – unser noch zu behandelndes Thema der „Plackerei" umschließend – auch die vom Adel geschützten Räuber verstanden. Die Burg mußte nicht unbedingt selbst ein „raubhuis" sein, sie konnte auch Räubern als Zuflucht, als „praesidium latronum", dienen.[839]

Johannes Hartlieb hat mit seiner Ergänzung auf die ihm selbstverständlich gewordene Wandlung des urbanen Rechtsverständnisses reagiert und damit zugleich sichtbar gemacht, wie begrenzt ein Zugriff auf die Realität adeliger Gewalt über den Rechtsbegriff der Fehde ist. Die „gerechte Fehde" als Legitimierung von Gewaltkriminalität? Es handelt sich vielmehr um ein reines Oberschichtproblem, das zwischen den Großen unter Wahrung bestimmter Rechtsformen abgehandelt wird. In diesem Sinne sind Fehden von Städten und Fürsten ebenso wie von Adeligen geführt worden. Zu Recht stellt deswegen Kurt Andermann die Frage, ob nicht derjenige, der den neuzeitlichen Begriff des Raubritters gebraucht, nicht auch von Raubstädten und Raubfürsten zu sprechen habe.[840]

Ich denke gar nicht daran, mich auf eine Diskussion über die „gerechte Fehde" einzulassen.[841] Die „Gerechtigkeit" besteht allein in dem Absagebrief, der drei Tage vor Beginn der Fehdehandlung bei dem Betroffenen eingegangen sein mußte.[842] Diese Form hatte erstmals 1188 Friedrich I. in seinem sogenannten Gesetz gegen die Brandstiftung vorgeschrieben.[843] Alle notabene erst spätmittelalterlichen Bemühungen, der Fehde Rechtsgründe zu unterlegen, die sie als „gerecht" erscheinen lassen, sind Antworten auf das Entstehen des städtischen Strafsystems mit seiner bedingungslosen Kriminalisierung des Raubes.[844] Diese Kriminalisierung war zunächst nach innen gerichtet, wollte den Frieden innerhalb der Stadt bewahren. Unvermeidlich stieß sie damit an die Außenwelt.[845] Schon Ende des 13. Jahrhunderts verfolgten in Lübeck „reitende Vögte" Gewaltverbrecher bis an das Ende der Stadtmark.[846] In der Folgezeit sollten sich die Städte bei der Bekämpfung der Raubkriminalität nicht unbedingt an die räumlichen Grenzen ihrer Gerichtsbarkeit halten. Das interessierte wenig, solange es sich um kleine Leute handelte, das interessierte sehr, wenn Adelige involviert waren.[847] Hier nahmen die Ratsherren das Fehderecht zu Hilfe; aber bei der Inanspruchnahme dieses Rechts haben sie sich keineswegs konsequent verhalten, haben nicht nur in Gegenwehr gehandelt; sie haben – Kurt Andermanns provozierender Begriff der „Raubbürger" trifft zu – selbst Fehden in gleicher Form wie der Adel geführt.

Abb. 19: Meister des Hausbuchs tätig um 1475–1490. „Der Planet Mars und seine Kinder" (Ausschnitt: Plünderung eines Dorfes durch Raubritter). Federzeichnung auf Pergament. Aus dem sog. „Wolfegger Hausbuch", Besitz des Fürsten von Waldburg-Wolfegg.

Halbherzig also fielen die städtischen Antworten auf die Gewaltausübung des Adels aus, die dieser als Standesrecht bewahren wollte. Raubritter, Raubbürger, Raubfürsten. Die „gerechte Fehde" besteht lediglich in einer oberflächlichen Formalisierung der Gewaltanwendung, also darin, den Fehdebrief fristgemäß zuzusenden. Verstöße gegen dieses Prinzip werden bitter in der städtischen Chronistik kommentiert.[848]

Nicht aus Bequemlichkeit entziehe ich mich der Aufgabe einer abwägenden Stellungnahme in der wissenschaftlichen Diskussion über den Begriff des Raubritters, den es in ungetarnter Form vergleichsweise selten gegeben hat, und über die „gerechte" Fehde. Mir geht es darum, die wissenschaftliche Diskussion über diese populären Begriffe in die spätmittelalterliche Realität einzubetten. Vorab: Landfriedensbündnisse hatten den Adel verpflichtet, Kriminalität zu bestrafen. Aber war damit auch eine Selbstverpflichtung verbunden, auf Gewalt zu verzichten? Ein Blick von der Plackerei auf die gerechte Fehde, die es durchaus gegeben haben mag. Wie schnell diese aber die Hemmungslosigkeit von Gewalt und Gegengewalt auslösen konnte, zeigt eine Nachricht aus dem großen süddeutschen Städtekrieg 1388. Es waren städtische Söldner, die zu plündern begannen – die Stadt führte eine Fehde nicht weniger brutal als der Adel.[849] Der fürstliche Amtmann zu Alzey nahm die Söldner gefangen und trieb sie in glühende Kalköfen, wo sie qualvoll verbrannten.[850] Wer ist, wir spitzen die Frage zu, der wahrhaft Kriminelle in einer Fehdewelt von Gewalt und Gegengewalt? Die „gerechte Fehde" ist allenfalls eine Rechtsformalisierung von Gewalt.

Die Fehdeproblematik ist in das weite Feld der Umstellung von der Buß- zur Strafgerichtsbarkeit einzuordnen, ein Feld, das noch ohne das Gewaltmonopol des Staates auskommen mußte. Erst wenn die Stadt über die zeitlich limitierten Landfriedensbündnisse hinaus das Prinzip der Strafe als der Missetat inneliegend konsequent verfolgte, also statt temporärer Sanktionen die grundsätzliche Sanktion festschrieb, dann waren tiefere Schichten des Strafens angesprochen als die des Fehderechts, das Raubritter und Raubstädte, um von den Raubfürsten ganz zu schweigen, für ihre Interessen in Anspruch nahmen. Nur vom Wort her, vom althochdeutschen „faida" führt eine Entwicklung zur hoch- und spätmittelalterlichen Fehde. Daß ein Fehderecht erst in der Wandlung von der Buß- zur Strafgerichtsbarkeit Gestalt annehmen konnte, bezeugt schon das Wort, mit dem ein Friedensschluß nach beendigter Fehde bezeichnet wurde: „Sühne". Tatsächlich ist das Fehderecht ohne die Unterscheidung von „ehrlichem" Totschlag im offenen Kampf und unehrlichem heimtückischen Mord nicht zu verstehen. Die Kontroversen um den Begriff des „Raubritters" hätten an Präzision gewonnen, wenn diese Wurzel des Fehderechts berücksichtigt worden wäre. Bis in die Zeiten eines Götz von Berlichingen können nämlich adelige Raubhandlungen bei Bemäntelung mit dem Fehderecht die Kriterien des Mordes, der Heimtücke, der Vorsätzlichkeit und der Feigheit erfüllen; und vollends bei dem noch zu behandelnden Thema der „Plackerei" wird sichtbar werden, daß der „Raubritter" zwar eine Überzeichnung der Geschichtsschreibung des 19. Jahrhunderts gewesen ist, daß aber hier originär spätmittelalterliche Fresken in gewiß grober Ergänzung übermalt wurden.

Daß die Geschichte des Strafrechts immer auch eine Geschichte der Mentalitäten ist und deshalb ebensowenig wie die Mentalitäten einer schlichten chronologischen Abfolge unterliegt, belegt zum Beispiel das sogenannte Raubprivileg des fränkischen Adels. Um 1517 klagt Johannes Boemus, daß Franken unter zwei Lastern, der Gotteslästerung und dem Straßenraub, leide. Lange Übung, alte Gewohnheit habe dazu geführt, daß ersteres für fein („decorum"), letzteres gar für ehrenvoll („honestum") gelte. Was die Gotteslästerung angeht, so war diese in allen deutschen Landen ebenso verbreitet wie das, was Boemus den Bayern als spezifische Laster vorwirft: Ungastlichkeit und Liebe zum Stehlen.[851] Anders steht es mit dem Vorwurf des angeblich typisch fränkischen Straßenraubs. Boemus zitiert hier indirekt ein angebliches Raubprivileg des fränkischen Adels, von dem noch zu Ausgang des 16. Jahrhunderts Graf Froben Christoph von Zimmern weiß. Nach ihm sollen noch zu Anfang desselben Jahrhunderts die fränkischen Edelleute aus „aim alten, vermainten (angeblichen) privilegio" haben ableiten können, straflos Straßenraub zu treiben, „uf den straßen unstrefflichen zu rauben".[852] Immerhin läßt sich erkennen, daß der Gedanke von der Verwerflichkeit des Raubes sich bis zum fränkischen Adel herumgesprochen hat, weswegen er eben ein besonderes Vorrecht fingiert, das ihn von dieser Kriminalisierung ausnimmt. Mentalitäten können sich an harten Realitäten stoßen. So in diesem Fall. Die Städte, allen voran Nürnberg, wollten von einem Raubprivileg des fränkischen Adels nichts wissen. Das süffisante Urteil eines Historikers um 1900 trifft durchaus zu: „Viele der vornehmsten fränkischen Rittergeschlechter vermögen sich zu rühmen, einen ihrer Ahnen zu denen zu zählen, welche die Nürnberger ihres Schwertes für würdig befunden."[853]

Nicht die Untat, wohl aber die Ehrkränkung, die üble Beleumdung macht den Raubritter. Es hat diesen Typ des Adeligen durchaus gegeben,[854] es war nicht nur das Mißverständnis des Fehderechtes,[855] das zu diesem Begriff geführt hat. Zwar sind manche Ritter von der Armut in die Kriminalität gedrängt worden,[856] aber die meisten waren durchaus keine deklassierten Adeligen,[857] sondern Herren, die – Beleumdung hin, Beleumdung her – im Raub Ausdruck ihres Herrenrechtes sahen[858]. Sogar adelige Amtleute konnten als „Placker" erscheinen.[859]

Wer die Äußerungen eines Eike von Repgow oder eines Ulrich von Liechtenstein als Widerspiegelung der Realität wertet, gelangt sehr schnell zu der Ansicht früherer Forschungen von einer Entartung des Rittertums, das von seiner sittlichen Höhe, wie sie sich im Minnesang spiegele, abgeglitten sei. Verkannt wird dabei, daß die Quellen die Realität nicht direkt abbilden, daß sie aber in ihren Intentionen gewandelte Wahrnehmungen einer Realität widerspiegeln, die von Gewalt bestimmt war. Vereinfacht: Solange die Städte sich noch nicht, eingezwängt in die hergebrachte Herrschaftswelt, ihrer eigenständigen urbanen Interessen bewußt geworden waren, konnte die adelige Gewalt auch nicht im Lichtkegel ihrer Überlieferung erscheinen.

Erst die städtische Überlieferung des Spätmittelalters erlaubt Einblicke in das Grundsatzproblem, wieweit nämlich die neue Entwicklung hin zum Strafgedanken vom Adel überhaupt akzeptiert worden war. Kaufmannsgut lockte den Adel.[860] In aller Unschuld versichern 1308 die Grafen von Montfort, als sie in Venedig 100 Ballen feinsten Tuches verkaufen wollen und nachdem man dort offenbar von der Herkunft der Waren erfahren hatte: Für König und Reich hätten sie, die Grafen von Montfort, so viel Unkosten gehabt, daß sie diese Ballen von Kaufleuten am Bodensee „aufgehoben" und auf ihre Burgen gebracht hätten.[861]

Adelige Räuberbanden bilden Zusammenrottungen von Galgenvögeln, wie sie um 1300 der sogenannte Seifried Helbling kennt.[862] Die Legitimierungen durch das Fehderecht, die an den Haaren herbeigezogenen Rechtsgründe, die um 1500 noch einem Götz von Berlichingen unerläßlich erschienen, waren solchen Gesellschaften völlig fremd. Diese sogenannten „Ysenschnappen", gegen die der bayerische Landfriede von 1244 vorgeht,[863] waren dem Namen zufolge Schnapphähne.

Götz von Berlichingen hat wohl am erfolgreichsten, zumindest am spektakulärsten das Fehderecht als Raubunternehmer instrumentalisiert, aber er stand in einer langen Tradition. Am Beispiel des Hans von Rechberg zu Hohenrechberg lassen sich die gleichen Handlungselemente erkennen.[864]

Wenn der Rechberger sich 1443 mit der Großen Ravensburger Handelsgesellschaft anlegt und einen Kaufmannszug mit Safran und Korallen ausraubt, muß er wie später Götz stillschweigende Protektion mächtiger Herren genossen haben, die eine Vergeltung durch die einflußreichste Kaufmannsgesellschaft im damaligen Deutschland verhinderte. War eine reiche Gesellschaft wie die Ravensburger von einer „Nahme" – sei es zur See, sei es auf dem Lande – betroffen, dann waren Korrespondenzen und Verhandlungen auf höchster politischer Ebene die unvermeidliche Folge.[865]

1451 wählte – genau wie später Götz von Berlichingen – Hans von Rechberg einen Vorwand, um eine Fehde gegen Ulm vom Zaun zu brechen. Die Ulmer hätten vor Jahren die Burg seines alten Kampfgenossen Heinrich von Isenburg gebrochen. Das erfordere Rache. Hans von Rechberg nimmt im Namen „gerechter Fehde" einen Ulmer Handelsherrn gefangen und erpreßt ein hohes Lösegeld. Im Gegenzug gelingt es den Ulmern zwar, die Burg ihres Feindes zu erobern, aber ihn selbst können sie nicht fangen. Selbst der von den Ulmern eingeschaltete Schwäbische Städtebund wird des Ritters nicht Herr. Im Gegenteil: Dieser sieht sich nunmehr berechtigt, auch 30 Ravensburger und 15 Buchhorner Bürger (Buchhorn: das heutige Friedrichshafen) „aufzuheben" und zu schatzen. Nach sechs Jahren müssen die Städte Frieden schließen. Sie zahlen dem Ritter 3500 fl. Mit diesem Geld – und genauso wird es später Götz von Berlichingen machen – erbaut sich Hans von Rechberg bei Schramberg im Schwarzwald eine neue Burg.

Sicherlich nicht zutreffend ist die Vorstellung, der Straßenräuber habe permanent zum Alltag des ausgehenden Mittelalters gehört.[866] Aber er gehört zu den Gefährdungen des Alltags, deren sich die Menschen bewußt waren. Diese Gefahr war dem Kaufmann so gegenwärtig wie der Autounfall dem heutigen Menschen. Man wußte, daß einen das Schicksal ereilen konnte, „gezwackt, geplackt, gestöckt und geplöckt" zu werden, ja sogar in einem Burgverlies zu „erfaulen".[867] Wie gegenwärtig diese Gefahr war, wird in einem Dienstvertrag deutlich, den 1501 ein Handelshaus schließt: Nur mit höchstens 200 fl. Lösegeld braucht die Firma ihren Angestellten auszulösen, wenn er in die Hände adeliger Straßenräuber fällt.[868]

Die „Placker", die vom Adel geschützten Straßenräuber, und ihre Entsprechung zur See

Der Mordbrief im Codex Falkensteinensis, ein Einzelfall? – kein Einzeltäter: das Geständnis des Andres Zentgraf – Städte, die aussichtsreichsten Bekämpfer der Plackerei – eher die Ausnahme: fürstliche Aktionen gegen Placker – der Normalfall: „dorch dy fingere" sehen – die allgegenwärtige Gefahr beim Reisen – Störtebecker & Co., kein marginales Problem – Grauzonen zu Lande wie zu Wasser – städtische „Stehlbriefe"

Placker nennen wir jene bandenmäßig organisierten Räuber, die – eine in ganz Europa begegnende Erscheinung –[869] sich auf Unterstützung von Edelleuten verlassen können[870]. Die Ausweitung des spätmittelalterlichen Kriegswesens hat diese spätmittelalterliche Ausformung der Bandenkriminalität zwar nicht hervorgebracht, aber gefördert. Im frühen 16. Jahrhundert erhalten die Placker noch Zuzug von gartenden Landsknechten,[871] bevor sie dann spätestens im 17. Jahrhundert sich überlebt haben[872]. Die Zeiten waren nicht friedlicher geworden, aber der Adel, der die Plackerei gedeckt hatte, war diszipliniert worden. Wenn er jetzt Fehde führte, dann mit der Feder, nicht mehr mit dem Schwert.

Der „Placker", der vom Adeligen geschützte Räuber, begegnet im Prinzip schon in karolingischen Kapitularien, wenn den Grafen untersagt wird, „predonem, raptorem vel incestum" in ihrer Grafschaft Unterschlupf zu gewähren,[873] wenn es ihnen ausdrücklich verboten werden muß, den Räuber zu verbergen[874]. Die Entwicklung zur spezifisch spätmittelalterlichen Plackerei verliert sich in jenem hochmittelalterlichen Dunkel, das über der adeligen Kriminalität liegt. Ein grelles Schlaglicht bietet der berühmte „Mordbrief" im Codex Falkensteinensis mit seinem Mordauftrag nebst Belohnungsversprechen zwischen 1180 und 1190.[875] Dieses Schlaglicht ist so grell, daß es unvermeidlich zu Bemühungen kam, am Dimmer der historischen Relativierung zu drehen.[876] Aber dieser Auftrag enthält die Kriterien für den feigen Mord im Gegensatz zum „ehrlichen" Totschlag: Vorsatz und Heimtücke. Ob dem Auftraggeber das Verbrecherische seines Verhaltens überhaupt bewußt war oder ob er die rücksichtslose Durchsetzung seiner Interessen einfach als sein Standesrecht ansah und deren anstrengenden Vollzug eben einem Abhängigen übertrug, wird in dem Schreiben nicht sichtbar. Sichtbar aber wird, daß angesichts der von den Landfrieden ausgehenden Schärfung des Bewußtseins von der Strafbarkeit selbst der adeligen Missetat dem Auftraggeber das Risiko seines Vorgehens klar war: Im geheimen sollten Mord oder Blendung des mit Namen benannten Feindes vollzogen werden.

Man mag den Mordbrief im Codex Falkensteinensis als Einzelfall abtun – und das ist schwer zu widerlegen, weil solche Aufträge normalerweise mündlich gegeben werden durften. Aber kann man die englischen Parallelen, wonach Adelige Mörder zur Tötung ihrer Gegner dingen,[877] als insulare Erscheinung relativieren? Selbst wenn man den „Mordbrief" als Einzelfall ansieht, weist er auf Einstellungen zurück – möglichst im Hintergrund bleiben! –, in denen die vom Adel gedeckte Plackerei wurzelt. Es war doch durchaus nicht so, wie Oswald von Wolkenstein suggeriert, daß adelige Verwandte in spontaner Empörung in den Sattel stiegen und ihren Pferden die Sporen gaben. Eine Infrastruktur – Pferdeknechte – war für Oswald ebenso selbstverständlich wie die Identifikation dieser Knechte mit den

Aktionen ihrer Herrschaft. Auch für das Verbrechen gilt: Was, ohne Ruhm zu bringen, anstrengend ist, ist Arbeit der Abhängigen.

Lange haben die Städte, obwohl auch sie von den „bösen Gesellschaften" heimgesucht wurden, ihr Strafrecht nur am Einzeltäter orientiert, weswegen die städtischen Quellen im 14. Jahrhundert noch selten etwas über Banden berichten.[878] Exemplarisch zeigt das Bamberger Echtbuch, welcher Wandel sich im frühen 15. Jahrhundert anbahnt. Wenn von Zeit zu Zeit in bestimmten Gegenden sich Banden von Räubern bilden, die das gesamte Umland unsicher machen,[879] sind es die Städte, die durchgreifen.

Plackerei als möglichst verschwiegener Ausdruck der Beziehungen zwischen Herr und Knecht. Bisweilen fällt schummeriges Licht auf die in dieser Beziehung enthaltenen Möglichkeiten des Verbrechens. 1414 hat in Bamberg Andres Zentgraf „unbetwungenlich bekannt", also ohne gefoltert worden zu sein, was er mit seinem Spießgesellen alles geraubt und gestohlen hat,[880] Textilien etwa oder ein Pferd, das dem Pfarrer von Scheßlitz gehörte. Kleine Leute werden ebenso um ihre Habe gebracht wie Fuhrleute, Geistliche und selbst ein fremder Adeliger. Einem „armman" werden Mantel, Tasche, Gürtel und alles Bargeld, sechs böhmische Groschen, geraubt. Zehn böhmische Groschen können zwei Fuhrleuten abgenommen werden. In dem berüchtigten Hauptsmoor, einem Kiefernwald bei Bamberg, haben die Räuber zwei Geistliche, „die gen Rom reiten wölten", ergriffen und „geschuntten", was wohl folgendes heißt: Sie haben die in der Kleidung versteckten oder vernähten Gelder, welche die Kleriker für ihre lange Reise mit sich führten, durch Gewalt erpreßt. Ebenfalls geschunden hatten die beiden „einen ritter, der ein lantfarer wer, genant Acka Laxman von der Tennenmark". „Landfarer" bedeutet hier gewiß nicht Vagant. Der dänische Adelige hatte offenbar wie so viele Standesgenossen eine „Reise nach der Ritterschaft" unternommen und war den Räubern in die Hände gefallen. Daß er ein Ritter war, ist dem geständigen Räuber wohl zu glauben; denn er bemaß den Stand des Beraubten an der Beute, die er durch das Schinden gewann.

Was sich zunächst wie das normale Geständnis eines Kriminellen ausnimmt, erweist sich alsbald als ein „Emmes schmusen", ein „Singen", das eine Bandenbildung offenbart. Wahrscheinlich waren Andres Zentgraf die Folterinstrumente gezeigt worden. Das ist, gewiß etwas wagemutig, aus dem lateinischen Einsprengsel in dem deutschen Text zu folgern: „Item dixit" – das erweiterte Geständnis. Die Ratsherren mußten anwesend sein, wenn gefoltert werden sollte, und das „item" enthält, was aus dem knappen Text allerdings nicht zweifelsfrei hervorgeht, nämlich ein längeres Untersuchungsverfahren. Andres Zentgraf also gesteht, daß er mit sieben anderen, wobei „Symon der jude" mitgezählt wird, einen Erfurter Bürger, Klaus Polker, bei Hallstadt gefangen und ihm 100 fl. abgepreßt habe, eine kapitale Beute. Zur Entschuldigung gibt Andres Zentgraf an, „er hab ein offen veh mit denselben von Ertfurt gehabt".

Auf das Fehderecht beruft sich der Geständige;[881] das ist gewiß nur eine Ausrede, aber es weist darauf hin, daß im Hintergrund der Bande nicht nur jüdische Baldowerer,[882] sondern auch fränkische Adelige gestanden haben. Der Spießgeselle des Geständigen, Fritz Albrecht, adaptiert adeligen Habitus, reitet mit einem Habicht und lebt zum Zeitpunkt des Geständnisses bei Albrecht von Giech („der mit dem habicht reit und auch iczunt bey Albrecht von Giech sey"). Der Geständige weiß auch, „das welczlein, ein kleines Knechtlein

… vor zeiten bey Hansen von Gich gewesen" sei und nunmehr mit seinen Gesellen im Bamberger Land raube.

Fälle wie die, die im Bamberger Echtbuch überliefert sind, lassen die vielen spätmittelalterlichen Klagen über den räuberischen Adel in einem anderen Licht als dem des übertreibenden Grantelns erscheinen. Wenn ein Würzburger Geistlicher 1486 den fränkischen Adel als Verbündeten von Dieben und Straßenräubern denunzierte,[883] war das zwar wie alle Kollektivurteile übertrieben, aber auch nicht ohne reale Hintergründe. Nur darin irrte der Kleriker: Es handelte sich nicht um ein Spezifikum des fränkischen Adels. Von Bremen, wo die Placker unter adeligem Schutz „Freibeuter" heißen,[884] bis in die Lausitz[885] haben Adelige Räubern Unterschlupf und Schutz gewährt.

Ein Seitenblick: Den Placker konnten nur die Städte bekämpfen, aber nicht die Bauern. Der adelige Räuber konnte immerhin namhaft gemacht werden; bei der engen Verflechtung von Stadt und Adel konnte selbst der verarmte adelige Buschklepper dem Druck seiner Verwandten ausgesetzt sein, denen am guten Verhältnis zu einer Stadt lag, deren Märkte sie aufsuchten, wo sie eventuell sogar ihre Rentenbriefe verwahren ließen. Ein adeliger Name: Das bedeutete, der Missetäter war nicht aus der Welt; Möglichkeiten der Schadlosleistung, des Vergleichs bestanden für den Bürger, nicht für den Bauern.

Wenn wir die Städte als die eigentlichen Bekämpfer der Plackerei im Spätmittelalter rühmen, so übersehen wir nicht: Nicht nur die Städte, auch manche Fürsten sind gegen die Placker vorgegangen. Johann Rothe erzählt, daß 1368 im Vogtland „große rouberey" geherrscht habe. Markgraf Balthasar lauerte den Missetätern nachts in den Wäldern auf, nahm sie gefangen und machte kurzen Prozeß, „unde ließ die also balde an die bowme hengen". Den Edelleuten unter dem Raubgesindel, die Burgen besaßen, nahm er diese ab („unde etzliche, die besessen waren mit slossen, den gewan her die sloß ab"). So schuf er binnen kurzem guten Frieden.[886] Hermann Korner rühmt Herzog Otto („den Hinkenden") von Lüneburg als „einen dreisten (tapferen) und streitfertigen Herrn", der solche Placker, die er auf frischer Tat erwischte, am nächsten Baum aufhängen ließ.[887] Solche fürstlichen Aktionen sind oft nur zufällig überliefert ist: Herzog Wilhelm von Calenberg hob 1487 auf der Hämelschenburg ein Räubernest aus.[888] Kurzen Prozeß praktizierten auch die Städte. Ebenso wie Otto der Hinkende verhielten sich die Görlitzer, als sie 1482 zwei Placker verfolgten und diese nach ihrer Ergreifung schon am nächsten Tag ohne Gerichtsverfahren aufhängten.[889] Aber allen Landfrieden zum Trotz, die von Fürsten und Städten gemeinsam beschworen worden waren, kam es nicht zu gemeinsamen Aktionen gegen die Plackerei. Es war wohl so, daß die Fürsten, die entschlossen gegen das Raubgesindel vorgingen, zu den Ausnahmen unter ihren Standesgenossen gehörten.

Wenn städtische Chronisten Fürsten rühmen, die hartes Strafgericht über Straßenräuber halten, schwingt Erstaunen mit: Vielfach waren Placker, wie städtische Chronisten direkt kritisieren, vom Fürsten gedeckt.[890] Einem Straßburger Bischof, Ruprecht von der Pfalz, hing um 1470 der üble Ruf als „fautor malorum" an, als Schirmherr landschädlicher Leute[891]: „man sagt ouch, das er oft butpfenig nem von den straszroubern", daß er also einen Anteil an der Beute beanspruchte.[892] Als etwa zur gleichen Zeit, 1482, Placker das Erfurter Umland heimsuchten, notiert der Chronist verbittert, daß die thüringischen Fürsten diesen Raubgesellen „dorch dy fingere" sahen.[893] Die fürstliche Tolerierung der Plackerei ist Teil einer fürstlich-adeligen Solidarität gegen die reichen Kaufleute, an die sich noch um 1600 Graf Froben Christoph von Zimmern erinnern kann. Ihm zufolge soll Markgraf Friedrich von Brandenburg seinen Adeligen gesagt haben: „Es geet wol hin, den Kaufleuten die deschen schütlen, aber allain an leben solt ir inen nichts thon."[894] Dem entspricht, wenn 1458 Herzog Wilhelm von Sachsen mit Adeligen und Städten einen erfolgreichen Feldzug gegen Raubritter und Raubschlösser unternimmt. Mit Sühnen und Urfehden, nicht aber mit „peinlichen" Strafen endet dieser Feldzug.[895] Das alles erklärt, warum es im Spätmittelalter zwischen Fürsten und Städten im Kampf gegen die Placker keine Koordination ihrer Aktionen, wie sie in den Landfrieden vorgesehen war, gegeben hat.

Die Plackerei ist noch zu Anfang des 16. Jahrhunderts ein Übel in deutschen Landen, begegnet in Danzig 1506 ebenso[896] wie 1517 im sogenannten „Straussenkrieg" in Schwäbisch Hall[897]. Edelleute schützen Gewalttäter. Die wissenschaftliche Diskussion um „gerechte Fehde" und die Relativierung des Begriffs „Raubritter" greifen zu kurz.

Wie war denn die Fehde vom „normalen" Straßenraub zu unterscheiden? Gut beraten ist der Historiker, der nicht über den juristischen Differenzierungen die Alltagswirklichkeit vergißt. Mit verblüffender Gleichgültigkeit schreibt 1444 der Nürnberger Kaufmann Hans Hetzer an seine Frau, daß seine Reise nach Breslau reibungslos verlaufen sei. Lediglich einmal sei er von dem Ritter Georg von Waldenfels, der mit Nürnberg in Fehde lag, überfallen worden.[898] Offenbar hatte man sich schnell finanziell geeinigt. Dem Ritter konnte nicht an komplizierten und für ihn gefährlichen Lösegeldverhandlungen gelegen sein. Es hat fast den Anschein, als betrachte der Kaufmann diesen Vorfall lediglich als normale Belästigung und nicht als Existenzgefährdung, etwa so, wie heute ein verbeulter Kotflügel bei einem Unfall notiert wird. Aber ebenso wie heute zu dem harmlosen Blechschaden auch der lebensgefährliche Unfall gehören kann, gehört diese Gefahr auch zum Reisen in alter Zeit. Gefahr bei den Fahrten des mittelalterlichen Kaufmanns. Diese Gefahr ist so alltäglich, daß die städtischen Chronisten davon nur dann berichten, wenn sich die „Unfälle" häufen oder wenn prominente Adelige darin verwickelt sind. Der Straßenraub gehört zu den Alltagsgefahren,[899] wie der Lübecker Totentanz weiß[900].

Gewiß: Dem Straßenräuber drohte die Enthauptung,[901] wie noch die Braunschweiger Stadtordnung von 1579 „nach Sechsischem rechte und gebrauch dieser Lande" als selbstverständlich hinstellt[902]. Aber eine wirksame Bekämpfung gelang selbst einer mächtigen Reichsstadt in ihrem unmittelbaren Umland nicht. Der Nürnberger Rat gewährte Spenden an in den städtischen Wäldern beraubte Menschen, Spenden an einen päpstlichen Legaten, an Pilger, an einen Herold und an Knaben.[903] Weder der reiche Kurtisan noch der arme Schüler war in den Reichswäldern, die die Stadt umgaben, sicher.

Für den Seeräuber galt das gleiche wie für den Placker auf dem Land.[904] (Einen Unterschied zwischen Land- und Seekriegsrecht kannte das Mittelalter nicht: Auch privates Eigentum unterlag dem Beute-Recht.) Bei den Seeräubern aber, die wesentlich größere logistische Probleme hatten, gelang ausgangs des 14. Jahrhunderts den Hansestädten und dem Deutschen Orden ein großer Erfolg. Sie verdrängten die „Vitalienbrüder" aus der Ostsee, Seeräuber, die – typischerweise – von mecklenburgischen Adeligen unterstützt worden waren.[905] Nach 1400 verstärkte die Hanse dann den Druck auf die friesischen Häuptlinge, die schließlich ebenfalls den Vitalienbrüdern den Schutz entziehen mußten.[906]

Wenig ist beachtet worden, daß die so oft romantisierten „Piraten" nichts anderes waren als die „Placker" im Binnenland. Dabei erscheint die Plackerei zur See viel konturierter. Das hängt damit zusammen, daß diese besondere Form der Kriminalität auf dem menschenfernen Meer nicht wie im Binnenland im Alltag der Gewalt verschwimmt und daß sich auf dem Meer der Räuber ganz anders offenbaren muß als auf dem Land.

Bereits der älteste erhaltene Hanserezeß von 1260/64 ist wegen der Seeräuber geschlossen worden; denn schon der erste Paragraph verpflichtet alle Bundesstädte zur Sicherung des Meeres vor diesen Kriminellen.[907]

Nicht nur die 152 Räuber, die mit Clas Störtebecker an der Spitze 1401 in Hamburg hingerichtet wurden, sondern auch die Massenhinrichtungen in Hamburg in späteren Jahren zeigen, daß der Seeraub kein marginales Problem gewesen sein kann. 1433 wurden 40 Seeräuber gerichtet, 1464 deren 41, 1488 und 1515 gar 74 und 75.[908] Noch bis tief ins 16. Jahrhundert hinein war der Raub in der Nordsee nicht unterbunden. Er lebte vielmehr gerade im Zusammenhang mit dem Befreiungskampf der Niederlande wieder auf. Im Juni 1589 wurden in Stade 14 Seeräuber hingerichtet und im September desselben Jahres deren 34.[909]

Plackerei zur See: „piratae" und „praedones" machen den Hansestädten ebenso zu schaffen[910] wie den oberdeutschen Reichsstädten die Strauchritter. Zur Romantisierung besteht kein Anlaß. Brutalität. Die überfallene Mannschaft wird ermordet und einfach über Bord geworfen.[911] Auch hier gibt es die Grauzone zur allgemeinen Kriminalität; Mord und Totschlag drohen nicht nur bei Reisen über Land, sondern auch auf hoher See: Einem Schiffer wird das Schiff geraubt, er selbst ins Wasser geworfen, Morde auf offenem Meer bleiben oft ungesühnt usw.[912] Und ebenso gibt es eine Grauzone zum Fehderecht – denn auch dieses kann auf See ausgeübt werden.[913] Wenn Städte wie Wismar und Rostock um 1400 Kaperbriefe ausstellen, nehmen sie das Fehderecht für sich in Anspruch, das sie ansonsten als Störung ihres Handels bekämpfen. Zeitgenossen kritisieren zu Recht diese Kaperbriefe, diese – wie Reimar Kock sie nennt – „Stehlbriefe".[914]

Das Ende der Plackerei im 16. Jahrhundert

Götz von Berlichingens Rückzug aus dem Fehdegeschäft – im Trend der Zeit: die um 1600 schließlich erreichte Disziplinierung des Adels – ein spätes Gegenbeispiel: das Bandenunwesen in der Wetterau 1569 – jenseits spektakulärer Überfälle: der ganz alltägliche Adelsterror – adelige Abkehr von unadeligem Verhalten – von der Plackerei zu den Räuberbanden späterer Jahrhunderte?

Die Plackerei, das „Landzwingen", wurde von der Bambergensis (Art. 153) und danach von der Carolina (Art. 128) kriminalisiert,[915] „ohne noch begrifflich ihrer ganz Herr werden zu können"[916]. Das mag von der juristischen Logik her zutreffen, aber in der politischen Wirklichkeit wurde man der Plackerei allmählich Herr.[917] Das Fürstentum lernte von der Stadt die entschlossene Bekämpfung des Räuberwesens. Philipp von Hessen wird nicht der einzige gewesen sein, der adelige Straßenräuber ohne weitere Umstände enthaupten ließ.[918] Den Wandel der Zeiten hatte als erster unter seinen Standesgenossen Götz von Berlichingen begriffen. Er zog sich nach 1521 völlig aus dem Fehdegeschäft zurück; wenn er von seiner in diesem Geschäft gewonnenen Burg her Konflikte austrug – und es waren nicht wenige –, dann wählte er die Feder, den juristischen Prozeß, nicht das Schwert.[919]

Unklar scheint die Notiz eines Nürnberger Chronisten des 17. Jahrhunderts zu sein, wonach 1385 „ein Übeltäter" die Organisationsform von Straßenräubern gestanden und ausgesagt habe, „daß vier König unter den Plackern wären, die alle Ritt und Angriff unter den Edelleuten zu wegen brächten".[920] Dieser Chronist hat seine Darstellung auf städtische Archivalien gegründet und darin den Ausdruck „Placker" gefunden, so wenn er berichtet, daß zwei Placker, Knechte Georgs von Egloffstein, in Nürnberg geköpft worden seien.[921] Auf seine Nachricht von den „vier König" im Jahre 1385 könnte die Bandenstruktur des 16. Jahrhunderts mit ihrer Bevorzugung von hierarchischen Benennungen, die dem Kartenspiel entlehnt waren, abgefärbt haben. Entscheidend aber, den Kern der Nachricht bildend: Edelleute haben Straßenräubern Schutz gewährt.

Wenn die Plackerei spätestens dann als eine überlebte Erscheinung gelten kann, wenn selbst einem Götz von Berlichingen das Fehdegeschäft zu riskant erscheint, gilt es doch, die noch lange im 16. Jahrhundert vorhandene Gewaltbereitschaft in der Adelswelt zu berücksichtigen. Der Adel kann um 1600 als weitgehend diszipliniert gelten. An den Greueln des Dreißigjährigen Krieges sind Adelige nur noch in geringem Umfang beteiligt, und sie handeln hier nicht mehr wie in früheren Zeiten aufgrund eines Standesrechts, das die Bereitschaft zur selbstherrlichen Gewalt einschloß. Einen zeitlichen Endpunkt dieses Gewaltverständnisses sehen wir ungefähr um 1600 gegeben. Aber noch lange im 16. Jahrhundert konnten sich gefährliche Konstellationen zwischen Politik, kriegerischem Adel und Kriminalität ergeben wie ein später, im Jahre 1569 aktenkundig gewordener Fall verdeutlicht, der auf den ersten Blick der frühen Plackerei entspricht.

1569 wurden die Wetterau und das Gebiet um Gießen von einer über 100 Pferde starken Bande beunruhigt. Diese rekrutierte sich zum Teil aus arbeitslosen Landsknechten, dem Kriminalitätspotential des 16. und frühen 17. Jahrhunderts. Die adeligen Anführer jedoch waren Genossen des Wilhelm von Grumbach; klangvolle Namen darunter: von Pflugk, von Mandelsloh, von Waldenfels, von Carlowitz, von Zedtwitz.[922] Was sich im Hessischen um 1569 abspielte, ist also eine Spätfolge der Grumbachschen Händel, jenes das Reich beunruhigenden Fehdewesens des 1567 hingerichteten Wilhelm von Grumbach.[923]

1569 wird, von der Frankfurter Messe kommend, bei Wetzlar ein unter hessischem Geleit stehender Frachtwagen überfallen.[924] Die Beute – für die der Landgraf Ersatz leisten muß – ist beträchtlich: kostbare Tuche, Gewürze und Leder, alles zusammen im Wert von 1300 fl. Der Überfall auf den gesicherten Frachtwagen ist von einer erfahrenen Truppe geplant und durchgeführt worden. Zeugen berichten von einem „wohlbehaltenen Mann mit dickem Bauch"; kein hungerleidender Wegelagerer also, sondern ein kühner Mann, „der sich for den anderen dapffer gedummelt", der Anführer offenbar. Die Personenbeschreibung, roter Bart und Narbe auf der Wange, weist auf Martin Preuß, der, nachdem er lange Jahre Schultheiß im Hessischen gewesen war, jetzt im Dienste der Friedberger Ritter steht. Tatsächlich wird dieser Mann zwei Jahre später bei einem Überfall in der Kurpfalz unter zahlreichen anderen Räubereien auch diesen Raub gestehen.

Als niemand mehr den Martin Preuß schützen will, kommen haarsträubende Dinge zutage. Jetzt wagen Bauern zu erzählen, wie er sich während seiner Zeit als Schultheiß aufgeführt habe, wie er – ein Beispiel genüge – mit adeligem Gefolge, darunter so klangvolle Namen wie von Pflugk und von Carlowitz, bei einem Wirt hauste, dort Speisen für über 500 Rthlr. verzehrte und – ohne die Zeche zu bezahlen – davonzog. Hemmungsloses Verhalten, das eher den Schilderungen des Hans Christoffel von Grimmelshausen oder des Johannes Beer als den Zeiten des Späthumanismus entspricht, wird sichtbar, wenn diese überheblichen Gesellen einfach in die Gaststube urinieren, mit Gläsern und Tellern werfen, den Wirt aus dem Fenster stürzen, wobei er sich das Bein bricht, usw.

Martin Preuß gehört als Placker zu einer auslaufenden Form des Bandenwesens. Immer stärker werden in der zweiten Hälfte des 16. Jahrhunderts dem Adel die Grenzen gewalttätiger Lebensführung deutlich. Die Edelleute, die Martin Preuß Unterschlupf gewähren, vermögen die Grenze zur Kriminalität noch nicht zu erkennen. Gewalt, rücksichtsloses Durchsetzen gehören zu ihrer Lebensform. Solche Aussagen wird nur derjenige für übertrieben halten, der den Adel einzig nach seinem Auftreten bei Hofe beurteilt (und hier die disziplinierende Absicht der höfischen Kultur verkennt), der nicht sehen will, was auf den abgelegenen Rittersitzen an Gewalt alles möglich war. Die Bauern schweigen aus Angst. Das Schlimmste kommt nicht in die Akten.

Martin Preuß als Repräsentant eines Räubertyps, der sich überlebt hat: Nur in eher abgelegenen Gebieten ist ungehemmte Gewalt, die Adelige den Räuber schützen läßt, noch einigermaßen möglich. Der verschärften Strafjustiz des Territorialstaats messen wir für den Rückgang solcher Gewalt nur eine geringere Bedeutung im Vergleich zum disziplinierenden Standesdenken zu. Nach der allmählich gelungenen Unterdrückung der Adelsfehde konnte die Plackerei noch ein oder zwei Generationen als deren wilder Zweig weiter wuchern, bis auch dieser Zweig abstarb, weil der Adel selbst – ohne den Sachsenspiegel oder Ulrich von Liechtenstein zu kennen – Kriminalität und deren Unterstützung als standeswidrig ansah. In der Geschichte der Räuberbanden des ausgehenden 17. und des 18. Jahrhunderts erscheint der Adelige häufig als Opfer der Kriminalität, nie mehr als deren Beschützer.[925]

Hat die aussterbende Plackerei der späteren organisierten Kriminalität wenigstens ihre kriminellen Techniken als Erbe vermacht? Ein adeliges Vermächtnis der Placker-Tradition begegnet noch bei den Räuberbanden des 16. Jahrhunderts, wird aber später nicht mehr erscheinen: die Geiselnahme mit Erpressung von Lösegeld. Ein Kitzinger Chronist verzeichnet zwischen 1546 und 1558 allein acht Geiselnahmen von wohlhabenden Bauern durch Banden.[926]

Dem rückschauenden Historiker mag seit etwa der Mitte des 16. Jahrhunderts der vom Adel geschützte Placker als überlebte Gestalt und Martin Preuß als späte Ausnahme erscheinen, aber für den in jener Zeit schreibenden Schweinfurter Chronisten Nikolaus Sprenger war dies eine nahe Vergangenheit, und er berichtet voller Stolz, daß in seiner Stadt im Jahre 1398 vier von einem Adeligen geschützte Placker geköpft worden seien.[927] Das Exempel der Vergangenheit erscheint ihm beispielhaft für seine Gegenwart.

Von der Plackerei als Seitenzweig der Adelsfehde führt kein Weg zu den Räuberbanden des ausgehenden 17. und 18. Jahrhunderts. Nahe liegen in der heutigen Wissenschaft

Begriffe wie Entfeudalisierung oder Proletarisierung der organisierten Kriminalität. (Erstaunlich, daß bisher noch niemand den Begriff der Raubkultur verwendet hat.) Doch eine lineare Abfolge von Entwicklungen, „Entwicklungsstufen", kennt die Geschichte nicht.

„Böse Gesellschaft". Die spätmittelalterliche Verselbständigung der Bandenbildung

„Placker zu Fuß" – die Hochzeit von Lämmerschling und Gotelinde – Verwandtschaft als Kristallisationskern für „böse Gesellschaft" – Bamberger Gesellschaften des frühen 15. Jahrhunderts und die Anfänge des Steckbriefs – größere und kleinere Gesellschaften – die hierarchische Gliederung spätmittelalterlicher Gesellschaften

Im Spätmittelalter hatte sich unterhalb der vom Adel geschützten Plackerei eine eigenständige Form der Bandenkriminalität gebildet. Einfache Leute, Bauern können Räuber sein, wie schon um 1300 der sogenannte Seifried Helbling klagt.[928] Sie nennen noch nicht einmal ein Pferd ihr eigen, wie 1435 „drei Placker zu Fuß", die damals im Nürnberger Umland „auf der Franckfurter Straß große Rauberei getrieben" haben.[929] In dieser Räuberwelt scheinen bereits die ersten Strukturen frühneuzeitlicher Räuberbanden auf. Abgelegene Behausungen, zum Beispiel, bereits 1385 erwähnt, eine Glashütte, sind Umschlagplätze geraubter Waren,[930] Jahrmärkte und Messen sind geheime Treffpunkte[931]. Und erste Erscheinungsformen der wichtigsten Hintergrundfigur neuzeitlicher Bandenkriminalität, des Baldowerers, begegnen, wenn 1463 die Nürnberger einen armen Dorfjuden als „Kundschafter" von Räubern hängen.[932]

Was Wernher der Gartenaere um 1300 im Meier Helmbrecht schildert, bezeichnet trotz aller der Ständedidaxe geschuldeten Mahnungen doch zutreffend einen Wendepunkt mit der Schilderung der Hochzeit von Helmbrechts Gefährten Lämmerschling und seiner Schwester Gotelinde. Der Täter braucht Helfer. Das Sprichwort bringt es auf den Punkt: „Ein Dieb ist nicht gern allein, er will einen Gesellen haben."[933] Verwandtschaftliche Beziehungen stellen die Ursprungsform her und bilden bis in die organisierte Kriminalität des 18. Jahrhunderts hinein den Kristallisationskern von Banden.

Über die Bandenstruktur des ausgehenden 13. Jahrhunderts in deutschen Landen informiert die Dichtung vom Meier Helmbrecht. Deren didaktischer Sinn ist klar: Schuster, bleib bei deinen Leisten. Auch der soziale Hintergrund dieser, wie der germanistische Konsens lautet, „lehrhaften Dichtung", ist leicht auszumachen. Tatsächlich findet im bayerisch-österreichischen Erfahrungsraum des Dichters zu jener Zeit eine Aufstiegsbewegung statt. Das Stichwort „Einschildritter" benennt den Eintritt wohlhabender Bauern in die herzogliche Ministerialität. So weit, so klar und oberflächlich. Daß diese angeblich „lehrhafte Dichtung" tatsächlich das Thema der Familienkonstellation behandelt, ist hier gleichfalls nicht zu vertiefen. Wichtig ist in unserem Zusammenhang: Der Vater-Sohn-Konflikt ruft im jungen Helmbrecht, von seiner Mutter halbwissentlich unterstützt, eine Aufsteiger-Mentalität hervor, die sich ein Vorbild nimmt: das Rauben als adelige Betätigung. Der Dichter reagiert nicht nur auf soziale Wandlungsprozesse im Sinne „lehrhafter Dichtung".

In der Darstellung der Haube, welche die Mutter ihrem Sohn anfertigen läßt, einer Haube, die alle adeligen Leitbilder in einer wohl kaum realisierbaren Form versammelt, wird zugleich eine Verführung des jungen Menschen gesehen: Rauben als Ersatz von Heldentaten. Die „lehrhafte Dichtung" enthält eine Dekonstruktion adeliger Leitbilder. Ausgerechnet eine entlaufene Nonne bestickt, das „Bildprogramm" entwerfend, die besagte Haube: Auf fragwürdigen Grundlagen beruhen die adeligen Leitbilder.

Der Raub kann sich, so Wernher der Gartenaere, eben nicht die Adelsbewahrung der Kühnheit leihen. (Die Räuberromantik wird dem widersprechen.) Die Realität gibt ihm recht. Mit dem 14. Jahrhundert bieten städtische Verfestungsbücher entsprechende Hinweise. Banden konnten bereits einen eigenen gemeinschaftsbildenden Namen tragen, wie die 1361 in Braunschweig geächteten „Bochenowen".[934] Bisweilen ist, wenn die Namen der Mitglieder einer solchen „bösen Gesellschaft" dem Rat einer Stadt bekannt sind, zu erkennen, daß verwandtschaftliche Beziehungen – wie sie Wernher der Gartenaere schildert – den Kristallisationskern gebildet haben. So wurde in Braunschweig 1351 eine Gesellschaft von bürgerlichen Plackern verfestet, unter denen sich mehrere „Stotehase" und zwei Brüder namens Schröder finden.[935] Verwandtschaft und wohl weniger die gemeinsame Herkunft dürfte die schaurige Sehenswürdigkeit erklären, von der zu Anfang des 15. Jahrhunderts Felix Hemmerlin berichtet: Er habe zu Oppenheim 24 Räuber auf Räder geflochten gesehen, die alle aus demselben Dorf stammten.[936]

Erst mit dem 15. Jahrhundert tritt das Bandenprofil in amtlichen Aufzeichnungen deutlicher hervor. Das liegt nicht allein an der mit wachsender Schriftlichkeit besseren Überlieferung, es liegt vor allem an den unter Folter oder unter Folterdrohung abgelegten Geständnissen. Schwer vorstellbar, daß 1414 in Bamberg Diez Durinck aus bloßer Einsicht in sein verbrecherisches Tun die Gesellschaft des Cuntz Nürnberger hat auffliegen lassen. Jetzt wird sichtbar, was sich in der spröden Überlieferung des 14. Jahrhunderts unter dem Begriff „landschädliche Leute" verborgen hatte.

Die „Gesellschaft" des Cunz Nürnberger und die Anfänge des Steckbriefs. 1414 „singt" („bekannt und gesagt")[937] Diez Durinck: „Cuntz Nuremberger ... stupflecht unter seinen augen" hat Weib und Kind zu Creußen, sein Vater lebt in Nürnberg. Er sei in Nürnberg „verleymund von eines kelchs wegen". Ein Kirchendieb. Dessen „geselle" stamme aus Pfreimd in der Oberpfalz, sei ebenfalls „stupflecht unter seinen awgen und hat langs krawß har". Dieser sei ein Pferdedieb „und sey auch des vom Lewtenberg diener", also ein Knecht des Landgrafen von Leuchtenberg. Hans Pawsch wird nur oberflächlich charakterisiert: „ein kurtzer man." Ein genaueres, allerdings schwer sichtbares Kennzeichen trage „der alte Lesterlein". Er stamme aus Oberkotzau (bei Hof) „und sey durch einen arspacken geschossen". Cuntz Peir „ir gesell ein swarzer man ... und hab ein schramen in seinen Kopf" stamme ebenfalls aus Pfreimd und habe den Geständigen darüber informiert, daß „Cunz Nüremberger und sein geselen gen Koburg komen ... und wollten da auf die Bamberger warten."

Der Bamberger Stadtschreiber trägt 1414 in das Verfestungsbuch auch die 14 Namen einer solchen Gesellschaft von Pferdedieben ein, die 1412/13 durch das Geständnis eines zu Bamberg gehenkten Diebes bekannt geworden sind.[938] Diese Gesellschaft stammt mehrheitlich aus dem Meiningischen. Hier, in Heldburg, lebt auch Gerlein Fleischmann,

„ir wirt", bei dem sie Unterschlupf finden. Ihr Aktionsraum erstreckt sich bis vor die Tore von Bamberg im fränkischen Jura, weswegen sie auch im abgelegenen Peesten östlich von Weismain in Cuntz Wiener einen „wirt" haben. „Sternflek" heißt der Anführer der „Gesellschaft", nach dem sie auch benannt ist. Dessen Vornamen oder eine nähere Charakterisierung kann der Geständige nicht preisgeben. Man kennt sich in diesen Kreisen zumeist nur mit dem Übernamen,[939] kennt zumeist nicht die sich dahinter verbergende Identität wie bei jenem Heinz Müllner aus dem meiningischen Veilsdorf (nö. Heldburg), „Wildsfewr genant". Daß der Geständige den eigentlichen Namen des Anführers nicht angeben kann, dürfte auf die Hierarchie innerhalb der „Gesellschaft" hinweisen. Der Anführer darf sich tarnen; denn bei den anderen Mitgliedern weiß der Geständige Vor- und Nachnamen, einen kann er sogar genauer charakterisieren: „Cuntz Kyst mit den zerrenden augen" (mit den Triefaugen), nur einer erscheint lediglich mit Vornamen und vager Herkunftsangabe: „Diepolt vom gepirg", ein Mitläufer. Selbst in dieser Gesellschaft sind dieselben Prinzipien der Namengebung wirksam wie in der etablierten Gesellschaft. Wer nicht viel zählt, hat kein Recht auf einen Nachnamen.

Geständnisse unter Folter oder Folterfurcht sind zweifelhafte Quellen. Wenn etwa 1516 in Aussee Hois Gryl hingerichtet wird, nachdem er die Namen von 34 Gesellen preisgegeben hatte, so ist nicht erkennbar, ob es sich tatsächlich um eine Bande gehandelt hat oder ob wir es nicht eher mit der Preisgabe von Kenntnissen der kriminellen Unterschicht zu tun haben. Namen von Bauern, Knechten, armen Handwerkern, die insgesamt 31 Morde verübt hatten, nannte Hois Gryl den Richtern.[940]

So unklar oft genug bleibt, wieweit erfolterte Geständnisse auf Bandenstrukturen oder – man verzeihe mir den Zynismus – auf „name-dropping" unter Schmerzen zurückgehen, so ist doch dem eingespielten Justizsystem einer bedeutenden Reichsstadt in der frühen Neuzeit zu trauen. Um 1600 notiert Meister Franz Schmidt, wie viele „Gesellen" ein Verbrecher hatte, und allein im Jahr 1593 wird in den Aufzeichnungen des Scharfrichters das Ausmaß der organisierten Kriminalität, die Bandenstruktur sichtbar: Einer der Hingerichteten hat zehn Gesellen,[941] ein aufs Rad Geflochtener „hat 29 Gesellen gehabt",[942] ein dritter, der ebenfalls 1593 geräderte Georg Müllner schließlich, ist Mitglied einer Bande von 33 Personen[943]. Das alles weist allerdings noch nicht auf organisierte „Banden" im herkömmlichen Sinn hin, sondern nur auf Mittäter und Mithelfer.

Meister Franz Schmidt kann nur aufgrund von Geständnissen mit genauen Zahlen aufwarten; vielfach weiß er aus Erfahrung, daß hinter einem ergriffenen Verbrecher eine größere Bande steht.[944] Dabei macht er in einem Fall auch eine Frau als Anführerin einer Bande namhaft, sie hatte „gewaltig viel gestohlen".[945] Eine 1588 ertränkte Verbrecherin war die Wirtin einer Bande.[946]

1562 werden in Eger drei Männer dingfest gemacht, die seit 16 Jahren gemeinsam auf Diebstahl ausgegangen waren.[947] Nicht Paarbildungen, sondern Dreiergruppen scheinen am häufigsten die Kristallisationskerne von Banden, scheinen die „Cameradschaften" gebildet zu haben, von denen in Steckbriefen des 18. Jahrhunderts die Rede ist. Ein erkennbarer Zweckmäßigkeitsgrund liegt bei den Betrügern vor, wo zwei den Bauern beschwatzen und der dritte den zufällig vorbeikommenden Gewährsmann darstellt.[948]

Es scheint zunächst eine Selbstverständlichkeit zu sein, es scheint mit landläufigen Vorstellungen übereinzustimmen, wenn Nachrichten über spätmittelalterliche Räuberbanden so häufig von Hauptleuten sprechen.[949] Tatsächlich aber liegt hierin ein entscheidender Unterschied der „bösen Gesellschaften" zu dem Räuberunwesen des 17. und 18. Jahrhunderts beschlossen. Die spätmittelalterlichen „Gesellschaften" sind viel fester, sind hierarchischer gegliedert als ihre frühneuzeitlichen Nachfolger. Diese nämlich finden sich in aller Regel nur von Fall zu Fall zusammen, sind eher demokratisch organisiert, wählen sich nur jeweils für den bevorstehenden Raubzug einen Anführer. Noch bis tief ins 16. Jahrhundert hingegen war die Bandenbildung von Anführern wie Martin Preuß geprägt. Dieser Unterschied läßt Raum für folgende Vermutung: Die Banden des 18. Jahrhunderts wurzeln in einer latent kriminellen Vagantenpopulation, die sie deckt und schützt. Ein Zusammenhang zwischen Räuberunwesen und fahrendem Volk läßt sich im späten Mittelalter hingegen nur ganz selten nachweisen, so wenn 1443 im Umland von Speyer eine Gesellschaft von „Stirnenstößern" das Land unsicher macht und die Bauern mit Münzen betrügt, die von leichtem Gold- und Silberschaum überzogen sind.[950] Der spätmittelalterliche Räuber ist vielfach von Adeligen, selten von Fahrenden gedeckt worden. Immerhin boten aber die ärmlichen Kleidungsstücke der Vaganten willkommene Tarnungsmöglichkeiten. So wird 1518 eine Bande von „Schottenfellern" ergriffen, die unter ihrem Anführer („de rechte hovetman") den Ostseeraum unsicher gemacht und sich als Hausierer, als „Schotten", getarnt hatten.[951]

Schon im Spätmittelalter sind Bandenstrukturen außerhalb adeliger Plackerei erkennbar. So schmerzlich ihre Aktionen für einen dänischen Ritter oder für Geistliche auf dem Weg nach Rom waren, so wenig wir die Tränen über die geraubte Wäsche geringschätzen, so müssen wir doch mit der Erbarmungslosigkeit des um Zusammenfassung bemühten Historikers feststellen: Das alles gehört zum gefährdeten Alltag des Menschen im Mittelalter. Von dieser Kriminalität gingen keine größeren Gefährdungen der Gesellschaft insgesamt aus.

Mordbrennerbanden? Die neue Wahrnehmung organisierter Kriminalität im 16. Jahrhundert

Die neue Wirkkraft der an die Druckschriften gebundenen öffentlichen Meinung – Brandstiftung, „Mordbrand" – eine Welt der Strohdächer – Mordbrand als Begleiterscheinung von Fehden und Kriegen – von wohlbegründeter Brandfurcht zu Verschwörungstheorien – um sich greifende Hysterie: das Beispiel des Einbecker Stadtbrandes 1540 – Argwohn und Mandate gegen Fahrende – Grausen vor Gaunerzinken – Erkennungszeichen Wolfsangel: eine Rotte im Salzburgischen – Juden, Wiedertäufer und andere potentielle Zerstörer christlicher Ordnung – der Drohbettel gartender Landsknechte – Türken und Franzosen als vermeintliche Drahtzieher im Hintergrund

Die Geschichte der Räuberbanden entwickelt sich keineswegs logisch nach eigenen Gesetzen. Schon allein die Wandlungen des Fehderechts haben ihre Rückwirkungen, wie die Geschichte der Plackerei lehrt. Im 16. Jahrhundert wirkt eine neue Erscheinung auf die Struktur der Banden ein: die an die Druckschriften gebundene öffentliche Meinung. Die „bösen

Gesellschaften" des späten Mittelalters waren immer nur im regionalen Umkreis wahrgenommen worden; ihre Verfolgung erregte kein allgemeines Aufsehen, das kriminelle Vereinigungen generell hätte bedrohen können. Das änderte sich seit 1540 mit der aus aktuellen Anlässen genährten Mordbrenner-Psychose, einer Erscheinung, die schwerlich überschätzt werden kann. Die hiermit verbundenen Verschwörungstheorien bildeten die Voraussetzung für die Hexenverfolgungen in der zweiten Hälfte des 16. Jahrhunderts.

Die Mordbrenner-Psychose seit 1540 war, durch Druckschriften befördert, neu, die realen Hintergründe jedoch uralt. Bevor Anlässe und Folgen dieser kollektiven Furcht dargestellt werden, seien ihre tieferen Ursachen beleuchtet.

Der Ausdruck Brandstiftung ist relativ jung;[952] die Sache wird im Mittelalter überwiegend als „Mordbrand" bezeichnet,[953] wobei stets mitschwingt: Solche Taten werden heimlich und nachts verübt, erfüllen also den Tatbestand des Mordes.[954] Dem Mordbrenner drohen härteste Strafen, oft die Spiegelstrafe des Verbrennens,[955] und – weil das zumeist an Vergeltung noch nicht genug war – vorheriges „Zwicken" mit glühenden Zangen[956]. Die harten Sanktionen der Carolina (Art. 41 und 125) entsprechen spätmittelalterlicher Praxis.[957]

Mordbrand ist nicht nur ein eigenständiges Delikt, er ist auch eine unmittelbare Begleiterscheinung von Fehden. Mitte des 15. Jahrhunderts sollte dies der Markgraf Albrecht Achilles mit der ihm eigenen Formulierungskraft in die Worte kleiden, daß der Brand den Krieg ziere „wie das Magnificat die Vesper". Deshalb hatten schon Konzilien des 12. Jahrhunderts, gestützt auf die Lehre Gratians, jedem Brandstifter mit der Exkommunikation gedroht, gleichgültig aus welchen Gründen er Feuer gelegt habe.[958] Konkret: Auf das Fehderecht konnten sich die großen Herren nicht berufen. Wirkungslos aber blieben, wie die zynische Äußerung des Albrecht Achilles lehrt, solche kirchlichen Gebote.

Sehen wir von dem Zusammenhang von Fehde und Brand ab, richten wir unseren Blick auf Erscheinungsformen, wie sie auch der Plackerei zugrunde lagen – denn der Mordbrenner wurde dem „Landzwinger" gleichgestellt –, so erweist sich: Alle Abschreckung nützte nichts. In einer Welt feuergefährlicher Scheunen war der Fluch des kleinen Vaganten ebenso ernst zu nehmen wie die Erpressung des Plackers; das Ersuchen des Landfahrers um Nachtlager in Stall oder Scheune konnte ein Bauer ebensowenig gefahrlos ablehnen wie die Erpressung einer Mordbrennerbande. 1418 wird in Schwäbisch Hall eine solche, 15 Mann starke Bande dingfest gemacht und nach kurzem Prozeß „alsbald bei Nacht … bei einem brennenden Feuer enthauptet".[959] Die Spiegelstrafe deutet an: Brennendes Feuer als Zeichen der Tat,[960] die Zeit der Hinrichtung spiegelt die Zeit des Verbrechens; denn der Brandstifter ist der „incendiarius nocturnus", ein Nachttäter. Warum aber wird die Spiegelstrafe nicht konsequent durchgeführt, warum werden die Täter nicht stets verbrannt? Immer dort, wo ein solcher Verbrecher im Mittelalter enthauptet wird, dürfte es sich um Schwerstkriminelle aus dem Umkreis adeliger Placker gehandelt haben.[961] Erst in der frühen Neuzeit wird es allgemeiner, den Mordbrenner „aus Gnaden" zu enthaupten.

1355 werden in Braunschweig Mitglieder einer Bande verfestet, also als flüchtige Verbrecher gesucht, „pro incendio mortprant et quod extorquent dingede ab hominibus".[962] Deutsche Begriffe in einem lateinischen Achtregister. Die menschengefährdende nächtliche Brandstiftung, ein schon in den frühmittelalterlichen Rechtsquellen aufgeführtes Delikt,[963] war nie Brandstiftung im modernen Sinne, sondern, den mittelalterlichen Wohnbedingungen entsprechend, immer „mordbrand"[964]. Die gesuchte Braunschweiger Bande erpreßte mit der Drohung, Feuer zu legen, Schutzgelder, „dingede", von den verängstigten Bauern. Der Eintrag im Braunschweiger Verfestigungsregister steht stellvertretend für viele.[965] Brandstiftung, Mordbrand, steht häufig in verdächtiger Nähe zur Fehde, ist Drohung adeliger Placker und marodierender Banden. Um 1400 sind für den Eisenacher Johannes Rothe Mordbrenner Begleiter von Kriegen.[966]

Auch darin ist der zitierte Eintrag im Braunschweiger Verfestungsregister aufschlußreich. Die Drohung mit dem Roten Hahn ist überaus wirksam zur Erpressung von Schutzgeldern. Die Ängste vor rachsüchtiger Brandstiftung[967] saßen tief in einer Welt der Strohdächer, der bestenfalls mit Schindeln gedeckten Höfe auf dem Land und der eng, allzu eng, ohne Feuergassen bebauten Städte. Was steht nicht an persönlichem Elend hinter den dürren Worten, die der Chronist über den Danziger Stadtbrand 1499 verliert: „that den armen leuten treflichen Schaden; sie verloren und kamen umb alles das sie hatten."[968]

Latente Gefahr: Allgemeine Unruhe ergreift die Städte des Umlandes, als 1418 eine Bande in Schweinfurt Feuer legt. Bei diesem Delikt zeigen sich die ersten Umrisse einer überlokalen Verbrechensbekämpfung. Mitglieder dieser Bande werden in Schweinfurt, aber auch in Bamberg und Haßfurt gefaßt und verbrannt.[969] Stadtbrände als stete Gefahr – aber vollends schutzlos war das Land vor der kriminellen Energie des Brandstifters. „Mordbrand" schreckte die kleinen Kötner, die reichen Bauern, die Pfarrer und die fürstlichen Amtleute. Ein Hans Dickmann zum Beispiel setzte 1437/38 das Gebiet um Celle in Angst und Schrecken. Höfe und Koten, das Pfarrhaus in Mellendorf, die Mühle in Burgdorf, das herzogliche Vorwerk in Burgwedel ließ er in Flammen aufgehen. Adelige, die Herren von Cramm, sollen ihn geschützt haben.[970]

Alle Versuche, mit Strafen abzuschrecken, fruchteten nichts. Brandstiftung blieb über die Zeiten ein gefürchteter Schrecken. Ergebnislos blieb auch die in Nürnberg eigens verkündete Sanktion, falls – was häufig vorkam –[971] einer dem andern mit dem Roten Hahn drohe, solle er die gleiche Strafe erleiden, als ob er die Tat ausgeführt habe[972]. Drohung mit Mordbrand. Wenn um 1400 der Eisenacher Johann Rothe behauptet, die Erfurter hätten „schelke" gedungen, um die Städte ihres Gegners, des Markgrafen von Meißen, in Brand zu setzen,[973] so war das angesichts der üblichen Formen von Kriegführung nicht unbedingt aus der Luft gegriffen. Ein Jahrhundert später aber sind Züge einer Psychose zu beobachten: Mordbrennerbanden seien unterwegs, von Feinden der Christenheit raffiniert ausgesetzt. Wiedertäufern konnten diese Ängste gefährlich werden. Sie bekannten unter der Folter, was der Richter in sie hineingefragt hatte: Ja, sie wollten mit Hilfe von Landsknechten die Christen mit Mord und Brand ausrotten.[974] Unverkennbar die Parallele zu den alten Vergiftungsphantasien, die den Juden zum Verhängnis wurden.

Die Furcht vor Brandstiftung wurde durch häufige Anlässe genährt. Sie konnte sich zur Hysterie steigern; rational verständliche Furcht konnte in irrationale Ängste vor einer allgemeinen, einer politischen Gefährdung einfließen. Deshalb weckte der Einbecker Stadtbrand 1540 in ganz Deutschland Unruhe; verängstigt lauschten die Menschen den Nachrichten von der niemals nachgewiesenen Untat eines angesehenen Bürgers, der von seinen Feinden bezichtigt wurde, die eigene Stadt mit Hilfe mehrerer Spießgesellen angesteckt zu haben. Mitglied einer weit verbreiteten Verschwörung gegen die Protestanten soll er gewesen sein, sogar, wie gesagt wurde, im Auftrag des Fürsten Heinrich des Jüngeren von Braunschweig-Wolfenbüttel gehandelt haben.[975] Nervosität nach dem Einbecker Stadtbrand: Selbst landesherrliche Beamte geraten in Verdacht, in Osterode wird ein Mann wegen einer unbedachten, drohenden Äußerung der Stadt verwiesen, denn es waren „schreckliche Worte in diesen gefährlichen Zeiten der verrätlichen Mordbrennerei".[976] Nervosität nicht nur in der weiteren Nachbarschaft Einbecks; Angst ging um in ganz Deutschland. Ein biederer Ulmer Schuhmacher notiert zu diesem Jahr 1540: „in dem jar gingen die brenner um ... und machten vil armer leut ... deren brenner ergriff man am fil und verbrannt sy."[977] Dem entsprach, daß in Schwaben 1540 die Hysterie um sich griff.[978] Aus dieser Zeit weiß auch Georg Wilhelm Kirchhof mehrere Stories von Mordbrenner-Banden zu berichten, um rückblickend zu bemerken: „Es sind auch zu dieser zeit an manchen orten feuer eingelegt und aufgangen, in Sachsen und umliegenden, das mehrerteil aber in der protestierenden landen."[979]

Wenn die Furcht vor Mordbrennern grassierte, wenn Gerüchte vom Land in die Amtsstuben drangen, dann waren sofort alle Fahrenden ohne Unterschied verdächtig, dann ergingen drohende Edikte,[980] dann befahl der Herzog von Württemberg „fleißige tag- und nachtwachen auf Bettler, welsche und frembde Krämer, Wallen [Wallonen], gartende Knechte und ander argwöhnische onbekannte Leut, Streifer und Landtröcke",[981] dann erließ der Herzog von Bayern ein allgemeines Landmandat, weil in vier Dörfern des Landgerichts Schrobenhausen die Ernte verbrannt worden war.[982] Der gemeine Mann gab normalerweise nicht viel auf die Mandate seiner Obrigkeit; aber wenn diese seine alltäglichen Befürchtungen nährten, war der Boden bereitet, in dem ganz allgemein Verschwörungsängste Wurzeln fassen konnten. Wir werden darauf noch zurückkommen: Die Mordbrennerfurcht gehört mit ihren Verschwörungstheorien zu den wichtigsten Voraussetzungen des frühneuzeitlichen Hexenwahns.

Weitreichende, genauere Untersuchungen erfordernde Wirkung: Erst im Zusammenhang mit der Furcht vor Mordbrennern nach 1540 begegnen die ersten Nachrichten über Gaunerzinken. Die Sache ist sicherlich älter. Die von Zeit zu Zeit aufflackernde Mordbrenner-Hysterie ließ nun aber die Beamten ängstlich jene Spuren festhalten, über die ansonsten aus Trägheit hinweggesehen wurde. Da ist mit einem Mal zu erfahren, daß Räuberbanden ein geheimes Signalsystem, Erkennungs- und Markierungszeichen, entwickelt hatten, mit dem sie sich untereinander verständigten. 1540, in panischer Suche nach den Mordbrennern von Einbeck, sind im Amt Osterode die „Zeichen der Mordbrenner, die itz und in den landen umb laufen", notiert worden, Zeichen, die auch in Frankenhausen und Salzderhelden gefunden worden waren.[983] Das mag im konkreten Fall von Angst gepeinigte Deutung relativ harmloser Landfahrer-Markierungen, der bis heute in Gebrauch befindlichen Gaunerzinken,[984] gewesen sein. Aber schließlich war die Technik geheimer Verständigung bekannt.[985] In den folgenden Jahren tauchten deshalb immer wieder Gerüchte auf, wurden immer wieder Steckbriefe erlassen, wonach schlimme Banden an Brücken und Toren geheime Zeichen für ihre Mitglieder hinterließen.[986] Die Menschen gerieten in Angst. Hilfesuchend schrieb 1559 ein Wirt im Hennebergischen, daß einer seiner Gäste „mir in meiner Stuben das Zeichen gemacht ... darvon mir schier graust".[987]

1555 erging an den Pfleger des Salzburgischen Amtes Mattsee, eines traditionellen Durchzugsgebiets von Vaganten, der Befehl, auf eine Mordbrennerbande von etwa 50 Personen zu achten. Diese seien – wohl von den Türken – bestellt, „allenthalben in Teutscher nation, etlich wenig Land ausgenommen, zu mordbrennen".[988] Die Informationen, die dem Pfleger von Mattsee weitergegeben werden, nachdem ein Mitglied dieser Bande „gesungen" hatte, lassen einen Einblick in die Struktur einer kriminellen Vereinigung Mitte des 16. Jahrhunderts zu.

Die Bande, offenbar aus mehreren Kleingruppen bestehend, trägt ein Erkennungszeichen, hier in der Form einer Wolfsangel, rot und weiß auf ihre Kleidung genäht. Die Zeichen dienen als Erkennungs- und Zugehörigkeitsmerkmal für die Mitglieder der einzelnen Gruppen. So kennt das gefangene Bandenmitglied nur die Angehörigen seines Teams, von den anderen vier „Rotten" kann er – obwohl er augenscheinlich unter der Folter ausgesagt hat – nichts berichten. Decknamen haben sich die Kriminellen beigelegt. Nach Spielkarten nennen sie sich. Nur den Vornamen und die Herkunft von neun seiner Gesellen kennt der Informant und bisweilen noch nicht einmal soviel. Die Herkunftsgebiete – soweit sie sich identifizieren lassen – weisen auf eine zusammengewürfelte Gemeinschaft Fahrender: Zwei kommen aus dem Elsaß, aus Zabern und Molsheim, einer aus Sachsen, einer aus Offenburg. Gartende Landsknechte offenbar darunter, kenntlich an ihren Wehren, dem halben Haken, langem Degen, kurzem Gewehr und langer „feuerbüxe", kenntlich auch an ihrer Kleidung, den „zerhauenen hosen", die sich einer aus gestohlenem Tuch hatte machen lassen. Landsknechtsschicksal wird offenbar, wenn „ein ziemlich langer Knecht ... in beiden Händen lahm" ist. Gut gekleidet sind diese durchwegs bärtigen Leute fast alle, tragen teilweise mit Seide gefütterte Wämse und federgeschmückte Hüte. Drei der neun Spießgesellen haben Lebensgefährtinnen; diese sind schlichter gekleidet, die kleine Dicke in einer Zwillichjacke, die zweite im grauen Rock und die dritte, eine kleine Frau, aus dem Etschland stammend, trägt einen grauen Unterrock mit zwei gelben Streifen; als einziger Schmuck zieren zwei Hahnenfedern ihren schwarzen Hut.

Die in der Gaunergeschichte nicht seltene Wahl von Tarn- und Übernamen aus dem Kartenspiel,[989] wie sie sich diese Vaganten beilegen, weisen auf eine hierarchische Bandenstruktur: Der Schellenober ist besser gekleidet als der Schellenunter. Der Schellenkönig, „ein großer starker Knecht", ist offenbar das Haupt der Rotte und die Schellensau ist ein trickreicher Falschspieler, unbeliebt bei seinen Spießgesellen: „gar ein böser mensch."

Brandenburgische Mandate warnen 1590 und 1603 vor Mordbrennern, die „ihre gewisse Merk und Zeichen haben, so sie hin und wieder (= allenthalben) anschreiben und malen".[990] Ähnliche Warnungen sprechen zahlreiche obrigkeitliche Edikte vor allem des 16. Jahrhunderts aus.[991] Mordbrand und geheimes Signalsystem hingen in den Vorstellungen der Gesellschaft so eng zusammen, daß die unglücklichen Wiedertäufer, die sich unter der Folter als Mordbrenner bekennen mußten, zugleich angebliche Brennerzeichen preisgaben, um nur der peinigenden Tortur ledig zu sein.[992]

Wenn der angebliche Rädelsführer dieser Brandstiftung, der angesehene Bürger Heinrich Dick, in einem Käfig am Stadttor aufgehängt wird, dann ist die Beziehung zu den Wiedertäuferkäfigen in Münster evident,[993] und es wird auch klar, was der Mordbrenner-

Psychose den Weg bereitet hat: Die Wiedertäufer waren als eine Gemeinschaft hingestellt worden, die sich die Zerstörung christlicher Ordnung zum Ziel gesetzt hatte.

Die stets akute Brandgefahr und das Wissen um die Bedrohung protestantischer Bekenntnisbildung durch die Politik haben 1540 hinter kriminellen Taten von Brandstiftung eine allgemeine Bedrohung fürchten lassen.[994] Das aber war nur die aktuelle Oberfläche. In den Tiefen der Geschichte wurzelt die Angst vor verbrecherischen Anschlägen gegen die Christenheit. Verschwörungstheorien. In einem stets gefährdeten Alltag, in einer Gefährdung, die für die heutige Welt in ihrem Ausmaß nur schwer nachzuvollziehen ist, hat es mit der Minderheitenproblematik viel, mit Vorboten des Rassismus gar nichts zu tun, wenn 1249 die Juden verdächtigt wurden, mit den Mongolen, deren Einfall in deutschen Landen befürchtet wurde, gemeinsame Sache zu machen. Juden sollen auch bei der europäischen Pestepidemie seit 1347 die Brunnen vergiftet haben. Unklar bleibt die Herkunft solcher Gerüchte. Eindeutig „von oben" wurden Verschwörungsängste geschürt, als 1498 die „Leute aus Klein-Egypten", die Zigeuner, vom Reichstag mit der Begründung für vogelfrei erklärt wurden, sie steckten mit dem „Erbfeind des christlichen Glaubens", mit dem Sultan, unter einer Decke.

Die Bedrohung durch die Mongolen verlor sich sehr schnell, und daß die Leute aus Klein-Egypten gefährliche Spione der Türken seien, glaubte im Volk niemand; bezeichnenderweise wurde letzteres Argument auch von den Obrigkeiten alsbald fallengelassen. Mentalitätsprägend sind die benannten Verschwörungstheorien nicht geworden; aber sie haben den Gedanken einer Verschwörung gegen die Christenheit in die Welt gesetzt, einen Gedanken, der mit den konfessionellen Auseinandersetzungen im 16. Jahrhundert zuvor ungeahnte Brisanz gewann.

Sodann war die sogenannte Mordbrenner-Hysterie durch die allen Zeitgenossen noch gegenwärtigen Gefahren der Plackerei, der vom Adel geschützten Kriminalität, genährt. Und was werden nicht die „gartenden", die abgedankten Landsknechte der inzwischen entstandenen neuen Heere an Befürchtungen geschürt haben, wenn sie in voller Bewaffnung ihrem Drohbettel in den Dörfern nachgingen?[995]

Ist es denn tatsächlich angemessen, wenn wir von einer Mordbrenner-Hysterie sprechen? Natürlich hat es eine solche von den Obrigkeiten behauptete terroristische Verschwörung nicht gegeben. Aber: Zu real waren die Gefahren, welche die Menschen zu fürchten hatten. Alltägliche Furcht vor Brandgefahren vermischte sich mit alten, teilweise in die Bevölkerung hineinmissionierten Verschwörungstheorien, die in einer konfessionell verunsicherten Bevölkerung – wer waren eigentlich die so beschimpften Wiedertäufer? – auch deswegen glaubhaft erschienen, weil neben den gewohnten Plackern mit einem Mal auch der neue Typ des gartenden Landsknechts bettelnd und drohend zugleich auftrat. Diese „Hysterie" ist in ihrem besonderen Ausmaß ein Spezifikum des 16. Jahrhunderts, jedoch wie alle zeitspezifischen Erscheinungen in der vorindustriellen Gesellschaft verliert sie sich erst langsam aus der Geschichte. Noch bis in die zweite Hälfte des 17. Jahrhunderts können die Verschwörungstheorien mit der Angst vor Brandstiftung aufflackern. Die Türkenfurcht[996] oder in der Zeit der französischen Raubkriege die Angst vor den Franzosen kann Gerüchte aufkommen lassen, im Auftrag der Feinde seien Mordbrennerbanden unterwegs[997]. Die Mordbrennerfurcht mochte durch brennende Gehöfte und durch das

Bewußtsein der stets vorhandenen Feuersgefahr mit ihren existenzbedrohenden Folgen genährt worden sein. Aber sie gehört auch zu einer Gesellschaft, die unter Verschwörungsgerüchten litt. Von den angeblich die Brunnen vergiftenden Juden im Mittelalter über die ebenfalls verdächtigen Wiedertäufer bis hin zu den im 17. Jahrhundert verbreitet der Verdächtigung ausgesetzten fahrenden Leuten und Vaganten, selbst Ochsentreiber und Pilger nicht verschonend, läßt sich ein weiter Bogen schlagen. Ein Beispiel für die Zählebigkeit solcher Vorstellungen, die selbst hochgestellte Juristen infizierten: 1671 wurde in Bayern ein Edikt erlassen, das die Bevölkerung warnte. Es werde „durch böses Gesindel in Welschland eine gelbe Salbe in Umlauf gebracht und an die Thüren, Mauern etc. sogar in den Weihbrunnen gethan". Man sterbe bei Körperkontakt mit dieser gelben Salbe.[998]

1689 befürchtete man in Bamberg unter dem Eindruck der nationalen Erregung über die französischen Raubkriege, daß sich eine „Compagnie ... gottloser Gesellen" gebildet habe, die, an einem in der linken Hand eingebrannten Bandenzeichen zu erkennen, im französischen Auftrag durch Mordbrennerei die deutschen Lande ruinieren wollte. Durch das Geständnis eines in Böhmen aufgegriffenen Landfahrers meinte man von „einigen aus Philippsburg von dem Frantzösischen Capitain la Flour ausgeschickten gottlosen Gesellen" zu wissen, die, wie man in Bamberg befürchtete, sich „würcklich" ins Hochstift hätten einschleichen können.[999]

Mentalitätsbildende Kraft von Kriminalität und ihrer Publikation, dem Edikt: Auch als mit dem 18. Jahrhundert solche Hysterien abklangen, blieb die Furcht vor Mordbrennerbanden immer wach (sie begegnete damals selbst noch in New York),[1000] obwohl sie sich stets als grundlos erwies. Ein Beispiel: Als Heinrich von Kleist in seiner Anekdote „Beispiel einer unerhörten Mordbrennerei" einen Fall aus Rouen verarbeitete, erinnerte er an eine kürzlich auch in der Berliner Gegend agierende Bande. Tatsächlich aber hatte der Dichter in seiner Zeitschrift, den Berliner Abendblättern, 1810 nur die in Berlin umlaufenden Gerüchte notiert.[1001]

Die Proletarisierung des Räubers seit dem späten 17. Jahrhundert

Katzenfresser: „arme" Räuber? – die immer deutlicher werdende Armutsfolie der Raubkriminalität – ein unspektakuläres Beispiel um 1713: die Köthener Räuberbande – amtlicher Ermittlungseifer und wie man ihn wecken kann – Fehlanzeige: Räuberhauptmann – soziale Entwurzelung als Charakteristikum der Bandenmitglieder – reiche Opfer, arme Opfer

Mit dem Ausdruck „Proletarisierung" sei keineswegs ausgedrückt, daß der Raub zuvor ein edles Tun gewesen wäre, daß es sich jetzt um abgesunkenes Kulturgut handele. Es sei lediglich damit benannt – einen besseren Ausdruck habe ich nicht gefunden –, daß sowohl von der Herkunft der Räuber als auch von den meisten Raubobjekten her gesehen die Armut nun die Folie der Gewaltkriminalität bilden sollte. Mit dem Ausdruck „Proletarisierung" des Räuberwesens verbinden wir keine denunzierende, noch nicht einmal eine abschätzige Charakterisierung, sondern allein den Versuch der exakten Beschreibung einer kriminellen Welt, die zutiefst in der Welt der Armut verwurzelt war. Nicht die bürgerliche Erfindung des kühnen Räuberhauptmanns ist dafür repräsentativ, sondern der in einer Gaunerliste gesuchte „Katzenfresser", der „die Katzen fängt, verzehrt und aus den Bälgern Hauben macht".[1002] Alle Überlegungen aber, statt „Proletarisierung" das Stichwort „Armut" für die Überschrift zu wählen, habe ich verwerfen müssen, weil ich damit indirekt doch einer Romantisierung insofern Vorschub geleistet hätte, als Armut vieles an menschlichem Fehlverhalten verzeihen läßt. Raubkriminalität aber ist in erster Linie Anwendung von Gewalt, die sich in ihrer Erbarmungslosigkeit auch gegen arme Leute richten kann.

Proletarisierung. Unsere zugegeben plakative Formulierung ist, noch ohne die einzelnen Belege aufzuführen, von der Sprachgeschichte gedeckt, von einem Sammelbegriff, der im 18. Jahrhundert Karriere machte: Jauner.[1003] Damit wurde der kleine Dieb und ebenso der Schwerkriminelle bezeichnet[1004] – ein denunzierender Begriff, der sich aus dem Rotwelschen entwickelt hatte, wo „jone" für den Betrug beim Glücksspiel stand[1005].

Erst zu Ausgang des 18. Jahrhunderts versuchte der damals beste Kenner der schwäbischen Kriminalität eine präzisere und teilweise auch verständnisvollere Begriffsbestimmung: Demzufolge stammen die Jauner zu einem Drittel aus Bettlern sowie aus der „Menge anderer arbeitslosen, unglücklichen und verwahrlosten Leute".[1006] Solchen Einsichten verschließen sich Juristen schon um 1800, wenn sie von der „Menschenrace der Gauner" sprechen.[1007]

So deutlich die Armut als Folie der Gewaltkriminalität seit dem ausgehenden 17. Jahrhundert erkennbar wird, so unhistorisch wäre es doch, von einem allein über die Wortgeschichte „Jauner" ermittelten generalisierenden Befund der Proletarisierung ausgehend das Weiterleben von Traditionen zu übersehen; denn schließlich hatte auch in früheren Zeiten Armut zur Kriminalität geführt. Man wußte bereits im Mittelalter, trotz aller religiösen und kirchlichen Rechtfertigungen von Armut, daß diese die größte Gefahr für ein tugendhaftes Leben bildete. Der hl. Nikolaus hatte sich erbarmt und dem armen Ritter, der ansonsten seine Tochter „der Sünde der Welt" hätte preisgeben müssen, die Goldstücke für die Mitgift zu einer ehrbaren Heirat auf die Fensterbank gelegt. Dieser Hinweis sei mir deswegen gestattet, weil ich der festen Überzeugung bin, daß das Verhältnis von Gesellschaft, Armut und Kriminalität ohne Berücksichtigung der Kulturgeschichte des hl. Nikolaus nur zeitgebunden oberflächlich diskutiert werden kann.

Wenn die Armut immer schon die Gefahr der Kriminalität enthalten hat, so stellt sich die Frage, ob mit dem plakativen Ausdruck „Proletarisierung" des Räuberwesens nicht Traditionen des Verbrechens eingeebnet werden. Gewiß: Die Lösegelderpressung, eines der zentralen Elemente früherer Gewaltkriminalität, ist den Räubern des 18. Jahrhunderts unbekannt. Vollends unbekannt ist ihnen, daß es Sühneverhandlungen, Ausgleich mit den Geschädigten geben kann. Seit dem 17. Jahrhundert war die erbarmungslose Alternative klar: Gewinn oder Galgen. Und dennoch: Es gibt Traditionen, aber es handelt sich um solche, die sich aus der vielberufenen Natur der Sache her ergeben, weniger aus einer Vermittlung von Erfahrungen.

Armut als Folie der Gewaltkriminalität: Um die Lebensverhältnisse näher zu beleuchten, die hinter dem Schlagwort von der Proletarisierung des Räuberwesens stehen, sei im folgenden die Erfahrungswelt einer regional agierenden Räuberbande von 1713 vorgestellt. 1713 setzte die gewiß nicht reiche Witwe des Fürsten von Anhalt-Köthen eine Belohnung von 500 Talern für die Ergreifung einer Räuberbande aus, die seit Jahren das Fürstentum unsicher machte.[1008] Diese Belohnung allein führte nicht zur Aufdeckung einer der typischen Räuberbanden der Zeit, aber sie stachelte die Beamten in der vor Räubern sichereren Residenzstadt zu ungewohnter Energie an. Wo die Fürstenmutter engagiert war, konnte es sich für die untersuchenden Beamten lohnen, genauer hinzusehen. Das ist der Hintergrund, weswegen 1714 eine Räuberbande enttarnt wurde. Diese der Einfachheit halber „Köthener Bande" genannte Gesellschaft sei gerade deswegen ausführlicher vorgestellt, weil sei nicht zu den spektakulären Räuberbanden eines Nickel List, eines Lips Tullian, eines Schinderhannes zu zählen ist, zu jenen Banden, die einen eigenen, die typischen Strukturen der Alltagskriminalität verwischenden Mythos entwickelt haben.

Vorsicht bei der Auswertung der Quellen ist aber auch bei dem „Normalfall" einer Bandenbildung geboten. Ob deren Struktur tatsächlich so gefestigt war, wie in der Erfolgsmeldung der Beamten in ihrer im Druck verbreiteten „Gründlichen Nachricht" behauptet, steht dahin. Im Wissen, daß die Fürstenmutter ihr allerhöchstes Interesse an der Verfolgung der Räuber artikuliert hatte – wir wollen ihre Fürsorge für das Land gewiß nicht ironisieren –, wird in der „Gründlichen Nachricht" eine generelle Gefährdung des Fürstentums an die Wand gemalt, um einen sporteltrachtigen Einkommenszweig der Beamtenschaft zu reklamieren. Es gebe, so wird behauptet, „Rotten solcher bösen Buben ..., deren jede ihren Rudels=Führer habe und manche Rotte in die 30, 40, 50 und mehr Personen starck sey".[1009] Diese Behauptung der „Gründlichen Nachricht" ist mit Skepsis zu betrachten. Aber dabei ist, Ehrenrettung der Beamten, nicht zu übersehen: Wo die Fürstinmutter sich engagierte, spielten die hohen Untersuchungskosten keine Rolle. Die Beamten brauchten nicht wie ihre Hildesheimer Kollegen 1758 zu befürchten, daß sie harte Rüffel von der Regierung bekamen, weil die dreijährige Untersuchung eines Inquisiten wegen des umfangreichen Briefwechsels mit auswärtigen Behörden 1384 Rthlr. verschlang.[1010] Dennoch sind bei aller Quellenkritik handfeste Informationen in der „Gründlichen Nachricht" enthalten.

Daß es ausgerechnet bei den Räuberbanden des 18. Jahrhunderts nicht den Hauptmann gab, der für die früheren „bösen Gesellschaften" selbstverständlich war, hängt mit einer von der Armut erzwungenen Proletarisierung der Raubkriminalität zusammen. Die Köthener Bande rekrutierte sich – typisch für die Bandenstruktur des 18. Jahrhunderts – aus der Unterschicht, wobei immer wieder jene Mobilität erkennbar ist, die auf Entwurzelung, nicht aber auf Erfahrungsgewinnung zurückweist. Eines der führenden Mitglieder war Hans Heinrich Friese, Sohn eines Hirten aus Löbbens in Sachsen. Seine Mutter Lucia stammte aus dem Lüneburgischen. Er hatte nach zehnjähriger Ehe seine Frau verlassen und war unter die Soldaten gegangen. Dabei desertierte er mehrfach und trat des Handgeldes wegen stets in andere Heere ein. In dänischen Diensten wurde er verwundet und als etwa Vierzigjähriger verabschiedet. Er stand, als Invalide für den weiteren Soldatendienst untauglich, vor dem Nichts.[1011]

Sozial Entwurzelte, in die Vagantenschicht Hineingeborene oder bettelarme Leute wie Seifensieder[1012]: Eine Ausnahme war, daß ein Landhandwerker wie der 26jährige Böttchermeister von Jeßnitz, Hans Heinrich Richter, zu der Bande gehörte, „von welchem man solch böse Thaten nicht hätte vermuthen sollen".[1013] Eine Schnittstelle von ehrbarer und unterprivilegierter Gesellschaft ist hier benannt. Das erweist sich, wenn Mitglieder der Bande ihre Erfahrungen als Hausierer, als „Tabulet-Krämer" für Diebstähle nutzen können,[1014] das zeigt sich in der Gewitztheit, die sie der Kampf ums Überleben auf der Landstraße lehrte: „Er war sehr fertig mit dem Munde und fähig so fort eine List und scheinbahre Außflüchte und Lügen, auch aus Stegereiff zu erdencken."[1015]

Trotz ihrer Herkunft aus der Unterschicht waren die Mitglieder der Köthener Bande ebensowenig wie ihre Nachfahren Sozialrebellen. Sie beraubten Kirchen, Bürgermeister, Adelige und Pfarrer. Lohnend waren Überfälle auf Adelshöfe, wo Vorhänge und Gardinen – wertvoll allein des Stoffes wegen –, aber auch Flinten erbeutet werden konnten. Lohnender noch waren Pfarrhaus-Überfälle.[1016] Am lohnendsten waren aber Überfälle auf Landhandwerker wie Fleischer und Bäcker, etwa auf einen Fleischer in Löbejün, dem 2000 Taler geraubt wurden,[1017] oder auf einen Landbäcker, der zugleich Krämer war. Kattun und Leinwand im Wert von 250 Talern wurden bei ihm erbeutet.[1018] Selbst der Bürgermeister von Dernburg wurde von der Bande heimgesucht.[1019] Aber nicht nur Reiche wurden Opfer, sondern auch Arme. Mitglieder der Bande raubten, wo immer Gelegenheit dazu bestand, entwendeten einem Bauern vier Schafe und einem armen Drescher eine Gans,[1020] sie scheuten sich nicht, Bienenstöcke mitgehen zu lassen[1021] und arme Leute zur Preisgabe ihrer versteckten letzten Habe zu zwingen, indem sie ihnen Quirle in den Mund steckten[1022] oder indem sie ihnen Kissen aufs Gesicht drückten,[1023] woran ein überfallener Pfarrer erstickte.

Die Erfahrungswelt der Köthener Bande: Alles in dieser Welt hat seinen Wert. Die erste Spur, die 1714 zur Entdeckung der Köthener Bande führte, war das Sech eines Pfluges, das die Räuber, nachdem sie es zum Aufsprengen der Tür benutzt hatten, vergaßen und das der Besitzer des Pfluges, ein Bauer zu Maaster, wiedererkannte.[1024]

Retiraden: Wald und Kochemer Baies

Im Wald, da sind die Räuber – Nachrichten-, Versorgungs- und Hehlernetze – die Furcht vor den ungebetenen Gästen

Der Zusammenhang von Räuberromantik und Waldromantik um 1800 ist keineswegs realitätsfremd. Dichte Wälder waren seit jeher Rückzugsgebiet von Verbrechern. Das galt auch für die Banden. Daß im Wald die Teilung der Beute, geschützt vor Neugierigen, am gefahrlosesten vonstatten ging, wäre auch ohne eine entsprechende Nürnberger Nachricht aus dem Jahre 1383[1025] anzunehmen.

Der Zusammenhang von Wald und Raub gehört zu den Ursprüngen und Voraussetzungen der Räuberromantik. Die Geschichte der Kriminalität zu schildern, heißt immer auch, die Geschichte verborgener geistesgeschichtlicher Strömungen aufzudecken; der Einfluß des Rotwelschen auf die heutige Sprache[1026] hat ein Pendant in der Romantisierung des Brockens im Harz. Dessen Romantisierung – Erinnerung an einen angeblichen Tanzplatz der Hexen – wäre ohne einen schlichten Sachverhalt nicht möglich gewesen: Der Brocken war schon im 16. Jahrhundert Zuflucht jenes „herrenlosen Gesindels",[1027] dessen Einfluß auf die deutsche Sprache faßbar, dessen Einfluß auf die Romantisierung des Berges im Harz mit guten Argumenten zu vermuten ist.

Es scheint so zu sein, daß der Wald erst mit dem neuen, vom Adel sich ablösenden Räuberwesen des 16. Jahrhunderts in der Geschichte des Bandenwesens eine zentrale Bedeutung gewinnt. Erst jetzt beginnt die Geschichte der Bamberger Kregelmark als Verbrecherretirade.[1028] Im Jahre 1575 haust eine so starke Räuberbande im Sulzfelder Wald, daß Kitzingen 60 Schützen zu deren Vertreibung aufbieten muß.[1029] Wählen wir nur als typisches Beispiel das des Hochstifts Bamberg. Die Streifen fahnden etwa nach den Mandaten von 1705 und 1706 „nach denen in den Wäldern sich aufhaltenden Zügeunern (und) Gartbrüdern". Nicht nur den Geboten ihres Landesherrn hatten die Bamberger Beamten zu folgen. Auch nach dem Patent der vier Vorderen Reichskreise von 1714 gegen das herrenlose Gesindel zog es dieses besonders in Gegenden, „wo es der waldungen halber mehrere Bedeckung und Sicherheit zu finden vermeinte". (Nebenbei: Völlig vergessen ist im nationalen Gedächtnis die Bedeutung, die diese vier Vorderen Reichskreise für die deutsche Geschichte hatten.[1030]) Den Bamberger Beamten war klar: Der Hauptsmoor-Wald vor den Toren der Residenzstadt oder die Kregelmark in diesem Hochstift waren bevorzugte Schlupfwinkel.

Abgesehen von Verstecken in dichten Wäldern,[1031] in unzugänglichen Gegenden, in Diebshöhlen im Gebirge und Diebslöchern im freien Feld,[1032] in ungenutzten, nur zur Flachsproduktion benötigten Brechhäusern,[1033] ja selbst in den größeren Gemeindebacköfen[1034] und sogar in Teer-Öfen[1035] konnte ein Gauner sich auf ein System von sogenannten „kochemer Baies" stützen, von Gasthäusern, deren Wirte mit ihm gemeinsame Sache machten. Das ist schon den Nachrichten des Bamberger Echtbuches für das 15. Jahrhundert zu entnehmen und von der Sache her auch ziemlich naheliegend. Der jenische Ausdruck „kochemer Baies" jedoch – wobei „kochem" die Grundbedeutung „klug, gescheit" hat, „kochemer" aber auch für „Dieb" oder „Gauner" gebraucht wird[1036] – weist auf einen über die jeweiligen spezifischen Bedürfnisse von Räubern hinausgehenden Zusammenhang hin. Wie heute ein Reisender fragt, welche Hotelqualität seinen Vorstellungen genügen könnte, fragte ein Räuber, wo er möglicherweise Unterschlupf finden könnte. Der Ausdruck „kochemer Baies" entspricht – eine Analogie, keineswegs eine Entelechie – einem auch heute noch bekannten Kommunikationssystem. Berufsmäßige Fernfahrer wissen, wo sie nahrhaftes und preiswertes Essen bekommen, und Reisende, denen – das kommt vor – nicht unbedingt der Sinn nach exquisiter Küche, sondern nach Sauerbraten mit Klößen steht, orientieren sich klugerweise an der Zahl der Lastkraftwagen, die vor einer Raststätte stehen. In diesen Kommunikationszusammenhang stellen wir auch die „kochemer Baies", als Ausdruck der neuzeitlichen Differenzierung in der Geschichte der Gaststätte. Aus der Gaunerperspektive finde ich den ersten Hinweis auf diese Differenzierung, die in der Sache sicherlich viel älter ist, im Jahre 1574, als ein Mitglied der „Mausköpf", einer in Tirol agierenden Räuberbande, ein Geständnis ablegt und zu Bozen den „Kochwirt" benennt, wo sich die Bande zu treffen pflegte.[1037] Der „Kochwirt" ist natürlich als „kochemer Wirt" zu verstehen. Das gilt auch für die Zukunft. Sogar in den Städten wußten die Gauner von bestimmten Herbergen, wo sie gefahrlos übernachten konnten.[1038]

Übelbeleumdete Spelunken, bezeichnenderweise häufig die „Branntweinhäuser", die selten obrigkeitlich konzessionierten Schenken der kleinen Leute, sind oft kochem.[1039] Ein Netz solcher Herbergen erstreckte sich zum Beispiel um 1800 entlang beider Ufer des Rheins. Hier gab es geheime Gelasse, die nur durch versteckte Falltüren zu erreichen waren, hier kam es zu einem stetigen Nachrichtenaustausch, so daß durchaus von der wichtigsten Handelsstraße des Reiches als von einer kochemer Post-Linie gesprochen werden kann.[1040] Das ist vom System her schon älter, läßt sich bereits bei der Köthener Bande 1713 als fest etabliert erkennen. Die kochemer Baies dieser Bande waren Dorfwirtshäuser.[1041] Die Wirte, die wie Nickel List diese Schenken nur gepachtet hatten, waren zugleich auch Hehler und Helfer.[1042] Selbst wo die Wirte in den Dörfern mit den Räubern nicht gemeinsame Sache machten, waren sie doch nicht geneigt, im Interesse der Obrigkeit zu handeln. Die Furcht vor den Räubern war größer als die Autorität der Obrigkeit. In schöner Offenheit spricht davon die „Gründliche Nachricht". Mitglieder der Köthener Bande konnten nur deswegen in einer Dorfschenke gefaßt werden, weil hier zufällig der jüngste der Söhne des Landesherrn logierte. Das habe „die Captur befordert".[1043] Denn unabhängig von speziellen Gaunerherbergen konnten sich die Räuber in normalen Wirtshäusern bewegen. Es war Zufall, wenn ein Bürger aus Jeßnitz ein Mitglied der Köthener Bande, der „in der Schencke zu Weißandt mit vielen Spitzbuben" zechte, erkannte und auch den Mut hatte, ihn anzuzeigen.[1044]

Besonders Wirtshäuser an den zahlreichen territorialen Grenzen und Fuhrmannsstraßen bildeten „starcke Retiraden" der Gauner.[1045] Hier fanden sich die Hehler ein, die gestohlenes Gut im benachbarten Territorium versilberten.[1046] Ein Kommunikationsnetz, wie es die spätmittelalterlichen Räuber noch nicht kannten. Auch die Köthener Bande verfügte zu Anfang des 18. Jahrhunderts noch nicht über ein solch durchorganisiertes System, doch dessen Entstehungsbedingungen werden bereits sichtbar. In den vertrauenswürdigen Wirtshäusern erhalten die Juden von den Räubern die Kelche, die sie verhehlen. In diesen Wirtshäusern ist der Markt der Hehler. Die Wirtin zu Wiendorf regt zu einem Schafdiebstahl an und leiht dazu auch den Sack.[1047]

In abgelegenen Hirtenhäusern, in den außerhalb der Dörfer stehenden Mühlen, in Schmieden, Ziegeleien, in Schäferhütten und vor allem auf Einödhöfen[1048] fanden die Gauner entweder wohlwollende Gartväter oder zumindest Hauswirte, die sich aus Furcht vor Schlimmerem gezwungen sahen, die zwielichtigen Gestalten nicht allzu genau anzusehen. Was sollte etwa der Schweinehirt im Hildesheimischen machen, der des Nachts, um seine Mastschweine durchzubringen, Feuer anfachte? Er mußte die Zigeuner ja doch dulden, die sich uneingeladen um das Feuer lagerten.[1049] Fern war die Obrigkeit, die ein solches Verhalten verbot.

Daß stets von neuem die Beamten angehalten wurden, verdächtige Häuser zu überprüfen,[1050] war ein indirektes Eingeständnis dessen, daß es nie gelungen war, das fahrende Volk von seinen Unterschlüpfen abzuschneiden. Zudem reichte es nicht, es allein auf Häuser abzusehen, weil sich die in Wind und Wetter abgehärteten Landfahrer „bis zu ihrer bequemen Gelegenheit … in Gehölz und Wäldern … verdeckt halten". Aber – zur Verdeutlichung des Ausdrucks „Proletarisierung", zur Verdeutlichung der sichtbar werdenden Armutsfolie – kein Placker hätte sich zu so einer Lebensform bereit gefunden. Zwischen der

Täterbeschreibung des Bamberger Echtbuchs „der mit dem habicht reit" und den Gaunersignalements des 18. Jahrhunderts liegen Welten.

Verfolgung. Vom bäuerlichen Aufgebot zu den „Gründlichen Berichten"

Von der „Reisfolge" zur bäuerlichen Streife – bäuerliche Zurückhaltung im von der Obrigkeit verordneten Einsatz und die guten Gründe dafür – das Versagen der stehenden Heere als soziales Disziplinierungsmittel – „Cantzleybote" und „Hühnervoigt": die soziale Verflechtung zwischen kriminellen Kreisen und niederer Beamtenschaft – Nickel List, der berühmteste aller Kirchenräuber – aus welchen Quellen sich Räuberromantik speist – Pfarrer Hosmanns Denck=Mahl und die „Gründlichen Berichte" – der große Unterschied zwischen Teetisch und Strafpraxis – die Entstehung einer gebildeten Öffentlichkeit im 18. Jahrhundert

Noch im 16. Jahrhundert war erkennbar, daß die zu den Streifen auf das herrenlose Gesindel aufgebotenen Bauern alten Rechtsordnungen folgten: Sie waren ihren Herren zur Reis-, zur Kriegsfolge, verpflichtet, ein Dienst, der auf dem Hof lastete. An diese mittelalterliche Kriegsfolge der Bauern, die sich sowieso nie so recht mit der Herrenfurcht vor eben diesen Bauernverträgen hatten, denen man vorsichtshalber, aber ergebnislos das Waffenrecht nehmen wollte, erinnert im 17. und 18. Jahrhundert nur noch die Sturmglocke, bei deren Läuten das Dorf „Mann für Mann mit genügsamen Gewehr" zur Bettlerjagd anzutreten hat. Die Sturmglocke schrillt nicht mehr, weil Gefahr im Verzug ist, weil Feinde oder Placker das Land bedrohen, sondern weil die Obrigkeit mißliebige Menschen vertreiben will. Aus der „Reisfolge", der bäuerlichen Pflicht zur Landesverteidigung, ist die Untertanenpflicht entstanden, aufgrund derer der Fürst die Dorfbewohner zu Streifen aufbietet.

Doch die Bauern wollen noch nicht Untertanen sein, wollen nicht den Krieg der Obrigkeit mit den Vaganten führen, einen Krieg, der doch nur auf ihrem Rücken ausgetragen wird. Sie denken an ihre feuergefährdeten Scheuern, die der Rache des Gesindels ausgesetzt sind, sie sehen in den Streifen nur den Zwang einer Obrigkeit, die zwar Steuern eintreibt, aber keinen Schutz gewährt. Fühlen sie sich vielleicht sogar den Vaganten näher als der Obrigkeit und ihren feinen Räten? Wir können es nur vermuten, denn in den Quellen des Territorialstaats ist der Bauer stumm.

Es war ja durchaus richtig, was 1765 ein kurbayerisches Mandat über die Vagantenscharen feststellt: daß sie „den Landmann … in großen Schrecken und Unsicherheit setzen, sonderbar an abgelegenen und von aller Hilfe entblößten Orten, wo man nichts als Erpressung, Raub, Diebstähle, Mordbrennereien und andere unaussprechliche Drangsalen von ihnen zu erwarten hat". Die gleichen Bauern aber, die sich in Kriegszeiten gegen plündernde Soldaten auf eigene Faust zur Wehr gesetzt hatten,[1051] wollten keinen Krieg gegen die Vaganten. Es fehlte ihnen nicht an Mut, es fehlte ihnen – berechtigterweise – an Verständnis für die am grünen Tisch beschlossenen Maßnahmen. Was nutzte es denn, wenn harmlose Vaganten aufgegriffen wurden, die erfahrenen Räuber aber längst Wind von der Aktion bekommen hatten? Die Obrigkeiten dachten in Feldzügen, die Bauern aber wußten, daß es sich, um mit modernen Begriffen zu sprechen, eher um einen Partisanenkrieg handelte. Entschlossene Selbsthilfe in Kriegszeiten, wenn plündernde und marodierende Soldaten als Gegner auszumachen waren, aber verschwiegene Verweigerung in einem Feldzug, dessen dauerhafte Erfolge die Obrigkeit, die das Land ansonsten auch nicht schützte, nicht versprechen konnte und wollte. Denn die in Garnisonen stationierten stehenden Heere gedachte die Obrigkeit nicht dauerhaft zum Schutz des platten Landes einzusetzen. Und das, obwohl nur eines die Gauner wirklich schrecken konnte: der Einsatz regulären Militärs, der Husaren, bei den Streifen.[1052]

Mißmutig stapften die Bauern durch Felder und Gehölze, uninteressiert am letztlich doch gefährlichen Erfolg solcher Streifen – denn Gegenwehr drohte allemal, wenn herrenloses Gesindel aufgespürt wurde. 1724 weigerten sich die Bauern im hildesheimischen Amt Gebhardshagen, einem häufig vom Gesindel durchzogenen Gebiet, an einer anbefohlenen Streife teilzunehmen: Jahrs zuvor war ein Kötner bei einer solchen Razzia lebensgefährlich verletzt worden.[1053] Auch wo sie sich nicht direkt weigerten, blieben die Bauern doch vorsichtiger, als es der Obrigkeit lieb war. Es verwundert nicht, wenn der Pfleger des salzburgischen Gerichts Mattsee, dessen an der bayerischen Grenze gelegener waldreicher Amtssprengel ideale Unterschlupfmöglichkeiten für ganze Vagantenscharen bot, bei seinen jährlichen Razzien niemals nennenswerte Erfolge erzielte.[1054]

Vom Salzburgischen ins Niedersächsische. Es ergibt sich das gleiche Bild.[1055] 1775 war im Eichsfeld „der ruf erschollen", daß eine große Räuberbande aus dem Hannoverschen das Land bedrohe. Es seien bereits 21 Räuber und Räuberinnen mit ihren Hunden gesichtet worden. Die angeordneten Streifen stießen allerdings ebensowenig wie im Jahre 1780 auf eine angebliche Mordbrennerbande.[1056]

Die Obrigkeiten versuchten auf den verschiedensten Wegen, der Gauner Herr zu werden. Die Reichsstadt Nürnberg versprach 1715 demjenigen, auf dessen Anzeige ein Gauner gefaßt wurde, 50 fl. Das war viel Geld, lockte aber niemanden. Drei Jahre später erhöhte die Stadt die Prämie auf 150 fl.[1057] Erfolglos.

Die Menschen in den Dörfern wissen, daß ihnen der Staat keinen Schutz gewährt, und verstecken möglichst, was einen Wert besitzt. Das wissen aber auch die Mitglieder etwa der Köthener Bande. Manchmal reicht schon die Todesangst, die sie auslösen, damit – die Abwesenheit ihres Mannes war ausbaldowert – eine Frau das Versteck des Geldes preisgibt.[1058] Die Frau eines Dorfhandwerkers, eines Schneiders, der als Kossät über einen kleinen Grundbesitz verfügt, ist erfahrener. Ihr Haus sei schon viermal ausgeraubt worden. Tatsächlich ist nur ein Taler als Barschaft vorhanden. Die Räuber aber foltern die Frau und erbeuten neben etwas Kleidung 30 Bratwürste und eine Speckseite.[1059]

In mehrfacher Hinsicht entsprechen die Aktionen der Köthener Bande den typischen Erscheinungen der Bandenkriminalität des 18. Jahrhunderts. Lohnende Raubobjekte sind rar. Edelleute, wohlhabende Pfarrer und Müller gehören zu den bevorzugten Raubopfern.[1060] Typisch ist auch die Mitwirkung von Juden, die wie Susman Moysen aktiv an den Überfällen teilnehmen[1061] oder aber als Helfer im Hintergrund tätig sind[1062].

Das Verhalten der Bande des großen Galantho ist nur ein Reflex, ist die Antwort auf erlittene brutale Verfolgungen. An dem Lebenslauf dieses Räubers ist aber auch als typisch abzulesen: Die stehenden Heere sind keineswegs ein soziales Disziplinierungsmittel, sondern ein Moment der Instabilität. Galantho wird im Heer nicht diszipliniert, sondern wie so viele andere Räuber durch den Kriegsdienst erst zur Ausübung seines Gewerbes befähigt. Daß ein solcher Mann sogar zur Verfolgung von Fahrenden eingesetzt wird, zeigt Charakteristisches für die Staatsverwaltung des frühneuzeitlichen Absolutismus, das auch bei der Einschätzung der Wirksamkeit von Mandaten nie außer acht gelassen werden darf: die Nachlässigkeit bei der Bestallung von niederen Beamten, die so schlecht bezahlt werden, daß sich schon aus sozialen Gründen eine solche Nähe zur Unterschicht ergibt, daß sie als wirksame Instrumente zur Durchsetzung staatlicher Intentionen beim kleinen Mann nicht taugen.

Die Gaunerlisten sind voller Beispiele, daß Töchter von Gaunern Gerichtsdiener oder Gefängniswärter heiraten, daß Söhne von Gaunern solche Posten erhalten.[1063] Die kriminellen Kreise reichen in die schlecht bezahlten unteren Ränge der Beamtenschaft hinein. Der Vater eines Mitglieds der Köthener Bande war „Cantzleybote", abschätzig „Hühnervoigt" genannt.[1064]

Sogar Kirchen wurden von Banden heimgesucht. So wird zum Beispiel 1719 im fränkischen Cadolzburg eine Untersuchung gegen eine „große jüdische Mord- und Kirchenräuberbande" geführt.[1065] Aus allen Fällen des von Banden organisierten Kirchenraubs sei der wohl aufsehenerregendste ausgewählt: Der Lebenslauf des Nickel List,[1066] dem der spektakulärste von allen Kirchendiebstählen, der Raub der kostbaren Lüneburger Goldenen Tafel, gelang,[1067] zeigt die Existenzprobleme, die ein hochintelligenter Mensch hatte, wenn er arm geboren wurde, zeigt aber auch, daß selbst der Intelligenzverbrecher nur geringe Chancen hatte; über Beraubungen kleiner Leute regte sich kaum jemand auf, die Verfolgung solcher Räuber war nur lasch. Jahrelang konnten sie ihrem Gewerbe nachgehen, bis sie – meist zufällig – erwischt wurden. Aber ein solches Kleinräubern lohnte angesichts der verbreiteten Armut wenig, deckte gerade den Lebensunterhalt. Wer wie Nickel List höher hinauf wollte, stieß auf ungeahnte Energien der betroffenen Oberschicht.

Der um 1656 im sächsischen Waldenburg bei Zwickau geborene List hatte trotz günstigster Urteile seiner Lehrer weder „studieren", also eine Schulbildung erlangen, noch ein Handwerk erlernen können. Der Geistliche, der 1699 mit dem zum Tode Verurteilten stundenlange Gespräche führte, urteilte über ihn, daß er „wegen seines fähigen und scharffen Ingenii" es im Leben zu etwas hätte bringen können, „wann ihn nicht seiner Eltern Armut den von Gott verliehenen natürlichen Verstand auszuüben, gehemmt hätte".[1068] Nickel List mußte Dienste nehmen, wobei er, was ihm später nützlich sein sollte, in einem gräflichen Haushalt „Politur" und „Weltmanieren" erlernte. Mit 18 Jahren wurde er Soldat, wahrscheinlich freiwillig, weil ihm das Lakaiendasein nicht behagte. Der 30jährige wurde nach seinem Abschied vom Militärdienst Gastwirt im sächsischen Ramsdorf. Es muß sich um eine armselige Herberge gehandelt haben, denn ein reiches Gasthaus konnte ein abgedankter Soldat nicht erwerben. Er lebte mit einer getauften Jüdin, der Angehörigen einer sozialen Problemgruppe, zusammen. Einnahmen mochte ihm, der Paracelsus gelesen hatte, die Quacksalberei bringen, die „ihn, wie es geht, beym gemeinen Mann den Doktortitel zuwege brachte".

Als Wirt einer kleinen Herberge kam er zwangsläufig in Kontakt mit Räubern und zwielichtigen Gestalten. Zudem befähigten ihn die Erfahrungen als Soldat, eine der vielen „kochemer Baies", eine Gaunerherberge, zu führen. Er nahm, getarnt als Pferdehändler, selbst an Raubzügen teil. Der intelligente Mann hatte sich autodidaktisch das Löten und andere Schlossertätigkeiten beigebracht, er konnte jeden Schlüssel nachmachen.

Probleme der sozialen Existenz, arme Geburt und arme Partnerschaft, dazu Erfahrungen als Soldat und Gastwirt gepaart mit hoher Intelligenz – das alles qualifizierte ihn zu seinem spektakulären Lüneburger Raub. Schon ein halbes Jahr danach, 1698, wurde er in Hof, nach einen Kirchenraub in Wunsiedel, gefaßt und an die Braunschweig-Lüneburger Regierung ausgeliefert. Er besaß bei seiner Verhaftung nur einige 100 fl. – ein Vermögen für ihn, aber doch kläglich für den bedeutendsten Kirchenräuber seiner Generation; Bestätigung des Sprichwortes: „Ein Dieb stiehlt sich selten reich."[1069]

Am Schinderhannes-Mythos, der erst nach des Räubers Hinrichtung entstand, läßt sich unschwer nachweisen, daß ein solcher Mythos aus unterschiedlichen Quellen gespeist wird. Da wäre zuerst zu nennen die offiziöse Publikation der Untersuchungsakten in einer den Verdacht der subjektiven Auswahl nahelegenden, stark verkürzenden Zusammenfassung der Ergebnisse. Was als Unterrichtung des „Publikums" gedacht war, entsprach der neuen französischen Staatsrationalität, von auch in Deutschland vorhandenen Tendenzen der Öffentlichkeit in administrative Konsequenzen umgesetzt. Warum nur erstickten diese nicht bereits im Ansatz den Schinderhannes-Mythos? Die Antwort auf diese Frage liegt darin beschlossen, daß es ein mündiges Publikum, auf das die Aktenpublikation zielte, nicht in dem Maße gab, daß so die Stimmung in der Bevölkerung beeinflußt werden konnte. Die zur Unterrichtung des „Publikums" gedachten Veröffentlichungen verstärkten vielmehr wegen ihres selektiven und offiziösen Charakters selbst bei denen, die sich die Mühe machten, diese Aktenreferate wenigstens auszugsweise zu lesen oder sich vorlesen zu lassen, also beim gemeinen Mann in den Rheinlanden, das Unbehagen. „Signalements", „Steckbriefe", „Urgichten" und Moritaten war er gewöhnt. Texte, die über das Format der Hauskalender hinausgingen, nahm er allenfalls bei Gesangsbüchern zur Kenntnis. Und im mentalen Untergrund der nicht an die Schrift gewöhnten Menschen wirkte das spätmittelalterliche Erbarmen mit dem armen Sünder nach.

Die zweite Quelle des Schinderhannes-Mythos liegt, das Motiv des armen Sünders verstärkend, darin, daß die Todesurteile gegen Johannes Bückler und seine Genossen unter den Augen der französischen Fremdherrschaft vollzogen wurden. Die dritte Begründung liegt schließlich darin, daß Literaten ihre Chance sahen. Sie lösten sich von den „Gründlichen Berichten". Nicht die Tat stand für sie im Vordergrund, sondern die Verwegenheit und Kühnheit des Täters.[1070] Unschwer läßt sich diese Heroisierung als weltfremd entlarven. Nicht auf Kampf, sondern auf Beute kam es den Räubern an, die sich auch nicht scheuten, durch das stinkende Abwasserloch in einer Stadtmauer in die Stadt zu gelangen.[1071]

Sodann wirkte bei der Romantisierung des Räubers ein Stilmittel weiter, das schon in den „Volksliedern" des späten Mittelalters begegnet. Hier waren, verschlüsselter Protest gegen die Hinrichtung von Anführern, deren angeblich letzte Worte in Versform gekleidet worden. Der „edle Räuber" des 18. Jahrhunderts erweist sich in seiner literarischen Stilisierung als Heros selbst bei seiner Hinrichtung[1072] – und das, obwohl die Gefaßtheit des armen Sünders bei seinem letzten Gang grundsätzlich zur Geschichte der Todesstrafe gehört.

Die literarische Produktion der Räuberromantik ist eine Seite, die Frage nach der Vorbereitung des Publikums, des Lesers dieser Literatur, die andere. Hier gilt es auf die Folgewirkung eines Werkes aufmerksam zu machen, das weder sprachlich noch gedanklich von nennenswertem Niveau ist, dem aber allein vom aufsehenerregenden Gegenstand seines trockenen und dazu noch vorurteilsbehafteten Berichts her weittragende und bisher verkannte Wirkung beschieden war. Nichts anderes als den Nachweis von Gottes Gerechtigkeit und dem ihr entsprechenden Strafvollzug durch die herzoglich welfische Obrigkeit hatte 1700 der Pfarrer Hosmann bei seiner Unterrichtung des „Publikums" über die Bande des Nickel List im Sinn.[1073] Seine schlecht (eigentlich überhaupt nicht) gegliederte, erkennbar durch dauerndes Einarbeiten von Akteninformationen bei sich wandelnden Untersuchungsergebnissen sogar partienweise widersprüchliche, zumindest aber schwer entwirrbare Darstellung konnte nur in einer Zeit fünf Auflagen (bis 1714) erleben, in der das gebildete Publikum einiges gewöhnt war, was offiziöse Publikationen betraf, hinter denen, wie jeder wußte, der Landesherr stand. Das umständliche Referat von Verhörprotokollen und inquisitorischen Maßnahmen stellte um 1700 eine Form selektiver Publizierung von Akten dar, die ansonsten als Arkana des Staates betrachtet wurden, war eine Variante jener Gattung der „Species facti", mit der damals in sogenannten Deduktionsschriften vor allem Territorialdifferenzen unter Juristen ausgetragen wurden.

Daß Hosmanns dicke und schwer lesbare Schwarte sogar noch fünf Auflagen erlebte, läßt sich nur aus zwei Gründen erklären: Das Interesse an dem spektakulären Kirchenraub des Nickel List war im Jahr der fünften Auflage 1714 noch ungebrochen und vor allem: Der „endliche Rechtstag" beendete die Diskussionen tatsächlich nicht. Die Rolle der Öffentlichkeit bei Prozessen hatte sich gewandelt – und die Exekution der Bande des Nikkel List 1699 steht am Anfang der obrigkeitlichen Inszenierung dessen, was durchaus als „Theaters des Schreckens" bezeichnet werden kann. Auch wenn mit diesem Begriff nicht das gesamte Spektrum der frühneuzeitlichen Hinrichtung erfaßt wird, so mag er doch als Stichwort für einen Wandel seit jener Zeit dienen, als der Rechtsgang noch das Abbitten vom Galgen kannte. Die Öffentlichkeit wollte jetzt, als die ursprünglich unter freiem Himmel stattfindende Gerichtsbarkeit in die Amtsstuben gewandert war, als der Prozeßgang sich verschriftlicht hatte, auch schriftlich informiert werden. Ohne es zu wollen, begründete Hosmann eine neue Literaturgattung des 18. Jahrhunderts, die der „gründlichen Berichte", die zwischen Gaunerlisten und Darstellungen standen und bis zu den „aktenmäßigen Berichten" über die rheinischen Räuberbanden weiterwirkten. Sicht man genauer hin, so ist bereits um 1700 eine Spaltung der Öffentlichkeit festzustellen. Der beim „endlichen Rechtstag" um sein Gnadenrecht gebrachte gemeine Mann begnügt sich, statt aktiv teilzunehmen, mit der Lektüre oder dem Anhören jener „Moritaten", wie sie sich seit dem ausgehenden 17. Jahrhundert als Jahrmarktsartikel bei Hinrichtungen entwickelt haben. Das gebildete Publikum hingegen will es genauer wissen und greift zu Hosmanns Darstellung oder zu den „Gründlichen Berichten". Nicht zu unterschätzen ist dabei, daß seit 1734 die 20 Bände der „Causes célèbres et intéressantes" des Gayot de Pitaval erschienen. Kriminalitätsgeschichten wurden zu einem europäischen Gesprächsstoff der besseren Gesellschaft. Und darauf zielte der umständliche Nachweis: Der Schinderhannes-Mythos und auch mein einleitend erwähntes Kinderspiel wurzeln in dem Strukturwandel der Öffentlichkeit, den nach meiner Meinung Jürgen Habermas nur oberflächlich beschrieben hat. Auch das gebildete Publikum war wie der gemeine Mann von einem Strafverfahren ausgeschlossen, das sich von der Öffentlichkeit unter der Gerichtslinde hin zu einem Verfahren in geschlossenen Räumen und weiter bis zu Aktenversendungen an juristische Fakultäten gewandelt hatte.

Kein Zweifel: Die gebildete Öffentlichkeit schloß auch jene ein, die direkt oder indirekt mit dem Strafvollzug befaßt waren. Aber bis hin zur Schizophrenie reichte die Angst, die inzwischen durch die Autorität des neu definierten Staates – der Fürst repräsentierte nicht mehr die Obrigkeit im Vaterstand, sondern die Staatsautorität – zu den Unsicherheiten geführt hatte, die spezifisch für die Staatlichkeit des 18. Jahrhunderts sind. Ein König wie Friedrich II. wagte lange nicht, sein Verbot der Folter anders als eine persönliche „reservatio mentalis" zu verstehen und es zum Gesetz werden zu lassen. Der Dichter der Gretchen-Tragödie unterschrieb das Todesurteil für eine Kindsmörderin. Dahinter verbirgt sich ein allgemeines Problem, das bereits bei der Humanisierung des Strafvollzugs mit seiner sehr vorsichtigen, zögernden Einschränkung von Folter und Todesstrafe angesprochen worden ist. Der Geheime Rat, der am Teetisch Cesare Beccarias Theorien Beifall zollte, zögerte, sie in der Praxis anzuwenden und die Tradition zu verwerfen.

Eine tief in die Vergangenheit hineinreichende erste Wurzel der Räuberromantik liegt darin, daß die Obrigkeit in der frühen Neuzeit die Strafjustiz der Mitverantwortung der Öffentlichkeit entzogen und allein für sich reklamiert hatte; die gleiche Obrigkeit, die im Verlauf des 18. Jahrhunderts in ihren Strafmethoden immer unsicherer wurde und sich dabei nicht mehr wie die spätmittelalterlichen Stadträte eines Konsenses mit ihrer Bevölkerung versichern konnte. Ein zweiter Grund liegt in der Entwicklung eines lesegewohnten Publikums im 18. Jahrhundert. Diesem bedeuteten die Rituale des „Theaters des Schreckens" und dessen Inszenierungen als religiöse Dramen wenig, die aufkommenden offiziösen Darstellungen von Räuberbanden hingegen eine Menge, jene „Gründlichen Nachrichten" mit ihrem trockenen Relationsstil, die erfolgreiche Bandenbekämpfung durch eine fähige Obrigkeit darstellen wollten, aber, weil sie notgedrungen spektakuläre Untaten schildern mußten, auch anders gelesen werden konnten. In dieser Situation wurde die andere Seite des gebildeten Publikums im 18. Jahrhundert sichtbar. Wurde doch in der zweiten Hälfte des 18. Jahrhunderts immer mehr eine Bildungsschicht offenbar, die keine Beziehung zu Staat und Kirche hatte oder haben wollte. Und das hat eine Menge mit der Entwicklung der Räuberromantik zu tun. Es gilt zu nuancieren: Der außerplanmäßige Professor an der Universität Jena, der nur ein Zubrot von den Kolleggebühren seiner Studenten erhält, schreibt die bis heute nachdenklich stimmende Erzählung des „Verbrechers aus verlorener Ehre". Der mit einem armselig dotierten Posten an der Jenaer Bibliothek versorgte Christian Vulpius schreibt seinen „Rinaldo Rinaldini". Autoren wie Friedrich Schiller[1074] und Christian Vulpius schreiben zwar unterstützt von staatlicher Versorgung, aber keineswegs in Abhängigkeit von ihr.

Literatur entwickelt sich nicht nur nach literarischen Gesetzen, sondern auch nach Marktchancen. Spätestens seit Vulpius seinen erfolgreichen Räuberroman von Rinaldo Rinaldini veröffentlicht hatte, konnten Literaten die Marktlücke zwischen Moritaten einerseits und „aktenmäßigen Berichten" andererseits erkennen.[1075]

Trivialliteratur im Gefolge der Rinaldo-Rinaldini-Tradition. Der Rechtsanwalt und Vielschreiber Ignaz Ferdinand Arnold erfand eine angeblich authentische Lebensbeschreibung des schwarzen Jonas, eines prominenten Mitglieds der Schinderhannes-Bande, die er 1805 in der Hoffnung auf buchhändlerischen Erfolg veröffentlichte.[1076]

Statt Hauptmann und Bande: persönliche Beziehungen und Netzwerke in der Gaunergesellschaft. Die bereits auf dem Titelblatt des „Denck=Mahls" aufgestellte Behauptung, daß die Untersuchung sich gegen eine in ganz Deutschland agierende Räubergesellschaft gerichtet habe, ließ sich zwar durch die Untersuchungen selbst nicht beweisen, aber die entscheidende Frage nach den Organisationsstrukturen der Bandenkriminalität war gestellt. Man kennt sich innerhalb der kriminellen Schicht. Die Geständnisse des Nickel List lassen ihn nach den Worten eines untersuchenden Beamten als „lebendiges Lexicon und Auffschlag-Buch der Diebe" erscheinen.[1077] Eine Vernetzung aber, wie sie hundert Jahre später am Mittelrhein zu erkennen ist, gab es noch nicht. Schon am Anfang seiner eigenen Verbrecherlaufbahn erfuhr Nickel List die Brutalität in dieser entstehenden Schicht der Gauner und Räuber. Und auch späterhin wurde er Opfer von Überfällen, die ehemalige Komplizen anführten.[1078] Eine „Ganovenehre" entstand erst als komplementäre Erscheinung zur gestrafften polizeilichen Verfolgung im 19. Jahrhundert.

Nachwort

Ernst Schubert war einer der bedeutendsten Landeshistoriker der vergangenen Jahrzehnte. 2006 im Alter von nur 64 Lebensjahren gestorben, hat er ein Werk hinterlassen, das in seiner thematischen Breite und seinem quantitativen Umfang seinesgleichen unter den Historikern des ausgehenden 20. Jahrhunderts kaum finden dürfte. Ein hinreichend vollständiges Verzeichnis seiner Veröffentlichungen zählt 18 Bücher – ohne das hier vorliegende – und 150 Aufsätze. Dutzende von Doktoranden hat Ernst Schubert betreut und zum Abschluss ihrer Arbeiten gebracht, Hunderte von Staatsexamens- und Magisterarbeiten durchgesehen. Seine letzten Veröffentlichungen – einen Beitrag für die Festschrift eines von ihm geachteten Göttinger Kollegen und das hier vorliegende Buch – hat er noch auf dem Totenbett zu Ende gebracht, wohl wissend, wie es um ihn stand und wie wenig Zeit ihm noch bleiben würde.

Ernst Schubert, gebürtiger Hannoveraner, ging im Laufe seines akademischen Lebens und Wirkens lange Wege durch Deutschland: Vom Studium in Würzburg über die Assistentenzeit und die Habilitation in Erlangen führte ihn der erste Ruf 1980 auf eine Professur nach Konstanz. Von dort wurde er 1985 an die Georg-August-Universität Göttingen berufen, als Leiter des Instituts für Historische Landesforschung und als einer der Direktoren des ehrwürdigen Seminars für Mittlere und Neuere Geschichte. In Göttingen lehrte er bis zu seinem Tod, die Emeritierung vor Augen, die er nicht mehr erleben sollte.

Schuberts Arbeiten galten anfänglich dem Spätmittelalter, vor allem aber der Frühen Neuzeit, ein Interesse, das in den ausgehenden sechziger und den siebziger Jahren des 20. Jahrhunderts immer noch von nur Wenigen geteilt wurde und das zumeist in den Rahmen einer territorial begrenzten Landesgeschichte zu gehören schien. Später in Göttingen galt er manchen als Mediävist von Anfang an. Das war Schubert eben gerade nicht: Er arbeitete sich, beginnend in der Geschichte der Frühen Neuzeit, in das Spätmittelalter zurück und bis in das 19. Jahrhundert voran. Die tausend Jahre zwischen Karl dem Großen und den legendären Göttinger Sieben, den politisch oppositionellen Professoren seiner Universität, wurden zur wissenschaftlichen Heimat für diesen Gelehrten, dessen Quellenkenntnis unerschöpflich zu sein schien und die ihm auch unter den traditionell mit Anerkennung eher geizenden Kollegen großes Lob eintrug. Von den Konventionen der Zunft getragen und handwerklich sauber gearbeitet, belegreich und quellennah: Das waren seine Arbeiten allemal, ob es sich um kleine Aufsätze oder die von ihm so geschätzten monumentalen Monographien handelte. Denn monumental zu schreiben, das war seine Sache. „Verbrechen und Strafe im Mittelalter", dieses Buch von nahezu 400 Druckseiten, ist teils Fragment geblieben.

Die Titel und Themen seiner Monographien zeigen, worum es Schubert zeit seines Lebens ging: In seiner Habilitationsschrift „König und Reich" von 1974, erschienen im Jahre 1979, erörterte er die Frage nach dem Verhältnis des spätmittelalterlichen Königs zu den Gliedern des Reiches. Diese Arbeit ist zum Standardwerk der spätmittelalterlichen Reichsverfassungsgeschichte geworden und hat Fragestellungen aufgegriffen, die erst Jahre und Jahrzehnte später allenthalben in Mode kommen sollten. Man kann die Bedeutung dieses Werkes kaum besser erfassen, als dies Schuberts Göttinger Kollege Frank Rexroth in einem Nachruf tat: „Dieses Buch, das mittlerweile älter ist als die meisten seiner studentischen Leser, scheint keine Halbwertszeit zu haben, und das einzige, was man an ihm kritisieren muß, ist, daß es trotz seiner Einschlägigkeit schon seit vielen Jahren vergriffen ist" (FAZ 22. 3. 2006, S. 39). Auf die Arbeit an seiner Habilitationsschrift ging auch Schuberts letzte Monographie zu Lebzeiten zurück, die in den Abhandlungen der Göttinger Akademie der Wissenschaften erschienene monumentale Arbeit über die „Königsabsetzung im deutschen Mittelalter" (2005), in der er mit erfrischender Neigung zur Bilderstürmerei mit mancherlei liebgewordenen Gemeinplätzen der Verfassungsgeschichte aufräumte.

Der Sozialgeschichte galt Schuberts Interesse seit den frühen Jahren. Bücher über „Arme Leute, Bettler und Gauner im Franken des 18. Jahrhunderts" (1983) oder sein Beitrag über das Spätmittelalter in „Menschen im Schatten der Kathedrale" (1998) zeigen seinen Blick für die Randständigen und ihr Recht vor der Geschichte. Ernst Schubert meinte es mit diesem „Recht vor der Geschichte" sein Leben lang sehr ernst, und er, dem laute Worte fremd waren und ein Greuel, konnte seine Stimme noch im Leisen zu gewissermaßen virtueller Lautstärke erheben, wenn er dieses Recht vor der Geschichte hinter modischen strukturgeschichtlichen Ansätzen verschwinden sah, bei denen die Strukturen über die Menschen gestellt und die Menschen selber nur noch als Belege für das Funktionieren oder die Störung der Strukturen vonnöten zu sein schienen. Ihm galten die Menschen, denen er sich zuwandte, allemal gleich viel. Sie standen ihm als Menschen nahe, und er versuchte, ihnen gerecht zu werden, den Königen und Kaisern des Spätmittelalters ebenso wie der Berlinerin „Else med den langen tytten", die er unter den „Menschen im Schatten der Kathedrale" ausmachte.

Göttingen und Niedersachsen wurden in den zwei Jahrzehnten seit 1985 zur wissenschaftlichen Heimat Schuberts. Sein Blick für Themen wurde deutlich, und gleichzeitig damit die anhaltende Breite der Sujets: von der Geschichte nahezu vergessener Grafengeschlechter über die Siedlungsgeschichte, Fragen der spätmittelalterlichen und der frühneuzeitlichen Staatlichkeit, und immer wieder am niedersächsischen Beispiel. Ganz selbstverständlich standen systematische Themen daneben, die anhand niedersächsischer Beispiele bearbeitet wurden, aber auch weit darüber hinaus Aussagen im Allgemeinen ermöglichten. „In Grenzen unbegrenzt": Diesen Wahlspruch der Landesgeschichte und Landeskunde rheinischer Prägung nahm Schubert in den Themen der von ihm betreuten Dissertationen wie selbstverständlich auf und zeigte in den Arbeiten seiner Doktoranden, wie weit sein eigener methodischer Fundus, sein eigenes Interesse und seine eigene verblüffende Quellenkenntnis reichten.

Sein monumentaler Beitrag zur „Geschichte Niedersachsens", die noch Hans Patze begründet hatte, zog eine erste Summe der Beschäftigung mit Niedersachsen: 1997 erschienen diese nahezu tausend Seiten des Handbuches, das so wenig einem Handbuch gleich war, wie Schuberts Veröffentlichungen immer wieder überraschend waren, vor allem für den Sachkenner. Sprachlich eigenwillig, in der Wahl der Beispiele scheinbar eklektizistisch, in den Periodisierungen und Schwerpunktsetzungen überraschend und doch in einem Maße ebenso orientierend wie unaufdringlich belehrend, dass man in diesem Band nahezu alle Forschungen zur politischen Geschichte Niedersachsens im Mittelalter verarbeitet fand und finden kann.

Vergleichende Landesgeschichte zu treiben, ist bei vielen, die dies zu tun vorgeben, mehr Anspruch als Wirklichkeit. Schubert löste den Anspruch selbstverständlich ein. Dazu hatte ihm sein Lebensweg die Fundamente zu legen erlaubt, dazu aber bedurfte es auch des darstellerischen Talents, das ihm eigen war und das er mit den Jahren perfektioniert hat. Seine Vorträge, auch seine Göttinger Vorlesungen wurden zu Recht gerühmt. Die leise Stimme, deren Eindringlichkeit nach wenigen Sätzen den Zuhörer in ihren Bann schlug, und der geschliffene Stil taten ein Übriges, um Schuberts Wirkung zu vergrößern. Vom Erstsemester, vom Seniorstudenten über den Fachkollegen bis zum Politiker: Schubert hatte sein Auditorium fest im Griff, war sich seiner Wirkung auch bewusst und hat sie wohl genossen, wie das die allermeisten zu tun pflegen, denen die Gabe der Sprache zu Gebote steht. Denn auch dies gilt für ihn: Bei aller Bescheidenheit im Auftreten ließ er kaum einen Zweifel an seiner sachlichen Autorität, konnte liebenswürdig wirken und anerkennend, aber auch mit leisen Tönen unmissverständlich deutlich machen, wenn er von einer Person, einem Thema, einem Vortrag nicht angetan war.

Wie es scheinen konnte, entstanden gewissermaßen im Vorübergehen noch in den letzten Lebensmonaten zwei Monographien, die Ernst Schubert nicht mehr als Bücher in der Hand halten konnte: „Essen und Trinken im Mittelalter" (2006) und nun eben „Verbrechen und Strafe im Mittelalter" (2007). Auf sachlich unanfechtbar hohem Niveau, und doch für einen weiten Leserkreis verständlich und nachvollziehbar, farbig, mitten aus dem Leben gegriffen und doch immer wieder tief nachdenklich stimmend, liegen zwei Musterbeispiele einer modernen Kulturgeschichte vor, die an ein weiteres Kennzeichen Schubert'schen Arbeitens erinnern.

„Verbrechen und Strafe im Mittelalter": Das Thema dieses letzten Buches Schuberts ist größer kaum zu denken. Von der Rechtsgeschichte über die Verfassungsgeschichte zu Fragen der historischen Kriminalitätsforschung, zur Stadtgeschichte, zur Geschichte des Alltags, zur Geschichte der sozialen Randgruppen, der sprichwörtlichen kleinen Leute: Alles das, was Schubert immer und immer wieder interessierte, findet sich in diesem Band wieder. Er würde den Band – Vorarbeiten sprechen dafür – noch ausgeweitet haben um eine Darstellung der frühmittelalterlichen Verhältnisse. Dazu ist es nicht mehr gekommen. So bleibt als seine letzte Hinterlassenschaft ein gewichtiger Beitrag zu einer modernen Rechts-, Kultur- und Sozialgeschichte von Verbrechen und Strafe im hohen und späten Mittelalter, wie immer ganz selbstverständlich die Grenzen bis weit in die Frühe Neuzeit hinausschiebend. Wie so häufig in Schuberts Büchern dominiert die Erzählung, und ebenso häufig wird Schuberts sehr bewusste Zeitgenossenschaft deutlich: Bemerkungen über die Folter im Mittelalter und in der Frühen Neuzeit werden urplötzlich, aber offenkundig sehr durchdacht ergänzt mit Bemerkungen über Folter im 21. Jahrhundert. Auch das war dieser Autor: ein sehr politisch denkender Historiker und aufmerksamer Zeitgenosse mit sehr unkonventionellen Ansichten, die er mit großer Ernsthaftigkeit vor seinem Publikum vertrat. In seinen Büchern bleibt uns Nachlebenden einer der großen Erzähler unter den Historikern unserer Tage erhalten.

Thomas Vogtherr

Ein ausführlicherer Nachruf, auf dessen Formulierungen hier gelegentlich zurückgegriffen wurde, erscheint im Niedersächsischen Jahrbuch für Landesgeschichte 79, 2007.

Anmerkungen

Erster Teil:
Von der Buß- zur Strafgerichtsbarkeit?

[1] Vgl. nur Schott (1979), 47f.
[2] Dazu Siems (1992), 444ff.
[3] Vgl. Schott (1979), bes. 50f.
[4] Siems (1992), 35.
[5] Klassisch: Wilhelm Berges, Land und Unland in der mittelalterlichen Welt, in: Festschrift für Hermann Heimpel zum 70. Geburtstag am 19. September 1971. (Veröffentlichungen des Max-Planck-Instituts für Geschichte 36/III) Bd. 3, 1972, 399–439.
[6] Lex Salica, ed. Eckhardt, Tit. III.4, 111 übersetzt zutreffend „villa" mit „Gehöft".
[7] Ebd., Tit. XXI, 138.
[8] Ebd., Tit. XVII.2, 134.
[9] Ebd., Tit. LIII, 168.
[10] Ebd., Tit. LIV, 168.
[11] Ebd., Tit. LXXVII, 198.
[12] Ebd., Tit. III.3, 108.
[13] Ebd., Tit. LXXVI, 196.
[14] Ebd., Tit. LXXVIII, 198.
[15] Gerhard Dilcher, Gesetzgebung als Rechtserneuerung. Eine Studie zum Selbstverständnis der frühmittelalterlichen Leges, in: Rechtsgeschichte als Kulturgeschichte. Festschrift für Adalbert Erler. 1976, 13ff., hier: bes. 27 und 31ff.
[16] Ebd.
[17] Lex Salica, ed. Eckhardt, Prolog, 86f.
[18] Vgl. nur Schott (1979), 45.
[19] Lexikon des Mittelalters Bd. 5, 1803 (Clausdieter Schott).
[20] Karl Brunner, Oppositionelle Gruppen im Karolingerreich. (Veröffentlichungen des Instituts für österreichische Geschichtsforschung 25) 1979.
[21] Lex Salica, ed. Eckhardt, Tit. XXII.3, 138.
[22] Vgl. auch: Monika Obermeier, „Ancilla". Beiträge zur Geschichte der unfreien Frauen im Frühmittelalter. 1996, 48f.
[23] Lex Salica, ed. Eckhardt, Tit. LVII.1, 170.
[24] Ebd., Tit. LVII.2, 170.
[25] Ebd., Tit. LVIII, 170.
[26] Ebd., Tit. LXVI.1, 180.
[27] Ebd., Tit. LXVII, 182.
[28] Fredegar III.56, in: Quellen zur Geschichte des 7. und 8. Jahrhunderts, ed. Andreas Kusternig. (Ausgewählte Quellen zur deutschen Geschichte des Mittelalters 4a) 1982, 129.
[29] Lex Salica, ed. Eckhardt, Tit. XI, 122f.
[30] Ebd., Tit. XI.4, 124.
[31] Jacob Grimm, Deutsche Rechtsalterthümer 2, 256.

[32] Lex Salica, ed. Eckhardt, Tit. LXVIII.1, 182.
[33] Ebd., Tit. LXVIII.2, 182.
[34] Nehlsen (1983), 6.
[35] Ebd., 7.
[36] Lex Salica, ed. Eckhardt, Tit. XIII.2, 126.
[37] Ebd., Tit. LXVIII.8, 186.
[38] Ebd., Tit. XIII.2, 126.
[39] MGH Capit. 1, 181 (c. 9).
[40] Osenbrüggen (1860), 23 ff. und 30 f.
[41] Nehlsen (1983), 6.
[42] Theodor Schieffer, Winfried-Bonifatius und die christliche Grundlegung Europas. 1954, 230 ff.
[43] Stattdessen verwendete die Rechtssprache Ausdrücke wie „inimicitia mortalis", „todtfeindschaft". Frauenstädt (1881), 10 Anm. 2.
[44] Frauenstädt (1881), 11 ff., bes. 14.
[45] Ebd., 10 f.
[46] Jacob Grimm, Deutsche Rechtsalterthümer 2, 323.
[47] Nehlsen (1983), 12 f.
[48] Weitzel (1994), 84.
[49] Ebd., 135.
[50] Ebd., 138.
[51] Ebd., 137.
[52] Ebd., 107 f. Anm. 172.
[53] MGH Capit. 2, 171.
[54] MGH SS rer. Merov. 1, 571. Hinweis bei Weitzel (1994), 107 f. Anm. 172.
[55] Weitzel (1994), 113.
[56] Lex Salica, ed. Eckhardt, Tit. XXXI, XXXII, XXXIII, LXIX; MGH Capit. 1, 15 ff. (c. 5); Weitzel (1994), 77.
[57] Nehlsen (1983), 8.
[58] Selbst Heilige rächen noch Gewalttaten an ihrer Kirche. Weitzel (1994), 93. Wo selbst Heilige rächen, dürfen Bischöfe nicht nachstehen. Bischof Badegisel von Le Mans: Er könne doch nicht wegen seines geistlichen Amtes darauf verzichten, ein ihm angetanes Unrecht zu rächen. Das immerhin mißbilligt Gregor von Tours. Gregor von Tours, Lib. hist. VIII.39. Vgl. Weitzel (1994), 93 mit Anm. 118: Bischöfe stehen keineswegs über dem Rachegedanken. Der tote Heilige rächt sich.
[59] Zu den Todesstrafen in merowingischen Kapitularien vgl. Weitzel (1994), 88 f.
[60] Gregor von Tours, Lib. hist. V.18. Vgl. Weitzel (1994), 121 (mit weiterer Lit.).
[61] Weitzel (1994), 140.
[62] Ebd., 85 f.
[63] Ebd.
[64] MGH Capit. 1, 139 v. 2.
[65] Elmar Wadle, Gottesfrieden und Landfrieden als Gegenstand der Forschung nach 1950, in: ders. (2001), 11–31.
[66] Adelbold von Utrecht, De Vita Heinrici II. imperatoris, ed. Hans van Rij. 1983. Vgl. Gernhuber (1952), 30.
[67] So Gernhuber (1952), 30.
[68] So bereits zutreffend Gernhuber (1952), 77.
[69] Vgl. Elmar Wadle, Zur Delegitimierung der Fehde durch die mittelalterliche Friedensbewegung, in: ders. (2001), 103–122.
[70] Dazu immer noch am eindrücklichsten: Osenbrüggen (1857), 43 ff. und 50 ff.
[71] Geiler, ed. Bauer, 193.
[72] Weitzel (1994), bes. 140–143.
[73] Friese (1898), 165 ff., bes. 167. Vgl. ebd., 31 und 171 ff.
[74] Dienst (1990), 215.
[75] Delius (1821), 161 ff.

⁷⁶ Vogell, Beitrag zur Kunde der älteren peinlichen Gerichts=Verfassung in der Stadt Zelle. Vaterländisches Archiv 3 (1820), 36 ff.

⁷⁷ Knapp (1914), 211 ff.

⁷⁸ Vgl. etwa für Ulm: Gögglmann (1984), 60 ff.; Braunschweiger Stadtordnung 1579, 11 f.

⁷⁹ Frauenstädt (1881), 173. Vgl. Kramer (1990), 42.

⁸⁰ Franz (1963), 277.

⁸¹ Adolf Bertram, Geschichte des Bisthums Hildesheim. Bd. 1. 1899, 231.

⁸² MGH Capit. 1, 22 (c. 11).

⁸³ MGH Capit. 1, 122 (c. 1).

⁸⁴ MGH Capit. 1, 304 (c. 8).

⁸⁵ Der von Ernst Schubert für die vorliegende Publikation bearbeitete Text bricht im Manuskript hier ab, es folgt als Insert sein Aufsatz „Vom Wergeld zur Strafe", in: Tota Frisia in Teilansichten. Hajo von Lengen zum 65. Geburtstag. 2005, 97–120, dessen Zusammenfassung hier wiedergegeben ist. Offenbar war eine weitere Bearbeitung geplant, wurde aber nicht mehr umgesetzt.

⁸⁶ Buma – Ebel (1972), 12; Wybren Jan Buma – Wilhelm Ebel (Hrsg.), Das Rüstringer Recht. (Altfriesische Rechtsquellen 1) 1963, 25 f.

⁸⁷ Vgl. nur: „Mit Strafrecht und Justiz haben sich die Chinesen nie wohlgefühlt, gerade weil sie so großen Wert auf Sitte, Moral und das Bereuen legten." Middendorf (1972), 61.

⁸⁸ Wybren Jan Buma – Wilhelm Ebel (Hrsg.), Das Hunsingoer Recht. (Altfriesische Rechtsquellen 5) 1969, 16.

⁸⁹ Wybren Jan Buma – Wilhelm Ebel (Hrsg.), Das Emsiger Recht. (Altfriesische Rechtsquellen 3) 1967, 17.

⁹⁰ Friedrich Lotter, Heiliger und Gehenkter. Zur Todesstrafe in hagiographischen Episodenerzählungen des Mittelalters, in: Dieter Berg – Hans-Werner Goetz (Hrsg.), Ecclesia et regnum. Festschrift für Franz-Josef Schmale. 1989, 1–19.

⁹¹ Vgl. das Lemma „Gnade" in: Deutsches Rechtswörterbuch Bd. 4 (1939–1951), Sp. 963–974.

⁹² Vgl. den Forschungsüberblick: Elmar Wadle, Die Entstehung der öffentlichen Strafe. Klassische Vorstellungen und neue Fragen, in: ders. (2001), 219–241.

⁹³ Victor Achter, Geburt der Strafe. 1951.

⁹⁴ Weitzel (1994), 69.

⁹⁵ Wadle (2001/III), 199 ff.

⁹⁶ Weitzel (1994), 73. – Im gleichen Sinne stellte auch Wadle (2001/III), 203 fest, daß es keinen „einheitlichen, durch alle Jahrhunderte gleichbleibenden Begriff der Strafe" gäbe; deswegen gelte es „Abschied zu nehmen von allen Kontinuitätsthesen".

⁹⁷ Hirsch (1922), 8 und 15.

⁹⁸ Munske (1973), 31 und 226.

⁹⁹ Ebd., 110.

¹⁰⁰ Ebd., 28 f.

¹⁰¹ Ebd., 107 f.

Zweiter Teil:
Ausbildung und Ausgestaltung des „Strafsystems" im späten Mittelalter und in der frühen Neuzeit

¹ Sellert (1989), 95. – Daß selbst Eike von Repgow keinen eindeutigen Rechtsgrund der Strafe kennt, betont Scheele 1 (1992), 68.

² Brucker (1889).

³ Knapp (1896), 57.

⁴ Wolfgang Sellert, Art. „Wo kein Kläger, da kein Richter". Handwörterbuch zur deutschen Rechtsgeschichte 2, Sp. 853–855.

[5] Die Wertung dieses Werks bei Schwerhoff (1999), 17 teile ich nicht.

[6] Radbruch – Gwinner (1951), 7. Vgl. auch von Hentig (1962/III), 170 ff.; Herta Mandl-Neumann: Überlegungen zu Kriminalität und Mobilität im späten Mittelalter, in: Gerhard Jaritz/Albert Müller (Hrsg.): Migration in der Feudalgesellschaft. 1988, 59. – Für die frühe Neuzeit: Hahn (1989), 136 ff. – Ein kenntnisreicher Forschungsüberblick zur frühneuzeitlichen Kriminalitätsgeschichte bei Rudolph (2000), 17 ff. – Zur Quellenproblematik: Schwerhoff (2000), 22.

[7] So zu Recht Schnabel-Schüle (1997), 5 und 10.

[8] Herbert Reinke, Kriminalität als „zweite" Wirklichkeit von Tätigkeitsnachweisen der Justizverwaltung: Bemerkungen zu Kriminalstatistiken des 19. Jahrhunderts als Materialien einer historisch orientierten Kriminologie. Kriminologisches Journal. 2. Beiheft 1987: Kriminologie und Geschichte. 1987, 176 ff. Vgl. auch Schwerhoff (1999), 38 ff.

[9] Vgl. dazu Schüßler (1994), 153 f. und 164 ff.

[10] Helmut Berndt – Werner Neugebauer, Lübeck. Eine medizinhistorische Studie. Archaeologica Ludensia III (1968), 53–90, hier: 73.

[11] Röhrkasten (1990), 347; Schüßler (1994), 228.

[12] Schüßler (1994), 227.

[13] Von Tscharner (1936), 39.

[14] Schwerhoff (1999), 28 f. Vgl. zu dem Liber proscriptionum und den libri excessuum Breslaus Klamt (1941), 2 ff.

[15] Graf (2000), 250 ff. Vgl. Göggelmann (1984), 318.

[16] Vgl. Rehme (1909), 45 f.; Göggelmann (1984), 316 ff.

[17] Graf (2000), 250 ff.

[18] Ebd., 256.

[19] Rehme (1909), 45.

[20] Scheffler – Schwerhoff – Wilbertz (1994), 9.

[21] Vgl. Johansen (2000), 447 f. und 449 sowie die kritische Beleuchtung der statistischen Bemühungen von Given bei Röhrkasten (1990), 334 f.

[22] Bamberger Echtbuch, 5.

[23] Ebd.

[24] Ebd., 6.

[25] Ebd.

[26] Vgl. allgemein zur Überlieferungschance von Kriminalquellen Graf (2000), bes. 247 f. – Beispiel einer überzeugenden statistischen Auswertung: Wernicke (2000), 390 (Deliktstruktur aufgrund der Regensburger Urfehdebriefe 1410–1459).

[27] Vgl. Schwerhoff (2000), 28 zur „Problematik von historischen Kriminalstatistiken für das vorstatistische Zeitalter". Die hier formulierte Kritik an den Forschungen von Martin Schüßler, Statistische Untersuchungen des Verbrechens in Nürnberg im Zeitraum von 1285 bis 1400. ZRG germ. 108 (1991), 117–193 teile ich in dieser Härte („Inhaltsleere") allerdings nicht.

[28] Schmidt, ed. Endter, 43.

[29] Ebd., 73.

[30] Ebd., 94 f. – Vergleichbares ist noch im 18. Jahrhundert aus manchen bayerischen Landgerichten überliefert, wo es seit einem Jahrzehnt keine Hinrichtungen gegeben hatte. Behringer (1990), 113 f.

[31] Vgl. Hardenbergs Generalbericht, ed. Meyer. Schubert (1983), 4.

[32] Schuster (2000).

[33] Ebd., bes. 313.

[34] Von Hentig (1962), 176. – Vgl. auch die Angaben bei Gernhuber (1957), 120 Anm. 5; von Hentig (1962/III), 175 ff. – Für das Olmütz im ausgehenden 14. Jahrhundert ermittelt Schüßler (1994), 166 allein 246 Tötungen in 32 Jahren.

[35] Glenzdorf – Treichel (1970), 12.

[36] His 1 (1920), 480; vgl. Koch (1988), 39.

[37] Koppmann (1887), 85.

[38] Hagemann (1981), 215.

[39] Frauenstädt (1890), 12.
[40] Von Hentig (1962/III), 176.
[41] Frauenstädt (1890), 5.
[42] Hagemann (1981), 158.
[43] Pohanka (1992), 121.
[44] Wettstein (1958), 61.
[45] Ebd., 62.
[46] Vgl. auch die Zahlen über Hinrichtungen in deutschen Städten des 16. Jahrhunderts bei Behringer (1990), 98.
[47] Schmidt, ed. Endter, 126.
[48] Langer (1970), 25.
[49] Ebd.
[50] Nowosadtko (1994), 75.
[51] Vgl. das Verzeichnis bei Schüßler (1994), 168 ff.
[52] Carl I. Hammer Jr., Paterns of Homicide in a Medieval University Town: Fourteenth-Century Oxford. Past and Present 78 (1978), 3–23. Vgl. Hagemann (1981), 160.
[53] Schüßler (1994), 167.
[54] His 1 (1920), 480.
[55] Kames (1910), 84 f.
[56] Ebd., 85.
[57] Schüßler (1994), 171.
[58] Ebd., 189 und 192 ff.
[59] Wander 1, 588.
[60] Vgl. für Frankreich: Halbleib (2000), 109.
[61] Kocher (1992), 42 mit Abb.
[62] Frauenstädt (1890), 12.
[63] Ebd., 4.
[64] Ernst Schubert, Erspielte Ordnung. Beobachtungen zur bäuerlichen Rechtswelt des späten Mittelalters. Jahrbuch für fränkische Landesforschung 38 (1978), 51–65.
[65] Schubert (1985).
[66] Harster (1900), 51.
[67] Schüßler (1996). Vgl. dazu Schwerhoff (2000), 23 mit Anm. 6.
[68] František Graus, Pest – Geißler – Judenmorde. Das 14. Jahrhundert als Krisenzeit. (Veröffentlichungen des Max-Planck-Instituts für Geschichte 86) 1987, 20.
[69] Vgl. Schwerhoff (2000).
[70] Schüßler (1994), 148 f.
[71] Schwerhoff (1999), 46 ff.
[72] Vgl. den umsichtigen methodischen Ansatz zur Ermittlung der Oberschichtsdelinquenz im spätmittelalterlichen Konstanz bei Schuster (2000/II), 363 ff. mit der Integration „anekdotischer" Fallschilderungen.
[73] Bebel, ed. Wesselski 1, 15 Nr. 23.
[74] Städtechroniken 10 (Nürnberg 4), 352.
[75] Sebastian Fischers Chronik, ed. Veesenmeyer, 71.
[76] Der Ausdruck begegnet nach von Hentig (1958), 139 nur im deutschen Rechtsbereich.
[77] „die armen menschen im loch, den das leben abgesagt württ". Knapp (1896), 5, Anm. 2.
[78] Knapp (1907), 16 f.
[79] Bonnekamp (1940), 26 Anm. 125. Vgl. Schubert (2002)
[80] Willmann (1917), 71.
[81] Von Tscharner (1936), 102 (für Bern). Allgemein: Von Hentig (1962/I), 65 ff.
[82] Kames (1910), 89.
[83] Reuter (1936), 117.
[84] Städtechroniken 23 (Augsburg 4), 68.
[85] Lutz Röhrich, Erzählungen des späten Mittelalters und ihr Weiterleben in Literatur und Volksdichtung bis zur Gegenwart. Bd. 2. 1967, 58.

[86] Müllner 2, 501.
[87] Knapp (1896), 108.
[88] Hartmann (1880), 188.
[89] Schmidt, ed. Endter, 180f. Vgl. Keller (1921), 15.
[90] Schmidt, ed. Endter, 180f.
[91] Niese (1933), 8.
[92] Vgl. Keller (1921), 138ff.; Meinhardt (1957), 117; Oppelt (1976), 675ff.; van Dülmen (1985), 85ff.
[93] So von Hentig (1958), bes. 11ff. Dagegen zu Recht bereits von Künßberg (1936), 55: Das Henkersmahl „braucht zu seiner Erklärung keiner Mystik und keiner Opferriten".
[94] Karl-Sigismund Kramer, Bauern und Bürger im nachmittelalterlichen Unterfranken. 1957.
[95] Evans (2001), 100f.
[96] Deichert (1912), 160.
[97] Hampe (1927), 73.
[98] von Hentig (1958), 90.
[99] Ebd., 72ff.
[100] Ebd., 83.
[101] Stüber (1976), 16.
[102] Vgl. für Eichstätt: Flachenecker (1988), 122.
[103] Meier Helmbrecht von Wernher dem Gartenære, ed. Friedrich Panzer. 3. Aufl. 1911, 63.
[104] Brucker (1889), 21.
[105] Statt langatmiger Begründungen: Die Kölner Patrizier gaben um 1400 ihr Engagement im gewinnträchtigen Fernhandel mit Wein auf und beschränkten sich auf den überschaubareren Regionalhandel, um die zeitaufwendige, allerdings auch prestigeträchtige Verantwortung als Ratsherr wahrnehmen zu können.
[106] Vgl. Meinhardt (1957), 113f.; Wettstein (1958), 134; Hesse (1975), 30f.; Rudolph (2000), 162f.; Evans (2001), 98f.
[107] Die evangelischen Kirchenordnungen des XVI. Jahrhunderts. Bd. 6/1, ed. Emil Sehling. 1955, 673ff.
[108] Johann Christoph von Oetken, Corpus constitutionum Oldenburgicarum selectarum ... bis Johannis 1722 publiciret. Teil 6. 1722, 80.
[109] Beneke (1889), 147.
[110] Mummenhoff (1898), 69.
[111] Die evangelischen Kirchenordnungen des XVI. Jahrhunderts. Bd. 6/1, ed. Emil Sehling. 1955, 172–175.
[112] Van Dülmen (1985).
[113] Evans (2001), 82f.
[114] Graf (2000), 260. Schon im ausgehenden 17. Jahrhundert begegnen die ersten dieser Moritaten. Evans (2001), 193ff. Vgl. zur Unterscheidung von Bänkelsang und Moritat Petzoldt (1978), 3 und 15.
[115] Vgl. die Schilderung für die Zent Arnstein bei Seuffert (1990), 303ff. – Instruktiv auch das Verfahren beim endlichen Rechtstag um 1600 in der Grafschaft Eberstein. Druck: Leiser (1971), 239ff.
[116] Weissenborn (1993), 99 und 101.
[117] Ebd., 106f.
[118] Ebd., 108.
[119] Evans (2001), 145. Vgl. den bei Maubach (2003), 97ff. gedruckten „aktenmäßigen Bericht" des Jahres 1770.
[120] Kleinheyer (1984), 12f. und 19ff. Vgl. Lott (1998), 109ff.
[121] Hesse (1975), 28f. – Der Donnerstag war der Tag, an dem die Frankfurter Ratsherren über Todesurteile zu beraten pflegten (Meinhardt [1957], 113), in Zürich war er der Gerichtstag für die kleineren Frevel (Ruoff [1941], 72). – In Schwyz war der Dienstag Rats- und Gerichtstag. Holdener (1926), 51.
[122] Schild (1984), 120ff.
[123] Trusen (1984), 83f.; Schild (1984), bes. 126ff. – Hinrichtung als Schauspiel: Oppelt (1976) 115ff.; Richard J. Evans, Öffentlichkeit und Autorität. Zur Geschichte der Hinrichtungen in Deutschland vom Allgemeinen Landrecht bis zum Dritten Reich, in: Heinz Reif (Hrsg.), Räuber, Volk und Obrigkeit. Studien zur Geschichte der Kriminalität in Deutschland seit dem 18. Jahrhundert. 1984, 185ff. Weitere Forschungen, welche den Schauspiel-Charakter des „endlichen Rechtstages" hervorgehoben haben, stellt Schild (1984), 119

Anm. 3 zusammen. Bereits Helfer (1964), 350 f. hatte den „Schauspiel-Charakter" als neue Form der Hinrichtungen des 18. Jahrhunderts erkannt.

[124] Schwerhoff (2000), 31. Vgl. Schnabel-Schüle (1997), 151: „Nichts spricht in Württemberg dafür, daß die Hinrichtungen Volksfestcharakter trugen." Vgl. auch ebd., 89.

[125] Vgl. Aders (1969), 74.

[126] Schubert (1983), 290 f. – In Schwäbisch Hall kostete Anfang des 18. Jahrhunderts eine Hinrichtung rund 100 fl. Nordhoff-Behne (1971), 124. Die Hinrichtung einer allerdings mehrköpfigen Diebsbande kostete 1739 in Braunschweig 300 Taler. Wolff (2004), 76.

[127] Glenzdorf – Treichel (1970), 9.

[128] Evans (2001), 109 f. – Selbst in pädagogischen Werken wie dem 1791 erschienenen „Kinderfreund" des Christian Felix Weiße wurde empfohlen, Kinder bei einer Hinrichtung zusehen zu lassen. Pinilla Ballester (1992), 8 f.

[129] Zehnder (1976), 108.

[130] Schild (1980), 42 f.

[131] Keller (1921), 150 ff.; Helfer (1964), 346.

[132] Vgl. Evans (2001), 105.

[133] Von Moeller (1900). Daß das Stabbrechen, bisweilen nach der Hinrichtung, schon vor der Carolina üblich war, belegt von Moeller (1900), 69 f. Vgl. ebd., 89. Vgl. auch Louis Carlen, Stab und Stabträger in der Schweiz, in: ders. (1995), 103–132, hier: 113.

[134] Flachenecker (1988), 121.

[135] Von Moeller (1900), 99 f.; Nordhoff-Behne (1971), 119.

[136] Von Moeller (1900), 101.

[137] Flachenecker (1988), 121.

[138] Rennefahrt (1963), 388.

[139] Schmidt, ed. Endtner, 39 Nr. 117.

[140] Vgl. nur die Abb. bei Kocher (1992), 44. – In Stans fand das Blutgericht in der Tanzlaube statt. Carlen (1995), 78.

[141] Schubert (2002), 139.

[142] Wettstein (1958), 16. – Linden als Gerichtsstätten: Frölich (1947), 9 ff.; Buchda (1978), 66; Justiz (1989), 127 (Abb.); Carlen (1995), 74 und 76.

[143] Vgl. Christl (1975), 118 ff. und (für das frühneuzeitliche Württemberg) Schnabel-Schüle (1997), 89.

[144] Vgl. die Abb. bei Kocher (1992), 54 und 151.

[145] Holdener (1926), 55.

[146] Hesse (1975), 28 f. Vgl. die Abb. bei Kocher (1992), 152.

[147] Vgl. die Abb. bei Kocher (1992), 135.

[148] Harster (1900), 68.

[149] Wormser Annalen (14. Jh.). MGH SS 17, 71 f.

[150] Vgl. zur Gerichtszeit Drüppel (1981), 275 ff. Noch im 18. Jahrhundert wurden die Todesurteile zumeist am Vormittag vollzogen. Rudolph (2000), 163. – Knapp (1914), 74.

[151] Zu den „Sicherheitsanstalten bey executionen" in Bern wurden 1795 die zwölf Mann der Stadtwache und das Aufrichten von Schranken gezählt. Rennefahrt (1963), 420.

[152] Zimmerische Chronik, ed. Barack, 2, 171.

[153] Schmidt, ed. Endtner, 39 (Nr. 117).

[154] Keller (1921), 153.

[155] Knapp (1907), 62; Keller (1921), 163 ff.; Gernhuber (1957), 175 ff.; Helfer (1964), 334 und 348 f.; Oppelt (1976), 259 ff.; Nowosadtko (1994), 200 f. – In Frankfurt beklagt sich 1590 der Rat wegen „dieses tumults" bei einer mißlungenen Hinrichtung, ist aber zugleich bemüht, einen anderen Scharfrichter zu dingen. Meinhardt (1957), 43. Noch im 18. Jahrhundert kann das „Putzen" ein Entlassungsgrund sein. Nowosadtko (1994), 198 ff.

[156] Vgl. von Hentig (1954), 362 ff.

[157] Pohanka (1992), 121. – In Lüneburg hatte der Büttel einen Missetäter derart schlecht gerichtet, daß die Landsknechte aus Hamburg, die damals nach der Braunschweiger Fehde durch die Stadt zogen, deswegen „ein

rumor gemaket" und den Büttel erschlagen haben. Theodor Meyer (Hrsg.), Die Lüneburger Chronik des Propstes Jakob Schomaker. 1904, 167.

[158] Wolff (2004), 61.

[159] In München konnte 1591 nur durch die Soldaten der Henker vor der Volkswut geschützt werden. Nowosadtko (1994), 105. In Hannover wurden im 18. Jahrhundert 100 Infanteristen zur Sicherung einer Hinrichtung aufgeboten. Deichert (1912), 167.

[160] Deichert (1912), 172; Hampe (1927), 79.

[161] Karl Euling (Hrsg.): Kleinere mittelhochdeutsche Erzählungen, Fabeln und Lehrgedichte II. Die Wolfenbütteler Handschrift 2.4. Aug. 20 (Deutsche Texte des Mittelalters 14). 1908, 65.

[162] Ebd., 65.

[163] Regesten zur Geschichte der Bischöfe von Konstanz. Bd. 3. 1913, 7065.

[164] Skála (1972), 47.

[165] Harster (1900), 67.

[166] Hampe (1927), 15f.

[167] Evans (2001), 116ff.

[168] Von Tscharner (1936), 52 (Bern 1612).

[169] Evans (2001), 114ff.

[170] Ebd., 119. Vgl. Uwe Danker, Vom Malefikanten zum Zeugen Gottes. Zum christlichen Fest der staatlichen Strafgewalt im frühen 18. Jahrhundert. traverse 1995/1, 83–96. Vgl. auch Wiebel (2000), 793.

[171] Von Künßberg (1965), 61.

[172] Keller (1921), 174ff.; Metzger (1931), 31; Marschall (1967).

[173] Osenbrüggen (1858), 28f., 32f.

[174] Harmening (1966), 84.

[175] Städtechroniken 26 (Lübeck 2), 48.

[176] Städtechroniken 10 (Nürnberg 4), 204f. (1453). Vergleichbare Fälle: Metzger (1931), 65f. mit Anm. 85; Zehnder (1976), 406ff.

[177] Müllner 2, 567f.

[178] Von Künßberg (1965), 24. Vgl. auch Osenbrüggen (1860), 185.

[179] Zimmerische Chronik, ed. Barack.

[180] Abb. bei Schild (1980), 21. Vgl. auch die Abb. bei Louis Carlen, Wallfahrt und Recht im Abendland. 1987, vor S. 193.

[181] Jansen (2002), 102ff.

[182] Ebd., 95ff., 122ff.; Schubert (2002), 196. Vgl. Johansen (2000), bes. 450. Strafnormen: Simon-Muscheid (1991), 2ff. Diese aber waren um 1400 noch nicht zum Abschluß gelangt. Burghartz (1989), 397.

[183] Magdeburger Rechtssprüche, ed. Ebel (1989), 1ff. Nr. 1; Klamt (1941), 9. Vgl. in diesem Zusammenhang Klamt (1941), 7f. zur Gerichtsbarkeit des Breslauer Rates über die Marktfrevel.

[184] Wander 1, 1643ff.

[185] Jacob Grimm, Weisthümer 3, 780. Vgl. Werkmüller (1984), 43.

[186] Vgl. dazu Deutsches Rechtswörterbuch Bd. 4 (1939–1951), Sp. 963–974; Art. „Gnade", in: Handwörterbuch zur deutschen Rechtsgeschichte 1, Sp. 1714–1719 (Hermann Krause). Dazu auch Osenbrüggen (1860), 191; Göggelmann (1984), 58ff.; Sellert (1989), 105f.

[187] Wander 1, 1782.

[188] Ebd., 1782.

[189] Schüßler (1994), 230f.

[190] Müllner 2, 209.

[191] Botho Graf zu Stolberg-Wernigerode, Regesta Stolbergica. Quellensammlung zur Geschichte der Grafen zu Stolberg im Mittelalter. Magdeburg 1885, Nr. 2948 (Nachträge).

[192] Schué (1918), 144, 149, 176f., 179f.

[193] Grundlegend: Schué (1918). Vgl. Harster (1900), 131ff.; Knapp (1914), 185ff.; August Amrhein, Das Begnadigungsrecht des Würzburger Domkapitels. Archiv des Historischen Vereins für Unterfranken 60 (1918), 111ff.; His 1 (1920), 392 und 396ff.; Keller (1921), 144ff.; Metzger (1931), 136ff.; Gwinner (1934), 150ff.; Bonnekamp (1940), 18ff.; Bader (1942), 35; Wettstein (1958), 47ff.; K. Meier-Lemgo, Die Begnadigung beim

landesherrlichen und beim lemgoischen Kriminalgericht. Lippische Mitteilungen 28 (1959), 89–113; Truffer (1960), 109 ff., 131 ff. und 137 ff.; von Hentig (1962/III), 173 ff.; Nordhoff-Behne (1971), 169; Hesse (1975), 21; Bauer (1996); Wernicke (2000), 400 f. Vgl. auch die häufigen Erwähnungen im Schlettstadter Strafbuch (um 1400): Gény 2 (1902), 606 ff. – Abbitten im Rechtssprichwort: Graf – Dietherr (1869), 397 ff.

[194] Schué (1918), 234 ff. Vgl. von Künßberg (1965), 61.

[195] So rühmt der Chronist von Gottfried Werner von Zimmern (1512–1554): „hab ich von kainem gehört, der sovil mitleidens oder erbermde mit den armen leuten het." Zimmerische Chronik, ed. Barack, 4, 178.

[196] So Schué (1918), 163 f. – Zum Begnadigungsrecht in England vgl. Röhrkasten (1990), 257 ff. und zu dem entsprechenden Recht des Königs ebd., 93 ff.

[197] Schué (1918), 157 f.

[198] Bauer (1996), 186 ff.

[199] Wernicke (2000), 400.

[200] Schüßler (1994), 230.

[201] Franz (1963), 209.

[202] Bauer (1996), 148 ff. – Ein Beispiel: 1613 wird ein mehrfacher Dieb auf Bitten seiner kleinen Kinder, seiner Freunde und der Gemeinden des Kyburger Landgerichts vom Galgen abgebeten. Truffer (1960), 139.

[203] Bauer (1996), 72 f. und 154 f. Vgl. Kames (1910), 91; Schué (1918), 178 ff.

[204] Vgl. z. B. für Schlettstadt: Gény 2 (1902), 635 (Nr. 268), 637 (Nrn. 290 und 292), 640 (Nrn. 302 und 306).

[205] Wanderbüchlein des Johannes Butzbach, genannt Piemontanus, ed. Leonhard Hoffmann. 1984, 58 f.

[206] Bauer (1996), 206.

[207] Schubert (1979), 121–128.

[208] Nürnberger Ratsverlässe, ed. Schieber, 260.

[209] Bamberger Echtbuch, 39.

[210] Bauer (1996), 74 ff. und 133 ff.

[211] Hampe (1927), 83.

[212] Schué (1918), 167 f. Vgl. Bauer (1996), 71 f.

[213] Bauer (1996), 27 bzw. 129.

[214] Bauer (1996), 80 f.

[215] Schué (1918), 170 ff. und 181. Vgl. Keller (1921), 146; Bauer (1996), 142 ff.

[216] Schué (1918), 178, 181 (wo aber der Wortsinn „schöne Fräulein" bzw. „schöne Frauen" verkannt wurde).

[217] Hug, ed. Roder, 39.

[218] Hauser (1987), 232. – Zum Begnadigungsrecht in Basel vgl. Hagemann (1981), 187 ff., 221 f.

[219] Reuter (1936), 118.

[220] Frauenstädt (1890), 28; Schué (1918), 172 f. Vgl. etwa Gény 2 (1902), 607 (Nr. 60): Abbitten eines Verurteilten durch den Dompropst „und vil erbere frowen". – 1446 wurden in Augsburg zwei Weber durch Herzogin Anna von Bayern vom Galgen abgebeten. Chronik des Burkhard Zink, 1368–1468, in: Städtechroniken 5 (Augsburg 2), 185.

[221] Hauser (1987), 232.

[222] Keller (1921), 141 f.

[223] Truffer (1960), 111.

[224] Bauer (1996), 44 f.

[225] Wettstein (1958), 49; Truffer (1960), 132.

[226] Nachrichten des Vereins Freunde der Plassenburg 1 (1929), 27 (nach dem Schwabacher Ratswahlbuch 1471–1548).

[227] Schué (1918), 147 f. mit Anm. 3 und 151 Anm. 3.

[228] Jacob Grimm, Weisthümer 3, 841. Hinweis bei Keller (1921), 41.

[229] Hampe (1927), 26.

[230] Schué (1918), 209 ff.; von Künßberg (1965), 61. – Auch das friesische Recht kannte diese Möglichkeit. Buma – Ebel (1972), 15.

[231] Johannes Gebauer, Geschichte der Stadt Hildesheim. Bd. 1. 1922, 219.

²³² Ed. Eduard Jacobs. Zeitschrift des Harzvereins für Geschichte und Alterthumskunde 24 (1891), 529–531.
²³³ Bauer (1996), 47 f.
²³⁴ His 1 (1920), 398 Anm. 4.
²³⁵ Knapp (1907), 29; Hampe (1927), 30.
²³⁶ Knapp (1907), 1154.
²³⁷ Holdener (1926), 115 f.
²³⁸ Bamberger Echtbuch, 39.
²³⁹ Jerouschek – Blauert (2002), 237.
²⁴⁰ Rennefahrt (1963), 543.
²⁴¹ Ebd., 52.
²⁴² Ebd., 43.
²⁴³ Ebd., 53.
²⁴⁴ Ebd., 38
²⁴⁵ Ebd., 49.
²⁴⁶ Korsch (1958), 99.
²⁴⁷ Vgl. Reiß (1973), 156.
²⁴⁸ Hauser (1987), 232.
²⁴⁹ Knapp (1896), 128; Schué (1918), 153 ff. und 158; Hesse (1975), 22.
²⁵⁰ Hampe (1927), 15. Vgl. (für Schwäbisch Hall) Nordhoff-Behne (1971), 169.
²⁵¹ Hesse (1975), 33.
²⁵² Vgl. Wettstein (1958), 44 und 73 f.; Reiß (1973), 157; Bauer (1996), 61 f.
²⁵³ Wunder (1980), 41.
²⁵⁴ Schué (1918), 178 ff.; von Tscharner (1936), 117; Nordhoff-Behne (1971), 169; Gimpel (1991), 154.
²⁵⁵ Hampe (1927), 19.
²⁵⁶ Ebd., 15. Vgl. auch allgemein: Radbruch – Gwinner (1951), 107.
²⁵⁷ Schmidt, ed. Endter, 103 Nr. 241.
²⁵⁸ Ebd., 44 Nr. 131, 87 Nr. 206, 102 Nr. 237, 112 Nr. 264. Vgl. auch die folgenden Anm.
²⁵⁹ Ebd., 98 f. Nr. 232.
²⁶⁰ Ebd., 49 Nr. 144.
²⁶¹ Vgl. Bauer (1996), 183 ff. auch zu den verschiedenen Ausflüchten städtischer Obrigkeiten vor dem fürstlichen Gnadebitten. Dazu auch Gwinner (1934), 248 ff.
²⁶² Colmarer Stadtrechte, ed. Finsterwalder, 285.
²⁶³ Brucker (1889), 14. – Zurückweisung der Gnadenbitte: Knapp (1896), 129.
²⁶⁴ Vgl. Bauer (1996), 89 ff. und 187 ff. – Wenn 1567 Bern das Abbitten des Blutschänders vom Galgen verbietet, so ist damit noch nicht grundsätzlich das Gnadenrecht in Frage gestellt. Rennefahrt (1963), 422. Vgl. ebd., 532.
²⁶⁵ Bauer (1996), 184.
²⁶⁶ Rothe, ed. von Liliencron, 670.
²⁶⁷ Leonhart Widmann's Chronik. Städtechroniken 15 (Regensburg), 113. Vgl. allgemein zum Abbitten auf Reichstagen: Schué (1918), 169.
²⁶⁸ Deichert (1912), 155. – Henning Brandis, ed. Haenselmann, 29 erzählt, daß 1474 die Frau des Calenberger Herzogs Wilhelm für einen „stratenschinder" Fürbitte einlegte, „darumme wort he so hastigen gericht". Zum Jahre 1492 erzählt Henning Brandis, ebd., 107 f. von einem vergleichbaren Fall, als ein Straßenräuber schon eine Stunde, nachdem das Urteil über ihn gesprochen war, hingerichtet wurde; denn die Hildesheimer wußten, daß ein Brief Herzog Heinrichs des Mittleren unterwegs war, in dem Fürbitte für den Missetäter eingelegt wurde. – Vgl. Leonhart Widmanns Chronik. Städtechroniken 15 (Regensburg), 123: Weil es dem Regensburger Rat mit den Abbitten zuviel wurde, erzählt Widmann, daß der Rat Verbrecher „bei der nacht heimlich hing an dy päum vor den thorn, so es tag ward schlug man sy ab, grubs ein, und ertrenket sonst bey der nacht vill leut".
²⁶⁹ Hampe (1927), 35. Vgl. für Hildesheim: Kames (1910), 91.
²⁷⁰ Schmidt, ed. Endter, 9 Nr. 34, 46 f. Nrn. 136 und 139, 60 f. Nr. 159.

271 Ebd., 55 Nr. 150.
272 Ebd., 122 Nr. 288. Ebenso 125 Nr. 297.
273 Ebd., 58 Nr. 152.
274 Blauert (2000), 61 ff. Vgl. Schott (1965), 215. Um 1576 urteilt die Juristische Fakultät Freiburgs, daß der Landesherr den vorderösterreichischen Städten das Begnadigungsrecht auch entziehen könne.
275 Karl Heinrich Lang, Neuere Geschichte des Fürstenthums Baireuth. Zweiter Thei vom Jahr 1527 bis zum Jahr 1557. 1801, 276 f. Vgl. Bauer (1996), 81 f.
276 Härter (2000), 479 f. Vgl. für Lippe: Scheffler – Schwerhoff – Wilbertz (1994), 18. Brandenburg und Sachsen: von Hippel (1925), 235.
277 Vgl. Schwerhoff (2000), 32.
278 Rudolph (2000), 155.
279 Härter (2000), 479.
280 Fronmüller (1887), 155.
281 Unter den 361 Menschen, die der Meister Franz in Nürnberg hinrichtete, waren nur zwei Juden, einer davon, ein Raubmörder, zudem ein getaufter Jude. Zu dem ersten der beiden Fälle notiert Meister Franz, daß es 54 Jahre her sei, seit das letzte Mal in Nürnberg ein Jude gerichtet wurde. Schmidt, ed. Endter, 46 Nr. 136. Der zweite Fall: ebd., 159 mit 156 Nr. 178.
282 Scheele 1 (1992), 145 f.
283 Vgl. für Frankfurt: Meinhardt (1957), 168.
284 Die Heidelberger Bilderhandschrift des Sachsenspiegels kennt für den Fall des Juden, der wissentlich Kelche und liturgische Bücher von einem Dieb erworben hat, das Aufhängen (Landrecht III.7.4), aber sie kennt noch nicht die strafverschärfende Schimpflichkeit des Aufhängens an den Beinen mit daneben hängenden Hunden. Koschorreck (1976), 69.
285 Mentgen (1995), 41 ff.
286 Müllner 2, 46. Vgl. auch Radbruch – Gwinner (1951), 144; von Hentig (1954), 251.
287 Hildesheimer Stadtrechnungen 1, 301.
288 Zehnder (1976), 379 f. Vgl. Schnitzler (2002), 288 ff und 303 f. mit dem Nachweis, dass diese grausame und besonders schimpfliche Hinrichtungsform nicht nur bei Juden angewandt wurde.
289 Knapp (1896), 54 (Nürnberg); Rössler (1852), 202 (Brünn).
290 Jacob Grimm, Deutsche Rechtsalterthümer 2, 261 f.; Stahm (1909), 49; Knapp (1914), 151; Keller (1921), 171 f.; Metzger (1931), 62 f.; Berkenhof (1937), 108 ff.; Zimmermann (1976), 47; Schnitzler (2002), 300 f. Vgl. die Abb. eines Holzschnittes von 1548 aus der Schweizer Chronik des Johann Stumpff bei Leder (1980), 117.
291 Städtechroniken 7 (Magdeburg 1), 416.
292 Knapp (1896), 136. – Dennoch halten wir es für übertrieben, wenn behauptet wird: „Man wird also davon ausgehen können, daß das verkehrte Hängen über annähernd 400 Jahre eine regelmäßig und bevorzugt an Juden vollzogene infamierende Strafe blieb." Schnitzler (2002), 292.
293 Hosmann, Denck=Mahl (1700), Teil 2, 116.
294 Hauser (1987), 230.
295 Vgl. z. B. Knapp (1896), 202. – Zum „Judenklopfen" als Fastnachtsvergnügen vgl. Mentgen (1995), 24 ff.
296 Bauer (1996), 72.
297 Schué (1918), 181.
298 Deichert (1912), 158 f.
299 Knapp (1896), 136.
300 Knapp (1914), 185.
301 Schué (1918), 181.
302 Heinrich Heine, Memoiren. Heinrich Heine. Sämtliche Werke in zwölf Bänden, hrsg. von Adolph Kohut, Bd. 9 o. J., 323. Vgl. K. Abels, Zum Scharfrichtermotiv im Werk Heinrich Heines. Heine-Jahrbuch 12 (1973), 99 ff. In Romanform ist die Szene verarbeitet: Hans-Christian Kirsch, ... und küßte des Scharfrichters Tochter. Heinrich Heines erste Liebe. (Fischer Tb 5012) 1981.
303 Nowosadtko (1994).
304 Die Literatur zum Scharfrichter, der populärsten Gestalt der deutschen Rechtsgeschichte, verzeichnet Nowosadtko (1994), 378 ff.

[305] Vgl. das weiterführende kenntnisreiche Forschungsreferat bei Nowosadtko (1994), 21 ff.
[306] Vgl. den Forschungsbericht bei Nowosadtko (1994), 24 ff.
[307] Der Einwand schon bei Keller (1921), 84 ff.
[308] Caesarius von Heisterbach, ed. Alfons Hilka 3. 1937, 276. Weitere Beispiele: Keller (1921), 77.
[309] Peters (1991), 68 ff.
[310] Ebd., 69.
[311] Ebd., 77.
[312] Deutsches Rechtswörterbuch 3, Sp. 974–977.
[313] Walther von der Vogelweide, Werke Gesamtausgabe. Bd. 1: Spruchlyrik, ed. Günther Schweikle. 1994, 106 (Ottenton).
[314] Peters (1991), 71 f. – Zum Beispiel erklären 1261 die Magdeburger Schöffen, daß das Schultheißending, damals noch das Hochgericht, nur verkündigt werden darf durch „die schultheize selben oder die vronebote". Ebel (1989), 3 Nr. 1 § 10.
[315] Peters (1991), 72 f. zu den Benennungen „bode" vgl. ebd., 147 f. – Im Magdeburger Recht hält sich die geachtete Stellung des geschworenen Fronboten, der als Stellvertreter des Richters die Ladung vor das Gericht ausspricht, bis in die Mitte des 15. Jahrhunderts. Vgl. nur Ebel (1989), 719 Nr. 534.
[316] Peters (1991), 75 f. Zur abschätzigen Beurteilung des Büttels vgl. ebd., 73 ff.
[317] Peters (1991), 144 f.
[318] Louis Carlen, Stab und Stabträger in der Schweiz, in: ders. (1995), 103–132, hier: 120 ff.
[319] Vgl. Peters (1991), 112 ff. und 121 ff.
[320] Ebd., 98.
[321] Ebd., 106.
[322] Ebd., 126.
[323] Ebd., 97 f.
[324] Meinhardt (1957), 38 f. auch für das Folgende.
[325] Friese (1898), 155.
[326] Christian Meyer (Hrsg.), Das Stadtbuch von Augsburg. 1872, 70.
[327] Vgl. etwa (für Schwäbisch Hall) Wunder (1980), 148 ff. In Lüneburg ist 1340, in Hannover 1352 ein Scharfrichter erwähnt. Reinecke 1 (1933), 352 bzw. Hartmann (1880), 26. Selbst im kleinen Hameln ist bereits 1324 ein Henker bezeugt, weil zufälligerweise sein Haus nahe an einem beurkundeten Besitz des Bonifatiusstiftes lag. Urkundenbuch Hameln 1, 139 Nr. 206, vgl. ebd., 152 Nr. 225. Es ist in der Überlieferung begründet, wenn in Freiburg i. Br. erst relativ spät, 1368, ein Henker begegnet. Willmann (1917), 67.
[328] Nowosadtko (1994), 53.
[329] Gimpel (1991), 151.
[330] Zu den verschiedenen Bezeichnungen vgl. Keller (1921), 111 ff.
[331] Franz (1963), 17 (Salzburg 1462).
[332] Reinecke 1 (1933), 73.
[333] Kames (1910), 73.
[334] Diesen Ausdruck verwenden die spätmittelalterlichen Frankfurter Quellen. Erst in der frühen Neuzeit setzt sich hier die Bezeichnung Scharfrichter bzw. Nachrichter durch. Meinhardt (1957), 40.
[335] Keller (1921), 56.
[336] Keller (1921), 50 ff., 60 f. und 89. Darin dürfte begründet liegen, daß bisweilen im Spätmittelalter der Henker als Urteilsfinder über die Art der Hinrichtung herangezogen wird. Ebd., 65 f.; Nowosadtko (1994), 57.
[337] Schroeder – Koehne (1898), 154. – Zum Zetergeschrei durch den Henker vgl. Keller (1921), 61 f.; Schild (1980), 41; Evans (2001), 105.
[338] Geiler von Kaisersberg: „Es ist gewonlich in den doerffern, da man kein nachrichter hat … so gat der vogt dar und legt dem dieb den strick an den halsz, und das gantz gericht zücht den dieb an den galgen, damit keiner den andern nichts me verweisse." Zit. nach Roeder von Diersburg (1921), 50.
[339] Oppelt (1976), 55 ff. Vgl. auch Döpler (1693), 536 f.
[340] Keller (1921), 68 ff.
[341] Ullmann (1928), 25.
[342] His 1 (1920), 506 f.

³⁴³ Keller (1921), 72 nach Grimm, Weisthümer 2, 334.
³⁴⁴ Belege bei Keller (1921), 46f.; Reuter (1936), 73. Vgl. Schild (1980), 202.
³⁴⁵ Hirsch (1922), 61. Vgl. für Regensburg: Knapp (1914), 74 und 150.
³⁴⁶ Stolz (1957), 40.
³⁴⁷ Belege aus dem 14. und 15. Jahrhundert: Keller (1921), 48f.; Nordhoff-Behne (1971), 127.
³⁴⁸ Keller (1921), 47.
³⁴⁹ Vgl. nur das Stadtrecht von Villingen: Oberrheinische Stadtrechte. Abt. 2: Schwäbische Rechte. H. 1: Villingen, ed. Christian Roder. 1905, 131; Hesse (1975), 121.
³⁵⁰ Fehr (1931), 39f.
³⁵¹ Friese (1898), 151; Janz (1989), 385. Vgl. Art. Galgen, in: Handwörterbuch zur deutschen Rechtsgeschichte 1, Sp. 1375–1377 (Adalbert Erler). – Den Galgen kennt auch die „Ecbasis cuiusdam captivi" aus der Mitte des 11. Jahrhunderts. Rädle (1996), 40.
³⁵² Koschorreck (1976), 69.
³⁵³ Von Künßberg (1936), 160f. Vgl. Keller (1921), 72.
³⁵⁴ Krünitz 15 (1786), 671.
³⁵⁵ Von Künßberg (1936), 161 ff.; Frölich (1946), 36ff.; ders. (1946/II), 9ff.; Nordhoff-Behne (1971), 125; Günther (1989), 83f.; Louis Carlen, Rechtssteine im Wallis, in: ders. (1995), 176–190, hier: 185ff. Abb. bei Kocher (1992), 53 und 150. – Eine Lübecker Besonderheit: Hier gab es für größere und kleinere Diebe einen oberen bzw. einen unteren Galgen. Reuter (1936), 56.
³⁵⁶ Vgl. von Hentig (1954), 207f. und 213.
³⁵⁷ Vgl. Deichert (1912), 170; Kocher (1977), 67f.; Hagemann (1981), 307f. Bezeichnend, daß in Hildesheim am Galgenberg zugleich der städtische Steinbruch lag. Hildesheimer Stadtrechnungen 1, 448. Erst im 18. Jahrhundert wurden gegen die Standorte der Galgen Bedenken laut: Sie „müßten in einer solchen Entfernung von den Landstraßen angelegt werden, daß man sie zwar deutlich erkennen könne, jedoch auch also, damit ihr Anblick und übler Geruch der Gesundheit der Reisenden nicht nachtheilig werde". Krünitz 15 (1786), 674. – Schon allein die Topographie hatte den kenntnisreichen Karl Frölich von seinen Erwägungen über Galgen und Ahnengrab abhalten können. Frölich (1938), 6.
³⁵⁸ Koch (1988), 25.
³⁵⁹ Von Hentig (1962), 9ff.
³⁶⁰ Metzger (1931), 60f. und 63f.; Wettstein (1958), 123f.; Oppelt (1976), 169ff.; Weissenborn (1993), 110. – Zum „Fegen" der Galgenstätte vgl. Nowosadtko (1994), 84.
³⁶¹ Keller (1921), 205. – Die Hildesheimer Stadtrechnungen erwähnen 1410 Ausgaben für das Begraben vom Galgen abgefallener armer Sünder: „Vor de deve to gravene, dede af ghevallen weren." Hildesheimer Stadtrechnungen 1, 394.
³⁶² Für Schwäbisch Hall ist ungefähr mit dem Jahr 1416 der Zeitpunkt bestimmt, zu dem spätestens das Hochgericht vom Marktplatz auf den Galgenberg vor der Stadt verlegt wurde. Nordhoff-Behne (1971), 125 und 127. – Vgl. zum Flurnamen Galgenberg: Frölich (1938), 34.
³⁶³ Abb. bei Kocher (1992), 135.
³⁶⁴ Hesse (1975), 23f.; Zimmermann (1976), 67ff.; Schild (1980), 44; Lamschus (1984), 174; Kocher (1992), 139. – Die Galgenstätte bedeutete nicht allein eine Geruchsbelästigung für die Umgebung, sie galt in der frühen Neuzeit vielfach als infamierender Ort. Vgl. Ranke (1951), 44f.; Benno Eide Siebs, Stat – Roland – Rosengarten. Zur magischen Bedeutung von Gerichtsstätten. ZRG germ. 76 (1959), 246–266, hier: 259ff. – In Schweinfurt gab es neben dem Galgenhügel noch eigene Richtstätten für das Rädern und Verbrennen. Hesse (1975), 23f.
³⁶⁵ Vgl. Knapp (1914), 74/zu Regensburg); Ullmann (1928), 22; Frölich (1939), 16; ders. (1946), 38f. Vgl. auch Hans von Hentig, Fischmarkt und Strafstätte, in: ders. (1962), 33–41.
³⁶⁶ Pohanka (1992), 121.
³⁶⁷ Hans von Hentig, Die Brücken im Strafrecht und Strafverfahren, in: ders. (1962), 23–32, hier: 25ff.
³⁶⁸ Hesse (1975), 23.
³⁶⁹ Vgl. zum Beispiel Wettstein (1958), 133.
³⁷⁰ Metzger (1931), 57.
³⁷¹ Deichert (1912), 163ff.; Leiser (1971), 73.

372 Zur Fluktuation der Münchener Scharfrichter im Spätmittelalter vgl. Nowosadtko (1994), 62.

373 Vgl. für Hildesheim: Kames (1910), 89.

374 Helfer (1965), 96; Boelcke (1969), 199. – 1437 muß sich Nürnberg von Weißenburg den Nachrichter erbitten, und Eichstätt holt sich später den Nürnberger Henker. Flachenecker (1988), 124. Vgl. nur als Beispiel: Nürnberger Ratsverlässe, ed. Schieber, 31: „dem nachrichter vergundt etliche tage gen Bamberg" (1459). Celle bittet 1474 Lüneburg um Überlassung des Scharfrichters. Reinecke 1 (1933), 357. Wiesbaden pflegte den Mainzer Henker zu holen. Renkhoff (1980), 164.

375 Sprenger, ed. Stein, 351.

376 Hug, ed. Roder, 127.

377 Ullmann (1928), 25. Vgl. für Bretten: Schroeder – Koehne (1898), 835. Selbst eine Stadt wie Schlettstadt lieh sich noch im 16. Jahrhundert den Scharfrichter von Nachbarstädten aus. Gény 2 (1902), 811.

378 Schroeder – Koehne (1898), 339.

379 Schubert (1991).

380 Nowosadtko (1994), 56

381 Ebd., 55 f.

382 Lamschus (1984), 173.

383 Hans-Jürgen Schmitt, Die geistliche und weltliche Verwaltung der Diözese und des Hochstifts Bamberg zur Zeit des Bischofs Weigand von Redwitz (1522–1556). 106. Berichte des Historischen Vereins Bamberg (1970), 159 und 165.

384 Vgl. aber jetzt Thomas Klingebiel (2002); zu den württembergischen Landämtern aus kriminalgeschichtlicher Sicht: Schnabel-Schüle (1997), 43 ff.

385 Härter (2000), 467 ff.

386 Jerouschek – Blauert (2002), 244.

387 Viktor Ernst, Die direkten Staatssteuern in der Grafschaft Wirtemberg. Württembergisches Jahrbuch für Statistik und Landeskunde 1904, Erstes Heft (1905), 55 ff., hier: 77.

388 Ebd.

389 Österreichische Weistümer Bd. 11, ed. Gustav Winter (= Niederöster. Weistümer 4). 1913, 9220 (Nr. 65) (1414).

390 Bannteiding zu Patzmannsdorf. (Erneuert 1460). Jacob Grimm, Weisthümer 3, 697 (§ 32).

391 Nowosadtko (1994) bzw. Wilbertz (1979).

392 Vgl. Wolff (2004), 67 ff. – Für den niederländischen Raum: Rousseaux (2000), 130, 132 und 138 f.

393 Knapp (1907).

394 Birr (2002), bes. 210 ff.

395 Ebd., bes. 214 ff.

396 Härter (2000), 461.

397 Birr (2002), 219 ff.

398 Keller (1921), 61.

399 Helfer (1965), 101; Nowosadtko (1994), 63

400 Wilbertz (1979), 62.

401 Glenzdorf – Treichel (1970), 37. Vgl. van Dülmen (1999), 44 ff.

402 Vgl. den Forschungsbericht bei Nowosadtko (1994), 20 ff. und ebd., 26 ff mit 353 zum Bluttabu als Erklärungsmuster.

403 Van Dülmen (1985), 93 sieht in der Trennung von Richten und Strafen den Grund für die Entstehung der Unehrlichkeit des Henkers.

404 Vgl. Nowosadtko (1994), 52.

405 Chronik des Burkhard Zink, 1368–1468, in: Städtechroniken 5 (Augsburg 2), 17.

406 Vgl. zuletzt zu diesem Fall: Nowosadtko (1994), 32.

407 Schubert (1986), 140.

408 Lamschus (1984), 175.

409 Hans von Hentig, Der gehängte Henker, in: ders. (1962), 160–169; Nowosadtko (1994), 62 ff. Ein weiteres Beispiel: Müllner 2, 251 und 408. – In Münster mußte sich 1587 der Scharfrichter wegen Bigamie vor dem Rat verantworten. Gimpel (1991), 155.

⁴¹⁰ Christian Meyer (Hrsg.), das Stadtbuch von Augsburg. 1872.

⁴¹¹ Braunschweig: Franz Fuhse: Hygiene und Heilkunde in der Stadt Braunschweig während des 16. Jahrhunderts, in: Niederdeutsche Zeitschrift für Volkskunde 4 (1926), 27; Frankfurt: Meinhardt (1957), 47; Hildesheim: Johannes Heinrich Gebauer: Die „Unechten" und „Unehrlichen" in der Stadt Hildesheim. Archiv für Kulturgeschichte 32 (1944), 118–171, hier: 130; Schweinfurt: Hesse (1975), 123.

⁴¹² Gimpel (1991), 156f. und 161f.

⁴¹³ Willmann (1917), 70.

⁴¹⁴ Ulf Dirlmeier: Untersuchungen zu Einkommensverhältnissen und Lebenshaltungskosten in oberdeutschen Städten des Spätmittelalters. 1978, 140 Anm. 91. Weitere Belege für die obrigkeitliche Lizenz, im Haus des Scharfrichters Glücksspiel zu treiben: Nowosadtko (1994), 54f.

⁴¹⁵ Brucker (1889), 84.

⁴¹⁶ Nowosadtko (1994), 53f. Vgl. für Braunschweig: Fuhse (1926), 27.

⁴¹⁷ Beneke (1889), 236; Sander (1902), 669f.; Gény 2 (1902), 808; van Dülmen (1999), 58. – Diese „Hundeschläger" gehören bis tief ins 18. Jahrhundert hinein oft selbst zur kriminellen Unterschicht.

⁴¹⁸ Mummenhoff (1898), 27; Hesse (1975), 122; Pohanka (1992), 121; Nowosadtko (1994), 147; Schubert (2002).

⁴¹⁹ Gimpel (1991), 158; Evans (2001), 92; Schubert (2002).

⁴²⁰ Georg Wacha, Tiere und Tierhaltung in der Stadt, in: Das Leben in der Stadt des Spätmittelalters. (Sitzungsberichte der Österreichischen Akademie der Wissenschaften 325) Wien 1977, 246 mit Anm. 62. – In einem Fastnachtsspiel vergleicht sich ein solcher Hundeschläger mit dem Jäger: „Ich fach mer wilds, dan seiner hundert." Fastnachtsspiele aus dem fünfzehnten Jahrhundert, ed. Adelbert von Keller. Teil 1. (Bibliothek des litterarischen Vereins in Stuttgart 28) 1853, 376.

⁴²¹ Ulrich Crämer, Die Verfassung und Verwaltung Straßburgs von der Reformationszeit bis zum Fall der Reichsstadt (1521–1681). 1931, 176.

⁴²² Walter Maack, Rintelner Kämmereirechnungen aus dem 15. Jahrhundert. 1971, 46.

⁴²³ Eugen Nübling, Die Reichstadt Ulm am Ausgange des Mittelalters (1378–1556). Darstellung. 1907, 308.

⁴²⁴ Nowosadtko (1994), 131ff. und 145. Vgl. Wolff (2004), 62.

⁴²⁵ Vgl. Keller (1921), 120f.; Glenzdorf – Treichel (1970), 27; Oppelt (1976), 463ff.; Voß (1990), 92. – In Lübeck wurde der Angstmann noch dadurch kenntlich gemacht, daß er den Büttelhut unter dem Arm tragen mußte. Hermann Lagemann, Polizeiwesen und Wohlfahrtspflege in Lübeck von den Anfängen bis zum Ende des 16. Jahrhunderts. 1916, 48.

⁴²⁶ Kocher (1977), 65.

⁴²⁷ Nowosadtko (1994), 349. – In Braunschweig trug der Henker um 1400 eine Kapuze von – stigmatisierender – gelber Farbe. Gernhuber (1957), 122.

⁴²⁸ Stölzel (1871), 228. Vgl. ebd., 312 (Register).

⁴²⁹ Vgl. van Dülmen (1999), 60. Zu Recht lehnt van Dülmen (ebd., 63) die Ansicht von einem „sakral-magischen Kern" der Unehrlichkeit ab.

⁴³⁰ Nowosadtko (1994), 292ff.; van Dülmen (1999), 18ff. und 45f. Schon Gernhuber (1957), bes. 147f. erkannte diese Wurzel der Unehrlichkeit des Henkers.

⁴³¹ In Zürich tritt der Nachrichter im Spätmittelalter mehrfach als Zeuge vor dem Ratsgericht auf; aber Unehrliche durften keine Zeugen sein. Ruoff (1941), 91 mit Anm. 1.

⁴³² Schubert (2002).

⁴³³ Knapp (1907), 61.

⁴³⁴ Ebd.

⁴³⁵ Ebd., 56. Vielleicht lag die Übertragung dieses Amtes auch deshalb nahe, weil der Henker ein beträchtliches Holzdeputat als Besoldungsanteil bekam. Ebd., 61.

⁴³⁶ Ebd., 64 Anm. 18.

⁴³⁷ Wilhelm Vischer (Hrsg.), Basler Chroniken Bd. 3. 1887, 563.

⁴³⁸ Gernhuber (1957), 160f. – Entsprechend deuten wir den Eintrag in den Hildesheimer Stadtrechnungen 1, 394 (1410), wonach der Rat die hohe Summe eines Pfundes dem „scharpenrichter Hans van Brome" gibt, „do he enwech wolde". Eindeutig weist die Bamberger Wochenstubenrechnung von 1436 auf eine Sühnewallfahrt des Henkers Fritz, dem zwei Gulden überreicht werden, „alls er ab scheiden und wallen wollt". – Zur

Sühnewallfahrt des Folterknechtes Nicolaus von Eger nach Santiago de Compostela vgl. Hagemann (1981), 204.

[439] Keller (1921), 137.

[440] Ernst Schubert, Der betrügerische Bettler, in: Festgabe für Dieter Neitzert zum 65. Geburtstag. (Göttinger Forschungen zur Landesgeschichte 1) 1998, 71 ff., hier: 99.

[441] Kramer (1974), 53. Vgl. Gernhuber (1957), 127 ff.; Voß (1990), 90 ff., 105 ff.

[442] Martin Montanus, Schwankbücher (1557–1566), ed. Johannes Bolte. 1899, 39.

[443] Keller (1921), 122, 262 ff.; von Hentig (1958), 205 ff.; Kramer (1974), 54 f.; Oppelt (1976), 361 ff.; Evans (2001), 87 ff.

[444] Glenzdorf – Treichel (1970), 18.

[445] Brucker (1889), 398 f. Vgl. van Dülmen (1999), 46 f.

[446] Keller (1921), 119; Wunder (1980), 148. Vgl. ebd., 149: 1709 erhob der Scharfrichter in Hall dagegen Einspruch, daß er „wie eine abscheuliche Bestia von aller menschlichen Societät entfernt gleichsam in einem Käfig eingeschlossen in solcher höchsten Verachtung leben muß".

[447] Vgl. Rennefahrt (1963), 527 (Bern 1666).

[448] Keller (1921), 123. Im 17. und 18. Jahrhundert sollten dann Juristen bejahen, daß Henker zum Abendmahl zuzulassen seien. Schubart-Fikentscher (1963), 26 f. Anm. 1.

[449] Meinhardt (1957), 41. Vgl. van Dülmen (1999), 48 f.

[450] Meinhardt (1957), 41.

[451] Vgl. für Einbeck, wo der Scharfrichter nur eine „Bude" an der Stadtmauer, natürlich kein „Haus", das in Eibeck die Braugerechtigkeit umschloß, besaß: Wilhelm Feise, Die bauliche Entwicklung der Stadt Einbeck. HannGBll 16 (1913), 62 ff., hier: 80.

[452] Georg Wickram, Sämtliche Werke 7: Das Rollwagenbüchlein, ed. Hans-Gert Roloff. 1973, Nr. 55, 110 ff., hier: 112.

[453] Vgl. Hildesheimer Stadtrechnungen 1, 658; 2, 12 und 819; Bernhard Harms, Der Stadthaushalt Basels im ausgehenden Mittelalter. Quellen und Studien zur Basler Finanzgeschichte 3. 1913, 95.

[454] Hans von Hentig, Zur Soziologie des Richterschwerts, in: ders. (1962), 149–159; Stadt im Wandel 2, 973 f. m. Abb. 975; Schild (1980), 72 und 79 f. (mit Abb.); Hanse 2 (1989), 434 (Abb.); Nowosadtko (1994), 61; Carlen (1995), 97. Vgl. Voß (1990), 86.

[455] Glenzdorf – Treichel (1970), 18.

[456] Vgl. den Artikel Galgen, volkskundlich, in: Handwörterbuch zur deutschen Rechtsgeschichte 1, Sp. 1377 f. (Karl-S. Kramer); von Hentig (1962), 71 f.; ders. (1962/II): 133 ff. Leiser (1971), 62; van Dülmen (1985), 97 ff.; Hahn (1989), 124.

[457] Günther (1989), bes. 85 ff.

[458] Krünitz 15 (1786), 674 ff.; Keller (1921), 206 ff.; Meinhardt (1957), 49 f.; Gernhuber (1957), 132 ff.; Lott (1998), 197 ff.; Evans (2001), 90 f.

[459] Städtechroniken 23 (Augsburg 4), 332. Vgl. auch Nordhoff-Behne (1971), 125 f.

[460] Keller (1921), 207 ff.; Nowosadtko (1994), 304; Carlen (1995), 79; van Dülmen (1999), 50 ff.; Maubach (2003), 97.

[461] Glenzdorf – Treichel (1970), 18.

[462] Weiterführend: Nowosadtko (1994), 299 ff.

[463] Meinhardt (1957), 47. Vgl. Gernhuber (1957), 121 Anm. 8.

[464] Wolff (2004), 65 f.

[465] Glenzdorf – Treichel (1970), 23.

[466] Helmut Plath (Bearb.), Stadtgeschichtliche Abteilung. (Abteilungskataloge des Historischen Museums am Hohen Ufer Hannover 1) 1970, 38.

[467] Evans (2001), 92. Vgl. auch Meinhardt (1957), 51 f. Der hier erwähnte kaiserliche Wappenbrief für einen Frankfurter Scharfrichter aus dem Jahre 1647 verdient aber Mißtrauen, weil es damals keinen Kaiser Matthias gab. Oder liegt ein Druckfehler (1647 statt richtig: 1617) vor? Einschränkend vermerkte Nowosadtko (1994), 98, daß das Gewerbe des Henkers „alles andere als krisenfest" gewesen war. Aber für welches damalige Gewerbe galt das nicht?

[468] Wunder (1980), 150. Auch in Emden gilt er als wohlhabend. Lamschus (1984), 174.

469 Gerd Wunder, Die Stadt am kleinen Fluß: Schwäbisch Hall, in: Die Stadt am Fluß, hrsg. von Erich Maschke, Jürgen Sydow. 1978, 100–109, hier: 102.

470 Keller (1921), 216 f.; Hirsch (1922), 76 f.; Gimpel (1991), 152 ff. – In Basel ist schon um 1360 ein „Henkertarif" überliefert. Hagemann (1981), 222. Vgl. als Beispiel die Konstanzer Bestallung 1466: „Ist Ulrich Maiger der nachrichter bestellt der statt zu warten und den sold zu nehmen, als dan hinan in disem buch staut." Stadtarchiv Konstanz B I/11, 324. Vgl. ebd., 404: Bestallungsbrief des Nachrichters. Dazu weiterhin: ebd., B I/10, 329 (1466). – Henkertarife in Bern und Freiburg i.Ü. 1524 und 1543: Rennefahrt (1963), 39 f. und 525 f. Vgl. ebd., 527 ff. (1666). – Henkertarife des 17. Jahrhunderts: Boelcke (1969), 199. Vgl. die Besoldungstabelle des Scheinfelder Scharfrichters 1711. Druck: Heimat (Neustadt/Aisch) Jg. 1926 Nr. 4. Moderierte Tortur (binden und Schraubstöcke anlegen) 60 xr; bloße Territion 30 xr; vollkommene Tortur 1 Rthl; Kopfabschlagen 2 Rthl 48 xr; Henken 4 Rthl 12 xr; Radbrechen 6 Rthl 48 xr; Handabhauen 1 Rthl 48 xr. Vgl. für das ausgehende 18. Jahrhundert Maubach (2003), 106 f.

471 Sander (1902), 212.

472 Vgl. nur die Straßburger Nachrichter-Bestallungen des 15. und 16. Jahrhunderts (Brucker [1889], 397 ff.) sowie die von Schlettstadt 1608 (Gény 2 [1902], 808 ff.).

473 Brucker (1889), 399.

474 Müllner 2, 215 (1414). Zur Praxis vgl. Knapp (1907), 64.

475 Kreil (1967), 90.

476 Wilbertz (1979), 9 f.; Nowosadtko (1994), 50 ff. und 65 ff.

477 Als Ausnahme sei notiert, daß Schweinfurt von 1554 bis 1566 keinen eigenen Henker hatte. Hesse (1975), 117.

478 Glenzdorf – Treichel (1970), 14 (Beispiel aus dem Jahre 1404). Weil die Hildesheimer 1474 keinen Henker hatten, verpflichteten sie einen Dieb zur Vollziehung einer Hinrichtung. Henning Brandis, ed. Haenselmann, 29.

479 Hans von Hentig, Der gehängte Henker. Schweizer Zeitschrift für Strafrecht 71 (1956) 32–43; Helfer (1964), 345 f.; Nowosadtko (1994), 62 ff. und 84 ff.; Wernicke (2000), 386.

480 Stutz (1917), 104 f. Anm. 19; Keller (1921), 214 ff.; Gimpel (1991), 162 f.; Nowosadtko (1994), 65 ff.; Evans (2001), 94 f. – In Bayern wurden seit 1760 die Scharfrichter zu einem festen Gehalt angestellt, wodurch die Sporteln entfielen. Nowosadtko (1994), 90 ff.

481 Hildesheimer Stadtrechnungen 1, 257.

482 Ebd., 299.

483 Wilhelm Janssen: Die kurkölnischen Territorialrechnungen des Mittelalters, in: Jahrbuch für westdeutsche Landesgeschichte 6 (1980), 111.

484 Küch (1918–31), 358 und 366. – Relativ karg entlohnte Göttingen seinen Henker; dieser erhielt im 15. Jahrhundert nur einen halben Vierdung für eine Hinrichtung. Göttinger Statuten, ed. von der Ropp, 345 Nr. 225.

485 Sander (1902), 212. (Henkertarif 1460) – In Schwäbisch Hall erhielt der Henker 1431 einen Gulden pro Hinrichtung. Kreil (1967), 90.

486 Knapp (1907), 57.

487 Franz (1963), 401.

488 Meinhardt (1957), 41.

489 Knapp (1896), 61; Kreil (1967), 90.

490 Hildesheimer Stadtrechnungen 1, 299.

491 Vgl. Knapp (1896), 54; ders. (1907), 29 und 64 ff.; ders. (1914), 74 (Löwe in Nürnberg, Würzburg und Regensburg); Sander (1902), 210; Nowosadtko (1994), 270. – In Hildesheim halfen dem Henker, dem „angstmann", aber auch dem „viller", dem Schinder, Angehörige der Unterschicht, wie die Kohlenträger, als Hilfsarbeiter bei der Hinrichtung; bisweilen hatte der Henker aber auch eigene Knechte. Henning Brandes, ed. Haenselmann, 29, 139 und 247. – Nichts mit dem süddeutschen Henkersgehilfen hat der „Kellerlöwe" in Celle zu tun, der die Aufsicht im städtischen Ratskeller führt. Cassel (1906), 84.

492 Sander (1902), 211 bzw. Flachenecker (1988), 124.

493 Knapp (1907), 26.

494 Nowosadtko (1994), 122; van Dülmen (1999), 55 f.

[495] Meinhardt (1957), 46f. bzw. Nowosadtko (1994), 211ff. und 218ff.
[496] So zutreffend Wilbertz (1979), 74. Vgl. Nowosadtko (1994), 118ff. und 123ff.; Lott (1998), 189f.; Evans (2001), 94ff.
[497] Grundlegend: Nowosadtko (1994), 118ff.
[498] Beneke (1889), 200f. Vgl. auch die Hinweise bei Nowosadtko (1994), 119f. Anm. 392.
[499] Mummenhoff (1898), 2f.; von Hentig (1962), 40; Nowosadtko (1994), 120f. – Aus der Straßenreinigung ergab sich, daß das Gesinde des Nachrichters auch für das Reinigen der Aborte von den Bürgern gedingt wurde. (Nur in Großstädten wie Köln oder Nürnberg gab es dafür eigene Spezialisten, die Goldgrübler oder Nachtmeister.) So erhielt das Gesinde des Henkers 1757 den vergleichsweise hohen Tagelohn von 20 Schillingen und vier Maß Wein für das Säubern des „geheimes Gemachs" eines Ochsenfurter Kaufmanns. Staatsarchiv Würzburg HV Ms f 1077.
[500] Aders (1969), 74f.; Hahn (1989), 125; Voß (1990), 103. Vgl. Otto Voigt, Scharfrichter und Abdecker der Stadt Verden. StaderJb 68 (1978), 28ff.
[501] Beneke (1889), 167; Kaspar Linnartz. Unsere Familiennamen. 1. 3. Aufl. 1958, 117. Vgl. die bei Karl Bücher, Die Berufe der Stadt Frankfurt a.M. im Mittelalter. 1914, 9 aufgeführten Bezeichnungen. – In Göttingen übt der Filler unabhängig vom Henker seine Tätigkeit im Namen des Rates aus. Göttinger Statuten, ed. von der Ropp, 356 (Nr. 228).
[502] Voß (1990), 89f.
[503] Nowosadtko (1994), 118.
[504] Oppelt (1976), 373ff.; Nowosadtko (1994), 153ff.
[505] Oppelt (1976), 387ff.
[506] Vgl. Nowosadtko (1994), 145.
[507] Glenzdorf – Treichel (1970), 42; Pohanka (1992), 121.
[508] Vgl. Schubart-Fikentscher (1963), 26 Anm. 1.
[509] Nowosadtko (1994), 154ff. und 171ff; Wolff (2004), 76ff.
[510] Nowosadtko (1994), 158ff; Wolff (2004), 63.
[511] Zum Henker als Pferdearzt vgl. Meinhardt (1957), 44.
[512] Ed. Telle (1971), 159ff.
[513] Ebd., 166.
[514] Nowosadtko (1994), 275 und 279f.
[515] Schmidt, ed. Endter, 70.
[516] Gründliche Nachricht, edd. König – Rudolf, 89.
[517] Vgl. Naßküttel-Liste, Nrn. 20f.
[518] Nowosadtko (1994), 169ff., 207ff. – Druck eines entsprechenden Meisterbriefes: Keller (1921), 239. Vgl. neben Keller (1921), 239ff. auch Knapp (1907), 60f. und Helfer (1964), 340f. – Als 1771 in Frankfurt eine Kindsmörderin enthauptet werden soll, gibt der Rat der Bitte seines Scharfrichters statt. Dessen Sohn, der bereits 26 Jahre alt ist und bisher noch keine Gelegenheit hatte, sein Meisterstück abzulegen, darf die Hinrichtung vollziehen. Was sich zunächst wie eine makabre Analogie zur Zunftverfassung ausnimmt, ist genau besehen Ergebnis sozialer Veränderungen – und diese entsprechen in der Tat den Verhältnissen im Handwerk. Wenn Wasenmeisterämter einträglich genug waren, vollziehen sich die gleichen Entwicklungen wie beim Amt des Henkers: Vererbung und Entstehen von Wasenmeisterdynastien. Meinhardt (1957), 44f.
[519] Vgl. Beneke (1889), 177f., 206f., 218ff.; Wilbertz (1979), 66; dies., Zwei Scharfrichterfamilien und ihre Grabsteine in Hannover. HannGBll NF 36 (1982), 232f.; W. Weintraud, Versippung der württembergischen Kleemeister- und Scharfrichterfamilien am Beispiel Carle. Südwestdeutsche Blätter für Familien-und Wappenkunde 15 (1977), 353–361 und besonders: Glenzdorf – Treichel (1970), 45ff. und Nowosadtko (1994), 216ff.; Gisela Wilbertz, Zur sozialen und geographischen Mobilität einer Scharfrichterfamilie in der Frühen Neuzeit. Die Clauss (Clausen, Claessen, Clages) aus Lemgo. Beiträge zur westfälischen Familienforschung 53 (1995), 253–322. – Typisch etwa, daß der Stader Scharfrichter Joh. Chr. Zoppel, dessen hinterlassenes Tagebuch Wilbertz edierte, Sohn eines Henkers war und mit der Tochter des Bremer Scharfrichters die Ehe einging.
[520] Wunder (1980), 149. Noch im 15. Jahrhundert gab es in das Handwerk hineinreichende Versippungen der Henker. Erst seit dem 16. Jahrhundert sind die Scharfrichter auch hier isoliert. 1614 heiratete der Scharfrichter von Hall eine Pfarrerstochter, deren verwitwete Mutter „nit viel übriges hatte". Das württembergische

Konsistorium hatte diese Heirat zwar verboten, doch zogen sie nach Schwäbisch Hall, wo sie heirateten, denn „sie beide ... wollten ... einander nit laßen". Wunder (1980), 150.

[521] Ernst Vogt, Ein Drohbrief aus dem 14. Jahrhundert. Archiv für Kulturgeschichte 12 (1906), 229 f.

[522] Glenzdorf – Treichel (1970), 46.

[523] Ebd., 46 f.

[524] Ebd., 50.

[525] Gustav Jungbauer, Goethe und die deutsche Volkskunde in Böhmen. Sudentendeutsche Zeitschrift für Volkskunde 5 (1932), 18 ff.

[526] Alois John, Die Schrift „Vom Aberglauben" von Karl Huß. 1910, III.

[527] Beneke (1889), 206; John (1910), V f., XIX f., XXIII ff.; Willmann (1917), 69; Keller (1921), 224 ff.; Angstmann (1928), 90 ff.; Heinz-Bruno Krieger, Von Pflichten und Künsten der alten Scharfrichter im Lande Braunschweig. Braunschweigische Heimat 39 (1953), 49 ff., 76 ff.; Gernhuber (1957), 142 ff.; Helfer (1964), 352; Wilbertz (1975), 70 ff.; Aders (1969), 76 ff., 102 f.; Oppelt (1976), 376 ff.; Wilbertz (1979), passim; Gimpel (1991), 159; Nowosadtko (1994), 162 ff.; Wolff (2004), 66 f. – Daß im 18. Jahrhundert der Bayreuther Henker auch Abortativa vertrieb, belegt Kappl (1984), 145.

[528] Wunder (1980), 150. – Daß auch Wasenmeister und ihre Frauen ärztliche Tätigkeiten ausüben konnten, belegt Nowosadtko (1994), 172 ff.

[529] Zit. nach Zehnder (1976), 270.

[530] Meinhardt (1957), 48; Glenzdorf – Treichel (1970), 22. – Zur medizinischen Praxis des Münchener Henkers im 15. Jahrhundert vgl. Nowosadtko (1994), 165. Im spätmittelalterlichen Ulm war dem Scharfrichter die ärztliche Tätigkeit ausdrücklich verboten. Göggelmann (1984), 36.

[531] Meinhardt (1957), 48; Keller (1921), 226.

[532] Angstmann (1928), 94 ff.

[533] Ebd. Vgl. auch des Wasenmeisters Busch Tierheilkunde, ed. Telle (1971), 178.

[534] Angstmann (1928), 99 ff. – Grundlegend zur „magischen Kompetenz" des Henkers Nowosadtko (1994), 178 ff.

[535] Vgl. Keller (1921), 225 f.

[536] Vgl. Döpler (1693), 461 f.

[537] Nowosadtko (1994), 163 f. Vgl. Meinhardt (1957), 48.

[538] Vgl. nur Hesse (1975), 130; Wolff (2004), 92 f. und 96 ff.

[539] Vgl. Beneke (1889), 191; Keller (1921), 227 f.

[540] Nowosadtko (1994), 326 ff.

[541] Knapp (1896), 100 Anm. 16; Hampe (1927), 80. Zu gleicher Zeit erhält auch ein Augenarzt den Kopf eines Hingerichteten, „damit der die Eigenschaft desto besser erlernen möge". Ebd.

[542] Schmidt, ed. Endter, 8 Nr. 30. Vgl. dazu mit der Erklärung des „geschnitten" (Meister Franz durfte einige Leichenteile mitnehmen) Nowosadtko (1994), 168. Das wird bestätigt durch die Nachricht, daß der Rat damals Franz Schmidt gestattete, „den enthaupten cörper zu schneiden und, was ime zu seiner arznei dienlich, darvon zu nehmen". Knapp (1907), 64 Anm. 18.

[543] Schmidt, ed. Endter, 15 Nr. 57, 23 Nr. 88; 46 Nr. 136.

[544] Ebd., 58 Nr. 153: „Dr. Peßler hat ihn Anodomirt."

[545] Nowosadtko (1994), 310 ff., 319 und 322 f. Vgl. die Hinweise bei Schubart-Fikentscher (1963), 9 und 27 mit Anm. und Evans (2001), 89. – In Ingolstadt studieren zwischen 1680 und 1770 mindestens neun Henkerskinder. Glenzdorf – Treichel (1970), 17.

[546] Zum Ausnahmefall Ingolstadt, wo sich 1723 wegen des Studiums von Henkerssöhnen ein Streit zwischen medizinischer und juristischer Fakultät erhob, vgl. Nowosadtko (1994), 317 ff.

[547] Voller Stolz notiere ich die große Ausnahme, die Gründung der Universität Göttingen dank der Weltoffenheit ihres eigentlichen Gründers, Gerlach Adolph von Münchhausen. Zu den ehrenwerten Gründen und Motiven der provinzialen Universitätsreform vgl. am Beispiel Würzburgs: Ernst Schubert, Materielle und organisatorische Grundlagen der Würzburger Universitätsentwicklung 1582–1821. 1973. – Die möglicherweise aufkommende Vermutung einer Anspielung auf heutige Verhältnisse verbietet sich. Die Universitätsreformer des 18. Jahrhunderts waren bei aller Fragwürdigkeit ihrer Maßnahmen kultivierte Männer, denen es nicht in den Sinn gekommen wäre, von der „Verschrottung" einer Generation von Privatdozenten zu sprechen.

⁵⁴⁸ Meinhardt (1957), 52 ff.; van Dülmen (1991), 65 f. – Ein vergleichbarer, mit einem Teilerfolg des Doktorenkollegiums endender Streit hatte sich 1720 in Regensburg erhoben. Nowosadtko (1994), 313 ff.
⁵⁴⁹ Zu den Kuren der Scharfrichter vgl. Nowosadtko (1994), 167 ff.
⁵⁵⁰ Kurbayern verbot 1756 den Henkern die medizinische Praxis. Nowosadtko (1994), 165.
⁵⁵¹ Nowosadtko (1994), 165.
⁵⁵² So am extremsten Werner Danckert, Unehrliche Leute. Die verfemten Berufe. 2. Aufl. 1979.
⁵⁵³ Gernhuber (1957), 140 f.
⁵⁵⁴ Vgl. Bader (1942), 23 und 38; v. Künßberg (1965), 30 f.; Oppelt (1976), 674 ff.; Dienst (1987), 108. – Ein entschlossener Gegner dieses Aberglaubens war der Egerer Scharfrichter Karl Huß. John (1910), XIXf. und 20 ff.
⁵⁵⁵ Dienst (1987), 95.
⁵⁵⁶ Oppelt (1976), 720 ff.
⁵⁵⁷ Nowosadtko (1994), 168 ff.
⁵⁵⁸ Skála (1972), 56.
⁵⁵⁹ Vgl. nur Zimmerische Chronik, ed. Barack, 2, 494; Pfister (1812), 313; Knapp (1896), 100 Anm. 16; Hampe (1927), 29 f.; Glenzdorf – Treichel (1970), 67; Evans (2001), 125 ff.
⁵⁶⁰ Keller (1921), 230 f.; Koch (1988), 164.
⁵⁶¹ Deichert (1912), 173 Anm. 2; Hampe (1927), 50; Nowosadtko (1994), 193.
⁵⁶² Hampe (1927), 50. – Noch zu Anfang des 19. Jahrhunderts kennt der Wasenmeister Busch, ed. Telle (1971), 161 Anweisungen, die Roß und Reiter „festmachen".
⁵⁶³ Nowosadtko (1994), 181.
⁵⁶⁴ Keller (1921), 232 ff. auch für das Folgende.
⁵⁶⁵ Gustav Schöttle Geld und Münze im Volksaberglauben, in: Archiv für Kulturgeschichte 11 (1914), 355.
⁵⁶⁶ Vgl. auch für das Folgende Döpler (1693), 987 und bes. Keller (1921), 228 ff. – Vgl. auch Stölzel (1901), Bd. 2, 192: Zwei Finger eines Geräderten wurden in die Bierfässer gehängt (1593).
⁵⁶⁷ Meinhardt (1957), 48; Evans (2001), 129.
⁵⁶⁸ Sebastian Fischers Chronik, ed. Veesenmeyer, 51. Vgl. Deichert (1912), 173.
⁵⁶⁹ Schmidt, ed. Endter, 40 Nr. 119.
⁵⁷⁰ Ebd., 48 Nr. 141.
⁵⁷¹ Ebd., 29 Nr. 100.
⁵⁷² Städtechroniken 10 (Nürnberg 4), 162.
⁵⁷³ Ebel (1983), 160 Nr. 31.
⁵⁷⁴ Vgl. die Abb. aus dem Tacuinum Sanitatis bei Petra Schrammm, Die Quacksalber. Heilkünstler und Scharlatane. 1985, 142 und weiterhin Hauser (1987), 126 f. (Abb. 119–121). Vgl. die Abb. des Titelblatts eines 1703 erschienenen Traktats, der „zur Verstöhrung der abergläubischen Meynungen" dienen soll. Justiz (1989), 29.
⁵⁷⁵ Vgl. allgemein: Knapp (1914), 256; Liselotte Hansmann – Lenz Kriss-Rettenbeck, Amulette und Talismane. Erscheinungsform und Geschichte. 1966, 62 f. (mit Abb.) und 76; Dienst (1987), 94; Beier-de Haan – Voltmer – Irsigler (2002), 278 f. (mit Abb.).
⁵⁷⁶ Horst Appuhn, Das private Andachtsbild im Mittelalter an Hand der Funde des Klosters Wienhausen, in: Das Leben in der Stadt des Spätmittelalters. (Sitzungsberichte der Österreichischen Akademie der Wissenschaften 325) 1977, 159–169, hier: 168 f. und Abb. 101 (Abbildung der etwa 10 cm langen Alraune).
⁵⁷⁷ Keller (1921), 233.
⁵⁷⁸ Heilmann (1966), 310.
⁵⁷⁹ Simplicius Simplicissimus. Grimmelshausen und seine Zeit. (Ausstellungskatalog Münster) 1976, 58. – Andere mittelalterliche Abb. bei Heilmann (1966), 140 und 306–310.
⁵⁸⁰ Deshalb bildet der 1485 bei Peter Schöffer in Mainz erschienene „Gart der Gesundheit" (auch in seinen Nachdrucken) die Alraunwurzel ab. Heilmann (1966), 100–102, 118 und 126.
⁵⁸¹ Mit diesem Aberglauben dreht ein 1746 hingerichteter Theologiestudent Bauern falschgemünzte Dublonen an. Schöttle (1914), 355.
⁵⁸² Vgl. die Hinweise im Kieler Varbuch. Radbruch – Gwinner (1951), 95.
⁵⁸³ Vgl. Reiß (1973), 173; Dienst (1987), 108 f.

584 Vgl. von Zahn (1896), 131 und 144f.

585 Hans Gille – Ingeborg Spriewald (Hrsg.), Die Gedichte des Michel Beheim. Bd. 2. (Deutsche Texte des Mittelalters 64) 1970, 334: „... den tumen weiben fur allran sy es czu kauffen geben."

586 Heinrich Marzell, Zauberpflanzen – Hexentränke. Brauchtum und Aberglaube. 1964, 19.

587 Schnurrer (1980), 18 ff. auch für das Folgende.

588 Schwerhoff (2000), 31.

589 Vgl. Justiz (1989), bes. 327–368: „Der Katalog der Strafen" (o. Verf.).

590 Scheele 1 (1992), 66f.

591 Dagegen kritisch: Evans (2001), 32 ff. – Überblicke zum System der Todesstrafen neben dem grundlegenden Werk von His: Bonnekamp (1940), 26 ff.; Hagemann (1981), 220 ff.; Köbler (1988), 181 ff.; Art. „Hinrichtung", in: Reallexikon der Germanischen Altertumskunde 14 (1999), 584–587 (Jürgen Weitzel).

592 Wilda (1842).

593 Karl von Amira, Die germanischen Todesstrafen. Untersuchungen zur Rechts- und Religionsgeschichte. (Abhandlungen der Bayerischen Akademie der Wissenschaften, Phil.-hist. Klasse 31/3). 1922. Vgl. dazu Schild (1989), 83 f. Allerdings ist Schild mit seinen Vorstellungen, wie die Vorliebe für den Ausdruck „sakral-magisch" belegt, nicht allzuweit von der Gedankenwelt Karl von Amiras entfernt.

594 Rudolf His, Das Strafrecht des deutschen Mittelalters, Bd. 1: Die Verbrechen und ihre Folgen im allgemeinen. 1920; Bd. 2: Die einzelnen Verbrechen. 1935. (Dieser zweite Band ist im folgenden nicht zitiert, weil sich die einschlägigen Passagen problemlos auffinden lassen.)

595 Rainer Stegbauer, Der Dieb an den Galgen. Die Entstehung der Hängestrafe als ordentliche Hinrichtungsform im germanischen Recht. Diss. jur. Erlangen-Nürnberg 1964, 42 ff.

596 Gernhuber (1957), 124 ff.

597 Vgl. etwa Graf – Dietherr (1869), 336 ff.

598 His 1 (1920), 496 f.; Keller (1921), 188 ff.

599 Keller (1921), 194 ff.; Berkenhof (1937); Schubert (2002), 112. – Zur Einstellung des Sachsenspiegels vgl. Scheele 1 (1992), 76. – Auffallend, wie häufig Schweinen, die frei herumlaufen und Kinder verletzen oder gar töten können, der Prozeß gemacht wird. Berkenhof (1937), 11 ff. und 21 ff. Wie Menschen werden Tiere bei den Prozessen gerichtet. Weibliche Tiere leiden die Frauenstrafen des Ertränkens oder Lebendigbegrabens, männliche werden gehängt. Ebd., 13. Auch für Tiere gab es feste Wergeldsätze. Ebd., 56 ff.

600 Keller (1921), 195.

601 Vgl. Keller (1921), 96 ff.

602 Stahm (1909), 45 f. und 50; His 1 (1920), 503; Keller (1921), 182 f.; Metzger (1931), 75.

603 Wahrscheinlich wegen dieser aufwendigen Hinrichtungsart erhielt der Hildesheimer „tuchtmester" die hohe Summe von 10 Schillingen, die ansonsten nur für Verbrennungen bezahlt wurde, als er zwei Münzfälscher richtete. Hildesheimer Stadtrechnungen 2, 257.

604 Osenbrüggen (1858), 27 f., 31.

605 Knapp (1896), 49. Vgl. Rudolph (2000), 150.

606 Meinhardt (1957), 129.

607 Scheele 1 (1992), 160 ff.

608 His 1 (1920), 371 f.; Sellert (1989), 107; Scheele 1 (1992), 69 f. – Bereits Osenbrüggen (1860), 85 f. sah in den Spiegelstrafen nur die Rezeption der Bibel.

609 Osenbrüggen (1860), 226 f.; Stokar (1892), 319 und 345.

610 Schmidt, ed. Endter, 7 (Nr. 22).

611 Dietmar Willoweit, Vom alten guten Recht. Normensuche zwischen Erfahrungswissen und Ursprungslegende. Jahrbuch des Historischen Kollegs 1997, 23–52, hier: 38.

612 Osenbrüggen (1860), 94 f.; von Hippel (1925), 136; Sellert (1989), 101; Scheele 1 (1992), 64 f.; Kocher (1992), 127.

613 Harster (1900), 66 ff.; His 1 (1920), 493 ff.; Evans (2001), 86.

614 Osenbrüggen (1860), 308. Vgl. auch die Regensburger Formel: „an plutigen hant mit dem strang an der luft zwischen himel und erd." Knapp (1914), 151.

615 Osenbrüggen (1860), 87 f.; Harster (1900), 68 ff.; Stahm (1909), 48 ff.; Stutz (1917), 107; His 1 (1920), 491 f.; Bader (1942), 37; Meinhardt (1957), 121 und 123 f.; Wettstein (1958), 123 f.; Zimmermann (1976), 43 f.;

Schild (1980), 197f.; Evans (2001), 79. – Lediglich in Zürich wird zwischen 1400 und 1799 mehr geköpft als gehängt. Von 1424 Todesurteilen wurden 771 durch Köpfen vollzogen. Aber selbst hier war im Spätmittelalter das Hängen die gebräuchlichste Todesstrafe. Wettstein (1958), 120 und 123f.

[616] Landrecht II.13.1. Vgl. Janz (1989), 428ff.

[617] Lamschus (1984), 24.

[618] L[udwig] Günther, Die deutsche Gaunersprache und verwandte Geheim- und Berufssprachen. 1919, 100.

[619] Wander 1, 1316.

[620] Marschall (1967), 24.

[621] Aus dem Kloster Prüfening bei Regensburg stammt eine Handschrift des Jahres 1158, in der eine Illustration das Heraufziehen eines armen Sünders auf den Galgen darstellt. Abb. bei Leder (1980), 263.

[622] Marschall (1967), 140f.

[623] Metzger (1931), 61.

[624] Ullmann (1928), 21; Metzger (1931), 61.

[625] Hosmann, Denck=Mahl (1700), Teil 3, 64.

[626] Marschall (1967), 25.

[627] Keller (1921), 67.

[628] Oppelt (1976), 169ff.

[629] Graf (2000), 263.

[630] Sebastian Fischers Chronik, ed. Veesenmeyer, 51f.

[631] Keller (1921), 206. Vgl. Hesse (1975), 39f.

[632] Knapp (1896), 53f.

[633] Krünitz 15 (1786), 51.

[634] Schubert (1986).

[635] Reubold, 200.

[636] Hug, ed. Roder, 125. – Vgl. Knapp (1896), 52f.; Metzger (1931), 57f.; Zimmermann (1976), 50ff.; Evans (2001), 61.

[637] Deichert (1912), 171f.; Keller (1921), 157f.; Meinhardt (1957), 126f.; Helfer (1964), 340f.; Oppelt (1976), 234ff.; Nowosadtko (1994), 200 mit 105; Evans (2001), 79f.

[638] Städtechroniken 11 (Nürnberg 5), 690.

[639] Vgl. Helfer (1964), 349f.

[640] Franz (1963), 400 (Meister Augustin); Keller (1921), 163 (Franz Schmidt). Vgl. Helfer (1965), 102f. mit Anm. 41.

[641] Deichert (1912), 172; Helfer (1964), 342f.; Oppelt (1976), 252ff.; Gimpel (1991), 161. – Daß der Henker sich nach der Hinrichtung betrinkt, ist ein typisches Moment im Volksschauspiel. Matthias Spenle, Die Lebensdarstellung im elsässischen Volksschauspiel des 16. und 17. Jahrhunderts. 1916, 83f.

[642] Weissenborn (1993), 109 Anm.

[643] Keller (1921), 249.

[644] Ebd.

[645] Regesten der Pfalzgrafen am Rhein 1214–1508 Bd. 2, 5472.

[646] Vgl. Metzger (1931), 57 (Basel); von Hentig (1954), 232ff. (allerdings mit abwegiger Wertung); Schild (1980), 114f. (Abb. Nrn. 229f. und 233). – Bisweilen ist auch beim Hängen das Verbinden der Augen gebräuchlich. Keller (1921), 86 und 88.

[647] Ullmann (1928), 22.

[648] Deswegen wurden wohl auch bei Hexenprozessen den Opfern die Augen verbunden. Nowosadtko (1994), 100.

[649] Meinhardt (1957), 119; Rudolph (2000), 156 Anm. 36. – In Ulm war in solchen Fällen die Bestattung in geweihter Erde nur mit bischöflicher Erlaubnis möglich. Göggelmann (1984), 36f. – Zum kirchlichen Begräbnis Hingerichteter als Ausnahme vgl. Deichert (1912), 173.

[650] Reubold, 200; Meinhardt (1957), 118f.; Hesse (1975), 37; Göggelmann (1984), 36f.

[651] Wettstein (1958), 121f.

[652] Reubold, 200.

653 Bericht eines Göttinger Medizinstudenten 1858. Zit. nach Glenzdorf – Treichel (1970), 66.

654 Osenbrüggen (1860), 89 f.; Keller (1921), 179; Ullmann (1928), 21 f.; Metzger (1931), 69 f.; von Tscharner (1936), 105 ff.; von Hentig (1954), 288 ff.; Meinhardt (1957), 130 ff.; Wettstein (1958), 124 und 145; Hesse (1975), 48 ff.; Schild (1980), 202 f. (mit Abb.); Rudolph (2000), 157 f.

655 Scheele 1 (1992), 215 f.

656 Scheele 1 (1992), 146 ff. und 151 ff. Vgl. Friese (1898), 152.

657 Nehlsen (1983), 11 f. – Nach Kaufmann (1979), 348 ist das Rädern in merowingischer Zeit nicht Teil eines vorgegebenen Rechtsgangs, sondern Ausdruck von Terrorjustiz.

658 Knapp (1895), 55. Vgl. das Goslarer Stadtrecht, ed. Ebel, 83; Harster (1900), 69 f.; Drüppel (1981), 412 f.

659 Bereits das Spätmittelalter kennt das Vierteilen als Empörerstrafe. Vgl. auch Drüppel (1981), 420, 426 f.

660 Johannes Pauli, Schimpf und Ernst, ed. Johannes Bolte. 1924, 270 f.

661 Glenzdorf – Treichel (1970), 61.

662 Zimmermann (1976), 48 f.

663 Glenzdorf – Treichel (1970), 61; Evans (2001), 61 f. – In Bern wurde noch 1789 ein Missetäter „von unten auf geradebrecht". Von Tscharner (1936), 4.

664 Schmidt, ed. Endter, 62 (Nr. 162). Vgl. ebd., 41 (Nr. 123).

665 Sebastian Fischers Chronik, ed. Veesenmeyer, 71.

666 Metzger (1931), 87; Meinhardt (1957), 132.

667 Vgl. Deichert (1912), 156; Knapp (1914), 151; Stolz (1957), 40; Hesse (1975), 36; Schild (1980), 43 (Abb.); Evans (2001), 65, 87 und 110 f.

668 Wettstein (1958), 125.

669 Ullmann (1928), 25.

670 Schmidt, ed. Endter, 7 Nr. 22.

671 Vgl. für das Kurfürstentum Hannover: Krause (1991), 181 f.; für Bern: von Tscharner (1936), 16.

672 Vgl. die Schilderung nach einem englischen Reisebericht von 1616 bei Evans (2001), 59 f. mit der allerdings verfehlten Feststellung, daß das Rädern damals „eine der verbreitetsten Hinrichtungsarten in Deutschland" gewesen sei. Ebd., 60.

673 Hampe (1927), 28.

674 Noch 1743 wird in Nürnberg ein Straßenräuber gerädert. Hampe, Malefizbuch, 27. Unbeindruckt von allen Vorstellungen der Aufklärung ließ der Nürnberger Rat noch 1788 einen Räuber rädern und verfügte aus Gnade lediglich, daß er „von oben herab", also vom Brustkorb her gerädert werden solle. Malefiz-Urthel über Johann Philipp Feigel, Totengrabershelfer. Nürnberg 1788. Vgl. Nordhoff-Behne (1971), 13; Göggelmann (1984), 33.

675 Glenzdorf – Treichel (1970), 61.

676 Forrer (1975), 66 Anm. 10; Helfer (1965), 113. – Vgl. von Tscharner (1936), 15 f. (der dies irrigerweise für eine Folge der Aufklärung hält); Meinhardt (1957), 130; Hesse (1975), 23.

677 Wettstein (1958), 126; Ernst Schubert, Julius Echter von Mespelbrunn, in: Fränkische Lebensbilder 3, hrsg. von Gerhard Pfeiffer. 1969, 158–193, hier: 182.

678 Osenbrüggen (1860), 395 f.; Kames (1910), 85; His 1 (1920), 495; Keller (1921), 186 f.; Metzger (1931), 73 f.; von Hentig (1954), 343 ff.; Wettstein (1958), 96; Nordhoff-Behne (1971), 133. – Nach einem bayerischen Mandat von 1650 sollte auch der Raubmörder bei Bandenverbrechen geviertelt werden. Nowosadtko (1994), 79.

679 Lorenz Fries, Chronik der Bischöfe von Würzburg 742–1495. Bd. 3. 1999, 217.

680 Wettstein (1958), 130.

681 Ullmann (1928), 23.

682 Knapp (1914), 153.

683 Vgl. zuletzt Graf (2000), 262 f.

684 Von Tscharner (1936), 72.

685 Nowosadtko (1994), 83.

686 Stokar (1892), 373 f.; Harster (1900), 72 f.; Stahm (1909), 51; Knapp (1914), 152; Keller (1921), 97 f.; von Hentig (1954), 311 ff.; Meinhardt (1957), 129 f.; Nordhoff-Behne (1971), 133; Hesse (1975), 43 ff.; Zimmermann (1976), 57 ff.

687 So schon im Sachsenspiegel: Scheele 1 (1992), 133 ff.
888 Nordhoff-Behne (1971), 138. Erst im 18. Jahrhundert werden „Sodomiten" enthauptet.
689 Das Verbrennen einer Zauberin ist überaus selten. Es ist in den Hildesheimer Stadtrechnungen erstmals 1428 belegt (wenn nicht schon 1423), als der Nachrichter zu Hannover eine „toverschen" verbrennt. Hildesheimer Stadtrechnungen 2, 418.
690 Nowosadtko (1994), 73.
691 Müllner 2, 537.
692 Vgl. nur die Notiz eines Reutlinger Scharfrichters zum Jahre 1565: „Verbrennt man die Krautbärbel, hat lang nicht wollen sterben." Keller (1921), 250.
693 His 1 (1920), 481.
694 Metzger (1931), 74 f.; Wettstein (1958), 126; von Hentig (1962), 179 f.; Schild (1980), 204 f. (mit Abb.); Evans (2001), 62.
695 Metzger (1931), 74 f.; Nowosadtko (1994), 113. – Auch Stroh und Wolle wurden für den Scheiterhaufen benötigt. Hesse (1975), 44.
696 Hildesheimer Stadtrechnungen 2, 241. Der Eintrag spricht zwar nicht von einer Verbrennung, aber drei Fuder gehen weit über den Hausbedarf hinaus, und zu gleicher Zeit ist eine Magd, möglicherweise der Zauberei verdächtigt, im Gefängnis.
697 Franz (1963), 113.
698 Vgl. Osenbrüggen (1860), 91 f.; His 1 (1920), 360, 500 ff.; Stokar (1892), 319 f.; Harster (1900), 64 ff., 71, 223; Ullmann (1928), 24; Metzger (1931), 65 ff.; Frölich (1946/II), 15; Truffer (1960), 190; Helfer (1965), 115; Hesse (1975), 24 und 41 f.; Urs Amacher, Zürcher Fischrei im Spätmittelalter. (Mitteilungen der Antiquarischen Gesellschaft in Zürich 63) 1996, 121 f. (mit Abb.). Vgl. die Abb. bei Kocher (1992), 136. – Die Säckung eines Schildarbeiters verzeichnen (ohne Angabe des Delikts) als außergewöhnliches Ereignis 1302 die Größeren Colmarer Annalen. MGH SS 17, 226. – Ein Betrüger, der 1429 im Thüringer Land sich als Adeliger ausgab, wurde in Ulm „gesekct unde ertrenckt". Rothe, ed. von Liliencron, 661 f.
699 Schultheiß (1960), 263 (Register unter „Ertränken"). – Ertränken und Säcken vor allem Frauenstrafe: Osenbrüggen (1858), 27 f.
700 Keller (1921), 185.
701 Sebastian Fischers Chronik, ed. Veesenmeyer, 70 u. 155. Vgl. auch Zehnder (1976), 402 f. (für die Eidgenossenschaft).
702 Von Hentig (1954), 297 ff. In Frankfurt währte diese Entwicklung bis in die zweite Hälfte des 16. Jahrhunderts. Meinhardt (1957), 127 f.
703 Graf – Dietherr (1869), 341; Wander 1, 584.
704 Knapp (1914), 142; vgl. ebd., 152 f.; Stutz (1917), 109 f.
705 Göggelmann (1984), 33.
706 Nordhoff-Behne (1971), 138 f. (1557–1559).
707 Wettstein (1958), 86 f.
708 Ebd., 122.
709 Wilbertz (1979), 89.
710 Sebastian Fischers Chronik, ed. Veesenmeyer, 70.
711 Knapp (1896), 57.
712 Amann (1984), 12.
713 Leonhardt Widmanns Chronik. Städtechroniken 15 (Regensburg), 113 (1532). Vgl. auch ebd., 123: „und ertrenckt sonst bey der nacht vill leut."
714 Sebastian Fischers Chronik, ed. Veesenmeyer, 168. Vgl. ebd., 56: Das Ertränken von fünf Menschen erwähnt der Chronist nur, weil sie alle miteinander verwandt waren.
715 Harster (1900), 66.
716 Osenbrüggen (1860), 225 f. und 229 f.; Brunner (1905), 258 ff.; Stahm (1909), 52; Keller (1921), 183 f.; Metzger (1931), 71 f.; Niese (1933), 19; Wettstein (1958), 20, 70 und 128; Stüber (1976), 16; Schild (1980), 206; Hagemann (1981), 286; Handwörterbuch zur deutschen Rechtsgeschichte 2, Sp. 1652 ff.; Leder (1980), 171 f.; Evans (2001), 62 f. – Nicht erklären kann ich die Rechnungsnotiz, wonach der Zollschreiber von Oberlahnstein 1464 zwei Mainzer Malter (Korn) erhalten hat: „han ich ingnomen von der frawen, dy man lebendig begraben hat." Volk (1990), 678.

717 Angesichts des Aufsehens, das ein solcher Strafvollzug erregte, dürfte es nicht viel mehr Fälle in einer Großstadt des 15. Jahrhunderts gegeben haben, als die Müllnerschen Annalen verzeichnen: 1420 (Müllner 2, 229), 1442 (ebd., 360), 1447 (ebd., 390, vgl. Städtechroniken 10 [Nürnberg 4], 168), 1456 (Müllner 2, 510), 1465 (ebd., 561). Vgl. auch Knapp (1896), 56 f. – Häufiger dürfte die Stadtverweisung von Frauen „beym Grab" gewesen sein, d. h. unter Androhung des Lebendigbegrabens (Beispiel: Nürnberger Achtbuch, ed. Schultheiß [1960], 69 Nr. 617). – Die Hildesheimer Stadtrechnungen 2, 306 erwähnen nur einmal, 1425, als Ausgabe: „Dem tuchtmestere vor de vrouwen lebendich to gravende unde darto vor de kulen to makende, 7 S." – Die Seltenheit der Strafe des Lebendigbegrabens stellt auch von Hentig (1962/III), 181 fest.

718 Keller (1921), 183.

719 Graf – Dietherr (1869), 341.

720 Werkmüller (1984), 42.

721 Goslarer Stadtrecht, II. 1. 63, ed. Ebel, 83; Sellert (1989), 147.

722 Reiß (1972), 34 und 57. Vgl. auch den zum Jahre 1488 im Kieler Varbuch, ed. Lüppe, 67 Nr. 25 geschilderten Fall.

723 Korsch (1958), 61 und 81.

724 Gudian (1976), 279.

725 Knapp (1895), 57. – Zu diesen Ausnahmen gehören Zittau, Dortmund und Wiesbaden, wo noch 1513 bzw. 1538 Frauen lebendig begraben wurden. Ullmann (1928), 63 bzw. Stahm (1909), 52 und Renkhoff (1980), 164. – Selbst im Bregenzer Wald wurde diese Strafe seit Anfang des 16. Jahrhunderts nicht mehr vollzogen. Bauer (1996), 113.

726 G. L. Kriegk, Deutsches Bürgertum im Mittelalter. Nach urkundlichen Forschungen und mit besonderer Beziehung auf Frankfurt a. M. 1868, 202 bzw. Truffer (1960), 189 f.

727 Von Hentig (1962), 178. Vgl. auch ebd., 181.

728 Osenbrüggen (1860), 285 ff.; Brunner (1905), 259 und 266 f. Vgl. die Annales Basilienses zum Jahre 1274. MGH SS 17, 196. Vgl. auch die Hinweise auf den Aargau bzw. die Stadt Frankenberg bei Keller (1921), 51 f.

729 Osenbrüggen (1860), 308; His 1 (1920), 497 f.; Stokar (1892), 321, 349; Kames (1910), 88. Vgl. Anm. 1 und 6 a. Wenn es sich nicht sowieso um eine literarische Fiktion handelt, stellt die von Kirchhof erzählte Geschichte doch zumindest eine Ausnahme dar: Ein Mann, ein Muttermörder, sollte lebendig begraben werden 1576. Der Henker hub ein Grab unter dem Galgen aus und machte einen Eisenpfahl glühend heiß „durch ihn im grab zu schlagen". Kirchhof, ed. Österley, 2, 230.

730 So wurde 1447 in Nürnberg eine Frau lebendig begraben, die den Juden ein Kind für 30 fl. angeboten hatte (Müllner 2, 390), d. h. nach den damaligen Vorstellungen den Knaben für einen Ritualmord verkaufen wollte. Daß 1456 eine Frau wegen Safranfälschung lebendig begraben wurde (ebd., 510), erklärt sich daraus, daß Safranfälschung wie Münzfälschung betrachtet und gleich bestraft wurde.

731 Osenbrüggen (1858), 34 ff.

732 Vgl. von Hentig (1954), 325 ff. und 329; Louis Carlen, Dornen im Recht, in: ders. (1995), 312–317, hier: 313 f.

733 Sebastian Fischers Chronik, ed. Veesenmeyer, 157.

734 Hampe (1927), 14.

735 Keller (1921), 160.

736 Ebd. – Schweinfurt folgte seit 1601 dem Nürnberger Beispiel und ließ auch Frauen enthaupten. Hesse (1975), 35.

737 Reiß (1972), 39.

738 Abb. bei Koch (1988), 21.

739 Keller (1921), 183.

740 Glenzdorf – Treichel (1970), 56.

741 Osenbrüggen (1860), 285.

742 Brunner (1905), 261 ff.; Knapp (1914), 152; Ullmann (1928), 23 f.; Meinhardt (1957), 133 f.

743 Keller (1921), 183; Osenbrüggen (1860), 285 ff.

744 Wettstein (1958), 127. – In Basel ist nur ein Fall des Pfählens aktenkundig. Metzger (1931), 72 f.

745 Reuter (1936), 57 f.

746 Koppmann (1887), 104f. führt noch sechs Fälle aus der ersten Hälfte des 16. Jahrhunderts in Rostock auf, wo Frauen lebendig unter dem Galgen begraben wurden. In Schaffhausen war erst im 17. Jahrhundert das Köpfen an Stelle des Lebendigbegrabens der Kindsmörderinnen getreten. Stokar (1892), 349. Noch 1596 wurde diese Strafe im Thurgau vollzogen. Brunner (1905), 264. In Württemberg wurde noch 1615 eine Frau lebendig begraben. Schnabel-Schüle (1997), 130 Anm. 18. Das Stadtrecht von Luzern sah noch 1588 das Lebendigbegraben mit der Begründung vor, „daß man kein wibsbild enthaupten soll". Riggenbach (1929), 162.

747 Von Hentig (1962), 179.

748 Schmidt, ed. Endter, 21.

749 Vgl. Truffer (1960), 191; Nordhoff-Behne (1971), 139. – Auch in einem sehr frühen Fall, der Hinrichtung einer Kindsmörderin, einer Magd, in Danzig 1516 wurde auf Enthaupten erkannt. Christoph Beyer, Danziger Chronik. SS rer. Pruss. V. 1874, 475 Anm. 1.

750 Nordhoff-Behne (1971), 131.

751 Vgl. von Hentig (1962), 149.

752 In Zürich wurde im 18. Jahrhundert nur noch ein Mann gerädert. Hauser (1987), 236.

753 Vgl. Hahn (1989), 149.

754 Vgl. Osenbrüggen (1860), 93 ff.; His 1 (1920), 510 ff.; von Hippel (1925), 135 f.; Bepler (1937), 35 f.; Hagemann (1981), 222; van Dülmen (1985), 69 ff. und besonders (mit Hinweis auf weitere Literatur und auf bildliche Quellenzeugnisse) Kocher (1977), 68 ff. – Die „detruncatio", die Verstümmelungsstrafe, begegnet bereits in Tiroler Rechnungsbüchern des 14. Jahrhunderts. Stolz (1957), 40. Nach His 1 (1920), 483 war der deutsche Norden in der Verhängung von Körperstrafen zurückhaltender als der Süden – offenbar ein durch die geringere Städtedichte des Nordens hervorgerufener Sehfehler. Bereits im Sachsenspiegel 1.59.1 sind die Strafen des Handabschlagens und Abschneidens der Zunge vorgesehen. Friese (1898), 158 ff.

755 Goslarer Stadtrecht II. 1. 56, ed. Ebel, 81.

756 Wormser Annalen (14. Jh.). MGH SS 17, 71 f.

757 Zusammenstellung bei von Hippel (1925), 197.

758 Schmidt, ed. Endter, 184.

759 Landesarchiv Salzburg, Hofrat Mattsee Nr. 185.

760 Knapp (1896), 62.

761 Vgl. ebd., 282 ff.; Nordhoff-Behne (1971), 152 ff.

762 Das notieren die spätmittelalterlichen Achtbücher der Stadt Speyer. Harster (1900), 52 Anm.

763 Goslarer Stadtrecht, ed. Ebel, 81.

764 Sander (1902), 648; Knapp (1914), 15; Metzger (1931), 78 ff.

765 Knapp (1896), 61; vgl. Harster (1900), 76 f.

766 Zimmermann (1976), 59.

767 Knapp (1896), 61.

768 Klaus Arnold, Spätmittelalterliche Sozialstruktur, Bürgeropposition und Bauernkrieg in der Stadt Kitzingen. Jahrbuch für fränkische Landesforschung 36 (1976), 173–214, hier: 207.

769 Metzger (1931), 79.

770 Döpler (1693), 930 ff.

771 Es trifft nicht zu, daß – wie von Hippel (1925), 239 meint – im 18. Jahrhundert nur ausnahmsweise noch zu Verstümmelungsstrafen gegriffen wurde.

772 Knapp (1896), 61; Harster (1900), 77; Sander (1902), 649; Knapp (1914), 155; Metzger (1931), 80 f.; Reuter (1936), 59; Nordhoff-Behne (1971), 142. – In Metz wurden einer Frau die Ohren abgeschnitten, die ihre Tochter einem Hurenwirt verkauft hatte. Reverchon – Schneider (1996), 223.

773 Reuter (1936), 60 f.; Wilhelm Ebel, Bürgerliches Rechtsleben zur Hansezeit in Lübecker Ratsurteilen. (Quellensammlung zur Kulturgeschichte 4) 1954, 55. (Lübecker Fall des Jahres 1420).

774 Knapp (1896), 61.

775 Kirchhof, ed. Österley.

776 Knapp (1896), 61.

777 Metzger (1931), 86. Vgl. Schmidt, ed. Endter, 127, 158 und 187.

778 Buchda (1978), 71.

779 Knapp (1896), 50 und 60; Metzger (1931), 83 ff.; Meinhardt (1957), 137; Hesse (1975), 55; Eugen Eh-

mann, Markt und Sondermarkt. Zum räumlichen Geltungsbereich des Marktrechts im Mittelalter. (Nürnberger Werkstücke 40) 1987, 136 ff. Vgl. die Abb. bei Kocher (1992), 137. – Die mildere Form dieser Strafe ist das Abhauen von Fingern oder Fingergliedern. Nordhoff-Behne (1971), 142. – Der Sachsenspiegel hatte das Abschlagen der Hand bei schwerer Körperverletzung vorgesehen. Scheele 1 (1992), 153 ff.

[780] Knapp (1914), 154 f.
[781] Frensdorff (1875), LVIII.
[782] Metzger (1931), 85.
[783] Knapp (1914), 155 f.; Keller (1921), 198; Metzger (1931), 77 f.; Meinhardt (1957), 201 f.; Hesse (1975), 56 f.; Hagemann (1981), 222; Kaatsch (1982), 57 ff. und 294 f.; Schnabel-Schüle (1997), 230 ff.; Lott (1998), 130; Schubert (2002), 189 f.
[784] Nordhoff-Behne (1971), 141.
[785] Hampe (1927), 67. Die kursächsischen Kirchenordnungen von 1551 und 1556 kennen eine dreistufige Staffelung, wobei auf die erste Gotteslästerung nur 14 Tage Wasser und Brot stehen, an Schluß jedoch die Todesstrafe droht. Willoweit (2002/II), 334. Diese Staffelung entspricht dem, was schon die Postglossatoren empfohlen hatten.
[786] Graf – Dietherr (1869), 297. Daß es sich um ein spätmittelalterliches Rechtssprichwort handelt, arbeitete Sellert (1989), 59 Anm. 32 heraus.
[787] Knapp (1896), 50.
[788] Vgl. für die spätmittelalterliche Ratsgerichtsbarkeit: Gudian (1976), 87.
[789] Reiß (1973), 100 f.
[790] Simon-Muscheid (1991), bes. 7.
[791] Herta Mandl-Neumann: Überlegungen zu Kriminalität und Mobilität im späten Mittelalter, in: Gerhard Jaritz/Albert Müller (Hrsg.): Migration in der Feudalgesellschaft. 1988, 66.
[792] Knapp (1914), 172; vgl. ebd., 152.
[793] Dieses Prinzip begegnet schon in den frühesten Stadtrechnungen. Jansen (2002), 88 f.
[794] Schüßler (1994), 188. Vgl. ebd., 185 ff. für Olmütz.
[795] Vgl. die Zusammenstellung der einschlägigen Forschungsnachrichten bei Schüßler (1994), 231.
[796] Simon-Muscheid (1991), 4 f. und 7 f.
[797] Wettstein (1958), 27; Schwerhoff (2000), 34. Daß im Zürich des 16. Jahrhunderts diese Ungleichbehandlung allmählich überwunden worden sei (ebd., bes. 68), läßt sich nicht als allgemeiner Prozeß belegen.
[798] Kamann (1894), 20.
[799] Wunder (1980), 81.
[800] Knapp (1907), 793; Schué (1918), 182; Metzger (1931), 122.
[801] Knapp (1896), 111.
[802] Von Tscharner (1936), 72.
[803] Keller (1921), 102.
[804] Fischer (1979), 242 Anm. 3. – Ein Gotteslästerer wird 1512 wegen seines Alters von der Todesstrafe verschont. Bauer (1996), 163.
[805] Verzeichnis der Missethäter, welche seit 1719 in verschiedenen Städten des Fürstenthums Onolzbach vom Leben zum Tode gebracht worden sind, in: Journal von und für Deutschland 2, 495 (Nr. 22).
[806] Städtechroniken 10 (Nürnberg 4), 352.
[807] Meinhardt (1957), 162 f.
[808] Knapp (1896), 8 ff. – 1533 blieb in Zürich ein wegen Bestialität angeklagter siebenjähriger Junge wegen seiner Jugend straffrei. Truffer (1960), 179. – Das Stadtbuch von Luzern hielt 1588 fest, daß ein Kind unter zehn Jahren wegen Totschlags nach Ermessen des Rats zu strafen sei, aber die Todesstrafe nicht verhängt werden dürfe. Riggenbach (1929), 162.
[809] Scheele 1 (1992), 90 und 142 f.
[810] Schwabenspiegel Landrecht 177; CCC Art 164; ed. F. L. A. Frhr. von Laßberg. 1840, c. 177. Vgl. Hagemann (1981), 228.
[811] Rössler (1852), 399.
[812] Koppmann (1887), 93. Vgl. für Zürich: Wettstein (1958), 42 f. und 45. Jugendliche zwischen 14 und 16 Jahren wurden hier nicht gehängt, sondern enthauptet. Ebd., 41. – Ebenso berichtet Meister Franz Schmidt:

„beede Jungen bey 16 Jahren alt, aus gnaden mit dem schwerdt gericht." Schmidt, ed. Endter, 60f. Einen 16jährigen Beutelschneider hingegen mußte Meister Franz mit dem Strang richten; er war ein Gewohnheitsdieb, hatte „18 Beutel abgeschnitten". Ebd., 70 (Nr. 179).

[813] Knapp (1914), 136; Sellert (1989), 104 (mit den Quellenverweisen). Vgl. Stutz (1917), 89ff.; Holdener (1926), 69f.; Meinhardt (1957), 161ff.; Truffer (1960), 181ff. – In Bern wurde erst 1761 die Strafunmündigkeit des Kindes festgestellt. Von Tscharner (1936), 37. Das war bereits ein Fortschritt; denn im allgemeinen wurde eine solche prinzipielle Festlegung vermieden.

[814] Niese (1933), 10f.

[815] Gerhard Fouquet: Bauen für die Stadt. 1999, 156f. – Nach Metzger (1931), 16 waren in Basel Kinder unter 12 Jahren strafunmündig.

[816] Von Tscharner (1936), 37.

[817] Wettstein (1958), 21.

[818] Truffer (1960), 180.

[819] Bauer (1996), 164f.

[820] Vgl. Osenbrüggen (1860), 132f. und 184f.; Hellbling (1978), 300f.; Weber (1991), 226ff.

[821] Rennefahrt (1963), 421.

[822] Vgl. Weber (1991).

[823] Walz (1994), 224f. und 227.

[824] Ebd., 224f. und 229f. – Oft wurden die Todesurteile an Kinderhexen in Auspeitschen mit Ruten umgewandelt Weber (1991), 231f.

[825] Vgl. Bonnekamp (1940), 22f.

[826] Reuter (1936), 91.

[827] Rössler (1852), 145.

[828] Schmidt, ed. Endter, 157.

[829] Städtechroniken 10 (Nürnberg 4), 347.

[830] Nürnberger Liste 1724, Nr. 77.

[831] Ed. Endter, 47 Nr. 138.

[832] Ebd., 123 Nr. 292.

[833] Ebd., 107 Nr. 250.

[834] Vgl. mit den Quellenverweisen Sellert (1989), 104 und zum Sachsenspiegel Scheele 1 (1992), 90f.

[835] Vgl. von Hippel (1925), 145.

[836] Osenbrüggen (1860), 131f.; Ullmann (1928), 8; Metzger (1931), 18f.; von Tscharner (1936), 30ff.; Wettstein (1958), 39f.; Hellbling (1978), 301f.

[837] Sebastian Fischers Chronik, ed. Veesenmeyer, 70. – In Frankfurt zum Beispiel galt der „Unsinnige" nicht als schuldfähig. Meinhardt (1957), 161. In Württemberg begann sich erst in der frühen Neuzeit der Gedanke der strafaussetzenden Unzurechnungsfähigkeit durchzusetzen. Schnabel-Schüle (1997), 254ff.

[838] Von Hentig (1962), 106f.; Ernst Englisch – Gerhard Jaritz, Das tägliche Leben im spätmittelalterlichen Niederösterreich. 1976, 27.

[839] Schild (1980), 197 mit Abb.

[840] Rössler (1852), 254 Nr. 537.

[841] Schmidt, ed. Endter, 159.

[842] Ebd., 17 Nr. 62 und 18 Nr. 66.

[843] Ebd., 96 Nr. 228.

[844] Wiebel (2000), 781.

[845] Knapp (1914), 180; von Hentig (1962), 104f.

[846] Von Tscharner (1936), 34. – Seit dem 16. Jahrhundert wurde in Bern jede hinzurichtende Frau von der Hebamme untersucht, ob sie schwanger sei. Ebd.

[847] Lemmermann (1986), 53.

[848] Vgl. His 1 (1920), 358ff.; Oppelt (1976), 219ff.

[849] Vgl. Schmidt, ed. Endter 87 Nr. 205 und 157 Nrn. 182 und 184. – In Zürich hingegen wurden Männer und Frauen mit gleicher Strafe belegt. Truffer (1960), 186f.

[850] Knapp (1896), 15.

851 Ausnahmen notieren von Tscharner (1936), 34 f.; Zimmermann (1976), 48; Rudolph (2000), 161.
852 Deswegen schloß die Carolina Art. 159 und 162 das Hängen von Frauen aus.
853 Knapp (1896), 58.
854 Ebd., 163.
855 Schmidt, ed. Endter, 13 Nr. 50, 17 Nr. 64 und 18 Nr. 66.
856 Ebd., 13 Nr. 50.
857 Ebd., 20 Nr. 77. – Vgl. Knapp (1896), 54.
858 Schott (1965), 240.
859 Knapp (1896). Vgl. Schubert (1983), 128.
860 Vgl. Gwinner (1934), passim, bes. 33 ff. und 81 ff.
861 Zu den wenigen Städten, die dem Adeligen keine Sonderbehandlung zugestanden, gehörte Zürich. Truffer (1960), 123 ff. In dieser Stadt konnte der Adelige auch gefoltert werden. Ebd., 129.
862 Truffer (1960), 129 f.
863 Hildburg Brauer-Gramm, Der Landvogt Peter von Hagenbach. Die burgundische Herrschaft am Oberrhein 1469–1474. (Göttinger Bausteine zur Geschichtswissenschaft 27) 1957, 315.
864 Truffer (1960), 122.
865 Bader (1942), 13 f.
866 Schmidt, ed. Endter, 100 f. Nr. 236.
867 Ebd.
868 Breithaupt (1938), 89 und 113.
869 Meinhardt (1957), 114 f.
870 Hosmann, Denck=Mahl (1700), Teil 2, 113 und 115 f.
871 Brucker (1889), 20.
872 Vgl. Meinhardt (1957), 116.
873 Volk (1990), 398.
874 Schmidt, ed. Endter, 75 Nr. 185.
875 Brucker (1889), 20.
876 Ebd., 21. – In Frankfurt wurden die armen Sünder an Stühle gebunden, damit sie sich nichts antun konnten. Meinhardt (1957), 116.
877 Dazu bieten die Schilderungen der Exekution von Mitgliedern der Bande des Nickel List 1699 und 1700 reiches Material. Hosmann, Denck=Mahl (1700), Teil 2 und 3. Vgl. auch Keller (1921), 152 f.; von Tscharner (1936), 51 f.; Gernhuber (1957), 171 ff.; Oppelt (1976), 137 ff.
878 Evans (2001), 169.
879 Hosmann, Denck=Mahl (1700), Teil 3, 59.
880 Pfister (1812), 323.
881 Schmidt, ed. Endter, 106 Nr. 248.
882 Ebd., 124 Nr. 294.
883 Deshalb bringt er es auch nicht fertig, seinen „Gevatter", seinen Paten, mit Ruten auszuhauen. Er läßt dies durch den „Löwen" besorgen. Schmidt, ed. Endter, 173 f.
884 Winfried Schulze (Hrsg.), Ego-Dokumente: Annäherungen an den Menschen in der Geschichte. 1996.
885 Vgl. die Hinweise bei Keller (1921), 248 ff. und Wilbertz (1975), 59.
886 Schmidt, ed. Endter, 3.
887 Ebd., 184.
888 Ebd., 6.
889 Ebd., 126.
890 Ebd., 65 Nr. 171: „hat ein halß 2 spann lang und 2 zwerer hand dik gehabt"; 31 Nr. 108 hat „einen krummen halß gehabt, mit dem schwerdt gericht". – Vgl. ebd., 85 f. Nr. 204: Weil der arme Sünder auf Brust und Rücken einen Buckel hatte, ließ der Nürnberger Rat die vier Tore bei der Hinrichtung verschließen, um seinen Nachrichter zu schützen. Dennoch verliert Franz Schmidt kein Wort über den Vollzug der Hinrichtung.
891 Ebd., 94 f.
892 Ebd., 46.
893 Lediglich vom Hörensagen könnte Franz Schmidt 1590 erfahren haben, daß in Betzenstein „über 60 Jahre niemand ... gericht worden" sei. Ebd., 43.

[894] Ebd., 3.
[895] Ebd., 8.
[896] Ebd., 124 Nr. 295.
[897] Ebd., 95 f. Nr. 227.
[898] Ebd., 27 Nr. 98.
[899] Ebd., 16 Nr. 62.
[900] Ebd., 116 Nr. 273.
[901] Ebd., 96 Nr. 228.
[902] Keller (1921), 250.
[903] Schmidt, ed. Endter, 63 Nr. 165.
[904] Ebd., 24 f. Nr. 90.
[905] Ebd., 75 Nr. 185.
[906] Ebd., 85 Nr. 203.
[907] Ebd., 118 (Nr. 278). Daß es sich um christliche Lieder handelte, sagt Meister Franz nicht, aber es geht aus seiner Diktion und seinem Verständnis von Benehmen bei einer Hinrichtung hervor. Den Gesang weltlicher Lieder hätte er tadelnd vermerkt.
[908] Ebd., 115 Nr. 272.
[909] Ebd., 77 Nr. 187.
[910] Ebd., 68 Nr. 177.
[911] Ebd., 28 Nr. 100.
[912] Ebd., 14 Nr. 51.
[913] Zit. nach von Tscharner (1936), 1.
[914] Wettstein (1958), 37.
[915] Rosemarie Aulinger, Reichsstädtischer Alltag und obrigkeitliche Disziplinierung, in: Alfred Kohler/ Heinrich Lutz, Alltag im 16. Jahrhundert. 1987, 275 f.
[916] Ebd., 276.
[917] Vgl. etwa Leonhart Fronsperger, Von kayserlichem Kriegsrechten. Franckfurt 1566 (Neudruck Graz 1970).
[918] Agricola, ed. Gilman, Nr. 335.
[919] Ebd.
[920] Ebd., Nr. 53.
[921] Schmidt, ed. Endter, 126.
[922] Meinhardt (1957), 122 f.
[923] Keller (1921), 95.
[924] Nordhoff-Behne (1971), 130.
[925] Brucker (1889), 21 f.
[926] Vgl. Schué (1918), 226 ff.
[927] Schild (1980), 20.
[928] Übers. von Johannes Hartlieb, ed. Karl Drescher, 171.
[929] Vgl. Reichert (2001), 93 f.
[930] Elke Ukena, Die deutschen Mirakelspiele des Spätmittelalters. Studien und Texte. (Europäische Hochschulschriften, Reihe 1, Bd. 115) 1975, 150 ff.
[931] Knapp (1896), 46.
[932] Borst (1988), 413, 418.
[933] Vgl. nur Rendtel (1985), 179 ff.
[934] Ebd., 186.
[935] Victor Achter, Geburt der Strafe. 1951.
[936] Karl Siegfried Bader. ZRG germ. 65 (1952), 438 ff.
[937] Vgl. nur Schubert (1988).
[938] Zu dem Asylgedanken und den Asylstätten vgl. Osenbrüggen (1860), 118 ff.; von Hippel (1925), 141 f.
[939] Frenz (2002), 141 ff.
[940] Ebd., 144 ff.

941 Knapp (1907), 29.
942 Boelcke (1969), 214.
943 Keller (1921), 198.
944 Deichert (1912), 154.
945 Göggelmann (1984), 110.
946 Nürnberger Ratsverlässe, ed. Schieber, 71.
947 Ed. Schib (1967), 4.
948 Jansen (2002), 108 f.
949 Neumann (2002), 180.
950 Osenbrüggen (2000), 62 f.; Graf (2000), 268 f.; Jansen (2002), 113.
951 Deswegen lehnen die Eisenacher die Wüstung ausdrücklich ab. Jansen (2002), 113. – Anderer Auffassung: Graf (2000), 268 ff., der aber nur noch im Falle von Aufruhr die Wüstung, die ansonsten im urbanen Strafrecht nicht mehr begegnet, nachweisen kann.
952 Vgl. nur Tscharner (1936), 4 und 6 f.
953 Brucker (1889), 21.
954 Ebd., 22.
955 Hermann Bote, Ein kurzweiliges Buch von Till Eulenspiegel aus dem Lande Braunschweig. Wie er sein Leben vollbracht hat, ed. Siegfried H. Sichtermann. 1978, 55. und 56. Historie.
956 Reuter (1936), 117.
957 Daß es selbst in einer Stadt wie Nürnberg Widerstände gegen die Satzungen des Rates gab, belegen Bendlage – Henselmeyer (2002), 312 f.
958 Wernicke (2000), 386 f. Vgl. für Nürnberg: Bendlage – Henselmeyer (2002), 318 f. und 324 ff.
959 Ebd., 322 f.
960 Ebd., 320.
961 Ebd. 321 f. und 328 f.
962 Schubert (2002), 187–193.
963 Gudian (1976), 274.
964 Ebd., 273 f. Vgl. die Bestätigung bei Willoweit (2002), 194.
965 Gudian (1976), 278. Vgl. auch Lück (1997), 252 f. – Auch die Sendgerichtsbarkeit ist unter diesem Gesichtspunkt zu betrachten. Neumann (2002), 165.
966 Ullmann (1928), 43 ff.; Metzger (1931), 111 ff. Vgl. auch Klamt (1941), 30 ff.
967 Vgl. Rudolph (2000), 182 ff.
968 Zit. nach Hippel (1925), 238 Anm.
969 MGH Capit. 1, 214 (c. 4).
970 MGH Capit. 2, 19 (c. 5).
971 Schüppert (1972), 74.
972 Franz (1963), 109. Vgl. auch die entsprechenden weiteren Beschwerden der Stühlinger Artikel ebd., 101 f. und 115 f.
973 Ebd., 108.
974 Ebd., 103.
975 Ebd., 284.
976 Ebd., 228.
977 Stahm (1909), 14 und 72 ff.; Stutz (1917), 100 ff.; Bepler (1937), 45 ff.; Hesse (1975), 86 ff.; Göggelmann (1984), 43 ff.
978 Hahn (1989), 151 ff.
979 Delius (1821), 163; Klamt (1941), 26; Schnabel-Schüle (1997), 141 f. – Salzscheiben, Wachs oder Ziegel können anstelle von Bargeld gereicht werden, also das, was die Stadt auch für den kommunalen Bedarf verwenden kann. Osenbrüggen (1860), 66.
980 Knapp (1914), 241. Vgl. Jansen (2002), 111. – In Zürich drohte dem, der die Geldbuße nicht zahlen konnte, die Stadtverweisung. Burghartz (1989), 391.
981 Klamt (1941), 27 und 29 f.
982 Stölzel (1871), 217.

983 Kappl (1984), 128.
984 Vgl. Drüppel (1981), 351 ff.
985 Stadtarchiv Erlangen, Rudelsche Chronik XV, Nr. 9. – Zum Abkaufen von Strafen allgemein: Gwinner (1934), 32 f.und 87.
986 Vgl. Osenbrüggen (1860), 99 f.; Stahm (1909), 63 f.; Knapp (1914), 101 ff. und 162 ff.; Ullmann (1928), 36 ff.; Metzger (1931), 95 ff.; Klamt (1941), 17 ff.; Meinhardt (1957), 149 ff.; Hesse (1975), 93 ff.; Hagemann (1981), 189 und 192 f.; Kirmeier (1988), 217 ff.; Burghartz (1989), 391; Jansen (2002), 115 ff.; Frenz (2002), 155 mit Anm. 82.
987 Knapp (1914), 97.
988 Stahm (1909), 58 ff.; Schüßler (1994), 225 f.
989 Buff (1877), 172; Ullmann (1928), 30 ff. und bes. Graf (2000), 253 f. mit Anm. 50.
990 Hertzberg (1922), 14.
991 Vgl. Reiß (1972), 39 ff.
992 Bamberger Echtbuch, 39.
993 So zum Beispiel beim Übertreten der städtischen Preistaxen. Bamberger Echtbuch, 50 (1425).
994 Knapp (1896), 81 ff.; Müllner 2, 203.
995 Vgl. Metzger (1931), 98 ff.; Korsch (1958), 60 ff.; Hesse (1975), 97 f.; Göggelmann (1984), 47 ff. und bes. 49 f.; Helmut Maurer, Erzwungene Ferne. Zur räumlichen Dimension der Stadtverweisung im Spätmittelalter, in: Guy P. Marchal (Hrsg.), Grenzen und Raumvorstellungen (11.–20. Jh.). 1996, 199–224.
996 Bamberger Echtbuch, 39.
997 Vgl. zu den vier Wäldern ebd., 124 Anm. 7.
998 Vgl. andeutungsweise Metzger (1931), 101 f.
999 Vgl. zum Beispiel Rübsamen (1997), 52 (Nr. 363).
1000 Schlosser (2002), 396.
1001 Knapp (1914), 125 ff.; Stutz (1917), 136; Ebel (1938), 65 ff.; Meinhardt (1957), 150; Hesse (1975), 95 f.; Robert W. Scribner, Mobility: Voluntary or Enforced? Vagrants in Württemberg in the Sixteenth Century, in: Gerhard Jaritz/Albert Müller (Hrsg.): Migration in der Feudalgesellschaft. 1988, 66 f.; Kirmeier (1988), 200 ff. und 207 ff.; Bauer (1996), 97 ff.; Schwerhoff (1999), 29; Blauert (2000), 58 f.; Wernicke (2000), 379 ff.; Jerouschek – Blauert (2002). – Auch Frauen leisteten die Urfehde. Graßmann (1984), 766; Blauert (2000), 82. – Vgl. die Forschungsbilanz bei Schwerhoff (2000), 48. – Zu den Anfängen der Urfehde und ihrer mittelalterlichen urkundlichen Form vgl. Blauert (2000), 45 ff. und 77.
1002 Blauert (2000), 48, 55 f., 68 f., 81 ff., 83 und 99.
1003 Wernicke (2000), 400. Vgl. Blauert (2000), 47 f.
1004 Rennefahrt (1963), 430 (1503). Vgl. ebd., 455 (1508).
1005 Wernicke (2000), 379.
1006 Schnurrer (1980), 21.
1007 Knapp (1914), 125.
1008 Sander (1902), 649.
1009 Knapp (1914), 127 f.; Metzger (1931), 101; von Tscharner (1936) 75; Klamt (1941), 19; Göggelmann (1984), 145.
1010 Hagemann (1981), 194.
1011 Bepler (1937), 37 ff.; Hahn (1989), 149 f.; Schnabel-Schüle (1997), 131 ff.
1012 Scribner (1988), 79 ff.
1013 Blauert (2000), 35 und 38. Vgl. nur für Regensburg Wernicke (2000), 380 f.: Die weitaus meisten der 3187 Urfehdebriefe, die zwischen 1326 und 1617 überliefert sind, stammen aus der Zeit zwischen 1400 und 1450. Etwa von 1540 ab werden sie immer seltener.
1014 Vgl. Döpler (1693), 844 ff.; Hartinger (1976), 66 f. Scribner (1988), 79: Ende des 16. Jahrhunderts bilden die Landesverweisungen 40% aller Bestrafungen.
1015 Die Stadtverweisung, die Verfestung, ist aus der Ächtung entwickelt worden. His 1 (1920), 533 ff.; vgl. Frensdorff (1875) XVI ff. und XLVIII ff. (Verfestungsformulare); Knapp (1896), 81 ff.; Harster (1900), 93 ff.; Nordhoff-Behne (1971), 150 f.
1016 Hildesheimer Stadtrechnungen 2, 242 (1423).

1017 Kames (1910), 76; Koppmann (1887), 87f.; Urkundenbuch Hameln 2, 566.

1018 Vgl. Jerouschek – Blauert (2002), 228 und 239 ff. Der Wandel ist für Rostock gut dokumentiert. Hier, wo die Stadtverweisung im Spätmittelalter in den typischen „umständlichen" Rechtsformen gestaltet und – bei ewiger Verweisung – mit feierlicher Urfehde beschworen wurde (Ebel [1938], bes. 30ff., 141ff. und 149ff.), sah die Polizeiordnung von 1576 eine schematisierte und formalisierte Strafe vor, die gegen Landstreicher und gartende Knechte gerichtet war (ebd., 145). – Blauert (2000), 86 spricht von einer „sinnentleerten Schwundform". Vgl. ebd., bes. 18ff., 27f., 70f. und 79.

1019 Jerouschek – Blauert (2002), 241.

1020 Van Dülmen (1985), 67.

1021 Hartinger (1976), passim; Rudolph (2000), 165 ff.

1022 Schubert (1983), 308; Freitag (2000), 738f.

1023 Breithaupt (1938), 45.

1024 Ebd., 27f.

1025 Ebd., 44.

1026 Ebd., 107ff. und Forrer (1975), 77.

1027 Aus den „Anmerkungen zum Codex juris Bavarici" zit. bei Breithaupt (1938), 111.

1028 Kröner (1988), 17 bzw. Rudolph (2000), 165.

1029 Reuter (1936), 58f.

1030 Zur fustigatio simplex bzw. qualificata vgl. Döpler (1693), 865ff.; Metzger (1931), 87f.; Breithaupt (1938), 11; Meinhardt (1957), 143ff.; Hesse (1975), 59ff. – Vgl. weiterhin: Nordhoff-Behne (1971), 143; van Dülmen (1985), 73 und die Abbildungen bei Alwin Schultz, Deutsches Leben im XIV. und XV. Jahrhundert. 1892, Fig. 67. – In Hildesheim ist nachgewiesenermaßen Stäupen die häufigste Strafe (Kames [1910], 72f.), was wohl allgemein gelten dürfte.

1031 Kröner (1988), 16.

1032 Rudolph (2000), 165.

1033 Hesse (1975), 60f.

1034 Dreytwein, ed. Diehl, 61.

1035 Breithaupt (1938), 6, nach einem Bericht des 17. Jahrhunderts.

1036 Keller (1921), 202. – In Nürnberg wird zu einem 12jährigen Dieb vermerkt, „den hieb man nit auß, was zu junk". Knapp (1896), 8.

1037 Breithaupt (1938), 8.

1038 Städtechroniken 11 (Nürnberg 5), 669.

1039 Knapp (1896), 63 Anm. 1.

1040 Schmidt, ed. Endter, 176.

1041 A. F. Pott, Die Zigeuner in Europa und Asien. Bd. 2. 1845 (Neudruck 1964), 5.

1042 Naßküttel-Liste Nr. 48.

1043 Knapp (1914), 156; His 1 (1920), 531 ff.; Keller (1921), 97f.; Ullmann (1928), 28; Metzger (1931), 82f.; von Künßberg (1936), 167; von Hentig (1954), 424ff.; Meinhardt (1957), 140ff.; Adalbert Erler, Brandmarken ins Antlitz, in: Festschrift Karl Siegfried Bader. 1965, 115ff.; Hesse (1975), 57. – Abb. eines Schandmalbrenneisens: Stadt im Wandel 2, 978.

1044 Rössler (1852), 349.

1045 Knapp (1896), 62.

1046 Vgl. Schué (1918), 160.

1047 Schubert (1983), 309; Kröner (1988), 17; Rudolph (2000), 163 ff.

1048 Harster (1900), 81 f.; Nordhoff-Behne (1971), 142 f.

1049 Nowosatko (1994), 203 f.

1050 Schubert (1983), 309 (auch für das Folgende). – Abb. eines Brenneisens: Louis Carlen, Rechtsaltertümer im Vorarlberger Landesmuseum, in: ders. (1995), 197–206, hier: 202.

1051 Christl (1975), 44.

1052 Hauptstaatsarchiv Hannover, Hild. Br. 1 Nr. 10201 (1731).

1053 Schubert (1983), 146 ff.

1054 Hauptstaatsarchiv Hannover, Hild. Br. 1 Nr. 10197 fol. 215, fol. 219f., fol. 222' ff.

[1055] Ebd., Nr. 10201.
[1056] Lott (1998), 161.
[1057] Hauptstaatsarchiv Hannover, Hild. Br. 1, Nr. 10197, fol. 218.
[1058] Ebd., Nr. 10201.
[1059] Fenner (1906), 34.
[1060] Vgl. von Hippel (1925), 136; von Hentig (1954), 380ff.
[1061] Ed. Franz (1967), 39. – Zur Prügelstrafe im Frühmittelalter vgl. auch Munske (1973), 52.
[1062] Hagemann (1981), 64.
[1063] Adam von Bremen, Hamburgische Kirchengeschichte II.69, in: Quellen des 9. und 11. Jahrhunderts zur Geschichte der Hamburger Kirche und des Reiches, ed. Werner Trillmich. (Ausgewählte Quellen zur deutschen Geschichte des Mittelalters 11) 1961, 313.
[1064] Helmold von Bosau c. 95, ed. Stoob, 332.
[1065] Edd. Erdmann – Fickermann (1950), 19f. Nr. 3.
[1066] Bonnekamp (1940), 12.
[1067] Eberhard von Künßberg, Arbeit und Rhythmus im Rechtsleben. ZRG germ. 41 (1920), 370–372, hier: 371.
[1068] Das erkannte zu Recht Härter (2000), 471. Vgl. Schubert (1983), 307 (auch für das Folgende).
[1069] Von Zahn (1896), 133.
[1070] Schubert (1983), 307.
[1071] Vgl. Fehr (1946), 21f.; Linderkamp (1985), 45ff.
[1072] Pfister (1812), 64.
[1073] Vgl. Hesse (1975), 63ff.
[1074] Von Zahn (1896), 117ff.
[1075] Kröner (1988), 11.
[1076] Ebd.
[1077] Breithaupt (1938), 107 und 110.
[1078] Kai Detlev Sievers, Prügelstrafe als Zeichen ständischer Ungleichheit, in: Das Recht der kleinen Leute. Festschrift für Karl-Sigismund Kramer. 1976, 195ff.
[1079] Ludwig von Jagemann – Wilhelm Brauer, Criminallexikon. 1854, 441.
[1080] Ebd., 442. Die Verfasser mißbilligen auch, daß in Württemberg die Prügelstrafe nach „wiederholten groben Ungebührlichkeiten" der Untersuchungsgefangenen zulässig war, weil damit ein unkontrollierbares Mittel, Geständnisse zu erpressen, in die Hand der Untersuchungsbeamten gegeben war.
[1081] Monatsschrift für Kriminalpsychologie und Strafrechtsreform 1 (1905), 415ff. – In Dänemark scheiterte noch 1903 der Versuch, die Prügelstrafe wieder einzuführen, nur knapp. Ebd.
[1082] Reinbold, 204; Stokar (1892), 322f.
[1083] Michel Foucault, Surveiller et punir. La naissance de la prison. Paris 1975. Deutsch: Überwachen und Strafen. Die Geburt des Gefängnisses. 1977 (11. Aufl. 1995).
[1084] Zur Foucault-Diskussion in Frankreich vgl. Halbleib (2000), 110ff. Kritisch steht den Thesen Foucaults gegenüber: Gerhard Sälter, Polizeiliche Sanktion und Disziplinierung. Die Praxis der Inhaftierung durch die Polizei in Paris am Beispiel des Zaubereidelikts (1697–1715), in: Blauert – Schwerhoff (2000), 481–500, hier: 481f. – Die Foucaultsche Chronologie und Deutung der Geburt des Gefängnisses ist auch für England nicht nachvollziehbar. Wettmann-Jungblut (2000), 74. – Positiv wertet die Thesen Foucaults und fordert eine vertiefte Rezeption: Michael Maset, Zur Relevanz von Michel Foucaults Machtanalyse für kriminalitätshistorische Fragestellungen, in: Blauert – Schwerhoff (2000), 233–241.
[1085] Ebel (1953).
[1086] Ullmann (1928), 41ff.; Metzger (1931), 88ff.; Schild (1980), 210.
[1087] Von Hippel (1925), 198.
[1088] Vita S. Radegundis. MGH SS rer. Merov. 2, 368. Vgl. Erich v. Guttenberg, Iudex h. e. comes aut grafio. Ein Beitrag zum Problem der fränkischen „Grafschaftsverfassung" in der Merowingerzeit, in: Festschrift Edmund E. Stengel zum 70. Geburtstag. 1952, 94–129, hier: 97.
[1089] Siegfried Epperlein, Die sogenannte Freilassung in merowingischer und karolingischer Zeit. Ein Beitrag zur frühmittelalterlichen Wirtschafts- und Sozialpolitik. 1963, 46.

1090 Munske (1973), 254. Vgl. ebd., 156f. zur Fesselung im friesischen Recht.
1091 Scheele 1 (1992), 169f.
1092 Schaab (1956).
1093 Scheele 1 (1992), 169 zu Sachsenspiegel Landrecht III.60.3.
1094 Städtechroniken 9 (Straßburg 2), 806f.
1095 Friedrich Hausmann, Cusanus-Texte IV. 1952, 33f. Nr. 29f.
1096 Traphagen (1935), 106 definierte die „Klosterhaft als erste Form einer Freiheitsstrafe".
1097 Konstantin Lehmann, Die Entstehung der Freiheitsstrafe in den Klöstern des hl. Pachomius. ZRG kan. 68 (1951), 1–94. – Zur Klosterhaft vgl. auch Seggelke (1928), 21f.; Doleisch von Dolsperg (1928), 17ff.
1098 Klaus Sprigade, Die Einweisung ins Kloster und in den geistlichen Stand als politische Maßnahme im frühen Mittelalter. Diss. iur. Heidelberg 1964.
1099 Gregor von Tours, Zehn Bücher Geschichten IV.26, ed. Rudolf Buchner. (Ausgewählte Quellen zur deutschen Geschichte des Mittelalters 2) 1977.
1100 Jean Mabillon, Überlegungen zu den Gefängnissen der religiösen Orden, edd. Emilio Garcia Mendez – Massimo Paravini, 80.
1101 Ebd., 81.
1102 Vgl. ebd., 79f.
1103 Ebd., 83 und 85.
1104 Vgl. Pugh (1968) (auch für das Folgende). Eine knappe Zusammenfassung mit bibliographischen Hinweisen: Schmoeckel (2000), 51. Immer noch lesenswert: Doleisch von Dolsperg (1928), 68ff. – Zum Gefängniswesen im niederländischen Raum vgl. Rousseaux (2000), 129.
1105 Barbara A. Hanawalt, Crime and Conflict in English communities. 1300–1348. 1979.
1106 Sander (1902), 648.
1107 Ullmann (1928), 41f.; Klamt (1941), 15; Schild (1980), 200 (Abb.).
1108 Das Große Rauriser Berggerichtsbuch 1509 bis 1537, ed. Karl-Heinz Ludwig. 1986, 126 und 386.
1109 Linderkamp (1985), 41ff.
1110 Metzger (1931), 91. Vgl. nur Brucker (1889), 400: Straßburg zahlte im 15. Jahrhundert für das Reinigen eines Käfigs 1 Schilling („von eine köpfigen zu rumende"). Vgl. für Basel: Rechtsquellen von Basel. Stadt und Land, ed. Joh. Schnell. Bd. 1. 1856, 125.
1111 Vgl. die Kasseler Rechnung von 1477: „17 1/2 sch vor byer den gefangen gegebin im thorenkasten." Stölzel (1871), 72.
1112 Jansen (2002), 114.
1113 Instruktiv zur Schuldhaft am Beispiel Augsburgs: Hoffmann (2000), 569ff.
1114 Härter (2000), 473.
1115 Gény 2 (1902), 287 und 576.
1116 Flachenecker (1988), 102.
1117 Ranke (1951), 50f. und 53.
1118 Auch im Brünn des 14. Jahrhunderts war das Haus des Nachrichters das Haftlokal, für das pro Nacht sieben Pfennige zu erlegen waren. Rössler (1852), 364.
1119 Kämmereibuch der Stadt Reval, ed. Reinhard Vogelsang. 1976, 126 bzw. 253.
1120 Ferdinand Elsener, Studien zur Rezeption des gelehrten Rechts. Ausgewählte Aufsätze, hrsg. von Friedrich Ebel. 1989, 218f.
1121 Reformation Kaiser Siegmunds, ed. Heinrich Koller. 1964, 129, 153f., 156f. und 190f.
1122 Knapp (1895), 49; Harster (1900), 86ff.; His 1 (1920), 556; Ebel (1938), 127ff. Vgl. auch: Das Stadtrecht von Goslar, ed. Ebel, 79, 85, 91.
1123 Metzger (1931), 90f.; Ruoff (1941), 84.
1124 Stutz (1917), 101; Seggelke (1928), 27f.; Wagener (1929), 12. Vgl. auch das Schaffhauser Stadtrecht 1385, ed. Schib (1967), 8.
1125 Franz (1963), 459.
1126 Die Chronik Hartung Cammermeisters, ed. Robert Reiche. 1896, 93.
1127 Graßmann (1984), 770.
1128 Wagener (1929), 11.

1129 Bendlage – Henselmeyer (2002), 320.
1130 Seggelke (1928), 28 f.; Schubert (2002),
1131 Seggelke (1928), 29.
1132 Bamberger Echtbuch, 19.
1133 Knapp (1914), 156 f. und 160 f.
1134 Ebd., 142 f. Vgl. ebd., 134.
1135 Vgl. für die Eidgenossenschaft: Heinrich Richard Schmidt, Die Christianisierung des Sozialverhaltens als permanente Reformation. Zeitschrift für Historische Forschung, Beiheft 9. 1989, 113–163, hier: 134 f. Für Schweinfurt: Hesse (1975), 109.
1136 Vgl. für das Hochstift Osnabrück: Rudolph (2000), 171 f.
1137 Das belegen eindeutig die Urfehdebriefe. Blauert (2000), 59 f., 106 f. und 110. – Erst im 18. Jahrhundert begann man über eine Unterscheidung von Arrest- und Haftlokal nachzudenken. So stellte 1736 in Kurhannover eine Instruktion fest, man brauche zwei Arten von Gefängnissen, „eines zur Straffe und ein anderes zur bloßen Behältniß" bis zur Hinrichtung. Deichert (1912), 110.
1138 Ebd., 245.
1139 Städtechroniken 2 (Nürnberg 2), 43.
1140 Schild (1980), 34 f. (Abb.)
1141 So ist wohl der Satz zu verstehen: „Isti nudi cum ferro, qui dicunt se data sibi poenitentia ire vagantes"; MGH Capit. 1, 61.
1142 Knapp (1896), 249.
1143 Vgl. Klamt (1941), 15 ff.; besonders eindrücklich für Regensburg: Wernicke (2000), 379; Jerouschek – Blauert (2002), 234 ff.
1144 Harster (1900), 88 f.; Knapp (1896), 157 f.; ders. (1914), 156 f.; Stutz (1917), 113 f.; Seggelke (1928), 35 f.; Metzger (1931), 89 f.; von Tscharner (1936), 81 f.; Bepler (1937), 40; Ruoff (1941), 26; Renkhoff (1980), 167 f.; Graßmann (1984), 767; Linderkamp (1985), 41 ff.; Reichart (1996), 172 f.; Lott (1998), 91 f.; Bendlage – Henselmeyer (2002), 327. Vgl. die Abb. bei Kocher (1992), 137. – In Schwäbisch Hall wurde zwischen einem „Diebsturm" und dem etwas komfortableren „Schuldturm" unterschieden. Nordhoff-Behne (1971), 173 ff. – Den „Diebsturm" in Villingen erwähnt Hug, ed. Roder, 3 und 197.
1145 Knapp (1907), 14. – Die „quaden poggen", die bösen Frösche, machen im kleinen Celle den Gefangenen das Leben schwer. Cassel (1906), 131 Anm. Offenbar wegen der inneren Zustände hieß der Volkacher Gefängnisturm der „Faulturm". Karl-Sigismund Kramer, Fränkisches Alltagsleben um 1500. Eid, Markt und Zoll im Volkacher Salbuch. 1985, 10.
1146 Zu den Haftbedingungen: Brucker (1889), 490 (Turmhüter-Ordnung) und Nordhoff-Behne (1971), 175.
1147 In Frankfurt und Überlingen wird den Gefangenen Essen aus dem Spital gereicht. Doleisch von Dolsperg (1928), 43.
1148 Pugh (1968).
1149 Belegt ist diese Übung in Nürnberg. Knapp (1896), 69. – Auch im Amsterdamer Zuchthaus gab es eine Büchse, in die Almosen für die Züchtlinge eingelegt werden konnten. Von Hippel (1925), 581 (Abb.).
1150 Deutsches Rechtswörterbuch 7, 13. – In Hameln gab es um 1350 Bier und Brot. Heinrich Spanuth – Rudolf Feige, Geschichte der Stadt Hameln. 1963, 130.
1151 Deutsches Rechtswörterbuch 2, 514. – Zur Verpflegung zahlungsunfähiger Gefangener vgl. auch Schultheiß (1960), 237* ff.
1152 Deutsches Rechtswörterbuch 2, 514.
1153 Brucker (1889), 242.
1154 Vgl. Bonnekamp (1940), 33.
1155 Knapp (1907), 12.
1156 Ebd.
1157 Göggelmann (1984), 57.
1158 Deichert (1912), 108 und Urkundenbuch der Stadt Hildesheim, ed. Richard Doebner. Teil 7: 1451–1480. 1899 (Neudruck 1980), 85.
1159 Härter (2000), 471 f. – 1681 erfriert ein Mann im Cannstatter Gefängnis. Schnabel-Schüle (1997), 153.

1160 Vgl. die bedrückenden Berichte John Howards, der in England und auf dem Kontinent zwischen 1774 und 1786 zahlreiche Gefängnisse besuchte: John Howard, The State of the Prisons. (Everyman's Library 835) 1929, hier: 61 ff. zu den deutschen, besonders den norddeutschen Gefängnissen. – Vgl. auch Zwicky (1982) passim; Schubert (1983), 293.

1161 Kröner (1988), 27.

1162 Weissenborn (1993), 115. – Bereits 1736 hatte eine hannoversche Kriminalinstitution die gesundheitsschädlichen Zustände in den Gefängnissen kritisiert. Deichert (1912), 110.

1163 Leiser (1971), 214.

1164 Vgl. die Abb. in: Stadt im Wandel 2, 976.

1165 Stölzel (1901) Bd. 2, 189.

1166 In Nürnberg wird den derartig gefährdeten Gefangenen ein eigener Wächter gestellt. Knapp (1907), 19.

1167 Knapp (1896), 239.

1168 Vgl. Doleisch von Dolsperg (1928), 45; Meinhardt (1957), 68 ff.; Göggelmann (1984), 55 ff.

1169 Metzger (1931), 90 f.

1170 Flachenecker (1988), 102.

1171 Truffer (1960), 129.

1172 Henning Brandis, ed. Haenselmann, 29. Zum „deve keller" in Hildesheim vgl. auch ebd., 162. – Hannover besitzt um 1500 drei „venknisse", von denen eines „devekeller" heißt. Deichert (1912), 109.

1173 Knapp (1907), 10. Auch in Hildesheim (vgl. Hildesheimer Stadtrechnungen 2, 867: Register unter Gefangenenkeller) gab es zwei entsprechende Gewölbe unter dem Rathaus, wie sie in der Residenzstadt Celle für das 16. Jahrhundert ebenfalls bezeugt sind. Cassel (1906), 131 Anm. – Der Rathauskeller als Gefängnis: Carlen (1995), 78.

1174 Knapp (1907), 10.

1175 Knapp (1896), 76.

1176 Willmann (1917), 52 ff.

1177 Frauenstädt (1881), 25 Anm. 18.

1178 In Nürnberg wurde ein Wärter, der eine Gefangene vergewaltigt hatte, „aus gnaden mit dem Schwerdt gericht". Schmidt, ed. Endter, 41 f. Nr. 124.

1179 Knapp (1896), 12.

1180 Pugh (1968).

1181 Hildesheimer Stadtrechnungen 2, 257.

1182 Vgl. Landwehr (1964), 82 ff.

1183 In Bayern müssen dafür auch die Amtshäuser selbst herhalten. Freitag (2000), 715.

1184 Hahn (1989), 123 f.

1185 Meinhardt (1957), 72 f.; Hesse (1975), 109 f.; Schubert (1983) 294 f.; Reichart (1996), 173; Härter (2000), 472. Vgl. den frühen Fall aus Brünn: Rössler (1852), 192 Nr. 411 (14. Jahrhundert).

1186 Müllner 2, 360.

1187 Nordhoff-Behne (1971), 139. Vgl. ebd., 140: Mehrfach war es Eingemauerten gelungen zu entspringen.

1188 Volk (1990), 184.

1189 Ebd.

1190 Schmidt, ed. Endter, 94 Nr. 222 (zwei Fälle), 115 Nr. 273.

1191 Ebd., 74 Nr. 185.

1192 Harster (1900), 91.

1193 Eindrückliche Beispiele aus Breslau bei Frauenstädt (1881), 8 und 25.

1194 Knapp (1896), 67.

1195 Knapp (1907), 20 f. Vergleichbare Fälle in Brandenburg: Stölzel (1901) Bd. 2, 189, 192, 202; Bd. 3, 30, 44.

1196 Hesse (1975), 109.

1197 Döpler (1693), 675.

1198 Vgl. etwa Harster (1900), 91 für das Spätmittelalter.

1199 Vgl. z. B. Kraft (1959), 40 ff.

1200 Vgl. Bettenhäuser (1964/65), 312 (Hessen); Zwicky (1982), 45 ff., 77 f. (Schweiz).

1201 Wiebel (2000), 769.

1202 Ebd., 773.

1203 Stuhlmüller (1823), 27. – Ein anderes Beispiel für einen Gauner, der mehrfach dem Gefängnis entspringen konnte: Johann Jacob Moser: Letzte Stunden ein und dreyßig durch die Hand des Scharfrichters unterschiedener Verbrechen wegen hingerichteter Personen. 1767, 702 f.

1204 Vgl. etwa Naßküttel-Liste Nr. 13.

1205 Pfister (1812), 302. Instruktiv zu den Sicherheitsmängeln: Lemmermann (1986), 29 ff.

1206 Schubert (1983), 294.

1207 Von Künßberg (1965), 26. Zur Verehrung des hl. Leonhard: von Hentig (1962/II), 141 f.

1208 Eisenbach (1994), 240. – Vergleichsweise sehr früh, schon 1572, begegnet eine eigene Gefangenenkluft in Schwäbisch Hall. Nordhoff-Behne (1971), 175.

1209 Osenbrüggen (1860), 96 f.; Knapp (1914), 158 f.; von Hentig (1954), 324; Wettstein (1958), 129; Schild (1980), 206; Blauert (2000), 66.

1210 Heinrich Zeller-Werdmüller (Hrsg.), Die Zürcher Stadtbücher des XIV. und XV. Jahrhunderts. 1899 ff., 331 f. Nr. 158. Vgl. ebd., 19 f. Nr. 49.

1211 Wettstein (1958), 93.

1212 Knapp (1914), 159.

1213 Vgl. Knapp (1895), 15 und 64 ff. und Nordhoff-Behne (1971), 193 und 149. (In Schwäbisch-Hall scheint diese Strafe, der auch Hexen verfielen, am häufigsten angewandt worden zu sein.) – Entweder an eine Einmauerung oder an eine „Einkäfigung" ist zu denken, als der Nürnberger Rat für ein Kind, das bereits ein gefährlicher Dieb geworden war, ein Gefängnis einrichten läßt. Knapp (1896), 9.

1214 Knapp (1914), 168; Metzger (1931), 104 ff.; Bepler (1937), 42; Frölich (1938), 39 ff.; ders. (1946), 40 ff.; ders. (1946/II), 17 ff.; von Hentig (1954), 405 ff.; Meinhardt (1957), 146 f.; von Hentig (1962/I), 69; ders., (1962/II), 135; Hesse (1975), 68 f.; Göggelmann (1984), 40; Carlen (1995), 97 f. Vgl. die Abb. bei Kocher (1992), 32 und 61. – In Lüneburg ist bereits 1283 ein Pranger erwähnt. Städtechroniken 36 (Lüneburg), 23.

1215 Trusen (1984), 41. – Auch in Brünn heißt der Pranger „Schraiat", Rössler (1852), 349 und 399.

1216 Bepler (1937), 42; Frölich (1938), 45; ders. (1946), 46; Hesse (1975), 77 f.; Schild (1980), 215 (mit Abb.); Hauser (1987), 229 und 231 mit Abb.; Carlen (1995), 97. – Daß es auch in Mitteldeutschland analoge „Narrenhäuslein" gab, belegt Ullmann (1928), 49.

1217 Frölich (1939), 16; ders. (1946), 45.

1218 Vgl. Döpler (1693), 748 f.; Joseph Biergans, Die Wohlfahrtspflege der Stadt Aachen in den letzten Jahrhunderten des Mittelalters. Zeitschrift des Aachener Geschichtsvereins 31 (1909), 74–137, hier: 123; His 1 (1920), 573 f.; Ullmann (1928), 49; von Künßberg (1936), 172 ff.; von Hentig (1972), 112 ff. und 135; Schild (1980), 82 f. (mit Abb), 86 und 221 ff. (mit Abb.); van Dülmen (1985), 62 ff.; Köbler (1988), 187 ff. Vgl. die Abb. bei Kocher (1992), 132 und 153. Dazu: Stadt im Wandel 2, 791.

1219 Von Hentig (1962), 27.

1220 Frölich (1947), 15 ff.

1221 Adolf Feulner – Bernhard Hermann Röttger (Bearb.), Bezirksamt Obernburg. (Kunstdenkmäler von Unterfranken 23) 1925, 26.

1222 Landwehr (1964), 79 ff. Die hier konstruierten Unterschiede zwischen Pranger und Schandstock bestehen in Wirklichkeit nicht. – Zur eidgenössischen Sonderform des Kirchenprangers vgl. Wilhelm Heinrich Ruoff, Die Gätteri als Form des Kirchenprangers, in: Ebert (1978), 421–438.

1223 Reinbold, 195.

1224 Nordhoff-Behne (1971), 145.

1225 In Schwäbisch Hall bedroht er vor allem das Bettelgesindel. Nordhoff-Behne (1971), 181 ff.

1226 Withold Maisel, Der Pranger in Posen. Roland oder Pranger? ZRG germ. 93 (1976), 340 ff., hier: 341.

1227 Von Künßberg (1965), 10.

1228 Osenbrüggen (1860), 109 ff.; Stahm (1909), 54 ff.; Fehr (1946), 18; Frölich (1938), 45 f.; ders. (1947), 15 ff.; Hesse (1975), 71 f.; Buchda (1978), 71.

1229 Vgl. Knapp (1896), 92 f.

1230 Vgl. Linderkamp (1985), 18 ff.; Schnabel-Schüle (1997), 143 ff.; van Dülmen (1999), 67 ff.

1231 Ullmann (1928), 49 f.; Hesse (1975), 74; Carlen (1995), 98. Vgl. die Abb. bei Kocher (1992), 133 und

216; Schild (1980), 224f.; Louis Carlen, Rechtsaltertümer im Vorarlberger Landesmuseum, in: ders. (1995), 197–206, hier: 204. – In Schweinfurt gab es den Schandschnabel, der die Form eines Storchenschnabels hatte. Hesse (1975), 74f.

[1232] Neumann (2002), 164ff. und 169.

[1233] Ebd., 170ff. Vgl. von Hentig (1954), 367f. und 397ff.

[1234] Neumann (2002), 172ff.

[1235] Frölich (1946/II), 24f.

[1236] Schubert (1983), 258.

[1237] Frölich (1946), 46f. – In Münster kann dieses „Wippen" auch Strafe für Gartendiebstähle sein. Decker (1994), 78.

[1238] Osenbrüggen (1860), 111f.; Stutz (1917), 109f.; Schild (1980), 214 Abb. 488; Meinhardt (1957), 142f.; Hesse (1975), 76f.; Buchda (1978), 71; Gimpel (1991), 160.

[1239] Metzger (1931), 10ff.; Frölich (1938), 44. – In Regensburg traf das Schwemmen nicht nur den betrügerischen Bäcker, sondern auch den Riffian, den betrügerischen Vaganten. Knapp (1914), 169.

[1240] Carlen (1975), 210f. – Vgl. allgemein: Stutz (1917), 115f.; Seggelke (1928), 141f.; Gwinner (1934), 85; Louis Carlen, Schwyz und die Galeerenstrafe. Der Geschichtsfreund 135 (1982), 243ff.

[1241] Knapp (1896), 81.

[1242] Carlen (1994), 575ff. – Weil diese Strafe für festgelegte Zeiten ausgesprochen werden mußte, wurde in Toggenburg 1663 ein Missetäter zu 101 Jahren Galeere verurteilt. Osenbrüggen (1860), 97.

[1243] Dreytwein, ed. Diehl, 157f.

[1244] Döpler (1693), 791ff.; Knapp (1896), 79ff.; Gwinner (1934), 85; Nordhoff-Behne (1971), 148; Schubert (1983), 292f. Vgl. insbesondere Hans Schlosser, Tre secoli di criminali bavaresi sulle gelere veneziane (secoli XVI–XVIII). (Publikationen des deutschen Studienzentrums in Venedig 28) 1984.

[1245] Osenbrüggen (1860), 97.

[1246] Die evangelischen Kirchenordnungen des XVI. Jahrhunderts. Bd. 15. 1977, 555 Anm. 4.

[1247] Waltisbühl (1944), 15.

[1248] Schnell 1 (1856), 479.

[1249] Hoffmann (2000), 569 Anm. 42 (zum Jahre 1571).

[1250] Hermann Kellenbenz (Hrsg.), Handelsbräuche des 16. Jahrhunderts. Das Meder'sche Handelsbuch. (Deutsche Handelsakten 15) 1974, 89. Vgl. Carlen (1994), 568.

[1251] Hesse (1975), 101.

[1252] In Bayern kannte man diese Form schon seit 1569. Riezler (1903), 65. Vgl. für Trier: Lott (1998), 207ff.

[1253] Vgl. Evans (2001), 65.

[1254] Vgl. Carlen (1994), 572ff.

[1255] Walther Keinath, Orts- und Flurnamen in Württemberg. 1951, 155.

[1256] Stokar (1892), 370.

[1257] Um 1570 warb eine Genueser Gesandtschaft in Süddeutschland um Galeerensklaven. Carlen (1994), 558. – 1571 schloß Bern einen Vertrag mit Savoyen über die Gestellung von Galeerensträflingen. Rennefahrt (1963), 456f.

[1258] Knapp (1896), 81.

[1259] Ebd., 80.

[1260] Carlen (1994), 561ff. – Versendung von Schweizer Wiedertäufern auf die Galeeren: ebd., 567f.

[1261] Knapp (1896), 79ff.; Bitter (1929), 13.

[1262] Vgl. Carlen (1994), 573.

[1263] Zit. nach Krünitz 15 (1786), 666f. Die Quellen dafür bilden offenbar die Aufzeichnungen des Jean Marteilhe. Vgl. Eberhard Wesemann (Hrsg.), Jean Marteilhe, Galeerensträfling unter dem Sonnenkönig. Memoiren. 1989, 75 und 277f. Vgl. ebd.: Schema der Ruderbänke einer Galeere des 18. Jahrhunderts.

[1264] Entsprungene Galeerenhäftlinge werden bisweilen in den Gaunerlisten erwähnt. Vgl. Mittersfelser Liste Nrn. 191 und 280.

[1265] Carlen (1994), 577.

[1266] Schubert (1983), 293.

[1267] Carlen (1975), 213.

[1268] Carlen (1994), 577.
[1269] Krünitz 15 (1786), 664.
[1270] Fenner (1906), 40
[1271] Stuhlmüller (1823), XI: 16jährige Galeerenstrafe zu Brest; ebd., 9: 15jährige Galeerenstrafe; ebd., 34: 10jährige Galeerenstrafe; ebd., 36: 10 Jahre Galeere.
[1272] Traphagen (1935), 69ff.
[1273] Knappe Überblicke: Bitter (1929), 12ff.; Eisenbach (1994), 79ff.; Schwerhoff (2000), 48f.; Evans (2001), 153ff. – Zu den englischen Vorläufern der Amsterdamer Gründung, den Anstalten zu Bridewell und Bury, vgl. Traphagen (1935), 59ff. und Eisenbach (1994), 78.
[1274] Traphagen (1935), 71. Abb.: von Hippel (1925), 580. – Zu den Arbeiten im Amsterdamer Zuchthaus vgl. Traphagen (1935), 78ff. Speziell zum Brasilholzraspeln vgl. die Abb. bei von Hippel (1925), 581–583.
[1275] Druck: von Hippel, Beiträge zur Geschichte der Freiheitsstrafe. Zeitschrift für die gesamte Strafrechtswissenschaft (1898), 437–472.
[1276] Eisenbach (1994), 82. Hier war der Bau schon 1603 erwogen worden.
[1277] Traphagen (1935), 87.
[1278] Vgl. Ludolph (1930), 12ff.
[1279] Reubold, 188; Haberland (1931), 18f. Vgl. die Nachrichten aus Reiseberichten bei Ebeling (1935), 40.
[1280] Von Hippel (1925), 224. Vgl. auch die Abb. ebd., 579ff.
[1281] Ebd., 241.
[1282] Vgl. für Graz: Valentinitsch (1978), 505, für Osnabrück: Rudolph (2000), 178. In Kassel wird 1778 geklagt, die Anstalt sei zu klein, sie könne nicht mehr alle aufnehmen, die „vom Bettel profession machen". Eckel (1964/65), 434. – Ende des 17. Jahrhunderts lebten im Hamburger Zuchthaus 300–400 Menschen. Hartmann (1926), 113 Anm. 3.
[1283] Vgl. Breithaupt (1938), 60ff. (Zitat: 63).
[1284] Instruktiv für die inneren Zustände: Eisenbach (1994), 228ff. und 232ff.
[1285] Wagnitz (1787), 15. Vgl. Valentinitsch (1978), 511; Eisenbach (1994), 237f. Erst im späten 18. Jahrhundert wurden mancherorts Ärzte mit der Betreuung der Häftlinge von Staats wegen beauftragt (vgl. Reubold, 190) – möglicherweise eine Wirkung der aufrüttelnden Berichte des „Zuchthaus-Bereisers" Wagnitz.
[1286] Eisenbach (1994), 270f.
[1287] Kröner (1988), 121f.; Eisenbach (1994), 265f.
[1288] Valentinitsch (1978), 508f.
[1289] Eisenbach (1994), 267f.
[1290] Valentinitsch (1978), 509f.; Kröner (1988), 110ff.; Eisenbach (1994), 242ff. und 253ff.
[1291] Deshalb wurde auch die Rumfordsche Suppe, um Experimentaldaten zu gewinnen, zunächst in den Zuchthäusern ausgegeben (Eisenbach [1994], 259), was allerdings in Neumünster zu heftigen Beschwerden der Häftlinge führte. Kröner (1988), 111f.
[1292] Forrer (1975), 86ff.
[1293] Schmidt (1915), 68.
[1294] Vgl. Rudolph (2000), 177.
[1295] Vgl. aber Rudolph (2000), 179f. zu den 1799 eingeleiteten Reformen in Osnabrück.
[1296] Rennefahrt (1963), 461f. Zum Namen vgl. ebd., 465: „zuchthuß ... so man gemeinlich dz schallenwerck genamset."
[1297] Ebd., 487ff.
[1298] Ebd., 469ff.
[1299] Ebd., 511f.
[1300] Eisenbach (1994), 215ff.
[1301] Schubert (1983), 297.
[1302] Friedrich von Bezold, Republik und Monarchie in der italienischen Literatur des 15. Jahrhunderts, in: ders., Aus Mittelalter und Renaissance. 1918, 268.
[1303] Reubold, 185 Anm. 1.
[1304] So z. B. die Absicht der Münchener Zuchthausgründung 1682. Hans Platzer, Geschichte der ländlichen Arbeitsverhältnisse in Bayern. 1904, 103f.

[1305] Staatsarchiv Würzburg, Gebrechenamt A VII W 946.

[1306] Friedrich von Bezold, Republik und Monarchie in der italienischen Literatur des 15. Jahrhunderts, in: ders., Aus Mittelalter und Renaissance. 1918, 268.

[1307] Zum Beispiel bestand in Lüneburg seit 1675 ein Werk- und Armenhaus. Es wurde 1699 mit dem neu erbauten Zuchthaus verbunden. Ludolph (1930), 8 f.

[1308] Wagener (1929), 25 ff.

[1309] Traphagen (1935), 94 ff.

[1310] Das hatte schon Traphagen (1935), 24 ff. erkannt, aber allzu sehr als „Pädagogik" verklärt. Vgl. jetzt Eisenbach (1994), 26 ff.

[1311] Hartmann (1926), 112 f.

[1312] Rennefahrt (1963), 465.

[1313] Schubert (1983), 298 f., 301.

[1314] In Nürnberg, einer der rühmlichsten Ausnahmen, zeigt sich die Bedeutung des Arbeits- oder Werkhausgedankens in den Hungerjahren von 1771/72, als die Zahl der Insassen von 400 auf 700 bis 800 Menschen stieg. Marlene Sothmann, Das Armen-, Arbeits-, Zucht- und Werkhaus in Nürnberg bis 1806. (Nürnberger Werkstücke zur Stadt- und Landesgeschichte 2) 1970, 10.

[1315] Vgl. Kröner (1988), 10; Eisenbach (1994), 86; Rudolph (2000), 88 f.

[1316] Staatsarchiv Würzburg, Gebrechenamt A VII W 704.

[1317] Forrer (1975), 28. Vgl. Eberhard Schmidt, Die Kriminalpolitik Preußens unter Friedrich Wilhelm I. und Friedrich II. 1914, 56 (Preußen 1756); Eckel (1964/65), 431, 441 (Kassel); Eisenbach (1994), 74 ff. (Nassau).

[1318] Valentinitsch (1978), 500 f.; Eisenbach (1994), 89 f.

[1319] Eisenbach (1994), 90.

[1320] Ebd., 43 f., 50 ff., 95 und 106 ff.

[1321] Ebd., 51 f. und 58 ff.

[1322] Kröner (1988), 48 ff.

[1323] Ebd., 85.

[1324] Vgl. dazu ebd., 220 ff.

[1325] Ebd., 90.

[1326] Wagener (1929), 19.

[1327] Manfred Lasch, Die Kasseler Einwohnerverzeichnisse der Jahre 1731 und 1751. Zeitschrift des Vereins für hessische Geschichte und Landeskunde 75/76 (1964/65), 349–415, hier: 366 Anm. 56 (Hessen-Kassel); Forrer (1975), 39 (Preußen).

[1328] Döpler (1693), 710.

[1329] Ludolph (1930), 10.

[1330] Ebd., 9.

[1331] Valentinitsch (1978), 501.

[1332] Schubert (1983), 311 ff.

[1333] Ludolph (1930), 18; Valentinitsch (1978), 509.

[1334] Vgl. Ludolph (1930), 20 f.; Haberland (1931), 23 f.; Valentinitsch (1978), 500 und 508; Eisenbach (1994), 38 ff.

[1335] Kröner (1988), 40 f.

[1336] Schweinfurt zum Beispiel überwies seine Sträflinge nach Nürnberg oder nach St. Georgen in Bayreuth. Hesse (1975), 114 f.

[1337] Schott (1965), 104.

[1338] Vgl. Eisenbach (1994), 231 f.

[1339] Schubert (1983), 299; vgl. ders. (1988); Kröner (1988), 11 und 13; Eisenbach (1994), 222.

[1340] Wagnitz (1787), 53 f.

[1341] Ebd., 14 f. Vgl. Ludolph (1930), 15.

[1342] Zur inneren Verwaltung vgl. Eisenbach (1994), 94 ff. und 106.

[1343] Zum Zuchthauspersonal vgl. Kröner (1988), 75 ff.

[1344] Nordhoff-Behne (1971), 183 (1747).

1345 Reubold, 191.
1346 Valentinitsch (1978), 498.
1347 Haberland (1931), 24f.
1348 Vgl. dazu Kröner (1988), 143f. Vgl. ebd., 154ff. zur „intramuranen" Disziplin in den Zuchthäusern.
1349 Kluge (1901), 220.
1350 Schubert (1983) 303; Kröner (1988), 16 und 85.
1351 Rudolph (2000), 176.
1352 Wagnitz (1787), Vorrede und 59ff.
1353 Zeitlich begrenzt war die Zuchthausstrafe nur dann, wenn sie aufgrund des Konsiliums einer juristischen Fakultät verhängt worden war.
1354 Schubert (1983) 305; Eisenbach (1994), 277.
1355 Breithaupt (1938), 71.
1356 Schmidt (1915), 290.
1357 Vgl. Valentinitsch (1998), 502ff.; Eisenbach (1994), bes. 105 und 186ff.
1358 Vgl. nur für Wiesbaden: Eisenbach (1994), 93.
1359 Ebd., 29ff., 67 und 290; Kröner (1988), 42.
1360 Vgl. ebd., 179ff.
1361 Johann George Keyßlers Neueste Reisen durch Deutschland, Böhmen, Ungarn, die Schweiz, Italien und Lothringen ... Teil 2. (1751), 1362 (Beschreibung von 1730). Vgl. Rudolf Endres, Das „Strafarbeitshaus" St. Georgen bei Bayreuth. Jahrbuch der Sozialarbeit 4 (1981), 89–105. – Zur Marmorschleiferei im Weilburger Zuchthaus vgl. Eisenbach (1994), 196ff.
1362 Reuter, 30.
1363 Eisenbach (1994), 93 und 217 mit Anm. 51.
1364 Wendehorst (1976), 192ff.
1365 Ebd., 194.
1366 Reuter, 27.
1367 Staatsarchiv Bamberg, Rep. C 18/I Beer Nr. III.
1368 Vgl. Nowosadtko (1994), 80 und (für das Württemberg des 17. Jahrhunderts) Schnabel-Schüle (1997), 147ff.; Blauert (2000), 19.
1369 Beneke (1889), 120.
1370 Reubold, 186 Anm. 1.
1371 W. Brauer – Ludwig v. Jagemann (Hrsg.), Beiträge zur Erläuterung der neuen Strafgesetzgebung im Großherzogtum Baden. Bd. 1. 1847, 57.
1372 Eberlin von Günzburg, Ausgewählte Schriften, ed. Ludwig Enders. Bd. 1. 1896, 128.
1373 Ebd., 129.
1374 Seggelke (1928), 36 Anm.
1375 Haberland (1931), 11.
1376 Vgl. Kröner (1988), 29ff.
1377 Vgl. nur das Edikt des Frankfurter Rates 1680. Den Dieb „soll man an Schubkarch anschliessen und die Gassen säubern oder sonst in opere publico arbeiten lassen". Meinhardt (1957), 152.
1378 Kröner (1988), 158ff., 188f. und 191; Rudolph (2000), 172ff.
1379 Vgl. für Schleswig-Holstein (seit 1705) Kröner (1989), 24; für Schweinfurt: Hesse (1975), 113f.; für Kurhannover: Haberland (1931), 7ff. und 11ff. sowie Krause (1991), 60ff.
1380 Dabei gelang der „Schleiferbärbel" nach vier Wochen Schanzarbeit die Flucht. Wiebel (2000), 765.
1381 Schmidt, ed. Endter, 98 Nr. 232. – 1598 wurde in Augsburg der Kriegsdienst auf ungarischen Grenzfestungen als Strafe verfügt. Schlosser (2002), 398.
1382 Schmidt, ed. Endter, 98 Nr. 232.
1383 Vgl. für Augsburg: Hofmann (2000), 568. – Scribner (1988), 81 kann allerdings auf einen Fall von 1566 verweisen, wo allgemein der Kriegsdienst als Strafe erscheint.
1384 Schué (1918), 159; Nordhoff-Behne (1971), 151; Hesse (1975), 102f.; Schubert (1983) 141f.
1385 Fenner (1906), 36.
1386 Zum Wandel des Berufbildes des Henkers im 19. Jahrhundert vgl. Nowosadtko (1994), 333ff.

1387 Glenzdorf – Treichel (1970), 79.

1388 Vgl. Michael R. Weisser, Crime and punishment in early modern Europe. 1979, bes. 29 ff. und 143 ff.

1389 „Untergegangen" ist nicht im Sinne des völligen Verschwindens, sondern in dem des Verschwindens von der Oberfläche zu verstehen. Obwohl verdrängt aus dem Rechtsgang, gab es durchaus das Weiterleben mitmenschlichen Erbarmens. Standesschranken galten dabei wenig. Nur ein Beispiel: Um 1700 wurden die vier vornehmen Grafen von Hohenlohe Paten bei dem Kinde einer wegen Mordes zum Tode verurteilten Dienstmagd. Augustin Faust, Künzelsauer Chronik. 1960, 89.

1390 Herges (2004).

1391 Friedrich Schaffstein, Die europäische Strafrechtswissenschaft im Zeitalter des Humanismus. (GöttingerRechtswissStud 13) 1954.

1392 Zimmerische Chronik, ed. Barack, 4, 178.

1393 Kleinheyer (1984), 13 f.

1394 Bepler (1937), 9 f.; Hahn (1989), bes. 120 ff.; Rudolph (2000), 98 ff. – Zur immer noch üblichen Aktenversendung an Oberhöfe vgl. Lott (1998), 103 ff.

1395 Schott (1965), 256 f.

1396 Knapp (1907), 59. – Ein vergleichbarer Vorgang begegnet auch in Zürich, wo die Kindmörderinnen bis zum Jahre 1615 ertränkt, danach aber enthauptet wurden. Wettstein (1958), 70 ff.

1397 Wettstein (1958), 64.

1398 Reubold, 203.

1399 Behringer (1990), 116 f.

1400 Schubert (1983) 290 f.; Nowosadtko (1994), 89. – Die bei Evans (2001), 75 gebotene Erklärung, wonach ein Rückgang der Gewaltverbrechen den Rückgang der Hinrichtungen begründet habe, trifft nicht zu.

1401 Moser (1767), 514.

1402 Behringer (1990), 116.

1403 Vgl. die Tabelle bei Rudolph (2000), 156.

1404 Ebd., 158.

1405 Gimpel (1991), 168.

1406 Vgl. Schnabel-Schüle (1997), 129; Evans (2001), 73 ff. und 163. Auch im niederländischen Raum gingen die Todesstrafen seit etwa 1750 zurück. Rousseaux (2000), 128 und 134. – In Bayern hingegen war die Zahl der im 18. Jahrhundert vollzogenen Hinrichtungen nicht geringer als im Jahrhundert zuvor. Nowosadtko (1994), 88 f., 91 und 94 ff.

1407 Tümmler (1976).

1408 Ulbricht (1990).

1409 Schubert (1983), 128.

1410 Von Tscharner (1936), 44 bzw. Gimpel (1991), 166.

1411 Rudolph (2000), 90 f.

1412 Vgl. zuletzt Evans (2001), 159 f. und 163 f. – Knappe Zusammenfassung der Strafrechtsreformen Friedrichs II.: von Hippel (1925), 273 f.

1413 Härter (2000), 176 f.

1414 Schnabel-Schüle (1997), 138 f. für Württemberg, wo eine zehnjährige Zuchthausstrafe als Äquivalent für die Todesstrafe galt. Vgl. auch Schmoeckel (2000), 453.

1415 Kröner (1988), 16.

1416 Vgl. Schmoeckel (2000), 6.

1417 Ebd., 10 f. und 473 ff.

1418 Ebd., 563 ff.

1419 Diese kleine anonyme Schrift „Mörder Feigel zu Nürnberg. Frankfurt-Leipzig 1788" findet sich im Stadtarchiv Nürnberg Rep A 6 unter dem Datum 1788 März 18.

1420 Vgl. dazu zuletzt: Schmoeckel (2000), 7 ff.; Evans (2001), 165 ff.; Ignor (2002), 33.

1421 Schmoeckel (2000), 60 f.

1422 Jungbauer (1932), 20.

1423 Diese allgemein zutreffende Beobachtung bei Rudolph (2000), 201 f.

1424 So konsequent wie der Habsburger Großherzog Leopold von Toscana (1765–1790), der Folter und Todesstrafe förmlich abschaffte, war kein Landesherr in deutschen Landen. Blastenbrei (2000), 162.

1425 Dazu weiterführend: Rudolph (2000), 202 ff.

1426 Ebd., 206. – Dabei wirkt der Einfluß Justus Mösers, dessen Verwandtschaft in der Osnabrücker Verwaltung stark vertreten war. Ebd., 197.

1427 Ebd., 215.

1428 Ebd., 209 ff.

1429 Vgl. allgemein: Knapp (1907), 23 ff.; ders. (1914), 111 ff.; Hennings (1935), 28 f.; von Tscharner (1936), 82 ff.; Bepler (1937), 11 f.; Meinhardt (1957), 74 ff.; Stadt im Wandel 2, 954 ff.; Schild (1980), 158 ff.; Sellert (1989), 111 f.; Lott (1998), 99 ff.

1430 Hermann Nehlsen, Sklavenrecht zwischen Antike und Mittelalter. Germanisches und römisches Recht in den germanischen Rechtsaufzeichnungen. Teil 1: Ostgoten, Westgoten, Franken, Langobarden. (Göttinger Studien zur Rechtsgeschichte 7) 1972, 230 ff. und 334 ff.

1431 Weitzel (1994), 100.

1432 Gregor von Tours, Zehn Bücher Geschichten X.19, ed. Rudolf Buchner. (Ausgewählte Quellen zur deutschen Geschichte des Mittelalters 3) 1959, 374. – Sellert (1989), 87.

1433 Anders Schmoeckel (2000), bes. 105 f. Die Beweise dafür aber bleibt der Autor eines ansonsten als Standardwerk zu bezeichnenden Buchs diesmal schuldig. Und wenn er formuliert, daß, wer „auf Ordale verzichten wollte ... stärker die Wahrhaftigkeit durch Folter ins Auge fassen" mußte (ebd.), so sind diese Gottesurteile bis ins 13. Jahrhundert so weit verbreitet, daß zum Beispiel Stadtrechtsprivilegien sich die Befreiung ihrer Bürger vom gerichtlichen Zweikampf zusichern lassen. Vgl. dazu vorerst Schubert (1997), 13; eine größere Untersuchung ist von Uwe Israel zu erwarten.

1434 Zu Recht differenzierend Schmoeckel (2000), 97 ff.: Nachdem unter dem Eindruck der Christenverfolgungen die Kirchenväter zunächst die Tortur ablehnten, haben sie nach dem Ende der Verfolgungen dieses Zwangsmittel als bedauerliches, aber eben – so Augustin – als Teil der Gebrechlichkeit weltlicher Ordnung toleriert. Nur für die frühmittelalterliche Kirche, die der weltlichen Gerichtsbarkeit, wie die Heiligenlegenden zeigen, so distanziert gegenüberstand, war die ursprüngliche Ablehnung – und deswegen unsere eindeutige Formulierung im Text – das Entscheidende.

1435 Trusen (1984), 46. Relativierend: Schmoeckel (2000), 103 ff.

1436 In vergleichbarem Sinne stellte der Sachsenspiegel fest, daß im Gefängnis abgelegte Versprechen ungültig seien. Scheele 1, 167.

1437 Schmoeckel (2000), 109 f.

1438 Trusen (1984), 4,3. Vgl. Sellert (1989), 112 f.; Ignor (2002), 52.

1439 Trusen (1984), 43 f.

1440 Peters (1991), 79 f.; Ignor (2002), 53 f.

1441 Peters (1991), 100 ff. – Vertiefend Schmoeckel (2000), 56 ff., der etwa auf die späte Einführung des Inquisitionsprozesses im Schweden des 16. Jahrhunderts (ebd., 57) oder auf die Ablehnung dieses Beweismittels durch die aragonesischen Stände 1325 (ebd., 56) aufmerksam macht.

1442 Vgl. Schuler (1947), 65 ff.

1443 Schnabel-Schüle (1997), 112; Schwerhoff (2000), 36.

1444 Kleinheyer (1979), bes. 377 ff.; Sellert (1989), 109 f.; Schmoeckel (2000), 241 ff. – Knappe Forschungsübersicht: Härter (2000), 463 f. – Vgl. zu den stadtgeschichtlichen Konsequenzen am Beispiel Zürichs: Wettstein (1958), 106 ff.

1445 Ignor (2002), 47 ff.

1446 Vgl. Peters (1991), 87; Müller (2002), 411.

1447 Vgl. Schmoeckel (2000), 200 ff. und 233 f.

1448 Ebd., 207 ff.

1449 Knapp (1914), 81 ff.; Hennings (1935), 18 und 20; Art. Reinigungseid, in: Handwörterbuch zur deutschen Rechtsgeschichte 4, Sp. 837–839 (Ekkehard Kaufmann); Art. Eideshelfer, in: ebd., 1, Sp. 870–873 (Rudolf Scheyhing); Sellert (1989), 110 f.; Schmoeckel (2000), 189 ff. und 232 ff. – Im Prinzip wurde der schon lange umstrittene Reinigungseid erst in der zweiten Hälfte des 18. Jahrhunderts abgeschafft. Schmoeckel (2000), 450 f. – In Osnabrück konnte sich noch 1721 ein Inquisit durch Reinigungseid von der Anklage befreien. Rudolph (2000), 122.

1450 Dazu Schmoeckel (2000), 425 ff.

1451 Knapp (1914), 91 ff.; Ruoff (1941), 130 f.; Frenz (2002), 151 mit Anm. 77.

1452 Die sorgsam alte Rechtsbräuche schildernde Zimmerische Chronik kennt das Übersiebnen nicht mehr. Bonnekamp (1940), 15.

1453 Hesse (1975), 14 f.

1454 Vgl. Knapp (1914), 77 f. und 139 f.; Kaufmann (1979), 336 ff. – Zum Wortfeld: Munske (1973), 61 f., 227 und 265.

1455 Sellert (1989), 64 und 107; Scheele 1 (1992), 65 und 75 f.

1456 Jansen (2002), 109 f.; Frenz (2002), 148 f.

1457 Knapp (1914), 135.

1458 Peters (1991), 98; Ignor (2002), 53.

1459 Peters (1991), 95 ff.

1460 Trusen (1984), 57; Ignor (2002), 56 f.

1461 Trusen (1984), 58 f.

1462 Ebd., 57.

1463 Knapp (1914), 113.

1464 Trusen (1984), 59 ff., bes. 68. – Um 1400 kann die Folter selbst in Mittelstädten wie Landshut bekannt sein. Kirmeier (1988), 203.

1465 Knapp (1907), 23.

1466 Felber (1961), 34.

1467 Hennings (1935), 27.

1468 Reinecke 1 (1933), 352. – In Hannover dagegen gab es damals noch keine Folterkammer. Ein Missetäter wurde 1504 – notabene, damit die Ratsherren anwesend sein konnten – „uppe de scriveri getrekt", also in der Kanzlei auf die Leiter gezogen. Deichert (1912), 122. Vgl. auch Frölich (1939), 16.

1469 Knapp (1914), 111.

1470 Vgl. auch die Nachrichten der Zimmerischen Chronik, zusammengestellt bei Bonnekamp (1940), 16.

1471 Hagemann (1981), 204.

1472 Gény 2 (1902), 640 (Nr. 304).

1473 Vgl. nur Wettstein (1958), 113 f.; Müller (2002), 412 ff. und bes. Schmoeckel (2000), 236 ff.

1474 Kleinheyer (1979), 375 und 383. Vgl. auch Meinhardt (1957), 83 f.

1475 Vgl. die Abb. bei Kocher (1992), 159.

1476 Renkhoff (1980), 165.

1477 Zum Beispiel zog der Frankfurter Rat im 16. Jahrhundert bei der Festlegung der Folter jeweils den städtischen Syndikus heran. Meinhardt (1957), 31.

1478 Vgl. auch Christl (1975), 68 ff., 81 ff. und 111; Schmoeckel (2000), 216 ff. und 443 ff.

1479 Schmoeckel (2000), 228 ff.

1480 Treffend: Schmoeckel (2000), 4 f.

1481 Nürnberger Ratsverlässe, ed. Schieber, 166.

1482 Ebd., 142.

1483 Ebd., 127.

1484 Ebd., 94.

1485 Knapp (1914), 112.

1486 Vgl. Ignor (2002), 99 ff.

1487 Vgl. Schmoeckel (2000), 282.

1488 Fehr (1926), 233 ff.

1489 von Tscharner (1936), 86.

1490 Wettstein (1958), 118.

1491 Die Abbildungen sind Legion. Verwiesen sei nur auf die zugänglichsten bei Schild (1980), passim; Louis Carlen, Rechtsaltertümer im Vorarlberger Landesmuseum, in: ders. (1995), 197–206, hier: 200 f.; Beier-de Haan – Voltmer – Irsigler (2002), 239 f. – Interessant ist die Geschichte der Abbildungen von Folterinstrumenten als Geschichte der Reproduktionstechnik. Vgl. dazu, ohne die wünschenswerte Nachfolge zu finden, Deichert (1912), 124 ff.

1492 Ignor (2002), 62 ff. – Zur Umsetzung dieser einschränkenden Bestimmungen in Frankfurt vgl. Meinhardt (1957), 85.

1493 Kleinheyer (1984), 23 ff.
1494 Trusen (1984), 86 ff.
1495 Kleinheyer (1984), 11.
1496 Schmoeckel (2000), 93 ff.
1497 Behringer (1990), 88.
1498 Kunze (1984), 195.
1499 Ebd., 187.
1500 Trusen (1984), 90 f.; Ignor (2002), 62 ff.
1501 Sellert (1989), 63 f.
1502 Beispiele von 1490 und um 1500 bei Carlen (1984), 94.
1503 Skála (1972), 42.
1504 Schmidt, ed. Endter, 82 Nr. 197.
1505 Schmoeckel (2000), 260 f.
1506 Knapp (1907), 30 Anm. 18.
1507 Rudolph (2000), 125.
1508 Meinhardt (1957), 81; Leiser (1971), 113. Vgl. Keller (1921), 250.
1509 Frölich (1947), 16 f.
1510 Vgl. Deichert (1912), 122. Irrigerweise schließt Weissenborn (1993), 97 aus den Zuständen im Gericht Harste, daß im 18. Jahrhundert kaum noch gefoltert worden sei. In den Landämtern standen seit eh und je nur wenige oder keine „Instrumente" bereit.
1511 Reubold, 201.
1512 Ebd.
1513 Ebd., 202.
1514 So schon Byloff (1902), 239 ff. Vgl. auch Hahn (1989), 133 f.
1515 Schmoeckel (2000), 261 ff.
1516 Deichert (1912), 112.
1517 Naßküttel-Liste Nr. 2 (Folterung eines Kirchendiebs zu Salzburg).
1518 Vgl. Deichert (1912), 130.
1519 Stölzel (1901) Bd. 1, 326, 591 und 723.
1520 Knapp (1907), 31.
1521 Skála (1972), 66.
1522 Mittersfelser Liste, Nr. 436.
1523 Zimmermann (1976), 30 f.
1524 Abb. bei Beier-de Haan – Voltmer – Irsigler (2002), 240.
1525 Stölzel (1901) Bd. 2, 257; Bd. 3, 19.
1526 Deichert (1912), 127.
1527 Rennefahrt (1963), 451.
1528 Schmoeckel (2000), 121 f.
1529 Fehr (1926), 239 ff.
1530 Ebd., 235.
1531 Ebd., 248.
1532 Schmoeckel (2000), 255.
1533 Bender-Wittmann (1994), 168.
1534 Fehr (1926), 242.
1535 Das erkannte bereits Knapp (1896), 7.
1536 Döpler (1693), 278 und 1136 ff.
1537 Ebd., 272. Vgl. Lott (1998), 100.
1538 Bei Epileptikern war höchstens die Folter ersten Grades erlaubt. Rudolph (2000), 124. Deshalb behauptet um 1600 ein Missetäter, er wäre Epileptiker. Schmidt, ed. Endter, 35 Nr. 113.
1539 Döpler (1693), 269.
1540 Schubert (2002), 219 f.
1541 Schmoeckel (2000), 88 f. und 490 f.

1542 Ebd., 515 ff.
1543 Schmoeckel (2000), bes. 256 f.
1544 Ebd., 487.
1545 Zimmerische Chronik, ed. Barack, 3, 296. Zur Diskussion des 16. Jahrhunderts um die Folter vgl. Schmoeckel (2000), 110 ff.
1546 Zur gesamteuropäischen Diskussion um 1700 vgl. Schmoeckel (2000), 57 ff., 137 ff. und (zur naturrechtlichen Argumentation seit Thomas Hobbes) 152 ff.
1547 Hosmann, Denck=Mahl (1700), Teil 1, 62 ff. – Zur Diskussion um die Folter im 17. Jahrhundert vgl. Evans (2001), 149.
1548 Ebd., 32 ff.
1549 Meinhardt (1957), 82 f.
1550 Vgl. nur die Magdeburger Rechtsweisungen (1261 und ca. 1410), ed. Ebel (1989), 14 f. Nr. 1 § 72; 160 Nr. 266.
1551 Christl (1975), 90 ff. und 113 ff. – Vgl. Helmut Failenschmid, Anwald (!) und Fürsprech nach altwürttembergischen und benachbarten Rechtsquellen. Diss. iur. Tübingen 1981.
1552 Härter (2000), 475. Vgl. ebd., 468.
1553 „Der Niedergang der Tortur" ist Evans (2001), 147 ff. ein eigenes Kapitel wert.
1554 Vgl. nur Ignor (2002), 63 ff.
1555 Letztlich harmonisierend angesichts dieser Brutalisierung: Rudolph (2000), 123 ff.; Evans (2001), 69 f.
1556 Gerd Schwerhoff, Aufgeklärter Traditionalismus – Christian Thomasius zu Hexenprozeß und Folter. ZRG germ. 104 (1987), 246 ff., bes. 253 ff.: Thomasius ging es nicht um eine fundamentale Kritik der Folter als Rechtsinstrument.
1557 Wilbertz (1979), 78 ff.
1558 Vgl. für das Hochstift Osnabrück (1788): Rudolph (2000), 82.
1559 Von Tscharner (1936), 68.
1560 Schmoeckel (2000), 65 f.
1561 Nowosadtko (1994), 77.
1562 Schmoeckel (2000), 68. Wolff (2004), 62.
1563 Schmoeckel (2000), 72 ff.
1564 Krause (1991), 38 f.
1565 Behringer (1990), 93; Schmoeckel (2000), 68 ff. und 482 ff.
1566 Wettstein (1958), 145. – In Frankfurt kam im 18. Jahrhundert die Folter kaum noch zur Anwendung. Meinhardt (1957), 116. – Im Hochstift Osnabrück wurde seit den 1760er Jahren nur noch in wenigen Fällen zur Folter gegriffen. Rudolph (2000), 129.
1567 Von Tscharner (1936), 84. Vgl. Rennefahrt (1963), 452 f. Dabei bot der historische Rückblick eine wichtige Argumentationshilfe: In den letzten 52 Jahren sei in Bern 140 mal die Folter und über 200 mal die Territion angewandt worden. Bei den 140 Folterungen hätten sich „nur 16 würcksamm, hingegen 124 fruchtlos" erwiesen. Rennefahrt (1963), 452 Anm. 1.
1568 Von Tscharner (1936), 84.
1569 Schmoeckel (2000), 80 ff.
1570 Behringer (1990), 117.
1571 Deichert (1912), 102. Zur Vorgeschichte vgl. ebd., 148 ff.
1572 Ebd., 131.

Dritter Teil:
Missetaten und Missetäter

1 So bereits Given (1977), 188 ff.
2 Vgl. zu den methodischen Problemen Munske (1973), 221 ff.
3 Munske (1973).

[4] Das erkannte schon von Hippel (1925), 129.
[5] Munske (1973), 222f.
[6] Scheele 1 (1992), 73.
[7] Osenbrüggen (1860), 197.
[8] Von Hippel (1925), 250ff.
[9] Munske (1973), 31 und 226.
[10] Ebd., 110.
[11] Ebd., 34f.
[12] Ebd., 28f.
[13] Ebd., 107f.
[14] Ebd., 222.
[15] Knapp (1914), 134f.; Munske (1973), 222; Hellbling (1978), 297ff.
[16] Munske (1973), 227.
[17] Ullmann (1928), 6.
[18] Stahm (1909), 16ff.; Munske (1973), 224.
[19] Hattenhauer. ZRG germ. 100 (1983), 66.
[20] Munske (1973), 224. Das Schaffhauser Stadtbuch unterscheidet 1385 den großen und den kleinen Frevel, versteht den Ausdruck also im Sinne von Untat. Ed. Schib (1967), 4ff.
[21] Vgl. Blauert (2000), 111. – Auch Ungehorsam gegenüber der Obrigkeit kann „unfur" sein. Ebd., 112f.
[22] Metzger (1931), 14. – „Frevel" bezeichnet in den Breslauer „libri excessuum" den Rechtsbruch leichterer Art. Klamt (1941), 11f.
[23] Jansen (2002), 93.
[24] Osenbrüggen (1860), 135 und 199; von Hippel (1925), 129f.; Ullmann (1928), 6.
[25] Müller (2002), 407ff.
[26] Ebd., 405.
[27] Ebd., 404.
[28] Munske (1973), 37.
[29] Zur Frage, wann eine Trennung von Hoch- und Niedergericht stattgefunden haben könnte, vgl. die Erwägungen von Blauert (2000), 99f.
[30] Röhrkasten (1990), 360f. und 367.
[31] Die Grundzüge stellte bereits Osenbrüggen (1860), 204ff. dar. Vgl. zum Beispiel auch Göggelmann (1984), 156ff.
[32] Dazu grundlegend: Bader (1973).
[33] Hermann Joseph Schmitz, Die Bußbücher und das kanonische Bußverfahren. 1898. Bd. 2, Register s.u. Kirchenraub.
[34] P. J. Geary, Furta Sacra, Thefts oft Relics in the Central Middle Ages. Princeton 1978.
[35] MGH SS 11, 343–375.
[36] Schnürer 2 (1926), 66.
[37] Beissel (1890), 93.
[38] Hedwig Röckelein, Das Gewebe der Schriften. Historiographische Aspekte der karolingerzeitlichen Hagiographie Sachsens, in: Hagiographie im Kontext, hrsg. von Dieter R. Bauer. 2000, 1–25.
[39] Klaus Naß, Der Auctorkult in Braunschweig und seine Vorläufer im früheren Mittelalter. Niedersächsisches Jahrbuch für Landesgeschichte 62 (1990), 153–208, hier: 169ff.
[40] Naß (2006), 18f.
[41] Beissel (1890), 96.
[42] Ebd., 99.
[43] Ebd., 98f.
[44] Thietmar IV.37, ed. Trillmich, 152.
[45] Peter Dinzelbacher, Die „Realpräsenz" der Heiligen in ihren Reliquiaren und Gräbern nach mittelalterlichen Quellen, in: ders. – Bauer (1990), 115ff., hier: 137 (mit Lit.).
[46] Beissel (1890), 93.
[47] Thietmar IV.66, ed. Trillmich, 180f.

⁴⁸ Vgl. Osenbrüggen (1860), 305 ff.; Hertzberg (1922), 16; Ullmann (1928), 79; Niese (1933), 29; Reiß (1973), 18, 57 ff., 86 f.; Renate Kroos, Der Schrein des heiligen Servatius in Maastricht und die vier zugehörigen Reliquiare in Brüssel. 1985, 507; Röhrkasten (1990), 372. – Eine aufschlußreiche Quelle, die Aufzeichnungen des Göttinger Rates über die Tat und die Hinrichtung des Kirchenräubers Roloff von Bünau (1484), findet sich im Anhang von: Boockmann (1983). – Zum Kirchendiebstahl in Polen vgl. Schmidt (2000), 195.

⁴⁹ Graf – Dietherr (1869), 363.

⁵⁰ Theodor Lindner, Veme. 1888, 472 ff.

⁵¹ Vgl. Frensdorff (1875), LXIX; Harster (1900), 73, 197; Herzog (1971), 69 f.; Knapp (1896), 244 f.

⁵² Reinecke (1933), 277 Nr. 78.

⁵³ Urkundenbuch Hameln 1, 529 f., Nr. 764.

⁵⁴ Vgl. z. B. Schultheiß (1960), 69 Nr. 614 (1343); Franz Joseph Mone, Über die Armenpflege vom 13. bis 16. Jahrhundert in Konstanz, Güntherstal, Straßburg, Bretten, Baden, Bruchsal. Zeitschrift für die Geschichte des Oberrheins 1 (1850), 129–163, hier: 151 (1517). – 1470 wurden in Lübeck von einer Diebesbande, von der man dreier Männer habhaft werden konnte, die Ablaßgelder gestohlen. Wolf-Dieter Hauschild, Kirchengeschichte Lübecks. Christentum und Bürgertum im 9. Jahrhundert. 1981, 146. Die offenbar wahre Erzählung von einem geglückten Kirchenraub in Würzburg 1553 überliefert, Teil seiner Landsknechtserfahrung, Georg Wilhelm Kirchhof, ed. Österley, 1, 345 Nr. 305.

⁵⁵ Radbruch – Gwinner (1951), 95.

⁵⁶ Kluge (1901), 105.

⁵⁷ Radbruch – Gwinner (1951), 95 f.

⁵⁸ Ebd., 96.

⁵⁹ Ebd., 96.

⁶⁰ Kluge (1901), 198.

⁶¹ Gény 2 (1902), 601 Nr. 7 (1390); Zehnder (1976), 393. Vgl. auch Herzog (1971), 69 f.

⁶² Müllner 2, 537. Vgl. Knapp (1896), 8.

⁶³ Schmidt, ed. Endter, 27 Nr. 98, 29 Nr. 101, 35 Nr. 112 und 43 Nr. 129.

⁶⁴ Ebd., 89 Nr. 212.

⁶⁵ Ebd., 77 Nr. 188.

⁶⁶ 15 Diebstähle von leicht einzuschmelzenden Kelchen und Monstranzen konnten dieser Bande, deren Helfer und Hehler nie gefaßt wurden, nachgewiesen werden. Ebd., 86 f. Nr. 205.

⁶⁷ Ahasver von Brandt, Das Kind Engelke Wyse und die großen Hunde in St. Marien, in: Klaus Friedland – Rolf Sprandel (Hrsg.), Lübeck, Hanse, Nordeuropa. Gedächtnisschrift für Ahasver von Brandt. 1979, 377 ff.

⁶⁸ Machens (1920), 163. – Auch in diesem Fall wird in der frühen Neuzeit das Delikt von der Sendgerichtsbarkeit in das Stadtrecht überführt und jetzt mit der Todesstrafe, zumeist mit Rädern, geahndet. Vgl. Braunschweiger Stadtrecht 1579, 29.

⁶⁹ Harmening (1966), 84.

⁷⁰ Übersetzung von Johannes Hartlieb, ed. Drescher, 284.

⁷¹ Rudolf von Schlettstadt, ed. Kleinschmidt, 102.

⁷² Boockmann (1983), 90.

⁷³ Dienst (1990), 214.

⁷⁴ Beissel (1890), 92 ff. Vgl. Rendtel (1985), 183.

⁷⁵ Annales Colmarienses maiores. MGH SS 17, 206 (zum Jahr 1279).

⁷⁶ M. Sieber, Die Universität Basel und die Eidgenossenschaft 1460 bis 1529. 1960.

⁷⁷ Wander 2, 539 (ohne Beleg).

⁷⁸ Schubert (1995), 248 f.

⁷⁹ Westerlauwerssches Recht, edd. Wybren Jan Buma – Wilhelm Ebel. (Altfriesische Rechtsquellen 6) 1977, 607.

⁸⁰ Stadtrechte von Wimpfen und Eberbach, edd. Richard Schroeder – Karl Koehne. 1895, 87 und 102.

⁸¹ Reiß (1973), 59; Reichart (1996), 189. – 1446 wurde in Regensburg ein Opferstockdieb hingerichtet, während 1456 und 1466 in dieser Stadt das gleiche Delikt nur mit ewiger Stadtverweisung geahndet wurde. Knapp (1914), 151 und 242. Die unterschiedliche Bestrafung hängt möglicherweise mit der Höhe der entwendeten Summe zusammen. Die beträchtliche Summe von 90 fl. konnte 1594 aus einem Opferstock entwendet werden. Schmidt, ed. Endter, 159.

[82] Knapp (1914), 242.
[83] Reiß (1973), 58 und 60.
[84] Boockmann (1983), 89 f.
[85] Reuter (1936), 67 f.
[86] Vgl. die Magdeburger Rechtssprüche, die 1583 Hängen, 1586 aber Rädern des Kirchendiebes fordern. Ebel (1983), 149 bzw. 155. In Hildesheim wurde um 1500 der Kirchenräuber gerädert. Kames (1910), 87. In Nürnberg wurden 1460 einem Kirchenräuber wegen seiner Jugend nur die Ohren abgeschnitten. Müllner 2, 537. – Erst im 18. Jahrhundert begann man, das Delikt milder zu beurteilen. Die Freiburger Juristische Fakultät fordert für einen wiederholten Kirchenraub fünf Jahre Zuchthaus als Strafe. Schott (1965), 103 und 252.
[87] Radbruch – Gwinner (1951), 96. – 1670 wurde im hannoverschen Amt Harste die Kirchenräuberin Elisabeth Sahlmann geköpft. Weissenborn (1993), 110.
[88] Knapp (1896), 245.
[89] Landrecht III.7.4. Vgl. Friese (1898), 36; Scheele 1 (1992), 76 und 203 f.
[90] Knapp (1896), 98.
[91] Kluge (1901), 108.
[92] Zehnder (1976), 81. Monstranzen wurden oft zu Zauberzwecken entwendet. Byloff (1902), 127 f. und 145.
[93] Amann (1984), 46.
[94] Zehnder (1976), 407.
[95] Die Protokolle des Mainzer Domkapitels, ed. Fritz Hermann. Teil 1: Die Protokolle aus der Zeit 1450–1484, ed. Hans Knies. 1976, 38.
[96] Christoph Beyer, Danziger Chronik. SS rer. Pruss. V. 1874, 456.
[97] Beissel (1890), 134 ff.
[98] Hartmut Boockmann: Kirche und Frömmigkeit vor der Reformation, in: Martin Luther und die Reformation in Deutschland. Ausstellungs-Katalog, 1983, 64.
[99] Ernst Schubert, Das Schauspiel in der spätmittelalterlichen Stadt, in: Bernhard Kirchgässner – Hans-Peter Becht (Hrsg.), Stadt und Theater. (Stadt in der Geschichte 25) 1999, 19–70.
[100] Vgl. darüber die Nachrichten des Felix Hemmerlin von Zürich, die Reber (1846), 191 und 306 f. referiert.
[101] Vgl. Schubert (1983) 263 f. Die Gaunerlisten dieser Zeit erwähnen immer wieder Kirchenräuber. Vgl. nur die Hinweise bei Kluge (1901), 178, 180, 182; Bettenhäuser (1964/65), 316 f.
[102] Einzeltäter: Stölzel (1901) Bd. 3, 98; Bd. 4, 119. – Kirchenraub als Bandendelikt: Reiß (1973), 59.
[103] Ed. Skála (1972), XIV und 13 ff.
[104] Vgl. Annales Colmarienses maiores. MGH SS 17, 229.
[105] Knapp (1896), 97.
[106] Vgl. nur zur Delinquenz, die für Gesellen typisch ist, Simon-Muscheid (1991), 1 ff.
[107] Lex Salica XIIf., ed. Eckhardt, 125 ff.
[108] Kaufmann (1979), 340 f.
[109] Freitag (2000), 709 und 731.
[110] Honemann (1987), 515.
[111] Knapp (1896), 245 ff.; Schüßler (1994), 196 ff.
[112] Drüppel (1981), 403 ff.
[113] Knapp (1896), 67.
[114] Ebd., 72.
[115] Knapp (1914), 112.
[116] Fouquet (1999); Wettstein (1958), 77.
[117] Bátori – Weyrauch (1982).
[118] Ebd., Nr. 326 und 798.
[119] Ebd., Nr. 546.
[120] Ebd., Nr. 700.
[121] Ebd., Nr. 639.
[122] Ebd., Nrn. 512 und 623.

123 Ebd., Nrn. 546 und 585f.
124 Ebd., Nr. 404.
125 Vgl. Ermentrude von Ranke, Das hansische Köln und seine Handelsblüte. 1925.
126 Schulte 1 (1923), 247f.
127 Valentin Groebner, Gefährliche Geschenke. Ritual, Politik und die Sprache der Korruption in der Eidgenossenschaft im späten Mittelalter und am Beginn der Neuzeit. (Konflikte und Kultur-historische Perspektiven 3) 2000.
128 Von Tscharner (1936), 51f.
129 Vgl. Schwerhoff (2000), 35f.
130 Bamberger Echtbuch, 50f.
131 Vgl. den Fall bei Truffer (1960), 104.
132 Wernicke (2000), 379 (Regensburg 1439).
133 Vgl. Schüppert (1972), 71f.
134 Schüßler (1994), 198f.
135 Urkundenbuch des Hochstifts Halberstadt und seiner Bischöfe. Teil 4: 1362–1425. 1899, 418ff. Nr. 3138.
136 Vgl. Thietmar IV.67, ed. Trillmich, 182.
137 Neukam (1922/24), 246f.
138 Ebd., 245.
139 Adolf Bach, Erhart Warmeshafft Hodoeporicon. Nassauische Annalen 44 (1916/17), 107ff., hier: 113f.
140 Knapp (1914), 216.
141 Vgl. Schubert (1983), 223f.
142 Zum Diebstahl: Osenbrüggen (1860), 295ff.; Ullmann (1928), 77f.; Bonnekamp (1940), 93ff.; Meinhardt (1957), 226ff.; Wettstein (1958), 72ff.; Munske (1973), 168f. und 262ff.; Simon-Muscheid (1991), 23ff.; Scheele 1 (1992), 189ff.; Lott (1998), 151ff. Vgl. das Forschungsresümee bei Schwerhoff (2000), 46.
143 Munske (1973), 262.
144 Notker, Gesta Karoli I. 23, ed. Reinhold Rau. (Ausgewählte Quellen zur deutschen Geschichte des Mittelalters 7) 1973, Bd. 3, 356.
145 Munske (1973), 262. Vgl. Deutsches Rechtswörterbuch: Reuter (1956), 55; Reiß (1973), 22f. – Im 15. Jahrhundert kann die Reformatio Sigismundi „Diebstahl" im modernen Sinn gebrauchen. Reformation Kaiser Siegmunds, ed. Heinrich Koller. 1964, 307.
146 Hagemann (1981), 304.
147 „Dieb" gehört bezeichnenderweise zu den häufigsten Rechtswörtern in den angelsächsischen Gesetzen. Munske (1973), 60.
148 Rendtel (1985), 216ff.
149 Nürnberger Ratsverlässe, ed. Schieber, 3.
150 Knapp (1896), 241.
151 Meister Franz, ed. Endter, 173 mußte 1602 einen Dieb aushauen, der sich auf Krebsdiebstähle spezialisiert hatte.
152 Vgl. Schmidt, ed. Endter, 25 Nr. 92: Ein Dieb hat „im Lazareth den krankhen Leuten die Kleider gestohlen". Das war ein so empörender Vorfall, daß der Rat das Urteil über diesen Mann, der zuvor schon sechsmal meineidig geworden war, durch den Stadtknecht vor dem Haus der Kranken verlesen ließ und den Missetäter, was Franz Schmidt für ganz ungewöhnlich hält, „vom Lazareth zum Galgenberg" führen ließ, wo er gehängt wurde.
153 Bamberger Echtbuch, 15.
154 Schubert (1983), 257.
155 Bauch (1979), 251 mit Anm. 10. Vgl. die ebd., 51 und 56 erwähnten Fälle.
156 Meinhardt (1957), 231; Röhrkasten (1990), 383f.
157 Hertzberg (1922), 61.
158 Rudolph (2000), 84.
159 Vgl. die im Zusammenhang mit dem Pferdediebstahl erwähnten Fälle bei Bauch (1979), 51 und 56.
160 Ebd., 55.
161 Vgl. Knapp (1896), 40 Anm. 1: „daz der Koppel zu ime kam und lert in wie er steln solt."

[162] 1575 wurde in Nürnberg ein Mann gerädert, der Jungen zum Stehlen gewissermaßen abgerichtet hatte; eine Frau, die ihre eigenen Söhne darin unterwiesen hatte, wurde nur mit Ruten ausgehauen. Ebd., 44 bzw. 40 Anm. 1.

[163] Ebd., 70.

[164] Schmidt, ed. Endter, 94 Nr. 225.

[165] Vgl. ebd., 51: Ein Wanderkrämer aus Savoyen hatte „junge Diebsbuben zum Beutel abschneiden gehalten" und ihnen während der Ausbildungszeit wöchentlich neben freier Kost einen Taler gewährt.

[166] Ebd., 161.

[167] Wander 1, 584 ff.

[168] Ebd., 586.

[169] Graf – Dietherr (1869), 321. – „Das man die kleinen dieb thett henken, die grosen hoch ... verehren", kritisiert Wilhelm Werner von Zimmern. Zimmerische Chronik, ed. Barack, 4, 178.

[170] Pauli, ed. Bolte, 213.

[171] Zimmerische Chronik, ed. Barack, 4, 178.

[172] Schüler, Scholaren und Studenten als Diebe: Ernst Schubert, Fahrendes Volk im Mittelalter. 1995, 267 f. Das Problem begegnet auch aller Studienförderung zum Trotz in der frühen Neuzeit. Ebd., 410 f. Vgl. Schmidt, ed. Endter, 43 Nr. 128: „ein Schuler und dieb."

[173] Otto Winckelmann, Das Fürsorgewesen der Stadt Straßburg vor und nach der Reformation bis zum Ausgang des sechzehnten Jahrhunderts. 1922, 39.

[174] Bamberger Echtbuch, 40.

[175] Wander 1, 143.

[176] Vgl. ebd., 140.

[177] Hagemann (1981), 285.

[178] Seuffert (1990), 308 f.

[179] Ebel (1983), 156 Nr. 27.

[180] Dieser zumeist für Jahrmarktsdiebe gebrauchte Ausdruck lebt bis in das frühe 19. Jahrhundert fort. Bischoff (1822), edd. König – Rudolf, 252. Den Ursprung bildete, daß im Hanseraum des 13. und 14. Jahrhunderts Schotten vielfach als Hausierer erschienen.

[181] Paul Frauenstädt, Das Gaunertum des deutschen Mittelalters. Zeitschrift für die gesamte Strafrechtswissenschaft 18 (1898), 331 ff., hier: 334 f.; Radbruch – Gwinner (1951), 57.

[182] Vgl. Harster (1900), 194 ff.; Frensdorff (1875), LXVIII ff.; Niese (1933), 25 ff.; Korsch (1958), 92; Leiser (1971), 113 f.; Langer (1972/73), 92; Gudian (1976), 272 mit Anm. 22 und 24 f.; Hagemann (1981), 162 und 304 ff.; Simon-Muscheid (1991), 22 ff.

[183] Schnabel-Schüle (1997), 225, 227 und 270 ff.

[184] Hardenbergs Generalbericht, ed. Meyer, 71. – Hardenberg hatte recht. Um ein Beispiel aus einer von seinem Erfahrungsraum weit entfernten Stadt zu geben: Auch im Leiden des 17. und 18. Jahrhunderts ist der Diebstahl die häufigste Missetat. Vgl. die Auflistung bei Hermann Diederiks, Stadt und Umland im Lichte der Herkunftsorte der Kriminellen in Leiden im 17. und 18. Jahrhundert, in: Städtisches Um- und Hinterland in vorindustrieller Zeit. 1985, 183–205, hier: 197.

[185] Schubert (1983), 257 f. auch für das Folgende.

[186] Kirchhof, ed. Österley, 2, 217 Nr. 166.

[187] Wander 1, 589 ff.

[188] Res furciferorum: Diebs-Händel ... zusammengetragen von Verono Francken von Steigerwald. 1728, 1, 223.

[189] Staatsarchiv Bamberg, Rep. B 68 Nr. 962 (1731. Steckbrief).

[190] Schmidt, ed. Endter, 99 Nr. 233.

[191] Ebd., 51.

[192] Mandl-Neumann (1988), 62.

[193] Städtechroniken 10 (Nürnberg 4), 145.

[194] Ernst Schwarz, Deutsche Namenforschung. 2 Bde. 1949/50, Bd. 2, 287 (für Böhmen und Sachsen).

[195] Mechtild Wiswe, Die Flurnamen des Salzgittergebietes. 1970, 90.

[196] Ranke (1951), 53.

197 Vgl. Wiebel (2000), 767 und 775; Eibach (2000), 686.
198 Noch im 18. Jahrhundert fürchteten sich erfahrene Diebe vor den Hofhunden. Bischoff (1822), edd. König – Rudolf, 250.
199 Franz (1967), 413 Nr. 155.
200 Dienst (1990), 213.
201 Hinzuweisen ist auf die Sanktionen des Sachsenspiegels bei Korn-, Heu- und Holzdelikten. Janz (1989), 385. – Zur Kontinuität dieses Delikts vgl. Schubert (1983), 258: Ein mit den Verhältnissen auf dem Lande bestens vertrauter Pfarrer gesteht ein: „Das Stehlen ist auch ein sehr gemeiner Fehler in dieser Gegend, indem oft die Einwohner sich einander das Vieh aus dem Stalle nehmen oder die Früchte auf dem Felde abschneiden."
202 Katzenelnbogener Landgerichtsprotokolle, ed. Karl E. Demandt, in: ders., Die Regesten der Grafen von Katzenelnbogen 1060–1486. Bd. 3. 1956, 2210 ff.
203 Vgl. dazu Kappl (1984), 75 und 78 ff. Kappl erkannte bereits, daß die Dorfgemeinschaft erst dann mit der Obrigkeit zusammenarbeitet, wenn sie selbst durch den Missetäter gefährdet ist, und daß sie ansonsten allenfalls den Außenseiter der Obrigkeit anzeigt. Vgl. auch Birr (2002), 217 f. und 222 ff.
204 Schubert (1983), 258.
205 Friese (1898), 249.
206 Vgl. etwa Bátori – Weyrauch (1982), Nrn. 329, 447 und 757 zu den Eigentumsdelikten von Angehörigen der bürgerlichen Oberschicht Kitzingens in der Stadtsgemarkung.
207 Göttinger Statuten, ed. von der Ropp, 2 Nr. 2.
208 Dinges (2000), bes. 505 f. und 542 f. Vgl. dazu Schwerhoff (2000), 37 und – aus der Sicht der Urfehdebriefe – Blauert (2000), 91 f.
209 Eindrücklich: Schnabel-Schüle (1997), bes. 174 f.
210 Knapp (1896), 104 Anm. 4.
211 Dinges (2000), 513 f. und 518 f. – Zum Variantenreichtum der Konfliktlösungen vgl. auch Loetz (2000), bes. 547 ff. und 558 ff. – In Norwegen war die scheinbar niedrige Diebstahlsquote im ausgehenden 17. Jahrhundert in den finanziellen Belastungen begründet, die ein gerichtliches Vorgehen für den Kläger mit sich brachte, was es ihm nicht gerade nahelegte, sich an die Obrigkeit zu wenden. Johansen (2000), 183.
212 Schnabel-Schüle (1997), 171. – In Nürnberg waren die Bürger verpflichtet, dem Rat Straftaten und Täter anzuzeigen. Bendlage – Henselmeyer (2002), 320.
213 Schnabel-Schüle (1997), 171 f.
214 Schubert (1983), 258.
215 Ebd.
216 Von Weymarn (1880/81), 37 und 40.
217 Schubert (1983), 258.
218 Vgl. Schmidt, ed. Endter, 86.
219 Ebd.
220 Reuter (1936), 31.
221 Von Künßberg (1965), 28 f.
222 Stölzel (1901) Bd. 2, 192.
223 Rendtel (1985), 216 ff.
224 Vgl. Hauser (1987), 271.
225 Griesebner – Mommertz (2000), 219 ff.
226 Bamberger Echtbuch, 38.
227 Osenbrüggen (1860), 308. Vgl. Blauert (2000), 111. Direkt zitiert den Sachsenspiegel noch die Braunschweiger Stadtordnung 1579, 28. – Bereits das Diebstahlsgesetz des englischen Königs Aethelstan hatte um 930 festgelegt: Den Dieb soll die Todesstrafe treffen; der fliehende Dieb darf erschlagen werden. Felix Liebermann, Die Gesetze der Angelsachsen. Bd. 1. 1903, 172. Vgl. Kaufmann (1979), 340 f.
228 Landrecht II.13.1 und 39.1. Vgl. Friese (1898), 247; Janz (1989), 386; Scheele 1 (1992), 196 ff.
229 Hagemann (1981), 306. Die Magdeburger Schöffen urteilen 1587, daß hängen müsse, wer mehr als 5 fl. Wert gestohlen habe. Ebel (1983), 157 f. Nr. 28.
230 Reiß (1973), 16.

[231] Freisinger Rechtsbuch, ed. Hans-Kurt Claußen. 1941. Vgl. für das Beutelabschneiden 89 und für Felddiebstahl 111.

[232] Rössler (1852), 349.

[233] Frensdorff (1875), LXIX (Lübeck). – Andere Beispiele, aus der Fülle der Belege ausgewählt: Osenbrüggen (1860), 301 ff. – Solche Unterscheidungen normierte dann auch die territoriale Gesetzgebung. In Bayreuth wurde 1740 festgelegt, daß alles über 20 fl. als schwerer Diebstahl zu gelten habe, Ernst Dietlein, Chronik der Stadt Hof. Bd. 2: Allgemeine Stadtgeschichte bis zum Jahre 1603–1763. 1939, 380.

[234] Vgl. Göggelmann (1984), 152 ff.

[235] Die Carolina hatte fünf Gulden als Grenzwert festgelegt, von dem ab der qualifizierte, mit dem Tod zu bestrafende Diebstahl begann.

[236] Vgl. von Hippel (1925), 191 ff.; Schaffstein (1984), 153 f.

[237] Bamberger Echtbuch, 37.

[238] Ebd., 47.

[239] Vgl. für Regensburg: Knapp (1914), 239 ff.; für Frankfurt: Meinhardt (1957), 231.

[240] Reiß (1973), 25 ff.

[241] Ebd., 34 ff. und 64 ff.

[242] Gudian (1976), 275 und 278 f.

[243] Schubert (1983), 256, auch für das Folgende.

[244] Knapp (1896), 239.

[245] Médard Barth, Der Rebbau des Elsaß und die Absatzgebiete seiner Weine. Ein geschichtlicher Überblick. 1958, 120.

[246] Vgl. nur Wettstein (1958), 50 f.; Blauert (2000), 113.

[247] Rössler (1852); 249. Osenbrüggen (1860), 303; Knapp (1914), 181 f. Vgl. für den Sachsenspiegel: Scheele 1 (1992), 199. – In Brünn galt: Wer den Nachtdieb auf frischer Tat erschlägt, bleibt straffrei. Rössler (1852), 252.

[248] Schubert (1983), 296 f.

[249] Kaufmann (1979), 336 ff.

[250] Friese (1898), 247. Vgl. Sachsenspiegel Landrecht II.31.1: „Wer des nachts korn stilt, der vorschult den galgen." Dazu Janz (1989), 385 ff.

[251] Vgl. Knapp (1914), 181 f.; Metzger (1931), 125.

[252] Hans Bächtold-Stäubli, Handwörterbuch des deutschen Aberglaubens 5, s. u. Kohl.

[253] Göttinger Statuten, ed. von der Ropp, 2 Nr. 2.

[254] Boos (1899) 3, 269.

[255] Reiß (1973), 44 ff. Vgl. ebd., 55 f.

[256] Lex Salica, ed. Eckhardt, Tit. XII.3, 126.

[257] Frensdorff (1875), LXX; Reiß (1973), 55.

[258] Schmidt, ed. Endter, 88.

[259] Ebd., 164.

[260] Skála (1972), 73.

[261] Ebd., 59.

[262] Ebd., 68 f.: „Ein schmiedt und ein schlosser hat dem Jacob ein dittrich gemacht."

[263] Schubert (1983), 305.

[264] Schubert (1983), 259 auch für das Folgende.

[265] Ebd., 259 f.

[266] In Regensburg wird der Dieb in der Badstube dem Nachtdieb gleichgestellt. Es droht ihm die Todesstrafe, wenn er stiehlt, was mehr als 12 Pfennige wert ist. Knapp (1914), 151.

[267] Vgl. Buff (1877), 199. – Obwohl Garn und Kittel, die einem Scherer in der Bamberger Badstube gestohlen worden waren, nur 7 Pfennige wert waren, wurde der Täter mit ewiger Stadtverweisung bestraft. Bamberger Echtbuch, 14.

[268] Knapp (1896), 239.

[269] Korsch (1958), 92. Meister Franz Schmidt muß einen Badstubendieb aufknüpfen, dem allerdings schon 13 Jahre zuvor die Stadt verboten worden war. Schmidt, ed. Endter, 32 Nr. 110.

270 Herzog (1971), 65. Vgl. Fischer (1979), 242 Anm. 3.
271 Schmidt, ed. Endter, 32 Nr. 110.
272 Reiß (1973), 16; Röhrkasten (1990), 373.
273 Vgl. Reiß (1973), 42 ff.; Röhrkasten (1990), 361 ff. und (für das 18. Jahrhundert) Eibach (2000), 686 f.
274 Christoph Beyer, Danziger Chronik. SS rer. Pruss. V. 1874, 468.
275 Schmidt, ed. Endter, 94 Nr. 224.
276 Fabricius (1872), 168 ff.
277 Bamberger Echtbuch, 47.
278 Ebd.
279 Schmidt, ed. Endter, 108 Nr. 251.
280 Ebd., 28 Nr. 100.
281 Ebd., 90 Nr. 214.
282 Rübsamen (1997), 39 Nr. 121 f.
283 Schubert (1983), 257, auch für das Folgende.
384 Schubert (1983), 255.
285 Schubert (1983), 256, auch für das Folgende.
286 Skála (1972), 31.
287 Ebd., 76, 95, 99; Ebel (1983), 156 Nr. 27.
288 Vgl. Knapp (1896), 239; Skála (1972), 31.
289 Knapp (1896), 240.
290 Gänsediebstahl als Delikt fahrender Schüler: Bebel, ed. Wesselski 2, 47.
291 Schubert (1985), 106. Vgl. ebd. 102.
292 Buff (1877), 199; Reiß (1973), 68 f.; Röhrkasten (1990), 375.
293 Scheele 1 (1992), 200 ff.
294 Vgl. Herzog (1971), 66 ff.; Göggelmann (1984), 181 ff.; Krause (1991), 83 ff.
295 Vgl. Barth (1958), 120.
296 Skála (1972), 52.
297 Vgl. ebd.: Der 1610 gerichtete Georg Schäfer hatte sich auf den Honigdiebstahl spezialisiert und den Aischgrund unsicher gemacht. Bei den Nürnberger Lebküchnern fand er bereitwillige Abnehmer. (Dieser Dieb wäre dennoch kaum hingerichtet worden, wenn er unter der Tortur nicht noch Sodomie eingestanden hätte.) Honigdiebe werden in Lüneburg 1272 aufgehängt. Reinecke 1 (1933), 270 Nr. 10.
298 Reiß (1973), 83 ff. Vgl. für England: Röhrkasten (1990), 376.
299 Krause (1991), 69 ff.
300 Vgl. nur Buff (1877), 199. Reiß (1973), 28, 32 ff. und 43; Röhrkasten (1990), 378; Wernicke (2000), 399; Wiebel (2000), 767 f.; Eibach (2000), 687.
301 Herzog (1971), 66.
302 Urkundenbuch Hameln 2, 485 Nr. 672.
303 Bamberger Echtbuch, 33. Vgl. Ebel (1983), 156 Nr. 27.
304 Bamberger Echtbuch, 49.
305 Schubert (1983), 257, auch für das Folgende.
306 Göttinger Statuten, ed. von der Ropp, 512 Nr. 290.
307 Bamberger Echtbuch, 26, 29 f., 36, 53 und 55.
308 Ebd., 47.
309 Schmidt, ed. Endter, 91 f. Nr. 218, 107 Nr. 250 und 111 Nr. 260.
310 Ebd., 115 Nr. 271.
311 Wernicke (2000), 399.
312 Göttinger Statuten, ed. von der Ropp, 512 Nr. 290. Vgl. die entsprechenden Fälle im Bamberger Echtbuch, 20, 23, 30, 34, 50 und 52.
313 Wernicke (2000), 399.
314 Knapp (1914), 246.
315 Vgl. nur Bamberger Echtbuch, z. B. 37 oder 55: Ein Ledererknecht stahl seinem Meister Kalbs- und Bocksfelle. Ihm wurde ein Ohr abgeschnitten (1420). Beide Ohren verlor eine Magd, weil sie ihrem Herren,

dem Pfarrer von Mögeldorf (bei Nürnberg), 50 fl. gestohlen hatte (1426). Beide Missetäter wurden zudem auf ewig der Stadt verwiesen. – Diebstahl durch Mägde: Eibach (2000), 685. Norddeutsche Beispiele aus dem 18. Jahrhundert: Kraus (1991), 74 ff.

316 Bamberger Echtbuch, 32.
317 Bamberger Echtbuch, 50.
318 Schmidt, ed. Endter, 47 Nr. 139.
319 Buff (1877), 199.
320 Bamberger Echtbuch, 51.
321 Schubert (1983), 257.
322 Bamberger Echtbuch, 25 und 32.
323 Schmidt, ed. Endter, 45 Nr. 134.
324 Osenbrüggen (1860), 304 f.; Harster (1900), 197 f.; Reiß (1973), 45 und 54.
325 Bamberger Echtbuch, 30.
326 Freisinger Rechtsbuch, ed. Hans-Kurt Claußen. 1941, 89.
327 Heinz Kindermann, Das Theaterpublikum des Mittelalters. 1980, 29.
328 Roeder von Diersburg (1921), 94. Es handelt sich um eine Äußerung Geilers von Kaysersberg, der sich auf ein gängiges Wort („ich hab alwegen gehoert") beruft.
329 Graus (1965), 46, 126, 294 und 299.
330 Meinhardt (1957), 227.
331 Bamberger Echtbuch, 18 und 20. Vgl. z. B. Gény 2 (1902), 617; Knapp (1914), 241; Wiebel (2000), 775 ff.
332 Radbruch – Gwinner (1951), 97 und 106.
333 Ebd., 30.
334 Hampe (1927), 12.
335 Herzog (1971), 65 f.
336 Freisinger Rechtsbuch, ed. Hans-Kurt Claußen. 1941, 89.
337 Ein Kriminalist des 18. Jahrhunderts urteilt über die großen Diebe, die Achproschen: „Die Achproschen distinguiren sich gar sehr von denen Kißlern (Beutelschneidern), weil diese nur auf Messen oder Märckten der Mauserey nachgehen ... Die Achproschen ... beschäftigten sich aber nicht mit Kleinigkeiten, sondern lauter desperaten, wichtigen und gefährlichen Entreprisen und übertreffen jene an Verwegenheit und Bosheit, weswegen sie auch mit jenen nicht sonderlich gemein machen und vor diesen einen mercklichen Vorzug affectiren." Schubert (1983), 260.
338 Wiebel (2000), 779.
339 Zur Hehlerei vgl. Korsch (1958), 96 f.; Reiß (1973), 119 ff.; Röhrkasten (1990), 343 und 402 ff.
340 Graf – Dietherr (1869), 305.
341 Ebd., 307. Zur Realität dieses Sprichworts vgl. Rössler (1852), 399; Ullmann (1928), 80; Wettstein (1958), 24.
342 Frensdorff (1875), LXXXVIII; Knapp (1896), 249; Harster (1900), 208 ff.
343 (II.13.6).
344 Graf – Dietherr (1869), 307. – Den Tatbestand der Mittäterschaft gibt es nicht. Diebshelfer werden wie Diebe bestraft. Reiß (1973), 150 f.
345 Reinecke (1933), 270.
346 Langer (1972/73), 92.
347 Kappl (1984), 50 ff.
348 Ausnahme: Skála (1972), 14 (Eger 1562).
349 Staatsarchiv Bamberg Rep. 13 124/198 (1785).
350 Röhrkasten (1990), 202.
351 Schmidt, ed. Endter, 125, 172 und 174. Vgl. Wiebel (2000), 762 und 769.
352 Göggelmann (1984), 207.
353 Schubert (2002), 243–247.
354 Schmidt, ed. Endter, 175.
355 Ebd., 20 Nr. 73. Entsprechende Fälle: Reiß (1972), 33.
356 Schmidt, ed. Endter, 77 Nr. 188. – In diesem Zusammenhang sei darauf hingewiesen: Ein Drittel aller Diebstähle im Frankfurt des 18. Jahrhunderts werden von Frauen begangen. Eibach (2000), 683.

357 Munske (1973), 63. – Zu „fraus" in den sogenannten Volksrechten: Siems (1992), 224 ff. und 233 f.

358 Schaffstein (1984), 150 ff.

359 Vgl. zum Beispiel Stutz (1917), 198 f.

360 His 2 (1935), 319; Munske (1973), 269.

361 Reiß (1973), 145 f.

362 Vgl. Osenbrügge (1860), 329; Harster (1900), 220 f.; Reiß (1973), 109 ff. – Zu den Bestimmungen des Sachsenspiegels vgl. Friese (1898), 70.

363 Machens (1920), 165.

364 Ebd., 166.

365 Vgl. hierzu die Darlegungen des Sachsenspiegels, wie sie treffend bei Scheele 1 (1992), 22 ff. interpretiert werden.

366 §§ 46 und 47, ed. Sprandel (1982), 17.

367 Knapp (1896), 254 ff.

368 Rösch (1996), 195.

369 Osenbrüggen (1860), 328 ff.; Stutz (1917), 195 ff.; His 2 (1935), 318 ff.; Ullmann (1928), 82 ff.; Niese (1933), 31 f.; von Tscharner (1936), 54 ff.; Maria Theresia Wüstendörfer, Das baierische Strafrecht des 13. und 14. Jahrhunderts. 1942, 259 ff.; Munske (1973), 269; Reiß (1973), 137 ff.; Kaatsch (1982), 71 f.

370 Wettstein (1958), 77.

371 Vgl. Schaffstein (1984), 156 ff.

372 Rösch (1996), 196.

373 Abb. bei Hansjürgen Kiepe, Die Nürnberger Priameldichtung. Untersuchungen zu Hans Rosenplüt und zum Schreib- und Druckwesen im 15. Jahrhundert. 1984, 21.

374 Bruno Kuske, Quellen zur Geschichte des Kölner Handels und Verkehrs im Mittelalter. Bd. 3. (Publikationen der Gesellschaft für Rheinische Landeskunde 33) 1923, Nr. 198, 302.

375 Henry Simonsfeld, Der Fondaco dei Tedeschi in Venedig und die deutsch-venetianischen Handelsbeziehungen. Bd. 1: Urkunden von 1225–1653. 1887, 39.

376 Ebd., 63 f.

377 Ebd., 60 f.

378 Graßmann (1984), 772.

379 Reiß (1973), 141.

380 Knapp (1914), 89, 248; Schulte 1 (1923), 334 f. und 451.

381 Knapp (1914), 249 (Schreiben Nürnbergs an Regensburg 1456).

382 Schulte 1 (1923), 451.

383 Korsch (1958), 95.

384 Schubert (2002), 202–208.

385 Brett-Evans (1975) Bd. 1, 135 f.

386 Heinemann (1970), 438.

387 Dienst (1990), 213.

388 Murner, Narrenbeschwörung 70, ed. M. Spanier. 1967, 361 ff.

389 Vgl. nur Frensdorff (1875), LXXIV.

390 Korsch (1958), 161.

391 Darüber beklagt sich 1446 das Brügger Kontor der Hanse bei Thorn. Hanse 2 (1989), 132. Vgl. Sprandel (1982), 335 (§ 89).

392 Bamberger Echtbuch, 43.

393 Rauriser Berggerichtsbuch, ed. Ludwig, 272.

394 Schubert (1998).

395 Wettstein (1958), 78.

396 Reuter (1936), 105 f.; Korsch (1958), 160 ff.

397 Bamberger Echtbuch, 52. Tatsächlich konnten diese der Stadt eidlich verpflichteten Heringsbeschauer in Versuchung kommen wie jener Fritz Tischer, der 1426 zwei Tonnen Hering, die gut waren, für „böse" ausgegeben und deshalb für den geringen Preis von 10 fl. verkauft hatte. Er durfte erst wieder auf „heiße und guten willen" von Schultheiß und Bürgern die Stadt betreten. Ebd., 51 f.

³⁹⁸ Die Göttinger verbrannten 1481 den Falschmünzer Fritz Tausendschön. Henning Brandis, ed. Haenselmann, 46. Vgl. auch Braunschweiger Stadtordnung 1579, 36.

³⁹⁹ Scheele 1 (1992), 222 f.

⁴⁰⁰ Vgl. nur Stutz (1917), 201 f.

⁴⁰¹ Hagemann (1981), 275.

⁴⁰² Vgl. Katharina Simon-Muscheid, Täter, Opfer und Komplizinnen – geschlechtsspezifische Strategien und Loyalitäten im Basler „Mortthandel" von 1502, in: Blauert – Schwerhoff (2000), 649–667.

⁴⁰³ Osenbrüggen (1860), 208 ff.; Meinhardt (1957), 213 ff.; Munske (1973), 44 ff. und 241 f.; Jansen (2002), 100 f.

⁴⁰⁴ Scheele 1 (1992), 136.

⁴⁰⁵ Vgl. nur die Braunschweiger Stadtordnung 1579, 11, die auch den vorsätzlich begangenen Mord als „Todtschlag" bezeichnet.

⁴⁰⁶ Vgl. für das friesische Recht Munske (1973), 116 f. und 120 ff.

⁴⁰⁷ Osenbrüggen (1860), 221 ff.; Allfeld (1877), 77 ff.; Munske (1973), 47 und 223.

⁴⁰⁸ Friese (1898), 221 f. und 226 ff.; Scheele 1 (1992), 137 und 140 f.

⁴⁰⁹ Zum frühmittelalterlichen Wortfeld vgl. Munske (1973), 39 f. Vgl. Frenz (2002), 153.

⁴¹⁰ Stahm (1909), 21 ff. und 226 ff. Vgl. von Hippel (1925), 142 f. – Zum frühmittelalterlichen Verständnis von der Vorsätzlichkeit des Mordes vgl. Allfeld (1877), 88 ff.

⁴¹¹ Scheele 1 (1992), 78.

⁴¹² Hagemann (1981), 282 f.

⁴¹³ Zehnder (1976), 231 f. Vgl. für Frankreich die Hinweise bei Halbleib (2000), 101.

⁴¹⁴ Schüßler (1994), 219; Wernicke (2000), 393.

⁴¹⁵ Wernicke (2000), 393.

⁴¹⁶ Wernicke (2000), 393 aufgrund der Regensburger Urfehden.

⁴¹⁷ Schüßler (1994), 213 f.

⁴¹⁸ Schubert (2002), 196.

⁴¹⁹ Vgl. für die frühe Neuzeit Hahn (1989), 141 f.

⁴²⁰ Schaffstein (1984), 147.

⁴²¹ Allfeld (1877), 50 f. und 54 ff.

⁴²² Vgl. Osenbrüggen (1857), 48 ff.; Stutz (1917), 144 ff.; Bonnekamp (1940), 67 ff.; Bauer (1996), 123 und 185 f. – Zur Auffassung der Leges vgl. Allfeld (1877), 42.

⁴²³ Göttinger Statuten, ed. von der Ropp, 351 Nr. 225.

⁴²⁴ Vgl. Hagemann (1981), 282.

⁴²⁵ Von Hippel (1925), 142 f.

⁴²⁶ Hagemann (1981), 241. – Vgl. Göggelmann (1984), 98 ff. für diesen bis hin zur Widersprüchlichkeit der Urteile reichenden Ermessensspielraum.

⁴²⁷ Vgl. zum Beispiel für Zürich: Wettstein (1958), 66 ff. – Nützlich ist es in diesem Zusammenhang, sich daran zu erinnern, daß die Leges noch nicht die Tatbegründung des Affekts, wohl aber die des offenen Kampfes kannten. Allfeld (1877), 42.

⁴²⁸ Schmidt, ed. Endter, 99 Nr. 234.

⁴²⁹ So schon His 1 (1920), 319 ff. Vgl. Lück (1997), 248 f. – Nach 1660 begegnet in Appenzell-Innrhoden ein typischer Sühnevertrag mit Wallfahrtsgelöbnis und Sühnekreuzen. Holdener (1926), 62.

⁴³⁰ Zur Notwehr vgl. Stahm (1909), 29 f.; Stutz (1917), 84 ff.; Ullmann (1928), 13 ff.; von Tscharner (1936), 26 ff.; Bepler (1937), 21 f.; Schuler (1947), 28 f.; Reiß (1973), 185 f.

⁴³¹ Vgl. zu dieser Diskussion: Schwerhoff (2000), 39.

⁴³² Osenbrüggen (1860), 151 ff.; von Hippel (1925), 146 f.; Sellert (1989), 104; Jansen (2002), 97; Frenz (2002), 150.

⁴³³ Scheele 1 (1992), 93 ff. und 138.

⁴³⁴ Vgl. zur spätmittelalterlich-frühneuzeitlichen Rechtspraxis Meinhardt (1957), 158 f.

⁴³⁵ Munske (1973), 233.

⁴³⁶ Ebd., 40. Vgl. Riggenbach (1929), 136 ff.

⁴³⁷ Scheele 1 (1992), 139.

438 Vgl. etwa Knapp (1914), 141.

439 Vgl. Sellert (1989), 104f. – Vielfach wurde, wie in Dortmund, der Versuch wie die vollendete Tat verurteilt. Stahm (1909), 357.

440 Sellert (1989), 102f.

441 Scheele 1 (1992), 76.

442 Hagemann (1981), 231.

443 Von Hippel (1925), 253.

444 Brunner (1905), 261; Keller (1921), 11f.; Riggenbach (1929), 89; Rennefahrt (1963), 374f. (1452). Bonnekamp (1940), 81; Wettstein (1958), 37ff. – Diese Auffassung ist noch im 16. Jahrhundert verbreitet. Keller (1921), 12.

445 Frauenstädt (1881), 30.

446 Zeitschrift der Gesellschaft für Niedersächsische Kirchengeschichte 43 (1938), 227.

447 Ruth Schmidt-Wiegand, Der Lebenskreis der Frau im Spiegel der volkssprachlichen Bezeichnungen der Leges barbarorum, in: Werner Affeldt, Frauen in Spätantike und Frühmittelalter. 1990, 195–209, hier: 198.

448 Hirsch (1922), 43 Anm. 4 (mit vergleichbaren Formulierungen). Vgl. Munske (1973), 59 und 165ff.

449 Vgl. Osenbrüggen (1860), 283ff.; Stutz (1917), 182f.; Munske (1973), 258ff.

450 Friese (1898), 109f. und 112f.

451 Landrecht III.46.1, vgl. auch III.45.11. Scheele 1 (1992), 180ff. Diesen Satz des Sachsenspiegels übernimmt noch die Braunschweiger Stadtordnung 1579, 26'.

452 Scheele 1 (1992), 170ff. Vgl. Ullmann (1928), 71. Dem Sachsenspiegel folgen auch die Schöffen zu Magdeburg (ed. Ebel [1989], 103 Nr. 156) und Brünn (Rössler [1852], 228 und 357).

453 Landrecht III.1.1. Scheele 1 (1992), 76.

454 Bamberger Echtbuch, 11 und 28. Vgl. auch für das späte 16. Jahrhundert Schmidt, ed. Endter, 168f.

455 Hagemann (1981), 234.

456 Göggelmann (1984), 123.

457 Daß es in der frühen Neuzeit kein festes Strafmaß für Vergewaltigung gegeben habe, stellt zutreffend Schnabel-Schüle (1997), 289ff. fest. Das aber dürfte schon für das Mittelalter gegolten haben.

458 Agricola, ed. Gilman, Nr. 664.

459 Wettstein (1958), 79; von Tscharner (1936), 42f.; Hagemann (1981), 264; Wernicke (2000), 394.

460 Schmidt, ed. Endter, 166.

461 Simon-Muscheid (1991), 25f.

462 Ebd.; Wernicke (2000), 394.

463 Scheele 1 (1992), 178f.

464 Österreichische Weistümer Bd. 1: Die salzburgischen Taidinge, ed. Heinrich Siegel – Karl Tomaschek. 1870, 312 (Windisch Matrei). – Falls die Frau nicht sofort das Klagegeschrei erhoben hatte, galt das dem Schöffen zu Brünn als Beweis, daß die Tat mit ihrem Willen geschehen sei. Rössler (1852), 228.

465 Ebd., 185 (Pongau).

466 Hirsch (1922), 45.

467 Hennings (1935), 23.

468 Knapp (1914), 237.

469 Ebd.

470 Hirsch (1922), 46.

471 Hagemann (1984), 176.

472 Hennings (1935), 25.

473 Wettstein (1958), 80.

474 Knapp (1914), 174.

475 Das Hunsingoer Recht, edd. Wybren Jan Buma – Wilhelm Ebel. (Altfriesische Rechtsquellen 4) 1969, 39.

476 Knapp (1914), 154.

477 Hagemann (1981), 263.

478 Fehr (1912), 20 mit Anm. 2.

479 Bauch (1979), 181f.

480 Rolf Engelsing, Zur Sozialgeschichte deutscher Mittel- und Unterschichten. (Kritische Studien zur Ge-

schichtswissenschaft 4) 1973; Kappl (1984). Zur hohen Dunkelziffer, was allgemein die Gewalt innerhalb des Hauses betrifft, vgl. Eibach (2000), 679.

[481] Schüßler (1994), 188 Anm. nach Bulletin des Presse- und Informationsamtes der Bundesregierung.

[482] Schüßler (1994), 188 und 238.

[483] Hahn (1989), 139.

[484] Given (1977).

[485] Vgl. für Basel: Hagemann (1981), 161.

[486] Forschungsüberblick bei Schwerhoff (2000), 42 f. Vgl. auch die Beobachtungen bei Gonthier (1984), bes. 33.

[487] Given (1977). – Im Frankfurt des 18. Jahrhunderts sind bei der Gewaltdelinquenz 93% der Täter Männer, 24% der Opfer aber Frauen. Eibach (2000), 677. – Zum Thema der Frau als Opfer von Gewaltkriminalität vgl. auch Gonthier (1984), 39 ff.

[488] Wernicke (2000), 390.

[489] Jansen (2002), 91 f. Lediglich eine Magdeburger Rechtsweisung von 1295 , ed. Ebel (1989), 19 Nr. 2 § 11 räumt ein, daß auch eine Frau einen Totschlag begehen könne.

[490] Schwerhoff (2000), 43.

[491] Griesebner – Mommertz (2000), 207.

[492] Schmidt, ed. Endter, 17 Nr. 64.

[493] Ebd., 13 Nr. 50.

[494] Ebd., 123 Nr. 293. – Auch die Herrin kann von ihrer Magd ermordet werden. Meinhardt (1957), 213.

[495] Knapp (1914), 216.

[496] Schnabel-Schüle (1997), 193. – Die Carolina stellte in Art. 144 fest, daß „eyn grausam weib eynen weychen mann zu eyner notweer tringen mocht".

[497] Ebd., 221 f.

[498] Vgl. Stutz (1917), 149 f.

[499] Annalen von Worms. MGH SS 17, 71.

[500] Knapp (1914), 219. Bereits 1402 war in dieser Stadt eine wegen Giftmordversuchs an ihrem Mann verurteilte Frau zur ewigen Stadtverweisung begnadigt worden. Ebd. – In Frankfurt wurde 1619 eine Frau, die ihren Mann vergiften wollte, der Stadt verwiesen. Meinhardt (1957), 214.

[501] Wettstein (1958), 26; Truffer (1960), 190.

[502] Wettstein (1958), 26.

[503] Ebd., 65.

[504] Schmidt, ed. Endter, 31 Nr. 101 und 97 Nr. 229.

[505] Ebd., 117 Nr. 227.

[506] Schubert (2002), 236. Im Brünn des 14. Jahrhunderts sollte eine Frau, die zum Mord an ihrem Mann angestiftet hatte, gerädert werden. Rössler (1852), 255.

[507] Knapp (1914), 142.

[508] Schmidt, ed. Endter, 16 Nr. 62; 18 Nr. 66; 20 Nr. 77.

[509] Wernicke (2000), 390. – 13,7% aller Regensburger Urfehden in diesem Zeitraum wurden von Frauen geschworen. Ebd.

[510] Schnabel-Schüle (1997), 276 ff.

[511] Vgl. nur die Editionsreihe des Max-Planck-Instituts für Rechtsgeschichte „Studien zu Policey und Policeywissenschaft".

[512] Heinrich Richard Schmidt, Die Christianisierung des Sozialverhaltens als permanente Reformation. Aus der Praxis reformierter Sittengerichte in der Schweiz während der frühen Neuzeit, in: Peter Blickle – Johannes Kunisch (Hrsg.), Kommunalisierung und Christianisierung. Vorraussetzungen und Folgen der Reformation 1400–1600. (ZHF Beiheft 9) 1989, 113 ff.

[513] Schuster (1995).

[514] Neben den bekannten Schwächen sei darauf hingewiesen, daß die Laien, die als Schöffen in der Sendgerichtsbarkeit benannt wurden, sich dieses Amt nur ungern übertragen ließen; denn wer richtet schon gern über die sittlichen Verfehlungen seines Nachbarn. Neukam (1922/24), 249 und 251.

[515] Daß man sich dieses Wandels bewußt war, belegt die scharfe Ablehnung des Offizialats und seiner Ehegerichtsbarkeit im Schauspiel des Nikolas Manuel. Schmidt (2000), 590 ff. und 595 f.

[516] Schubert (1991).
[517] Blauert (2000), 101, 121, 126 und 141. Dazu vgl. Schwerhoff (2000), 25 f.
[518] Vgl. Schnabel-Schüle (1997), 280 ff.; Burghartz (1999), bes. 91 ff.; Schmidt (2000), bes. 586 ff. und das Forschungsreferat bei Schwerhoff (2000), 45.
[519] Felber (1961), 42.
[520] Schwerhoff (2000), 46.
[521] Behringer (1990), 99.
[522] Ebd., 102.
[523] Schnabel-Schüle (1997), 286 ff.
[524] Dinges (2000), 522.
[525] Vgl. den Forschungsüberblick bei Schwerhoff (2000), 44.
[526] Willoweit (2002/II), 343.
[527] Göttinger Statuten, ed. von der Ropp, 495 Anm. 1.
[528] Simon-Muscheid (1991), 4.
[529] Blauert (2000), 142 f. Vgl. zum Beispiel: Braunschweiger Stadtordnung 1579, 24' ff.
[530] Blauert (2000), 115.
[531] Munske (1973), 164 f. und 257.
[532] Vgl. Hattenhauer (1979), bes. 251. – Im friesischen Recht werden Unzucht und Ehebruch sehr selten, „praktisch nur in kirchlichen Texten" erwähnt. Munske (1973), 165.
[533] Scheele 1 (1992), 182 ff.
[534] Neumann (2002), 164.
[535] Rössler (1852), 228.
[536] Albert (1998), 45 f.
[537] Albert (1998), 194 ff.
[538] Vgl. Neumann (2002), 175 ff.
[539] Bamberger Echtbuch, 28.
[540] Ebd., 24.
[541] Ebd., 34.
[542] Ebd., 96 f. Nrn. 229 f.
[543] Ebd., 42 Nr. 126.
[544] Wernicke (2000), 396.
[545] Truffer (1960), 187.
[546] Vgl. für Württemberg Schnabel-Schüle (1997), 294 ff.
[547] Gonthier (1984), 33 ff.
[548] Hahn (1989), 140 f.; Burghartz (1999), 201 ff. Vgl. Bonnekamp (1940), 80 ff.
[549] Vgl. Ullmann (1928), 72; Bepler (1937), 76 ff.; Hattenhauer (1979), 259; Schlosser (2002), 396 und 398; Willoweit (2002/II), 344 ff.
[550] Hempel (1980), 220 f.
[551] Wettstein (1958), 86 f. – In Zürich wurde 1723 letztmalig eine Ehebrecherin enthauptet. Ebd., 87.
[552] Wagener (1929), 16. Ähnlich: Braunschweiger Stadtordnung 1579, 22' ff.
[553] Ein erster Überblick: Lott (1998), 138 ff. – Zu notieren ist als Ausnahme das frühneuzeitliche Frankfurt, wo Sittlichkeitsdelikte überhaupt vergleichsweise milde bestraft wurden (Meinhardt [1957], 210 ff.) und wo zwischen 1562 und 1695 nur 36 Ehebruchsfälle verhandelt wurden (ebd., 204).
[554] Eduard Jacobs, Sittengeschichtliches aus Quedlinburg. Zeitschrift des Harzvereins für Geschichte und Alterthumskunde 22 (1889), 429 ff., hier: 430.
[555] So für das spätmittelalterliche Regensburg Wernicke (2000), 396 f.
[556] Bonnekamp (1940), 88.
[557] Schnabel-Schüle (1997), 192. Vgl. ebd., 186 ff.
[558] Hagemann (1981), 265.
[559] Hattenhauer (1979), 259.
[560] In Fankfurt wurden deswegen 1416 zwei Juden mit Brandmarkung und Staupenschlag bestraft. Keller (1921), 180.

561 Schnitzler (2002), 297.

562 Ebd., 294. In Mainz wurde 1422 das Urteil gefällt, daß man dem Juden „sein Ding absniden und ein Aug ausstechen" solle, während die Christin mit Geldbuße bestraft wurde. Die Strafe aber konnten mit Geld abgelöst werden.

563 Schubert (2002), 243–247. Vgl. (für Polen) Schmidt (2000), 195.

564 Knapp (1914), 152; Stutz (1917), 181 f.; Bepler (1937), 79 f.; Bonnekamp (1940), 79; Meinhardt (1957), 205; Wettstein (1958), 85.

565 So begegnet die Bigamie schon im ersten Hanserezeß von 1260/64, ed. Sprandel (1982), 278.

566 Bamberger Echtbuch, 26 und 43 f. (1417 und 1423). Vgl. Ullmann (1928), 73 mit Anm. 19; Korsch (1958), 81.

567 Bauer (1996), 69 und 82.

568 Schnabel-Schüle (1997), 303. Vgl. ebd., 303 ff. – Die Behauptung von Hahn (1989), 141, daß die Bigamie in der frühen Neuzeit seltener geworden sei, hält den Quellen nicht stand.

569 Rudolph (2000), 156.

570 Bei den beiden Todesurteilen, die Meister Franz an Bigamisten vollziehen mußte, hatte mitgespielt, daß es sich um einen Dieb und einen Falschspieler handelte, Schmidt, ed. Endter, 63 Nr. 164 und 105 Nr. 246.

571 Schmidt, ed. Endter, 129 f., 136, 137 f. und 148.

572 Ebd., 162.

573 Ebd., 142, 152 und 178.

574 Ebd., 165.

575 Ebd., 142.

576 Ebd., 156: Taufpaten waren Bischof Julius Echter von Würzburg und Graf Konrad von Schwarzenberg.

577 Rudolph (2000), 153.

578 Rudolph (2000), 114 f.

579 Wettstein (1958), 79.

580 Schmidt, ed. Endter, 139.

581 Ebd., 156.

582 Ebd., 140.

583 Ebd.

584 Ebd., 135.

585 Ebd., 151 bzw. 135.

586 Ebd., 142.

587 Schuster (2000); Schuster (1995). Vgl. auch Burghartz (1999), 252 ff. – Zur Kriminalisierung der Prostitution im Frankreich des 16. Jahrhunderts vgl. Halbleib (2000), 106.

588 Vgl. Burghartz (1999), 255 ff.

589 Kappl (1984).

590 Schmidt, ed. Endter, 87 Nr. 206.

591 Ebd., 111 Nr. 261.

592 Ebd., 128, 130, 132, 137, 141, 146, 151 und 163.

593 Ebd., 120 Nr. 282: „ietztund zirkelwirth der huren genannt."

594 Ebd., 98 Nr. 232.

595 Ebd., 177 f.

596 Ebd., 182.

597 Ebd., 160 und 161.

598 Vgl. dazu neben den bereits beannten Belegen ebd., 164, 175 und 179 f.

599 Ebd., 133 und 53.

600 Ebd., 169.

601 Ebd., 131.

602 Ebd., 162.

603 Vgl. das Forschungsreferat bei Schwerhoff (2000), 45.

604 Von Tscharner (1936), 44.

605 Wettstein (1958), 83 und 130; Truffer (1960), 119 f.

[606] Neumann (2002), 164.
[607] Wettstein (1958), 63 und 80 f. – Auch im Venedig des 16. Jahrhunderts wurden die Homosexuellen, die mit Glaubensfeinden gleichgesetzt wurden, stärker verfolgt als zuvor. Blastenbrei (2000), 165 f.
[608] Wettstein (1958), 82. Vgl. ebd., 19 und 21.
[609] Ebd., 81. – Zu den kurzen, aber brutalen Verfolgungswellen des 15. Jahrhunderts in Flandern und in den Vereinigten Provinzen 1730/31 vgl. die Forschungshinweise bei Rousseaux (2000), 126.
[610] Schmidt, ed. Endter, 163 Nr. 211.
[611] Ebd., 64 Nr. 170.
[612] Stutz (1917), 183 f.; von Tscharner (1936), 43; Bonnekamp (1940), 83; Schnabel-Schüle (1997), 306 ff.
[613] Braunschweiger Stadtordnung, fol. 26 f. Vgl. Rennefahrt (1963), 422 (Bern 1567).
[614] Meinhardt (1957), 205.
[615] Schmidt, ed. Endter, 99 f. Nr. 235; 109 Nr. 235.
[616] Ebd., 166 f.
[617] Wettstein (1958), 84 f.
[618] Albert (1998), 46 mit Anm. 31.
[619] Stutz (1917), 185 f.; Keller (1921), 250 f.; Bonnekamp (1940), 85; Schnabel-Schüle (1997), 315 ff.
[620] Keller (1921), 18 f.; Meinhardt (1957), 135.
[621] Wettstein (1958), 26.
[622] Bepler (1937), 83.
[623] Hoffmann (2000), 572 ff. – Vgl. die Umsetzung dieses Denkens in den Dramen des Niklas Manuel. Schmidt (2000), 597. – Allerdings gibt es auch beim „Übelhausen" Vorformen in der spätmittelalterlichen Ratsjustiz, wie Wernicke (2000), 395 f. am Beispiel Regensburgs nachweisen konnte.
[624] Vgl. unter dem Aspekt des „Übelhausens" den Fragenkatalog bei Kirchenvisitationen. Konersmann (2000), 612.
[625] So zu Recht Schmidt (2000), 601.
[626] Knapp und treffend formuliert Schnabel-Schüle (1997), 48: „Im Herzogtum Württemberg gab es keine staatsferne Sündenzucht". Das ist um so aufschlußreicher, als in Württemberg die Kirchenkonvente sogar Gefängnisstrafen aussprechen konnten. Ebd., 49.
[627] Wettstein (1958), 139.
[628] Braunschweiger Stadtordnung, fol. 1'.
[629] Ebd., fol. 9
[630] Ebd., fol. 7.
[631] Ebd., fol. 8.
[632] Ebd., fol. 25.
[633] Dasselbe Phänomen zeigt sich auch in Skandinavien bei allen regionalspezifischen Unterschieden: Sexualdelikte – an der Spitze Ehebruch, im 16. und 17. Jahrhundert mit großem Frauenanteil. Johansen (2000), 181 f.
[634] Schwerhoff (2000), 43; Blauert (2000), 102 f. und 141 – Zum gleichen Ergebnis kommt Halbleib (2000), 104 ff. für Frankreich.
[635] Hingewiesen sei in diesem Zusammenhang auf die Lösung, welche die Stadtväter von Brünn gefunden hatten, eine Lösung, die allerdings keine Verbreitung fand: Nur wenn das Kind geatmet habe, sei eine Abtreibung wie ein Mord zu richten, ansonsten aber nur mit Stadtverweisung zu ahnden. Rössler (1852), 252 f.
[636] Forschungsüberblicke: Burghartz (1999), 266 ff.; Schwerhoff (2000), 43 f. – Vgl. Meinhardt (1957), 219 ff.; Hahn (1989), 145; Reichart (1996), 191 ff.; Lott (1998), 143 f.
[637] Schmidt, ed. Endter, 7 f. Nr. 25, 10 Nr. 37, 18 Nr. 67, 23 Nr. 87, 43 Nr. 127, 43 f. Nr. 130, 69 f. Nr. 178, 102 f. Nr. 238, 103 Nr. 239, 104 Nr. 243, 117 Nr. 276, 121 Nr. 285. – Das gleiche Bild ergibt sich im frühneuzeitlichen Württemberg: Schnabel-Schüle (1992), 22.
[638] Schubert (1983), 128.
[639] Cyrus (1987), 141; Lott (1998), 145.
[640] Schmid, ed. Endter, 104 Nr. 243.
[641] Ebd., 103 Nr. 239.
[642] „darnach selbst in das Loch gegangen." Ebd., 23 Nr. 87.

[643] Ebd., 11f. Nr. 43.
[644] Knapp (1896), 49.
[645] Ebd., 186.
[646] Cyrus (1987), 132. – Der entsprechende Text der Bambergensis bei Klaus Arnold, Kind und Gesellschaft im Mittelalter und Renaissance. 1980, 169f.
[647] Von Hentig (1962), 140; Scribner (1988), 78.
[648] Evans (2001), 76, 150 und 154.
[649] Behringer (1990), 95.
[650] Knapp (1896), 59.
[651] Vgl. Schmidt, ed. Endter, 129, 159, 170f.
[652] Hartmann (1880), 371; Lott (1998), 146.
[653] Von Hippel (1925), 252; Lott (1998), 146.
[654] Der Verfasser einer ansonsten verdienstlichen Dissertation deutet Vintelers „Bluomen der tugent" als Zeugnis mittelalterlicher Kritik am Hexenwahn, obwohl Vinteler in diesem Zusammenhang nichts anderes als die übliche Ansicht wiedergibt. Im Bann der damals (1973) noch gängigen Ansicht vom spezifisch mittelalterlichen Hexenwahn glaubte sich der Verfasser der Mühe enthoben, diesen nachzuweisen, bevor er sein Thema – Kritik des Hexenwahns – behandelte. Ziegeler (1973).
[655] Vgl. Behringer (1990), 97.
[656] Zur modernen Inszenierung des populären Hexenbegriffs vgl. Scheffler – Schwerhoff – Wilbertz (1994), 12ff.
[657] Voltmer – Irsigler (2002), 31.
[658] Meier (1994), 103.
[659] Vgl. Knapp (1914), 255f.; von Weymarn (1980/81), 38f.; Blauert (1989), 51ff., 123f. und 133; ders. (1994), 28.
[660] Blauert (1989), 47.
[661] Ebd., 32f.
[662] Blauert (1990), 16 und 21.
[663] Blauert (1989), 19, 41f., 44 und 63; ders. (1990), 28.
[664] Blauert (1989), 63.
[665] Schormann (1991), 99.
[666] Grass (1978), 256ff. Vgl. Heide Dienst, Lebensbewältigung durch Magie. Alltägliche Zauberei in Innsbruck gegen Ende des 15. Jahrhunderts, in: Alfred Kohler – Heinrich Lutz (Hrsg.), Alltag im 16. Jahrhundert. Wien 1987, 80–116.
[667] Blauert (1989), bes. 118ff. Vgl. zu Johannes Niders „Formicarius" Blauert (1989), 33f. und 56ff. Vgl. Voltmer – Irsigler (2002), 31f. – Knapp, aber treffend zur Entwicklung der Dämonologie im 15. Jahrhundert: Blauert (1994), 30ff.
[668] Blauert (1994), 28f.
[669] Byloff (1934), 43.
[670] Ebd.
[671] Vgl. mit dem Nachweis, daß Heinrich Institoris der alleinige Autor dieses Werkes ist: Günter Jerouschek – Wolfgang Behringer (Hrsg.), Heinrich Kremer (Institoris), Der Hexenhammer. Malleus Maleficarum. ²2001, 31ff. Vgl. auch aus der neueren Literatur Blauert (1989), 35f.
[672] Schormann (1991), 109.
[673] Voltmer – Eiden (2002), 61ff.
[674] Blauert (1989), 19 mit dem Nachweis des direkten Einflusses von Gedanken des Heinrich Institoris.
[675] Nowosadtko (1994), 100.
[676] Münster-Schröer (2000), 405ff. und 412.
[677] Rennefahrt (1963), 533.
[678] Göggelmann (1984), 149f.
[679] Blauert (1990), 23.
[680] Schubert (1995), mit dem Nachweis, daß erst jetzt Fahrende auf Almosen generierende Kunststücke verzichteten, in denen sie sich als Opfer des Teufels hinstellten.

681 Ablehnend gegenüber diesem Ansatz Blauert (1990), 12. – Zu den „abstrusen Thesen" der Bremer Soziologen Gunnar Heinsohn und Otto Steiger vgl. Franz Irsigler, Hebammen, Heilerinnen und Hexen, in: Beier-de Haan – Voltmer – Irsigler (2002), 142–153. Vgl. auch Schwerhoff (1994), 326f. und 336ff.

682 Zur häufig behaupteten Frauenfeindlichkeit als einem leitenden Motiv der Hexenverfolgungen vgl. abwägend und ablehnend: Schwerhoff (1994), 329ff.

683 Vgl. Schwerhoff (1994), 345 und 351f. Grundlegend: Rolf Schulte, Hexenmeister: Die Verfolgung von Männern im Rahmen der Hexenverfolgung von 1530–1730 im Alten Reich. ²2001. Vgl. für Lemgo, wo erst im 17. Jahrhundert auch Männer als Hexer verbrannt wurden, 6–25% der Opfer bei den einzelnen Wellen stellend, Scheffler – Schwerhoff –Wilbertz (1994) 17; Meier (1994), 105.

684 Meier (1994), 90f. und 105; Konersmann (2000), 620.

685 Voltmer – Irsigler (2002), 35f. Vgl. auch Voltmer (2002), 87; Moeller (2002), 105.

686 Wie sollte erklärt werden, daß in Dänemark und Norwegen fast 90% aller Opfer des Hexenwahns Frauen sind, während in Finnland mehr Hexer als Hexen angeklagt wurden? Johansen (2000), 180.

687 Vgl. Blauert (1994), 36.

688 Voltmer (2002), 85ff. Vgl. für Lemgo: Scheffler – Schwerhoff – Wilbertz (1994), 17.

689 Voltmer – Irsigler (2002), 34.

690 Voltmer (2002), 85. Vgl. auch Blauert (1994), 34; Scheffler – Schwerhoff – Wilbertz (1994), 16. – Zu den Verfolgungswellen in Bayern 1590–1630 vgl. Behringer (1990), 97f. Zum großen Schongauer Hexenprozeß 1589/90 vgl. Nowosadtko (1994), 99f.; zu den Verfolgungswellen der 1580er Jahre im Saarraum vgl. Labouvie (1990), 34.

691 Decker (1994), 299ff.

692 Merzbacher (1970).

693 Decker (1994), 299. – Selbst im kleinen adeligen Gericht Davensberg im Bistum Münster erscheint das Jahr 1629 als ein Höhepunkt der Hexenverfolgungen. Gersmann (2000), 438f.

694 Blauert (1994), 40f.; Decker (1994), 173ff.; Moeller (2002), 107; Voltmer – Irsigler (2002), 41f.; Boris Fuge, Das Ende der Hexenverfolgungen in Lothringen, Kurtrier und Luxemburg im 17. Jahrhundert, in: Beier-de Haan – Voltmer – Irsigler (2002), 164–172. – Selbst im „Hexennest" Lemgo, wo es 1665–1667 noch einmal eine Prozeßwelle gegeben hatte, wurde 1681 die letzte Hexe verurteilt – und das ganz untypisch mit ewiger Stadt- und Landesverweisung. Meier (1994), 89; Wilbertz (1994), 165f. – Als 1749 in Würzburg die Nonne Renata Maria Singer als Hexe verbrannt wurde, löste die aus diesem Anlaß gehaltene Predigt des Jesuitenpaters Georg Gaar große gelehrte Kontroversen aus. Grass (1978), 264f. – Zu den letzten Hexenprozessen im deutschsprachigen Raum, 1775 in Kempten und 1782 in Glarus, vgl. Blauert (1994), 39 bzw. Voltmer – Irsigler (2002), 42.

695 Vgl. die Karte „Intensität der europäischen Hexenverfolgungen (15.–18. Jahrhundert)", in: ebd., 45. – Selten waren Hexenprozesse in Frankreich und in Skandinavien. Ebd., 35. – Daß die vergleichsweise seltenen Hexenprozesse in Skandinavien eine Erscheinung der frühen Neuzeit sind, belegt Johansen (2000), 179f.

696 Voltmer – Irsigler (2002), 34f.

697 Scheffler – Schwerhoff – Wilbertz (1994), 15. Vgl. Schormann (1991), 106.

698 Nowosadtko (1994), 115.

699 Voltmer – Irsigler (2002), 35.

700 Vgl. das Diagramm zur Intensität der Hexenverfolgungen in Mecklenburg, Schleswig-Holstein und Vorpommern (1540–1710) mit seiner in Mecklenburg als außergewöhnlich auffallenden Spitze der Verfolgungen um 1670.

701 Von Tscharner (1936), 67.

702 Vgl. für den Trierer, den luxemburgischen und den lothringischen Raum die Feststellung, daß vor allem ländliche Gebiete betroffen waren, „während größere Städte in der Regel nur ansatzweise in die Verfolgungen hineingerieten". Voltmer (2002), 85.

703 Göggelmann (1984), 150.

704 Hesse (1975), 46.

705 Ebd., 47 mit Anm. 1.

706 Ebd., 46.

707 Wettstein (1958), 95.

708 Ebd., 94f.
709 Voltmer (2002/II), 130.
710 Vgl. Behringer (1988).
711 Scheffler – Schwerhoff – Wilbertz (1994), 18f.
712 Ebd., 19f.
713 Die Institutionen für die kirchlichen Visitationen des 16. Jahrhunderts befahlen zwar stets, auf Erscheinungen von Zauberei und Aberglauben zu achten, aber die weltlichen Strafen dafür waren längst der staatlichen Obrigkeit überantwortet. Labouvie (1990), 24ff. und 30f.
714 Voltmer (2002/II), 92f. und 134f.
715 Vgl. zum Beispiel St. Maximin in Trier: Ebd., 135f.; Voltmer – Eiden (2002), 68.
716 Moeller (2002), 99. Vgl. Voltmer – Irsigler (2002), 35. – Blauert (1989), 115 mit 117 verweist darauf, daß die Frage der Hochgerichtsbarkeit Luzerns schon im 15. Jahrhundert hinter Hexenprozessen stehen konnte.
717 Scheffler – Schwerhoff – Wilbertz (1994), 20; Blauert (1994), 35.
718 Die erste Territorialgesetzgebung, die nicht nur Schadenzauber, sondern auch den Teufelspakt mit Todesstrafe belegte, war die Kursächsische Kriminalordnung von 1572. Eiden (2002), 57.
719 Byloff (1934), 19.
720 Vgl. Friese (1898), 288f.
721 Die Chronik der Grafen von Zimmern. Hss. 580 und 581 der Fürstl. Fürstenbergischen Hofbibliothek Donaueschingen, ed. Hansmartin Decker-Hauff. Bd. 3. 1972, 248.
722 Vgl. – vielleicht etwas zu vorsichtig – Voltmer – Irsigler (2002), 33.
723 Ich verkenne nicht, daß, abgesehen von der furchtbaren Todesstrafe, Johannes Hus sich im Konstanzer Dom noch eine Rede über seine Vergehen anhören mußte, der er nicht widersprechen durfte. Vgl. Hermann Heimpel, Die Vener von Gmünd und Straßburg 1162–1417. (Veröffentlichungen des Max-Planck-Instituts für Geschichte 52) 1982. Was aber dem heutigen Intellektuellen als subtile Form der Grausamkeit erscheint, war im Ansatz – und insofern halte ich an meiner Formulierung des skrupulösen Verfahrens fest – Regeln verpflichtet, die den Verdacht der Willkür ausräumen sollten. Von solchen Skrupeln waren die frühneuzeitlichen Hexenrichter nicht geplagt. Der fragwürdige Beweis allein zählte.
724 Voltmer – Irsigler (2002), 13f.
725 Labouvie (1990), 39.
726 Voltmer (2002), 90. – Zum Typ des „Hexenjägers" vgl. Voltmer – Irsigler (2002), 40f.
727 Gersmann (2000), 443f.
728 Ebd., 37f.
729 Voltmer (2002), 91; Voltmer – Irsigler (2002), 38.
730 Labouvie (1994), 54 Anm. 20 (Lit.); Wunder (1994), 65ff.
731 Voltmer – Irsigler (2002), 31f.
732 Nowosadtko (1994), bes. 98ff.
733 Ebd., 101 und 109. Vgl. Deichert (1912), 145f.; Helfer (1965), 111. – Die Nadelprobe wurde noch 1753 in Schwyz angewandt. Holdener (1926), 83.
734 Exemplarisch: Elisabeth Biesel, „Dann da die Weiber in Betrübnussen, Widerwertigkeit vnnd Kümmernussen einfallen." Gelehrte und volksnahe Vorstellungen von Teufelspakt und Hexensabbat, in: Beier-de Haan – Voltmer – Irsigler (2002), 120–127. Vgl. auch Blauert (1990), 25f.
735 Moeller (2002), 103f.
736 Decker (1994), 82ff., 238f. und 302.
737 Nowosadtko (1994), 106f.
738 Vgl. die Nachrichten aus den Lemgoer Akten seit 1584 und die „Geständnisse" aus den Jahren 1591 und 1630: Meier (1994), 94, 97 und 101f.; Walz (1994), 216f.; Rita Voltmer, Hexenprozesse in der Stadt Trier und im Herzogtum Luxemburg. Geständnisse (Auszüge aus den Gerichtsakten), in: Beier-de Haan – Voltmer – Irsigler (2002), 72–81.
739 Vgl. Schubert (1983), 118.
740 Vgl. die Abb. bei Beier-de Haan – Voltmer – Irsigler (2002), 249–259, 263–265 und 290.
741 Schormann (1994), 314; Voltmer – Irsigler (2002), 37f. – In den Lemgoer Hexenprozessen waren die Vorstellung von Teufelsbuhlschaft und Teufelspakt bereits 1583 voll ausgebildet. Meier (1994), 94ff. – Der Ge-

danke der Teufelsbuhlschaft begegnet bereits 1501–1505 bei den Hexenprozessen im Trienter Bistum. Byloff (1939), 34 f. Um 1507 wird bei Bozen durch Folter die Aussage von einem Hexensabbat erpreßt, bei dem der Teufel als König „von Engelland" (dem Land der Engel) mit großem Prunk eine „Königin von Engelland" heiratete. Ebd., 36. – Zum schnellen Abebben der oberitalienischen Prozeßwelle vgl. Blauert (1990), 23.

[742] Die Chronik Heinrichs Taube von Selbach mit den von ihm verfassten Biographien Eichstätter Bischöfe, ed. Harry Bresslau. 1922, 90.

[743] Max Dreyer, Der Teufel in der deutschen Dichtung des Mittelalters. Diss. Rostock 1884.

[744] Zit. nach Ziegeler (1973), 41.

[745] Zur Frage, was „Besessenheit" von der Hysterie bis zur Geisteskrankheit alles bedeuten konnte, vgl. Decker (1994), 189 ff.

[746] Zum Exorzismus im 17. Jahrhundert vgl. Decker (1994), 19 ff. und 31 ff.

[747] Byloff (1939), 42.

[748] Schubert (1996).

[749] Moeller (2002), 102 und 105.

[750] Braunschweiger Stadtordnung 1579, 5'.

[751] Schubert (1971).

[752] Eiden (2002), 56.

[753] Ebd., 55.

[754] Blauert (1989), 26.

[755] Ebd., 112.

[756] Ebd., 29 ff. und 37 ff. Vgl. ders. (1990), 16 ff.

[757] Die Chronik Johanns von Winterthur, ed. Friedrich Baethgen. (MGH SS rer. germ. Nova Series 3) 1924, 264 f.

[758] Nürnberger Jahrbücher bis 1496 (Städtechroniken 10 [Nürnberg 4]) 136 f. zum Jahre 1399.

[759] Nürnberger Jahrbücher bis 1487 (Städtechroniken 10 [Nürnberg 4]) 306.

[760] Friedrich von Bezold, Konrad Celtis, der deutsche Erzhumanist. 1959, 135.

[761] Byloff (1934), 29 (Wiener Neustadt).

[762] Ebd.

[763] Wettstein (1958), 93.

[764] Henning Brandis, ed. Haenselmann, 35.

[765] Scheffler – Schwerhoff – Wilbertz (1994), 15.

[766] Meier (1994), 104; Bender-Wittmann (1994), 115 ff.; Ahrendt-Schulte (1994), 203 ff.; Schormann (1994), 315; Schwerhoff (1994), 338 ff.; Othon Scholer, Der versunkene Kontinent oder die magisch-dämonologischen Vorstellungen im Europa des 16. und 17. Jahrhunderts, in: Beier-de Haan – Voltmer – Irsigler (2002), 110–119.

[767] Bender-Wittmann (1994), 121.

[768] Ahrendt-Schulte (1994), 209.

[769] Blauert (1994), 29; Bender-Wittmann (1994), 128 f. – Schubert (2002), 270, zur „impotentia per maleficationem".

[770] Bender-Wittmann (1994), 125 f. mit Anm. 68.

[771] Walz (1994), 211 ff. – Es ist eine Begleiterscheinung des Missionierungsvorgangs, daß die Gerüchteküche der Erwachsenen in die Welt der Kinder eindringt. Ebd., bes. 229 f.

[772] Vgl. Blauert (1994), 37 f.; Bender-Wittmann (1994), 111 f. mit Anm. 15.

[773] Vgl. Labouvie (1994), bes. 55 f.

[774] Blauert (1989), 127 f. Flugsalben, Hexenflug und -tanz scheinen so einen aufnahmebereiten Boden gefunden zu haben. Meier (1994), 97; Decker (1994), 298.

[775] Eindrücklich: Jürgen Scheffler, Hexenglaube in der ländlichen Gesellschaft. Lippe im 19. und 20. Jahrhundert, in: Wilbertz – Schwerhoff – Scheffler (1994), 263–296.

[776] Schormann (1977); Sönke Lorenz, Aktenversendung und Hexenprozeß. Dargestellt am Beispiel der Juristenfakultäten Rostock und Greifswald (1570/82–1630). 2 Bde. 1982/83. – Einzelfälle: Wilbertz (1994), 165 f. mit Anm. 116; Walz (1994), 222 f.; Decker (1994), 306; Schormann (1994), 312 ff.

[777] Härter (2000), 465 f.

778 Schormann (1994), 313.

779 Peter Oestmann, Lippische Hexenprozesse vor dem Reichskammergericht, in: Wilbertz – Schwerhoff – Voltmer (1994), 233–261.

780 Claudia Kauertz, Wissenschaft und Hexenglaube. Die Diskussion des Zauber- und Hexenwesens an der Universität Helmstedt (1576–1626). 2001. – Ein vergleichbares Bild zeigen die Gutachten der Universität Rostock. Sie wirken mäßigend, widersprechen aber nicht grundsätzlich dem Hexenwahn. Moeller (2002), 97.

781 Schormann (1977), 3.

782 Vgl. zu den hier erschienenen Hexentraktaten Voltmer (2002/II), 138.

783 Walter Keller, Die „Cautio Criminalis" des Friedrich von Spee und ihre Wirkungsgeschichte in der Überwindung des Hexenwahns. Würzburger Diözesan-Geschichtsblätter 57(1995), 321–344.

784 Gabriele Urhahn, Der Fall Maria Rampendahl. Der letzte Lemgoer Hexenprozeß, in: Wilbertz – Schwerhoff – Scheffler (1994), 137–144, hier: 143 f.; Wilbertz (1994), 172 f.

785 Decker (1994), 75.

786 Ebd., 73 ff.

787 Instruktiv die graphische Darstellung bei Decker (1994), 266 ff. und 298 ff.

788 Decker (1994), 266 ff. und 298 ff.

789 Vgl. Günther Franz, Prominente Gegner der Hexenprozesse in Luxemburg und Kurtrier, in: Beier-de Haan – Voltmer – Irsigler (2002), 154–163. – Zu Adam Tanner S. J.: Grass (1978), 260 ff. – Zu Friedrich von Spee scheint mir über die Cautio criminalis hinaus der Hinweis angebracht zu sein, daß er als Seelsorger der Pestkranken den Tod fand.

790 Härter (2000), 469.

791 Ebd., 464 f.

792 Blauert (1989), 126 f. und 134 f.; Bender-Wittmann (1994), 109 f. und 114 ff.; Wilbertz (1994), 150 ff.; Ingo Koppenborg, Die soziale Funktion städtischer Hexenprozesse. Die lippische Residenzstadt Detmold 1599–1663, in: Wilbertz – Schwerhoff – Scheffler (1994), 183–198; Moeller (2002), 101; Voltmer (2002/II), 130. – Ahrendt-Schulte (1994), 202 fordert, über die sozialen Anlässe hinaus, „Aufschlüsse über geschlechtsspezifische Handlungsmuster" in den Hexenakten zu suchen. Vgl. in dem Zusammenhang Schwerhoff (1994), 345 ff. mit dem Nachweis, wie häufig Frauen andere Frauen in den Hexenprozessen belasteten.

793 Voltmer – Eiden (2002), 67; Voltmer (2002/II), 135.

794 Wunder (1994), 62 ff.

795 Labouvie (1994), 51 f.; Meier (1994), 103 mit Anm. 65; Wilbertz (1994), 157 ff.; Schwerhoff (1994), 347.

796 Voltmer (2002/II), 133. – Zu Welt- und Ordensgeistlichen als Opfer der Hexenprozesse vgl. Voltmer (2002), 87.

797 Alfred Wendehorst, Das Bistum Würzburg 4: Das Stift Neumünster in Würzburg (Germania Sacra N. F. 26), Berlin/New York 1989, S. 780 f.

798 Daß die Würzburger Domvikare hierin keine Ausnahme darstellten, zeigt die Schilderung des Speyerer klerus im Ausgang des 16. Jahrhunderts bei Blauert (2000), 127 ff.

799 Vgl. etwa die „Tränenprobe", das schuldbeweisende Indiz der Tränenlosigkeit der Hexe: von Hentig (1962), 93 ff.

800 MGH Capit. 2/1, 86 Nr. 213.

801 Allgemein zur Bandenbildung im frühneuzeitlichen Italien: Blastenbrei (2000), 162 f.

802 Vgl. etwa Paul Hugger, Sozialrebellen und Rechtsbrecher in der Schweiz. 1976.

803 Vgl. dazu Peter Wettmann-Jungblut, Von Robin Hood zu Jack the Ripper. Kriminalität und Strafrecht in England vom 14. bis zum 19. Jahrhundert, in: Andreas Blauert/Gerd Schwerhoff (Hrsg.), Kriminalitätsgeschichte. 2000, 76. Kritisch: Hennigs (2002), 237.

804 Keen (2000).

805 Schüßler (1994), 237 glaubt eine relativierende Schätzung wagen zu können: Höchstens 20% aller Delikte seien auf Bandenverbrechen zurückzuführen. So sehr wir die Verläßlichkeit einer jeden Zahl angesichts hoher Dunkelziffern anzweifeln, so glauben wir doch, daß diese eher „gegriffene" als geschätzte Zahl zumindest das Ausmaß von Bandendelinquenz erahnen läßt.

806 Stahm (1909), 37 ff; Stutz (1917), 94 ff. – Zur Hehlerei im Frühmittelalter vgl. Munske (1973), 42 ff.

807 Ullmann (1928), 15 ff.; von Tscharner (1936), 21; Bepler (1937), 24 ff.; Wettstein (1958), 18 f. Vgl. Sellert (1989), 105 mit den Quellenverweisen. – Zur Mittäterschaft im Sachsenspiegel vgl. Scheele 1 (1992), 103 ff.

[808] His 1 (1920), 133, 137 und 144 f.
[809] Vgl. das Forschungsreferat bei Schüßler (1994), 178 f. und 181.
[810] Knapp (1896), 42.
[811] Harster (1900), 267.
[812] Röhrkasten (1990), 380 ff.
[813] Ebd., 393.
[814] So gesteht Lips Tullian, mehrfach Beutestücke „weg partiret und in gemeine Theilung nicht eingebracht" zu haben. Uwe Dankert, Räuberbanden im Alten Reich um 1700. Ein Beitrag zur Geschichte von Herrschaft und Kriminalität in der Frühen Neuzeit. 1986, 306.
[815] Schüßler (1994), 181 und 208.
[816] Rothe, ed. von Liliencron, 556.
[817] Frensdorff (1875), LXIIIf.
[818] Vgl. etwa Harster (1900), 52.
[819] Schüßler (1994), 203 f.
[820] Schubert (1997).
[821] Wadle (2001/I), 55.
[822] MGH Const. Bd. 1, 609 f. Nr. 427 c. 4.
[823] Scheele 1 (1992), 206 ff.
[824] Gesta Friderici I. 42, ed. Franz-Josef Schmale. 1965, 210.
[825] Chronographus Corbeiensis, ed. Philipp Jaffé, in: Bibl. rer. Germ. 1: Monumenta Corbeiensia. 1864, 45.
[826] „post mortem patris ... multas rapinas ... commiserat." Hoyer Urkundenbuch, Abt. 8, ed. Wilhelm von Hodenberg. 1854, 14.
[827] „semper militiae usum in rapinas detorserat." Helmold von Bosau c. 107, ed. Stoob, 370. Vgl. Karl Jordan, Heinrich der Löwe. ²1980, 113.
[828] Vgl. Friese (1898), 139 f.
[829] Ulrich von Lichtenstein, ed. Karl Lachmann. 1841, 530 f.
[830] Otto von Zallinger, Ministeriales und Milites. Untersuchungen über die ritterlichen Unfreien, zunächst in baierischen Rechtsquellen des 12. und 13. Jahrhunderts. 1878, 73 ff.
[831] Caesarii Heisterbacensis monachi ordinis Cisterciensis Dialogus miraculorum, ed. Joseph Strange. Bd. 2. 1851, 76.
[832] Rendtel (1985), 198.
[833] Rudolf von Schlettstadt, ed. Kleinschmidt, 94.
[834] Hartlieb, ed. Drescher, 88.
[835] Vogtherr (1984), 21 Nr. 19.
[836] Fabricius (1872), 175 f.
[837] Müllner 2, 315.
[838] Vgl. schon Otto von Zallinger, Das Verfahren gegen die landschädlichen Leute in Süddeutschland. Ein Beitrag zur mittelalterlich-deutschen Strafrechts-Geschichte. 1895.
[839] Korzilius (2002), 33 und 36.
[840] Andermann (1997).
[841] Die wichtigste Literatur ist bei Wadle (2002), 11 Anm. 2 zusammengestellt.
[842] Osenbrüggen (1860), 38.
[843] Wadle (2001/II), 166. – Die Herkunft dieser Bestimmung kennt erstaunlicherweise noch 1465 der Rat von Mülhausen: „ohnabgesagt ... wider Kaiser Friderichs Barbarossä zue Nieremberg im Jahr 1187 gemachte ... satzung." Osenbrüggen (1860), 34 f.
[844] Die adelige Ehre als Rechtfertigung von Fehdehandlungen erkennen die städtischen Chronisten aus guten Gründen nicht an. Blanke (2002), 270 ff. Das ist keineswegs mit Blanke (ebd., 273) als „Parteilichkeit" zu deuten, sondern geht von einer Fehdewirklichkeit „sunder barmhertichkeit" aus, wie Blanke (ebd., 260 f.) zutreffend notiert.
[845] Vgl. Blanke (2002), 249 ff.
[846] Drüppel (1981), 89 mit Anm. 21.
[847] Zur Kriminalisierung der Fehde aus städtischer Sicht vgl. Blanke (2002), 268 ff.

[848] Blanke (2002), 266 f. und 272.
[849] Neitzert (1992).
[850] Theodor Karst, Ulrich Salzkern von Alzey und seine Neustädter Almosenstiftung. Mitteilungsblatt zur Rheinhessischen Landeskunde 8 (1955), 155 ff., hier: 155 f.
[851] Erich Schmidt: Deutsche Volkskunde im Zeitalter des Humanismus und der Reformation (Historische Studien 47), 1904, 89.
[852] Zimmerische Chronik, ed. Barack, 2, 185.
[853] Knapp (1896), 156.
[854] Dazu einläßlich: Görner (1987), bes. 173 ff. Zur Kritik im Ritterspiegel des Johannes Rothe am Raubritter vgl. Honemann (1987), 515. Vgl. zu den adeligen Raubrittern in der Oberlausitz: Boelcke (1969), 197 f., 205–208; zu denen im Bremer Land: Hertzberg (1922), 43 ff., 58 ff.
[855] Otto Brunner, Land und Herrschaft. Grundfragen der territorialen Verfassungsgeschichte Österreichs im Mittelalter. 4 1959.
[856] Görner (1987), 229 ff.
[857] Ebd., 158 f.
[858] 1492 wird in Eger das Geschlecht derer von Zedwitz der „plackerey" verschrien. Karl Siegl, Die Fehde Egers mit Ritter Jorg von Zedewitz auf Liebenstein. Mitteilungen des Vereins für Geschichte der Deutschen in Böhmen 55 (1916), 1 ff.
[859] Ebd., 189 ff.
[860] Vgl. etwa: Schulte 1 (1923), 382 ff., 394.
[861] Ebd., 210 f.
[862] Ursula Liebertz-Grün, Seifried Helbling. Satiren kontra Habsburg. 1981, 53 ff.
[863] MGH Const. 2, 574 Nr. 427 § 31.
[864] Das folgende nach Schulte 1 (1923), 488. Vgl. Erhart Kanter, Hans von Rechberg zu Hohenrechberg, Diss. Zürich 1902.
[865] Schulte 1 (1923), 379–381.
[866] Zur Häufigkeit des Straßenraubs bereits im 14. Jahrhundert vgl. Osenbrüggen (1860), 312 ff.; Frensdorff (1875), LXIV ff.; Vogtherr (1984), 15 und 17; Graßmann (1984), 769 f. Vgl. für das England um 1300: Röhrkasten (1990), 369 Anm. 242.
[867] Knapp (1896), 155.
[868] Kamann (1894), 11.
[869] Jerouschek – Blauert (2002), 230. Vgl. für England: Given (1977), 128; Röhrkasten (1990), 384.
[870] Vgl. Harster (1900), 266 f.; Knapp (1914), 205 ff.; Göggelmann (1984), 219.
[871] Scribner (1988), 69.
[872] Hahn (1989), 140.
[873] MGH, Capit. 2, 107.
[874] Ebd., 1, 70.
[875] Graf Siboto IV. von Neuenburg-Falkenstein gibt seinem Dienstmann Ortwin von Merkenstein im geheimen („in secreto") den Auftrag, Rudolf von Piesting zu ermorden oder wenigstens zu blenden, und verspricht ihm dafür ein Gut. Codex Falkensteinensis, ed. Noichl, 163 f. Nr. 183. Vgl. ebd., 162 f. Nr. 182: Graf Siboto bekundet, daß er für einen von ihm begangenen Mord Kirchenbuße geleistet, aber einen Totschlag noch nicht gesühnt hat.
[876] Dienst (1990), 215.
[877] Given (1977), 80.
[878] Schüßler (1994), 176 f. und 180 f.
[879] Vgl. z. B. Christoph Beyer, Danziger Chronik. SS rer. Pruss. V. 1874, 476 f.; Stolle, ed. Thiele, 505 und 507.
[880] Bamberger Echtbuch, 9 f.
[881] Von der Sache her war das nicht ungewöhnlich. 1465 führt ein Müllerknecht Fehde gegen das elsässische Mülhausen. Osenbrüggen (1860), 34 f.
[882] „daz Has Karl, Symon Jacob und Hirß die juden in den und andern sachen und untaten kuntschafter gewesen sinde."
[883] Klaus Arnold, Niklashausen 1476. Quellen und Untersuchungen zur sozialreligiösen Bewegung des Hans Behem und zur Agrarstruktur eines spätmittelalterlichen Dorfes (Saecvla Spiritalia 3) 1980, 54.

884 Hertzberg (1922), 58 ff. Diese Freibeuter benennt auch das Bremer Nequambuch. Ebd., 15.
885 Boelcke (1969), 205 f.
886 Rothe, ed. von Liliencron, 616.
887 Zit. nach Otto von Heinemann, Geschichte von Braunschweig und Hannover. Bd. 2. 1886, 183.
888 Friedrich Adolf von Hake, Geschichte der freiherrlichen Familie von Hake in Niedersachsen. 1887, 93.
889 Boelcke (1969), 198.
890 Jerouschek – Blauert (2002), 229.
891 Hans Knebels des Kaplans am Münster zu Basel Tagebuch. Sept. 1473 – Juni 1476, in: Basler Chroniken, Bd. 2, hrsg. von Wilhelm Vischer/Heinrich Boos, 1880, 14.
892 Ebd., Anm. 5.
893 Stolle, ed. Thiele, 505 und 507.
894 Zimmerische Chronik, ed. Barack, 2, 185.
895 Jerouschek – Blauert (2002), 229 ff.
896 Vgl. Christoph Beyer, Danziger Chronik. SS rer. Pruss. V. 1874, 454 mit der Nachricht, daß 1506 drei „Gesellen" des Edelmannes Bartholomäus Gunter geköpft worden seien. Vgl. in diesem Zusammenhang auch die Nachrichten dieses Chronisten über den legendären Simon Matern. Ebd., 474.
897 Nordhoff-Behne (1971), 133.
898 Beer (1990), 51.
899 Vgl. Osenbrüggen (1860), 310 ff.; Ullmann (1928), 78 f.; Bonnekamp (1940), 54 ff. Vgl. für England: Röhrkasten (1990), 369 f. – Schulte 2 (1923), 70 warnte vor der „grenzenlosen Übertreibung der Gefahren des Landhandels". Die Zahl der Überfälle auf Kaufmannszüge war zwar groß, „aber nicht ungeheuerlich".
900 Des Dodes Danz, ed. Baethcke, V. 437, 987 f. und 1106 f.
901 Wettstein (1958), 76.
902 Braunschweiger Stadtordnung 1579, 35.
903 Sander (1902), 642.
904 Scheurlen (1974); Puhle (1994). Vgl. Hennings (1935), 3; Reiß (1973), 62 und 96 f.; Graßmann (1984), 770; Blanke (2002), 280 f.
905 Puhle (1994).
906 Scheurlen (1974), 105 ff.; Ehbrecht (1983), 61 und 65.
907 Sprandel (1982), 278.
908 Gernhuber (1957), 120 Anm. 6; Von Hentig (1962), 171.
909 Schwarzwälder (1987), 270.
910 Vgl. Frensdorff (1875), XXV und LXVI f.; Reuter (1936), 68; Langer (1972/73), 92 f. – Zum Problem, das erbeutete Gut im Hanseraum auch abzusetzen, vgl. Scheurlen (1974), bes. 116 ff. – Zum Seeraub im Mittelmeer vgl. Schulte Bd. 1 (1923), bes. 379 f.; Bd. 2, 71 f.
911 Hennings (1935), 14.
912 Vgl. Fabricius (1872), 168 f. Nr. 9 und 142 und (nach dem Kieler Varbuch) Radbruch – Gwinner (1951), 95.
913 Reuter (1936), 66 f.
914 Radbruch – Gwinner (1951), 69.
915 Vgl. Duffner (1982), bes. 24 ff. – Der Begriff des „Landzwingens", nicht nur Wegelagerei, sondern Bandenbedrohung umschließend, war erst im ausgehenden 15. Jahrhundert allgemeiner und für die Strafverfolgung maßgebend geworden. Duffner (1982), 16 ff. und 20 f. In Ulrich Tenglers Laienspiegel ist der „Landzwang" mit Straßenraub und Totschlag definiert. Ebd., 12 f. – Erstmals finde ich den Begriff im Augsburger Achtbuch 1372: „daz sie ein gesellschaft hetten und landwinger weren." Buff (1877), 170 Anm. 1.
916 Radbruch – Gwinner (1951), 97.
917 Fälle des „Landzwingens" im 16. Jahrhundert, die durchaus dem Fall des Michel Kolhase entsprechen können, schildert Duffner (1982), 62 ff.
918 Zimmermann (1933), 343.
919 Helgard Ulmschneider, Götz von Berlichingen. Ein adeliges Leben der deutschen Renaissance. 1974, 198 ff.
920 Müllner 2, 98.

921 Ebd., 572.

922 Bettenhäuser (1964/65), 280.

923 Grundlegend: Friedrich Ortloff, Geschichte der Grumbachischen Händel. 4 Bde. 1868–70.

924 Bettenhäuser (1964/65), 281 f. (auch für das Folgende).

925 Ich würde mich unwohl fühlen, wenn es von dieser Regel nicht die die Regel bestätigende Ausnahme gäbe. Um 1796 war die Burg Lisberg als Heimstätte von Falschmünzern im Gerede. Der Burgherr Otto Philipp von Münster ließ 1796 einen Mann hinrichten, der geäußert hatte: „Wenn ich meinem Herrn die Hälfte gebe, darf ich stehlen so viel ich will." Fritz Stremel, Burg Lisberg und der Lisberger Justizmord im Jahre 1796. Mein Frankenland 5 (1932), 281–290.

926 Bátori-Weyrauch (1982), 133.

927 Sprenger, ed. Stein, 326.

928 Liebertz-Grün (1981), 55. Vgl. Knapp (1896), 163 Anm. 4.

929 Müllner 2, 317.

930 Ebd., 98.

931 Alfred Meiche, Der Lobetanz. Archiv für Kulturgeschichte 12 (1916), 82.

932 Müllner 2, 551.

933 Wander 1, 587.

934 Vogtherr (1984), 24 Nr. 91.

935 Ebd., 20 Nr. 3.

936 Reber (1846), 249 (nach De nobilitate, c. 32).

937 Bamberger Echtbuch, 12 f.

938 Ebd., 8.

939 In einem anderen Fall notiert das Bamberger Echtbuch, 18, die Namen und die Übernamen: „Henslein Rot von Holuelt Lekerhenslein genant, der ein padpub was, Henslein, Gorgen sneiders sun von Bamberg, Grabinsgarn genant."

940 Mandl-Neumann (1988), 62.

941 Schmidt, ed. Endter, 53 f.

942 Ebd., 50.

943 Ebd., 52 ff.

944 Ebd., 33 ff., 68, 113.

945 Ebd., 20 Nr. 77.

946 Ebd., 36 Nr. 114.

947 Skála (1972), 37.

948 Vgl. das von Schnurrer (1980), 18 ff. edierte Aktenstück.

949 Vgl. das Stralsunder Verfestigungsbuch, ed. Otto Francke. 1875, 11 f. Nrn. 98 und 113. 1327. Hauptleute haben auch die Banden, die 1440 und 1443 das Speyerer Umland unsicher machen. Harster (1900), 267 und 269. In Rothenburg wird 1504 der „hauptmann" einer Bande mit vier seiner „gesellen" gerichtet. Herzog (1971), 70.

950 Harster (1900), 215.

951 Koppmann (1887), 90 ff.

952 Munske (1973), 270.

953 Ebd., 176 und 270. Vgl. zur Sache: Schuler (1947), 39 ff.

954 Dem entsprechen die Titel 20 f. der Lex Salica, ed. Eckardt, 136 ff., die allen Insassen eines vom Brandstifter bedrohten Hauses wegen der Lebensgefährdung Wergeld von je 62 1/2 Schillingen zugestehen, die das Wergeld für den im Haus Verbrannten auf 200 Schilling festlegen und selbst das Anzünden einer Scheune mit der Strafe von 62 1/2 Schilling bedrohen. Zum Begriff Mordbrand Allfeld (1877), 52. Vgl. für das friesische Recht: Munske (1973), 124.

955 Vgl. etwa Stölzel (1901) Bd. 2, 66; von Hippel (1925), 153; Ullmann (1928), 91 f.; von Tscharner (1936) 56 f.; Bonnekamp (1940), 56 ff.; Meinhardt (1957), 190 f.; Wettstein (1958), 88 f.; Korsch (1958), 107; Gudian (1976), 277 Anm. 22. Daß aber diese Spiegelstrafe aus noch zu erwägenden Gründen nicht konsequent zur Anwendung kam, notierte bereits Knapp (1896), 163 f.

956 Christoph Beyer, Danziger Chronik. SS rer. Pruss. V. 1874, 445 (1494).

⁹⁵⁷ Knapp (1914), 208; Göggelmann (1984), 209 f.
⁹⁵⁸ Wadle (2001), 169 f.
⁹⁵⁹ Leonhart Widmann's Chronik. Städtechroniken 15 (Regensburg), 106. Vgl. zur Praxis des Vollzugs auch Göggelmann (1984), 210.
⁹⁶⁰ Werkmüller (1984), 44.
⁹⁶¹ Das steht wohl auch hinter der bei Herzog (1971), 24 ff. notierten Enthauptung des Brandstifters.
⁹⁶² Vogtherr (1984), 22 Nr. 46. Dieser Eintrag relativiert die Einschätzung der Brandstiftung durch Radbruch – Gwinner (1951), 95, als „Kennzeichen einer noch nicht durchrationalisierten Kriminalität".
⁹⁶³ Munske (1973), 64.
⁹⁶⁴ „Incendium vulgo mortbrand." Frensdorff (1875), LX. Vgl. Hertzberg (1922), 61 und 65; Niese (1933), 53; Reuter (1936), 116. – Zum Mordbrand im Sachsenspiegel: Friese (1898), 263 ff.
⁹⁶⁵ Vgl. nur Osenbrüggen (1860), 354 ff.; Knapp (1896), 154 und 163 ff.; Herzog (1971), 24 ff.; Boos (1899) 3, 289; Harster (1900), 267 ff.
⁹⁶⁶ Honemann (1987), 516.
⁹⁶⁷ Vgl. nur Röhrkasten (1990), 364.
⁹⁶⁸ Christoph Beyer, Danziger Chronik. SS rer. Pruss. V. 1874, 449.
⁹⁶⁹ Sprenger, ed. Stein, 338. Vgl. auch Monumenta Suinfurtensia, ed. Friedrich Stein. 1875, 199 f. Nr. 219: Geständnisprotokoll (1419).
⁹⁷⁰ Heinrich Dormeier, Verwaltungs- und Rechnungswesen im spätmittelalterlichen Fürstentum Braunschweig-Lüneburg. 1994.
⁹⁷¹ Vgl. Knapp (1896), 39; Stölzel (1901) Bd. 1, 586 ff.
⁹⁷² Knapp (1896), 37. – In Ulm wurde 1439 Peter Klotz lebenslang der Stadt verwiesen, weil er mit Brandstiftung gedroht hatte. Göggelmann (1984), 147.
⁹⁷³ Honemann (1987), 516.
⁹⁷⁴ Kluge (1901), 58.
⁹⁷⁵ Dazu: Steenweg (1988).
⁹⁷⁶ Max 1 (1862), 335.
⁹⁷⁷ Sebastian Fischers Chronik, ed. Veesenmeyer, 55. Vgl. auch Scribner (1988), 83.
⁹⁷⁸ Karl Pfaff, Die Landstreicher und Bettler in Schwaben, vom sechzehnten bis in das achtzehnte Jahrhundert. 1857, 431–466 (Teildruck, Herkunft unbekannt).
⁹⁷⁹ Kirchhof, ed. Österley, 2, 210 f. Nrn. 160 f. Zitat: 210.
⁹⁸⁰ Vgl. z. B. Bettenhäuser (1964/65), 289 (1582).
⁹⁸¹ G. Zeller: Sammlung der württembergischen Regierungsgesetze, Bd. 1, 1841, 294 ff. (1556). – Zu Mordbrenner-Mandaten: Bechstein 1 (1842), 309 ff.
⁹⁸² Riezler (1903), 65 (1505).
⁹⁸³ Max 1 (1862), 335 Anm. Vgl. besonders Kluge (1901), 96 ff. mit Abb. von Mordbrenner-Zeichen 1540–1560.
⁹⁸⁴ Vgl. Gittler (1998), 207 ff.
⁹⁸⁵ Vgl. von Zahn (1896), 114.
⁹⁸⁶ Vgl. Bechstein 1 (1842), Anhang Tafel V. Dazu auch Bechstein 2 (1843), 309 ff. (1555); Kluge (1901), 109 (1574).
⁹⁸⁷ Bechstein 1 (1842), 310.
⁹⁸⁸ Landesarchiv Salzburg, Hofrat Mattsee 14.
⁹⁸⁹ Vgl. nur Kraft (1959), 53.
⁹⁹⁰ Mylius 5, Sp. 19 ff., Sp. 31 f.
⁹⁹¹ Vgl. z. B. Sachsen-Lauenburg 1591: Hempel (1980), 215 f. – Ein späteres Beispiel: Hildesheimer Mordbrenner-Mandat 1689. Hauptstaatsarchiv Hannover. Hild Br. 1 Nr. 10195 fol. 40.
⁹⁹² Kluge (1901), 98.
⁹⁹³ Vgl. – auch zu weiteren Parallelen – Graf (2000), 261 f.
⁹⁹⁴ Vgl. Bechstein 2 (1843), 309 ff. (1555). Vgl. auch ders. (1842), 318 ff. – Es verdient erwähnt zu werden, daß 1541 ein Dithmarscher Gericht sich nicht von der Mordbrenner-Hysterie anstecken ließ und einen wegen Mordbrandes Angeklagten aus Mangel an Beweisen freisprach. Duffner (1982), 77.

[995] Vgl. Schubert (1983), 144f.; Burschel (1994). – Ein Beispiel: Die 1559 im Hennebergischen aufgegriffene Bande bestand mehrheitlich aus abgedankten Landsknechten. Bechstein 1 (1842), 313ff.

[996] Vgl. die bayerischen Mandate von 1652 und 1663. Von Freyberg (1836), 11.

[997] Schubert (1983), 239 (1683); Bettenhäuser (1964/65), 293 (1689).

[998] Von Freyberg (1836), 12.

[999] Ernst Schubert, Das Jahrhundert der Bettler und Gauner im Hochstift Bamberg. (Fränkische Heimat am Obermain 15) 1978, 12.

[1000] Middendorf (1972), 35.

[1001] H. v. Kleist, Sämtliche Werke. Brandenburger Ausgabe. Bd. II/7: Berliner Abendblätter I. 1997, 11f., 41f.

[1002] Schubert (1983), 255.

[1003] Siegmund A. Wolf, Wörterbuch des Rotwelschen. 1956, 111; Hermann Arnold, Das Vagantenunwesen in der Pfalz während des 18. Jahrhunderts. Mitteilungen des Historischen Vereins der Pfalz 55 (1957), 117–152, hier: 119; Schubert (1983), 239.

[1004] Schöll (1793), 29ff.

[1005] Robert Jütte, Abbild und soziale Wirklichkeit des Bettler- und Gaunertums zu Beginn der Neuzeit. Sozial-, mentalitäts- und sprachgeschichtliche Studien zum Liber vagatorum (1510). 1988, 2ff.

[1006] Schöll (1793), 29ff.

[1007] Pfister (1812), 302.

[1008] Gründliche Nachricht, edd. König – Rudolf, 73.

[1009] Ebd., 59.

[1010] Hauptstaatsarchiv Hanover, Hild. Br. 1, Nr. 10156 fol. 11ff.

[1011] König – Rudolf (1992), 86f.

[1012] Ebd., 85.

[1013] Ebd., 82. – Die Mutter des Heinrich Richter, die „Spieler-Eva", war mit ihrem Bruder und ihrem Vater mit „Glückstöpfchen", Lostrommeln, durch die Lande gezogen. Ebd., 83.

[1014] Ebd., 88.

[1015] Ebd., 83.

[1016] Ebd., 64.

[1017] Ebd., 87.

[1018] Ebd., 85.

[1019] Ebd., 86.

[1020] Ebd., 106ff.

[1021] Ebd., 104f.

[1022] Ebd., 103.

[1023] Ebd., bes. 64ff.

[1024] Ebd., 66 und 69.

[1025] Schultheiß (1960), 144. Vgl. auch die Erzählung Kirchhofs, ed. Österley, 4, 248.

[1026] Vgl. Girtler (1998), 101ff.

[1027] Ed. Jacobs, Die Jagd auf dem Harze. Zeitschrift des Harzvereins für Geschichte und Alterthumskunde 33 (1900), 37.

[1028] Schubert (1983), 266f.

[1029] Bátori – Weyrauch (1982), 133.

[1030] Vgl. aber Hanns Hubert Hofmann, Reichsidee und Staatspolitik. Die Vorderen Reichskreise im 18. Jahrhundert. Zeitschrift für bayerische Landesgeschichte 33 (1970), 969–985.

[1031] Die Waldgebiete des Thüringer-, Franken- und Böhmerwaldes waren die Rückzugsgebiete der Bande des Krummfinger Balthasar um 1753. Kraft (1959), 14. Eine Mainzer Verordnung gebietet 1801, die Hirten-, Schäfer- und Abdecker-Hütten zu untersuchen, da das Gesindel wegen des harten Winters sich nicht mehr in den Wäldern aufhalten könne. Staatsarchiv Würzburg, Mainzer Polizeiakte 153.

[1032] Vgl. Kraft (1959), 14.

[1033] Vgl. August Gabler. Deutsche Gaue 59/60 (1978).

[1034] Von Bettlern, „welche sich in den Backoffen erhalten", sprechen brandenburgische Mandate 1584 und 1589: Mylius 5, Sp. 15 und 17.

1035 Mylius 5, Sp. 95.

1036 Christian Efing, Das Lützenhardter Jenisch. Studien zu einer deutschen Sondersprache. (Sondersprachenforschung 11) 2005, Wörterbuch (CD-ROM), 121 f.

1037 Kluge (1901), 109.

1038 In Hamburg war zum Beispiel Ende des 17. Jahrhunderts der Blaue Stern in der „Kleinen Elbestraße" eine in Gaunerkreisen bekannte Absteige. Naßküttel-Liste zu Nr. 76.

1039 Hennigs (2002), 240 ff. – Vgl. z. B. Staatsarchiv Hannover, Hild. Br. 1 Nr. 10201: In einer solchen Schenke wird 1731 eine Schar von Zigeunern aufgegriffen.

1040 Nacken (1968), 123.

1041 Gründliche Nachricht, edd. König – Rudolf, 69 und 72.

1042 Ebd., 71.

1043 Ebd., 73.

1044 Ebd., 85.

1045 Kraft (1959), 8 f.

1046 Vgl. die Klage eines hessischen Amtmanns 1745. Bettenhäuser (1964/65), 305.

1047 Gründliche Nachricht, edd. König – Rudolf, 100 f. und 103.

1048 Vgl. etwa die „Poenal-Sanction" des Oberrheinischen Reichskreises 1726 § 7. – So bemerkt 1568 ein Salzburger Mandat, daß „besonders auf den ainschichtigen guetern einöden" das Vagantenvolk Zuflucht finde. Landesarchiv Salzburg, Hofrat Mattsee, 85. – Berühmt wurde durch die Schinderhannes-Bande der Breitensester Hof bei Baumholder, ein abgelegener Hof inmitten einer armen, unfruchtbaren Landschaft. Der Hauswirt mußte geradezu kochem sein; denn wie wollte er sich durchschlagen, wo er jeder Erpressung des fahrenden Volks ausgeliefert war. Vgl. Nacken (1968), 146 f.

1049 Staatsarchiv Hannover, Hild. Br. 1 Nr. 10201 (1724).

1050 Vgl. Schubert (1983), 269.

1051 Bettenhäuser (1964/65), 284.

1052 Vgl. nur die Nürnberger Liste 1724, die drei Fälle vermerkt, bei denen Gauner, als sie sich dem Zugriff der Streifen entziehen wollten, erschossen wurden: Nrn. 69, 145 (mit Nr. 139) und 149. – 1753 hatte eine Husarenstreife bei Fürth 46 Vaganten gefangengenommen. Fronmüller (1887), 149.

1053 Hauptstaatsarchiv Hannover, Hild. Br. 1 Nr. 10201.

1054 Landesarchiv Salzburg, Hofamt Mattsee 14.

1055 Vgl. für die hannoverschen Lande Weissenborn (1993), 126 ff. – Zur Ergebnislosigkeit der Streifen vgl. auch Hennigs (2002), 233.

1056 Stadtarchiv Duderstadt, Dud. 1, Nr. 2985.

1057 Nürnberg 1715 August 2 bzw. 1718. Vgl. die Liste der Nürnberger Gaunermandate bei Schubert (1983), 337 f.

1058 Gründliche Nachricht, edd. König – Rudolf, 60.

1059 Ebd., 62 f.

1060 Bischoff (1822), edd. König – Rudolf, 248.

1061 Gründliche Nachricht, edd. König – Rudolf, 86.

1062 Ebd., 100 f.

1063 Bettenhäuser (1964/65), 312.

1064 Gründliche Nachricht, edd. König – Rudolf, 75.

1065 Friedrich Christian Benedict Avé-Lallemant, Die Mersener Bockreiter des 18. und 19. Jahrhunderts. Ergänzender Beitrag zur Geschichte des deutschen Gaunerthums. 1880, 54 Anm. 2.

1066 Vgl. Hosmann, Denck=Mahl (1700) und (wegen der Quellenhinweise) Kluge (1901), 174.

1067 Diese Goldene Tafel sah 1591 der Engländer Fynes Moryson, und er gibt den Unsinn wieder, den ihm Lüneburger über diese Tafel erzählten. Sie stamme von Heinrich dem Löwen, der sie aus Mailand mitgebracht habe. Schwarzwälder (1987), 320.

1068 Hosmann, Denck=Mahl (1700), Teil 2, 2.

1069 Wander 1, 587.

1070 Pinilla Ballester (1992), 30.

1071 König – Rudolf (1992), 19.

[1072] Pinilla Ballester (1992), 34 ff.
[1073] Hosmann, Denck=Mahl (1700).
[1074] Vgl. zum „Verbrecher aus verlorener Ehre" Pinilla Ballester (1992), 51 ff.
[1075] Vgl. Pinilla Ballester (1992), 21 ff.
[1076] Ignaz Ferdinand Arnold, Der schwarze Jonas, Kapuziner, Räuber und Mordbrenner. Mit einem Vorwort von Hans-Friedrich Foltin. 1805 (Neudruck 1972).
[1077] Hosmann, Denck=Mahl (1700), 119. List begründete seine freiwilligen, der Folter ausweichenden Geständnisse damit, daß Leugnen ihm nichts helfe, „er müsse doch sterben". Ebd., 117.
[1078] Ebd.

Quellen- und Literaturverzeichnis

Aders, Hiltrud : Das Medizinalwesen in der Herrschaft Rheda von der Mitte des 17. Jahrhunderts bis zum Beginn der preußischen Zeit, in: Westfälische Zeitschrift 119 (1969) S. 1–105.

Agricola, Johannes: Die Sprichwörtersammlungen. I: Sybenhundertundfünfftzig Teütscher Sprichwörter, verneüwert und gebessert, ed. Sander L. Gilman. 1534 (Neudruck 1971).

Ahrendt-Schulte, Ingrid: Hexenprozesse als Gegenstand historischer Frauenforschung. Der Fall Ilse Winter in Donop 1589, in: Wilbertz – Schwerhoff – Scheffler (1994), 199–210.

Albert, Thomas D.: Der gemeine Mann vor dem geistlichen Richter. Kirchliche Rechtsprechung in den Diözesen Basel, Chur und Konstanz vor der Reformation. (Quellen und Forschungen zur Agrargeschichte 45) 1998.

Allfeld, Philipp: Die Entwicklung des Begriffes Mord bis zur Carolina. Ein rechtsgeschichtlicher Versuch. 1877 (Neudruck 1969).

Andermann, Kurt: „Raubritter" oder „Rechtschaffene von Adel"? Aspekte von Politik, Friede und Recht im späten Mittelalter. (Oberrheinische Studien 14) 1997.

Angstmann, Else: Der Henker in der Volksmeinung. Seine Namen und sein Vorkommen in der mündlichen Volksüberlieferung. 1928.

Bader, Karl Siegfried: Die Zimmerische Chronik als Quelle rechtlicher Volkskunde. (Das Rechtswahrzeichen Heft 5) 1942.

Bader, Karl Siegfried: Rechtsformen und Schichten der Liegenschaftsnutzung im mittelalterlichen Dorf. (= ders., Studien zur Rechtsgeschichte des mittelalterlichen Dorfes, Bd. 3) 1973.

Baethcke, Hermann (Hrsg.): Des Dodes Danz. Nach den Lübecker Drucken von 1489 und 1496. (Bibliothek des Literarischen Vereins in Stuttgart 127) 1876 (Neudruck 1968).

Bamberger Echtbuch, s. Weber.

Barack, K[arl] A[ugust]: Zimmerische Chronik. 4 Bde. 2. verb. Aufl. 1881.

Bátori, Ingrid – Weyrauch, Erdmann: Die bürgerliche Elite der Stadt Kitzingen. Studien zur Sozial- und Wirtschaftsgeschichte einer landesherrlichen Stadt im 16. Jahrhundert. (Spätmittelalter und frühe Neuzeit 11) 1982.

Bauch, Andreas: Ein bayerisches Mirakelbuch aus der Karolingerzeit. Die Monheimer Walpurgis-Wunder des Priesters Wolfhard. 1979.

Bauer, Andreas: Das Gnadenbitten in der Strafrechtspflege des 15. und 16. Jahrhunderts. Dargestellt unter besonderer Berücksichtigung von Quellen der Vorarlberger Gerichtsbezirke Feldkirch und des Hinteren Bregenzerwaldes. (Rechtshistorische Reihe 143) 1996.

Bauer, Gerhard (Hrsg.): Johannes Geiler von Kaysersberg. Sämtliche Werke. Erster Teil. Die deutschen Schriften. 1989.

Bechstein, Ludwig (Hrsg.): Deutsches Museum für Geschichte, Literatur, Kunst und Alterthumsforschung. 2 Bde. 1842, 1843.

Beer, Mathias: Eltern und Kinder des späten Mittelalters in ihren Briefen. Familienleben in der Stadt des Spätmittelalters und der frühen Neuzeit mit besonderer Berücksichtigung Nürnbergs 1400–1550. (Nürnberger Werkstücke zur Stadt- und Landesgeschichte 44) 1990.

Behringer, Wolfgang: Hexenprozesse in Deutschland. 1988.

Behringer, Wolfgang: Mörder, Diebe, Ehebrecher. Verbrechen und Strafen in Kurbayern vom 16. bis 18. Jahrhundert, in: van Dülmen (1990), 85–132.

Beier-de Haan, Rosmarie – Voltmer, Rita – Irsigler, Franz (Hrsg.): Hexenwahn. Ängste der Neuzeit. 2002.

Beissel, Stephan: Die Verehrung der Heiligen und ihre Reliquien in Deutschland bis zum Beginn des 13. Jahrhunderts. (Stimmen aus Maria Laach, Erg. Heft 47) 1890.
Bender-Wittmann, Ursula: Hexenglaube als Lebensphilosophie. Informeller Hexereidiskurs und nachbarschaftliche Hexereikontrolle in Lemgo 1628–1637, in: Wilbertz – Schwerhoff – Scheffler (1994), 107–135.
Bendlage, Andrea – Henselmeyer, Ulrich: Zur Monopolisierung des Strafrechts. Gesellschaftliche Relevanz und Reichweite obrigkeitlicher Normen in der Reichsstadt Nürnberg im 15. und 16. Jahrhundert, in: Schlosser – Sprandel – Willoweit (2002), 311–329.
Beneke, Otto: Von unehrlichen Leuten. Cultur-historische Studien und Geschichten aus vergangenen Tagen deutscher Gewerbe und Dienste, mit besonderer Rücksicht auf Hamburg. 2. vermehrte Aufl. 1889.
Bepler, Hans: Die Strafrechtsentwicklung im Gericht Büdingen bis zur Mitte des 17. Jahrhunderts. Diss. iur. Marburg 1937.
Berkenhof, Hans Albert: Tierstrafe, Tierbannung und rechtsrituelle Tiertötung im Mittelalter. Diss. iur. Bonn 1937.
Bettenhäuser, Hermann: Räuber und Gaunerbanden in Hessen. Ein Beitrag zum Versuch einer historischen Kriminologie Hessens. Zeitschrift des Vereins für hessische Geschichte und Landeskunde 75/76 (1964/65), 275–348.
Birr, Christiane: „und sollen die geringste rug nit verschweigen." Beobachtungen zu Rügepflicht und Zentzuständigkeit an fränkischen Zentgerichten, in: Schlosser – Sprandel – Willoweit (2002), 207–226.
Bischoff, D.: Die Kochemer Waldiwerei in der Reußischen Martine. 1822, edd. König – Rudolf, 244–255.
Bitter, Margarethe: Das Zucht- und Arbeitshaus sowie das Criminalinstitut des Reichsgrafen F. L. Schenk von Castell zu Oberdischingen im Kreise Schwaben von 1789–1806. Diss. Halle-Wittenberg 1929.
Blanke, Helge: Gewaltausübung und Strafrechtspflege im Lichte der spätmittelalterlichen Grafschaftschronistik Nordwestdeutschlands, in: Schlosser – Sprandel – Willoweit (2002), 247–284.
Blastenbrei, Peter: Neuere italienische Forschungen zu Delinquenz und Kriminaljustiz 1500–1899: Tendenzen und Ergebnisse, in: Blauert – Schwerhoff (2000), 161–173.
Blauert, Andreas: Das Urfehdewesen im deutschen Südwesten im Spätmittelalter und in der frühen Neuzeit. (Frühneuzeit-Forschungen 7) 2000.
Blauert, Andreas: Die Epoche der Europäischen Hexenverfolgungen, in: Wilbertz – Schwerhoff – Scheffler (1994), 27–43.
Blauert, Andreas: Die Erforschung der Anfänge der europäischen Hexenverfolgungen, in: ders. (1990), 11–42.
Blauert, Andreas: Frühe Hexenverfolgungen. Ketzer-, Zauberei- und Hexenprozesse des 15. Jahrhunderts. 1989.
Blauert, Andreas (Hrsg.): Ketzer, Zauberer, Hexen. Die Anfänge der europäischen Hexenverfolgung. 1990.
Blauert, Andreas – Schwerhoff, Gerd (Hrsg.): Kriminalitätsgeschichte. Beiträge zur Sozial- und Kulturgeschichte der Vormoderne. (Konflikte und Kultur – Historische Perspektiven 1) 2000.
Boelcke, Willi A.: Verfassungswandel und Wirtschaftsstruktur. Die mittelalterliche und neuzeitliche Territorialgeschichte ostmitteldeutscher Adelsherrschaft als Beispiel. 1969.
Bonnekamp, Carl-Georg: Die Zimmerische Chronik als Quelle zur Geschichte des Strafrechts, der Strafgerichtsbarkeit und des Strafverfahrens in Schwaben im Ausgang des Mittelalters. Diss. jur. Bonn 1940.
Boockmann, Hartmut: Leben und Sterben im spätmittelalterlichen Göttingen. Göttinger Jahrbuch 31 (1983), 73–94.
Boos, Heinrich: Geschichte der rheinischen Städtekultur von den Anfängen bis zur Gegenwart mit besonderer Berücksichtigung der Stadt Worms, Bd. 3, Berlin ²1899.
Borst, Arno: Nürnberger Sebaldslegenden, in: ders., Barbaren, Ketzer und Artisten. Welten des Mittelalters. 1988, 409–428.
Brandis, s. Henning Haenselmann.
Braunschweiger Stadtordnung 1579: Der Stadt Braunschweig Ordnunge, ire Christliche Religion/auch allerhandt Criminal/Straff und Policey sachen betreffendt. 1579 (Reprint 2002).
Breithaupt, Klaus: Die Strafe des Staupenschlags und ihre Abschaffung im Gemeinen Recht, zugleich ein Beitrag zur Geschichte des Zuchthauses. 1938.
Broekmann, Theo: Rigor iusticiae. Herrschaft, Recht und Terror im normannisch-staufischen Süden. 2005.
Brucker, Jean Charles: Straßburger Zunft- und Polizei-Verordnungen des 14. und 15. Jahrhunderts. 1889.

Brunner, Heinrich: Über die Strafe des Pfählens im älteren deutschen Recht. ZRG germ. 26 (1905), 258–267.
Buchda, Gerhard: Rechtsarchäologisches und Volksrechtskundliches aus Thüringen, in: Ebert (1978), 63–78.
Buff, Alfred: Verbrechen und Verbrecher zu Augsburg in der zweiten Hälfte des 14. Jahrhunderts. Zeitschrift des Historischen Vereins für Schwaben 4 (1877), 160–231.
Buma, Wybren Jan – Ebel, Wilhelm (Hrsg.): Das Fivelgoer Recht. (Altfriesische Rechtsquellen 5) 1972.
Burghartz, Susanna: Disziplinierung oder Konfliktregelung? Zur Funktion städtischer Gerichte im Spätmittelalter. Das Zürcher Ratsgericht. ZHF 16 (1989), 385 ff.
Burghartz, Susanna: Zeiten der Reinheit – Orte der Unzucht. Ehe und Sexualität in Basel während der Frühen Neuzeit. 1999.
Burschel, Peter: Söldner im Nordwestdeutschland des 16. und 17. Jahrhunderts. Sozialgeschichtliche Studien. (Veröffentlichungen des Max-Planck-Insituts für Geschichte 113) 1994.
Byloff, Fritz: Das Verbrechen der Zauberei (crimen magiae). Ein Beitrag zur Geschichte der Strafrechtspflege in Steiermark. 1902.
Byloff, Fritz: Hexenglaube und Hexenverfolgung in den österreichischen Alpenländern. (Quellen zur deutschen Volkskunde 6) 1934.
Carlen, Louis: Die Galeerenstrafe im Militärstrafrecht. ZRG germ. 92 (1975), 210–214.
Carlen, Louis: Die Galeerenstrafe in der Schweiz. Zeitschrift für die gesamte Strafrechtswissenschaft 88 (1976), 557–579.
Carlen, Louis: Rechtsaltertümer der Innerschweiz, in: ders. (1995), 73–102.
Carlen, Louis: Sinnenfälliges Recht. Aufsätze zur Rechtsarchäologie und Rechtlichen Volkskunde. 1995.
Cassel, Clemens: Die Stadt Celle zur Zeit Herzogs Ernst des Bekenners. Ein Zeit- und Sittenbild der Jahre 1520–1550 nach zeitgenössischen Aufzeichnungen. 1906.
Christl, Gerhard: Die Malefitzprozess-Ordnung des Codex Maximilianeus von 1616, dargestellt in ihrem Verhältnis zur Carolina und den Rechtsquellen des 16. Jahrhunderts im Herzogtum Bayern. Diss. jur. Regensburg 1975.
Chroniken der deutschen Städte, s. Städtechroniken.
Codex Falkensteinensis. Die Rechtsaufzeichnungen der Grafen von Falkenstein, bearb. von Elisabeth Noichl. (Quellen und Erörterungen zur Bayerischen Geschichte NF 29) 1978.
Colmarer Stadtrechte: Elsässische Stadtrechte III: Colmarer Stadtrechte, bearb. von Paul Willem Finsterwalder. 1938.
Cyrus, Hannelore: „Kindesmörderinnen" und das Gesetz von 1796 (brem. Partikularrecht) wider vorsätzliches Verheimlichen von Schwangerschaft und Niederkunft, in: Kriminologisches Journal 2. Beiheft 1987: Kriminologie und Geschichte. 1987, 131 ff.
Decker, Rainer: Die Hexen und ihre Henker. Ein Fallbericht. 1994.
Decker, Rainer: Teuflische Besessenheit und Hexenverfolgung. Paderborn, Rietberg und Reckenberg 1657–1660, in: Wilbertz – Schwerhoff – Scheffler (1994), 297–310.
Deichert, H.: Zur Geschichte der peinlichen Rechtspflege im alten Hannover. Hannoversche Geschichtsblätter 15 (1912), 97–175.
Delius: Gerichtsverfassung und Gesetze im Amte Elbingerode bis zur Mitte des 17. Jahrhunderts. Vaterländisches Archiv 4 (1821) 149 ff.
Dienst, Heide: Regionalgeschichte und Gesellschaft im Hochmittelalter am Beispiel Österreichs. (MIÖG Erg. Bll. 27) 1990.
Dienst, Heide: Lebensbewältigung durch Magie. Alltägliche Zauberei in Innsbruck gegen Ende des 15. Jahrhunderts, in: Alfred Kohler/Heinrich Lutz, Alltag im 16. Jahrhundert. 1987, 80–116.
Dinges, Martin: Justiznutzungen als soziale Kontrolle in der Frühen Neuzeit, in: Blauert – Schwerhoff (2000), 503–544.
Dinzelbacher, Peter – Bauer, Dieter R.: Heiligenverehrung in Geschichte und Gegenwart. 1990.
Doleisch v. Dolsperg, Franz: Die Entstehung der Freiheitsstrafe unter besonderer Berücksichtigung des Auftretens moderner Freiheitsstrafe in England. Diss. Göttingen 1928.
Döpler, Jacob: Jacobi Döpleri … Theatrum Poenarum, Suppliciorum et Executionum criminalium oder: Schau-Platz, derer Leibes- und Lebens-Straffen … 2 Bde. 1693–1697.
Dreytwein, Adolf: Adolf Dreytweins Esslingische Chronik, ed. Adolf Diehl. 1901.

Drüppel, Hubert: Iudex civitatis. Zur Stellung des Richters in der hoch- und spätmittelalterlichen Stadt deutschen Rechts. (Forschungen zur deutschen Rechtsgeschichte 12) 1981.

Duffner, Jürgen Hans Karl: Über Landzwang. Eine strafrechtsgeschichtliche Untersuchung zu Artikel 128 der Carolina. Diss. jur. Marburg 1982.

Dülmen, Richard van: Der ehrlose Mensch. Unehrlichkeit und soziale Ausgrenzung in der Frühen Neuzeit. 1999.

Dülmen, Richard van: Frauen vor Gericht. Kindsmord in der frühen Neuzeit. 1991.

Dülmen, Richard van: Theater des Schreckens. Gerichtspraxis und Strafrituale in der frühen Neuzeit. 1985.

Dülmen, Richard van (Hrsg.): Verbrechen, Strafen und soziale Kontrolle. 1990.

Ebel, Friedrich: Magdeburger Recht. Bd. 1: Die Rechtssprüche für Niedersachsen. (Mitteldeutsche Forschungen 89/I) 1983.

Ebel, Friedrich: Magdeburger Recht. Bd. 2: Die Rechtsmitteilungen und Rechtssprüche für Breslau. Teil 1: Die Quellen von 1281 bis 1452. (Mitteldeutsche Forschungen 89/II/1) 1989.

Ebel, Wilhelm: Die Rostocker Urfehden. 1938.

Ebel, Wilhelm: Die Willkür. Eine Studie zu den Denkformen des älteren deutschen Rechts. (Göttinger rechtswissenschaftliche Studien 6) 1953.

Ebel, Wilhelm (Hrsg.): Das Stadtrecht von Goslar. 1968.

Ebeling, Albert: Beiträge zur Geschichte der Freiheitsstrafe. 1935.

Ebert, Kurt (Hrsg.): Festschrift Hermann Baltl. Innsbruck 1978.

Echtbuch: Ein Bamberger Echtbuch (liber proscriptorum) von 1414–1444. Berichte des Historischen Vereins Bamberg 59 (1898), 1–147.

Eckel, Martin: Das Kasseler Werkhaus (1782–1823). Zur Geschichte des Kasseler Armenwesens. Zeitschrift des Vereins für hessische Geschichte und Landeskunde 75/76 (1964/65), 431–444.

Eckhardt, Karl August: Lex Salica. 100 Titel-Text. 1953.

Ehbrecht, Wilfried: Hansen, Friesen und Vitalienbrüder an der Wende zum 15. Jahrhundert, in: ders. und Heinz Schilling (Hrsg.), Niederlande und Nordwestdeutschland (Städteforschung A 15) 1983, 61 ff.

Eibach, Joachim: Böse Weiber und grobe Kerle. Delinquenz, Geschlecht und soziokulturelle Räume in der frühneuzeitlichen Stadt, in: Blauert – Schwerhoff (2000), 669–688.

Eiden, Herbert: Vom Ketzer- zum Hexenprozeß. Die Entwicklung geistlicher und weltlicher Rechtsvorstellungen bis zum 17. Jahrhundert, in: Beier-de Haan – Voltmer – Irsigler (2002), 48–59.

Eisenbach, Ulrich: Zuchthäuser, Armenanstalten und Waisenhäuser in Nassau. Fürsorgewesen und Arbeitserziehung vom 17. bis zum Beginn des 19. Jahrhunderts. (Veröffentlichungen der Historischen Kommission für Nassau 56) 1994.

Erdmann, Carl – Fickermann, Norbert (Bearb.): Briefsammlungen der Zeit Heinrichs IV. (MGH Briefe der deutschen Kaiserzeit 5) 1950.

Evans, Richard J.: Rituale der Vergeltung. Die Todesstrafe in der deutschen Geschichte. 2001.

Fabricius, Ferdinand: Das älteste Stralsundische Stadtbuch (1270–1310). 1872.

Fehr, Hans: Das Recht in der Dichtung. 1931.

Fehr, Hans: Der Humor im Recht. Bern 1946.

Fehr, Hans: Gottesurteil und Folter. Eine Studie zur Dämonologie des Mittelalters und der neueren Zeit, in: Festgabe für Rudolf Stammler. 1926, 231–254.

Felber, Alfons: Unzucht und Kindsmord in der Rechtsprechung der Freien Reichsstadt Nördlingen vom 15. bis 19. Jahrhundert. 1961.

Fenner, Rudolf: Die französische Gesetzgebung gegen Bettler und Vagabunden bis auf Napoleon. 1906.

Fischer, Thomas: Städtische Armut und Armenfürsorge im 15. und 16. Jahrhundert. (Göttinger Beiträge zur Wirtschafts- und Sozialgeschichte 4) 1979.

Flachenecker, Helmut: Eine geistliche Stadt. Eichstätt vom 13. bis zum 16. Jahrhundert. 1988.

Forrer, Georg: Die Freiheitsstrafe im friderizianischen Preußen. 1975.

Franz, Günther (Hrsg.): Quellen zur Geschichte des Bauernkrieges. (Ausgewählte Quellen zur deutschen Geschichte der Neuzeit 2) 1963.

Franz, Günther (Hrsg.): Quellen zur Geschichte des deutschen Bauernstandes im Mittelalter. 2 Bde. (Ausgewählte Quellen zur deutschen Geschichte der Neuzeit 11 u. 31) 1963 und 1967.

Frauenstädt, Paul: Blutrache und Todtschlagsühne im Deutschen Mittelalter. Studien zur Deutschen Kultur- und Rechtsgeschichte. 1881.

Frauenstädt, Paul: Breslaus Strafrechtspflege im 14. bis 16. Jahrhundert, in: Zeitschrift für die Strafrechtswissenschaft 10 (1890) S. 1–229.

Freitag, Winfried: Das Netzwerk der Wilderei. Wildbretschützen, ihre Helfer und Abnehmer in den Landgerichten um München im späten 17. Jahrhundert, in: Blauert – Schwerhoff (2000), 707–757.

Frensdorff, Ferdinand: Einleitung zu: Das Verfestungsbuch der Stadt Stralsund, ed. Otto Francke. 1875.

Frenz, Barbara: „si convinci potest ydoneis testibus, eadem pena ac si in civitate contigisset puniatur." Konzeptionen der Beweisführung und Sanktionierung beklagter Friedensverletzungen in Stadtrechten des 12. und 13. Jahrhunderts, in: Schlosser – Sprandel – Willoweit (2002), 133–156.

Freyberg, Max von: Pragmatische Geschichte der bayerischen Gesetzgebung und Staatsverwaltung seit den Zeiten Maximilian I. Bd. 2. 1836.

Friese, Victor: Das Strafrecht des Sachsenspiegels. (Untersuchungen zur deutschen Staats- und Rechtsgeschichte 55) 1898 (Neudruck 1970).

Frölich, Karl: Denkmäler mittelalterlicher Strafrechtspflege in Ost- und Mitteldeutschland. 1946 (zit.: Frölich [1946/II]).

Frölich, Karl: Mittelalterliche Bauwerke als Rechtsdenkmäler. 1939.

Frölich, Karl: Rechtsdenkmäler des deutschen Dorfs. (Gießener Beiträge zur deutschen Philologie 89) 1947.

Frölich, Karl: Stätten mittelalterlicher Rechtspflege auf südwestdeutschem Boden, besonders in Hessen und den Nachbargebieten. 1938.

Frölich, Karl: Stätten mittelalterlicher Rechtspflege im niederdeutschen Bereich. 1946.

Fronmüller, Georg Tobias Christoph: Chronik der Stadt Fürth. 2. vermehrte Aufl. 1887 (Neudruck 1985).

Geiler, s. Gerhard Bauer.

Gény, Joseph (Hrsg.): Schlettstadter Stadtrechte. Zweite Hälfte. (Oberrheinische Stadtrechte. Dritte Abt.: Elsässische Rechte) 1902.

Gernhuber, Joachim: Die Landfriedensbewegung in Deutschland bis zum Mainzer Reichslandfrieden von 1235. (Bonner Rechtswissenschaftliche Abhandlungen 44) 1952.

Gernhuber, Joachim: Strafvollzug und Unehrlichkeit. ZRG germ. 74 (1957), 119–177.

Gersmann, Gudrun: Konflikte, Krisen, Provokationen im Fürstbistum Münster. Kriminalgerichtsbarkeit im Spannungsfeld zwischen adeliger und landherrlicher Justiz, in: Blauert – Schwerhoff (2000), 423–446.

Gimpel, Klaus: Nachrichten über die Henker (Büttel, Scharfrichter) in Münster. Henkersturm und Büttelei. Westfälische Zeitschrift 141 (1991), 151–168.

Girtler, Roland: Rotwelsch. Die alte Sprache der Gauner, Dirnen und Vagabunden. 1998.

Given, James Buchanan: Society and Homicide in 13th Century England. 1977.

Glenzdorf, Johann – Treichel, Fritz: Henker, Schinder und arme Sünder. 1970.

Göggelmann, Hans Erich: Das Strafrecht der Reichsstadt Ulm bis zur Carolina. Diss. Tübingen 1984.

Gonthier, Nicole: Délinquantes ou victimes, les femmes dans la société lyonnaise du Xve siècle. Revue Historique 271 (1984), 25 ff.

Görner, Regina: Raubritter. Untersuchung zur Lage des spätmittelalterlichen Niederadels, besonders im südlichen Westfalen. 1987.

Göttinger Statuten. Akten zur Geschichte der Verwaltung und des Gildewesens der Stadt Göttingen bis zum Ausgang des Mittelalters, ed. Goswin Frhr. von der Ropp. (Quellen und Darstellungen zur Geschichte Niedersachsens 25) 1907.

Graf, Eduard – Dietherr, Mathias: Deutsche Rechtssprichwörter. 2. Aufl. 1869.

Graf, Klaus: Das leckt die Kuh nicht ab. „Zufällige Gedanken" zu Schriftlichkeit und Erinnerungskultur der Strafgerichtsbarkeit, in: Blauert – Schwerhoff (2000), 245–288.

Grass, Nikolaus: Zur Stellung Tirols in der Rechtsgeschichte, in: Ebert (1978), 229–274.

Graßmann, Antjekathrin: Raub, „rebellicheit" und unredliche Handlung. Bemerkungen zu den Lübecker Urfehden 1400–1550, in: Civitatum Communitas. Festschrift Heinz Stoob zum 65. Geburtstag, hrsg. von Helmut Jäger (u. a.). (Städteforschung A 21) 1984, Bd. 2, 765–780.

Graus, František: Herrscher und Heilige im Reich der Merowinger. 1965.

Griesebner, Andrea – Mommertz, Monika: Fragile Liebschaften? Methodologische Anmerkungen zum Verhältnis zwischen historischer Kriminalitätsforschung und Geschlechtergeschichte, in: Blauert – Schwerhoff (2000), 205–232.

Gründliche Nachricht von einigen Räubern und Spitzbuben von E. G. H., 1714, edd. Gerd Elmar König – Michael Rudolf (1992), 58 ff.

Gudian, Gunter: Geldstrafrecht und peinliches Strafrecht im späten Mittelalter, in: Rechtsgeschichte als Kulturgeschichte. Festschrift Adalbert Erler. 1976, 273–288.

Gwinner, Heinrich: Der Einfluß des Standes im gemeinen Strafrecht. 1934.

Haberland, Friedrich: Die Freiheitsstrafe in Hannover. 1931.

Haenselmann, Ludwig (Hrsg.): Henning Brandis' Diarium. Hildesheimer Geschichten aus den Jahren 1471–1528. 1896 (Neudruck 1994).

Hagemann, Hans-Rudolf: Basler Rechtsleben im Mittelalter. Bd. 1. 1981.

Hahn, Peter-Michael: Die Gerichtspraxis der altständischen Gesellschaft im Zeitalter des „Absolutismus". 1989.

Halbleib, Henrik: Kriminalitätsgeschichte in Frankreich, in: Blauert – Schwerhoff (2000), 89–119.

Hampe, Theodor: Die Nürnberger Malefizbücher als Quellen der reichsstädtischen Sittengeschichte vom 14. bis zum 18. Jahrhundert. 1927.

Hanse: Die Hanse. Lebenswirklichkeit und Mythos. Eine Ausstellung des Museums für Hamburger Geschichte in Verbindung mit der Vereins- und Westbank, hrsg. von Jörgen Bracker. Bd. 2. 1989.

Hardenbergs Generalbericht, s. Meyer.

Harmening, Dieter: Fränkische Mirakelbücher. Würzburger Diözesangeschichtsblätter 28 (1966), 25 ff.

Harster, Theodor: Das Strafrecht der freien Reichsstadt Speier in Theorie und Praxis. (Untersuchungen zur Deutschen Staats- und Rechtsgeschichte 61) 1900.

Härter, Karl: Strafverfahren im frühneuzeitlichen Territorialstaat: Inquisition, Entscheidungsfindung, Supplikation, in: Blauert – Schwerhoff (2000), 459–480.

Hartinger, Walter: Rechtspflege und Volksleben. Zur Funktion des Rechts im absolutistischen Bayern, in: Das Recht der kleinen Leute. Beiträge zur rechtlichen Volkskunde. Festschrift für Karl-Sigismund Kramer zum 60. Geburtstag. 1976, 50–68.

Hartlieb, Johann: Johann Hartliebs Übersetzung des Dialogus Miraculorum von Caesarius von Heisterbach, ed. Karl Drescher. (Deutsche Texte des Mittelalters 33) 1929.

Hartmann, R.: Geschichte der Residenzstadt Hannover von den ältesten Zeiten bis auf die Gegenwart. 1880.

Hattenhauer, Hans: Von Christen, Juden und Menschen. Zum Strafrecht der Aufklärung, in: Kleinheyer – Mikat (1979), 245–269.

Hauser, Albert: Was für ein Leben. Schweizer Alltag vom 15. bis 18. Jahrhundert. 1989.

Heilmann, Karl Eugen: Kräuterbücher in Bild und Geschichte. 1966.

Helfer, Christian: Henker-Studien I–II. AKG 46 (1964), 334–359.

Helfer, Christian: Henker-Studien (Neue Folge). AKG 47 (1965), 96–117.

Hellbling, Ernst C.: Tat- und Täterbezeichnung, Täterwillen und Schuldformen nach den wichtigsten landrechtlichen Kodifikationen Österreichs vom Ausgang des Mittelalters bis zur Theresiana und der CCC, in: Ebert (1978), 297–307.

Helmold von Bosau: Slawenchronik, ed. Heinz Stoob. (Ausgewählte Quellen zur deutschen Geschichte des Mittelalters 19) 1963.

Hempel, Brigitte: Der Entwurf einer Polizeiordnung für das Herzogtum Sachsen-Lauenburg aus dem Jahre 1591. 1980.

Hennigs, Annette: Gesellschaft und Mobilität. Unterwegs in der Grafschaft Lippe 1680 bis 1820. 2002.

Hennings, Elsa: Das hamburgische Strafrecht im 15. und 16. Jahrhundert und seine Verwirklichung. Diss. iur. Hamburg 1935.

Hentig, Hans von: Beseelung und Tabu des Galgens, in: ders. (1962), 131–148 (zit.: von Hentig [1962/II]).

Hentig, Hans von: Die Strafe. I. Frühformen und kulturgeschichtliche Zusammenhänge. 1954.

Hentig, Hans von: Gerichtliche Klänge und Geräusche. Eine kriminalgeschichtliche Studie, in: ders. (1962), 65–79 (zit.: von Hentig [1962/I]).

Hentig, Hans von: Kriminalstatistische Daten aus früheren Jahrhunderten, in: ders. (1962), 170–187 (zit.: von Hentig [1962/III]).

Hentig, Hans von: Studien zur Kriminalgeschichte, hrsg. von Christian Helfer. Bern 1962.
Hentig, Hans von: Vom Ursprung der Henkersmahlzeit. 1958.
Herges, Catherine: Die ökonomischen Preisfragen der Königlichen Societät der Wissenschaften zu Göttingen 1752–1852. Diss. phil. Göttingen 2004.
Hertzberg, H.: Das älteste bremische Nequamsbuch und seine Fortsetzungen. Bremisches Jahrbuch 28 (1922), 1 ff.
Herzog, Klaus-Peter: Das Strafensystem der Stadt Rothenburg ob der Tauber im Spätmittelalter. 1971.
Hildesheimer Stadtrechnungen, s. Urkundenbuch der Stadt Hildesheim.
Hippel, Robert von: Deutsches Strafrecht. Bd. 1: Allgemeine Grundlagen. 1925.
Hirsch, Hans: Die hohe Gerichtsbarkeit im deutschen Mittelalter. 1922.
His, Rudolf: Das Strafrecht des deutschen Mittelalters. Bd. 1: Die Verbrechen und ihre Folgen im allgemeinen. Bd. 2: Die einzelnen Verbrechen. 1920, 1935.
Hoffmann, Carl A.: Außergerichtliche Einigungen bei Straftaten als vertikale und horizontale soziale Kontrolle im 16. Jahrhundert, in: Blauert – Schwerhoff (2000), 563–579.
Holdener, Fridolin: Das Strafverfahren im alten Lande Schwyz bis zum Jahre 1798. Diss. Bern 1926.
Honemann, Volker: Johannes Rothe und seine „Thüringische Weltchronik", in: Patze (1987), 497 ff.
Hosmann, Sigismund: Fürtreffliches Denck=Mahl der Göttlichen Regierung ... 1700.
Hug, Heinrich: Heinrich Hugs Villinger Chronik von 1495 bis 1533, ed. Christian Roder. 1883.
Ignor, Alexander: Geschichte des Strafprozesses in Deutschland 1532–1846. Von der Carolina Karls V. bis zu den Reformen des Vormärz. (Rechts- und Staatswiss. Veröff. der Görres-Gesellschaft 97) 2002.
Jansen, Stefanie: Der gestörte Friede. Konfliktwahrnehmung und Konfliktregelung in Stadtrechtsquellen des 12. und 13. Jahrhunderts, in: Schlosser – Sprandel – Willoweit (2002), 83–131.
Janz, Brigitte: Rechtssprichwörter im Sachsenspiegel. Eine Untersuchung zur Text-Bild-Relation in den Codices picturati. (Germanistische Arbeiten 13) 1989.
Jerouschek, Günter – Blauert, Andreas: Zwischen Einigungsschwur und Unterwerfungseid. Zur obrigkeitlichen Usurpation des Urfehdewesens, in: Schlosser – Sprandel – Willoweit (2002), 221–246.
Johansen, Jens Chr. V.: Das nahe Gericht. Über Kriminalität und Rechtsbewußtsein dänischer Bauern in der ersten Hälfte des 17. Jahrhunderts, in: Blauert – Schwerhoff (2000), 447–457.
Johansen, Jens Chr. V.: Erträge der neuen Rechtsgeschichte in den skandinavischen Ländern, in: Blauert – Schwerhoff (2000), 175–189.
Justiz in alter Zeit. (Schriftenreihe des Mittelalterlichen Kriminalmuseums Rothenburg ob der Tauber 6c) 1989.
Jütte, Robert: Die Anfänge des organisierten Verbrechens. Falschspieler und ihre Tricks im späten Mittelalter und der frühen Neuzeit. AKG 70 (1988), 1 ff.
Kaatsch, Hans-Jürgen: Polizeigesetzgebung in Schweinfurt. Eine Darstellung anhand der reichsgesetzlichen Grundlagen und der reichsfürstlichen Polizeiordnungen. (Mainfränkische Studien 27) 1982.
Kamann, Johann: Aus dem Briefwechsel eines jungen Nürnberger Kaufmanns im 16. Jahrhundert. 1894.
Kames, Joh. Karl: Die weltliche Gerichtsbarkeit in der Stadt Hildesheim während des Mittelalters. 1910.
Kappl, Claus: Die Not der kleinen Leute. Der Alltag der Armen im 18. Jahrhundert im Spiegel der Bamberger Malefizamtsakten. (Historischer Verein Bamberg, Beiheft 17) 1984.
Kaufmann, Ekkehard: Zur Lehre von der Friedlosigkeit im Germanischen Recht, in: Kleinheyer – Mikat (1979).
Keen, Maurice: The outlaws of medieval legend. 2. Aufl. 2000.
Keller, Albrecht: Der Scharfrichter in der deutschen Kulturgeschichte. 1921 (Neudruck 1968).
Kirchhof, Hans Wilhelm: Wendunmuth, ed. Hermann Österley. 4 Bde. (Bibliothek des Literarischen Vereins in Stuttgart 95–99) 1869.
Kirmeier, Josef: Die Juden und andere Randgruppen. Zur Frage der Randständigkeit im mittelalterlichen Landshut. Diss. München 1988.
Klamt, Rudi: Die Strafrechtspflege des Breslauer Rates während des Mittelalters, namentlich über excessus. Diss. jur. Breslau 1941.
Kleinheyer, Gerd: Tradition und Reform in der Constitutio Criminalis Carolina, in: Landau – Schroeder (1984), 7–28.

Kleinheyer, Gerd: Zur Rolle des Geständnisses im Strafverfahren des späten Mittelalters und der frühen Neuzeit, in: Kleinheyer – Mikat (1979), 367 ff.
Kleinheyer, Gerd – Mikat, Paul (Hrsg.): Beiträge zur Rechtsgeschichte. Gedächtnisschrift für Hermann Conrad. (Rechts- und staatswissenschaftliche Veröffentlichungen der Görres-Gesellschaft N.F. 34) 1979.
Klingebiel, Thomas: Ein Stand für sich? Lokale Amtsträger in der Frühen Neuzeit. (Veröffentlichungen der Historischen Kommission für Niedersachsen und Bremen 207) 2002.
Kluge, Friedrich: Rotwelsch. Quellen und Wortschatz der Gaunersprache und der verwandten Geheimsprachen. 1: Rotwelsches Quellenbuch. 1901.
Knapp, Hermann: Alt-Regensburgs Gerichtsverfassung, Strafverfahren und Strafrecht bis zur Carolina. 1914.
Knapp, Hermann: Das alte Nürnberger Kriminalrecht. 1896.
Knapp, Hermann: Die Zenten des Hochstifts Würzburg. Bd. 1: Die Weistümer und Ordnungen der Würzburger Zenten. 1907.
Köbler, Gerhard: Bilder aus der deutschen Rechtsgeschichte von den Anfängen bis zur Gegenwart. 1988.
Koch, Herbert: Jenseits der Strafe. 1988.
Koch, Tankred: Die Geschichte der Henker. Scharfrichter – Schicksale aus acht Jahrhunderten. Heidelberg 1988.
Kocher, Gernot: Zeichen und Symbole des Rechts. Eine historische Ikonographie. 1992.
Konersmann, Frank: Kirchenvisitation als landesherrliches Kontrollmittel und als Regulator dörflicher Kommunikation. Das Herzogtum Pfalz-Zweibrücken im 16. und 17. Jahrhundert, in: Blauert – Schwerhoff (2000), 603–625.
König, G. E. – Rudolf, Michael (Hrsg.): Von Spitzbuben, liederlichen Weibsmenschen und anderen Galgenvögeln. Räuberbanden des 17.–19. Jahrhunderts. 1992.
Koppmann, Karl: Geschichte der Stadt Rostock. 1887.
Korsch, Hans-Peter: Das materielle Strafrecht der Stadt Köln vom Ausgang des Mittelalters bis in die Neuzeit. 1958.
Korzilius, Sven: Burgenzerstörung als Sanktion im Rahmen der Landfriedenswahrung. Studie an einem Fall aus dem Leben des Kölner Erzbischofs Arnold von Wied, in: Schlosser – Sprandel – Willoweit (2002), 31–58.
Koschorreck, Walter: Der Sachsenspiegel in Bildern. Aus der Heidelberger Bilderhandschrift ausgewählt und erläutert. (insel taschenbuch 218) 1976.
Kraft, Günther: Historische Studien zu Schillers Schauspiel „Die Räuber". Über eine mitteldeutsch-fränkische Räuberbande des 18. Jahrhunderts. 1959.
Kramer, Karl-S[igismund]: Grundriß einer rechtlichen Volkskunde. 1957.
Kramer, Karl-Sigismund: Volksleben in Holstein (1550–1800). Eine Volkskunde aufgrund archivalischer Quellen. 1990.
Krause, Thomas: Die Strafrechtspflege im Kurfürstentum und Königreich Hannover vom Ende des 17. bis zum ersten Drittel des 19. Jahrhunderts. (Untersuchungen zur deutschen Staats- und Rechtsgeschichte N.F. 28) 1991.
Kreil, Dieter: Der Stadthaushalt von Schwäbisch Hall im 15./16. Jahrhundert. Eine finanzgeschichtliche Untersuchung. 1967.
Kröner, Wolfgang: Freiheitsstrafe und Strafvollzug in den Herzogtümern Schleswig, Holstein und Lauenburg von 1700 bis 1864. (Rechtshistorische Reihe 63) 1988.
Krünitz, Johann Georg: Oeconomische Encyclopädie oder Allgemeines System der Land-, Haus- und Staats-Wirthschaft ... 1773–1858.
Küch, Friedrich: Quellen zur Rechtsgeschichte der Stadt Marburg. 2 Bde. (Veröffentlichungen der Historischen Kommission für Hessen und Waldeck XIII) 1918–1931.
Künßberg, Eberhard Frhr. von: Rechtliche Volkskunde. 1936.
Künßberg, Eberhard Frhr. von: Rechtsgeschichte und Volkskunde. 1965.
Kunze, Michael: Der Fall der Bäuerin von Winden. Zum Einfluß der Carolina auf die Praxis des Münchner Hofgerichts im 17. Jahrhundert, in: Landau – Schroeder (1984), 177–204.
Labouvie, Eva: Hexenforschung als Regionalgeschichte. Probleme, Grenzen und neue Perspektiven, in: Wilbertz – Schwerhoff – Scheffler (1994), 45–60.

Labouvie, Eva: Wider Wahrsagerei, Segnerei und Zauberei. Kirchliche Versuche zur Ausgrenzung von Aberglaube und Volksmagie seit dem 16. Jahrhundert, in: van Dülmen (1990), 15–55.
Lamschus, Christian: Emden unter der Herrschaft der Cirksena. Studien zur Herrschaftsstruktur der ostfriesischen Residenzstadt 1470–1527. 1984.
Landau, Peter – Schroeder, Friedrich Christian (Hrsg.): Strafrecht, Strafprozeß und Rezeption. Grundlagen, Entwicklung und Wirkung der Constitutio Criminalis Carolina. (Juristische Abhandlungen 19) 1984.
Landwehr, Götz: Die althannoverschen Landgerichte. (Quellen und Darstellungen zur Geschichte Niedersachsens 62) 1964.
Langer, Herbert: Stralsund 1600–1630. Eine Hansestadt in der Krise. 1970.
Langer, Herbert: Spätmittelalterliche Lohnarbeit im Spiegel der Stralsunder Gerichtsbücher und Handwerksakten, in: Greifswald-Stralsunder Jahrbuch 10 (1972/73), 87–100.
Leder, Karl Bruno: Todesstrafe. Ursprung, Geschichte, Opfer. 1980.
Leiser, Wolfgang: Strafgerichtsbarkeit in Süddeutschland. Formen und Entwicklungen. 1971.
Lemmermann, Holger: Zigeuner und Scherenschleifer im Emsland. 1986.
Linderkamp, Heike: Niedergerichtliche Strafformen und ihre Anwendung nach Quellen der Rechtspraxis. Ein Beitrag zur rechtlichen Volkskunde in Schleswig-Holstein. (Studien zur Volkskunde und Kulturgeschichte Schleswig-Holsteins 17) 1985.
Loetz, Francisca: L'infrajudiciaire. Facetten und Bedeutung eines Konzepts, in: Blauert – Schwerhoff (2000), 545–562.
Lott, Arno: Die Todesstrafen im Kurfürstentum Trier in der frühen Neuzeit. (EuropHochschulschrr Reihe 2, 2314) 1998.
Lück, Heiner: Ein Magdeburger Schöffenspruch für den Bischof von Meißen und das „peinliche Strafrecht" im frühneuzeitlichen Sachsen, in: Uwe John – Josef Matzerath (Hrsg.), Landesgeschichte als Herausforderung und Programm. Karlheinz Blaschke zum 70. Geburtstag, 1997, 241–258.
Ludolph, Alfred: Das Werk- und Zuchthaus und die Kettenstrafanstalt zu Lüneburg, ein Beitrag zur Geschichte der Entwicklung des Strafvollzuges. Diss. jur. Göttingen 1930.
Machens, Joseph: Die Archidiakonate des Bistums Hildesheim im Mittelalter. Ein Beitrag zur Rechts- und Kulturgeschichte der mittelalterlichen Diözesen. 1920.
Marschall, Dieter: De laqueo rupto. Die mißlungene Hinrichtung durch den Strang. 1967.
Maubach, Peter: „Gott sey ihrer armen Seele gnädig ..." Die letzte öffentliche Hinrichtung (in Neubrandenburg). 2003.
Max, Georg: Geschichte des Fürstenthums Grubenhagen. Bd. 1. 1862.
Meier, Christine: Die Anfänge der Hexenprozesse in Lemgo, in: Wilbertz – Schwerhoff – Scheffler (1994), 83–106.
Meinhardt, Karl-Ernst: Das peinliche Strafrecht der freien Reichsstadt Frankfurt am Main im Spiegel der Strafpraxis des 16. und 17. Jahrhunderts. Diss. jur. Frankfurt 1957.
Mentgen, Gerd: Der Würfelzoll und andere antijüdische Schikanen in Mittelalter und früher Neuzeit. ZHF 22 (1995), 1–48.
Merzbacher, Friedrich: Hexenprozesse in Franken. 2. Aufl. 1970.
Metzger, Karl: Die Verbrechen und ihre Straffolgen im Basler Recht des späteren Mittelalters. Basel 1931.
Meyer, Christian (Hrsg.): Hardenberg und seine Verwaltung der Fürstentümer Ansbach und Bayreuth. 1892.
Middendorff, Wolf: Beiträge zur Historischen Kriminologie. 1972.
Mittersfelser Liste. Description Jeniger in den Landen zu Bayrn, wie auch Obernpfalz und andern benachbahrten Landschaften herumb vagierenden Landschädlichen Diebs- und Raubers-Bursch, so durch die bey dem Gericht Mittersfels ... justificierte Delinquenten ... denunziert ... Im Monath Julii 1729 (vorh.: Stadtarchiv Nürnberg, Rep. A 6).
Moeller, Ernst von: Die Rechtssitte des Stabbrechens. ZRG germ. 21 (1900), 27–115.
Moeller, Katrin: „Es ist ein überaus gerechtes Gesetz, dass die Zauberinnen getötet werden." Hexenverfolgung im protestantischen Norddeutschland, in: Beier-de Haan – Voltmer – Irsigler (2002), 96–109.
Mölk, Ulrich (Hrsg.): Literatur und Recht. Literarische Rechtsfälle von der Antike bis in die Gegenwart. 1996.
Müller, Daniela: Schuld – Geständnis – Buße. Zur theologischen Wurzel von Grundbegriffen des mittelalterlichen Strafprozeßrechts, in: Schlosser – Sprandel – Willoweit (2002), 403–420.

Müllner, Johannes: Die Annalen der Reichsstadt Nürnberg von 1623. Teil 2: Von 1351–1469, ed. Gerhard Hirschmann. (Quellen zur Geschichte und Kultur der Stadt Nürnberg 11) 1984.
Mummenhoff, Ernst: Die öffentliche Gesundheits- und Krankheitspflege im alten Nürnberg, in: Festschrift zur Eröffnung des Neuen Krankenhauses der Stadt Nürnberg, Nürnberg 1898.
Munske, Horst Haider: Der germanische Wortschatz im Bereich der Missetaten. Philologische und sprachgeographische Untersuchungen. I. Die Terminologie der älteren westgermanischen Rechtsquellen. (Studia Linguistica Germanica 8/1) 1973.
Münster-Schröer, Erika: „Grave gegen Düren." Zaubereianklage und Schöffenurteil, Feme und Reichskammergericht im frühen 16. Jahrhundert, in: Blauert – Schwerhoff (2000), 405–422.
Mylius, Christian Otto: Corpus Constitutionum Marchicarum, Fünffter Theil. Fünffte Abtheilung von unterschiedenen zum Policey-Wesen gehörigen Sachen. [1740.]
Nacken, Edmund: Die wahre Geschichte des Johann Wilhelm Bückler, nachmals bekant geworden als Räuberhauptmann Schinderhannes. 1968.
Naß, Klaus (Hrsg.): Mittelalterliche Quellen zur Geschichte Hildesheims. (Quellen und Dokumentationen zur Stadtgeschichte Hildesheims 16) 2006.
Naßküttel-Liste. Name der Jenigen, welche der allhier in Hanau inhafftirten Johann Wendel, oder so genante Naßküttel vor seiner den 3ten Juni, 1687 beschehenen Enthaubtung, als Beutelschneider, Nachtdieb, und falsche Münzer angegeben, Ansbach 10. September 1687 (vorh.: Staatsarchiv Nürnberg, Rep. 116 Tom. III).
Nehlsen, Hermann: Entstehung des öffentlichen Strafrechts bei den germanischen Stämmen, in: Karl Kroeschell (Hrsg.), Gerichtslauben-Vorträge. Freiburger Festkolloquium zum 75. Geburtstag von Hans Thieme. 1983, 3–16.
Neitzert, Dieter: Die Stadt Göttingen führt eine Fehde 1485/86. Untersuchung zu einer Sozial- und Wirtschaftsgeschichte von Stadt und Umland. (Veröffentlichungen des Institus für Historische Landesforschung der Universität Göttingen 30) 1992.
Neukam, Wilhelm: Immunitäten und Civitas in Bamberg von der Gründung des Bistums 1007 bis zum Ausgang des Immunitätenstreits 1440. 78. Berichte des Historischen Vereins Bamberg (1922/24), 195ff.
Neumann, Friederike: Von der Kirchenbuße zu öffentlicher Strafe. Öffentliche Sanktionsformen aus der Sendgerichtsbarkeit im städtischen und landesherrlichen Recht, in: Schlosser – Sprandel – Willoweit (2002), 159–187.
Niese, Bernhard: Der strafrechtliche Inhalt des ältesten Urteilbuchs des holsteinischen Vierstädtgerichts und der Asmus Bremerschen Kieler Chronik. Diss. 1933.
Nordhoff-Behne, Hildegard: Gerichtsbarkeit und Strafrechtspflege in der Reichsstadt Schwäbisch Hall seit dem 15. Jahrhundert. (Forschungen aus Württembergisch Franken 3) 1971.
Nowosadtko, Jutta: Scharfrichter und Abdecker. Der Alltag zweier „unehrlicher Berufe" in der Frühen Neuzeit. 1994.
Nürnberger Ratsverlässe: Die Nürnberger Ratsverlässe. Teil 2: 1452–1471, hrsg. von Martin Schieber. 1995.
Oppelt, Wolfgang: Über die Unehrlichkeit des Scharfrichters. 1976.
Osenbrüggen, Eduard: Das alamannische Strafrecht im deutschen Mittelalter. Schaffhausen 1860 (Neudruck 1968)
Osenbrüggen, Eduard: Der Hausfrieden. 1857 (Neudruck 1968).
Osenbrüggen, Eduard: Deutsche Rechtsalterthümer aus der Schweiz. Bd. 1. Zürich 1858.
Peters, Edward: Folter. Geschichte der peinlichen Befragung. 1991.
Peters, Werner: Bezeichnungen und Funktionen des Fronboten in den mittelniederdeutschen Rechtsquellen. (Germanistische Arbeiten zu Sprache und Kulturgeschichte 20) 1991.
Petzoldt, Leander: Die freudlose Muse. Texte, Lieder und Bilder zum historischen Bänkelsang. 1978.
Pfister, Ludwig: Nachtrag zu der aktenmäßigen Geschichte der Räuberbanden an beiden Ufern des Mains, im Spessart und im Odenwald. 1812.
Pinilla Ballester, Carmen: Erzählte Hinrichtungen. Zum literarischen Diskurs über Verbrechen und Strafe um 1800. (Europäische Hochschulschriften I/1345) 1992.
Pohanka, Reinhard: Die Unbehausten. Arme, Randschichten und Fahrende Leute in und um die mittelalterliche Stadt, in: Gerhard Fischer (Hrsg.), Die Stadt und die Wildnis. Wien 1000–1500. Wien 1992, 111ff.
Pugh, Ralph B.: Imprisonment in Medieval England. 1968.

Puhle, Matthias: Die Vitalienbrüder. Klaus Störtebeker und die Seeräuber der Hansezeit. 2. Aufl. 1994.

Radbruch, Gustav – Gwinner, Heinrich: Geschichte des Verbrechens. Versuch einer historischen Kriminologie. 1951.

Rädle, Fidel: Der Prozeß gegen den Wolf (Ysengrimus, Buch III), in: Mölk (1996), 37–56.

Ranke, Kurt: Rosengarten. Recht und Totenkult (1951).

Reber, Balthasar: Felix Hemmerlin von Zürich, neu nach den Quellen bearbeitet. 1846.

Rehme, Paul: Über die Breslauer Stadtbücher. 1909.

Reichart, Andrea: Alltagsleben um späten Mittelalter. Der Übergang zur frühen Neuzeit am Beispiel der Stadt Essen (1400–1700). 1996.

Reichert, Folker: Erfahrung der Welt. Reisen und Kulturbegegnung im späten Mittelalter. 2001.

Reinecke, Wilhelm: Geschichte der Stadt Lüneburg. 2 Bde. 1933.

Reiß, Helmut: Die strafrechtliche Behandlung der Eigentums- und Vermögensdelikte nach den Strafurteilen der Praxis im Bereich der Hansestädte vom 13. Jahrhundert bis zum Erlaß der Constitutio Criminalis Carolina in Jahre 1532. Diss. Kiel 1973.

Rendtel, Constanze: Hochmittelalterliche Mirakelberichte als Quelle zur Sozial- und Mentalitätsgeschichte und zur Geschichte der Heiligenverehrung, untersucht an Texten insbesondere aus Frankreich. 1985.

Renkhoff, Otto: Wiesbaden im Mittelalter. 1980.

Rennefahrt, Hermann (Hrsg.): Das Stadtrecht von Bern VII. Zivil-, Straf- und Prozeßrecht. (Die Rechtsquellen des Kantons Bern. Erster Teil. Stadtrechte. Siebenter Band, erste Hälfte) 1963.

Reubold, Wilhelm: Geschichtliche Notizen über Gerichts- und Gefängnislokale zu Würzburg, in: Archiv des Historischen Vereins für Unterfranken 43 (1901), 167–205.

Reuter, Rolf: Verbrechen und Strafe nach altem lübischem Recht, in: Hansische Geschichtsblätter 61 (1936).

Reverchon, Alexander und Schneider, Guido: Die Metzer Rotlichtbezirke. Zur Geschichte der Prostitution im späteren Mittelalter (13.–15. Jahrhundert), in: Friedhelm Burgard – Christoph Cluse – Alfred Haverkamp (Hrsg.), Liber Amicorum necnon et Amicarum für Alfred Heit. (Trierer Historische Forschungen 28) 1996, 203–231.

Riezler, Sigmund: Geschichte Baierns. Bd. 6: Von 1508–1651. 1903.

Riggenbach, Christoph: Die Tötung und ihre Folgen. Ein Beitrag zur alamannisch-schweizerischen Rechtsgeschichte im Mittelalter. ZRG germ. 49 (1929), 57–166.

Roeder von Diersburg, Elvire Freiin: Komik und Humor bei Geiler von Kaisersberg. 1921.

Röhrkasten, Jens: Die englischen Kronzeugen 1130–1330. (BerlinHistStud 16) 1990.

Rösch, Gerhard: Wein und Weinhandel in städtischen Rechtstexten des Spätmittelalters, in: Ferdinand Opll (Hrsg.), Stadt und Wein. (Beiträge zur Geschichte der Städte Mitteleuropas 14) Linz 1996, 193–206.

Rössler, Emil Franz (Hrsg.): Die Stadtrechte von Brünn aus dem XIII. und XIV. Jahrhundert, nach bisher ungedruckten Handschriften herausgegeben. 1852 (Neudruck 1963).

Rothe: Düringische Chronik des Johann Rothe, hrsg. von Rochus von Liliencron. (Thüringische Geschichtsquellen 3) 1859.

Rousseaux, Xavier: Kriminalitätsgeschichte in Belgien, den Niederlanden und Luxemburg (14. bis 18. Jahrhundert), in: Blauert – Schwerhoff (2000), 121–159.

Rübsamen, Dieter: Das Briefeingangsregister des Nürnberger Rates für die Jahre 1449–1457. (Historische Forschungen 22) 1997.

Rudolf von Schlettstadt: Historiae memorabilis, ed. Erich Kleinschmidt. 1974.

Rudolph, Harriet: „Eine gelinde Regierungsart." Peinliche Strafjustiz im geistlichen Territorium. Das Hochstift Osnabrück (1716–1803). 2000.

Ruoff, Wilhelm Heinrich: Die Zürcher Räte als Strafgericht und ihr Verfahren bei Freveln im 15. und 16. Jahrhundert. Diss. phil Zürich 1941.

Sander, Paul: Die reichsstädtische Haushaltung Nürnbergs, dargestellt auf Grund ihres Zustandes von 1431 bis 1440. 1902.

Schaab, Meinrad: Die Blendung als politische Maßnahme im abendländischen Früh- und Hochmittelalter. Diss. phil. 1956.

Schaffstein, Friedrich: Die Bedeutung der Carolina für die Entwicklung strafrechtlicher Delikttatbestände, in: Landau – Schroeder (1984), 145–159.

Scheele, Friedrich: „di sal man alle radebrechen." Todeswürdige Delikte und ihre Bestrafung in Text und Bild der Codices picturati des Sachsenspiegels. 2 Bde. 1992.
Scheffler, Jürgen – Schwerhoff, Gerd – Wilbertz, Gisela: Umrisse und Themen der Hexenforschung in der Region, in: Wilbertz – Schwerhoff – Scheffler (1994), 9–25.
Scheurlen, Ute: Über Handel und Seeraub im 14. und 15. Jahrhundert an der ostfriesischen Küste. Diss. Hamburg 1974.
Schib, Karl (Bearb.): Die Rechtsquellen des Kanton Schaffhausen. Erster Teil. Stadtrechte. Zweiter Band. Das Stadtecht von Schaffhausen II. Das Stadtbuch von 1385. Aarau 1967.
Schild, Wolfgang: Alte Gerichtsbarkeit vom Gottesurteil bis zum Beginn der modernen Rechtssprechung. 1980.
Schild, Wolfgang: Der „entliche Rechtstag" als das Theater des Rechts, in: Landau – Schroeder (1984), 119–144.
Schild, Wolfgang: Die Ordnung und ihre Missetäter, in: Justiz (1989), 59–112.
Schlosser, Hans: Der strafverschärfende Rückfall nach der gelehrten Doktrin und in der Strafpraxis der Reichsstadt Augsburg, in: Schlosser – Sprandel – Willoweit (2002), 383–400.
Schlosser, Hans – Sprandel, Rolf – Willoweit, Dietmar (Hrsg.): Herrschaftliches Strafen seit dem Hochmittelalter. Formen und Entwicklungsstufen. (Konflikt, Verbrechen und Sanktion in der Gesellschaft Alteuropas. Symposien und Synthesen 5) 2002.
Schmidt, Christoph: Polnische Forschungen zur Geschichte von Kriminalität und Strafjustiz (16.–18. Jahrhundert), in: Blauert – Schwerhoff (2000), 191–201.
Schmidt, Eberhard: Entwicklung und Vollzug der Freiheitsstrafe in Brandenburg-Preußen bis zum Ausgang des 18. Jahrhunderts. 1915.
Schmidt, Franz: Das Tagebuch des Meister Franz, Scharfrichter zu Nürnberg, ed. J. M. F. Endter. 1801 (Neudruck 1980).
Schmidt, Heinrich Richard: Elsli Tragdenknaben. Nikolaus Manuels Ansicht des geistlichen Gerichts, in: Blauert – Schwerhoff (2000), 583–602.
Schmoeckel, Mathias: Humanität und Staatsraison. Die Abschaffung der Folter in Europa und die Entwicklung des gemeinen Strafprozeß- und Beweisrechts seit dem hohen Mittelalter. (Norm und Struktur 14) 2000.
Schnabel-Schüle, Helga: Überwachen und Strafen im Territorialstaat. Bedingungen und Auswirkungen des Systems strafrechtlicher Sanktionen im frühneuzeitlichen Württemberg. 1997.
Schnitzler, Norbert: Juden vor Gericht: Soziale Ausgrenzung durch Sanktionen, in: Schlosser – Sprandel – Willoweit (2002), 285–308.
Schnürer, Gustav: Kirche und Kultur im Mittelalter. Bd. 2. 1926.
Schöll, Johann Ulrich: Abriß des Jauner- und Bettelwesens in Schwaben nch Akten und andern sichern Quellen von dem Verfasser des Konstanzer Hanß. 1793.
Schormann, Gerhard: Aus der Frühzeit der Rintelner Juristenfakultät. 1977.
Schormann, Gerhard: Der Krieg gegen die Hexen. 1991.
Schormann, Gerhard: Die Fuldaer Hexenprozesse und die Würzburger Juristenfakultät, in: Wilbertz – Schwerhoff – Scheffler (1994), 311–323.
Schott, Clausdieter: Der Stadt der Leges-Forschung. FrühmalStud 13 (1979), 29–55.
Schott, Clausdieter: Rat und Spruch der Juristenfakultät Freiburg i. Br. (Beiträge zur Freiburger Wissenschafts- und Universitätsgeschichte 30) 1965.
Schroeder, Richard – Koehne, Karl: Oberrheinische Stadtrechte. Abt. 1: Fränkische Rechte. H. 4: Miltenburg, Obernburg ... 1898.
Schubart-Fikentscher, Gertrud: Zur Stellung der Komödianten im 17. und 18. Jahrhundert. (Sitzungsberichte der Sächsischen Akademie der Wissenschaften zu Leipzig, Phil.-hist. Klasse Bd. 107, H. 6) 1963.
Schubert, Ernst: Alltag im Mittelalter. 2002.
Schubert, Ernst: Fahrendes Volk im Mittelalter. 1995.
Schubert, Ernst: Arme Leute, Bettler und Gauner im Franken des 18. Jahrhunderts. (Veröffentlichungen der Gesellschaft für fränkische Geschichte IX/26) 1983.
Schubert, Ernst: König und Reich. Studien zur spätmittelalterlichen deutschen Verfassungsgeschichte (Veröffentlichungen des Max-Planck-Instituts für Geschichte 63). 1979.

Schubert, Ernst: Der betrügerische Bettler im Mittelalter und in der frühen Neuzeit. In: Festgabe für Dieter Neitzert zum 65. Geburtstag. 1998, 71–107.
Schubert, Ernst: Der Fremde in den niedersächsischen Städten des Mittelalters, in: Niedersächsisches Jahrbuch für Landesgeschichte 69 (1997), 1–44.
Schubert, Ernst: Einführung in die Grundprobleme der deutschen Geschichte des Spätmittelalters. 1992. 2. Aufl. 1998 u. d. T. Einführung in die deutsche Geschichte im Spätmittelalter.
Schubert, Ernst: Gauner, Dirnen und Gelichter in deutschen Städten des Mittelalters. In: Mentalität und Alltag im Spätmittelalter, hrsg. von Cord Meckseper und Elisabeth Schraut. 1985, 97–128.
Schubert, Ernst: Latente Mobilität und bedingte Sesshaftigkeit im Spätmittelalter. IMIS-Beiträge 20 (2002), 45–65.
Schubert, Ernst: Protestantisches Bürgertum in Würzburg am Vorabend der Gegenreformation. Zeitschrift für Bayerische Kirchengeschichte 40 (1971), 69–82.
Schubert, Ernst: Randgruppen in der Schwankliteratur des 16. Jahrhunderts, in: Städtische Randgruppen und Minderheiten, hrsg. von Bernd Kirchgässner und Fritz Reuter, 1986, 129–160.
Schubert, Ernst: Stadt und Kirche in Niedersachsen vor der Reformation. Jahrbuch der Gesellschaft für niedersächsische Kirchengeschichte 86 (1988), 9–39.
Schubert, Ernst: Steuer, Streit und Stände. Die Ausbildung ständischer Repräsentation in niedersächsischen Territorien des 16. Jahrhunderts. Niedersächsisches Jahrbuch für Landesgeschichte 63 (1991), 1–58.
Schubert, Ernst: Vom Wergeld zur Strafe. In: Tota Frisia in Teilansichten. Hajo von Lengen zum 65. Geburtstag, hrsg. von Heinrich Schmidt, Wolfgang Schwarz, Martin Tielke. 2005, 97–120.
Schué, Karl: Das Gnadebitten in Recht, Sage, Dichtung und Kunst. Ein Beitrag zur Rechts- und Kulturgeschichte. Zeitschrift des Aachener Geschichtsvereins 44 (1918), 143–286.
Schuler, Jürg: Bedeutung und Tragweite der strafrechtlichen Bestimmungen in den älteren schweizerischen Bundesbriefen 1291–1332. Diss. jur. Zürich 1947.
Schulte, Aloys: Geschichte der Großen Ravenburger Handelsgesellschaft. 1380–1530. 3 Bde. 1923 (Neudruck 1964).
Schultheiß, Werner: Die Acht-, Verbots- und Fehdebücher Nürnbergs von 1285–1400. Mit einer Einführung in die Rechts- und Sozialgeschichte und das Kanzlei- und Urkundenwesen Nürnbergs im 13. und 14. Jahrhundert. (Nürnberger Rechtsquellen 1/2) 1960.
Schüppert, Helga: Kirchenkritik in der lateinischen Lyrik des 12. und 13. Jahrhunderts. (Medium Aeoum 23) 1972.
Schüßler, Martin: Qauntifizierung, Impressionismus und Rechtstheorie. Ein Beispiel zur Geschichte und zum heutigen Stand der Forschung über Kriminalität im Europa des Spätmittelalters und der frühen Neuzeit. ZRG germ. 113 (1996), 247–278.
Schüßler, Martin: Statistische Untersuchung des Verbrechens in Nürnberg im Zeitraum von 1285 bis 1400. ZRG germ. 108 (1991), 117–193.
Schüßler, Martin: Verbrechen im spätmittelalterlichen Olmütz. Statistische Untersuchung der Kriminalität im Osten des Heiligen Römischen Reiches. ZRG germ. 111 (1994), 148–271.
Schuster, Beate: Die freien Frauen. Dirnen und Frauenhäuser im 15. und 16. Jahrhundert. (Geschichte und Geschlechter 12) 1995.
Schuster, Peter: Eine Stadt vor Gericht. Recht und Alltag im spätmittelalterlichen Konstanz. 2000.
Schuster, Peter: Richter ihrer selbst? Delinquenz gesellschaftlicher Oberschichten in der spätmittelalterlichen Stadt, in: Blauert – Schwerhoff (2000), 359–378 (zit.: Schuster [2000/II]).
Schwarzwälder, Herbert und Inge: Reisen und Reisende in Nordwestdeutschland. Bd. 1: Bis 1620. (Veröffentlichungen der Historischen Kommission für Niedersachsen und Bremen XXXV/7) 1987.
Schwerhoff, Gerd: Aktenkundig und gerichtsnotorisch. Einführung in die Historische Kriminalforschung. (Historische Einführungen 3) 1999.
Schwerhoff, Gerd: Hexerei, Geschlecht und Regionalgeschichte. Überlegungen zur Erklärung des scheinbar Selbstverständlichen, in: Wilbertz – Schwerhoff – Scheffler (1994), 325–353.
Schwerhoff, Gerd: Kriminalitätsgeschichte im deutschen Sprachraum. Zum Profil eines „verspäteten" Forschungszweiges, in: Blauert – Schwerhoff (2000), 21–68.
Seggelke, Günter: Die Entstehung der Freiheitsstrafe. Diss. jur. Göttingen 1928.

Sellert, Wolfgang – Rüping, Heinrich: Studien- und Quellenbuch zur Geschichte der deutschen Strafrechtspflege. Bd. 1: Von den Anfängen bis zur Aufklärung, von Wolfgang Sellert. 1989.
Seuffert, Ottmar: Arnstein und der Werngrund. Die Entwicklung einer Würzburger Amtsstadt vornehmlich im 16. Jahrhundert. (Mainfränkische Studien 48) 1990.
Siems, Harald: Handel und Wucher im Spiegel frühmittelalterlicher Rechtsquellen. (MGH Schriften 35) 1992.
Skála, Emil: Das Egerer Urgichtenbuch (1543–1579). 1972.
Simon-Muscheid, Katharina: Gewalt und Ehre im spätmittelalterlichen Handwerk am Beispiel Basels, in: Zeitschrift für Historische Forschung 18 (1991), S. 1–31.
Sprandel, Rolf (Hrsg.): Quellen zur Hanse-Geschichte. (Ausgewählte Quellen zur deutschen Geschichte des Mittelalters 36) 1982.
Sprenger, Nikolaus: Annalen von Schweinfurt 1383–1478, hrsg. von Friedrich Stein, in: Monumenta Suinfurtensia historica inde ab anno DCCXCI usque ad annum MDC. 1875.
Stadt im Wandel. Kunst und Kultur des Bürgertums in Norddeutschland 1150–1650. Landesausstellung Niedersachsen 1985. Ausstellungskatalog. 4 Bde. 1985.
Städtechroniken Bd. 2: Die Chroniken der fränkischen Städte. Nürnberg Bd. 2. 1864 (Neudruck 1961).
Städtechroniken Bd. 5: Die Chroniken der schwäbischen Städte. Augsburg Bd. 2. 1866.
Städtechroniken Bd. 7: Die Chroniken der niedersächsischen Städte. Magdeburg Bd. 1. 1869 (Neudruck 1962).
Städtechroniken Bd. 9: Die Chroniken der oberrheinischen Städte. Straßburg Bd. 2. 1871.
Städtechroniken Bd. 10: Die Chroniken der fränkischen Städte. Nürnberg Bd. 4. 1872 (Neudruck 1961).
Städtechroniken Bd. 11: Die Chroniken der fränkischen Städte. Nürnberg Bd. 5. 1874 (Neudruck 1961).
Städtechroniken Bd. 15: Die Chroniken der baierischen Städte. Regensburg, Landshut, Mühldorf, München. 1878.
Städtechroniken Bd. 23: Die Chroniken der schwäbischen Städte. Augsburg Bd. 4. 1894.
Städtechroniken Bd. 26: Die Chroniken der niedersächsischen Städte. Lübeck Bd. 2. 1899 (Neudruck 1967).
Städtechroniken Bd. 36: Die Chroniken der niedersächsischen Städte. Lüneburg. 1931.
Stahm, Georg: Das Strafrecht der Stadt Dortmund bis zur Mitte des XVI. Jahrhunderts. Diss. jur. Bonn 1909.
Steenweg, Helge: „(…) dat Eymbeck in den hethen kolen stünde (…)" – Der Brand Einbecks im Jahre 1540. Einbecker Jahrbuch 39 (1988), 5–25.
Stokar, David: Verbrechen und Strafe in Schaffhausen, in: Zeitschrift für Schweizer Strafrecht 5/5 (1892), 309–384.
Stolle, Konrad: Memoriale thüringisch-erfurtische Chronik, ed. Richard Thiele. (Geschichtsquellen der Provinz Sachsen und angrenzender Gebiete 39) 1900.
Stolz, Otto: Der geschichtliche Inhalt der Rechnungsbücher der Tiroler Landesfürsten von 1288–1350. (Schlern-Schriften 175) 1957.
Stölzel, Adolf: Casseler Stadtrechnungen aus der Zeit von 1468 bis 1553. Zeitschrift des Vereins für hessische Geschichte und Landeskunde, Neue Folge, Drittes Supplement. 1871.
Stölzel, Adolf: Urkundliches Material aus den Brandenburger Schöppenstuhlsakten. 4 Bde. 1901.
Stüber, Karl: Commendatio animae. Sterben im Mittelalter. (Geist und Werk der Zeiten 48) 1976.
Stuhlmüller, Karl: Vollständige Nachrichten über eine polizeyliche Untersuchung gegen jüdische, durch ganz Deutschland und dessen Nachbarstaaten verstreute Räuberbanden. 1823.
Stutz, Emil: Das Strafrecht von Stadt und Amt Zug (1352–1798). Diss. Bern 1917.
Telle, Joachim (Hrsg.): Ein handschriftliches Kunst- und Viehbüchlein des Wasenmeisters Busch, in: Ländliche Kulturformen im deutschen Südwesten. Festschrift für Heiner Heimberger. 1971, 159–185.
Thietmar von Merseburg: Chronik, ed. Werner Trillmich. (Ausgewählte Quellen zur deutschen Geschichte des Mittelalters 9) 1957.
Traphagen, Wilhelm: Die ersten Arbeitshäuser und ihre pädagogische Funktion. 1935.
Truffer, Henri: Der Einfluß des Standes im allgemeinen und züricherischen Strafrecht von 1300–1798. Diss. jur. Zürich 1960.
Trusen, Winfried: Strafprozeß und Rezeption. Zu den Entwicklungen im Spätmittelalter und den Grundlagen der Carolina, in: Landau – Schroeder (1984), 29–118.
Tscharner, Hans-Fritz von: Die Todesstrafe im alten Staate Bern. Diss. jur. Bern 1936.
Tümmler, Hans: Goethe als Staatsmann. 1976.

Ulbricht, Otto: Kindsmord und Aufklärung in Deutschland. (Ancien Régime, Aufklärung und Revolution 18) 1990.
Ullmann, Johannes Gottfried: Das Strafrecht der Städte der Mark Meißen, der Oberlausitz, des Pleißner-, Oster- und Vogtlandes während des Mittelalters. (Leipziger Rechtswissenschaftliche Studien 34) 1928.
Urkundenbuch der Stadt Hildesheim, Teil 5: Stadtrechnungen 1379–1415 und Teil 6: Stadtrechnungen 1416–1450, ed. Richard Doebner. 1893 und 1896 (Neudruck 1980).
Urkundenbuch des Stiftes und der Stadt Hameln. 2 Bde. 1887, 1903.
Valentinitsch, Helfried: Das Grazer Zucht- und Arbeitshaus 1734–1783. Zur Geschichte des Strafvollzugs in der Steiermark, in: Ebert (1978), 495–514.
Veesenmeyer, Karl Gustav (Hrsg.): Sebastian Fischers Chronik, besonders von Ulmischen Sachen. 1896.
Vogtherr, Thomas: Verfestungen im spätmittelalterlichen Braunschweig. Braunschweiger Jahrbuch 65 (1984), 7–28.
Volk, Otto (Bearb.): Die Rechnungen der mainzischen Verwaltung in Oberlahnstein im Spätmittelalter. 1990.
Voltmer, Rita: Abläufe, Ursachen und Hintergründe der großen Hexenverfolgungen in den Territorien zwischen Reich und Frankreich im späten 16. und im 17. Jahrhundert, in: Beier-de Haan – Voltmer – Irsigler (2002), 84–95.
Voltmer, Rita: Von der besonderen Alchimie, aus Menschenblut Gold zu machen, oder von den Möglichkeiten, Hexereiverdacht und Hexenprozesse zu instrumentalisieren, in: Beier-de Haan – Voltmer – Irsigler (2002), 130–141 (zit.: Voltmer [2002/II]).
Voltmer, Rita – Eiden, Herbert: Rechtsnormen, Gerichts- und Herrschaftspraxis bei Hexereiverfahren in Lothringen, Luxemburg, Kurtrier und St. Maximin während des 16. und 17. Jahrhunderts, in: Beier-de Haan – Voltmer – Irsigler (2002), 60–71.
Voltmer, Rita – Irsigler, Franz: Die europäischen Hexenverfolgungen der Frühen Neuzeit – Vorurteile, Faktoren und Bilanzen, in: Beier-de Haan – Voltmer – Irsigler (2002), 30–47.
Voß, Günter: Henker, Tabugestalt und Sündenbock, in: Hergemöller, Bernd-Ulrich (Hrsg.): Randgruppen der spätmittelalterlichen Gesellschaft. 1990, 86 ff.
Wadle, Elmar: Der Nürnberger Friedebrief Kaiser Friedrich Barbarossas und das gelehrte Recht, in: ders. (2001), 153–196 (zit.: Wadle [2001/II]).
Wadle, Elmar: Die peinliche Strafe als Instrument des Friedens, in: ders. (2001), 197–217 (zit.: Wadle [2001/III]).
Wadle, Elmar: Heinrich IV. und die deutsche Friedensbewegung, in: ders. (2001), 41–74 (zit.: Wadle [2001/I]).
Wadle, Elmar: Landfrieden, Strafe, Recht. Zwölf Studien zum Mittelalter. (Schriften zur Europäischen Rechts- und Verfassungsgeschichte 37) 2001.
Wadle, Elmar: Zur Delegitimierung der Fehde durch die mittelalterliche Friedensbewegung, in: Schlosser – Sprandel – Willoweit (2002), 9–30.
Wagener, Erich: Die Entwicklung der Freiheitsstrafe in Lübeck von der Carolina bis zur Gegenwart. Diss. jur. Göttingen 1929.
Wagnitz, Heinrich Balthasar: Über die moralische Verbesserung der Zuchthaus Gefangenen. 1787.
Waltisbühl, Rudolf: Die Bekämpfung des Landstreicher- und Landfahrertums in der Schweiz. 1944.
Walz, Rainer: Kinder in Hexenprozessen. Die Grafschaft Lippe 1654–1663, in: Wilbertz – Schwerhoff – Scheffler (1994), 211–231.
Wander, Karl Friedrich Wilhelm (Hrsg.): Deutsches Sprichwörter-Lexikon. Ein Hausschatz für das deutsche Volk. 5 Bde. 1867–1880 (Neudruck 1987).
Weber, Hartwig: Kinderhexenprozesse. 1991.
Weber, Heinrich: Ein Bamberger Echtbuch (liber proscriptionum) von 1414–1444. Bericht des Historischen Vereins für die Pflege der Geschichte des ehemaligen Fürstbistums Bamberg 59 (1898), 1–64.
Weissenborn, Frank: Gerichtsbarkeit im Amt Harste bei Göttingen. Diss. jur. Göttingen 1993.
Weitzel, Jürgen: Strafe und Strafverfahren in der Merowingerzeit. ZRG germ. 111 (1994), 66–147.
Wendehorst, Alfred: Das Juliusspital in Würzburg. Bd. 1: Kulturgeschichte. 1976.
Werkmüller, Dieter: Die Sulzheimer Gerichtsordnung, in: Regionale Amts- und Verwaltungsstrukturen im rheinhessisch-pfälzischen Raum (14. bis 18. Jahrhundert). (Geschichtliche Landeskunde 25) 1984, 31–46.

Wernicke, Steffen: Von Schlagen, Schmähen und Unendlichkeit. Die Regensburger Urfehdebriefe im 15. Jahrhundert, in: Blauert – Schwerhoff (2000), 379–404.

Wesselski, Albert (Hrsg.): Heinrich Bebels Schwänke. 2 Bde. 1907.

Wettmann-Jungblut, Peter: Von Robin Hood zu Jack the Ripper. Kriminalität und Strafrecht in England vom 14. bis 19. Jahrhundert, in: Blauert – Schwerhoff (2000), 69–88.

Wettstein, Erich: Die Geschichte der Todesstrafe im Kanton Zürich. Diss. iur. Zürich 1958.

Weymarn, C. von: Peinliches Halsgericht und Hinrichtung in Hämelschenburg im Jahre 1600, in: Museumsverein Hameln. Jahrbuch 1980/81, 37 ff.

Wiebel, Eva: Die „Schleiferbärbel" und die „Schwarze Lis". Leben und Lebensbeschreibungen zweier berüchtigter Gaunerinnen des 18. Jahrhunderts, in: Blauert – Schwerhoff (2000), 759–800.

Wilbertz, Gisela: Das Notizbuch des Scharfrichters Johann Christian Zippel in Stade (1766–1782). Stader Jahrbuch 65 (1975), 59 ff.

Wilbertz, Gisela: Hexenverfolgung und Biographie. Person und Familie der Lemgoerin Maria Rampendahl (1645–1705), in: Wilbertz – Schwerhoff – Scheffler (1994), 145–181.

Wilbertz, Gisela: Scharfrichter und Abdecker im Hochstift Osanbrück. Untersuchungen zur Sozialgeschichte zweier „unehrlicher" Berufe im nordwestdeutschen Raum vom 16. bis zum 19. Jahrhundert. 1979.

Wilbertz, Gisela – Schwerhoff, Gerd – Scheffler, Jürgen (Hrsg.): Hexenverfolgung und Regionalgeschichte. Die Grafschaft Lippe im Vergleich. (Studien zur Regionalgeschichte 4) 1994.

Wilda, Wilhelm Eduard: Das Strafrecht der Germanen. 1842 (Neudruck 1960).

Willmann, Joseph: Die Strafgerichtsverfassung der Stadt Freiburg im Breisgau bis zur Einführung des neuen Stadtrechts (1520). 1917.

Willoweit, Dietmar: Die Expansion des Strafrechts in Kirchenordnungen des 16. Jahrhunderts, in: Schlosser – Sprandel – Willoweit (2002), 331–354 (zit.: Willoweit [2002/II]).

Willoweit, Dietmar: Richten nach Gnade. Beobachtungen an Hand ländlicher Quellen vom Mittelrhein und angrenzender Landschaften, in: Schlosser – Sprandel – Willoweit (2002), 189–205.

Wolff, Klaus: Braunschweigische Medizinalgeschichte(n). 2004.

Wunder, Gerd: Die Bürger von Hall. Sozialgeschichte einer Reichsstadt 1216–1802. (Forschungen aus Württembergisch Franken 16) 1980.

Wunder, Heide: Hexenprozesse und Gemeinde, in: Wilbertz – Schwerhoff – Scheffler (1994), 61–70.

Zahn, Joseph von: Styriaca. Gedrucktes und Ungedrucktes zur steiermärkischen Geschichte und Culturgeschichte. Neue Folge. 1896.

Zehnder, Leo: Volkskundliches in der älteren schweizerischen Chronistik. (Schriften der Schweizerischen Gesellschaft für Volkskunde 60) 1976.

Ziegeler, Wolfgang: Möglichkeiten der Kritik am Hexen- und Zauberwesen im ausgehenden Mittelalter. 1973.

Zimmermann, Hans-Joachim: Gerichts- und Hinrichtungsstätten in hochstiftisch-würzburgischen Amts- und Landstädten. Diss. jur. Würzburg 1976.

Zimmermann, Ludwig: Der hessische Territorialstaat im Jahrhundert der Reformation. (VeröffHistKomm-HessenWaldeck XVII.1) 1933.

Zwicky, Jürg: Das Gefängniswesen zur Zeit der Helvetik. (Zürcher Studien zur Rechtsgeschichte 7) 1982.

Sachregister

abbitten 27, 36, 41, 53–64, 75 f., 88, 98, 117, 118, 123, 154, 156, 218, 220, 222, 237, 285
Abendmahl, s. a. Beichte 109, 112, 119
Aberglaube, s. a. Hexerei, Talisman 84–88, 91 f.
Abdecker 73, 80 f.
Abschreckung 22, 31, 59, 96, 101 f., 112–120, 130 f., 135, 142, 143 f., 157, 158, 197, 227 f., 270, 271
Abtreibung 227
Acht, Ächtung 22, 33, 36, 115, 122, 274
Achtbücher, Echtbücher s. Strafbücher
Affekt s. Jähzorn
Alkohol, Trunksucht 93, 136, 147, 209, 226
Almosen 74, 137 f., 185, 205, 207, 226, 240
Alraune 85, 87 f.
Alte, Greise 104, 145, 166, 188, 223
Amnestie, s. a. abbitten 137
anstiften 25, 203, 214, 216, 250, 259, 280
Arbeitshaus, s. a. Zuchthaus 145–153
Arm 94 f.
Arme, Armut 36 f., 40, 81, 85, 102 f., 104, 115, 121, 124, 147, 148, 149, 179, 185, 187, 196, 198, 199, 205, 219, 248 f., 257, 276–278, 283
Asyl 26, 38, 116
Aufklärung 52, 77, 83, 131 f., 134, 153–158, 161, 167–169
Augen 39, 78, 80, 94, 101, 104, 109, 117, 146
ausbrechen, Flucht 32, 122, 133 f., 139–141
aushauen, ausstreichen s. prügeln
auspeitschen 15, 19, 131, 134, 151, 156, 181, 185

Backen, Wangen 127, 194, 203, 216, 224
Baldowerer 250, 260, 266
Banden 37, 106, 108, 109, 139, 140, 177, 178, 179, 182, 199, 200, 202, 203 f., 214, 245–287
Barte s. Beil
Begnadigung s. abbitten
Beichte 38–45, 109
Beil, Barte, s. a. köpfen 67, 93 f.
Bein 94
Bestattung 17, 50, 58, 68, 75, 85, 93, 94, 208
bestechen 140, 183
Betrug 35, 87, 102, 123, 127, 137, 156, 183, 184, 185, 190, 192, 204–208, 268

betteln, Bettler 25, 74, 102, 104, 126, 130, 137, 138, 141, 145, 148, 149, 177, 185, 191, 205, 207, 240, 272, 274, 276, 281
Bettelstock 224
Beutelschneider 105, 187, 189 f., 193, 197, 202 f., 226
Beweisverfahren 160–163, 233, 243
Bibel 26 f., 116, 192, 218
Bigamie 98, 221–224
blenden 18, 39, 78, 80, 101, 104, 105, 259
Block 135
Blutrache 15–17, 18, 19, 21, 28
Bordell 73, 78, 217, 223 f., 226, 238 f.
brandmarken 56 f., 92, 101, 106, 127–129, 149, 193 f., 241
Brandstiftung, s. a. Mordbrenner 11, 23, 35, 52, 91, 97, 214, 270 f.
brennen, s. a. brandmarken 164, 165, 166, 203, 216, 224
Burg 133, 134, 138, 251–258, 261
Buße, Bußprinzip, s. a. Strafe 9, 12, 14, 17–29, 56, 65, 74, 114, 120, 172, 209, 256
Bußgeld s. Geldbuße

Daumen s. Finger
Daumenschrauben 164
Desertion 128, 277
Dieb, Diebstahl, s. a. Furta sacra 11, 12, 14 f., 19, 24, 26, 27, 35 f., 38, 40, 56, 57 f., 59, 60, 67, 68, 70, 72, 78, 87, 91–93, 97, 98, 100–106, 108–110, 112, 118, 119, 121–124, 129, 137, 140, 149, 152, 173, 174–182, 185–204, 205, 214, 216, 217 f., 220, 223, 224, 267, 268, 276, 278, 280
Dietrich 196 f.

Ehebruch 98, 179, 183, 184, 211, 218–221
Ehre, Ansehen 34, 58 f., 107, 141, 172, 209, 211, 221, 252, 256, 257, 259
Ehrenstrafen s. Pranger
ehrliche Strafen 18, 58 f., 107, 173, 229
Eid 20–24, 123 f., 159, 208, 212, 213, 220, 239, 250
Einbrecher, Einbruch 35, 179, 185, 197 f., 200, 248
enthaupten s. köpfen
Entschädigung s. Buße, Geldbuße, Wergeld

Epilepsie 85, 111, 166
Erbarmen s. Mitleid
Erbe 15f., 19, 21, 22, 118, 121, 220, 250
erdrosseln, ersticken 92, 96, 152, 227, 228, 278
ertränken 35, 52, 57, 58, 60, 68, 91, 97f., 99, 100, 105, 106, 109, 156, 216, 225, 227, 229, 268
Exil s. Verweisungen

Fahnenflucht s. Desertion
Fahrende s. Vaganten
Fälscher, fälschen 35, 55, 72, 80, 87, 91, 97, 102, 104, 139f., 159, 204–208, 269
Falschmünzer 35, 91, 104, 139f., 159, 205, 208, 269
Falschspieler, s.a. Glücksspiel 97, 102, 188, 205, 218, 273
Fehde 20–24, 103, 117, 179, 210, 251, 260f., 264f., 269–271
Finger 11, 13, 79f., 85, 87, 100–102, 124, 165, 203
Flucht s. ausbrechen
Folter, Tortur 14, 31, 40, 43, 66, 71, 75, 80, 84, 122, 123, 128, 139, 156, 158–169, 182, 184, 196, 237, 238f., 240, 243, 260, 267, 268, 271, 273, 282, 286
Folterkammer 161, 164, 165
Frauen 15, 18, 19, 36, 47, 56, 57, 60, 84, 97–100, 106, 109, 113, 128, 129, 132, 134, 139, 142, 149, 152, 153, 156, 166, 203, 204, 211–216, 220, 223–229, 231f., 268, 282
Frauenhaus s. Bordell
Freie 9, 13, 14, 20, 24, 129, 250
Freimaurer 157f.
Frevel 25, 101, 114, 116, 172, 191
Frieden, Landfrieden 20–24, 25, 26, 28, 52, 62, 65, 103, 113, 115, 119, 177, 195, 197f., 210, 212, 252f., 254, 256, 259, 261
Friedenssicherung, Friedenswahrung 12, 17, 18f., 25, 52, 117, 171
Furta sacra, heilige Diebstähle 174–178
Fußsohlen 164

Galeeren, Galeerenstrafe 142–145
Galgen 18, 26, 27, 31, 36, 38, 40–42, 48, 51, 54–64, 67f., 75, 76, 85, 87, 93, 98, 99, 100, 104, 111f., 113, 114, 118, 123, 128, 173, 227f., 285
Galgenhumor 112
Galgenwunder s. Wunder
Gasthaus s. Schenke
Gaunerzinken, Zeichen 272, 273, 275
Gebühren, Gerichtsgebühren, s.a. Sporteln 16, 71, 84, 120
Gefängnis, Haftstrafen 39f., 42, 49, 60, 65, 101, 106, 123, 132–141, 143, 145–153, 162, 184, 212, 220f., 224, 226

Gefängniswärter 39f., 135, 138–140, 147, 150, 283
Geistliche 11, 16, 38, 43–45, 54–56, 63, 116, 129, 130, 147, 158, 159, 166, 178, 182, 188, 207, 232, 236, 244, 260, 278, 282
Geld, Bargeld 121f., 177, 202f., 260, 282
Geldbuße, s.a. Wergeld 9, 11, 12f., 14f., 16, 18, 21–24, 27, 28, 36, 76, 107, 117, 120–122, 126, 136, 142, 172, 191, 194, 213, 241
Genitalien 51, 87, 184, 224
Germanen, germanische Rechtszustände 16, 32, 64f., 90, 92
Geschädigter s. Opfer
Geschrei, verschreien, zetern 53, 71, 159–162, 212, 243, 253
Gesetz, Gesetzbuch, s.a. Leges, Rechtsspiegel, Strafbücher 11, 19f., 27, 46f., 50, 60, 98–100, 102, 104, 105, 107, 126, 133, 156, 163–167, 193, 194, 203, 205, 209, 212, 220, 221, 224, 226, 227, 231, 235, 241, 263, 270
Gesetzgebung, Legislation 11f., 15, 19, 22, 23, 103, 186f., 210, 226
Geständnis 33, 43, 47, 160–166, 167, 243, 267, 268, 275, 279
Gewalt 15, 20, 23, 26, 27, 32–37, 53, 65, 101, 113–115, 117, 135, 137, 139, 147, 150, 163, 171, 213, 214–216, 251, 252, 256, 257, 264, 265, 276
Gewaltmonopol, staatliches 23, 146, 256
Gift, vergiften 55, 141, 184, 215f., 230, 241, 271, 274f.
Glocke 40, 46f., 124, 176, 281
Glücksspiel 73, 78, 85, 135, 137, 225, 226, 276
Gnade, s.a. Mitleid 25, 27, 41, 46, 53–61, 62f., 88, 103, 105, 117, 154, 157, 178
Gottesfrieden, Treuga Dei, s.a. Frieden 20–24, 177
Gotteslästerung, Blasphemie 62, 102, 105, 108, 120, 178, 225, 257
Gottesurteil, Ordal 28, 51, 52, 162, 163, 165, 176

Haft s. Gefängnis
Hand 60, 78, 100–102, 103, 157, 213, 215, 275
hängen 18, 20, 31, 35f., 39, 42, 58, 62, 67, 78, 87, 90, 91, 93, 97, 100, 101, 103–107, 110, 114, 134, 173, 178, 179, 184, 193, 201, 208, 251, 261
Hehler, Hehlerei 14, 81, 179, 182, 198, 201–204, 250, 266, 280
Heilige 27, 43, 49, 51, 55, 63, 73, 103, 112–115, 137, 146, 163, 176f., 180f., 186, 192
Heiligenviten, Mirakelberichte, s.a. Heilige 16, 18, 27, 73, 114, 115, 133, 146
Heimsuchung 23, 37
Heimtücke 19, 24, 25, 209, 256, 259

Henker 34, 35, 39, 48–51, 53, 62, 64–88, 92–96, 99–102, 105, 106, 107–112, 117, 124, 126f., 128, 135, 141, 157, 223, 237, 244
Henkersknecht, Löwe 41, 45, 68, 78, 80f., 98, 221
Henkersmahlzeit 39f., 42, 43, 108
Hexenprozesse, Hexenverfolgung 41, 96f., 104, 159, 165, 166, 219, 229–245, 269, 270, 272
Hexerei, Zauberei, Magie, s.a. Schadenzauber, Talisman 33, 48, 83, 84f., 87, 90, 91, 93, 192, 215, 229–245
Hochgericht 24, 53, 62, 68, 70, 75, 76, 80, 85, 118, 173, 193, 209, 210, 234
Homosexualität, „Sodomie" 97, 104, 221, 224f.
Humanisierung 52, 127f., 132, 145, 150, 153–158, 161, 167–169, 249f., 286
Humanismus 241, 269
Hunde 62f., 73, 113, 178, 190, 192, 195, 225, 282
Hunger 79, 194f., 200, 252
Hure, Prostituierte 56, 73, 212, 223f., 226

Indizien 161, 163, 243f.
Inquisitionsprozeß 48, 70, 159–162, 163, 243
Instanzenweg 122, 239, 242
Inzest 18, 225

Jagd 182
Jähzorn (s.a. Affekt) 25, 152, 185, 209–211, 216
Juden 61–64, 105, 106, 108, 110, 123, 139, 179, 182, 198, 221f., 223, 260, 266, 271, 274, 275, 280, 282, 283
„Justiznutzung" 191, 219, 232f., 236

Kapitularien 12, 15, 18, 20, 25f., 120f., 133, 246, 259
Karrenstrafe 153
Kastration 14, 184, 221f.
Ketten 92, 137, 138, 140, 143, 153, 251
Ketzerei, Ketzer 91, 97, 144, 160, 225, 235, 240, 241, 271, 273–275
Kinder 47, 99, 105f., 145, 147, 149, 152, 157, 166, 187, 203, 212, 241
Kindesmord, Kindesmörderin 57, 99, 106, 152, 157, 227–229, 286
Kirche 11, 20, 38, 43, 50f., 54, 75, 103, 114, 116, 120, 121, 136, 158, 174–182, 235, 250
Kirchenraub 11, 15, 25, 35, 62, 94, 98f., 105, 174–182, 248, 267, 278, 283–285
Kirchenrecht, kanonisches Recht 26, 43, 50, 116, 118, 130, 136, 142, 161, 172, 179, 184, 217f., 221, 222, 226, 227, 235, 241
Kläger 24, 31, 57, 67, 71, 72, 80
Klerus, Kleriker s. Geistliche

köpfen, enthaupten 18, 35, 36, 39, 53f., 58, 59, 62, 67, 68, 72, 78, 81, 90–94, 96–100, 104, 106, 107, 109, 137, 157, 173, 201, 208, 210, 216, 219, 220, 222, 225, 227, 262, 263–265, 270
Körperstrafen 13–15, 18, 19, 25, 27, 39, 41, 53, 56–58, 66, 78–80, 92, 100–106, 110, 111, 117, 120–122, 124, 126–132, 134, 141, 142, 144, 148–151, 156, 158, 164–166, 168, 179, 181, 185, 187, 193–195, 197, 203, 212, 216, 221–225, 228, 241, 259
Körperverletzung 12, 35, 36, 183f.
Korruption 183, 205, 243
Kranke, Krankheit 85, 111, 127, 138, 146, 166, 187, 207, 213f.
Kuppelei 137, 223, 224

Landfrieden s. Frieden
Landesverweisungen 33, 122, 124–126, 150, 179, 195
lebendig begraben 31, 98, 99, 105, 156, 206
Leges, Volks- bzw. Stammesrechte 9–17, 18, 24, 65, 90, 94, 129, 182, 195f., 210, 211, 229
Leibesstrafen s. Körperstrafen
letzter Wunsch, letzte Stunden, s.a. Henkersmahlzeit 42, 107, 108–112
Lösegeld 258, 262, 265, 276
Losheiraten 57
Lynchjustiz, lynchen 40f.

Magie s. Hexerei
Marktplatz 33, 52f., 68, 141, 180, 206
Maße und Gewichte 70, 205, 207
Meineid 23, 102, 124, 208
Messer 41, 52, 157, 201, 209
Mirakelerzählungen s. Wunder
Mitleid, s.a. Gnade 38–45, 49, 51–61, 64, 89, 92, 117, 137, 154, 240, 284
Mord, Mörder 9, 11, 16, 18, 19, 24, 25, 28, 32f., 35f., 37, 40, 49, 56, 57, 60, 65, 70, 75, 91, 94, 99, 106, 112, 114, 119, 121, 143, 152, 157, 158, 173, 184, 185, 188, 192, 203, 208–211, 214, 215, 224, 225, 227–229, 237f., 244f., 256, 259, 268, 269–275, 282, 286
Mordbrenner, Mordbrand 28, 60, 94, 143, 237, 238, 244f., 256, 259, 268, 269–275, 282
Mundraub 194
Müßiggang 144, 148–150, 195f., 219

Nachrichter s. Henker
Nadelprobe 237, 243
Narren, Toren, s.a. Strafmündigkeit 105
Nase 101
Niedergericht 70

Notwehr 24, 27, 113f., 169, 209, 210f.
Notzucht, Vergewaltigung 24, 70, 99, 173, 211–214, 221, 253

Öffentlichkeit, s. a. Umstand 15, 17f., 33, 38f., 46–53, 54, 60, 94, 96, 107, 118, 123, 125, 144, 158, 159, 161, 180, 243, 269f., 285f.
Offizialklage 31, 116, 159f., 213
Ohren 39, 79f., 100–102, 106, 117, 179, 194, 203, 216
Opfer, Geschädigter 22, 24, 27, 56, 58, 67, 116, 171, 185, 212, 214, 224, 276

peinliche Strafen 14, 17–20, 27, 29, 43, 92, 119, 262
peinliches Befragen s. Folter
Peitsche, Karbatsche 66, 124, 131, 144
pfählen 99f.
Pferdedieb 108, 177, 186, 267
Piraterie s. Seeraub
Plackerei, s. a. Raubritter 37, 117, 254, 256f., 259–271, 274, 280f.
Polizei s. Stadtknechte
Polizeiordnungen 217, 225f.
Pranger 36, 80, 102, 124, 126, 141f., 158, 164, 168, 187, 189, 193, 201, 212, 219f., 221, 224, 241
Prostituierte s. Hure
Prostitution 73, 220, 223f.
prügeln, s. a. Körperstrafen 13, 14, 15, 41, 80, 101, 103, 105, 106, 111, 126f., 129–132, 150, 151, 158, 187, 212, 221, 222, 223, 225, 228
putzen 49f., 93f.

Rache 16–20, 23, 28, 114, 116, 159, 171, 184, 185, 211, 248, 258
rädern 35, 52, 58, 87, 90, 91, 94, 96, 97, 98, 100, 104, 108, 157, 177, 179, 184, 253, 267, 268
Raub, Räuber 13, 15, 21, 23, 24, 26, 37, 51, 70, 84, 98f., 109, 111, 112, 133, 140, 145, 151, 173, 201, 203, 212, 218, 223, 245–269, 275–287
Raubritter, s. a. Plackerei 117, 251–258
Rechtsspiegel 17, 24, 62, 65–68, 89f., 91f., 94, 104f., 117, 133, 141, 160, 171f., 179, 191, 193f., 195, 200, 204, 208–212, 219, 221f., 252f., 265
Reliquien, s. a. Furta sacra 48, 174–176, 177
Richtbücher s. Strafbücher
Richter, Schöffen, Iudex 18, 24, 31, 33, 38, 53, 54, 58, 60, 66, 67, 87, 96, 99, 101, 102, 104, 111, 113, 116, 118, 120f., 128, 133, 134, 138, 161, 164, 182, 185, 186, 193–198, 211, 219, 237, 242
Richtschwert 75–77, 93, 154
Richtstätte, s. a. Galgen 46–53, 54, 56, 57, 60, 67f., 76, 85, 91, 94, 96, 100, 107, 113, 180, 216

Ruten 41, 80, 103–106, 111, 126f., 131f., 193, 212, 216, 222f., 224, 225, 228

Schadenersatz 15, 21, 22, 28, 129
Schadenzauber 234–241, 244
Schandpfahl, Schandstein s. Pranger
Scharfrichter s. Henker
Scheiterhaufen s. verbrennen
Schenke, Gasthaus 72, 75, 209, 210, 279, 283
scheren 92, 129
Schindanger 71, 72, 77, 80f., 94
Schinder 73, 77, 80f.
Schmuggel 183, 206
Schöffen s. Richter
Schuldhaft 134, 136
Schwangerschaft, Schwangere 56, 91, 105f., 166, 215, 227
schwemmen, untertauchen 142
Seeraub, Piraterie 35, 262f.
Selbstmord 80, 94, 108, 138, 152, 164
Sendgericht 142, 178, 205, 217, 219
Sexualität, s. a. Sittlichkeit, Sittlichkeitsdelikte 18, 97, 104, 139, 142, 212, 217–226, 238f.
sieden 91, 208
Sittlichkeit, Sittlichkeitsdelikte 97, 98, 102, 120, 121, 137, 142, 183, 211, 212, 214, 217–229, 237, 239, 244
Sklavenstrafe, Knechtstrafe 14, 18, 94, 129, 159
Sodomie 217, 225
Soldaten, Söldner, Landsknechte 49, 51, 56, 85, 88, 105, 123, 130, 153, 179, 256, 259, 264, 271, 273, 277, 281f., 283
Sozialrebell 246–249, 278
spanische Stiefel, Beinschraube 164, 165
Spektakel, „Theater des Schreckens" 46–51, 108, 285f.
spiegelnde Strafen 59, 60, 91, 94, 97, 99, 102, 119f., 203, 270
Sporteln 34, 73, 78, 120, 128, 277
Stab, Stab brechen 47f., 66
Stadtknechte, Polizeitruppe 39, 50, 105, 119, 130, 141, 142, 180
Stadt-Land-Unterschiede 34–37, 38f., 60, 64–71, 72, 91, 98, 116, 120, 141, 164, 168, 190, 222, 231, 233f., 242, 251
Stadtverweisungen 33, 55, 57, 59, 68, 88, 99, 101, 103, 104, 106, 119, 122–124, 127, 136f., 161, 179, 183, 184, 187, 193f., 200, 202f., 208, 211, 212, 213, 216, 220, 221, 222, 225, 226, 228, 231, 241, 272
Stand, Standesrecht 56, 60, 107, 115, 166, 184, 206, 232, 253, 259, 264, 265

Sachregister

stäupen 92, 100, 111, 122, 124, 126f., 130f., 149, 150, 151, 168, 179, 195, 223
Steckbrief 33, 139f., 267f., 272, 284
steinigen 40f., 93
Steuerhinterziehung 208
Stock, Knüppel 131, 144
Stock, s. a. Gefängnis, Pranger 66, 138, 139
Strafbücher 33–37, 57, 69, 98, 112, 117, 122, 162, 165, 177, 190, 193f., 198f., 201, 204, 212, 219f., 251, 253, 260f., 267, 271, 279–281
Strafe, Strafprinzip, s. a. Buße 14, 17–29, 38–45, 53, 57, 72, 75, 77, 112–120, 132, 147, 171, 173, 185, 209, 216, 237, 256
Strafmaß 143, 150, 193, 195f., 205
Strafmündigkeit, s. a. Kinder, Narren 104f., 145, 166
Straßenraub 58, 65, 69, 91, 101, 135, 152, 253, 257, 263–269
strecken 161, 164
Strick 51, 56, 65, 85, 87, 92
Syphilis 217, 224, 225

Talionsgerichtsbarkeit 91, 92, 119f.
Talisman 87, 192
Teufel 25, 141, 165, 185, 227, 230f., 238–242, 245
Tiere 11–13, 80, 83, 91, 108, 177, 186, 190, 199, 200, 217, 225, 267
Todesstrafe, Todesurteil 17–20, 22, 24–28, 31, 35f., 38–100, 101, 103–110, 113f., 120, 122–124, 127, 129, 134, 137, 138, 141, 142, 144, 149, 152, 154, 156–158, 173, 177–179, 184, 185, 188, 192, 193, 195, 197, 201, 203–208, 210, 212, 216, 220–225, 227–229, 231, 241, 251, 253, 256, 261–265, 267, 268, 270–272, 283, 284, 286
Tortur s. Folter
Totschlag 13, 15f., 19, 22, 24, 28, 35f., 53, 56, 57, 208–211, 253, 259
Treuga Dei s. Gottesfrieden

üble Nachrede s. Verleumdung
Umstand, s. a. Öffentlichkeit 38, 41, 45, 47–53, 54, 57, 60, 75, 91, 118, 218, 237
unehrliche Strafen 18, 58f., 93, 107, 134f., 141, 173
Unehrlichkeit 45, 64f., 71–77, 78, 81, 83, 84, 126, 149, 210
Unfreie, Sklaven 13–15, 24, 144, 173, 182
Unzucht, s. a. Sittlichkeit, Sittlichkeitsdelikte 139, 142, 212, 218–226
Unzurechnungsfähigkeit s. Strafmündigkeit
Urfehde 33, 101, 122, 123f., 137f., 184, 216, 262
Urfehdebriefe 54, 55, 123, 220

Urkundenfälschung 205, 207
Urteil 20, 33, 38, 46, 47f., 58, 75, 118, 130

Vaganten, Fahrende 81, 87f., 123, 124, 126, 128, 129, 130f., 144, 146, 148, 151, 178f., 192, 200, 202, 240, 269, 270, 272f., 275, 277, 280, 281, 283
Veme 104, 177
verbrennen 35, 60, 78, 90, 91, 96, 97, 105, 138, 141, 157, 179, 184, 208, 216, 223f., 225, 231, 241, 256, 270–272
Verfestung s. Acht
Verfestungsregister s. Strafbücher
Vergewaltigung s. Notzucht
Verleumdung 53, 102, 129, 254
Verrat, Stadt- und Landesverrat, Hochverrat 41, 60, 96f., 159, 240
verstümmeln s. Körperstrafen
Verweisungen 33, 53–55, 57, 59, 68, 88, 99, 101, 103, 104, 106, 119, 122–127, 136f., 148, 150, 161, 179, 183, 184, 187, 193–195, 200, 202f., 208, 211, 212, 213, 216, 220–222, 225, 226, 228, 231, 241, 272
Vieh s. Tiere
vierteilen 58, 94, 96, 97, 157
vogelfrei s. Acht
Volksrechte s. Leges
Vorsatz 24, 25, 209, 211, 256, 259

Weistümer 17, 36, 53, 57, 67, 70, 98, 205, 213, 224
Wergeld 11, 15, 18, 19, 20, 28, 66, 213, 214
Werkhaus s. Arbeitshaus
Wiederholungstäter, s. a. Abschreckung 59, 197, 216, 221
Wiedertäufer s. Ketzerei
wildern s. Jagd
Willkür 58, 102, 130f., 133, 138, 150, 151, 152, 163, 165, 166, 215
Wunder, Wunderberichte 16, 27, 43, 51f., 55, 103, 114, 176–179, 181, 183, 185f., 192, 213f., 253

Zange 91, 95, 96, 99, 100, 106, 142, 270
Zauberer, Zauberei s. Hexerei
Zehen 164
Zentgericht 17, 33, 57, 70, 121, 140, 164, 242
zetern s. Geschrei
Zeugen 13, 19, 33, 53, 102, 110, 160, 210, 212, 213
Zigeuner 128f., 149, 274, 279, 280
Zuchthaus 101, 124, 131, 132, 137, 140, 143, 145–153, 156, 157, 195, 196, 203
Zunft, Innung 57, 58, 68, 72, 76f., 81, 84, 103, 246
Zunge 102, 108
Zwangsarbeit 145–153, 187